本丛书由澳门基金会策划并资助出版

澳门研究丛书 MACAU STUDIES

澳门研究丛书　MACAU STUDIES

动荡年代
辛亥革命前后的香山与澳门

AN ERA OF TURMOIL
– Xiangshan County and Macau Before and After the Xinhai Revolution

黄鸿钊 / 编著

社会科学文献出版社
SOCIAL SCIENCES ACADEMIC PRESS (CHINA)

澳門基金會
FUNDAÇÃO MACAU

目 录

弁　言 ……………………………………………………………… 001

第一部分　辛亥革命与澳门局势

第一章　香山同盟会机关报的问世 …………………………… 003
第一节　《香山旬报》的办报宗旨 ……………………… 006
第二节　《香山旬报》的社会影响 ……………………… 018

第二章　孙中山与同盟会的革命活动 ………………………… 032
第一节　革命活动的开展 ………………………………… 033
第二节　政府当局镇压革命 ……………………………… 046

第三章　新军进驻前山 ………………………………………… 060
第一节　前山形势渐趋紧张 ……………………………… 061
第二节　民众呼吁派兵前山 ……………………………… 067
第三节　新军入驻前山 …………………………………… 069
第四节　民众热烈欢迎新军 ……………………………… 074

第四章　辛亥革命的发生 ……………………………………… 078
第一节　三·二九广州起义 ……………………………… 079
第二节　革命的暗杀行动 ………………………………… 088

第三节 旧政权危机四伏 ………………………………………… 098
第四节 香山革命的胜利 ………………………………………… 120

第五章 澳葡局势 ……………………………………………………… 131
第一节 澳门动态 ………………………………………………… 131
第二节 葡国革命 ………………………………………………… 140

第二部分 香山的社会变革

第六章 社会改革综论 ………………………………………………… 147
第一节 除旧俗 立新风 ………………………………………… 147
第二节 倡导廉政 反对贪官 …………………………………… 169

第七章 遏制绅权 推行民主政治 …………………………………… 190
第一节 自治社团的建设 ………………………………………… 191
第二节 绅权与党派斗争 ………………………………………… 234
第三节 绅权与公产争议 ………………………………………… 264

第八章 抨击司法弊端 改良监狱条件 ……………………………… 282
第一节 反对当局司法不公 ……………………………………… 283
第二节 呼吁改善监狱条件 ……………………………………… 301
第三节 揭露官兵枉法扰民 ……………………………………… 308

第九章 厉行禁烟禁赌 ………………………………………………… 329
第一节 禁烟赌机构的建立 ……………………………………… 330
第二节 查禁行动的开展 ………………………………………… 341
第三节 禁烟赌中的问题 ………………………………………… 357

第十章　剪辫运动的开展 373
第一节　剪辫运动的发端 373
第二节　反对剪辫的逆流 382

第十一章　反对凌辱世仆　倡导解放奴婢 385
第一节　解放奴婢的正义性 386
第二节　奴婢解放中存在的问题 396

第十二章　改革旧教育　创办新学堂 403
第一节　建立新学制　倡办新学堂 404
第二节　开办女学堂 426
第三节　创办阅报社和图书馆 434
第四节　学塾改良和其他教育问题 439

第十三章　注重卫生　推广西医 452
第一节　宣传公共卫生知识 453
第二节　开办医院　表彰西医 456
第三节　创建医疗救助机构 463

第十四章　筹划建造广澳铁路 470
第一节　商人申请自办筑路工程 471
第二节　筑路工程计划及其最终流产 478

第十五章　发展地方经济　创建香洲商埠 482
第一节　探索发展地方经济的途径 484
第二节　香洲商埠的创建 501

弁 言

（1）辛亥革命是中国近代历史上的重大事件，2011年全世界华人隆重地纪念了她的百年华诞。我的家乡香山县（今名中山市）是辛亥革命的发源地和伟人的故乡。香山英烈们在波激浪涌的民主革命大潮中，始终站在风口浪尖中奋勇拼搏。从启蒙时期郑观应敲响警世钟，到容闳出洋留学求真理，孙中山高举革命大旗，十次反清起义，香山革命志士都充分展示了"杀身成仁，舍生取义"的革命精神。革命过程中涌现出许多惊天地、泣鬼神的英雄人物。捐躯共和第一人陆皓东被捕后，面对敌人戳指敲牙的严刑折磨，宁死不屈，慷慨就义；空军之父杨仙逸率领其家族捐献的飞机组成战机大队，英勇奋战，为革命献出了年轻的生命；还有海军司令程璧光、航空局长张惠长、香山起义的组织者刘思复、郑彼岸、林君复、林警魂等，都是辛亥时期杰出的革命志士。他们为香山革命谱写了无比壮丽的篇章。这些使我对家乡的历史产生了浓厚兴趣，于是便想尝试从《香山旬报》入手，做一点研究工作。

（2）《香山旬报》作为香山同盟会的机关报，它在辛亥革命时期传播启蒙思想和宣传革命方面发挥了重要作用。同时它又留存下许多珍贵的本地史料，对地方辛亥革命史研究具有参考价值。我早就想编辑这些地方史料，用以阐明辛亥革命时期香山地区以及澳门社会动荡和变革的情况。我觉得这是我应该做而又能够做好的一项工作。感谢澳门基金会给予我支持和鼓励，并同意将我的编书计划列入年度项目，使我的愿望得以实现。

（3）《动荡年代——辛亥革命前后的香山与澳门》是一部资料书。书稿采取专题整理方法，由编者围绕辛亥革命和社会改革这个主题，将《香山旬报》资料梳理成十五个专题，其下又分若干细目。编者除了在每题稍加按语说明外，一律述而不论，让资料说话，交代事件始末。这样做的好处是，读者阅读资料后，自可对某个问题有较好的了解，留下较深的印象。

（4）书稿中每条资料的题目都是原有的。资料大致分为时政论文和新闻两类，凡题目后面有作者署名的，便是旬报的时政论文；没有作者署名的则是新闻标题。由于《香山旬报》所处的特殊环境，它刊登的每篇文章均署笔名。时过境迁、穿越百年之后，如今只有部分笔名能够确定原作者，其他作者真名已经无法确认。但人们深知，这些作者便是旬报中工作的同盟会员。他们当时挥动舆论的笔锋，只着眼于同封建势力作战，而并不看重个人名誉的争取。

（5）本书选录的资料一律照登原文，不做任何改动。在一个专题下，碰到同类资料较多，例如查处违反禁烟禁赌案件等屡有发生，则选用若干较有代表性的资料，以说明事件性质，其余的就省略不用，以免资料过分重复而显累赘。

（6）资料原文是用不规范的旧式圈点断句。现在全部改用新式标点，以适应现代人的阅读习惯。同时，对资料中出现的某些历史事件和人物适当地做了注释，以帮助读者阅读和理解。

（7）《香山旬报》是100多年前的旧报刊，文字为繁体古文，加以纸张容易破碎，要求使用时非常小心，不令古籍受损，这无形中增加了工作的难度和强度。幸而在编选资料过程中得到亲友黄海涛、陈超先生，以及简瑞莲、季红春女士的鼎力协助，他们积极参与资料拍摄、打字和校对工作，为我分忧解难，使书稿得以顺利完成。与此同时，澳门基金会吴志良博士、黄丽莎、梁惠英女士自始至终非常关心本书的编撰工作，提出了许多指导性意见，杨开荆博士和社会科学文献出版社编辑王玉敏女士仔细审阅和修改书稿，订正了书中的错漏之处。在此谨对他们表示衷心的感谢。

黄鸿钊

第一部分
辛亥革命与澳门局势

第一章　香山同盟会机关报的问世

辛亥革命前三年，《香山旬报》的创刊是香山地区社会变革的重大事件。

《香山旬报》是香山同盟会的机关报，也是香山地区最早出版的报刊。其出版目的是加强舆论宣传，鼓动人民起来进行革命和改革。同时该报也是加强香山革命党人联系的纽带，发挥盟员革命激情和战斗力的阵地。

该报创刊于1908年8月21日。始为旬刊，从1911年2月7日第84期起改为周刊，并易名《香山循报》，总共刊行123期。1911年11月香山光复后报纸停刊。

《香山旬报》版面为32开，栏目分为以下内容：

论著：每期1篇，类似报纸之社论。

时评：每期有2~3篇。

中外要闻：包括外国新闻、国内新闻和本省新闻。

本邑新闻：包括本县城镇和乡村新闻。

小说：包括创作小说和翻译小说两类。

文苑：有诗词、粤曲、剧本等。

此外尚有谈丛、谐薮，以及杂录、调查录、香山文献录、牌批（县批和省批），又有图画、漫画，告白和商业广告等。

《香山旬报》的读者群十分广泛，本邑以外，国内各大城市，如上海、天津、汉口以及香港、澳门以至南洋、旧金山、檀香山、温哥华、纽约各处都拥有广大读者群。尤其是檀香山，那里香山华侨占百分之九十。他们远适异国，无时不渴望家乡消息。他们把《香山旬报》当做自己的喉舌；对《香山旬报》所报道祖国消息和乡情，倍觉亲切；对旬报所揭发抨击贪官污吏、土豪劣绅之罪恶行为，则切齿痛恨；特别是对《香山旬报》特设利便同胞寻访亲人的免费广告，极为称赞。有不少人出国多年，杳无音讯，借《香山旬报》之助，终于得与家乡亲人联系。因此他们纷纷捐募，资助《香山旬报》出版。

当时的报纸杂志，例于报头刊大清光绪某年字样以为纪岁。但《香山旬报》则并不奉清王朝之所谓正朔，仅以甲子纪岁，以表示对满清王朝的不满和蔑视。

《香山旬报》编者又阐明他们将以"监督地方行政，改良社会风俗，提倡实业，网罗文献"作为办报的四大宗旨①。所谓监督地方行政，就是将其矛头对准香山地方官员和绅士，充分发挥舆论的力量，彰善瘅恶，锄莠护芽，使香山地方政治健康发展。改良社会风俗，就是通过宣传和发展教育，革除社会上各种陋风恶俗，培养健康的社会风气。至于提倡实业，乃发展经济。而网罗文献，就是搜集和整理地方历史资料，总结经验，以图促进地方的发展。总之，归结为一句话就是推进香山社会的改革。旬报每期的论著和时评，以及它的各个栏目均围绕这个主题，可以看出《香山旬报》那种以推动香山社会改革为己任的精神。

《香山旬报》主编郑彼岸（1879—1975）是一个具有传奇色彩的爱国者，又名岸父，号伯瑜，笔名品珣、郑洵，濠头村人（见图1-1）。少年有神童之誉，参加童试中秀才头名。他从小就有反封建的叛逆精神，童年在祖祠读书，他把祠堂内之族规，用打油诗逐条加以批驳，闹到满城风雨。绅士父老气到要他"出族"。1904年，国事日非，列强大嚷瓜分中国。孙中山先生为挽救中国，在海外宣传革命。进步青年郑彼岸、刘思复等受到启发，也在邑城设立演说社，宣传革命。宣讲内容多取自《扬州十日记》《嘉定屠城记》等。讲到清军残暴时，声泪俱下。一次在演说会中，彼岸自举他的辫道："这条豚尾，杀了许多人。"顿时满座大惊。1905年，林君复在他的家乡安堂，创办"觉群"学堂，邀彼岸相助。觉群学堂成立典礼，礼堂照例要安大成至圣孔子先师和皇帝万岁牌位。彼岸和君复把皇帝牌位废除，把三跪九叩礼也改行鞠躬礼。

图1-1　郑彼岸（1879—1975）

郑彼岸后赴日本留学，相遇孙中山并接受其革命思想，加入同盟会。1906年与林君复等衔孙中山命，负责策划香山起义。回国后在澳门组织同

---

① 发刊词、序言均见《香山旬报》第一期。

第一章　香山同盟会机关报的问世

盟会南方统筹总支部,积极宣传革命思想,秘密组织武装活动。1908年创办《香山旬报》,以文章声讨清王朝。1910年、1911年曾两次参加刘思复秘密组织的"支那暗杀团",冀图刺杀清廷摄政王载沣。1911年回香山组织群众响应起义,并率领武装入城。县城光复后,又与林君复共率香军支援广州起义。1912年1月中华民国政府成立,广东都督府委任他为香山县第一任县长,但他婉言辞却,无意仕途。

《香山旬报》的撰稿人和记者组成人员尚有刘思复、李怜庵、郑自强(郑彼岸弟,笔名建初)、李锐进(笔名亦进、愤血、民声、枕戈)、郑道实、黄冷观、杨子毅、秦侣尹、毛仲莹、余晓峰、曹纯武、林继昌、林冠廷、毛嘉翰、黄慈伯、郑精一、郑守愚、黄轩胄等。报社发行人李怜庵。督印人肖硕璜。

刘思复(1884—1915),又名师复,字寓生,号子麟,笔名抱蜀居士、丹水、寥士、净慧居士、教齐,石岐人(见图1-2)。1904年赴日本留学,次年加入中国同盟会。1906年回国,在香山创办"隽德女学";后至香港办《东方报》。1907年6月,在广州为了准备暗杀清水师提督李准,制造炸弹时不慎失事,炸伤左臂而被捕,后被解回香山监禁。1909年秋被救出狱。1910年春,与谢英伯、高剑父、陈炯明、郑彼岸等在香港组织"支那暗杀团"。1911年,响应武昌起义,在东江一带组织民军。同年冬,与丁湘田等北上,计划暗杀摄政王载沣。到上海时因南北议和告成,遂隐居西湖白云庵。

刘思复是同盟会香山支部负责人,是香山地区革命队伍的核心人物。《香山旬报》创刊时他已身陷囹圄,被关押于香山监狱。由于他在香山先进青年群体中名望最高,虽在狱中仍执笔为《香山旬报》写了发刊辞,这篇寥寥二百字的短文充满革命激情,号召民众改革旧风俗、旧习惯,走革命的道路;表现了刘思复关心国家民族的安危,以及通过办报纸改革社会的决心和勇气。此后思复积极投稿,宣传民主革命和社会改革。除了写作论著和时评之外,还在《香山旬报》发表几个连载栏目,即《寒柏斋剩言》(笔名寥士)、《净慧堂随笔》(笔名净慧居士)、《粤语解》(笔名寥士)、《绹庵谰语》(笔名丹水)、《佛

图1-2　刘思复(1884—1915)

教大意》（笔名抱蜀译）等。这些文章展示了思复的学识和才华，充分说明他的战士和学者的本色。

《香山旬报》的其他成员都是同盟会员，胸怀炽热的报国之心，所有人全不支薪，写稿也没有稿费，还得负责向各方面募捐，补助报社经费。报社另设立"国光排印所"，由彼岸之弟郑自强经营。除承印《香山旬报》外，并接印社会各界的文件，所得盈余，用以补助报社经费。《香山旬报》从第9期起，督印人由郑自强兼任。

《香山旬报》是革命志士所编辑的刊物，撰稿人是文坛健将，个个笔锋犀利，齐向封建势力开火，大力传播革命思想，鼓舞人民的斗志。除了把推动香山社会改革作为办报宗旨之外，它努力宣传中国和外国的革命事件，讴歌为革命事业献身的仁人志士。尤其是该报先后发表《李水提被刺详情》《最近省城之暗杀案》等报道和评论，该刊还特地在第119期刊登了革命烈士林冠慈的照片和小传。除了详尽报道事件经过外，还特别颂扬林冠慈的人品和视死如归的革命精神。武昌起义后，革命形势迅猛发展。该报及时报道了湖北和其他地方革命情况，其中有关港澳同胞和海外华侨拥护革命的报道甚多。还发表多篇评论，阐明人心向背是革命必胜，清朝必亡的根本原因。

《香山旬报》以鲜明立场横空出世，在香山引起巨大社会影响。在香港、澳门、广州乃至海外各埠华侨中也拥有不少读者。第6期的一篇名为《香山人对于香山报之心理》的文章指出："黑夜行人，方针莫辨，醉夫梦里，感觉全无，其为我香山前此一般社会之现象乎。醉梦之中一声雷，长夜漫漫初晓日，则我《香山旬报》之出现也。"总之，《香山旬报》的问世，成为本地区社会改革的巨大推动力量。

第一节 《香山旬报》的办报宗旨

《香山旬报》发刊辞[①]

中华开国四千六百有六年，岁在戊申八月之二十一日，我《香山旬报》出世。本报同人，惧《小雅》尽废而中国亡，咸抱大悲，发无边弘愿，为

---

① 本文作者为刘思复。

欲令邦人士女，拂拭真智，咸革旧染，兴化厉俗，作我民气；因以恢复自由，振大汉之天声，发扬我邑人耿光，被于中土，乃黾勉而作斯报。扬海潮之音，为民邀铎。美满光大，将自今始。我先民陈天觉、马南宝①诸公在天之灵，实式凭之。呜呼！风雨如晦，鸡鸣不已。凡我仁、良、隆、黄梁、所、得、四大、黄圃、恭、常、谷、榄、旗十三都五十万诸父老、昆弟、姊妹庶奔走偕来，听我法音，无怖！

——《香山旬报》第 1 期，戊申（1908 年）八月二十一日。

《香山旬报》序言　慈伯

　　翳夫亚欧商战、濠镜实中夏先涂。宋元种争，井澳是冈州犄角。水有鲟鳇丰阜之利，山有香炉五桂之雄。扼蕉门则二虎密其防，越蒲台则十字关其险。周七百方里之疆域，孳五十余万之人民。沙田占其上腴，海屿丰其特产。美哉地理，非我香山之地理欤？与子诚孝，刲（kui）殉父之肝；南宝精忠，歃攘夷之血；聚禽倭寇，厥有王言；手刃英酋，讵无沈米。黄总兵称海疆道济，粤洲子为岭表尧夫。郡传廷尉之歌，家秉泰泉之礼。伟哉民族！非我香山之民族欤？乃者世历绵暧，厥美斯坠。哀南风之不竞，入修夜之未旸。剩水残山，无自由之回照。焦原毒浪，只异种之凭陵。外交史空有泪痕，海权不复。地理图再变异色，势力成圈。执政弃之等珠崖，国民安之如燕雀。加以教育失坠，群治晦盲。清议久亡，民智斯闭。不有人焉，为之振邀铎，撞警钟，苏梧桐半死之魂，兴桑梓敬恭之念。胡以增进热度，发扬文明，辟此隩区，光我民史乎。《香山旬报》之作，盖同人睹异景之山河，发晓音于风雨，将以揽五洲之群变，而通一邑之机关者也。最其要指，可得言焉。宝书百二，圣人翔考信之林。毛瑟三千，世主耆昌言之薮。当此士气已死，公论谁持？民费滥征，区入常混。绅局多未锄之莠，学界有已摧之芽。于已牖新订顽，功精于肺石。彰善瘅恶，事捷于口碑。金人缘以革心，贤者助其张目。若是者监督地方行政。敢愚黔首，知狱吏之常尊。不问苍生，奚政府之足赖。时局以轧轹为事，教育之普及何期？安窳陋则神权是从，逞昌披则欧风过度。恨无巨手，挽民气之沦胥。敢惜危言，昭舆论之轨范。以云儆世，即福泽通俗之书。若附辟邪，亦裴顾崇有之论。若是者为改良社会风

---

① 陈天觉（1087—1183），香山立县名贤。马南宝（1244—1280），香山抗元名人。

俗。二十世纪兵争舞台，已移于实业。二亿里农产天府，坐弃其利权。属兹五洲之隶通，勿以一隅而自隘。况夫白毡欺雪，人夸南朗之机。黄绸蹙金，俗侈平岚之茧。唐家虾酱，淇澳蚬咸，牡蛎成田，禾虫上埠。鳝血冷以莹紫，虾油香而溢黄。沙涌荔枝，珍御摘而品异。黄角盐树，经寇围而用彰。是宜合虞工商群力之劲，乃足发动植矿天然之秘。利导教诲，改进是图。食出成通，程效自速。若是者为提倡实业。三宅杂志，起未死之和魂。印度降幡，灭至精之佛教。方今道尽文武，祸酷秦灰，流废江河，藏空孔壁，群情洶洶，参新说为万能。

图1-3 《香山旬报》封底页

天择茫茫，蔑旧学之一当。小雅尽废，君将不堪。邻风无讥，吾为此惧。开榛秽，无忘先哲之功。考献征文，庶几死后之责。择言尤雅，本各具其闻知。陈义自高，又奚域夫今古。若是者为网罗文献。本兹四事，窃附三长，无愆十日之期。或贵一时之纸，好其好，恶其恶，谅亦同人。见所见，

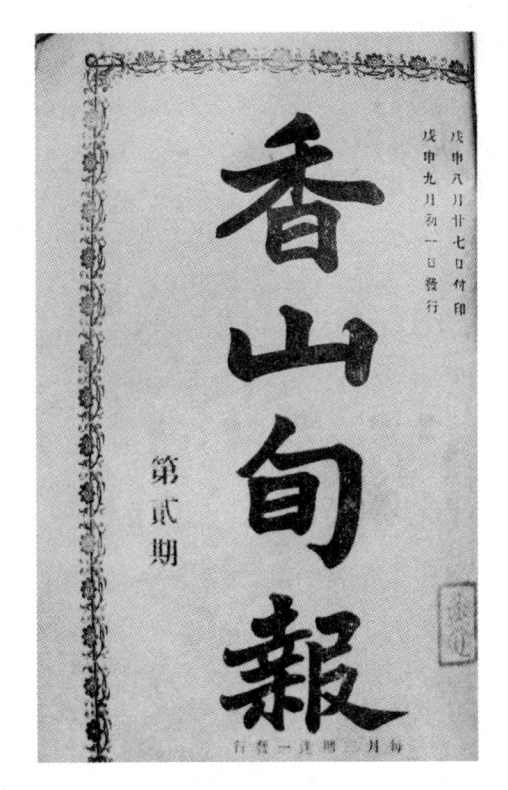

图 1-4 《香山旬报》封面

闻所闻,違论罪我。台山嵘嵘,知寸壤之不辞。岐海汤汤,亮涓流之有助。嗟夫!威危斯之寸简,足被全球。萨摩岛之数人,亦新一国。作简毕巨,良非偶然。斯报之取则不远,问世有时。握椠怀铅,刳心胀肘,吾又乌测其所至乎?复我邦族,魂兮归来。舍此神州,毛将安附?黄瑞谷之复起,必当赓此粤谐。何大佐之重逢,更欲霏君揽屑。

——《香山旬报》第 1 期,戊申(1908 年)八月二十一日。

本报简章

本社本下列主义专就本邑发挥:

一、监督地方行政。

二、改良社会风俗。

三、提倡实业。

四、网罗文献。

本报门类分为图画、论著、时评、新闻、小说、文苑、谈丛、杂录、调查录、香山文献录、谐薮、牌批，共十二门。

本报为图谋公益起见，所有职员概当义务。

本社开办经费概由同志捐助。深恐赀力棉薄，难以持久。如有捐款赞助者，本社概推为名誉赞成员。其捐款五元以上者，送阅本报一年；十元以上者二年；五十元以上者，永远送阅。俱登报鸣谢。

本社总代理处改设邑城岐阳里，国光排印所。如有与本社通信者，请直投该处。

凡代理本报十份以上者，报费八折收回。但须按月清缴，俾资挹注。否则停寄。

——《香山旬报》第 35 期，己酉（1909 年）七月二十一日。

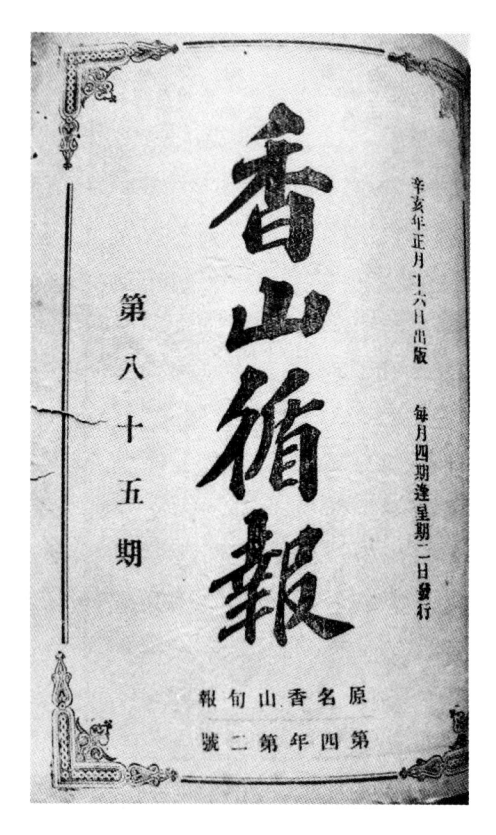

图 1-5 《香山循报》封面

呜呼公理报之敌　愤血

报纸者，日从事于言论鼓吹，有转移社会倾向之潜势力。而一般贼民之劣绅恶棍，皆大不便。思有以剪除之也久矣。苦心焦思，彷徨无计，遂生一秘密组织机关报以为抵制之下策。

试观一国，康梁疫党，日以诓骗华侨为生活。为民族报痛击，体无完肤，而疫党机关报遂发生矣。

试观一省，承赌奸商，运动延长赌博。为各报揭发其覆，诡谋败露，而赌棍机关报又发生矣。

试观一邑，新宁局绅，素来鱼肉平民，为新宁杂志力辟其谬，穷无复之，而劣绅机关报亦发生矣。

此种恶劣的机关报，实不敢显与公理报作敌。其始也或借事以中伤之，或造谣以倾陷之。蚁穴溃堤之手段，固若辈所善于利用者。

虽然，烈日出而阴翳销，洪钟铿而乱响哑。作伪心劳，古有明训，是是非非，终有大白之一日。于公理何害？于主持公理之报纸又何害？黔驴伎俩，吾见其立穷矣。

——《香山循报》第 93 期，辛亥（1911 年）三月十三日。

对于留省学界诸君倡办香山日报感言　民声

报纸为社会之明镜，故欲觇其地人民程度之高下，恒以其地报纸之发达为比例差。忧时见远之士，欲以改良社会风俗，增进人民智识。除兴学演说之外，悉汲汲然致力于报。诚以报纸风行海内外，本其思虑，发为文章，稍通文理者，皆可日手一编，领略其间之旨趣。而潜移默化，自有服从舆论之倾向。昔者怪杰拿破仑以盖世英雄，目无余子，而于报纸独致崇拜，则报纸之势力何如哉？本报发行已三载矣，孜孜矻矻、剖肝沥胆，日以言论与同胞相见，其足以造福于桑梓者若何，吾不必言之。然手搦三寸管，日发千万言。于官吏之横暴、劣绅之恣睢，与夫社会上之旧染污俗，知无不言，言无不尽。扫穴犁庭，期与同胞更始。诸如此类，本报虽不敢自以为功，而肩此天职，力任其难，固不容一念稍懈者也。而何意本报于大声疾呼力竭声嘶之际，而更有本邑留省学界诸君倡办《香山日报》之举？

夫办报本平常事耳，吾何为而论之。曰：吾自有说。盖留省学界诸君之位置，最高尚者也。吾邑人对于留省学界诸君之热望，最恳挚者也，吾观于往事可以证之矣。吾邑所推为罪大恶极，为人人所痛心切齿者，厥为某劣绅。然彼在于前数年之势力，异常巩固。上而交通官吏，下而罗致党兴。气焰万丈，人莫敢近。虽以嫉恶如仇之徐桂，为乡民请命，劈空一击，而反掌间已逮于狱。邑人屏息以俟，倾耳以听，曾不敢再进以与劣绅为难。劣绅复得以乘瑕抵隙，以制邑人之命。身为局绅，复擢商务会、劝学所之权，以归入一己势力范围之下。留省诸君奋然起，据理以争，劣绅终不能安劝学总董之职，舍之而去，则留省学界诸君之地位何如也。再观于邑中学务，则以一邑公款倡办之学堂，实为二三强有力者之私有物。在热心兴学者，必因筹办学堂，而后物色办学之人，而邑人则欲位置私人，而后提倡兴学之议，是其宗旨命脉，已错误百出，无怪以学堂为利薮，以兴学为求财。百计钻营，无孔不入。虽以至无资格至无学问之人，亦惶惶然有监督校长之想。学务又安有起色哉？而留省学界诸君知其然，遂倡选举之说，以一邑公款所办之学堂，即以一邑公众之人选举之。而劣绅植党营私之弊，遂破碎无存。则留省学界诸君之地位何如也？且也咨议局议员庇赌，为舆论攻击。邑人唐某实在庇赌之列。当时粤人攻诘庇赌议员者，前后相望，各州县人，皆力攻其州县所选出之议员，不遗余力。独我邑人瞠目若无所见，充耳若无所闻，并无一人起而讨其罪。留省学界诸君以禁赌为要政也，反对禁赌为不合于公理也，奔走相告，竭力去之以洗我邑羞。以唐为香山自治研究所之职员，驰函斥逐之。不稍假借，人言不恤，势力不顾，但知彼之所以非，我之所以是，则毅然行之而不避，视乡人之徘徊观望，畏首畏尾者，相隔天渊矣！则留省学界诸君之地位又何如也？合此以观，则留省学界诸君，确有伸张公论锄抑强权之识力。稽之事实，彰彰犹在，同为邑人所共闻共见者，使以此种魄力，此种心思，出而倡办日报，则鉴空衡平，得舆论之正，固可悬揣决之。记者不敏，安得不为报界幸，又安得不为吾邑幸哉？

虽然，尚有说者，则以时势变更，人情反复，劣绅之势力日益巩固，生民之道德日益堕落。记者惩前毖后，涓涓内忧，有不得不为留省学界诸君勖者。诸君思之，今日之香山，一劣绅势力范围之香山也。凡地方之最重要者，为财政权。今把持一邑之公产者谁欤？则附城总局绅士也。以一邑之公产，竟为二三私人把持盘踞，横吞直噬，莫可如何。邑人岂无心肝，亦能甘心否乎？而邑人固寒蝉瑟缩，莫敢置一辞矣。无他，劣绅之势力，足以恐吓乡愚；劣绅之智术，足以招罗党兴。试观一邑社团中，有不仰其鼻息，观其颜色者几何乎？彼辈碌碌，莫可与谋。趋炎慕势，亦固其所。而安得不为诸君子告耶？诸君再思之：吾邑颁行地方自治之日，而绅界之党派旋起。试以邑城观之，以堂堂之议事会，徒以党派分歧，各怀意见，至今尚未成立。其他若小榄黄圃与及东南各乡，日从事于倾轧竞争，破坏新政者，又比比皆是。而环顾邑人，附和随声，虽贤者不免。呜呼！相习成风，至今为梗。论事无是非，以意见为是非；观人无善恶，以党派为善恶。祸乱滔滔，真理斯晦。所维持而纠正之者，吾辈之责，又安得不为诸君子告耶？要而言之，吾邑之大局，则左支右绌也。吾邑之人心，则党同伐异也。欲有守正嫉邪，持危扶颠者，诚有赖于报纸。然报纸者，就事论事则为公，横亘成见则为私；正言侃论，不畏强御者则为敢言；依阿腼韧，瑟缩作态者则为贡谀。一得一失，界线甚微。此则操言论权者所宜知也。留省学界诸君子乎，其亦表此同情否乎？如其然也，则公论日张，是非不昧，吾道为不孤矣。

而或者曰，吾邑地方梗塞，而消息不通，范围甚狭，而阅报者少。前乎此者有七日报，有五日报，又安得容一日日报乎？应之曰：唯唯，否否。泰东西文明各国，其报纸之发达，吾不必言之。即以吾粤而论，以新宁一邑，已有报纸数家，而该都人士，尚继续进行。提办日报，且查其报纸销场，皆达数千之额。岂以吾邑开通最先，文化发展者，其独瞠乎其后乎？此必不然矣。吾所惧者，在于报纸之不能持公论耳。何必以销场为患者？又岂必以销场为患者？但求其言论之足以自信而已。以吾所见，邑中多一公论之报纸，则邑人多收一报纸之利益。报纸发达之程度愈高，则人民智识发达之程度亦愈进。以邑中大局危逼，新政待兴。本报竭力以提倡之、监督之，尚恐有缺。使有多数主持正论之报纸，左提右挈，则鼓吹力而新政易于进行，监察严而劣绅难于作恶。行见我奄奄待尽之香山，吐露光辉，百废毕举矣。记者为香山计，固具满腹爱悦之感情，以欢迎留省学界诸君所提办之《香山日报》也，更愿诸君提办日报之后，而又有明达博雅之君子，复出而组织他种报纸也。呜呼！报纸乎，香山乎，进步复进步，吾安知其极。

——《香山循报》第105期，辛亥（1911年）六月初九日。

论吾邑最近舆论上之注意点　大呼

凡人之辨论是非，与其寻其枝叶，不如扣其根据，此某氏所以定驳论范围之言也。然自记者观之，不必以驳论为然，凡论一事，皆当从本原上着想，而后有庄严之理论、正确之判断。若枝枝节节以为之，则失之远矣。乃者，徐桂之冤狱①、苏鹿苹之屠牛捐②，吾邑士夫之所论列，里巷之所谈议者，几以为邑中最近之要件。顾徐桂冤矣，构陷之者谁欤？屠牛捐不惬与论矣，袒庇之者谁欤？此则不可不研究。吾于此敢下一断语曰："陷徐桂者，何鼎元何天保也；袒庇牛商者，局绅商董也。"先论徐桂之冤狱，夫徐桂何以入狱，以控告何天保牵连何鼎元而起，使徐桂不出而控告也。则不必入狱，使徐桂控告，而大吏不为之严查也，则亦不必入狱。乃徐桂控之，而大吏复从而查核之，则彼不得不为困兽反噬之计，而反噬徐桂矣。试观历次华侨之讼冤，京官议员之陈请，邑绅乡民之所呼吁，于何鼎元何天保一面，实有不肯稍宽其罪。揆之众好众恶之例，则徐桂之狱，确由彼二人罗织而成，可云定论矣。若屠牛捐之得以久延残喘者，则全由总局绅士及商会商董有以袒庇之。查当日苏鹿苹倡办屠牛捐之始，本报已鸣鼓而攻，凡所论列，不下万余言。于其办法之误谬、流弊之至极，皆透辟无余。邑令为批准承办之人，亦为舆论所折。而有谕局绅商董覆查之举，使彼稍有人心，据实禀复。则苏鹿苹无论具若何魔力，皆无以幸免。乃局绅硬指为舆论佥同，商董又为之立掩耳盗铃之条件，而屠牛捐遂确定而不可摇矣。迄今坊邻之疑难，绅界之禀攻，皆蒙局绅商董之赐。则虽欲为彼讳过，固不可也。由此观之，则徐桂之狱，确由何鼎元何天保构陷而成；苏鹿苹之屠牛捐，确由局绅商董袒庇所致。虽有苏张之舌、陆贾之辩，断不可能为彼隐讳，则吾人评论此事，自当提其首要。揭其阴谋，笔以诛之，词以关之，无所避也。盖志士下狱，必有人构陷之者，诛其构陷者，则一般之恶劣可寒心矣。苟细杂捐，必有人关说之者，诛其关说者，则一般之奸商可夺气矣。不然，徒曰冤狱、徒曰苛捐，无论冤狱不能昭雪也；苛捐不能停止也，即昭雪矣、停

---

① 徐桂之冤狱，1905年，徐桂揭发恶弁何天保恃劣绅何鼎元势力的罪恶行为，反被恶弁劣绅串同陷害，将徐桂等三人，一并诬陷为会党。徐桂则定为永远监禁，囚在南海县狱中。直至1911年武昌起义之后才获释。

② 苏鹿苹之屠牛捐，苏鹿苹为外地商人，在本邑申请揽办牛捐。其条件是：苏每年向当局交纳1500元警察饷款，揽办牛捐，规定每斤牛肉抽收牛捐银8厘，细水长流地盘剥百姓。遭到民众激烈反对，舆论猛烈痛斥。掀起一波又一波抗议声。

止矣，而构陷者无所罚，袒庇者无所诫，此隔靴搔痒之言，非正本清源之计也。记者平心论事，不敢为大言以欺人，不敢为谀言以阿世，而对于众人之公敌，社会之蟊贼，则必竭力以诛锄之。不稍假借，因举邑人最近所注意之点，条举其要，以尽代表舆论之天职。语云，未擒贼，先擒王，此语虽俚，记者敢附斯义以陈之。

——《香山循报》第109期，辛亥（1911年）六月初七日。

民族与国土　寥士①

近之非难民族主义者，或谓支那民族自西方来，略苗人之地而有之。今汉人言民族主义，反顾苗人，则已亦在当排之数云云。冀以此钳吾民之口。某氏已著议辩之。顾其说未尽善也，余今持以答彼辈之非难者。其论据有二：一则汉人侵略苗地之说，考之古史，毫无明证。其妄以黄帝伐蚩尤为逐苗人者误也。二则浑浑大地，孰为地主，本无左契可据。而以能于其地建设国家者，乃为其地之主人。今纵假定苗人先居此土，而只以种人散居，未能成国。不得为此土之主人。汉人从后统治之，第谓之抚服，不谓之侵略。有此二论据。后辈亦可以反舌无声矣乎？请一一详说之。近人往往谓黄帝驱逐苗人，说乃无本。载稽前史。自尚书、左传、国语、史记，乃至周汉诸子，凡记载苗事者，大略可析为三：一、为吕刑之苗民弗用灵。郑玄曰：苗民谓九黎之君也，于少昊氏衰而弃善道。上效蚩尤重刑，必变九黎言苗民者。有苗、九黎之后，云云。郑君盖本楚语昭王问于观射父之言以为说。至今承用无异。此少昊氏时之苗也。二、为尧典之窜三苗于三危。此乃四凶之一。本为尧臣。放在西裔。郑玄马融并以为缙云氏之后名饕餮者。与左氏传文相应。先儒皆无与异说。（高诱注淮南修务训，以为帝鸿氏、少昊氏、缙云氏三族之苗裔。望文生训。盖臆说也。）此尧时之苗也。三、为尧典之分北三苗。此为南方之国。据吴起传及高诱淮南注。其地实在洞庭彭蠡之间。舜时不服。其事见于吕氏春秋、韩诗外传，及淮南子、监铁论、说苑诸书。夏禹时其国复逆命。墨子兼爱篇引禹誓文，及伪古文大禹谟，并言禹征有苗者是。此舜禹时之苗也。三者皆得苗名。而实异时异人异地。据楚语及郑君说，少昊时之苗民即九黎。九黎为尧时三苗

---

① 寥士，刘思复笔名。

之先世，而尧时三苗实缙云氏之后，则九黎亦炎黄贵胄也。至舜禹时之苗，其地盖在楚之荆州。近人以为即今之苗族。然否虽无确据。顾按稽地望，准度事理，尚未大诬。而与少昊及尧时之所谓苗，则固截然不相蒙也。及郑君注尧典，又混尧窜之三苗与舜分之三苗为一。舜禹以前，南方之苗，不见于载藉。而吾族旧封，实在黄河南北。有苗负固洞庭，远在大江以南。中原故都，未尝有苗人足迹。此尤彰明较著者也。自史迁误以南方之苗言四凶，于历叙欢兜、共工、鲧三人之后，次之曰：三苗在江淮荆州数为乱。而下复用左氏传文为言，自相矛盾，尽人能知其谬。注吕刑，复混凡前史言苗者而并一之，曰："苗民者九黎之君也。颛顼代少昊。诛九黎。分流其子孙于西裔者为三苗。至高辛之衰。又复九黎之恶。尧兴又诛之。尧末又在朝。舜臣尧。又窜之。禹摄位。又在洞庭逆命。禹又诛之。穆王恶此族三生凶恶。故着其氏而谓之民。"云云。自是之后，说家言苗者，梦如乱丝，不可以理。而近人竟以舜禹所征之苗为今之苗种。因之黎亦以为今之黎种。少昊时之苗民九黎，与今之苗黎混而为一。于是谈历史者遂臆度自少昊以来至于虞夏，九黎屡屡叛于北；三苗屡叛于西南。一若此苗族在三代以前，与吾汉族竞争至剧，为一莫大之劲敌者。其误实全基于郑说也。夫尧时三苗，竟窜于三危。地属西裔，史有明征。岂得至禹时复在洞庭逆命。是二者显非一事，理至易明。孙星衍亦尝辨之。至尧时三苗本神明贵胄。左氏传、山海经及诸家传说，并无异词。今乃以南方蛮种，抑尤妄矣。原郑说之误，其以吕刑之苗民为九黎之君，以窜三危之三苗为九黎之后说本国语，具有根据。其言禹摄位又在洞庭逆命者，则误以禹誓征苗之事比而同之。其隙易寻，无难立辨。凑学之士，不求甚解。展转沿讹，重纰贻缪。致可叹矣！然犹未至以蚩尤为苗族也。近则直以蚩尤为苗族酋长，久宅神洲。黄帝率汉族从西方来，侵夺其地。主张民族论者则此为夸耀。反对者或即反而相稽。矛盾之攻，循环无己。爰考尚书、吕刑实始载其名。曰："蚩尤惟始作乱，延及于平民，罔不寇贼。鸱义奸宄，夺攘矫虔。苗民弗用灵，制以刑，惟作五虐之刑曰法。"郑君谓"苗民乃九黎之君。于少昊氏衰。上效蚩尤重刑"。又谓"蚩尤黄帝所伐。学蚩尤为此者。九黎之君。在少昊之代也"。郑说甚明。并未尝以黄帝时之蚩尤为九黎为苗民也。而自大戴礼、史记、周秦诸子以至诸家传注，言蚩尤者，或以为庶人；或言古天子；或言诸侯；或言霸天下。说虽不一，然从未闻有以为苗人，及以为异族者。以蚩尤为苗人。其缪盖自误会马融之说始。马注吕刑曰："蚩尤少昊之末九黎君名。"马意本以此蚩尤为少昊之末九黎之君。固显别于黄帝时之蚩尤。与郑说实无甚异。故朱骏声曰："按郑注云云，是黄帝禽于涿鹿者一蚩尤，九黎之君又一蚩尤。如尧时有羿，夏时亦有羿。蚩尤作兵。羿善射。慕之者相袭为名。古人往往有之。"其说甚是。今人不善读书。第谓蚩尤为九黎君名，遂以指黄帝所伐者。而九黎既谬以为即今之苗黎，因之黄帝所伐之蚩尤，亦为苗种。斯不亦远乎？今再按韦昭注楚语云："九黎，黎氏九人。"书疏引之。下云："蚩尤之徒也。是后民之效蚩尤为乱者。"夫曰其徒，曰后民。则少昊时作扰之九黎，盖即黄帝时之蚩尤之后。而蚩尤盖即黄帝时九黎之君。合之马郑之注及史记以蚩尤为诸侯，适相印证。由是言之，九黎盖古之国名。黄帝时其君名蚩尤者始作乱。黄帝杀之。仅及其身而止。（按史记及诸书皆止言黄帝杀蚩尤。无有言诛其子孙放其党族者。）及少昊之末，其后君袭蚩尤之名，效蚩尤之恶。是作五刑，而以尧时三苗实其后代。故吕刑变九黎而曰苗民。然则恭贺黄帝时之蚩尤，亦三苗之先世。三苗既为缙云氏之裔。则黄帝时之蚩尤，亦必缙云之族。固同属神明贵种矣。是故以蚩尤为苗族，毫无明证。而以蚩尤为汉族，则犹有可验之符。某氏徒据地域以言蚩尤之非苗族，尚未足以塞彼辈之口也。（至三者同名为苗之故，犹有可言者，别详拙者《寒柏斋剩言》）故余以为吾人欲藉历史之事实以兴起民族之感情者，与其言黄帝逐苗人，毋宁言黄帝逐荤粥之信而有证。（黄帝北逐荤粥、见史记五帝本纪、此族即周之猃狁、汉之匈奴，是为蛮夷猾夏之最古者）。毋庸取暗晦不彰之事妄相附丽，而反对者亦末由反唇以相稽矣。然此亦第据历史以明其事实之如是而已耳。若以民族抚有国土之定义言之，则汉之与苗，来宅神州，孰为先后，亦不必辩。今纵如近人之说，姑假定苗人先来此土。而汉族之抚有诸夏，亦不得谓夺自苗人。何以明之，今之言民族主义者，固与法律家之判断产业有殊。执产业者有左契可稽，主客易辨。民族之抚有国土则否。浑浑大地，孰为元主？岂有明文。惟以能于其地布施政治建设国家者，乃为其地之主人。苟有先居其地，而或随时迁徙；或徒聚族而居，然未成国家，本无国土之观念。则此民族只可称为种人，不得称为国民。既非国民，即不得为此土之主。其后别一民族移殖其地，为之布设政治，建立国家，抚有此土，即为此土之主人。而对于先民族，只谓之抚服，不谓之侵略。今苗人之来居中土，尚未成国。自可质言，则中国者固非苗人之中国。而汉族移殖之后，拖以伏羲、神农、轩辕之文化，抚翼异类，建此大邦，即无异为抚有神州之左契。何得谓侵略苗地。更何得于四千余年之后，国体已固，主客已定，复谓苗之视汉，亦在常排之列邪？至于民族建设国家之后，国民之经营、生息于此土者已千百年；乃复有一异族来自他方，覆其宗祀，据其疆土，欺压其种族，蹂躏其政治，攫夺其生产。此乃谓之亡国。为国民者，当大张六师，以图光复。其情事实与种人之被人抚服者相去千里，不能为例者也。是故印度本马来人所居，及阿利安人移殖，乃始成国。不得谓阿利安人之夺印度也。日本本颗罗克人、虾夷人所居。及和人移殖，乃始成国。不得谓和人之夺日本也。惟如今日英人之据印度，乃为侵夺。盖与晋之五胡，宋之辽、金、元，明之□□同例。故吾闻世界论者，有谓印度国民当排英人者矣；未闻有谓印度土人当排阿利安人；颗罗克尔人、虾夷人当排和人者也。何也？印度土人、颗罗克尔人、虾夷人固未尝建设国家，不得称为印度、日本之国民。而阿利安人、和人则明明建设印度国、日本国，而为其国之主人故也。是故民族抚有国土之定义，不以宅居之先后为衡；而必以能建国与否断。某氏第据来居先后以定主家之数，于是不得不谓中国今日地无一非为汉族所固有，以自固其说。此则非余所敢苟同者矣（某氏谓支那本部自凉南诸州外洋有攘取者，凡所征引皆未甚安。余别有说辨之《寒柏斋剩言》中）。

——《香山旬报》第 13 期，己酉（1909 年）元月十一日。

第二节　《香山旬报》的社会影响

论邑报　亦进[①]

凡人类智识之进步也，必有种种之征验。上古之世，一人主政，万民慑服，无政治之观念，无权利之思想，固蠢然一豖犬也。有达人起，慨风

[①] 亦进，李锐进笔名。李锐进，香山人，1906 年，与杨子毅、林继昌、郑道实等一道进入广州两广方言学堂学习。后加入同盟会，并参加创办《香山旬报》，担任编辑并负责撰写评论。其笔名甚多，尚有愤血、民声、枕戈等。

俗之蔽塞，悯民智之晦盲。文字讽时，讴歌变俗。春秋之作，大义由张。乱臣贼子，屏息震恐。则文章之功用，所由来久矣。春秋以往，文字狱兴，虽贾谊、元德秀辈，砥柱中流。然继起无人，文人之气，自此衰息。降至今日，人权稍振，公理斯张。继春秋后，口诛笔伐，启迪民智者，厥为报纸。

我国四千年来，无所谓报纸，通商后稍输入焉。庚子间日益发达，或月报、或旬报、或日报，如风之起，如云之涌，传遍国中。官吏视之若霆震，土恶视之如蜂虿，士气赖以稍伸，民智因而大启。则吾民食福于报纸者，良非浅鲜。然报纸以交通发达之故，必择地于都会。耳目之隔，难及僻壤，东征西怨，莫可普及。知微见远之士，欲补其弊，而邑报之说遂起生焉。铜山面崩，洛钟东应，遂为邑报发达的时期。

吾粤邑报之设，如顺德报、城北报，其最先也。继之而起者，有东莞报、增城报，最近则新宁报又出现矣。其他既发起而未成立者，如四邑报、三水报者，尚居大多数。西儒赞士伊路利斯曰："报纸者世界之镜也。"而西哲之评论人国，亦以学堂报纸之多寡为断。今吾粤之邑报，尚具长足之进步，又安得不为吾粤之前途贺耶？然吾亦尝默揆办报者之苦心矣。见夫官绅所行之事实，多不轨于公理；而于地方上人民之利害，又漠然不相关于心；兼之学界凋残，商界坠落，工艺则罕有进境；漫漫长夜，莫知所适。而欲以身入泥犁中，登斯民于觉岸而已。宋人诗云："锄禾日当午，汗滴田中土。谁知盘中餐，粒粒皆辛苦。"人之得饱一餐，而几经艰难辛苦而来也犹如是。况夫人微言轻，与官吏争，与土恶争，与风俗人心争，非具大智识大魄力者乌从有此。

于此有拘泥古说，矜为明哲者，则以口舌取祸，直道不申，宣尼大圣之笔，犹不能无所顾忌。则请语之曰，报纸言论，自有范围，肆意排挤，比于灌夫骂座，信有过矣。若夫伸张公理，一得其当，何嫌何疑，而有惧意。吴兢之撰武后实录，司马光之作通鉴，范文正之草碑铭，大笔淋漓，头可断笔不可夺，何其壮耶？然则吾人所亟宜注意者，问禁问俗，求无背法而驰足矣，其他非所知也。悲夫！纵横七十九县间，其劣绅污吏亦多矣，欲其代表舆论，声其罪而振民气，舍报纸莫为力。上下四千五百余年，其漓风恶俗亦多矣，欲其启发人心，舍其旧而谋其新，又舍报纸不为功。使报纸有所畏避，或殉情、或惧祸，则言论以束缚而不申。畏首畏尾，身其余几，又安能申公理、造舆论耶？既不能申公理、造舆论，则隐情惜己，自同寒蝉，有不辱我毛锥者耶？吾尝谓凡论一事，不必震炫其名，先必核定其实。报纸有申公论、造舆论之责，则必思有以副其实，吾所惧者邑报之未尽副其实耳，又何兢兢惕惕为？

抑吾固尝遍察邑报之内容矣，图谋公益，同具热心，然所执行之宗旨，有急激、有和平，斯则士各有志，不能强同者也。要之邑报发达最盛之日，即中国大势振兴之日，可决言也，盖中国全体也，各邑分子也。既有邑报以鼓励其精神，发扬其识力，则分子既良，中国必从而大振，此一定之理也。虽然，凡一文明事业，能谋大多数之公益，必于一小部分人有所不利，即如报纸以利国利民为目的，则于官绅必有所规劝，而顾忌之士，或有所惮而不敢发其覆，然吾以为此等障碍，何难解决之有？今试问官绅之以损人利己为究竟目的乎？抑犹以利人利己为究竟目的乎？由前之说，是明以一己与社会作敌，失道寡助，口诛笔伐，未云太过；由后之说，则其基本未坏，君子之过，如日月之食，起而纠正之，导以最良之心理，必霍然而起，番然改悔，又安知其长此终古耶？

天下事无不可转圜者也。彼劣绅污吏，同是人类，特其为利欲之诱，所谓良知斯蔽耳。今日报纸盛行，发大愿力，具大慈悲，兴化励俗，振作民气，造福地方上者，固未可量。而监督权贵，绳愆纠谬，亦甚有力。吾愿凡百君子，各守藩篱，为桑梓谋幸福，此倡而彼和，甲进则乙随，挽将死之人心，破赖败之风俗。由邑而府，由府而省，由省而国，以植小群者为值大群之基础，以维持社会者为维持国家之预备，则庶几耳。

——《香山旬报》第29期，己酉（1909年）五月二十一日。

香山人对于香山报之心理　静观

深山之中，万籁俱寂，倏尔琴韵铿锵，洋洋盈耳，则欣慕之情，油然而生。空手独行，前临大泽，后逼猛虎，博之无力，奔避靡从，则恐怖之状，倏忽万变。若欣慕，若恐怖，感于外而动于中者，人之心理乎？

立宪之诏下，奔走号召，亟亟于讲求预备者有人。舞牙弄舌，极力以排斥反对者有人。二辰丸之交涉失败，结团体，倡杯葛，一方引以为莫大之国耻。著书说，主解散；一方又斥之为非我之国耻。同受一事之刺激，适成极端之反对，心理之不同，又如是。

第一章　香山同盟会机关报的问世

黑夜行人，方针莫辨，醉夫梦里，感觉全无，其为我香山前此一般社会之现象乎？醉梦之中一声雷，长夜漫漫初晓日，则我香山旬报之出现也。韩昌黎曰：一凡人誉之，则自以为有余。一凡人诅之，则自以为不足。而谓登狮子座，布广长舌，如我《香山旬报》者，独不足以观一般社会之心理乎！吾当驾浮云天际，向珠江下游，张慧眼以观之。

则见夫高堂广厦，英伟少年，群数十人为一室；室约三四，咸整然肃然。知其为受课时也，俄而钟声隆然，掩卷而起，鱼贯而出，皆之阅报室，一若循磁场之指力线者然。且行且曰：吾党所最欢迎最仰慕之《香山旬报》，其到未？旬日间邑中事之待其纠正，新智识之待其介绍者，若大旱之望云霓也。故报已至，则行疾目灼，争先观之为快。见时评则曰斯之谓主持公论；读论著则曰斯之谓诱进国民。正叹羡未已，而拍案之声叫绝于前，曰自有此报，而办学之士夫，不敢不留心也。抵掌之声嗣响于后，曰自有此报，而舞弊之劣绅，不容不敛迹也。或静坐而观，或高声而诵，其兴味视受课时高十倍。若其未至，则各鸟兽散，索然而返。甚其喃喃自语曰，省渡撞沉丝艇也，何今期派报之晚也？或且行之复止曰，报已到而在教务室乎？何不且往观也。窥其意必欲得一见而后快。如是者凡十日一见，见凡数十处。

于时有屏息窗前牖下，倾耳以察一般生徒之动静者，张口咋舌曰：何物书报，足以令若辈醉心若是？引领望之，人声已寂。知已尽上课矣。步至阅报室，一册横案，五光十色，灼灼迎目，始知其为《香山旬报》也。开卷，有心许者，有解颐者，有赞羡不已者。至某处，忽拍案曰：何消息之灵通也。沉吟良久曰：何不稍留余地也。顷刻之间，容色万变，呼是何足观也。举前所心许赞羡者皆置诸脑后，呼童曰：来，请各教员各监学。至则曰：似是报之肆口漫骂，实足以蛊惑学生，淆乱视听，宜掷还不看。但就顷所见，学生实欢迎甚，将施何策以对待，愿诸君为借一箸。有掩耳疾走者，有付之一笑者，有故为错愕者，同一鼻孔而妄筹抵制者亦大多数。今日言抵制，明日言对待，而《香山旬报》又出一册。

西山之下，文庙侧室，巍然戴高冠拖长绅者，凡数十辈。茶话初罢，一人起曰：近有所谓《香山旬报》者，衮衮诸公，亦尝一寓目也耶？一人对曰：何足观；曰虽专事笑骂，似无足道，而论邑中事，洞若观水，明若然罪。令我辈之举动措置，对于各界之积威，各公产之特权，便大不便。应之曰：噫，子迂矣，笑骂由他笑骂，荷包我自饱之，何不便之有？又一人曰：

是可忍也，笑骂虽由他笑骂，好官或且信之，何不便之无？赧其面而张其胆者曰：我且封之。欲加之罪，何患无辞。外镇定而内仓皇者曰：封报恐非势力所及。本邑在吾等范围中，可禁绝邑人看。同时有应声而起者曰：封报讲势力，看报亦自由。丰山书院崇义祠之款实充裕，何不尽买其报，一网而尽，使他人弗及观，则是报虽有若无也。视其人则脑筋全无者。余则有扼腕而嗟者；有妄谭对待者；即口非而心是之者，亦未尝无其人；相对无言而默许之者，则空山一鹤也。

岐阳濠镜，商户比鳞。大而富商巨贾，小至小贩竖夫，莫不鼓舞欢呼。或各手一卷，或并肩相视。有促膝而谈者，则曾经我目也。有倾耳而听者，则目不识丁也。旁有问之者曰：既无货价之行情，复鲜船期之布告。如《香山旬报》者，公等欢迎之若是何居？曰：子独不知吾邑商界之现象也。自商会之组织成，劣绅入寇，总董串举，相机而动，遇事把持。而一二狡黠之奸商，又从而助纣。上蒙官吏之视听，下恃商民之可欺。颠倒是非，择肥而噬。得直者谓钱神有灵，强横滋甚；受屈者徒呼荷荷，公理全无。荆天棘地之中，所赖以主持公论。摘奸发覆，为吾等一吐不平之气，使若辈稍存顾忌之心者惟斯报。况商界知识尚幼，方藉之为进化梯航，邑中时事日非，胥赖是作迺人木铎，则其价值之高下，又岂可以船期货价之有无而定哉！语罢阅报如故，而问者亦争览一帙。

精华荟萃之区，四通八达之衢，往来如鲫。若男若女，老者、少者、壮者、负戴者、肩舆者，口所道，道是报；耳所闻，闻是报；目所见，见是报。喧哗之下，细为析辨。见夫始则怩然变色，继而老羞成怒，终且撕为粉碎。始终不发一言，忽忽如有所失。则平生行事，不可告人，至是为斯报发其隐而暴其恶者。牢骚抑郁之状，盎然见于面施于四体。忽闻旬报论及某事，则趋而视，视已不禁扬眉吐气，若有德色者。知其受屈于人，而得伸于报也。虽未闻荆轲聂政之风，常怀击筑磨剑之志。见某事为虎绅所败，则恨无博浪之椎。闻某人为土豪所欺，则愿蓄秦庭之匕。斯人也，以实行为主义，谓文字有冷情。然一见斯报之危言傥论，铸鼎燃犀。则曰：虽未足以夺其魄，庶足以寒其胆。土恶之强横，劣绅之凶暴，倘仍弗戢，吾当仗剑以盾其后。则斯报为明谴，吾辈为暗杀，亦互相为用也，不可少。手讲义一折，姗姗来迟者三数人。窃窃私语，好风送来，则谓吾邑旬报，铸多人之脑力，振一邑之精神，洵我香山之福。彼男界之光，噫，返观我女界，求多识之无者，尚不可得，美满光大，发扬能力。如是报者，俟诸何日。虽然，皆吾党之责也，当奋勇进前以蓄力。

稠人广众之中，二三翘然特立之士，言论丰采，固于斯报甚为赞成。顾沉吟良久，一似重有忧者，奇之。根其究竟，微闻太息之声，则以斯报资力棉薄，恐难程久大之规。议论不阿，更易触当途之忌，《顺德通报》、《东莞旬报》之故辙，深切杞忧。噫！多财善贾，先哲有言。方正不容，古今同慨。吾闻其言而想见其为人，盖爱之深斯不觉其虑之过。

斜阳西下，倦游思返，综一日所见，繁冗杂阗，光怪陆离。方将开东壁门坐西窗椅，醮二橡烛，沉旧藏之墨，饱已秃之笔，为之胪列而研究之。若者为普通心理，若者为特殊心理，若者为有意识之心理，若者为无意识之心理，若者为病狂之心理，厘然井然，以推测一般社会之程度，为之断定其高下，使之自镜而知所劝诫。而剥啄之声，来自门外，书童告余曰，《香山旬报》催稿也。噫，老子任自然，释迦重真如，是以经学之文有今古，自郑玄混合之注出，而泾渭难分。种族之界严华夷，自汉唐赐姓之举行，而混淆莫辨，则与其谬为断定，限于一人之眼光，何如述所见闻，庶得庐山之真面目，乃执笔写之，以付手民。

——《香山旬报》第 6 期，戊申（1908 年）十月十一日。

本报二周年纪念序

岁在戊申，诸同志慨民智否塞，思有所启发。有以创设旬报之议进者，众咸致力焉。时不佞暑暇返里，少有赞画。及后疾病纠缠，家居养疴，门以外事几不相闻问。朋辈相过从者，往往语及旬报事，虽病犹乐听之，必词尽而止。今岁八月二十一日，则已届二周年之期矣。编辑李君起语不佞曰：若吾子不可无一言以识之。犹忆旬报之始刊行也，有窃笑于旁者，谓县治僻左，交通非便，阅报者必不众。吾见其不数版，必寂无声响矣。诸同志闻是言，则咸奋而起曰：旬报之设，将以沦民智而通民隐者也。非以是为利者也。殚吾思而竭吾力焉，安庸以不能为继是虑。洎夫风行海内外，所销益增。而持论梗直，不为权豪忍阿。忌者欲有所排挤，肆为短长。谓主持报务者，习以爱憎为是非，不足视为觳率。其怀怨积怒之深者，更思事中伤。告评既穷于术，则扬言于众而阴示之意焉。谓必将以武力暴行从事。若是类者，纷然日接于耳目之前而未已也。懦者处此则变；庸者处此则惊；斯亦势所必至乎？而诸同志曾不为少动也。守其宗义，循其故轨，日蒸进而不已。积而久焉，则向之怒且忌者，己一变而为畏惮。而窃笑于旁者，且转而趋于希望之途。惟其希望之殷，而责备随之矣。盖自二年以来，邑众之对于旬报，其由窃笑而忌、而恐、而希望者，辙迹之可寻如此。呜呼！可勿念哉。虽然，始而笑者，思尼其成也。继而忌且怒者，患触其私也。自识薄虑浅者窥之，以外梗之甚，必以旬报将蹈鲜终之惧。而不佞以为诸同志必不缘是易其旨趣，此可得而断言也。至若许可者之多，期望者之挚，亦将何以副其意而毋使怀鞅鞅乎？诸同志宜益勉矣！自兹而降，凡官吏之暴污，工艺之梏窳，风俗之败坏，文献之散佚，与夫一切利之未兴，害之未除，不佞知诸同志必内自省曰：无他责焉。言论鼓舞之功未至焉耳。信能循是而弗懈，则可纪念者宁独区区二周年而已哉！

庚戌八月郑讽一[①]序。

——《香山旬报》第72期，庚戌（1910年）八月十一日出版。

第二周年纪念文　振铎

岁逢上章阉茂，本报绵历两载。同人卷韝鞠瘠，进主人而诏示之曰：子亦有以宣扬本报之辉烈，而胪陈畴曩之纪载者乎？主人曰：唯唯。既自摽季浇钻，寖成风会，时流墨尿，杜绝天机。为蜮则内蕴百心，幻狐则外呈九尾。局款盘踞，滥于私产之取求。缇骑纷驰，动指党人以罗织。当其鲍鱼逐臭，橘柚可合为弟兄。俄而蛮触肇争，苗秀亦非我族类。士鲜坚贞之节，群竞筐箧之私。是宜直揭肺肠，曲摹形相。然温犀于毫底，铸禹鼎于简端。是是非非，原原本本。此其胪陈者一也。

多神为教，焉木石以萧苻。窃妻以逃，变邹鲁为桑濮。无遮大会，昧同席同器之嫌。私斗成风，持不杀不休之论。沿海之围田万顷，迹混椎埋。乘风则港澳一帆，掳及童稚。晨星落落，教育普及以无期。横流滔滔，社会改良于何日？岂无奇杰，留十步之芳。不愧文明，褫群盲之魄。然既属麟角牛

[①] 郑讽一，郑道实（1887—1957）笔名，其他笔名尚有阐微、亦讽、求是等。香山沙溪庞头村人。1903年赴广州，就读于两广方言学堂。1908年参加同盟会，参与创办《香山旬报》。民国成立后曾任中山县县长等职。1947年3月被聘为中山县文献委员会副主任，同年11月任中山县参议会议长。新中国成立后，当选为中山县人民代表。1954年被聘为广东省文史研究馆馆员。

毛之比例，又何烦蜩甲蛇蜕之寓言。大声疾呼，起盲针废。宋游道风谣博采，宁谓无征。许子将月旦公评，谅非获已。此其胪陈者二也。

集民教于两造，伥虎而焉问苍生。眯知识于一丁，营蝇而转膺赤紧。云何改良监狱，突地吼且毒及璇闱。纵教协会维持，丧海权则画同玉斧，卖粪甚延龄之策。别剔龟毛，编营蘸陈奉之门，遑惩蚕尾。台山十仞，纪积恶者齐高。岐水一江，洗流秽者难尽。此其胪陈者三也。

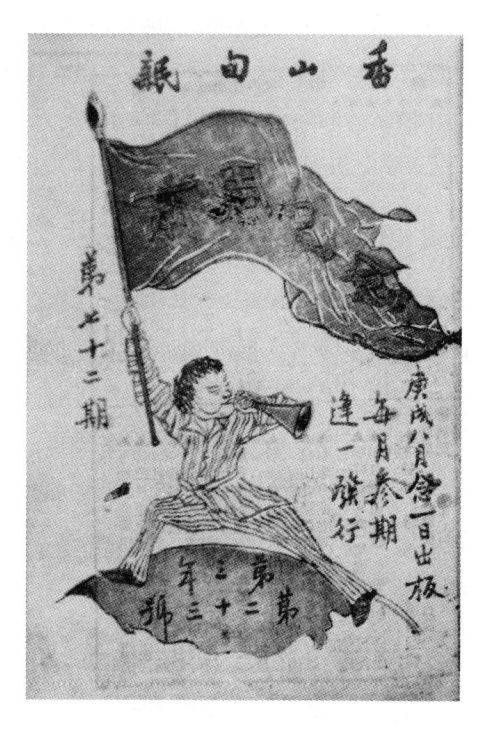

图1-6 《香山旬报》二周年纪念版

五十余万之人民，于斯为盛。七百方里之疆域，廓其有容。正宜凭借膏腴，扩张动植。而乃为疾用舒之渺若，得毋利导教训之缺如。先发者五技五穷，中阻者一埋一揎。毡欺白雪，而南萌仅传。蟹羡黄油，而青洲外隶。长途发轫，纵云萌柢于香洲。一局枯棋，忍溯交通于濠镜。植物则会城萃其盛，愧影响之无闻。铁轨则宁邑首其涂，何肩背之敢望；犹且恣其视听，自谓将牢。倘非棒喝之当头，曷睹鞭驰之捷足。此其胪陈者四也。

况乎丛残斠刻，灵秘探求。手泽惓自先民，羽陵搜其坠简。方言万汇，踵扬雄训纂之余。胜录连篇，附刘熙释名之例。撷精英于文苑，群雅三千。

吊遗迹于国殇，大招一曲。太傅坟堙沉碧血，尚劳影片于他时。天王桥郁勃银涛，想见种争于异代。笔则笔而削则削，何俟鳞经。见所见而闻所闻，讵嫌蠹简。此则揽赤县将沉之陆，断鳌足以难忘。起黄人未死之魂，秃兔毫而靡悔者矣。兹者一时纸贵，炼都无假左思。十日编成，画石不殊摩诘。板锓胡铨之疏，同此赏心。装分陆贾之金，助其张目。然而宗旨不离前辙，毁誉一任当途。威尼斯之倾倒寰球，何修得此。波士顿之提倡世界，有志未能。所愿助我悃闻，道湮流于海澨。捐其故步，扬大汉之天声。呜呼！山河劫烬，请看二十世纪之舞台。日月跳丸，又是七十二期之出版。缅陈天觉建学筑城之效，逝者九原。籀赫胥黎物竞天择之言："国民万岁。"

——《香山旬报》第 72 期，庚戌（1910 年）八月十一日。

本报二周年纪念祝词　铁魂

庚戌八月二十一日，为旬报二周年纪念之期。铁魂以远出游学，不克与于斯会。伏念旬报自出世以至今日，受海内外同胞之欢迎；褫邑中豪强污吏之魄。具体虽微，厥功最伟。乃为词以祝之曰：自文纲密张，言路抑塞。直言之士，进退触藩。公论之不明于世也久矣。公论既屈，私说竞起。助虎狼之横噬，饰权豪之巨肓。贻祸社会，造孽人类。苍莽天地，黑雾弥漫。日月失曜，魑魅出没。嗟彼横流，曷其有极。凡百君子，能无感喟。是以奋纸直书，痛言极谏。笔花喷泪，墨沈凝血。虽至白刃加颈，重刑逼侧。意气自若，丰采焕发。冀有以醒众生之梦，造社会之福。发狐鼠之谋，丧奸雄之胆。有人如此，庶可立言。故一人言之，天下和之。后世趋之，以其言公也。嗟乎！今之报纸，非舆论之代表乎？又非以言论为天职者乎？一二直言之士，本其痛哭流涕之热诚，发为急雨飘风之苦语。因而独讳诏忌，杀身取辱者有之矣。然而非所愿虑也。呜呼！今惟我国民，罹种族之痛，肩存亡之责，忍视同胞之涂炭而熟视不睹乎？忍背万世之公义以甘言取媚乎？我邑为地虽小，其民性则活泼不羁；其民气则卓荦不挠。今以一邑之旬报，代表一邑之民族。吾愿其毋失我卓荦不挠固有之气概；吾愿其有以慰我先民陈天觉、马南宝诸公在天之灵；吾愿其能发扬蹈厉以为我民族光。呜呼！苏国民半死之魂，振江山摇落之势。凡我同人，共负厥责。嗟予小子，敢背斯言。

——《香山旬报》第 72 期，庚戌（1910 年）八月十一日。

香山旬报二周年纪念祝词　鹈灵来稿

维旬报之发轫兮，肇锡予以嘉名。名予曰香山兮，启予版以经旬。岁冉冉而两度兮，愿扶风而上征。遵彼路而询铎，冀发扬夫民声。研热血以为墨兮，启中书以为戟。解佩缥以结言兮，咀菊英以为食。岂予病于神经兮，竟厝口而不惜。誓抚壮而去秽兮，独裸衣而骂贼。喜一纸之风行于远迩兮，随地轴而周旋。览万民之传诵于道左兮，咸拊髀而流连。朕旁皇而览镜兮，世尚悦吾之蛾眉。愧予身之耿介兮，羌无术以要之。岂吾族之嗜痂兮，谬同誉而同辞。知人心之好恶兮，亦权衡乎是非。卜种族之丕昌兮，结幽兰而延伫。敢缘斯而骄傲兮，置萧艾而不会。余昨梦夫西方之美人兮，贻我以三千毛瑟。曰自由之代价兮，民权之羽翼。尔其保之以永寿兮，庶无忝夫天职。余又涉江以朝渡兮，寻找先贤之遗居。曾倾粟以饷军兮，来我后而停车。延民族于一线兮，激大义于天衢。节凛凛其犹在兮，景高山而仰止。朕即此而瞿然兮，激壮心而奋武。搴吾法乎前修兮，既遵道而得路。予窃悲夫下氓之多艰兮，遭含沙而中毒。伊豺狼之侥侥兮，涎羯羯而逐逐。假城虎以示威兮，复教猱以升木。朝伸爪而攫予之几筵兮，夜扪室而觊吾之牛羊。既饱血而胺膏兮，又咆瞰而盘藏。伊小鼠之穷黠兮，思攒穴于宫墙。揽粪草而包苴兮，目耽耽于余粮。惟尔性之工媚兮，频拱穴而下揖。惟尔势之可借兮，营君社而聚集。穹尔毒之所至兮，将弥漫于予邑。矧饥虎之负嵎兮，时瞰伏于吾侧。据我穴而不悛兮，又探蹬而入室。挟潮音以激楚兮，怒哮啖而肆攫。振雷电以彰吾巢兮，天雨苍而浪赤。无贵贱而同碎兮，枕流尸而狼藉。鬼夜号于颎洞兮，怨同埋于一炬。诚蓦地之大劫兮，虽精卫其何补。嗟予族之孱弱兮，甘忍辱而蒙耻。胡召厉于颢苍兮，乃降之以凄苦。朕绕地而三匝兮，俛掩涕以浪浪。惊咄咄而击柱兮，继顿足而跄跟。乃左执犹以搏虎兮，右逐鼠而驱狼。狼鼠既慑而匍伏兮，曰吾世世莫尔毒也。虎狂吼而狞狰兮，知凶顽之未化也。予将挟矢而遣击兮，剪其爪而断其牙。更料我族以临之兮，虎当俯首而之他。客曰：嘻，抵触足以亡身兮，尔何博謇而好言。道高则足以招谤兮，尔胡持性而悁悁。惟党人之多奸兮，背绳墨而追曲。众不可户说兮，善挟私而怨讟。尔如下采于吾言兮，当披肝而坦腹。余既奉天以致讨兮，锡朕位而无冠。凛斧钺以维世兮，权笔剑而诛奸。依前圣以节中兮，喟凭心而桓桓。知魑魅之磨牙兮，羌无力以狙我。为一方以除害兮，忍信谗而聋哑。予将更乘飞船以飞渡兮，遵吾道夫昆仑。佩远镜而远瞩兮，细窥测乎太原。路蜿蜒而险隘兮，披棋莽之苗达。知龙蛇之出没兮，思据此而营窟。呼我众以猛省兮，蝮踑踋而突兀。当厉吾剑而利吾镞兮，守吾土而奠吾宅。翳天下之兴亡兮，惟匹夫之有责。况予舌之未焦兮，应发奋而忘食。歌九辨与九歌兮，招温峤而辅予。令蹇修以为媒兮，偕董狐而驰驱。来吾道乎先路兮，作天声之鼓吹。誓不懈以益坚兮，冀方行之罔替。旷八纮之寥廓兮，风浪浪其匝地。思澄清以自任兮，向中流而揽辔。喜二载适盈于此日兮，振欢呼其万岁。

——《香山旬报》第72期，庚戌（1910年）八月十一日。

香山旬报二周年纪念祝词　惠州曾作恭来稿

以文字救人，已可哀矣。以文字于今日之时代之社会，提撕警觉，而欲以有所为，不尤哀之可哀者与。《香山旬报》开幕于兹，阅二周年矣。其感于人者如何？吾不敢知。要其宗旨，则以文字救人者也。以文字于今日之时代之社会，提撕警觉，而欲以有所为者。于乎！香山报诸君子其有感于此哉。于乎！亦足慨矣。夫报者不祥之物也。政府忌之；官场忌之；劣绅忌之；其为一般之汉奸尤忌之。故报界之受封禁、受拘押、受忌讳，其愈激烈愈敢言者，则罹罪愈重。顾其感起奋兴之力则愈雄而厚。香山报提撕警觉，二周年于兹矣。其阅迁变者几何？其洒兴亡之泪者几何？其受摧锄之祸者又几何？挥数斗英雄之涕，藉一纸飞行之力，庶借笔权，少尽天职。香山报诸君子之用心，亦良苦矣。以文字救人，岂不大可哀哉。于乎！亦足悲矣。决死生于河上，釜共舟沉。栖喘息于会稽，心随胆苦。吴宫寥落，花草羞人；汉族陵夷，衣冠刍狗；曚曚天帝，岂河山歌舞之年。昧昧我思，正社会死心之日。江山大好，时世全非。文字无灵，劫灰何极。泣欧风与亚雨，惊咄咄其逼人。营兔裘于冰山，羌朦朦以视我。嗟乎！千年黑暗，来日大难；中原陆沉，夕阳无限。长蛇封豕，伤心榆枣关前。寒角清筝，月冷胭脂出下。惨惨丧家之狗，力竭声嘶。哀哀亡国之民，天荆地棘。吊故宫于禾黍，家国沉沦。聆冷调于伊凉，筝琵激楚。醉苏梦死，红羊无劫不成灰。生杀予夺，白铁何辜供铸错。悯豺狼当道，或人谋而鬼谋。作奴隶于几重，最可羞而可耻。秋风城郭，昆明无不劫之天。故国铜驼，精卫有未填之海。吊东南新鬼，已神泣而天惊。念西北埋锥，亦销声而匿迹。风云惨淡，罗网高张。地狱庄严，人心都死。嗟乎！今日何日？今时何时？而香山报独矻然提撕警觉于狂澜颠靡之中，作中流之砥柱。予安得不凭吊欷歔，而为斯报祝。于乎！香山报效力无穷。诸君子愿力无穷。予望亦无穷。

——《香山旬报》第72期，庚戌（1910年）八月十一日。

本报三周年纪念感言 愤血①

原夫报纸之设，所以监督政府，牖导国民者也。然本报设立以来，核其既往之迹辙，监督政府之言论，实落落若晨星。盖政府方专断自恣，不受他人之监督；而吾与之趋舍异向，亦不必为之监督也。然则记者所兢兢焉、惕惕焉，日以言论相为切磋者，惟在我国民耳。盖记者，民也。其言论皆为我国民之言论，提撕警觉，舌敝唇焦，皆欲我国民谋幸福、复人权，使我国民翻然而起，保卫权利，为一致之行动。则民力巩固，自足对付政府而有余。所谓用力少而成功多，法莫善于此者矣。乃忽忽匆匆，本报已届三周年矣。记者日夕从事于笔墨行间，而回顾同胞，犹是倪倪伈伈，终无丝毫之感动。岂报纸之发挥有未至耶？抑国民之能力尚未充实耶？计此三载余中，记者搁笔静思，实若万箭攒胸，痛苦不可与人语。呜呼！江山异色，撰述何心。岁月不居，我怀莫白。则对此三周纪念，而感慨正多矣。

夫纪念云者，纪其既往之成绩者也。若法兰西之革命、若美利坚之独立、若葡萄牙之改变民主，皆可以为纪念者也。即不然，若我国之实行禁烟、若我粤之实行禁赌，亦足以为纪念。若本报三历周年，本为最平常之事，知此又何足以云纪念？又何足劳记者之笔墨，以作纪念文。然记者之所欲言者，则以胸中之蕴蓄，实欲借此三周纪念期间而发挥也。

本报发行三载矣，所口诛笔伐者日益多。而政界、而绅界，咸视若眼中钉、背后芒，正欲去之而后快。忆昔发行之初，以至今日，凡被本报所痛击者，日从事于示威运动。今日曰某事可以罗织，明日曰某人筹议对

图1-7 陈天觉像
倡建香山县者陈天觉像

---

① 愤血，李锐进的另一笔名。

待，触于耳而入于目者，不下数十次。最近清乡委员邹兰生以本报发其覆故，老羞成怒，竟欲凭借官力，重罚本报，本报不为动，吮毫申纸，日睨其旁以监督之。而如虎如狼之邹某，终为之折服，而不敢申辩，亦可见公理在人，非强权可能摧折也。迄于今民智日明，人权复张，而有诛锄官绅各界之罪状者，邑人亦安故处常，不至诧怪矣。然记者回溯既往，本报以三数同志之力，日与妖魔激战，朝发一论曰诛某吏，夕发一论曰讨某绅，柔懦者则舌挢而不能下，谨守者则为本报危。而记者则贾其余勇，再接而再厉也。计至今日，继本报而起者，有五日报矣，有日日报矣，彼报之宗旨虽不必尽同，而发奸锄暴之心，当不谋而合。然则本报昔日之持论激昂，为邑人可骇异者。今邑人皆投袂而起，竭力以为之，办报者之程度愈高，而阅报者之程度亦愈进。昔之所疾视者，今则见而畏之；昔之所怪异者，今而爱而亲之。则本报造福于同胞者，虽甚浅薄，而鼓吹民智，发挥公理之心，固不敢一刻懈也。今者吾邑报纸已有数家，报纸愈多，而民智愈进，而公理愈明矣。然则本报虽不敢谓有开必先，用以自侈，然当日筚路篮缕之苦衷，此情良可念也。故记者所愿望者，固在本报之益自策励，而尤愿我同业之益自劝勉也。夫报纸者为开通民智计也，然文人之笔，能为最高尚之理论，亦能为最污贱之文字，界线甚微，不可不察（此理容当著论畅言之）。要而言之，报纸之宗旨，虽千差万别，要不出于民的方面着想近是，使民之智识日增，则虽至艰巨至重大之问题，亦可迎刃而解。记者之所志者如是，因有感而言之，非所以区区于纪念期间，作应酬文字已也。

——《香山循报》第119期，辛亥（1911年）八月十九日。

星期报果不能成立耶　一苇

前数月间，吾邑一般之搢绅先生，异想天开，发一最宏大之伟愿。阖邑人士，胥注目焉。噫，此何事？则拟办香山星期报一事。方其刊布招股章程也，邑人哗然。其意若曰：此报一成，绅界得一有力之辩护士也。然记者爱人以德，不敢以悬揣之言，度若辈之用心。而望其出版之期则更切。

盖报纸之效用，在于发挥言论，诱导国民者也。倘其有所私附，则失道寡助，人且吐弃之。若主张公道，邑人交受其益，固一邑之大幸。此记者盼望之切之所由来也。

奈何其迟之久，而消息无闻焉。迟之又久，而改办省报取消前议之说，又纷然而起。噫,真负记者悬望之殷也。而绅士办事之游移,于此可见一斑矣。

　　由此以观,则该报之成立与否,或由记者一激而成,亦未可知。然以现在而论,则声沉影灭,确无成立之理由。然则邑报独弦之诮,记者深引以为耻矣。噫。

　　——《香山旬报》第42期,己酉(1909年)十月初一日。

第二章　孙中山与同盟会的革命活动

进入20世纪初，国内政局日趋紧张。孙中山和革命党人在港澳和海外各处频频活动，从广府城镇到越南边关，革命烽烟四起。革命党人向各国驻京外交使团发送书信，声明推翻满清王朝的决心："窃维爱新觉罗氏，宅我国土二百余年，荏我人民政策，以暴友邦，士庶所共见闻。迩者天灾流行，水旱荐至，哀鸿嗷嗷，遐迩震惧。觉罗氏爱我民族，曷至若斯漠视。我民何辜，而忍如此。本部长卧薪尝胆，十有余年。我民族一日不得自由，即本部长一日之罪孽。计穷无术，不得不与觉罗氏相见以兵戎。今兹选定师期，誓不与共皇天而戴日月。"① 1909年10月，同盟会策划广州新军起义，不幸走漏了风声，当局事先有所防备。1910年初起义仓促爆发后遭到失败，牺牲十分惨重。但霹雳一声已予清朝的统治以严重打击，并为辛亥革命开辟了先河。

清政府称革命党为逆党、叛党，或称"草头花"，畏之如虎，恨之入骨。在全国各地大肆搜捕党人，滥杀无辜。甚至派人到日本去对党人实行暗杀。另一方面又宣布实行立宪。又对革命党人实行招安政策，派人到海外游说孙中山放弃革命。

但革命者的斗志并没有被这一切吓倒。他们坚定地指出，历史车轮滚滚向前，革命洪流势不可当。"十九世纪者，革命之时代也。自美法大革命后，风潮所播，欧美二洲之专制国，既尽仆而无余。其一般局促于他族之属国保护国，亦无不光复反正。今者十九世纪既终，二十世纪开幕。革命潮流，乃由欧洲大陆以渡于东来。故今年四月二十三日土耳其革命矣。（土国邻于亚洲）七月十三日波斯革命矣。其他大功虽未成，而革命运动日日进步者，则有若高丽也、俄罗斯也、印度也、越南也，皆将风起云涌，扬臂奋足。流鲜血，捨生命，以期脱于异族专制独夫专制之羁绊者也。二十世纪之亚细亚，其殆革命之舞台乎？"革命先辈们正是基于对革命真理的认知，而

---

① 《香山旬报》第65期，庚戌（1910年）六月十一日，第64~65页。

有极强革命自觉性和自信心。英勇奋斗,不怕牺牲。既敢于直面清政府血淋淋的屠刀,也不肯听从敌人甜言蜜语的劝诱。孙中山在伦敦勾留时,"有中国使馆员,由某君介绍相见,劝孙君勿过扰乱等语。孙微笑曰:此我国书生常谈。不料君在欧洲数年,仍有这酸气。稍叙寒暄即告别云。"①

粉碎了末代王朝的反革命图谋,革命形势持续高涨。在革命洪流的不断冲击下,清王朝日益陷于四面楚歌,岌岌可危的处境。

第一节 革命活动的开展

中国革命党之真相　愤血
——消灭革命党之新法

昔者董卓购求袁氏甚急。周毖伍瓊说卓曰:袁氏树恩四世,门生故吏,遍于天下。若收豪杰而树徒,英雄因之而起,则山东非公之有矣。不如赦之,拜一都尉。绍喜于免罪,必无患矣。呜呼!吾辄持此说以论今日之革命党。

外国之革命党,为民族流血,为政治流血,以生命殉其主义。中国之革命党则否。革命主义者,其旗帜也,其口头禅也;实一利禄主义而已,一功名主义而已。穷而在下,牢骚抑郁,则抵掌而谈革命;稍有时机,足以干富若贵,则弃革命如敝屣矣。

然则今日防压革命党之善法,不必用兵,不必侦探。但年年考试留学生,年年举行优拔考试。务使一般寒酸士人,得一线之生路,取富贵如拾芥。则良民固帖然悦服,即所谓革命党者,亦当戢戢然若驯羊,以待我之驱策矣。又何必内自惊溃,畏蜀如虎。今日曰痛剿,明日曰严查。一至如此之纷纷哉。

呜呼!彼革命党人听者。

呜呼!我政府诸公听者。

——《香山旬报》第43期,已酉(1909年)十月十一日。

草花头之解说　墨阳

草花头者,政界称革命党之代名词也。故凡政界中人,每道及"草花

---

① 《香山旬报》第33期,已酉(1909年)七月初一日,第36~37页。

头"三字，咸摄息动颜，咕嗫耳语，若不敢宣诸口者，则草花头之一语，诚足使上下官吏，惊魂愦魄，而为寝食瘝寐间，所刻不能忘者矣。然秘之愈深，斯畏之愈切；畏之愈切，斯党人之声势亦愈大。吾恐循是以往，草花头三字，将印入四万万民族之脑中，其影响于朝家，为患弥剧。为官吏计者，与其秘之，不如暴之；与其迁代之，不如直指之。否则曰逆党、曰乱党，目之为皇室之顽民，亦无不可。又奚必代以草花头之名词，使一般国民之心理中，以为政界之对于革党，犹有所畏而不敢宣，斯畏之乃愈甚耶！夫曰发逆、曰稔匪，过去之历史，已随岁月而消沉矣。而不意新君践阼，海宇又安，颐和园歌舞声中，倏现此草花头之一名词。使衮衮诸公，忧勤宵旰，诚可谓为大不幸矣。虽然，无敌国外患者国恒亡，今者四国借债，人乐输将，以视三代以前，奉赆献琛，曾何多让。则敌国外患，所不足虑，若并此草花头之一名词而亦无之，不几蹈子舆氏之言哉？是未尝非不幸中之幸也。惟草花头之范围，所赅甚广，其足以惹人畏惧者，犹不止此。试略举之，有如左方。

汉　汉族在四千年前，藉秦皇汉武之余威，蛮夷戎狄，莫不震骇。汉族声灵，固已昭著于天壤间矣。本朝入关而后，各省设驻防将军，所以防范汉人者靡不至。跋扈之心，虽稍稍凌替，近又狡焉思逞，则朝廷之视为可畏者，莫此草花头若也。

满　满洲本名曼殊，殆取妙吉祥之意，至汉人乃译为满洲。以东陲巨族，临奴中土。入关以来，皇灵赫濯，其见诸明季稗史等书者，久为汉人所慑服矣。况洪杨底定，肤功克奏，自是而后。汉人畏威之忱，更永永镌诸胸臆，诚有如夫差之"不敢忘"者矣。则汉人之视为可畏者，莫此草花头若也。

草寇　成则为王、败则为寇。草寇者，固政府所目为大逆不道者也。有时啸聚萑苻，重劳官吏之剿抚。则官吏之于草寇，所深嫉矣。然陈涉篝火狐鸣，明祖投袂皇觉，一则身败名灭，一则扫除异族其为草寇与否，亦于事后决之耳。则官吏之视为可畏者，莫此草花头若也。

草菅　官吏之杀害平民者，曰草菅人命。夫至以草菅视人命，则平民宁有幸耶？今者大举清乡，使所任非人。则吾民之生命，直与微尘纤芥等耳。以数百万无辜之平民，为官吏升迁之导线，视秦法斩首一，晋秩一级者，殆无以异。则平民之视为可畏者，莫此草花头若也。

以上四者，举朝廷、汉族、官吏、平民心理中所畏之点，而皆属于草花头者,审是则草花头之一名词,固非仅属于革命党己也。然革命党之草花头,则尤为人人心理中所同具。其畏惧与?欢迎与?诋毁与?鼓吹与?则非所敢知也。

——《香山循报》第108期,辛亥(1911年)六月三十日。

立宪之里面 教齐①

今年之四月二十三日,非土耳其大革命之日乎?问土耳其以何故而起革命?曰:专制。夫土耳其固尝宣布立宪矣,何以仍谓之专制;何以仍不免于革命。曰:唯伪立宪故。唯伪立宪足以速革命故。可恨哉!伪立宪;可惧哉!伪立宪,适为革命之先导。

伪立宪者何也?表面立宪里面专制之谓也。今者吾国亦预备立宪矣。十年以来,革命逆党,藉口于政治之专制,鼓吹邪说,遍惑国民。洪水滔天,大火燎原。革命革命之声,遍于十八行省,岌岌乎几不可以终日。于是大德如天圣神文武之光绪皇帝,宸衷独断,颁布九年立宪之煌煌上谕。薄海臣民,欢欣颂祷。从此恪遵圣诏,敬谨预备。一般谋反大逆之革命党,亦当革面洗心,安安靖靖,延领企踵,以静候九年后之立宪。革命之事,可以销声匿迹矣。孰意两年以来,默察政府之举动。口口立宪,而实则无一不违反立宪。声声预备立宪,而实则无一不足以破坏立宪。事实章章,非可掩饰。立宪云立宪云者,特口惠耳;虚声耳;公交上之名词耳;是皆所谓表面的立宪耳。若其里面,则何如者?请得条举而论之。

一、满汉平等之不能实行也。大清龙兴,自白山黑水间,入主中土。以满洲五百万之少数民族,征服吾华四万万之多数民族。以辫发游牧之国,统治四千余年衣冠文物之邦,种族界限之不能邃泯固显然也。以故入关以来,既以兵力降服其众。而恐遗民逸老之或萌叛志也,则大开博学鸿词山林隐逸之徵辟以纲罗之。其犹有心术不端或倡邪说者,则大兴文字之狱以戒惧之。又复扬尊君亲上之义,辟科举利禄之途,以驯化反侧者之心;而消磨有志者之气。若是者其于化除种界之计亦既不遗余力矣。无如族类之见,既出于天性;两族权利之不平等,又章章而不可讳。革命党徒遂利用之以鼓吹邪说。朝廷有见于此,于是满汉通婚之诏既颁于前,变通旗制之议复提于后。其意

---

① 教齐,刘思复另一笔名。

固欲以混合血统平均权利号召天下也。不谓迩年以来，所谓变通旗制者，固无丝毫之实事。一二有大力之满臣，方百计以阻挠之。而军机处全国最高之政权，则依然全握于满人之手。其两汉军机固无异伴食之中书也。十部之尚书，二十二省之督抚，每一汉人出缺，即易之以满人。迄今尚侍督抚中，满人已占其大半。循此以往，势必政治上之实权尽操于满人，而不容一汉人与于其间而后止。其最重要之军政，更悉使亲贵掌之。直接于海陆军大元帅，虽偶现汉人片影之军机；且不容其过问。日日言融和满汉，而满汉之界乃日益分明。吾不知平均权利之语果作何解也。立宪去乎哉！

一禁制言论出版集会之自由也。立宪国民，无不有言论自由、出版自由、集会自由。其尊重之也几如第二之生命。今既宣言立宪矣，前年之谕旨亦明明言庶政公之舆论矣。无如政府之行事，既不可告人；唯恐吾民之或议其后。于是订立所谓报律所谓集会结社诸律，无不严加约束，故使难行。务必令一国之人，皆钳口结舌，不能发一言而后已。徵之最近，外部之交涉，纯主秘密，不许国民之容喙。东三省条约也，前澳界务也，莫不如是；而东三省之士民有倡议挽救者则禁之矣；粤省有开会研究者则又禁之矣；京师之国报大同报，又以言东事而横遭封禁矣。其他若矿山、若铁道、若航权及种种权利，凡与外人交涉者，皆莫不如是。推之军政也，曰秘密；审判也，曰秘密；财政也，曰秘密。秘密主义，日日扩张。国民权利，日日收缩。曾谓光明正大之立宪政治，有如是之不可见人者邪？

一尊崇孔教之剥夺信仰自由也。信仰自由者，灵魂之自由也。故与其失信仰之自由，无宁失其生命。乃学堂章程，首重尊孔，不许或逾。近复升孔子于大祀，以孔教为国教。其主意固不外利用教尊君之说，以愚黔首。其结果遂使专制之毒，流于无穷。以视土耳其王党之借口保全回教，欲令人民信服君主，与信服可兰圣经相等，其手段可谓如出一辙矣。悲夫！悲夫！胡元盗据夏土，贬孔丘为中贤，第儒流于娼后。不百年而光复师起汉人反正。迄今大清，圣祖神宗，鉴于前辙，首崇孔子之教，重程朱之学。近复扩张此主义，施于无穷。此诚大清万年有道之基矣。虽然，如违背立宪精神何？！

以上三者，特举其荦荦大端言之。此外政府之设施，官吏之举动，与立宪精神大相反背者，不一而足。吾固无此闲笔墨，觊缕以渎阅者之听也。然即此已足见现今政府，口虽立宪，而心则无日不以尊崇君权，割夺汉人权利，消灭汉人自由思想，为独一无二之宗旨。此固战胜民族对于被征服民族之公例。英之于印度，法之于越南，俄罗斯之于波兰，是其例矣。顾所以必言立宪者，盖非此固不足以塞国人之口也。升允之徒，以死力阻挠立宪，若甚恐朝廷之真立宪也者。此虽出于自卫其种之心。而不知朝廷之早有权衡于其间也。虽然，以此为立宪，其果有以异于土耳其之其立宪否邪？土耳其以表面立宪里面专制之故，适为革命军之药线。今吾国宣言立宪，而里面之专制，乃与土耳其适相类。自今以往，倘能藉圣祖神宗在天之灵，永永呵护，得以长享万年。此诚吾辈蚁民所深愿。所可惧者，万一不幸。或蹈土耳其今年四月二十三日之覆辙，则诚有不忍言者矣。呜呼！吾为此惧。

——《香山旬报》第41期，己酉（1909年）九月二十一日。

伊藤又被刺矣　教齐

高丽古箕子受封之国也。自日俄战后，日人以战胜之威，忽攘取以为保护国。简伊藤博文为全韩统监；夺韩皇之玺以调印约文，而数千年之高丽古国遂从此去矣。自是以来，伊藤使用狙诈强暴之手段，对于韩之君臣，则以智术笼络之。对于韩之士庶，则以威力压制之。韩人之饮恨切齿欲得而甘心之者非一日矣。果也，月之十三日在哈尔滨被韩人轰毙。伟哉，杀仇之义民！危哉，一般夺人国家之民贼！

夫高丽者素称风气闭塞之国也。然民之秉彝，各有种性。亡国之痛，人类所同。故俗虽守旧，而自受日人苛虐以来，莫不奋袂大呼，以图光复。革命之声，已洋溢于全韩。暗杀之机，伏戎遍野。去年义士张仁焕轰杀韩皇顾问官美人伊子荣于桑港，义声已震全球。今复再接再厉，又以手枪遗赠于伊藤。以是知韩人之民心未死，其国未遂亡也。

吾因之有感矣。十九世纪者，革命之时代也。自美法大革命后，风潮所播，欧美二洲之专制国，既尽仆而无余。其一般局促于他族之属国保护国，亦无不光复反正。今者十九世纪既终，二十世纪开幕。革命潮流，乃由欧洲大陆以渡于东亚。故今年四月二十三日土耳其革命矣。（土国邻于亚洲）七月十三日波斯革命矣。其他大功虽未成，而革命运动日日进步者，则有若高丽也、俄罗斯也、印度也、越南也，皆将风起云涌，扬臂奋足。流鲜血，舍生命，以期脱于异族专制独夫专制之羁绊者也。二十世纪之亚细亚，其殆革命之大舞台乎！特不知其中庞然大物之支那，亦能免此悲剧否？

——《香山旬报》第41期，己酉（1909年）九月二十一日。

三省督抚仍以孙党为虑

粤督张人骏滇督锡良桂抚张鸣岐,电奏桂滇边境匪乱虽谧,然彼党聚而不散,终为大患,近多劫掠,希图尝试。党首孙汶暗中资助,外国并不驱逐。现惟有严行防堵,以保治安。请简派张勋为督办桂滇边防大臣。奉旨著军机处政务处议奏。

——《香山旬报》第2期,戊申(1908年)九月初一日。

英使不允驱逐孙文

日前那桐、袁世凯请英使咨星嘉坡总督驱逐孙文出境,现英使答复谓孙文无碍治安,不允所请。

——《香山旬报》第2期,戊申(1908年)九月初一日。

北江会党有起事之势(本省)

北江近年以来,水陆盗贼均极披猖。而韶连等属,类皆山深林密,党徒等易于潜聚。官军防范难周。地方防务,在在可虞。现闻连州地方有会党大多聚匿,图谋密约起事。并欲勾结北江下游各属土人,乘势而发。现经该文武电禀来省,已饬严行搜缉防范,以免酿患云。

——《香山旬报》第13期,己酉(1909年)元月十一日。

日本查报无孙文之行纵(日本)

东京日日新闻云,中国官吏据侦探报告言,孙逸仙有在名古屋行动之消息。经胡公使报知日政府。日本当局者遂详细探查,乃知中国侦探所报全属无根之谣言,专为求口食计而已。盖孙逸仙早于三个月以前,潜伏于新加坡,毫无在日本之行纵。此事已由日本当局者答复中国矣。

——《香山旬报》第21期,己酉(1909年)三月初一日。

新军兵变[①]详纪(本省)

客腊二十八日,新军第二标正兵吴英元,在惠爱七约绣文斋定刻名戳一

---

① 新军兵变,即1910年2月12日(正月初三日)之广州新军起义。

个，定价二毫五仙；另印年柬五十张，定价六分；先交定银二毫；除夕到取，只给五仙，谓印价在内，携物欲去。该店不允。吴将铺面玻璃架打碎。老新城一局站岗巡士上前干涉无效。适朱巡尉巡至，劝令赔回洋银一角。吴推朱倒地。朱遂鸣鸡告警，并由广芝馆电召邻局出队。吴同行之新军，亦挺身助斗，打伤巡士梁声等数人。后得老新城五局协助，始将吴等八人拿回一局。并将吴锁押，未几陆军警察到局，认识吴等为军人。立即开锁，用轿送回。同营以为有辱军人体面，纠率多人奔向一局理论。巡警道闻耗，赶到劝处。新军谓巡警擅锁军人，有犯军律。巡警谓新军不穿军服，强买扰商，有违警律。经高道再三和解，其事乃寝。随即禀明督院，电饬督练公所，谕令新军元旦不得入城游玩。并将火药码子缴库，以防滋闹。

第一标以元旦尚在假期，且闹事系由二标之少数人，而波及全体军队失其愉快。互相演说，迁怒巡警各局。元旦约定分两路入城寻衅。一由东门入，直到五局。房舍器物，毁拆无遗。巡官方国柱被伤头颅，血流如注。扛至十字会医治。有一巡士被抢去长枪，当场击毙。伤者十余人，乃一哄而散。复往老新城一局，其一由大南门入，沿途凡遇巡警，必加痛殴。老新城伤巡士一名；老新城六局伤巡士八名，抢去枪一枝；东南关一局伤巡士二名，掳去一名；及抵老新城一局，声势益凶。争持局前之清道夫木杆扑入局内，拆房毁物。巡士重伤者五人；微伤者数人；夺去短枪五枝。巡官及未伤之巡士，破壁由编译公司走避。其初中广协暨地方官到场弹压不服。及袁督①发出大令，交李提②带队驰往，始相率而去。

先是有炮队排长易培之，形迹可疑，为协统斥革。及见兵警交讧，以为有机可乘。是夕潜行回营，煽动炮工辎重四营谋乱。初二日占据协司令部军械库，并将齐管带杀毙。移祸第一标，胁同举事。复胁第二标，二标不听。随拥至讲武堂抢夺无烟码子三千。协统张哲培，知军心已变。仍极力向众劝谕不可妄动。力任代军士求免闹事处分，飞马入城，叩谒袁督陈请已邀允准。复到警署，恳高道转圜。殊新军以协统久去未回，疑为噩耗，严阵待战。而乱机遂成矣。

---

① 袁督，两广总督袁树勋（1909～1910年在任）。
② 李提，广东水师提督李准。李准（1871—1936），字直绳，又字志莱，号恒斋、默斋，别号任庵，四川省邻水县人。1905年5月任广东水师提督，6月兼任闽粤、南澳镇总兵。

袁督闻警，即知会增将军。於初二日十点钟关闭大东门。未几小东门、西门、大小南门、大小北门、归德门及新城之太平门等，一律关闭。除大东门西门外，其余各门，间或一开，但不能携带衣物；每城均分派旗兵在城楼镇守；巡警则结队出巡。袁督以讲武监督黄士龙曾任二标标统，颇得军心。饬令驰往劝谕解散。黄出城亲到各营演说利害，继之以泣，略见转机。因尚有一二问题未能即决，拟赶入城请示。不料新军与守城兵互相疑误，彼此开枪，致伤黄足，抬回军警局疗治。劝抚无人，乱事益亟。袁督遂令李提统领亲军防营，出镇东门，便宜行事。当经李提派出吴分统宗禹扎营协司令部。复分派勇队驻守城东之明寺、城北之流花桥、城南之长堤，三路要隘。一面电饬驻扎虎门、清远、新会、顺德各防营，抽调来省。并饬兵轮在省河严密梭巡。将军都统中广协巡警道一府两县，时复登城巡视。李提仍念乱军多属协从，下午商请袁督出示安抚。又给米以结其心，俾免因饥抢掠，贻害商民。晚间新军各营点名，多已归队。惟炮工辎重四营目兵负固，不能不变用主剿之方略。迨初三日李提主剿之令既下，吴分统即出队进占牛王庙，与乱军相值。吴晓之曰：汝辈何苦为此，既无饷粮，又无码子，穷蹙安归，不如早降免死。乱军中忽出头目三人，策马直前，与吴答话。自称为革命军。力斥满洲占据中国二百余年，今时机已至，我同胞相约起事。明日即有十艘兵船入口接济，无患饷械之不足。汝等盍早见机。吴以彼众我寡，恐为所乘。立命动放机关炮，伤毙乱军，夺获枪械无算。并生擒多名，内头目一名，坚不肯将真姓名供出。迨讯他犯，始供出该头目为已革排长易培之。立即正法。至是晚九点钟，乱军潜向第一标第二营放火。十一点钟复向第一标第一营放火，与防营野战，战至四鼓后始逃去。至初五日巳刻，各城门一律大开。闻所有获回逃兵，并无携带枪械者。均交讲武学堂，备船装载。事后遗散回藉。其逃亡之官弁乱军等，已由袁督出示招抚。准其自行投到，一律资送回藉云。

——《香山旬报》第 50 期，庚戌（1910 年）一月十一日。

叛兵实行排满主义（本省）

此次兵警交哄，革党从中煽动，专与旗满为仇。闻有旗满数人，在新军营中者，多为所害云。又叛兵头目，除已正法之易培之外，尚有被获之王姓一名，在逃之某某等三名。连日营务处将王提讯。王供称清远人，现当新军目兵，系革命党。总机关在香港，省城机关则设在天官里寄园。党内定有运动军界奖励章程。已得特别员徽章。原拟俟炮队再练半年，六月始行举事。适因兵警交哄，与倪映典[①]乘机胁乱。戕官劫库，一俟攻入城内，先杀将军都统，焚毁旗满屋宇，汉人秋毫无犯。承审官朱委员谓之曰：我亦汉人，而寓旗下街，又将何如？王曰：如此则无法保存。朱笑置之。王又供称事前总机关不知，事出后始函请购运大帮军火接济。并供出口号六语，第一二语为诛锄老鞑，扶植汉人云。又闻易培之当日与官军答话时，自称为倪映典。被获后不供姓名，嗣由同党供出。并经当道查悉易本姓余，安徽人，曾为带兵官。从前安徽兵变，是其主动。事败潜逃来粤，更改姓名，投入新军，充当排长。以好谈革命被斥。初一日因兵警交哄，回营煽动。初二日纠劫协司令部军械库，杀毙齐管带，迫胁各营，彼实为首云。

——《香山旬报》第50期，庚戌（1910年）一月十一日。

叛兵穷蹙之可怜（本省）

新军变乱，经官军击败，即行溃逃。复经巡防营沿途追截，拿获数十名。附近粤汉铁路各村，如小坪高塘一带，各乡人亦截获不少。惟其中有因无粮食，於初四日逃回城中，被防勇及旗兵巡警，先后辑获者，亦有数十名。是日凡入城之人，如所穿革履上有黄泥痕迹者，即行拘留。闻初四下午，在将军前查获一人，身上携有炸药，又由水堤亲军拿获两名押回行辕。旋即讯明，押出城外军前正云。又闻各新军之逃往各乡者，虽无衣无食，亦未尝强取乡人丝毫物件。故乡人亦乐于招待，多有给以衣食，赠资遗去者。初八九等日自治会同人特往各乡调查，乡人谈及此事，皆为之呼冤不置云。

——《香山旬报》第50期，庚戌（1910年）一月十一日。

革命党大会于香港（香港）

日本通讯云：东京国际新闻协会得确实消息，谓近来香港地方，中国

---

① 倪映典（1885—1910），安徽合肥人，毕业于安徽武备学堂，同盟会员，受命与新军中发展同盟会数千人。新军起义时任总指挥，被敌人佯装谈判开枪射击，壮烈牺牲。

革命党大集会议。首领孙文昨已至港，在该处某活版部，印刷英清两国文字檄文二千余纸。每日由该党人至所，自行密校、绝不假手外人。情形殊为秘密。日昨并电招日本著名壮士宫崎寅藏，纠集同志三原某儿玉某等数十人，先后赴港。以日清两国革命党员，合会于香港，又不知将有何种举动云。

——《香山旬报》第 62 期，庚戌（1910 年）五月十一日。

邑属果有革党出没耶

近日港澳各渡、内河各轮渡，时有革党演说，诱人入党。并分送革命书籍，以图煽惑。邑属下恭都各乡，及前山等处，因与澳门附近，故亦常有此等举动。现闻前山庄同知①，经已电禀省吏，请设法禁绝云。

——《香山循报》第 99 期，辛亥（1911 年）四月二十五日。

孙党真有防不胜防之势（本省）

近来越党猖獗。粤桂滇边处处皆属毗连，现虽筹办边防，然非联络守御，难收实效。现三督抚已会同商定办法，并据情电陈政府，以三省边党，虽已暂平；而散则为民，聚仍为党；越边盗风正炽，在在堪虞。近来边界复多劫案。上思统领电禀，竟有一夜连劫四五处之案。推原其故，谓孙汶虽在星坡，党羽仍聚越境；接济煽惑，防不胜防。现公同酌议，饬令边防各统领，一体切实联络；庶能互相援助，收效自易云。又日前大吏接南洋探报，革党首要田桐，近在坡埠约同各会党，据称拟于本月底潜返，同时起事等因。当查日前江督来电，亦谓党首孙汶由南洋挈同石匪同赴东洋运动极秘等情。所言谅非无因。现特通电滇湘桂各邻省督抚，饬属一体严密防范查缉。并电檄地方文武，切实防维搜缉云。

——《香山旬报》第 31 期，己酉（1909 年）六月十一日。

孙逸仙之游踪（美国）

革命党领袖孙逸仙，由伦敦行抵纽约，住于该处大旅馆哥伦比亚大学堂。中国留学生请孙大入其校中演说。孙深通英话，于中外社会情状，及万

---

① 庄同知，庄允懿，江苏阳湖人，监生，1907～1911 年署澳门同知。

国革命原理，最为洞悉。该校校长及英人各教师及知名之士，均在座同听。孙说出中国一日不革命，则东亚一日不平和；则各国之通商大生阻力；尤于美国有绝大关系。至在哥伦比亚大学演说后，西人叠请其演说。前后已有数次。孙志在实行其目的，闻不日将他往游历。

——《香山旬报》第 49 期，己酉（1909 年）十二月十一日。

鸿飞冥冥之孙逸仙（檀香山）

火奴鲁鲁电云：中国政府曾以三十万之赏格，购孙逸仙之首级。现孙在火奴鲁鲁，与中国进步党共事，仍安然如故。孙已入美籍，专与满人为仇。虽中国各省督抚悬赏购缉，而孙在各处游历，并无随身保护之人。近来复入中国南境，指挥同党，以敌官兵。孙生长于火奴鲁鲁，亦在该处曾教育。现已组织革党机关数处于其地云。

——《香山旬报》第 62 期，庚戌（1910 年）五月十一日。

密禀革党起事消息（本省）

督院电致秦提，略言前拿获革党在营务处供称：惠州嘉应州有多人在香港入革党会，其著名者为归善李某、淡水何某。此次各自潜回私运军火，约期在惠州归善属西江淡水等处起事。请通饬各属文武员弁加意严缉等因。秦提接电后，当饬中军参将，札行各营泛严密查缉。旋有第五营帮带陈鹰扬赴营密禀，据称奉饬暗查会匪，兹已查的确有革党议在惠州起事消息云云。

——《香山旬报》第 65 期，庚戌（1910 年）六月十一日。

孙逸仙游伦敦（法国）

巴黎最近来函云：中国有名革命党首领孙君逸仙，由星加坡乘法国邮船直抵欧洲。曾在巴黎与中国学生密谈要事，后有法国报馆访员往见，询孙君中国近况，不甚作答。访员必欲一言，孙只以瓜熟蒂落数字了之。目下由巴黎往伦敦少作勾留，又将他往。闻伦敦时有中国使馆员，由某君介绍相见，劝孙君勿过扰乱等语。孙微笑曰：此我国书生常谈。不料君在欧洲数年，仍有这酸气云，稍叙寒暄即告别。

——《香山旬报》第 33 期，己酉（1909 年）七月初一日。

革党函致外交团之原稿（北京）

日前京津各报，纷传有致驻京各国钦使之信函，其言狂悖不一，且多系措词恫喝。兹由友人抄得原稿，特为照登以供众览：

敬启者，窃维爱新觉罗氏，宅我国土二百余年，苴我人民政策，以暴友邦，士庶所共见闻。迩者天灾流行，水旱荐至，哀鸿嗷嗷，遐迩震惧。觉罗氏爱我民族，曷至若斯漠视。我民何辜，而忍如此。本部长卧薪尝胆，十有余年。我民族一日不得自由，即本部长一日之罪孽。计穷无术，不得不与觉罗氏相见以兵戎。今兹选定师期，誓不与共皇天而戴日月。特恐马首所向，玉石无分。贵国人民，亦我赤子。能不妨害我军政者，保护之责，我则奚辞。如妄听觉罗氏之诱言，甘为驱使，本部长即欲以友邦情谊，赦其无辜，而如我有众何？贵大臣其为我预诰诫之，则幸甚。手此敬请台安！不一。三江军政部长许争翔顿首。外附呈军用图样一纸，自后往来文件均以此项信符为准，伏乞查照云云。

——《香山旬报》第 65 期，庚戌（1910 年）六月十一日。

孙汶来去无踪（日本）

东京函云：革命党首领孙汶，日本各报载其到日等情。兹悉孙偕胡汉民之弟某氏，同到东京，寄寓新宿之宫崎寅藏家中。业于阳历六月二十四日去东，又赴香港。闻孙此次到东，系与日本某伯爵缔结秘密条约，准于十一月间，将有一番大举动。然欤否欤？

——《香山旬报》第 65 期，庚戌（1910 年）六月十一日。

政府竟欲招抚孙党耶？　亦进

孙党者，革命党中之一分子也。革命党者，朝家所谓大逆不道之流也。然则以大逆不道之革命党，以革命党中一部分之孙党，在政府皆宜捕之杀之、族诛之。何为而有招抚孙党之说？

夫政府为消弭党人，和融满汉计，宜招抚革命党，不宜招抚孙党。盖孙党不过革命党之一分子，徒招抚孙党，而革命党仍不能消灭。是于地方上未尽获安宁之幸福也。而政府计不及此，是之谓重视孙党。

夫孙党者，即孙文之党也。据最近消息，孙文曾与日本革命党员大会于香港。又与日本某伯爵缔结秘密之条约，克期大举。是孙党已有浩浩荡荡、逐鹿中军之势，乌肯受朝廷之招抚者？而政府竟议及此，是之谓轻视孙党。

政府之重视孙党耶？轻视孙党耶？皆在于招抚孙党见之。同是政府也，同此孙党也，在一方面则为重视。在一方面则为轻视。吾不知政府具何政策，其神妙有若此。吾又不知孙党具何魔术，而令人簧惑也又若彼。

孙党曰：吾反抗政府也。政府曰：吾招抚孙党也。两者立于反对之地位。吾意受招抚者必非孙党。为孙党者必不受招抚。此必然之势也。吾故曰：政府对于孙党，当捕之、杀之、族诛之。而不当有招抚之说。

——《香山旬报》第 66 期，庚戌（1910 年）六月十一日。

今始知孙逸仙无归顺意耶（北京）

政府拟宽赦孙党，并准伊等作立宪国民，略志本报。前因孙在美国，张使派员游说，孙不为所动。前日驻美张使有密电到京。略云：逆首孙文无归顺意。并宣言不久将有大乱之事，发现于某处云云。合应将此情形覆报，以凭核办。

——《香山旬报》第 68 期，庚戌（1910 年）七月十一日。

又有革党入京师之报告（北京）

日前太后面谕禁卫军专司训练大臣毓朗云，内廷最宜禁严。现政务处得某使报告，有革党多人潜入京师。亟将驻扎南苑之禁卫军，先调步队一营入驻内廷，以资防范。闻此事确系奉太后面谕之件。

——《香山旬报》第 68 期，庚戌（1910 年）七月十一日。

锦碌华侨欢迎孙逸仙（加拿大）

孙逸仙偕李丙辰，于二月二十日下午抵锦碌埠，致公堂会员，到车站欢迎者五六十人，即同乘车往致公堂会所小驻。是晚大开演说会，听者四百余人，占全埠华侨之最大多数。各项生意，一律休业。孙详演革命救国之大义，约三点钟之久，座中鼓掌如雷。二十一晚，至公堂更设宴盛飨，雅士卡笠阜致公堂亦派代表员来迎。是晚再开演说会，听者拥塞异常，较前更盛。二十二日孙将赴雅士卡笠阜，以应各同志士电请云。

——《香山循报》第 96 期，辛亥（1911 年）四月初四日。

第二节　政府当局镇压革命

拿获革命党详情（本省）

十四晚李水提亲军，在燕塘测绘处拿获严国丰一名，供出谭文炳、葛谦。并检查日记簿，有曾传范、罗澍沧等多名。即晚在师古巷大同客栈续获葛谦一名。谭文炳知机逃去。同晚在观音山下龙王庙续获曾传范一名。十六日又在三水马口续获罗澍沧一名。委员提讯，不肯吐实。嗣经李直绳军门亲鞠，命之坐下录供。各人所供大略。严国丰供称湖北襄阳人，年二十六岁，先在广西当勇，后在武健军，随岑宫保来广东，入将弁学堂。去年转在陆军学堂毕业。八月奉派往高州当教练员，请假回省养病，寻入先锋卫队。先识谭文炳，即谭馥。后识葛谦，经谭劝令入会。并先后给予会票五十张，嘱令散完即给予排长。已散去十四张，遗失二十一张，现存十四张。该会以孙文为头目，谭文炳为广西头目。章程仿照新军办理。散票五十张，作为排长，月薪四十两；散票一百五十张，作为队官，月薪八十两；散票五百张，作为管带，月薪五百两。以上尚有标统、协统、参谋部等名称。入会者广东已有五六百人。军队多有。广西已有二千余人。长江一带人很多。广东头目，系嘉应州王姓。定期十二月在广东起事，钱粮由孙文在外洋接济，惟军火难于转运，欲专向军队之外省人运动，届时有军火应用，易于成事等语。

葛谦即诞麟，二十四岁，湖南湘乡人。系日本征兵科毕业生。供称前岁游东洋，识孙文于演说坛，遂动革命思想。回国后各处游历，期达目的。不料此次到粤，先赴钦廉访郭统领不遇。囊空如洗，贫病相乘，欲归不得。抵省后与谭文炳仝住一栈。宗旨虽同，各行其道。谭志在散票，联络军界中人。我则不屑为之。（中略）我们党人，虽是上等人，亦多愿降志辱身，到各营军队上充当夫役。（中略）我近数年来观中国烂败至此，恨满党之压力太甚，使我汉族如奴隶、如牛马。我等同起忧国之愤，想结团体，为我民党吐气。仇满党、复汉怨。故议立革命一会，乘中国近日之衰势起事。不顾死生之患，竭力奋一死战，愿日后为文明汉国人也。但想成此大事，必须众心同气。以中国之人心论，参差不齐。老票党洪帮，居其大半。而票党与革党之宗旨颇有不同之处，总以野蛮手段，仍劫掠我民族。因平民未受教育，无智无识，安知我朝有满汉之界限乎？我等拟开通他之志气，鼓动他之思想，藉其势力，合革党铁血，以成大事。使后辈跳出苦海，享太平之福等语。供词千余言，无一语道及措置。再三研讯，坚称我的宗旨，只是如此。我的同党，我断不供，已拼一死，愿快死为乐。我一人流血，留他们做大事业。历观欧洲之大革命，断无不流血而成者。近来因革命流血者，亦不止我一人。我之宗旨，虽死亦不能变其方针。言尽于此。请速杀为愈。

罗澍沧即洽霖，据供湖南新化人。年二十四岁，曾入新化速成师范，随入京津学堂。今年五月来广东。初欲入虎门陆军学堂。至六月十五，在先锉卫队当兵。八月销差。复在亲军中营当哨书。葛谦、谭文炳二人，九月初间在虎门会过。谭说他的办法，在运动军界数千人，即通知孙文进兵。届时必派营勇对敌，而营勇多系我党，则倒戈相向，易如反掌。广东素以富著，民间亦多藏有军械。起事时一经传檄，军民警应，大事成矣。虎门各处炮台，为入口要隘。现并设法运动，多布党羽，以便由香港进兵及运枪炮。得广东后，即西略广西；北略湖南、江西一带。此筹画布置之大略也。（后略）

——《香山旬报》第 11 期，戊申（1908 年）十一月二十一日。

革命党正法（本省）

省城先后拿获革命党严国丰、葛谦等，发南海县监禁。二十二日经营务处提严等覆讯。讯毕，带至水提行辕，松绑拍照随发回县收监。当奉大宪批行，二十三早由县监提出葛谦、严国丰两犯。过堂捆绑，恭请王命，押赴法场斩决。至死亦无怯状云。

——《香山旬报》第 11 期，戊申（1908 年）十一月二十一日。

革党罗澍沧自撰挽联（本省）

二十二日营务处提革党覆讯拍照。罗澍沧自恐不免。闻口占挽联云：手自千秋，黄种国民多有恨。伤心惟一事，白头老母竟无依。词语哀壮。闻者惜之。

——《香山旬报》第 11 期，戊申（1908 年）十一月二十一日。

革党钱占荣逃脱之近闻（本省）

革党钱占荣，即去冬李水提拿获革党葛谦等五名之一。除葛谦、严国丰斩决，罗澍沧监候外，钱与曾传范二名，因讯不认供，解回原籍湖南。昨由粤递解湖南省界，因看役不慎，钱占荣乘间而逃。湖南岑抚据报，大为震怒。以如此革党，竟不小心看守，致被疏脱。已将解役严提讯究。一面飞咨粤督，一体截缉云。

——《香山旬报》第 41 期，己酉（1909 年）九月二十一日。

会党前仆后继之要闻（本省）

北江会党余少卿自授首后，其弟余大头又复聚党而起，占据黎市大岭各山，披猖殊甚。该镇戴庆有，立即督饬林黄何三弁，奋力环剿。立将余及其党程容昌等三名拿获，并起出枪械药粉等项甚多。惟余早已伏诛，而同党著要尚伙。亟应趁势搜除，四路查缉，当将一切办理情形，电禀大吏察核矣。

——《香山旬报》第 41 期，己酉（1909 年）九月二十一日。

又将大兴党狱矣（本省）

惠州陆路提督秦秉直，于本月初三日接奉袁督密札。据称前经缉拿革党之李洪、卢子卿等，业已由营务处审讯，供开有伙党三十六名。计开：李玉佳、（头目归善人）王瑞、（博罗大山岭人）何凤、（淡水深圳人）黄桂、（归善淡水人）李铁君、（东莞人在归善多祝白芒花会经谋乱）（按各报俱载陈铁君未知孰是）五名。其余陈易、陈凤山、陈大辨有王炎石、池尹芝（先锋）等三十一名，大半是外府外县人。概于去岁暮由香港革党会，潜回惠州归善博罗淡水龙冈，约期起事，着速防范。秦提奉到此札，刻即通札，迅饬各属文武各员，及司典汛地巡防水军各营弁，加意防范，严行查缉云。

——《香山旬报》第 50 期，己酉（1909 年）十二月十一日。

无时不拿获革党（本省）

二十五日午刻，李提密派差官四人，骑马亲到警署谒见王道。谓前由东关泛贺文彪，拿获革命党潘秀供出，曾与去年十月间，改名考入巡警教练所学兵。湖南罗升、安徽张国梁、二人有拜会情事，时与孙文有密信来往等语。王道据此，立即不动声色，加派本署差遣队兵丁四名，前往教练所拘拿。适该所长夏寿华因公出外。后由教员电知夏所长回来。然后将罗张二人拿去。其中有无别情，非外人得知也。

又闻二十四晚，由李水提暨缉捕局巡警道等，各派弁兵，在番禺直街里仁坊邓姓屋内，拿获革党邓明德、潘鸿胜、聂得标三名。并搜得各处往来信稿，及进支银两数部。暨革党名册一本，计共一百八十余名。其邓明德初不供认。后严讯。始直认由党首王某嘱其管理数目，并在省招人入会。至于潘鸿胜、聂得标，均供并不知情云。

——《香山循报》第 87 期，辛亥（1911 年）正月三十日。

无辜被拿保释

小榄何福祥，日前往北区一天门全发粉菓店，探问其外祖吴某。为该段巡士所见，谓其形迹可疑，盖彼固短发西装者也。旋即报知巡尉，到该店问话，后带之返局。据何供称系耶稣教人，有同伴四人，初到石岐卖福音书，寄寓悦来街教堂，的系良民，讯毕由何之外祖吴某保出。

——《香山循报》第 97 期，辛亥（1911 年）四月十一日。

马兴顺果准保释否　劲草

据昨日新闻载，潮阳马兴顺去冬由暹回国，被驻新加坡中国领事指为革命党，电由张督饬属拿案。迭次严讯，尚无确据。经潮道据情转禀大吏核办，准其保释。而旅暹绅商，亦电来取保云云。吾粤人对于此案，其见解略分为二。甲曰：今日官场，惯以革党拿人。而马某之被拿，更由中国领事之主控，必无幸免可知。此一说也。乙曰：马某经迭次严讯，尚无革党确据。官场虽欲执法，苦于无词可藉，则马某终必有省释。此又一说也。此二说之当否，皆为日后之问题。吾独证之既往，揆之现在，一说容未得当。盖马某之得准保释与否，不以证据之有无为断，而全以保人之势力强弱为断。远者不必论，试即香山之已事证之。吾邑人之被诬为革党者，吾不能尽悉。若钟徐二氏，则彰彰在人耳目者也。夫二君皆谨小慎微之士，毫无证据，而被诬为革党，已为大奇；乃被诬则同，而一则准予保释；一则长禁狱中。其结果之良否迥异。此又奇之又奇者也。无他，钟氏以全省绅学界之势力，又得上海某道为之说明；而徐氏则仅恃三数乡人之口舌，海外华侨之电争，其声势之不同固如是耳。然则推论马某，而以两事为成案，谁曰不宜。虽然，此非记者所愿闻矣。吾国人号四万万人，有势力者不过百之一。使官场办理革党案件，全如记者所云，则吾国人之诬死者，殆较于疾病水火尤为烈。为渊驱鱼，为丛驱鹊。吾不知所谓预备立宪时代固应如是否？

按某领事指马兴顺为革党，或云保皇党为之主动。该党之阴险固可诛，而领事之鲁莽尤可悯。兹篇之作，责备政界者甚多。而于保党不置一词者，诚以若辈狡狯，不屑污我笔墨也。

——《香山旬报》第16期，己酉（1909年）二月十一日。

湘抚电知缉获革党谭文炳（本省）

昨张督①接湖南岑督来电。谭馥现由南路第八隧张连生，于本年正月十六日擒获。讯认与葛严二人谋逆不讳。电请责抄葛严旧供经张督赶饬抄送。并先电覆将谭拍影寄粤。与监候之罗澍沧辨认云。

——《香山旬报》第16期，己酉（1909年）二月十一日。

电请将革党谭文炳解粤质讯（本省）

去岁李水提拿获革党三人。内有谭文炳一名，在逃未获。经志前报。现闻谭文炳已在湖南被擒。岑抚春蓂昨有电来粤。谓恐递解归案，中途或有疏忽。请就近在湘审办。张督准电，以该犯为孙汶逆党。汶令潜至西粤散放匪票，煽惑谋乱。前由水师提督已拿获党羽数名，搜出种种实据。审讯时该同党均供称谭为该党头目。讵谭闻风远逃，无从缉拿。当将同党数人，分别惩办。并暂留一名监候质讯。今该匪既在湘缉获，自应解回粤省，俾与监留之匪互相质对，以昭折服而杜狡赖。特电致湘抚。请派员押解该犯来粤云。

——《香山旬报》第18期，己酉（1909年）二月二十一日。

---

① 张督，两广总督张人骏（1907～1909年在任）。

党祸岂章程可消除耶（北京）

政府近议革命之说浸灌，凡少年之人，多被煽惑。以致军界学界，亦渐受其影响。虽经各省迭获尽法惩治，总未能擒拿渠魁。现在至要办法，自以查拿首要，解散协从为急务。至应如何查拿解散，以及开诚劝导，预防骚扰之处，拟订章程。一俟详议尽善，即行预发各省，责成巡警局水陆各营，及各州县一体遵守而弭隐患。

——《香山旬报》第41期，己酉（1909年）九月二十一日。

不肖官吏诬良为党者看（北京）

闻枢府提议，近来各省党患潜滋，悉赖大吏先事严防，免酿巨患。惟各处不肖官弁贪功希赏，竟有诬良为党之事。虽事后研讯得直，而平民之生命财产，已有死不复生断不复续之痛。特拟定章程，嗣后再有诬良为党之事，即按照诬良为匪专例加三等严惩云。

——《香山旬报》第41期，己酉（1909年）九月二十一日。

善以革命党诬人者其鉴诸　南简

朱荣硕控朱社为革命党一案，迭见各报。现闻巡警道一再研讯，并无确据。朱荣硕已认诬告，随具悔结。现仍将朱荣硕之历史切实调查，将来必从严惩办，以儆效尤云云。

嗟夫！吾闻此案，吾因之有感矣。联盟结会，向悬厉禁。缉获会党者，每得奇功。以故污吏恃此为升官之阶，劣绅借此为报怨之具。百十年来，吾民之死于会党二字者，盖更仆而难数矣。然数年以前，但曰三合会、三点会等名目而已。近则革命党之名出现于世，于是诬指良民为革命党之案，复层见而迭出。今朱荣硕之诬告朱社，亦幸而遇今日之巡警道，非如昔日官吏之贪残耳。不然，彼朱社者，纵不为刀下之鬼，其能免于围墙之禁耶？远者吾不暇举矣，请举数年前吾邑之事言之；某学堂之教员某君，有志士也。为乡中公事，控告某劣弁，词连某劣绅；某劣绅惧将不免，乃设计诬某君及诸乡老为革命党。此事在当日报纸舆论，万口同声，皆知其冤。今则事过境迁，吾邑人亦淡然忘之矣。然亦知所谓谋君者，今尚呻吟于南海狱中；其乡人则一人已押毙；而二人尚在香山羁所中受无量之痛楚耶。素闻该劣绅固惯以会党诬人者,某君之狱,其第三第四次者耳。彼既蓄怨某君,必欲置之死地。故出种种手段,用种种运动,得间接以惑某督之听。然当省吏屡次研讯,毫无凭证,卒将其乡人送回本籍发落;而某君则独置之南海狱中。犹忆按察使定諴之批词,大略谓某某虽无革命实据,但谣言甚众,应发县监禁云云。夫既曰无实据,曰谣言,则以告者之为诬可知。乃不惩治诬控,而反以谣言二字入人之罪;实为千古奇闻。昔秦桧以莫须有三字杀岳飞,至今人痛之切骨。某按察之批词,一何与秦桧之口吻相类耶!呜呼!某君与朱社,其案由相同,惟主控者势力之大小不同,所遇之问官有心肝与无心肝不同,因之其结果之荣菀遂不同。亦所谓有幸有不幸者哉!今巡警道且将严惩诬告者以儆效尤矣。夫海外侨民,挟资归故乡,每为劣绅士豪所鱼肉;其他狷介倔强之士,与夫学界中之有志者,又每与劣绅立水火于冰炭之势。稍不如意,即加以革命党之名。此风一开,吾民其犹有礁类乎?巡警道之严惩诬告以警效尤,亦可谓差强人意者耳。呜呼!一般之朱社其无恐。呜呼!一般之朱荣硕其无悔。

——《香山旬报》第 7 期,戊申(1908 年)十月二十一日。

嘉应牧诬陷江萧为革党之确证(本省)

嘉应牧邹增祜诬陷江秉乾、萧整文为革命党一案,经该州内外人士电禀交驰,咸谓邹牧有心诬陷,请提省审办等语,要求大吏。后奉粤督谕以案经提道,自应投道审讯。经潮州吴道派员一再提讯,讯据各犯供词,盗犯钟曾官、二所扳、姚竹英主谋行劫。供词虽同,而姚竹英之供则前后翻覆,未能确定。且力辩未与江萧等同谋行劫,及伙同学生棍徒谋乱之事。前因案内江萧等要犯,尚未提传到案,是以未由比对质讯,按定确供。兹经续提研鞫,所称刑逼诬招等事,非尽无因。因特将前后集讯各情,分别摘录列报来省云。又日前粤商自治会、舆论公会、及该州学界人士,接到潮州道讯后确无革命实情专电。其电文云:案审,姚(竹英)具结江萧非革党,前供糊乱、道饬保江萧、候详督办云云。似此邹牧有心诬陷,谅大吏自能按律究坐,以平众愤也。

——《香山旬报》第 42 期,己酉(1909 年)十月初一日。

毒杀革命党嫌疑案（日本）

东京民报社内有与该社关系之中国人鲁福、许伟二名，前月初八日因有毒杀革命党未遂之嫌疑，被警察署拘留候讯核办。据革命党言，此两人于去年因中国政府欲灭革命党，使该两人来日谋害。政府悬重赏如能暗杀革命党首孙文，赏银三十万两；黄兴十万两；民报社主笔章炳麟一万；其余革命党人每名三千两。该二人冀获重赏，来日伪入该党。今以毒药谋害某报社员汤诚，初七日误中其毒云云。日本官尚须探明讯办。

——《香山旬报》第11期，戊申（1908年）十一月二十一日。

谋杀革党续闻（日本）

东京民报中。有人谋毒杀革命党情事。已纪前报。现闻牛迁区警察署。已采悉是上海人汪公权所为。汪前曾入革命党，后又投入无政府党。不知何故竟为中国公使署充侦探，任谋杀革命党之责。当裁判所公判民报之日，报中无人。惟有汪一人到此，用资贿下女将毒放于茶内。该报员汤某服之中毒，幸不致命。故即由医生通告警察查究此事。警察署查悉此事确由中国官吏主谋，大害日本治安。即照会驻日使胡维德。令将汪公权交出。并将开国际交涉。目下各革命党出员入，均有警吏严密保护，以防意外云。

——《香山旬报》第12期，戊申（1908年）十二月十一日。

严防偷运军火（本省）

近日东西两江会党起事。现大吏查悉其军械俱由东新运入，踪迹极秘。昨特移由水提分电抽派广庚等四轮，驻扎新安交界一带严搜。除每日来往轮渡外，其余各项货船等，均逐一搜捡，以免乘间偷运云。

——《香山旬报》第16期，己酉（1909年）二月十一日。

责成黄镇侦缉潜伏高雷革党（本省）

大吏近以广州湾各处，时有革党潜往匿聚，希图进攻内地。迭经该处法官查拿。照会提问讯办。惟高雷一带，洋面宽阔，广州湾密迩毗连，亟应一体严为防办。即责成高州黄镇加派营队，在沿海各要口，随时游击查拿。并照会法官，帮同严缉拿办。如果获革党，即由黄镇分别讯明惩办。其有地方土党，与之勾结谋乱。即上紧督营，在信宜各边界清剿。务须早绝株根，俾安边境云。

——《香山旬报》第 16 期，己酉（1909 年）二月十一日。

唐继星将次释放（直隶）

前直隶保定府监禁之京华报馆记者香山人唐继星，现因遇赦，顺天府尹凌福彭代为之奏请。闻将有释放消息云。

——《香山旬报》第 16 期，己酉（1909 年）二月十一日。

孙毓筠已释放（南京）

前年因革命党嫌疑案定监禁十年之候补道孙毓筠。向禁江宁狱中。现因恩诏已下。故已将孙释放出狱。

——《香山旬报》第 16 期，己酉（1909 年）二月十一日。

神州报驱妖之凯歌（上海）

上海神州报与时报笔战。时报被神州报揭发保皇党奸谋罪状。大为狼狈。现已哀语求和。

——《香山旬报》第 16 期，己酉（1909 年）二月十一日。

汪统带又禀报拿获革党（本省）

汪统带有容，昨凭确线，缉获革党首要潘可香、陈英鸡等两名。并搜获悖逆书据、图章各件。内有逆函、系孙党羽向驻香港运动之曾公瑜、致与在英德含洸之革党□□□。现汪统带日昨已连犯逆件，委派妥弁，率勇押解来省，交水师提督行辕查收。李提收犯后、即晚饬审案员提讯，颇为严密。盖亦因革字，致有此重视云。

——《香山旬报》第 62 期，庚戌（1910 年）五月十一日。

异哉袁督与增将军之军政见　亦讽

袁督自经新军变后，意谓军人宜取能耐劳苦志向纯正为主。虽晓文字，略有普通智识，犹未焉者。而增将军则谓军人首重识字，拟设所以训诲之。异哉二公之见何不同若此？抑新军之变，袁督在，增将军亦在；所受刺激同，所见胡为各异。

兵所以卫民者。朝廷日言强迫教育，开通民智。是民也而欲其智，所以卫民者则欲其愚；愚于民者必不能卫民，三尺童子犹能道之。若然，则增将军之言然。

新军之废征而至者，多通晓文字之人；若巡防营则皆招集市井无赖以成军。然新军之变，恃以剿平之者惟防营。是在上者对于新军，时虞有反侧不安之心。对于防营，则收指挥如意之效。是军人宜愚不宜智也。若然。则袁督之言然。

虽然，新军遭变，溃而四逸。所过未尝惊扰民居，夺取民物。而防营则诬良为盗，抢夺财物，时有所闻。是官对于兵欲其愚，民对于兵利其智。噫！上下之心，违背若是；欲求治则难。或曰：否。将军满人也。满兵宜智。袁督汉人也，汉兵宜愚。其然。岂其然邪？

——《香山旬报》第 65 期，庚戌（1910 年）六月十一日。

徐谦几乎永远监禁（本省）

日前巡警在长堤拿获演说人徐谦一名，札发南海县审讯，已纪前报。兹闻县署堂讯，徐供称演说则诚有之，实未尝涉及革命。问官以此案业经警署侦察股员查探确切，绝无革命实据。现再详细研讯，亦不能取有确供。惟该徐谦语言不谨，罔知检束，自系实情。拟将审明情形通禀各宪，将该徐谦交家属保领，严加管束。如有为非，责令交案从重惩办。

——《香山旬报》第 65 期，庚戌（1910 年）六月十一日。

山东会党图谋大举（山东）

博兴县向有会匪，名英雄会。匪首为甘孔渭。杀人抢物，党羽约四五百人。又有著名盐枭张魁阁，羽党亦有百数十人。现在两相联合，图谋大举。贫民之被诱入会者日众。闻已私购军火，并制造旗帜，定期举事。人心大为惊惶。

——《香山旬报》第 72 期，庚戌（1910 年）八月十一日。

监国用人之变态　道实

自摄政王监国后，任用人才，皆干刚独断。年少亲贵，总揽政柄。昔张文襄在军机，不以涛朗两贝勒掌握兵权为然，亦受监国呵斥。而老成持重如庆邸，亦不能赞一词。而台谏之弹章，臣僚之私议，更无足论者。故若袁世凯、若唐绍怡、若岑春萱，是三人者，前于政界固赫赫有名，而皆废置不用；屡经朝贵请复起用，监国亦未尝为动也。今者涛洵两贝勒游历各国后，归述外人之言，以袁世凯长于军政，唐绍怡长于外交；于是唐即起用为邮部尚书；而袁世凯出山之说哄动全国。夫用人当否，一国之治乱所关；乃不与左右亲信谋之，而取决于外人之一言。以独断著闻之监国，至是竟易其故辙邪？岂袁唐二人之才，监国竟熟视无睹；必待外人言之，而始信其可用邪？抑天时人事，相迫使然。日俄协约既成，大受刺激。故念及外交之人才邪？或曰：监国谊笃亲亲。袁唐二人之才，虽见称于外人，而为涛洵两贝勒所述，故监国信之独深耳。信如是说，则监国亦惟其骨肉之言是听耳。

——《香山旬报》第 73 期，庚戌（1910 年）九月初一日。

革党起事惟督抚是问（北京）

日前政府电滇桂督抚云：革命党羽散匿越南最多，辄思乘机起事。此次滇桂两省兵变，难保无该党羽溷迹其间，暗中布置。著督饬驻防对泛各军严加防范，认真搜缉。设再别起事端，惟该督抚是问云。

——《香山旬报》第 75 期，庚戌（1910 年）九月二十一日。

外务部之百花点将（北京）

外部各堂因现在交涉纷繁，拟分任办理，以期易于就绪。拟东三省日俄各交涉，由胡馨吾侍郎任之。四国借款及中德三东交涉，由曹润田侍郎任之。西北中俄割界及改订商约，由施肇基丞堂任之。中葡澳门界务，以高而谦丞堂任之。中法滇省交涉，以陈懋鼎丞堂任之。邹尚书则拟总核一切。

——《香山旬报》第 75 期，庚戌（1910 年）九月二十一日。

咄！竟疑国会代表入革党　泽秋

跋涉关河，凌厉雨雪，游说权贵，呼号君门。闻一持反对开国会之论，则若茹大鲠；见一赞成开国会之人，则若奉大宾。间聆其言论，则曰开国会可以息外患；可以杜内乱；可以化种界；即可以延国祚也。前者于于，后者喁喁。曾不知非笑之为非笑也，非今日国会请愿诸子邪？逃匿海外，窜伏内地，日以倾覆政府为揭猪；成败利钝非所计，祸福生死非所顾；辇毂之下，车站之间，僻陋苦瘠之地，莫不有此辈踪迹。前仆后起，勉为不懈，非今日所谓革党邪！若是，则革党与国会代表，真若寒暑不兼时，冰炭不共器。虽欲强为之合，其如风马牛不相及何？怪哉！怪哉！今竟有疑及国会代表将入革党者。

据各报所载，自请开国会无效，各代表纷纷出都。朗贝勒疑彼辈将流入革党，使侦探尾其后。朗贝勒胡为其善疑乎？闻前革党恶请开国会者，贻书切责之。怨毒之深，大有欲剪此朝食之势。是革党早示绝于国会代表矣！各代表伏阙上书，涕泗横流；亦屡以革党煽惑，强聒监国。是各代表亦早自绝于革党矣！朗贝勒宁不闻，而犹私忧过虑若此之甚也。

各代表热血垒涌，忠诚自矢；为宗社计，为君主计；耳不闻讥诮，身不避劳瘁；若清夜自维，亦曰庶几可以告无憾于天家也；而犹致朗贝勒之疑。朗贝勒真天潢中之坦率者哉！持重如庆邸，深挚如肃邸，机变若那桐，精悍若铁良，皆不闻其有此疑虑也。呜呼！国会代表名已在天府，身未离魏阙，而犹动人疑忌若此；则各省咨议局议员，亦有议论激越，发扬蹈厉，不知忌讳，冥行己意者；政府遇之，岂但若疑各代表将入革党而已邪！又远者如南洋侨民脱身异国，局促非各代表若；闻国会不速开，即有不纳海军捐之议；朗贝勒闻此言，又将以何者疑之。噫！国会代表，非可疑为革党之人也；而尚不能自白于朗贝勒。则革党安得不遍国中邪？

——《香山旬报》第68期，庚戌（1910年）七月十一日。

防革党之纸上谈兵（本省）

日前大吏接军机处来电。略谓：钦廉已报一律肃清；近日盗氛仍复猖獗，务须加紧剿灭。大吏准此，以近日防城之芒街东兴地方相连越南，革党起事，未免牵动边防；且与西省接壤，横州一带西盗窜入；加以十万大山深林重密，素为藏贼之区，此拿彼窜，非东西合剿，甚难见功。已与西抚往返军商办法，大举搜捕；并照会越南总督，如遇盗警，即便会剿。四面分扎营队，似此越境既不能窜，东西又复防剿森严，当不难一律荡平。昨已将各情电复军咨处矣。

——《香山旬报》第 80 期，庚戌（1910 年）十一月十一日。

军人亦因散放保亚票监禁者（本省）

督练公所日前查得一标一营见习官黎萼，与目兵杨得标均系革命党，在标营散放保亚票，传授口号。即将二人拿获，收押两县。兹闻迭经提讯，黎萼供湖南人，系已故永绥镇总兵某之第三子，曾在江西材官学堂毕业，来粤在标营当见习官。因在梧州轮船上与一嘉应州人相遇，劝伊在标营放票；后在惠如茶楼密谈，该嘉应人现往外洋，约在星架波见孙汶将银寄回。其口号有一寸三、二寸三等号；伊虽受其所诱，尚未实行等语。业由督练公所详奉督宪批准，将黎萼发南海县监禁五年；杨得标发番禺县监禁五年云。

——《香山旬报》第 32 期，己酉（1909 年）六月二十一日。

电禀革党与法人近日相持情形（本省）

近日革党项四谭大等，在东潮属之陇屡村地方山谷，先令大队分伏要处；即令同党十余人距大队里许作败状，意在诱法兵入谷，聚而击之。法兵尾追，则入谷口，革党队中开炮多响。法兵退出，互相开仗。阵亡二画一画各一员，并法兵二十余名，失去枪十余支；革党亦有伤亡。争持两昼夜，均不相下。革党以粮食不继，暂匿附近山陇。法兵恐中匪计，不敢穷追，现已退在东硐。闻经营县探悉情形，电禀督院云。

——《香山旬报》第 32 期，己酉（1909 年）六月二十一日。

通行查缉革党债票（本省）

日前革党潜运军火，图谋在潮举事。当经地方官将人及债票炸药等项一并搜获解办。兹闻当道以此项保护借债票纸，最易诱骗愚民，为害甚大。特将票式备列通行一体严密查缉。闻其式与日前严葛等保亚票略易，其票上书借债保护四字，内绘一旗，名曰国旗。下书东军军用债票，中列银数，右书年月。

——《香山旬报》第 35 期，己酉（1909 年）七月二十一日。

如此便足以防革党耶（本省）

西抚前次值查革党踪迹，曾已搜获名册要据，及头目田张等多名；因内有称孙文党一二万人，分匿长江各处者四五千，散在内地各处者数千，其余多驻于东洋、南洋、越南各埠；当已将所查名册，呈送军机处代递在案。迩来又以革党提参在越南战事甚剧，探得该项党羽，外则南洋各处，内则粤桂边界，散布应援不少；必须设法侦查，严为防范。万不可稍涉疏忽。经已电致龙提，及龙州张道陆镇，督率沿边防营；并另派密探专员，率带营队，严行查办。并须由东省钦防各营，会同一体严密查缉。俾该项党羽，内地无可匿迹，藉以保边界治安。现特将各情详咨大吏，商酌上紧会防办法。昨经由胡护督按电钦州郭道妥办云。

——《香山旬报》第 35 期，己酉（1909 年）七月二十一日。

第三章　新军进驻前山

广东新军创建于1903年。这一年在武备军的基础上整编建成广东新军。但官兵的旧习惯重，质素很差，名为新军，实与旧军无异。清朝政府乃于建立新军的同时，筹办黄埔武备学堂和将弁学堂，培养新军官以接替旧军官，实行征兵制度，征抽精壮青年入伍以接替老兵。1905年建立新军1协（旅），3标（团）共11个营，人数达6000人。

清末广东办军官学堂和建立新军的时候，正是广东革命运动逐渐激烈的时候，但许多武装起义，都因革命党人的经验不足而失败了。虽然如此，革命的风暴仍方兴未艾，党人从失败中吸取了教训，认识到在清军中发展革命势力，组织有觉悟的官兵，掉转枪头来推翻清朝，是比较容易见效的手段。于是同盟会在东京成立后，革命党人纷纷在各省钻入新军活动，秘密发展革命力量。凡赞成"建立民国"口号的人就可以加盟。当时入盟的新军官兵很多，革命党人赵声和黄士龙等均任新军标统（团长）。

有了新军这支生力军的加入，广州的革命气氛顿时浓厚起来。1910年年初的广州新军起义，虽然遭到失败，但已予清朝的统治以严重打击，并为辛亥革命开辟了先河。

次年，即1911年夏，新军大部奉调前山。一般认为，1910年农历正月，同盟会在广州发动的"庚戌新军起义"失败后，清廷为了省垣的安定，而将剩余的新军调到毗邻澳门的前山城驻防。而事实上，当时前山与澳葡对峙形势之极度紧张，也确有派出新军驻防前山的必要①。

早在1887年谈判签订中葡条约时，葡人就以澳门需要附属地为借口，向中国无理索要澳门以南的路环、冰仔、大横琴、小横琴四个小岛，以及湾仔、南屏等被称为对面山的大片领土。1910年间，中葡两国因澳门划界的分歧，正在进行谈判。可是葡人却企图向中国武力施压。澳门葡兵，已由三

---

① 《澳门华侨与革命运动》，载冯自由《革命逸史》（第4集），第75页。

第三章　新军进驻前山

百余名增至七百余名，土生葡人更集聚民团百余名，经常派兵船闯入前山海面游弋，并拟添置大批军火，附近乡民异常惊惶。1910年7月初，中葡双方在澳门划界交涉中陷于僵局，澳葡竟借口"剿匪"，用武力并吞路环岛。与此同时，澳葡当局又出动兵船强行疏浚前山河道，激起当地乡民愤慨，强烈要求政府派兵保护。

1910年12月，葡人名甘时持枪到恭都南屏乡，枪伤乡人面部，当即由该乡巡警将葡人拿获。与此同时，葡领事又照会广东总督，要求撤销中国在湾仔设立的渔苗局。葡人还公然宣称前山河属澳门海界，不允由当地人填坦筑围。

清政府鉴于香山人民强大的反对澳葡扩张澳门界址的斗争形势，此时的态度也强硬起来。1911年7月，张鸣岐派员到澳门交涉，要求葡萄牙当局立即停止疏浚工程。同时又派二十五镇参谋官黄士龙巡查澳门附近的防务①。张鸣岐先派出新军步队1营、炮队2营驻扎前山。后又由黄士龙领新军3营前去增援。8月25日，广东政府向前山增派新军以后，照会澳葡当局，要求立即停止疏浚行为②。当时派往前山的新军为1000多人，以及军舰4艘。以后继续增派新军，最终军力达2000多人（据郑彼岸回忆称前山新军有3000人）。新军入驻前山，大大增长了人民保卫乡土的斗志，大灭了葡萄牙人的侵略气焰，迫使其立即停止了侵入前山内河疏浚河道之工程。

新军充满爱国和革命思想，不愿为腐朽的清政府效力。这支以西式武器装备、训练的劲旅，经过广州起义的洗礼，自标统（团长）以下各级军官，均系由陆军学堂毕业进步青年。其中营长任鹤年（湖南人）是同盟会中坚分子，很快就与澳门同盟会支部取得联系③。在革命党人的争取下，许多爱国军官带领新军起义，成为旧政权的掘墓人。

第一节　前山形势渐趋紧张

葡轮驶泊前山之交涉

日前由澳门兵轮一艘，湾泊前山涌口，并有小轮一号，时往梭巡，为前

---

① 郑勉刚：《澳门界务录》卷四，《广东咨议局呈请督宪阻止葡人浚河及张督答咨议局文》。
② 郑勉刚：《澳门界务录》卷五，《黄士龙禀陈澳界情形》。
③ 《澳门华侨与革命运动》，载冯自由《革命逸史》第4集，第75页。

山同知庄丞所悉经飞禀督院，请向葡国交涉，迅速撤回，以免居民疑惧，致酿事端，胡护督据电，已照会葡领，转致澳督，将该轮即日撤回，并询诘因何违约，擅泊该处缘由，兹闻胡护督已接准葡领照复，谓准澳督复称，该兵轮名马蛟新，因十二、三等日，见悬有风球示警，故在该处暂泊避风，并无别故，已于十五日驶出澳门云。

——《香山旬报》第 33 期，己酉（1909 年）七月初一日。

筹议扩充前山海陆防备近述

近日大吏查得邑属前山地方，密迩澳门，交涉事项繁多，海陆防守事宜尤关紧要，必须厚集兵力，方足以免疏忽，而保主权，前已筹议酌改该厅官制，并重以办事权限，现由该厅丞来省，详述该处情形，并以厅内现派营队共有中路巡防队第二十六营一营办理陆防，又有克房兵轮一只及水师守备，所管扒船三号，办理海防，虽已巡守有资，惟尚嫌不敷分布，现在办理划界，将来界防尤重，应酌筹扩充该厅权限，并增水陆两处兵力，俾资布置而固藩篱，现已经将询商各情，谕由司处妥筹核议矣。

——《香山旬报》第 37 期，己酉（1909 年）八月十一日。

葡国调兵来澳胡为者（澳门）

荷国邮船，由葡京利士滨启行，载有葡军一队，至南洋荷兰时，即转船来澳门云。又《上海泰晤士报》云，中国勘界大臣高而谦，电致政府，谓澳门勘界争议，难望从速解决。葡国官吏，因此请该国政府，派遣兵舰，以备兴戎。现所派来之舰队，已行抵澳门矣。

——《香山旬报》第 40 期，己酉（1909 年）九月十一日。

葡人调兵之警告　精一

近日葡人对于我国，鹰瞵虎视，大有得寸入尺之势。而高使为勘界大臣，手握重权，反节节退让，一若恐挦虎须，身命不保者。呜呼，勘界前途，尚可问哉！乃吾忧未已，而葡人调兵之噩耗，又纷纷然来矣。

夫葡人调兵之意，全欲以示威运动，逼压政府而已。虽然，政府可以兵革服也，而我国民则否，吾有身家，退让则为人掌握。吾有祖坟，退让则为人践踏。吾有父母妻子，让退则为人之奴婢。故政府对于边省，无切肤之痛，可以割让。吾国民生斯长斯，利害相关，万万不能割让。是葡人调兵之说，可以威政府，不足以骇我国民；可以增我国民之戒备，不足为我国民之恐慌也。

虽然，能战然后能守，能守然后能和。葡之调兵，谓其自卫可也，谓其备战亦可也。惟我国民处于存亡危急之旋涡中，有备乃可无患。备之云何，则吾前日所云联合各乡，举办联团之法是已。

虽然，吾起而遍观邑人，除南乡父老，奋起力争外；若附城之绅界、学界、商界诸色人物，皆恬然以嬉，为釜底游魂而不知戚也。呜呼，人事如此，奈之何哉。

——《香山旬报》第41期，己酉（1909年）九月二十一日。

葡领又强阻设立湾仔鱼苗局（本省）

日前葡领事以中国在澳门湾仔设立鱼苗局，照会督院，谓为有背条约，经袁督驳复在案，昨复接照会略称，湾仔地方，系两国所争之地，不得增减改变之条约，须遵守至界务划清之日为止，两国均不得设立，无论如何局署，如有一国设立何等之局，则一国亦有权设立同样之局，惟将来如有此事，日后生出衅端，其责任全归开始设立之国，希即将各局迅速迁出云。

——《香山旬报》第55期，庚戌（1910年）三月初一日。

派员详查香前围基之近情

葡人阻禁土民填筑海坦围基一事，已纪前报，近大使特饬沈令庄丞详细查勘禀报一切，嗣因高大臣按照所查情形，与葡使再开会议，而葡仍坚执前词，谓该处属澳门海界，始终不允由土人填坦筑围，遂至议不能定，昨由高大臣来省，将交涉棘手情形，详商大吏，并以该处海界，原系由部准令土民填筑，而葡使仍坚执澳管之词，究竟如何填筑情形，又因何而为葡人所藉口管辖地界，例应阻禁，必须派员详细确查，酌办一切，已经商准特派熟悉专员，再行前往详查各处围基及填筑事宜，详覆核办云。

——《香山旬报》第43期，己酉（1909年）十月十一日。

禀拟编查前山渔船章程

邑属湾仔海面湾泊渔船，前曾因清查编号一事，与葡国生出交涉，惟该

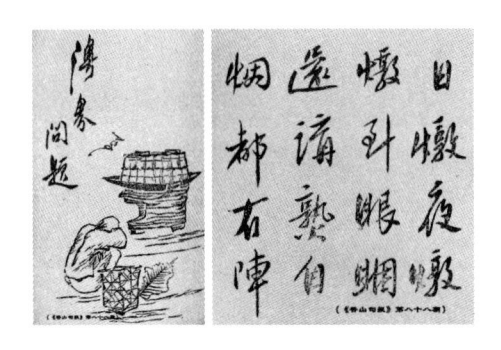

图 3-1 《香山旬报》关于澳门勘界问题的漫画

处渔船甚多，自当仍行查编，以资保卫，而杜弊混，无如各船户等，每多误会，自应重行厘定详细章程，切实管理，以免再生交涉，予人藉口，现前山厅同知庄丞，特将所拟办法，及编订章程，列折详禀督院，请即察核批示只遵云。

——《香山旬报》第 47 期，己酉（1909 年）十一月二十一日。

葡领又欲撤销湾仔鱼苗局耶　亦进

英儒洛连士有言，最不平等者厥惟列国，然试问不平等之故，何以发生，则必曰，惟强与弱故，故读欧洲协调论，大国专横，小国默从，可以静参其微矣，惟吾持此理以征诸中葡交涉则大异是，中国近虽积弱，陆军尚足自保，葡仅藐小之邦，方藉他国国权以自保，不足与我国居平等之位置明甚，乃勘界事起，葡人鹰瞵虎视，迭为非理之干涉，今且得寸入尺，更有撤销湾仔鱼苗局之请，真可谓咄咄怪事。

今姑舍此不论，试问葡领撤销鱼苗局之请，果为正当之干涉否，夫干涉之问题，经多数学者所痛论，终以基于自卫权为正当，然危害当在直接，不在间接，当在现在，不当在将来，若在间接或将来之事，贸然干涉之，亦非国际法所许，盖各国尊重他国之独立权，固宜如此也，今湾仔鱼苗局之设，原为吾国内政，与葡人无涉，葡领实无干涉之理由，其所以肆行要求者，实利用吾国官吏之易欺，欲以糊闹之手段，以蹂躏吾粤政治上之组织而已，吾今欲辟其谬，约有三说：一、凡两国交涉，有必待证据而后解决者，湾仔向有渔船局之设，此属于中国主权之铁证，万不容外人以参吾事。二、湾仔设立渔船局，相安既久，又无有加危害于外国人之事，葡人不能以过计之词，横来干预。三、国权之作用，在领域外时，不能直接行使主权，若在内国之人民，皆有实行保护之责，湾仔虽经葡人设谋吞并，尚为中国之领土，则设局保护渔业，当与葡人无预。有此三大证据，而葡领犹复越权侵犯，真可谓巨谬极戾，欲为破坏世界和平之罪人矣。

昔者葡领干涉勘界会，继又干涉勘界报，本报已著论痛斥之矣，然此种干涉，虽属不法，尚与界务相牵连，今渔苗局纯为吾粤政治上之事，而葡领犹敢越俎代庖，或者该领事懵然于国际法的原则，犹不足怪，若欲挑拨吾民之恶感，扰害大局，则非记者所忍闻矣。

——《香山旬报》第 55 期，庚戌（1910 年）三月初一日。

葡人干涉湾仔鱼苗局之无理

日前葡领照督院，饬将湾仔鱼苗局撤去，经袁督札行沈令会同前山同知，详确查明，禀复察核，各情均纪本报，现沈令会同庄丞禀覆，略称遵即详查湾仔地方，向设有香新鱼团分局，系同知等派员办理，已于上年四月开办，另有商人所办广东全省渔业公司，于上年十二月开办，又商人设有渔业会公司，又商船会设有公司，均于十一月始行设局，查湾仔地方系属华界，葡人不应干预，况所办均系全省之事，尤与澳门无涉，至该商人等在该处设局，名目至三种之多，且所办均属渔船，未免分歧，俟禀商劝业道应否酌量归并，抑或裁撤，此系中国行政之事，与葡领照称各节，系属两事，应由同知等查明，另案禀请核示，是否有当，伏候批示，只遵云云。现袁督已据情驳复矣。

——《香山旬报》第 55 期，庚戌（1910 年）三月初一日。

查复葡人安设水炮情形

日前有葡人在邑属内之青洲山对海安设水炮一节，已见前报，现经督院查悉，当即飞电本邑营县查询情形，禀覆核办，本邑文武奉电后，亦即会同驰往勘明，该水炮放在青洲山对开海面，相离约百余丈，附近有葡人建设士敏土厂，询之渔户人等，佥云从前无安设水炮，此次所设，或因水泄之故，下有椿石，以为标志，或因停泊轮船，设此以便寄碇，均未可知，兹闻沈令等，当将以上各情电覆大吏察核云。

——《香山旬报》第 55 期，庚戌（1910 年）三月初一日。

饬司妥筹前山水陆防务

袁督以邑属前山一带，地当冲要，迭经饬令水陆筹防，惟查该处附近地势情形，左连吉大，右接公坦，西南则为湾仔、马骝洲、蜘蛛洲各岛，东南一带陆路，则由拉塔、望厦以至澳，水路则经洲一水相通，其余马骝洲外，各岛屿尚多，皆接近前山各处地方，既属辽阔，巡缉尤不能疏，察核形情，惟有将所属各地，分别形势，应责成地方巡警，与水陆各营，一律分订巡缉联络，以资得力，以重地方，昨已将各情饬司处妥筹饬遵矣。

——《香山旬报》第63期，庚戌（1910年）五月二十一日。

袁督筹办前山防务

昨袁督以前山毗澳门，防务至关紧要，特一再查核情形，札司转饬该同知，将防务妥为布置整顿，现据查明禀复，计原有勇丁一哨，及前募两哨，现特合并编足一营，拟请编入中路防队，作为中路第二十六营，派令分守与澳门陆路交界，及香山前山交界要隘，其沿海一带防务，虽有扒船两号驻守，惟与澳地毗连，仍派第一营弁勇分扼沿岸一带，与扒船互为声援，以资周密云。

——《香山旬报》第72期，庚戌（1910年）八月二十一日。

海军处电查前山湾仔形情（本省）

闻海军处近因粤省前山湾仔一带，虑葡侵扰，曾有专电到粤，略谓据维持会电，以各乡虑葡侵扰，异常惊惶，电请派轮常驻湾仔等处，究竟系如何情形，迅查电覆云。

——《香山旬报》第75期，庚戌（1910年）九月二十一日。

电询扩充前山厅权限办法

近外部以邑属前山厅接近澳门，所有关于边防、海防一应交涉甚多，现在界址亟待划清，至添办铁路军电巡舰各事，亦应行扩充该厅权限，以专责成，特拟定两项办法，电询袁督体察情形，或在该处设立交涉独立厅，或将该同知缺改设，应请查复以凭核办云。

——《香山旬报》第76期，庚戌（1910年）十月初一日。

第二节　民众呼吁派兵前山

勘界维持总会议案（本省）

六月十八日勘界维持总会会议，议案照录于下：（一）宣布香山各乡连日禀报路环情形，葡兵轰毙居民，不分良歹，至于要匪，十不获一，似此实留后患，将来尤难安枕，请本会维持。（二）宣布前星期集议后，经众举杨瑞初、陈仲达二会长，往晤李提，商请添派兵轮，驻守要隘，一防逃匪冲突，二防葡兵借端骚扰，以保主权而安人心，李提答复，顷接旅港维持会密电，现已布置严密，诸君可为放心，如将来有紧要消息，可以随时电闻，即当援应等语，杨柏秀起言，虽李提盛意可感，但不如长驻兵轮，以免外人窥伺，若待有事电达，诚恐缓不济急，请各会长再面谒督院，禀陈方略，以安边隅，方不负维持之责，郑干初和议，众赞成。（三）宣布旅港维持会杨瑞阶等来函，大意言葡兵此次并非剿匪，实系剿民，不过借题发挥耳，据最近消息，洋兵轰毁村乡，惨毙多命，均是无辜良民，至于贼匪，其凶狠者逃走殆尽，擒获者不过一二余党，似此害未见除，而祸已深伏，此次固葡人之凶残，亦由我国官吏放弃主权，一任外人惨虐，漠不动心，粤人何辜，遭此涂毒，谓将详情研究，补救将来等语，众以杨君来函，均皆切要，本会自难缄默，其中尚有条陈，与界务关系者，一俟公同研究，详禀大吏办理，众赞成。（四）广州渔业会绅董邹龄、陈绍、李沛森三君，到本会声称渔业公会系奉官谕设向皆照章办理，乃近来有裁撤消息，令人骇异，缘分局设在湾仔，未免为葡所忌，闻葡领前会照会督院，勒令撤锁，今竟一并全撤，固中葡人之狡谋，亦于界务大受影响，请设法维持等语，众议渔业公会既设在内地，又系安分办事，似于外人毫无干涉，乃竟因此裁撤，未免授人以柄，惟其中实情如何，仍须细查研究，于界务果有关系，另日集议，众赞成。

——《香山旬报》第 67 期，庚戌（1910 年）七月初一日。

前山各乡百姓果安静如常耶

勘界维持会因葡人剿办过路环海贼，波累无辜，电禀海军处转电来粤，电饬前山同知及香山营县查覆，现会同电禀制府，略谓奉沁电开，接海军处电，据维持会电，以各乡虑葡侵扰，异常惊惶，电请派轮常驻湾仔等处，究系如何情形，迅查电覆等因。查前山各乡百姓安静如常，并无震惊之事，至银坑一带，中国本有兵轮停泊，拟请再饬广元、广贞两轮常川驻泊梭巡，以资防范云云。

——《香山旬报》第71期，庚戌（1910年）八月十一日。

图3-2 《香山旬报》澳门划界、讽刺澳葡漫画

邑人宜实行武力自卫　民声①

自界务纠纷以来，葡人屡施其蛮横手段，近又有强毁我内地基围之举。彼所以敢悍然出此者，实有以窥见我民气薄弱，无自卫之能力，故我但以空言抵塞，彼屡以实力欺凌，近如勘界会集议，葡人竟派侦探到场伺察，益以见葡人之举动，实视吾民气为转移，有断然者。然则吾人自计，与其倚赖政府倚赖疆吏，曷若急行自卫方法，激发义勇，鼓吹民气，购械练团，磨砺以待。若葡人不静待界务议结，再有欺凌之举，则衅自彼开，邑人为身家性命起见，惟有拒以武力，无他术矣。不然，若此次基围被掘，束手无策，徒听事后与之交涉，所受荼毒，不知取偿何时，我日缩，葡日进，尚有幸哉。

——《香山旬报》第90期，辛亥（1911年）二月二十二日。

---

① 民声，李锐进笔名。

第三节　新军入驻前山

前山厅之扩充权限

昨闻张督①,以前山厅接近澳门,所有关于边防海防一应交涉甚多,现在界址亟待划清,至办理铁路军电巡舰各事,亦应行扩充该厅权限,以专责成。特拟定两项办法,札行司道。计开:(一)或在该处设置交涉独立厅,(一)或即就该同知缺改设,请即查复,以凭核办。

——《香山循报》第95期,辛亥(1911年)三月二十七日。

禀覆前山属地情形

督院与澳门界务,异常注意,故日前电饬前山庄丞,迅将交界处所,详查一切,昨闻前山庄丞电覆,以前山附近所属之地方,左至吉大,右接公坦,西南则为湾仔马骝州蜘州各岛,陆道则由拉塔望厦以至澳门,水路则经青州以至澳门,一水相通,其余马骝州外各岛屿尚多,皆接近于前山各处,属地既已辽阔,巡缉尤万不能疏忽,惟有将所属各地,分别形势,将地方巡警,与水陆各营,一律巡缉联络,以固防务而杜窥觎云云。

——《香山循报》第106期,辛亥(1911年)六月十六日。

特派新军勒令葡人停止浚河

葡人恃强浚河一事,经绅民电禀张督,严行阻止,业经委派萨道,驰往磋商提犯章程,顺便与之交涉,惟澳督恃有别国暗助,不允停工,此事实与国权大有妨碍,初五日张督接准外部密电,星夜会商龙提,札派将协统,酌拨新军五营,前往澳门,勒令刻日停工,现闻葡人已于初九日停止浚河工程矣。

——《香山循报》第110期,辛亥(1911年)闰六月十四日。

---

① 张督,两广总督张鸣岐(1910~1911年在任)。

新军出驻澳香

昨外务部特电粤督，略谓澳门浚河及界务事，限一月内议决力争，以免再事枝节，并将办理情形，随时电部查核，张督准此，已将新旧办理交涉一切情形，一并覆部查照，并一面责成将协统，将日前所派之新军第一标计一千名，赴澳香一带，扼要驻扎，以资震慑，现该军均已预备行装，于十八日趁轮前往，并电达前山香山厅县知照矣，又闻张督以澳河既已停浚，趁此将界务从速划清，以免日后枝节横生，重须交涉，特饬交涉司李清芬，迅将关于澳门界务各事，预备列明具报，以便开议，务与力争，断不肯稍为退让云。

——《香山循报》第 111 期，辛亥（1911 年）闰六月二十一日。

新军开赴前山纪闻

月之十八晚龙镇统①发出号令，着所部开差前往香山震慑，派二标三营为前卫，因该营目兵程度甚高，受教育有年，所以派作先锋，约于二十早九点钟由码头落船，此营用专轮载往前山驻扎，离澳最近，其二标一营，及炮工辎重各营，俟迟三两天后陆续出发，十九早每兵发给一元，以作使用，每人均给子弹一千颗，是日俱已准备行装，又前山同知庄允懿，具禀督院，请领洋银一千元，置备此次调派新军，前往该厅驻扎，一切器具供张之需，已奉批准行司发给。

——《香山循报》第 112 期，辛亥（1911 年）闰六月二十八日。

拟续派新军赴乡

澳门私浚河道，风潮甚为紧迫，闻张督昨与龙镇统会议，拟再调新军一营，前往前山一带，以资弹压云。

——《香山循报》第 113 期，辛亥（1911 年）七月初六日。

特派海容巡舰防守香山

海军部以澳门交涉，特派海筹巡舰，前赴澳门湾泊，藉资震慑，该舰

---

① 龙镇统，龙济光（1861—1925），云南蒙自人，彝族。1911 年率军入粤，出任陆军二十五镇统制。

于前月二十二日下午由港启行往澳，因近处水浅，遂泊于澳外距十英里之沙叨海面，澳门守口葡国炮船必地利亚，亦即于是晚驶出，泊于东望洋外，遥遥相对，入夜则电光四射，次日浚河船仍在海面兴工，一时澳中中西人，皆纷纷其说，多谓中国将特遣来阻止浚海者，至二十五日，海筹舰统带同属员人等，乘小轮入澳内海登岸，午后往拜会澳督，言此行是循例往巡中国海岸一带，至此泊数天，即启行云云。二十六日澳督差官答拜，并请各官于是晚至府第赴宴，现闻该舰经已离澳来省，该舰管驾，面谒张督，筹商办法，以澳门前山一带，未划界以前，关系尤为重要，特派海容巡舰前往代驻，以资镇守云。

——《香山循报》第 113 期，辛亥（1911 年）七月初六日。

海军部电饬派兵立收澳门海权

昨督院接有海军部来电，其详细未悉，惟据政界消息，谓该部因接香山勘界维持会禀，以葡人浚河未已，又勒收九澳黑沙界租，请派兵严重交涉等因，该部查葡八年来，侵占未已，若再退让，海陆皆失，昨飞电来粤，饬督同交涉司妥筹办法，立收海权，界务速为议结，派兵勒止浚海，勿稍退让，以固主权云云。闻张督接电后，已密筹对待办法，政界知此事者，咸谓澳门此次交涉，谅无平和结果矣。

——《香山循报》第 113 期，辛亥（1911 年）七月初六日。

庄丞因澳门交涉事抵省

张督因澳门交涉事特电前山庄丞允懿，刻日来省传见，并饬前山传守备赞开，沿途护送，初四日庄丞业已抵省禀见，将澳门浚海抽捐及葡人种种违理，人心异常激怒，新军到后，军民相得，及布置情形，详细面禀，并闻面陈办法，勿压民气，勿存退让，勿暴躁偾事，为紧要关键，张督甚韪其议，即面授机宜，令其迅速回署，妥慎办理，并嘱该处居民暂忍小愤，共图大局，一面饬行二标新军，善为防范保护，勿令酿成他变云，又萨道日前往澳，系奉张督命令，密授机宜，与澳督严重交涉云。

——《香山循报》第 114 期，辛亥（1911 年）七月十三日。

龙镇统又赴前山

澳门交涉，关系重要，外间纷传不一，现张督以民心浮动，亟应设法从速解决，以免滋生意外，并商请龙镇统，即前赴前山，妥为布置，并电饬该管地方文武，劝谕乡民，安心静侯交涉，幸毋妄动，致误机宜云。

——《香山循报》第 114 期，辛亥（1911 年）七月十三日。

吴统领怕驻前山

吴道宗禹，奉派带防勇二千名，赴前山助防，以壮声援，现闻吴统领，以各属盗风猖獗，防军不敷分布，稍一抽调，匪势愈炽，实无可调之兵，已将情形电请大吏核办云。

——《香山循报》第 114 期，辛亥（1911 年）七月十三日。

新军驻前山之举动

行军一道，最宜洞悉地势，此次新军初驻前山，经蒋协统派遣员弁，测量附近地方里道陟塞，绘成图册，以资考证，初九日复由督带陶某，统率新军二百余名，赴前山迤东一带，查勘地势，闻初到南村南坑山场等乡，继复往香洲新埠，眺望九州洋沿海一带情形，又该军于初十早操演野战，当天明五点钟时刻，在仙人摆袖山下之大块埔，分布阵势，对垒交战，继则一枝诈作逃窜，越马鞍山而过，随后各阵追奔而来，直绕至林仔下地方，包抄截击，一时阵若长蛇，枪声不绝，右冲左突，如临大敌，附近各乡来观者，莫不称其操法娴熟。

——《香山循报》第 115 期，辛亥（1911 年）七月二十日。

筹议建筑炮台

前山一带地方，形势险要，前经饬测绘生祥绘精图，现勘界维持会请筑炮台，故张督特再饬测绘生顺便细加考勘，何地建筑炮台为合宜，何处最为扼要，一并详填图内，以资参考云，又过路环湾仔等处，与澳门毗连，地滨大海，非添建炮垒，不足固边圉，勘界维持会已上书请张督筹议，闻张督拟仿照虎门炮台筑法，方能坚固可守，若筑碉建垒，无济于事，惟现正款绌之时，此款甚难筹划，特饬司道会商筹议云。

——《香山循报》第 115 期，辛亥（1911 年）七月二十日。

加厚兵力驻扎前山

张督以前山香山，地连澳门，应设重兵驻守，以重国防，闻昨复与龙镇统商议，拟再拨新军两营，出驻前山，即日复派督练公所工程委员，前往踏勘地址，建筑营房，并将筹划情形，电陈军谘府陆军部查核，又前山原扎巡防队一营，归庄丞管带，日前拟调往别处，商民深滋疑虑，故勘界维持会上禀张督，昨闻张督以新军到防，已敷分布，故将该营调往他处，办理清乡，现该处居民，既生惊疑，应免抽调，以靖人心，已电饬庄丞遵照云。

——《香山循报》第 116 期，辛亥（1911年）七月二十七日。

电询防守湾仔情形

陆军部有电来粤，谓迭接粤绅，及广东同乡官函电，均谓香山湾仔地方，与澳门接近，守御空虚，民情惊恐等情，究竟湾仔地方，有无派兵防守，布置是否周妥，应由粤督会同龙镇统，酌度地方形势，派兵驻扎，以靖民心而固藩篱，并将办理情形，电复查核云。

——《香山循报》第 117 期，辛亥（1911年）八月初五日。

添派军队驻扎前山

驻扎前山之军队，系为保守吾粤边境治安起见，兹闻当道以该处为沿海要冲，现在仅得一营，兵力单薄，不敷分布，非添派军队前往驻扎，不足以资震慑，初拟二十前后实行拔队起程，后因该处兵厂未能竣工，连日分往厂岐新会等处购办葵蓬竹篾等物，闻限七月内搭起，届时续派炮步兵士各两营，合原有之一营，共成五营，分布驻扎地点，连日镇部办理军备，甚为忙碌，大约日间定必起程矣。

——《香山循报》第 117 期，辛亥（1911年）八月初五日。

张督询问前山军情

前山新军到扎后，军律井然，深为该处居民所爱戴，日前蒋协统，禀见张督时，张督询其军民是否融洽，省中谓新军名誉极好，是否名副其实，务须勉其益加自爱，以副民望，并勤勤操练，将来为国家干城之选云。

——《香山循报》第 118 期，辛亥（1911年）八月十二日。

电饬新军照常操练

陆军第二十五镇统制龙济光，查新军驻扎前山，军纪颇严，军民无犯，尚属可嘉，惟每日无所事事，诚恐日久操练生疏，特电饬该标统陶懋榛，每日仍需督率各营，照常操练，熟习打靶，以求进步云。

——《香山循报》第118期，辛亥（1911年）八月十二日。

工程营又开赴前山

镇统龙济光，以前山经已驻扎九十八标，查该地交通，与军队出入不便，应饬工程营一队，带齐一切器具，开赴前山，由九十八标陶统带，就近节制遣用，经商准张督，札饬该营管带陈宏尊遵照矣。

——《香山循报》第118期，辛亥（1911年）八月十二日。

兵轮驻防前山之近闻

张督以澳门附近一带，国防紧要，业经派重兵驻守，陆路兵力已厚，水路虽有部派琛航等二舰驻守，惟军务运送等事，必须迅速，方不致贻误，特商准李水提，复派出靖江兵轮，前往前山一带协防，有事时借以运送遣调，又海容海筹两军舰，前奉饬往澳门海面游弋，现已一并驶回长洲海面湾泊，闻由李提特饬驶回云。

——《香山循报》第118期，辛亥（1911年）八月十二日。

第四节　民众热烈欢迎新军

乡民欢迎新军

新军赴前山驻扎，已纪前报，闻六月二十四日该军五百名已到前山，随由上官发令，派前队为独立队，后队保护标署左右，两队驻在城内，现分寓前山恭都学堂及福善堂医院刘达朝祠都府衙门前山关帝庙等处，协统蒋某，督带陶某，闻尚有兵一千，不日奉调驻防前山，以防乡人之暴动，初议在吉大乡之大块埔搭厂居住，继因刘绅以董事会租赁刘园，经已届期，不若推却董事会不租，畀新军统扎园内，亦可省棚费一千员，其董事会闻迁往梅溪陈氏花园，前山分府即日犒以猪酒，以尽地主之义，前山乡人继之，初勘界维持会倡议欢迎，继以有河阻隔，不便拨队，故勘界维持会亦备猪羊酒果犒赏，他若北山、南屏、山场、白石等乡，亦备猪酒犒赏该军自到后每日至下午四点钟，则在仙人摆袖山下之大块埔操演（即旧演武亭地址），步法整齐，枪法娴熟，甚有可观云。

——《香山循报》第113期，辛亥（1911年）七月初六日。

南屏乡人欢迎新军纪事

日前驻扎前山边境之军队，奉到督办命令，调赴南屏村沙尾驻扎，兹闻该标统陶懋榛奉命后，即于十六日午候，派出三营后队二排军士，立即拨队开往南屏沙尾，借香南小学堂暂住，是日军队抵埔时，该乡绅耆学生人等，一律在村外欢迎，并鸣炮致敬，该军队答礼如仪，迨抵学堂时，又开茶会，可见乡人对于新军之感情矣。

——《香山循报》第120期，辛亥（1911年）八月二十六日。

勉哉军人毋忘吾民之欢迎　道实

马伏波曰：男儿要当死于边野，以马革裹尸还葬耳，此我国古军人之气概也。

迩因葡人违约浚河，张督调新军五百驻扎香澳，以便相机行事，新军之出发也，咸具同仇敌忾之心，绝无瑟缩畏葸之象，吾粤军人具此气概，此吾粤之光也，今者新军已到前山矣，该都人士对于此举，异常欢忻，闻勘界维持会及各团体，定于二十七日开会欢迎，吾民对于新军之希望，其诚懿笃切奚为若是乎。

盖自划界问题发生以来，葡人屡肆其蛮横举动，吾民抱此切肤之痛，唇焦舌敝，函电交驰，未获良好之效果，乃葡人屡以实力欺凌，我仅以空言搪塞，明知于事无济，于是有办团自卫之谋，有上书请兵之举，盖欲藉新军人之力，杜绝外侮，宣扬国威，非一日矣，今竟有新军来香驻扎，宜地方团体，具此良好之感情也，然则新军亦将何以副吾民之希望乎。

抑犹有感者，古所谓军人，非纯为对外而设，故发奸禁暴捕盗剿贼之事，皆肩任之，故与内地居民关系密切，然往往未经教育，扰民之举时有所闻，故有贼过如梳、兵过如篦之谣，即今之防营，因清乡而扰及地方者，亦所在多有，宜乎吾民一闻兵勇之集，即仓皇失措，竟有流离转徙冀免祸患者，乃今吾民对于新军，不惮其来，惟恐其来之不速，且从而开会欢迎之，此岂徒为一己自卫计，实为国家前途计也，勉哉军人，毋忘吾民之欢迎。

——《香山循报》第113期，辛亥（1911年）七月初六日。

论我邑人欢迎新军之心理　愤血[①]

盖吾邑人之欢迎新军，吾虽不能遍测人人之心理，然保卫同种，抵拒外族之宗旨，亦为人人心理所乐同。今新军之来也，非为残杀同胞而来，实为对待葡人而来。吾人本保卫同种，抵拒外族之心理，则对于新军，自有爱敬逾常，和洽无间之趋势，其群起以欢迎之，亦情之所不自禁者也。何也？军人之职任，惟以攘外安内为务，非以之排同媚异者也。俾斯麦有言，我国军人不以残害同种为能，可知军人之所注重者，必先于对待外族一层，若不能对外，则虽日驱其豺狼虎豹之劲旅，大之则擒获党人，小之则诛锄盗贼，亦不足取也。昔者曾（国藩）、左（宗棠）、李（鸿章）、胡诸人，为朝廷再造之功臣，当日之奇功伟绩，固足照耀一世，由今思之，亦不外戕杀同根，诛戮人民之故技。虽谓洪杨倡乱，志不在小；然生则同种，处则同国，而竟穷日累夕以歼之，亦可以哀矜勿喜者也。昔周定王之辞晋侯也，曰蛮夷戎狄，不式王命，淫湎毁常，王命伐之，则有献捷，王亲受而劳之，所以惩不敬劝有功也。兄弟甥舅，侵犯王略，王命伐之，告事而已，不献其功，所以敬亲昵禁淫慝也。由此以观，则今日军人之所贵者，其主要问题，当先知国防之关键，种族之界线。而平定内乱，仅小事耳。乃者，吾邑人历遭葡人之侵略之蹂躏，已于忍无可忍，待不能待；近竟违约浚河，勒收田税之事，复纷至而沓来。今新军之来也，既欲制止葡人不法之行为，即为申吾民愤懑不平之气，攘外安内，其功于是乎着，吾民虽欲寂然无动，不表同情者，其可得乎。呜呼，吾粤练军有年矣，而以之对待外人者，当以此次新军之对葡始。我国自鸦片之战，情见势绌，起各强轻视中国之渐，虽有海陆军之劲旅，曾不足当外人之一击。甲午中日之役，海军歼没；庚子联军之役，陆军失败。近虽训练陆军，编成劲卒，而平内乱或有余，对外患则不足；凡交涉事件，稍有棘手，惟知退让，而不敢以兵力为解决之利器。呜呼，言念及

---

① 愤血，李锐进笔名。

此,岂第吾国之羞,抑亦吾国军人之憾事也。今新军之出驻前山,巩固国防,即为新军报国报民之日,亦以雪我国向主退让之大耻。其主要目的,纯然为对外而来,比之磨刀霍霍,日以残杀同胞为能事者,相去天渊矣。呜呼,新军乎!我最敬爱之新军乎!尔其奋励猛进,毋忘我邑人之欢迎乎!则欢迎新军者,当不止我邑之五十万人,而邑人之责望于新军者,又当不止对葡之一事也。呜呼,江山无界,虎狼逼人,正我国人奋力救国之机,亦我军人枕戈待旦之日;对葡之举,不过新军对外之端倪耳;而终止目的,惟智者自知之,亦为新军自勉之耳。

——《香山循报》第118期,辛亥(1911年)八月十二日。

军人特色

前山营郑管带之宝,由附生毕业,陆军驻防前山一带,约勇严勤,缉捕地方赖安客。岁九月,会匪首领江昌南叶日亮等结党万人图谋不轨,管带侦悉,设计诱拿,乱遂寝下,恭部赌匪,私开赌具,蒙严禁始息,去岁腊底,我乡惨遭回禄延烧铺户十余间,是夜风烈火猛,管带督勇救护甚力,并派勇把守要隘,故无意外。乡人德之谨登诸报章,以见我国军界中未尝无人也。

  下恭都翠微阁乡绅士　　吴锡吉　郭秉忠　吴桂培　吴庆光
         韦绍康　李长春　韦兆霖　郭祖悦　谨颂

——《香山循报》第91期,辛亥(1911年)二月二十八日。

第四章　辛亥革命的发生

山雨欲来风满楼。辛亥年间，广东地区事变迭出，计有3月10日广州将军孚琦被刺，3月29日广州起义，闰6月19日水师提督李准遇刺（未死），9月4日新任广州将军凤山被刺，这一系列事件标志着广东革命高潮的到来。

3月孚琦事件发生后，反动政府大肆捕杀革命党人。革命者温生财则表现了视死如归的英雄本色：3月17日"11时许，张督升堂，讯尔是温生财否，答称不错，并谓今日死得其所矣。及由颜番禺在头门点刑捆缚时，温复顾刽子手，谓各官不中用，必紧记尽要杀绝。仍复大笑，首不可仰。沿途欢呼，谓死而无憾。沿途及在场观者不知凡几，见其神色不变，皆为之起敬云"。

"三·二九"起义失败后，《香山旬报》接连发表《革党起事详志》《省城乱事详情》《审讯党人供词略述》等新闻专稿，又刊载时事南音《革命者死》等文章，描述了许多革命党人的英雄形象。广州起义失败后，黄兴、赵声、刘思复等在香港举行会议，鉴于革命失利、党人遇害甚多，反动势力极其猖獗，决定进行反击，对张鸣岐（两广总督）和李准（水师提督）执行死刑。林冠慈慷慨请命，担任暗杀。闰6月19日上午时许，林冠慈身携炸弹，守候路旁，等李准轿至，将两枚炸弹抛出，李准负伤倒地。轿夫卫兵等死伤二十余人。林冠慈亦当场被卫队击中牺牲，另一革命党人陈敬岳被捕就义。这一事件打击了反动派气焰。李准惊魂甫定，连忙向清政府递上奏疏，再三请求调离广东。香山地方封建统治者也意识到形势严峻，而惶惶不安。

武昌起义的枪声拉开了辛亥革命的序幕，革命形势迅速蔓延全国。革命的首要任务是推翻地方封建专制统治，把政权从封建统治者手里夺过来，建立民主共和体制的政权，这可能在全国各地都大致相同，但革命在香山的反应，则更为热烈和深入。

武昌起义爆发后，广东方面香港同盟会总机关，决定先在香山发难。主持这一工作的有香山人林君复、郑彼岸、林警魂和东莞的莫纪彭、何振及湖南人任鹤年等。当时议定由林君复、林警魂在澳门主持总机关，并由林君复和莫纪彭、何振、郑仲超等负责策动驻前山的新军，郑彼岸负责策动石岐城的防营、团练，以及联络石岐的绅士。

同年11月2日（农历九月十二日），当小榄起义成功的消息传到澳门，以前山镇恭都小学堂（后改称凤山小学）为活动基地的党人苏默斋（苏曼殊兄长）、刘希明、陈自觉、陈永安（陈芳孙儿）齐集在陈芳祖居梅溪石室内策划起义。随后于1911年11月5日（九月十五日）傍晚，在一声暗号之下，新军的革命官兵第二次起义开始行动了。前山城遍竖白旗，标统何某匆忙从城墙槌下，向澳门逃去，前山城就在兵不血刃情形下起义成功。次日众人推举任鹤年为起义军司令，何振为副司令，立刻向石岐开拔，配合小榄义军进攻石岐城。

前山新军起义后，林君复以事机迫切，即日兼程返岐。6日在正薰街萧宅，召集党人开紧急会议，决定即日起义。下午隆都方面的各乡团勇，纷纷集合，浩浩荡荡向西河路进发，直趋石岐。县知事覃寿堃表示降服，次日将印信缴出。

革命军进入县城后，即派出小分队，在各街道要隘巡逻，保护人民。并贴出由郑彼岸等起草的安民告示。革命军旗帜竖着在城楼和通衢大道，随风招展，气象一新。又由革命军司令部宣布石岐全城戒严令。

次日，前山起义新军到达石岐后，立即收编小榄等地的民军和绿林队伍，改编为香军，仍然由任鹤年为司令，何振为副司令，莫纪彭为参谋长，即日由郑彼岸、林君复等领队出发支援光复广州，驻扎广州西关一带，严密保护市民生命财产，受到广州市民的热烈欢迎。未几，又改编为北伐军，随姚雨平北伐。至南北议和后，始告解散①。

第一节　三·二九广州起义②

革党起事详志（本省）

连日遍传革党起事，陆续来省者百余人。二十八日复来百余人。政界先

---

① 郑彼岸：《香山起义的回忆》《广东辛亥革命史料》，广东人民出版社，1981，第231~237页。
② 三·二九广州起义，1911年4月27日，即农历三月二十九日，由同盟会发动的广州起义。是役黄兴领导敢死队攻打两广总督衙门失败，72名牺牲的烈士遗骸埋葬于黄花岗，故又名广州黄花岗之役。

经戒严，早已防范一切，极为周密。昨早督院即严出紧急号令，先行搜拿。午后三点钟已拿得党首一人，时该党人已欲解散，继因防范过严，欲散不得，遂穷无复之，振其敢死之气。于六点余钟，纠率死党数十人，手持短枪火药，各佩白带为号，由司后街冲出，直扑督辕掷放炸弹，即被督辕卫队击退。彼此短兵相接，巷战许久，互有伤亡。追至双门底，与水师勇相遇拿获党人七名。水师某弁被党人轰毙。沿途尾追，续获党人一名，年仅成童。十点钟时，官军又在状元桥与党人鏖战，生擒党人数名，时城门皆闭，城内电话不通，闻督辕仅烧去大堂、二堂及西边箭道，仅存后堂及东边。幸案卷印信均无遗失。张督奉父并家人打穿后墙，由新丰街到水师行台暂避。未事之前，张督已虑及放火，特发命令，不准救护，只用重兵围守，任其自烧自灭。而旗兵戒严，巡防队入城防御，临事布置，亦甚得法。火息后人心即安靖如常，闾阎不甚惊扰。西关一带，竟若一无所闻。查是役先后生获党人十余名，官兵死伤数十名，水师公所哨官亦战毙二人。中协手部被伤，党人伤亡，现犹未知实数。又闻张督发出军令，来往港澳轮船自三十日一律搜查，以杜后患而安人心云。

——《香山循报》第 96 期，辛亥（1911 年）四月初四日。

省城乱事详情（驻省特派员访稿）

革党进攻督署之情形。前月二十九日革党围轰督署，已略纪各报。兹查是日该党分数路进督署会齐，内有十数革党，假扮西人乘舆到署，实乘舆者与舆夫皆是党人。到督署后，即上前进攻。幸张督早有防备，卫队极力抗拒，彼此殊死战。党人伤亡三十余人，卫兵头目金某、周某亦被轰毙旋见督署二座火起，张督传令不许救火，全力抵抗党人。一面收拾公文，向署后由新丰街到水师行台暂避。当乱起时，张督适与陈藩司、陈提学在署内开审查会。张督过水师行台，藩司、提学司皆同行。而党人复分队向军械局进攻。幸亦有备，计不得逞。是时援兵云集，而党人始散去。

搜捕余党之严密。现党人虽已散去，惟闻其入城者有二三百人，现计死亡及正法者仅八十余人，余党尚多。张督特饬令严搜。昨在小北门某米店有十余党人负隅迎击，血战数点钟之久，仅获数人。又在洪桥脚大战数时，党人夺路逃去。现省城大南门归德门已照常开城。惟搜索行人，甚为严密，而城内各旅馆迭次搜出炸药军械等件。

党人之头目及暗号。闻此次该党人因先其事泄已各散去。进攻督署之党人，系二十九日由港轮来省。不知原因，仓猝起事，而该党首领，或谓黄兴，或谓胡衍鸾，未知孰是。若其收军暗号，闻在观音山悬一红灯，上落三次，而党人即一枪不发而退。

革党之变相。革党困在城中甚多，昨有党人扮舆夫肩舆出南门城，为防营搜查，皆是剪辫者，即被拿去。又有党人扮尼姑出城，亦被拿获。

党人多学界中人。闻此次党人以学界中人为多，以白布缠身为号。查督署前尸骸四十余具，多有戴眼镜穿操衣者。有党人一名，年仅成童，相貌甚温雅，在双门底与防营兵激战多时，枪毙营弁一名，并伤勇数名，卒被获。

邑人在省被拿二人。此次党中人多数剪辫，故省内剪辫人多被拿问。邑人杨君官赧因欲避地出城，行至双门底即被拿去。张君楚南携眷属乘舆出城，亦被扣留。现杨君已托省中学监学任某保出，张君亦托沈前令之舅氏黄某保领。

马协到省即回。省城乱起后，马协到省询问一切。张督即速行驶返香山，以资镇慑而保地方云。

——《香山循报》第 96 期，辛亥（1911 年）四月初四日。

本邑留省学生之虚惊

近数日省城学堂均停课，省渡亦停开驶，本邑留省学生无从回乡。初一日信行渡已抵省，有学生二十余人，仍以该渡开行太迟，即于是晚雇永康火轮返岐。查省城党人已渐次肃清，雇轮返乡，似亦太过张惶云（以上见本报初三日传单）。

——《香山循报》第 96 期，辛亥（1911 年）四月初四日。

党人之组织及进行方法

闻此次党人事前组织，甚为严密。其办事机关部，一在小东营陈朝议第，一在谢恩里。其党人以黄兴、赵声、胡汉民为首。二十九日下午三点钟时候，陈朝议第来往人数骤多，最后肩舆二乘，舆中人为自由女，尾行男仆，挑红漆盒二担，坊邻犹疑其有喜事也。自由女随坐肩舆出城。不数分钟，即有多人到呼门，略谓大事得手，我兄弟宜奋力向前，遂一拥而出，按名唱点，街头街尾，分人把守。余人直向督署进攻。闻该党因官军防范周密，欲暂作罢论。二十九日巡警在谢恩里拿获革党总粮台饶辅廷。黄兴即开会议，主张即日起事，同党有难色，黄声言如有退志，无面目见江东，决计带队焚攻督署。

——《香山循报》第 97 期，辛亥（1911 年）四月十一日。

审讯党人供词略述

连日所讯党人口供甚多，惟最激烈最痛快系在右井车站所获党人某，系闽籍人，据供年二十四岁，在党内排至第六。是晚在花厅约七点钟时候，先由委员问供，操福建语，传供不甚了了，改操英语，问各位懂否。说至此，黄广协、吴参议、某洋务委员，均出厅问话，无何李水提亦由楼上落厅，与之问答，侃侃而谈，畅谕世界大势，各国时事，了然胸中。随即开去镣扣，命起（初坐地问供）给以位。李提、黄协、吴参议，围桌而问，是时厅外管带差弁兵勇等，环而厅之。李提给以笔墨，写尽两纸，不假思索，顺笔而挥，搁笔三次，写至激烈处，解衣磅礴，以手捣其胸。李提亲手持上督院阅看，某官命人给以茶烟，起身行立正礼。追将就刑，尚如此从容。写完供词，在堂上演说，说至时局悲观，搥胸顿足，劝各官长，将来政治上，如此如此，切不可如此如此，吾死犹生，虽千刀万斩，亦所甘心云。

又获一党人年十八岁，自认李生。问其另有何名则曰不是李生，必是李死。见李水提望之而笑曰，汝识我否？李提问汝究为何人，曰我河南李庆孙也，盖即李庆春之孙。向留学西贡，去年新军起事，在宜安里口某屋放火者。李提云汝等少年，何故为此？另有一少年曰：尚有某贵公子在内，昨日已在督署拼命矣，我辈何足云耶？

又拿获剪辫一人，解回警署，年约二十左右之美少年。供称韦云兴，福建人，直认革党不讳。一讯后，带往督署前斩首。韦某毫无惧色，且对委员说："我是国事犯，照文明各国，只有统毙之刑，断无斩首之腐败。你等无识，徒令外人所笑云！"

又闻当日警署讯问一女革党，在堂上直言革命不讳。露襟相视，谓我们确不是伤害同胞，如果有心伤害同胞，当日谁人敢埋我身。无论击墙掷地，均可立化灰烬。现已明知于事无济，不如早死为佳。官驳以尔青春少女，何苦受人煽惑，作此大逆之事？当即收押，未知如何办理。

——《香山循报》第 97 期，辛亥（1911 年）四月十一日。

追述黄兴主张起事之理由

某问官讯据宋玉琳供称，原拟分六队举事。一攻督署，一攻水师行台，一攻水师公所，一攻督练公所，一攻财政公所，一攻军械局，并分数处放火，牵制官军。以黄兴为司令官，二十九日黄召集临时会议，余见官军周密，请暂退回。黄主张即日起事，提出三理由：（一）我辈革命军组织多年，从前到处失败，此次挟全力而来，若畏葸不前，何面目见江东？（二）冒险输运军火，所费不赀，一旦解散，不能运出，试问作何开支，经济部必疑我辈骗钱，断送将来革命军粮台。（三）军队性质，有进无退，我辈奉总司令来粤起事，今未起事而退，如军令何？如各国取笑何？余等因其持论正当，甘愿随同効死，但不欲过伤精锐，将余部下遣散回港，及见大事不成，即发紧急命令，不准各路放火，以免伤害商民生命财产，保全革命军之名誉云。

——《香山循报》第 97 期，辛亥（1911 年）四月十一日。

黄花岗上党人碑

初四日，广仁、爱育、方便、广济各善堂奉政界函知，收埋当场轰毙各党人尸骸，计七十三具。两县初拟统葬东门外臭岗（即平日戮犯丛葬所）。善董徐树棠等，以善堂收葬各骸，向另有地，正未解决。有河南潘达微往江绅处，陈请愿帮同各善董料理检埋各事，当由江绅电商善堂许其同往。各骸发胀，有棺小不能容者，均另易棺，统葬于大东门外之黄花岗。

——《香山循报》第 97 期，辛亥（1911 年）四月十一日。

革党进攻佛山略纪

初二日有革党大队由乐从墟渡河，进攻佛山。为兵轮击退，遂退由浅水河滘渡过。兵轮吃水深，不能前袭。革党约二百人，直抵佛山镇外之通济桥地方，与防兵遇，掷发炸弹，管带马某阵亡，毙勇二十七名；革党死伤亦伙。兵勇仍扼守抵御，各防兵团勇踵至，革党退守通济桥封面之山岗，相持不下；后各处援兵齐集，始各散去，现已安静如常矣。

——《香山循报》第 97 期，辛亥（1911 年）四月十一日。

张督办理党人之计画

此次革党起事，倏起倏扑，革党死亡者约百余人。惟张督办理此案，颇存宽大。初五日江绅入晤张督，备陈此事。张督曰：此等人皆非为私仇而来，彼既不扰商民，吾虽处于执行法律地位，亦不主多杀戮。况中多少年，血气未定，实在可惜。吾辈能做好官，那怕此辈不为我国家所用。正思有以保其生，遑论恤死。善堂诸公，仁人君子之用心，与鄙意甚相合，可转谢善堂云。又有党人但懋辛，四川人，手已受伤，到东一区自首。据供到港数日，为姚姓等邀入党，上省起事，事败后匿厕中多日，饥饿不堪。特出自首，任由办理。并供出莲塘街某屋存炸弹火药甚多，由区官解交警道，电请张督示谕办法。张督立命赦免。并会同李提出示，如有党人自首，一律援例免赦，不加诛戮。又有姚国梁等供词甚好，张督甚惋惜之。以其皆受重伤，皆愿速死，始置之法，闻供出余党甚多。张督拟择其情节实有可疑者，勒令出境，余概免究。

——《香山循报》第97期，辛亥（1911年）四月十一日。

可敬哉张督之宽赦党人　愤血

革党图谋举事，其罪可诛，其愚可悯。振臂一呼，慷慨赴死。迄今黄花岗上，空埋党人之骨，彼辈固各有身家，各有父母妻子，而能出万死不顾一生之计，盖亦迷信其大逆不道之革命主义，不惜以生命殉之者。然哉！张督谓其非为私仇而来，可谓洞窥党人之底蕴矣。

党人悖逆犯上，固为国法所不容。然其中固大有人在，以彼辈之少年俊秀，勇敢好战，而能同德一心，为君效力。亦可作腹心之助，收干城之寄者。然哉！张督谓吾辈能做好官，哪怕此辈不为我国家所用，亦可谓深惜党人之才具矣。

惜乎时方多难，彼竟鼓其放诞不经之说。风起云涌、伏尸疆场，在所不惜。此吾恶其妄，而哀其愚也。张督知其然，特下宽赦党人之令。有出而自首者，皆置不加诛。固本天地好生之德，亦深得解散党人之法。党人天良具在，当念深仁厚泽，践土食毛。二百余年间，尔列祖列宗，感恩戴德。嗟尔无知，胡为有异。嗟尔年少，胡为轻生。尔闻张督为国家所用之言，尔感张督开赦党人之德，其庶几有悟否乎？

——《香山循报》第98期，辛亥（1911年）四月十八日。

政界中人之受伤及死亡

何中协品璋在流中井地方，忽有乱党三人，跑近轿前，连发三枪。一中何中协手臂上部,现在医院调治。又某公所科员李益斋路经督署前,为乱枪所伤,初二日毙命。又学务公所录事黄某,在督署前中一流弹,旋有巡防勇上前拿获,解回水师行台,指为放弹者,立即解出斩首。适有某员认识,即向水提具保始免。又连日搜获炸弹,间有存放督练公所。初六日公所将炸药考验,安置地上。吴参议误触其机,炸伤左足,并伤军卫队数人。又制造局委员知县邓润之居城北大石街,此次乱事,邓适在门口眺晚,为党人拘住。骂其祸我同胞,拟枪毙之。邓力言非作官,仅捐虚衔,党人遂掴之令去。讵邓受惊,至初六晚逝世。

——《香山循报》第97期,辛亥(1911年)四月十一日。

马协①巡阅炮台之冷观　枕戈②

吾邑盗风猖獗,诚未有过于黄圃者,而营弁皆熟视无睹。而文武两衙,亦置若罔闻。久而久之,而马协随同李水提巡阅炮台之事始一见。

记者不必以此举为非。然黄圃一带,若言军备上之整顿,岂无急于巡阅炮台者。伏莽遍地,日为民害。试一披阅本报所载,无日不有劫案,无地不有劫案。马协有整理捕务之责,何独于此恝然?

或曰:若欲剪除强盗,先为炮台之经理,诚为根本上之预备者。曰:是不然,彼处盗贼虽多,无过打家掳勒之属,一举而擒之,良非大难,不必多费踌躇者,而其巡阅之意,固自有在。

然而记者不必问之,但盗贼披猖,马协不能辞其责。彼营弁漠视劫案,几于习为故常。若非具大霹雳,执法惩治,营弁固无由振作。而盗贼将愈趋而愈横。虽日经理炮台,壁垒一新,仍恐藉寇兵赍盗粮耳。吾愿马协一思之。

——《香山循报》第92期,辛亥(1911年)三月初六日。

徒以眼泪洗面如国事何(北京)

政府前接某国电告孙文近得某国密助,运炸弹多件,并遣革党多人,分途内渡等情。即饬属严防。后忽有孚琦被刺案发现,监国召见军机谕谓,时局艰危,人心思乱,尔诸臣世受国恩,应如何筹措,有以弭乱机,而挽危局云云。言次,至于泣下,军机等惟面面相觑,反袂拭涕,卒无出一策献一

---

① 马协,马德新副将,通称协台,湖南人,当时率领绿营防勇数百名驻守香山。
② 枕戈,李锐进笔名。

议者。

——《香山循报》第 96 期，辛亥（1911 年）四月初四日。

华侨崇拜革命党

爪岛①之双巴洼埠华侨，自闻革党粤事失败后，于初五日开追悼会，以悼革党之战死者。是日到会者二千余人，会场幕以白布，张挂联匾，牌位甚多，并罗列鲜花青果。至午十一点钟，摇铃开会，宣布理由，随行鞠躬礼。乃由各人演说，词多慷慨激昂，而后摇铃散会。闻此埠华侨虽属无几，然而相亲相爱，颇知合群之义。各地华侨闻风奔赴，至会场如此热闹，各人赴会者，俱感形于色，亦足见其同有怀抱云。

——《香山循报》第 106 期，辛亥（1911 年）六月十六日。

论我邑因省城乱事之影响　燃犀

省城革党焚毁督署一事，旋起旋灭，使官场处置得宜。一面搜捕余党，一面镇定人心。不独近省各州县，不必市虎讹传，群相惊骇。即省城内外地方，亦可晏然相安，各营生业。乃变乱以来，安民告示，迟迟不发，犹可曰：官场筹画机宜，未遑及此也。而所谓如虎如貔、如熊、如罴之军士，把守通衢，时复发枪示威，以致居民相顾彷徨，手足无措，几疑革党之再出。重以官场眷属，纷纷出城逃避，或过兵船，或往港澳。风声所播，草木皆兵。而谓各居民独能怡然处之，而不内自惊溃乎。然则省城居民之相率迁徙，走避一空，虽居民之过事张惶，而谓官场之张惶有以致之，非谬也。吾因此而有感于邑人因乱事之惊扰矣。

前数日间，邑人相传革党起事，群相告语。无知小民，更复张大其词，居民几无宁处。揆厥原因，半由政界致之，半由绅界致之。何也？邑令因省城乱事，防患未然，饬令加派警兵出巡，无足怪也。然防范之可矣，而警兵竟擅拿剪辫人逮局。途中见者，相传为革党入境，群相骇愕。而官衙复派重兵守卫，侦骑四出，气象森严。此政界之惹起居民之慌恐者此也。若夫吾邑绅界中人，类多庸纨无才，一闻变起，手足战栗，或挈眷往港，或举家下乡。一如四面危机，大有不可终日之势。而中人之家，又纷纷囤聚米石，贩

---

① 爪岛，今印尼爪哇岛。

卖食品。一人倡之，众人和之，杯弓蛇影，触处生疑。所谓局所，所谓商会，皆视若无睹，不闻一言以维持之。以致米价飞翔，人心鼓噪。而自治所诸公，虽有维持市面镇定人心之举，而见兔顾犬，居民已吃惊不少矣。此绅界之惹起居民之慌恐者此也。有政界之张惶，有绅界之扰乱，而各处居民，遂受其影响，以讹传讹，大有项王垓下，处处皆楚歌之景象。幸也，省城乱事速平，乐从革党解散，大局危而复安，人心动而复静。不然，吾邑前途之危险，岂忍言哉。

吾尝抗观祸乱之起，星星之火，卒致燎原者；固有由执法者之粉饰太平，亦有由执政者之措置失当。即以吾邑而论，距省城本甚远，无论革党之随起随灭，即使声势浩大，四出经略，吾邑亦断不受其波累。盖吾邑地仅一隅，进不可以战，退不可以守；彼方争持心腹之地，以为久战之计，何暇分兵经略邻邑，有如是之余勇可贾哉？故为吾邑计，实有泰山盘石之安，不必为自扰扰人之举，固甚明也。乃官场为防守计，已涉张惶；而绅富为身家性命谋，更为惊溃。伯有至矣，惧无幸免，何其可笑可怜至此哉！使有不逞之徒，乘人心纷乱之时，振臂而呼，乱民响应；吾恐不必有革党之攻城略地，而吾邑人之受害，商场之蹂躏，大局之破败，当有不堪设想者。于此始悔临事张惶，为匪徒抵瑕伺隙，乘乱而入，恐亦晚矣。故记者当今日人心大定之际，而回想前数日人心惶惑之险象，安得不痛定思痛，而为此晓晓之鸣哉？

抑记者更有一言为我邑政绅各界告者，则以我邑兵力单薄，平日漫无准备，闻变徒事惊惶，实非保卫地方，维系治安之道。试观武弁营兵，类多散处乡落，调动颇难。而所谓乡勇警兵，皆腐败不堪，以言战阵之事，固非所长；即欲守卫乡井间，镇压无知顽民，恐亦不堪其任。记者沿城而行，道途所经，见警兵荷枪伫立，有倒负其枪者，有执枪与人戏语者，有背负其枪，若不胜苦者；奇奇怪怪，状貌至多。以如此之兵，而欲守土保民，吾恐蔑有济矣。为今之计，必将警兵大加淘汰，认真整顿，务使熟谙战斗之术，剪除萎靡不振之气。无事足以守土，有事足以御寇；庶几有备无患，吾邑可望安全耳（邑人有倡办商团之说，事亦可行，但非本论范围故不论）。不然，处兹时局，内忧外患，纷至沓来，乱机四伏，一触即发。非有自卫之策，安能立足于今日哉？记者论邑人因省城乱事之影响，并有感而类言之。

——《香山循报》第98期，辛亥（1911年）四月十八日。

党魁逃脱之传闻（本省）

此次粤垣倡乱，以黄兴为党魁。当攻击督署时，粤垣中人，均谓黄在督辕战死。惟现在香港传说，谓黄实未死，只伤右手，仅轰去三指，经逃往港中；随启程往越南，再谋恢复。更闻黄兴潜匿港中时，石叻党人，仍纷纷付银接济，故刻下又复南行云。

——《香山循报》第98期，辛亥（1911年）四月十八日。

电请协缉赵声①（本省）

粤省政界据获讯革党供词，均称此次起事，以黄兴赵声为首领。黄为越南钦边党魁，赵亦曾充新军二标标统，及水提管带。此次赵在港调度，只黄兴来省。现闻密饬驻港侦探彻底密查，如得黄赵实踪，即行协缉。恐洋官做国事犯不允，并电商港督助力云。

——《香山循报》第98期，辛亥（1911年）四月十八日。

日本处置中国革党办法（日本）

日政府以中国革命党居留日本，种种作为，若加干涉，则有违文明国保护国事犯之公法；不加干涉，有伤邻国之邦交；种种思维，似难为情。前赠孙文日金三千员，乞其此后勿再来日，立有笔据。顷又以宋教仁在日，殊恐其别生事端。特租与日本最有名之新宿十二社高大旅馆，以供奉之。亦乞其不可干涉国事；其生活概由日本政府供给。

——《香山旬报》第69期，庚戌（1910年）七月二十一日。

第二节 革命的暗杀行动

孚将军被轰毙命（本省）

初十日署将军孚琦，与公子往燕塘看飞行机，下午六点五分钟，回至东

---

① 赵声（1881—1911），江苏丹徒人，毕业于江南陆师学堂，1906年加入同盟会，次年到广东新军任营管带。先后参加策划及领导新军起义和黄花岗之役。1911年5月病逝，被民国政府追认为上将。

较场口，其时看飞行机回者，人山人海，突有一人向将军轿门枪击，一枪中将军，卫队轿夫皆逃散，凶手再向将军当面击三枪，一枪中脑，随后面颊中二枪，颈中一枪，将军即时毙命。咨议局守卫士与守局巡士，闻枪声即吹鸡持枪驰救，凶手已杂众人中逃去。将军公子在后轿闻警趋视，见将军既故，即同将军随员二人，仓皇进咨议局，借电话通知将军署。该局中人复电知督署巡署，其时将军尸在轿内，置旗人新建铺前。而卫队轿夫等皆不见人。巡警道随偕番禺县至咨议局，南海县中广协继至。无何东二区巡警官来禀巡警道云：凶手已在附近三角市获得，并出一纸述其供词，内多悖逆之语，大致谓姓温名生财，顺德人，回自星架波。系欲杀满人为四万万汉人复仇。杀得一个得一个，并谓凡事皆其自己所为，无人主使，无人帮凶行刺。闻其供时直认不讳云。其时约七点钟，警道广协等即请督宪示，将军尸体应移永胜寺，或移入城，随得示移入城，遂用原轿异返左都统署，即晚已由张督电奏矣。

——《香山循报》第 93 期，辛亥（1911 年）三月十三日。

异哉孚将军之死　愤血

于众人醉生梦死歌舞流连之中，而忽有一大霹雳，从天而下，为全省人士，惊为创举者，则温生财之轰毙孚将军是也。

夫人而至于牺牲身命，致人于死地。不过由公义或私仇相逼而成。以温某而杀一将军，为公为私，吾人遽难下一断语。

虽然彼既明言积怒于满人矣，且明言为四万万汉人报仇矣。则其必根据于种族的观念，而后有此暴烈的举动，已可概见。吾人虽不必妄为臆断，而彼忆不啻剖心以告于天下矣。

然吾辈有不解者，则以温某亦一常人，何以独恨满人如此其甚？吾人托庇于大清宇下，以生以息，莫非朝廷之赐。我四万万同胞，几浑忘满汉之界线，而不复有他志矣。而温某犹以复仇自任，至和融满汉之说，复为之梗。温为汉人复仇耶？抑重我汉人之罪耶？吾弗知之也。

呜呼！于四万万帖服之汉人，而犹有一悖逆之温生财；于五百万亲贵之满人，而竟有一枉死之孚将军。天命不可知；人事不可测。记者执笔回顾，百感咸集，苦无一言以断定之。但曰：异哉孚将军之死。

——《香山循报》第 94 期，辛亥（1911 年）三月二十日。

孚将军被刺详志

　　初十日署广州将军孚琦被人用枪轰毙，已志前报。是晚城内闻警，震动异常。各城门即时紧闭，不准出入。以致惠爱双门底等街，挤拥异常。后由张督电知警道，饬令区所加派巡士弹压。至二更后始开城门，来往行人，始能逐渐通疎。惟各处旗街，仍行闭闸，并预备枪炮，以为守御之资。迨凶手经已被获，始略安静。当凶手放枪时，适守卫咨议局之二级巡警郑家森因换班常服，目击当时情形，遂尾随凶手后，由积厚新街过善庆里口再过东贤里金鱼塘。凶手似有所觉，插手入怀，佯作拔枪状。郑恐赤手为彼所伤，走入厕所伪为小解，以掩凶手耳目。及出街口，得遇河南侦探队巡警黄熙村，密告以故，邀同尾追，至永胜街，两人奋勇将凶手擒获。站岗巡警周定邦、陈全，预备巡警曹德，上前助势，凶手谓汝等无须如此，一人做事一身当，可将我解案，先交二区分驻所，由区官审讯。据供温生财，年四十二岁，顺德人，六岁时，父母俱故，并无兄弟姊妹，十四岁被人拐卖出洋，卖在荷兰埠充当烟叶苦工三年，又到大霹雳埠，充锡铅苦工，每天可得六七毫工资，歇工时，入公益学堂，略学英文，并习官语。因被英国人工头欺侮，不愿充工退出，并未回到家中。遂于正月自大霹雳埠搭利生轮船回华，下旬到香港在客栈寓，带有洋人荐信，荐在广九铁路做工，认识同伴四人，又在东市街租了小屋，在均安对门居住。至上年十月洋人派赴深圳车站，做机器工数月，告病假回乡。上月二十几，搭香港夜渡回省。仍在东市街均安对门小屋居住。闲游无事，因在外洋熟看孙文排满演说书，一心要杀满洲佬。这手枪自外洋带来，只剩五粒码，平时出门，常带在身。闻有飞机，前日昨日均往看云。随即转解番禺县收押，是晚三更后，提到缉捕局，经袁守宝璐王警道黄广协会审，该凶供姓温名生财，年四十三岁，顺德人，六岁时，被人拐往大霹雳，十余岁时回来。在提学司老大人处当长随数年，又在台湾镇张其光部下保五品顶戴。回粤后，再往南洋，始入革命党。去年二月回粤，寄居东市街，既无父母兄弟妻子，系顺德何村人，记不得清楚，生平不赌不饮，只好嫖。自回粤后，或往港澳深圳，往来无定。今义务已尽，心殊快乐等语，诘以同党，则称十八省皆有，以广东为最多。诘以何人主使，则称出自己意，诘以同党所在，则称遍地皆是。惟伊额头无字，故不能识，今系我做，则我是革命党云。十一日李提到缉捕局，讯问凶手，据言因读民报汉民论说，遂有民族思想。去年往南洋欲见汉民不获，返粤后益仇视满人。初拟向增将军手下，苦于无枪。嗣于香港购得五响枪一杆，紧藏在身。三月初一禁赌巡游纪念，本欲行事。继念是日关系粤人除害，若演出暗杀恶剧，外间必疑为赌徒所为，不特牵动赌禁，并有污我名誉，故延至今日云。该凶手被拿后，张督即札饬警道，着将郑家森以三等巡官升用，并奖给把总，赏银二百两。其帮同出力及拾获凶枪之巡士，亦各赏给银两。又当日随从将军之卫队随员轿班，已由张督饬令理事厅先行收押，听候讯办。十四日八点钟，用肩舆将该凶手提到督辕，至司道厅下舆，十一点钟，张督会同春右都统、陈藩司、俞提法司、王巡警道、史厅丞、文检察长，在督署二堂会讯，所言无非排满，与原供无异。闻将照此定案据实覆奏。讯毕仍发回番禺县署收押，听候核办。又广州将军一缺，已奉上谕，着张督暂行兼署，经于十五日接印矣。

——《香山循报》第 94 期，辛亥（1911 年）三月二十日。

祭温生财文　绛树

　　辛亥三月十七日轰毙驻防将军之温生财，被戮于东市。刑当夫律，温某其无憾乎？伊古侠士，如荆轲聂政辈，咸以一平民，手三寸白刃，犯万乘、轻王公，勇决之气，干蔽云日。卒也，断头陷胸，怡然就义。后世犹或嘉之。然之数人者，大都借交报仇，感恩致命。所谓公子养客，而侠士轻生者，其不惜一死以报知己也固宜。温某以一匹夫，初无燕丹、严仲子之徒，阴为驱策。且本朝深仁厚泽之诏胾，久已昭垂天下。则温某当无所恩怨于其间。而悍然犯棨戟之尊，篾弃生命而不顾，岂真丧心病狂者耶？抑其所挟持者，或别有故也。夫人而至于行暗杀，当必有非常之仇怨，积无可泄而始为之耳。温某果何憾于将军哉？朝廷设官驻守，盖所以镇卫吾民，立法至为周密。吾人食毛践土，讵无天良，顾当俯首听命，宁可以为仇耶？其供词云云，则无非所谓革命排满者，抑知融和满汉，与夫预备立宪之文诰，已颁布海内，彼一般之热望者，咸仰首跂足，以冀九年之至。过此以往，其得泽旁流，沦肌浃髓，或将远盛于昔日。温某有知，能勿悔前此之卤妄，而憬然悟耶？月晕知风，础润知雨，物类感召，理或有然。今者暗杀之祸，腾播海内。谁实召之，不于政治上加之意焉。祸乱宁有终极也，温某已矣，其事可骇，其罪可诛。为文祭之，庶几其有悟乎？文曰：

胡昊天之不仁兮，羌柝种而别群。曷共冶于一炉兮，何黄白满汉之纷纭。既统驭于一尊兮，将沉瀣而同亲。彼芝兰与萧艾兮，亦杂交而比邻。乃非种之必锄兮，卒雁岔而亡身。迹虽殊于古侠士兮，事已侪于顽民。举世昏昏谁谅其衷兮，空委骨于芳尘。方恩沧德洽而竟有此兮，奚特异于古人。泮有黽而鸮革音兮，岂及今而未能。竟纵祸而肆烈兮，靡感召之无因。叹魂魄之长往兮，罚既当而情真。将返躬而自警兮，何遗憾于九垠。爰陈词而将意兮，庶有感于斯文。

——《香山循报》第96期，辛亥（1911年）四月初四日。

李水提被刺详情

行刺时之情形。十九日下午李水提行经双门底，突有党人由怡兴车衣店冲出，跑掷炸弹，初次不中，再次中与夫及李右手，三次方中李提腰部之右。

被炸后之情形。李提被击，即举手枪回击，毙一人，是否党人尚未可知。惟炸弹连下三次，非常之快，而李提跃落舆下，时已负伤，即转身入车衣店对门之某店，直登楼上，从者仅得两人。当时李提，原服布长衫，鲜血遍体；及登瓦面，即除下长衫，横捆腰部，由卫队送至藩署。电告张督后，即过财政公所（该公所在司后街与藩署相连，且与水提行台仅隔一街）返水提行台。

返行台后之情形。方入行台，而江总办已带卫队二十余人，徒步到来。初拟聘日本医生驻军医局总办之梅田治损。李提方欲自行电话，而江特荐爱众医院达保罗医生，故转由电邀。而梅田亦因不在省之故。达到后，并有该院副医生带来。时李提口述被损情形，作手舞足蹈之状，云不见痛，以示无大碍。达医先用哥罗方药以迷之，取出炸药之余质，然后敷药。敷药时，江已往督练公所，偕张督同到慰问。而于医生未到以前，李提犹行动自接电话，医生到时则禁其二十四点钟之久，不得与人谈话，且用雪三百磅，铺满密室，着李提在此养疴。

治恙后之情形。至是时方觉口渴，及脑际不甚凝静，谅因流血过多，与火气入胃之故。惟至入黑后则精神略健，渴亦止矣。据报左腰部所伤，系炸弹所爆之铜片，厚二三分，斜入三寸，伤口卵圆形，约一寸八分，脉息尚无

第四章 辛亥革命的发生

大碍。至若右手一伤,在腕下五寸许,早由官医生裹好,闻系登瓦面时折伤者,股部亦有微伤。

事发后双门底之情形。满街关铺,官兵林立,始则禁人来往,至四点后,龙提亲带西兵,按户劝人照常贸易,而路人有来往者矣,间亦有开铺门者,车衣店前之两尸,五点钟已由官殡埋。

城内之戒严。旗兵多登城上驻守,把枪作欲击状,虽未响发,见者寒心。附近双门底各街,间有闭闸者,然大南门仅掩一刻,便大开矣。但沿途皆站列长枪勇,其恐怖状,不亚于三月二十九之时,至黑后则略为戒严矣。

凶手之供词。时东一区闻警,当即出队,驰至文明门口,与凶手遇,警兵见其神色仓皇,上前盘诘,该凶手时手携布袱方包,形类书籍,即欲抛掷于地,警兵坚执其手,夺包开看,内有炸弹二枚,随鸣鸡告警,将其拿获。先解警务公所讯问,据供称陈敬岳,年四十二岁,系嘉应州人,曾在大吡叨明新学堂毕业。三月底回粤,决意行刺李提,探得吴参议锡永,因炸弹伤足,在韬美医院调治,李提恒到问候,因伪装病状,向该院就医,本拟乘机暗杀,因恐牵累医院,遂不果。继闻李提往顺德清乡,遂改扮乞丐,跟踪至容奇,窥伺旬余,又因李提不登岸,无从下手,故迟至昨日行事,惟目的仍不得达,不能为温生才之第二,实为恨事,虽死无悔云,随解往督练公所讯问。

事后决议严搜。政界已决议自二十日后,凡有火车、轮船、渡船开埋,必一律严搜,以期索捕余党。若是,则又不免一番骚扰矣。

——《香山循报》第111期,辛亥(1911年)闰六月二十一日。

李水提被刺续志

李提之病势。李提被炸受伤,经详前报,二十一日上午八点钟,达医生再到诊视,用华氏表验得体温一百度,随将昨日裹扎药料改换,据医生称裹后当有微痛。下午五点,复为之改敷别药。李提精神,较日昨更为清爽云。又据医生说,李提右手腕被铜片炸入骨髓,幸医治得快,将铜片取出,然后敷药,用棉花扎住,每日照常敷药,不宜行动,方易就痊。进食亦如常时,惟口常作渴,盖热度过盛,已达至一百度,幸医生当日已为预设冰室,起居略适,不致有甚困苦情状。现住行台中座楼上,其眷属均由水师公所,搬回奉侍。据医生说,若调治得法,两礼拜可以见效云。

李提之静养。李提以伤势日有起色,且据达医生所言,须节劳静养,方可速愈。特吩示将紧要公事，仍须择要请示办理，其寻常案件，暂行缓办，并饬当差人役，嗣后如遇拜会，暂行挡架，俾得安心调理。又二十二日西医生到水师行台，再诊李提，先用药水洗濯，然后换药，所敷伤口，均用棉花隔住，以取其轻软之意。李提亦无痛楚形状，其伤口比昨日稍觉愈的，至热度比诸前数天，亦略退些。惟下部颇觉微痛，因伤腰处过重，故行动虽可勉强将就，而一触即痛，颇形不便云。连日均由达医生调理，每天必亲为敷药。二十三日医生再到换药，见其举动谈吐，颇形焦灼，力劝其静养，并谓此症受伤过重，如非静养，使其热度消减，则愈痊必费时日等语。是时李提三夫人亦在旁力劝，且云现在赏假一月，正当钦遵恩旨，安心调理，冀得早日复元，以慰圣厪云。故二十四日各前往慰问者，非有密切关系大员，一律挡架云。

张督之电奏。十九日革党图炸李提，张督亲往慰问后，回署即拟奏稿，于是晚电乞内阁总协理暨军咨府海军部各大臣代奏，内容大略如下："略谓十九日未刻，水师提督李，路经大南门双门底下街，突被匪徒谋炸。由李提亲率兵勇当场击毙匪党一名，另由巡警缉获一名。歧闻信后，即遣派勇队前往救护，一面邀该提督返署，延医调治，并亲往看视知手腰两部受伤，血流如注，惟据医生云，无甚大碍。歧与该提督接谈，犹能将捕匪情形追述，神志极清，并谓该提督经受重伤，尚能奋不顾身，亲自格毙匪徒，实属异常英勇，可否仰恳天恩，传旨慰问？"出自鸿施云："旋于二十二日奉旨慰问，并赏假一月，安心调养，并由内务府颁到御制平安丹六瓶，回生第一仙丹六十个，已奉到海军部电传矣。"

兵士之受伤。当日卫队轿班人等，受伤者共十八人，另伤及过路者数人，误毙坊人二名。已即将受伤者扛赴博济、韬美两医院救治。间有一二受伤过重者，余均无甚大碍云。

刺客之主义。陈敬岳获案后，张督在督练公所，亲自提讯。陈直认暗杀李提不讳，张督已据以入奏。原拟即行正法，嗣以未得同党人名，故复派郑道荣审讯。陈只认一人，并无同党。后袁守用刑讯踘杠，不得已认出同党三人。郑道问同党何人？现在何处？陈仍复矢口不言。又问汝党人有无再行来省起事？则云："因运军火艰难，故决行暗杀主义，专与政界为难。"又问何苦牺牲性命，而行此冒险。答云各行其志而已，并请速杀，侃侃而谈，毫无惧色，殆有视死如归之慨云。又当暗杀党未刺李提之前，有三人先在双门

第四章 辛亥革命的发生

底等候,意李提必经此路,三人中一则手携吕宋烟箱,一则手携一新茶箩,向怡兴和车衣店门口左便书摊,佯作买书,遂放茶箩于书摊上,取书翻覆检阅,一则手携一包袱,立寺前街角。及李提经过,买书者即向茶箩取出炸弹轰放,轰然一声,李提既已受伤,即持枪在轿内跃出,向后施放。买书者中枪而倒,反身欲起,校弁欧阳某连枪击之,遂毙。至挟包袱者,连抛炸弹,卫队因之受伤,彼此冲散。至挟吕宋烟箱者,事泄后,窜伏一隅,卫队狂奔不觉,已得从容而逸。惟到育贤坊处,巡警见其气象凶悍,且系剪辫生面之人,故鸣鸡召众,上前拘之,即陈敬岳也。

炸弹之利害。此次暗杀党所用之炸弹,异常利害。系外洋所造,其实搀有别质,当时有一未响者,由差官检回。形大如铜仙,长约二寸五六分,其底系黄金色,有一粒如米㮯大,其用法向下一掷,则向上飞爆;向正掷发,则可以横射,故卫兵多伤下部。此个不响之故,想系底粒未与石撞,现经详细研究,名为(泵炮),故该处街石,毫无损坏,若系炸弹,掷发处之石固然爆裂,即附近各铺户亦必至损伤云。又陈敬岳获案时,于吕宋烟箱内搜出炸弹二颗,当将一并解交缉捕局讯办。由缉捕局将该炸弹,函送制造厂试验,闻经剖验大如牛奶罐,系最猛烈之炸弹。内贮两头尖钢针铁屎钢片,锋利无比,其最厉害者,有一种药水,名为玻璃水,染之必死,发则伤人必多,初该党以为李提业已被炸,故不发,否则不堪设想矣。

巡视市面情形。二十早李警道饬令局内警务员,会同南番两县,到双门底,查询各铺户损失情形。是午三小时,许南海王令思章等,亲到怡兴和车衣店,对面之广中和药材店,入内坐谈,闻系调查当时情节云。

赔偿市面损失。双门底有某白铁店,当炸弹轰发之际,仓卒闭门,被兵勇乘机抢掠,后经坊众集议禀呈大吏。本报十九日查访实情,已详志前报。兹查得政界探闻其事,免至亏累商人,故二十日南番两县,查实某店损失若干,立行按数赔偿,并闻广中和店伴,失去点梅纱衫裤一套,当面向李水提队官说知,该队官询其价若干,该店伴答以八员,亦由队官如数给还云。

无辜之省释。双门底怡兴车衣店,店东卢颂明,十九日被兵勇拿去,已略纪昨报。查是晚三点钟集庙,以卢某无辜被拿,实于商场有碍,联盖图草,禀请保释,并证明卢某平日安分,保无他事,当经审明情节,准由街坊当堂将卢某保出云。

政界之虚惊。自李提遇险后，凡各署局所委员，出入多不乘舆，甚至有改穿短衣者。昔日之舆从赫赫、叱咤道涂，自昨至今，颇罕见矣。

张督之意见。张督昨特接见黄广协、郑道荣，暨各司道，均将审讯凶手陈敬岳，逐一录取口供，呈请察核，督院据此，深以党人改用暗杀方针，实在防不胜防，我苟无瑕，何恤乎人言？此后只有修德以弭之，使彼无从下手，可勿庸遇事过于操切，亟当秉公办理，则党人自无不甘服云云。

事后之严稽查。张督以李提抱病现在假期，城厢重地，需人梭巡，特商请统镇龙济光，代劳一切。故连日龙镇于夜间多率兵短装步行，四处稽查，李警道于晚上亦带有巡士多人，帮同巡探。

——《香山循报》第112期，辛亥（1911年）闰六月二十八日。

最近省城之暗杀案　愤血

最近省城暗杀案凡二起，一温生财、一陈敬岳。其成事虽有不同，其为暗杀案则一。

夫暗杀者，不祥事也。一夫发难，流血数十步，杀人不已，且牺牲生命以殉之，非至愚者不为。乃数月以来，而前仆后继，竟若怡然就死而不顾者，是何也？为公义欤？为私仇欤？为政治问题欤？为种族问题欤？余弗知之也。

虽然，吾辄有感矣，省城政界，经三月二十九日之变，出入随从常百数十人，刀枪罗列，防卫森严，乃孚将军被刺，卫队星散，犹曰："无戒备而然也。"再而李提被刺，卫队前后林立，仍不克保护其主，身致数伤，其不被炸而死者仅去一间，岂所谓十步以内，众无所恃欤。毋亦党人之勇有余，而卫队之勇不足耳。然则当人之悖逆可诛，而卫队贪生畏死之情状，亦可笑而可恶矣。

呜呼！天地晦荒，神号鬼哭，腥风血雨，咄咄逼人，谁为为之？谁令致之？而酿成吾粤之恐慌现象也。温生才后，而竟有第二之温生才，吾甚惧陈敬岳后，而更有第二之陈敬岳也。呜呼！噫嘻！

——《香山循报》第112期，辛亥（1911年）闰六月二十八日。

募兵亦防到党人（本省）

广东新军原拟招足编练成镇，自三月二十九之乱，张督恐党人混迹，暂缓招募。故此次将西军挑选精壮，补足一镇之数，作为成镇，由督练公所，具详到院,已将情形咨达陆军部察核矣。

——《香山循报》第119期,辛亥(1911年)八月十九日。

李提之近状(本省)

李提在虎门养疴,连日病势尽退,惟因受伤时流血过多,及腰部伤口甚深,以致血气尚亏,筋力亦疲,步履不便。医生云用滋补品营养,半月后即可复回元气。又闻李提回虎门后,即条谕办公人员,饬将各案卷宗,检齐编列,毋得遗漏,以便凤将军到粤,即行移交接办。观此,则李提去粤之心已决矣。

——《香山循报》第119期,辛亥(1911年)八月十九日。

凤山被炸详志

新任广州将军凤山逗留上海,日前政府促其履任,遂即搭广大轮船到港,转搭宝璧兵轮来省。即于初四早由天字码头登岸晋城,行至仓前直街,第十六号门牌广发牛肉粥店门前,徒被暗杀团施放炸弹轰击,其弹甚大,声响若炮,凤山即被炸毙。查党人于广发店左右,于将军将到之际,先戒行人,令其引避,并阻警兵前进,惟差官卫队被炸甚多。当炸发时,附近铺户地脚已松,砖墙压下,覆将军尸身。十二点钟从瓦砾中,寻出尸体,分为三段,炸去手足,头部须发已烧大半,面目全黑,模糊莫辨,其所佩玉坠等物仅存,右手犹紧握鼻烟壶,随于六点钟移尸于八旗会馆殡殓。惟当事变徒起,保护凤山之兵队,遂即放枪格杀,或登瓦面向下射击,兼以火势燎原,无辜毙命者实不少。该处某柴店东主登瓦逃走,竟遭枪毙,且被割去左耳,其余血肉狼藉,惨不忍睹。迨至督院闻耗,当即下令戒严,四城约关闭二十分钟,随即开放,并由严警道南番两县等,均到场弹压,旗官闻变,亦赶派兵队赴援,遇变地方,各路口均派有兵勇守卫,不准闲人来往,居民颇为惊惶云。呜呼!满人所谓知兵大员,又弱一个矣。

——《香山循报》第122期,辛亥(1911年)九月初十日。

满将军视广州为畏途(北京)

署绥远城将军仓场侍郎桂春,有简放广州将军之说。该侍郎得此消息,甚形恐惶。曾语其僚属某部郎,谓政府近来事事与我作对,前命我署绥远城，除往返程途外，任事未满两月，一切川资赔累三千余两。近又拟命我赴广州，真是欲置之死地。我只有请假养病，坚请开缺云云。经某部郎再三慰解，并劝令设法运动，托情求免。该侍郎刻已如法办理。至能否达到目的，尚无把握云。

——《香山循报》第98期，辛亥（1911年）四月十八日。

第三节　旧政权危机四伏

粤人纷纷往澳避乱胡为者　愤血

澳门一埠，为中国领土，而租借于葡人者也。近竟盗憎主人，肆其蚕食狼吞之手段，以侵扰吾内地。说者谓振兴香洲，抵抗澳门，以置其死命。是吾人对于澳门，宜迁徙不宜居留，彰彰明矣。何居乎省城乱事甫起，而竟有往澳避乱者。

吾惴往澳避乱者之心理，则以革党起事，兵队所过，玉帛不分，且恐土匪乘机窃发，四出抄掠，乡间须受其害，故为此避地之计。托庇于外人治下，藉其兵力以求自卫，此其苦心也。

虽然，以吾思之，辄以为过矣。何也。革党起事，无论成败与否，于吾民绝无关系。且今日大兵云集，防守甚严，革党亦万无再举之理，此粤人不宜往澳避乱者一也。

就谓革党卷土重来，澳门相隔，仅一带衣水，而其兵力亦甚薄弱，非有金城汤池，足以自守者。虽革党不欲与外人挑衅，而谓枕近澳门之土匪，独不乘时劫略乎？此粤人不宜往澳避乱者二也。

且葡人方与我国争论界务，两不相下。吾民动辄好为大言，实行贸易自由迁徙自由之宗旨，以张粤人之民气。葡人具有耳目，岂无所闻见。乃一旦国中有事，急不遑择，联群结袂，同至彼土，觇若世界之安乐场焉。不几为葡人掩口窃笑耶？此粤人不宜往澳门避乱者三也。

由此而观，则以粤省大局，今尚安静，不必避乱。即不幸烽烟告警，诉以干戈。而兔死守邱，甘与玉石同碎。亦不宜往澳避乱。区区之意，记者敢以自负，用敢抒诚以告我粤人。

——《香山循报》第99期，辛亥（1911年）四月二十五日。

第四章　辛亥革命的发生

省城报界之大风潮　民声

十余日间,省报为政界论令停板者凡三见。则佗城报公言报可报是也。前两报则由报界公会联请政界饬令停板,可报则由警道勒令停板。呜呼!省城报界,从此多事矣。

专制之下,言论断无自由之理,此报界中人所咸知也。然言论自由,果为报界之福乎?曰:未也。可报以危言获罪,人为惜之。若佗城公言两报,出言不择,反为报界同人所嗤病,此则言论之当为审慎也。

记者今日之所虑者,则以言论权为政界蹂躏,或为报蠹所操纵,均足为报界之害。有贤明之长官,有刚正之记者,而后报界足以吐露光焰矣。

虽然,自侮人侮,理所必然。省城报界,互分党派,专以揭同业之私德坏同业之名誉为快者,又何怪政界之乘暇伺隙,人人以罪哉。吾愿我同业思之可乎。

——《香山循报》第 97 期,辛亥(1911 年)四月十一日。

本邑亦因乱事张皇耶　远观

省城革党起事,影响及于全局。邑令因防范乱萌起见,饬令警兵荷枪出巡,理固然也。然闻有派暗查搜查行人之说,未免过当矣。

虽谓所派出暗查,皆有执照为凭。然暗查诸人,皆为洁己自爱者则可。若所用非人,四出搜索,难保其不藉此为奸者。邑人何堪其扰哉。

况省城乱事,渐已平定。我邑尤宜以镇静处之。若盘问行人,相惊伯有,益以匪徒造谣生事,人心一震,大局从此动摇,岂又计之得者。

记者怆怀时局,感慨正多。一人奋呼,省城流血遍城市,尸骸满街衢。而省报亦以搜查过严,著论为官场忠告。况我邑大局安静,鸡犬无惊,岂宜自扰扰人,过事张皇耶。辄愿邑令思之。

——《香山循报》第 97 期,辛亥(1911 年)四月十一日。

邑令安民告示

省城确信,乱事已平。闾阎安堵,防察严明。谣言勿信,免受虚惊。合行示谕,一体凛遵。

——《香山循报》第 97 期,辛亥(1911 年)四月十一日。

协县安民告示

省乱已平,县城安靖,城门如常开闭出入。

——《香山循报》第97期,辛亥(1911年)四月十一日。

官绅闻变之张皇

省城革党起事后,本邑官绅,异常惶恐。初三日县协即下令各城门入黑即闭,不准闲人出入,并将派往各处扒船,一并调回天字码头上下基各处驻扎。复令何绅之子某,前往东乡,请李绅家璧代募勇丁八十名。初三晚由李绅等亲带来城,在河泰街东乡总局暂驻。闻每名每日工银一元,其军械亦在四大都沙团局借用。至初九早即遣散回乡。县协衙门首,亦增派兵勇守护,不准闲人进内。遇有剪辫者,必搜查方许入内。各段巡士均荷长枪出巡,并由邑令委黄君晋明添募暗查二十二名,每名每日工银五毫,给以凭照一纸,遇有形迹可疑之人,随时协同巡士搜查。即以黄君为暗查长,又附城绅富之家,有举家逃往港澳暂避者,有囤买米石以预备者,以致谣言四起,米价飞涨,亦可谓庸人自扰矣。

——《香山循报》第97期,辛亥(1911年)四月十一日。

香山地方自治研究所议案

本月初五日该所为维持地方公安,开特别会议包邑令何区官梁巡官均到,到会者百余人,汪半樵主席,议案录下:(一)刘淡如提议:现因米价腾贵,亟应设法往港运米回岐,照价发卖,以济民食。惟从何处筹款,请公决。众议集款二万元,县尊先认借五千元,余款由各殷商认借,即交善堂商会经理合办。至将来所有亏耗,概由本邑义仓筹款抵垫,其抵垫款项,请县尊担任提出拨还,查义仓现存款千余两,应将该存银并义仓田契先行提案,由县照会善堂商会照议合办。(二)黄普明提议:查省佛等处,现均举办民团。我邑为保护公安计,此举似不容缓,应如何筹办,请公决。众议应先从本城起,暂筹办团防勇一百名,由县派员经理其事,款项由县担任。在附城公所提拨,应需枪械,由协宪县宪禀请大宪给用。(三)郑日铭提议:现虽决议筹办团防,及购运米石,惟日来谣言四起,人心张皇,居民纷纷迁徙,日争囤米石,以致米价飞涨,实为目前之忧,应由本所刊发传单并贴长红,以安人心，众赞成。

——《香山循报》第 97 期，辛亥（1911 年）四月十一日。

香山地方自治研究所传单

切启者，前月念九晚省城乱党猝起，焚及督署外堂，幸防范严密，乱党旋起旋灭，省城内外现已安堵如常。我邑距省二百余里，地方向为安谧，万不至乱事波及起来。县署调勇，系为保护公安起见，即无乱党，勇须预集，外间谓地方官接有打单信据，并宣传即日闭城，此等谣言惑众，万不可信。现请县宪亲莅本所切商弭乱善法，得悉已添派兵勇，部署周密，足以应变。并一面筹办民团，以保治安。凡属居民，切勿纷纷迁徙，自取烦扰；切勿争囤米石，以致米价飞涨。现由地方官出示安民，自当各安生业，无听浮言，以扰乱治安，地方幸甚。

——《香山循报》第 97 期，辛亥（1911 年）四月十一日。

榄镇人心之虚惊

前月二十九日省城革党起事，在省留学者纷纷回乡，榄镇异常惊惶。初三日尤复谣言四起，谓佛山已乱，香山城门已闭，马宁南沙有乱党到处插旗，人心汹汹。更形恐怖，竟有全家迁往港澳为避乱计。现榄镇董议会恐土匪乘机蠢动，初四日请阖镇官绅在公约会议，有谓宜募兵自卫，有谓宜办商团民团以自保。议论纷纭，卒以至捷之举，莫如暂将乡团二百五十名编作五十人一队，分驻各要隘，以厚兵力，已即于初四晚更调矣。

——《香山循报》第 97 期，辛亥（1911 年）四月十一日。

榄镇米店之维持大局

自闻警耗榄乡公约恐各米店居奇，即出红禁止。每米一石，限价肆员，嗣以各富户纷纷囤积。有一家籴至四五十石者，各米店应接不暇，涨价至二两九钱有奇。该处商务分会见米价骤昂，初四日集议，为先事预防之计。洪源米店谓该店现存榖若干，米机日可出米若干，准足榄镇目下之用。若谋长远，则宜另筹善法。警耗既传，榄镇各米店虽有乘势居奇，而能自立章程，誓不起价，只许升斗零沽，如洪源店之能维大局者，亦复不少。

——《香山循报》第 97 期，辛亥（1911 年）四月十一日。

舞木龙者之扫兴

四月初八日，邑城向例有舞木龙之举。每致滋生事端历年经地方官出示禁止，均视若具文。本年因省城乱事，各处戒严，邑令特饬各区警局严行禁止，并将木龙缴回警局。是日各区神庙，甚为寂寞云。

按省城革党起事，倏起倏灭，虽乐从有革党盘据，而省城事败，自知势孤，亦相率引去。两处乱事已息，大局底定。吾邑距离较远，风鹤无惊，岂有反受波累之理。至官场因邻封乱事，调兵守护，原为保土之责，有备无患，又何足异。乃邑人不知缓急，不恤利害，内自惊溃，相惊伯有。或迁往港澳，或囤积米石。所谓天下本无事，庸人自扰之也。不知往港澳避乱，适见我国兵力之单弱，惹外人之侮视；若夫囤积米石，为自卫计，又岂计之得者。准之邑人平日漠视大局，闻变则徒事张皇，必不能免于今日竞争世界。若能因此一大打击，办团自卫，共保治安，庶几亡羊补牢，今未为晚。吾愿邑中各社团，其亟起提倡之。

——《香山循报》第97期，辛亥（1911年）四月十一日。

噫邑绅之无用至此　枕戈

我邑绅士强半如坭雕木塑，无知无识，稍有事变，手足失措，固不足以镇静人心，反足以扰乱大局。吾观彼因省城乱事而益信。

方省城乱事之起也，邑人固相安乐业，乃绅界先事惊扰，或挈眷往港，或迁居出城，或贮藏米石，纷纷藉藉，以讹传讹，至吾邑大局，几摇动而不可收拾。呜呼！谁为为之？谁令致之？吾乌得不叹绅界中人之临事张皇也。

我闻在昔，我邑搢绅先生，皆能尽守土安民之责者，红匪之乱，绅界慷慨输将，办团自卫，我邑城池无恙，危而复安，皆绅界维持之力。今者去古未远，往事非遥，而一则卫民，一则扰民，人之智愚贤不肖，其人格相去几何哉？

夫以省城乱事，旋起旋仆，我邑安堵如常，而绅界尚张皇如此，设不幸变起仓猝，烽火通于全邑，而谓彼蠢如鹿豕呆如木鸡之绅士，能与政界相提相携，运筹帷幄，一若前人之平定红匪者哉，吾知其无能为矣，噫！

——《香山循报》第98期，辛亥（1911年）四月十八日。

是谓庸人自扰

近日省城仍复谣言时起,一般居民颇为惶惑,以致省中各堂学生以讹传讹,间有告假返里者。邑人在警察学堂肄业者约七八人,十四日因毕业考试完竣,已多返乡,惟其中各学堂学生,因疑生惧,仍有告假同返者。有某某两学生,十四日午候自携包袱,仓皇下渡,到渡后,言人人殊,疑信参半,十五早复行登岸,意欲入城,行至中途,又复截回,渡中人皆笑之。以为既要命,又要积分,两者必不可兼得云,此亦一趣闻也。

——《香山循报》第 98 期,辛亥(1911 年)四月十八日。

派员商请港督协缉党人(本省)

张督以党人聚集香港,离省最近,朝发夕至,恐终为内地之患。昨特商由魏京卿瀚,及吴副将敬荣,面商卢港督协缉办法,闻魏吴两人,已奉命前往香港矣。

——《香山循报》第 98 期,辛亥(1911 年)四月十八日。

教堂亦一律搜查(本省)

粤垣城厢内外,经王警道遴委稽查委员,逐日按户搜检,现张督因鉴河南起出大邦军火,深恐别处虽免不无暗中潜藏,查教堂洋华杂处,住户颇伙,势力不逮,多有不敢到查。兹特商准各国领事,无论何国教堂,稽查人员,均得入内严密搜查,勿庸稍涉畏难等因。昨已面谕警道,札行一体遵照。

——《香山循报》第 98 期,辛亥(1911 年)四月十八日。

咄留省学生之风鹤惊 侃侃

安居静坐,百变不挠者,此学生之学养也;冲锋陷阵,为国效力者,此学生之责任也。由前之说,学生闻变而不必惧;由后之说,学生闻变而不应惧。乃省城革党起事,而本邑留省学生竟至纷纷走避,诚异闻也。

据访员报告,谓留省学生闻变后,有奔走港澳者;有搭车往禅者;有雇专轮返里者,纷纷不一。以余思之,则学生走避之日,省城大局已定,无乱之足惧。所传闻者,谣言耳。然谣言者无意识人之所伪造也,而学生信之,岂应尔哉?

故上所说，以学生之学养之责任而论，万不应有临事而走之理。因此复得两说曰：学生临事而不必惧、学生闻谣言而更不必惧。而吾邑留省学生竟惧之，是亦不可已乎！

而或者曰：学生在于求学时代，非有职守者，彼为避乱计，亦或有重于泰山，或有轻于鸿毛之类也。呜呼！学生乎，其果留身有待，毋负主人翁之名誉乎，抑将胆小如鼷鼠，不复问国家之兴亡乎？亦惟学生之自择耳。

——《香山循报》第99期，辛亥（1911年）四月二十五日。

隆镇防务刍言　民声

凡人置身社会之中，不问其所执何业，以言自卫，则人有同情，痛苦及于一身，则手足不期而自救，痛苦及于一家一乡一邑推至于一国，亦莫不奔走呼号，结合团体，各抒其心思才力之所及，而为救国保种计也。粤省近数年，盗风之炽，为数十年所仅见。以吾邑论，大黄圃潭州各处，为盗贼渊薮，匪党百十成群，游行都市之间，无复知所畏惧，其荼毒及于各沙面者，动焚毁百数十家，惨状殆不可言喻。即以各都计，掳人劫掠之案，无时不闻，无地或免，吾民为生命财产计，自应殚思尽虑，醵赀集众，练民兵、讲守御，以期有备无患矣。乃沙溪墟未被劫以前，联防办团之说，既鲜所闻。自该墟被劫后，警耗所传，皆有草木皆兵之象。于是群起而倡联防办团之事，顾或以意见不同而中阻，或以筹款不易而无成。即以隆镇论，其中殷富之家，有迁居附城者、有迁居港澳者，不实行协力自卫之谋，而出此避地幸存之计。噫！以五十四乡人民之众，以素以精悍见称，乃竟区区匪徒是惧，岂非可耻事乎？此无他，防御之策有未良也？记者敢就管见所及，胪举一二，举都人士一商榷也。

一宜将各卡勇改办集合巡警，切实改良也。查隆镇沙勇，于光绪三十年（1904年）禀案，改为巡警，然亦惟其名而无其实，不过仍旧日卡勇之习惯耳。所设卡口，约分十三四段，近因盗风猖獗，不敷分布添设数卡，每卡人数亦有十余名，核其总数，当在二百名以外。惟稽之该都舆论，自为名改办巡警后，并无改良整顿之方，所招各卡勇，强半乡中无赖，平时既无教育，亦不闻训练，偷惰相安，成为习惯，以致恃众滋扰吸烟聚赌之事，屡有所闻。虽其中稍知自爱者，不可谓无其人，而不改故态者，实居多数。且其人多为警绅所引用，虽明知其无状，往往瞻顾情面，不闻开除。故沙溪墟之役,几于全墟被劫,而各卡勇殊不得力,亦可为前车之鉴矣。苟能公举警绅,统筹全局,宽备经费,量增名额,改为集合巡警,申明警律,慎举统率之人,无站岗之苦,则招募不难。有警规之严,则部勒较易,兼讲求教练之法,捐除萎靡之风,养成济变之才,以待缓急之用,以此自卫,又何所惧而轻去其乡乎?

一宜捐弃意见,实行联防之法也。夫既能照前说,将卡勇改办集合巡警,而为巡警之补助者,则宜分别各乡居民之多寡,各练团兵。然以一乡之兵,为一乡之卫,倘遇大帮悍匪,诚恐力有不逮,则亟宜从事联防,顾联防之议,都人士亦有提倡之者,终以未得大涌乡人之同意,遂不能见诸实行。然记者所谓联防者,非共集赀财,招募兵额,以为各乡之防卫也。但能平居各尽其力,筹设团兵,一闻警耗,无论所属何乡,即当率队赴援,平时申明赏罚,不得托故不至,致误事机。每乡假有十人,已得数百之众矣,以土著之人,敌外来之匪,主客异势,而谓有不操胜算者乎?虽然,练兵不难,而购械则难;购械不难,而筹款惟难。隆镇近年来,颇称安靖,以致安不思危,所有防务,皆不措意,旧有枪枝,窳败难用,虽有一二忧深思远之士,目睹时艰之亟,盗匪之多,提议购买新式枪械,终以筹款不易,议遂中辍。不知隆镇公款为数不少,惟无钩稽整理之术,故徒兴仰屋之叹耳。即如近该镇隆平社绅耆追取欠租,亦有二千余两之多,此亦一证也。而况办团购械为自卫之要端,即捐集亦非难事,顾在行之者如何耳。

夫办警也、办团也,凡有自卫思想者,皆当急起直追,实心筹划,固不独隆镇为然也。特记者观夫沙溪墟之遭劫,而都人士尚无补牢顾犬之计,故虽有一得之见,亦不容缄默安之。而况今者革党已踞武昌为根据,握长江上游为用武之地,警电所传,人心浮动。虽两粤之地,革党或不南向而争,正可自固樊篱而观中原之变。惟土匪乘机而起,肆其抢劫,则在在堪虞。试观革党占据汉口,土匪乘势劫掠,居民多所死亡,可为前鉴。人有常言:"居安思危。"况吾民今日所处,已成土崩瓦解之象者乎?犹不思所以自卫,尚得谓有人心者哉?

——《香山徇报》第121期,辛亥(1911年)九月初三日。

是之谓庸人自扰

月初十日清乡分所为设保安会事集议,是日到者数百人,访员甫到会场，人声甚为混杂，该所某会员不知何故，竟欲不承认开议，又谓集议传单，系人混派，藉以抵赖。众人不服，纷纷责骂，持论激昂者，尤以隆都人为最。该会不得已，遂摇铃开会。当中设一餐台，两旁设座位，仅容二三十人，后到者皆鹄立，异常挤拥。开议时，又无主席书记宣布等员，政界到者有马协，仍退居内座，只由汪文炳出，坐于餐台正面，喃喃数语，隐约不可辨。复由李麟书应声而出，谓各团体公举代表，只认各团体之会长，不得另举代表。李发言时，既不起立，又手持烟带，且吸且语。汪文炳复云，保安会名目，系鄂省失城后所设，似不甚佳，随后发言者亦有数人，皆无切实办法，某君请以多数决议，竟有三人起立大呼赞成取消，刘梅阁且语且走，谓此会确不宜设，此时又无解决，各人纷纷密语，适有某君到会，随后到者亦有百余人，该会员竟摇铃散会，各人甚为恼丧云。

——《香山循报》第123期，辛亥（1911年）九月十七日。

筹办民团集议情形

本城筹办团防，特于月二十一日在爱惠医院集议，磋商办法。是日适值大雨倾盘，到会者包令及马协镇、何区官、梁巡官暨绅商二十余人，其议定草案，督办二人，以文武地方官充当。团绅参议各十人，系名誉职，由众推举，或地方官选择。团长兼教练五人，团目二十人，团勇一百八十人，编为五队，分驻五门，计每年约需银一万九千零二十元，其款项由邑令认筹三十名，总局认筹四十名，西局认筹四十名，中城认筹三十名，东南北局各认筹二十名，其余应支款项，由地方官酌拨罚款若干，若仍未足，提拨公款应支云。

按筹办民团，自是今日急务。惟创办伊始，头绪纷繁，所最紧要之注意点，在于预算一层。今观其草案薪饷一条，每年约用银万九千余元，似此钜款，统归邑令及各局认筹，究竟能否坚持到底，此则不可不研究。若预算不敷此数，不如将编制薪饷两条，暂行缩小范围，以图久远。若徒为目前计，敷衍一时，则非记者所敢赞成也。总之创办一事，筹划先贵周详，推行乃可无碍。不必筹办民团为然，而筹办民团，关于全城永远之治安尤宜谨慎将事也。

——《香山循报》第99期，辛亥（1911年）四月二十五日。

第四章 辛亥革命的发生

邑属果有革党出没耶

近日港澳各渡,内河各轮渡,时有革党演说,诱人入党,并分送革命书籍,以图煽惑。邑属下恭都各乡,及前山等处,因与澳门最近,故时常有此等举动。现闻前山庄同知,经已电禀省吏,请设法禁绝云。

——《香山循报》第99期,辛亥(1911年)四月二十五日。

对于本城筹办团防之献议　愤血

我邑交通以来,帆樯辐辏,百货流通,为商贾往来之市场,为富家集合之地点。然而地方辽阔,兵卫甚单,猝有祸乱,相顾骇走,此亦势之所必至也。乃者邑人鉴于省城乱事,邑中大受牵动,亟欲群策群力,办团自卫。可谓知所先务矣。虽然,记者辄有感者,则以吾人托庇于朝廷治下,赖列代君主之神武,得以含濡鞠育,保家室而长子孙。今也不幸,四郊多故,外患迭乘,我民奔走呼号,惟覆亡之是惧。于是有设救亡会练国民军之议,而政府犹不我谅,解散尤恐不速。是朝中诸大老,惟默认官吏之治民,不许人民之自卫,已昭然若揭。今以革党起事之故,吾邑遽拟办团自卫。吾深恐夜光宝剑,见者以为妖氛,苌宏碧血,他人以为怪石。则训练尚未成军,而解散之论,随之而下。是吾人今日练兵自保,虽范围于法律之内,而仍处于疑惧之中。经种种之痛苦艰难,而后蒙地方官之臂助,得上峰之允肯。国家不能卫我,我有以自卫之;政府不能谅我,我委曲以就之。此种艰巨情形,谅为人人之所共悉。然则吾人既经如许艰巨,而后得有办团之日,非实心行实事,按切时势,统筹大局,以促进行而垂永久。不亦虚劳心力,徒为自扰哉。记者于此,辄欲借箸筹之矣。

夫办团之要,条理万端,非一言所能尽也。然地方之情形不同,而着手之方法自异。以吾邑而论,所先宜注意筹画者,在于筹款之说。盖他处办团,经费充足,或有地方公款可以指拨,或有地方绅商可以输将,办事自易着手。若我邑则不然。全邑公产,皆为总局三数人所掌握;而地方绅商,类多爱财若命,不肯稍割私囊以谋地方之公益。是吾邑办团,虽有巧妇,不能为无米之炊,而反增无限之障碍也。然则吾人所先宜致力者,则先在筹款之问题。按照饷项之支出若干,而默计其募款之收入若干,通盘匀计,审画周详,庶几筹之有素,而行之乃无碍耳。今覆查其办团草案,其经费概由邑令与各局担任。究竟此项经费，能否确实可靠，能否坚持久远，是则不可不研究。况他日由城而镇，由镇而乡，逐渐推广，徒恃各局所之筹资，吾恐难乎为继者矣。故鄙意之所主张，则先在于清算公款。查邑中公款，为总局绅士所盘踞，横吞直噬，不可胜数。经公产维持会查明签驳者，不下数万金，徒以彼辈把持之故，虚延至今，未有确实之清算。今者，地方之兴革正多，而款项之需要愈切。似此一邑之公款，理宜通盘核算，画清权限，以筹办地方之公事。何以任令局绅始终盘踞，以致邑人兴办一事，必致四处张罗，竭蹶以从事哉。若夫绅商劝捐之法，所以难于实行者，由于民智蔽塞，不识个人与社会之密切关系，此门前扫雪之故见也。惟今之计，莫若择其深明事理之绅商，广为劝导，其劝捐方法，先从各姓之祖祠及各处之庙宇庵堂入手，次则从各绅商募捐。邑人各有性命财产，断无甘心陷于危险之地位。与其个人保全之而无济，不若稍解私囊之一小部分，而得同享安全幸福之为愈也。吾犹忆前数年间，滇黔粤西交界之地，如百色一带，为商旅往来聚集之地。其时盗贼充斥，行者戒心。该地绅商为保治安计，乃酌议捐金筹办团勇，自云贵而至西粤，水陆相望，部勒甚优，而地方又安，盗贼敛戢矣。此民人出赀办团，所获益固如是也。若近日省城一埠，以乱事之起，各地办团自卫，一乎而集，其款项多由各绅商输将，亦深知公安之说之关系甚大矣。今吾邑民智虽稍蔽塞，而能设法劝捐，各绅商当有争为效力，未始非涓流之一助也。故由前之说，则有地方公款以为根本；由后之说，则有绅商筹赀以为臂助。经费充裕，办事无患其不成矣。此记者畅论吾邑筹款办团之法，所亟欲贡其所知者此也。

复次则整顿团勇之法，亦一应为研究之问题。再查其办团草案，订设团长五人，团目团勇共二百人，分佩五城，匀均之计，每城约得四十人。以各地辽阔之计，以四十人驻守一城，诚不为多。惟预算经费尚未裕足，则核减额数，亦可支配。盖兵不在多，在人之如何调遣。若能任用得人，实力训练，明赏慎罚，号令严肃，则一兵必得一兵之用。一旦有事，自足捍御强盗保卫地方而有余。即万不得已而再出召募，然有此兵力以资防守，则召募亦不甚难。若不问其可用与否，徒以兵多为贵，此亦舍本逐末之见也。故记者所见，则以今日无论办团多少，均足为地方之用，但求办理得人，实心任事，则成效自然大著。考昔日民间办团之制，法本甚善，洎乎日久弊生。所谓团长团目，皆地方绅士之私人。而彼既经运动而来，则必侵吞饷项，以为弥补之计。故其勇数则八折者有之，七折者有之，而所发之饷项，又须按名克扣，以致招募之兵，既不满额，而应招者又多为老弱不堪之人，手无缚鸡之力、滥竽充数，而欲团勇之收效难矣。今以吾邑激于外界之恶潮，筹议自卫，当有竭力整顿之法。然用人不可不慎，稽核不可不严，此又当事诸公所宜注意者也。

由此论之，则本城办团之要旨，先在于筹款方法，次在于整顿方法，二者具备，则收效固自速矣。抑记者更有最切要之言，为发起团防诸公告者，则以今日办团之议，虽由省城乱事激刺而成，断不由省城乱事平息而散。盖中国大势，已有土崩瓦解之隐像。内忧外患，纷至沓来。无时不可发难，无处不伏危机。我国陆军之力，虽可支持危局，然有事则纷集都城，各邑僻处一隅，虽鞭之长，不及马腹，使非吾民居安思危，筹备有素，断不能幸免于今日铁血竞争之世。故今日之先宜着意者，先在于持久一层。若持久之说，非有沉毅忍耐之绅商，维持面左右之，徒以客观之热诚，篾有济矣，据访员报告，当日在爱惠医院集议时，议论颇不一致。对于永久坚持之说，未有确实讨论，即恐为虎头蛇尾之见端。记者固知团防一事，事烦责重，难于措手。然吾人不出而办事则已耳，既欲投身社会，为地方谋公益，则凡事当从根本上着想，不能支支节节以为之者也。所谓根本上着想者，对于筹款之说，则在于清算公款。若其他之各种募捐方法，其附则也。对于整顿之说，则用人先贵慎重，若其他之各种监察规则，其次要也。使吾邑绅商坚守此旨，协力维持，则他日之效果，固记者所敢预期矣。记者不敏，请持此以与当事者一商权之。

——《香山循报》第101期，辛亥（1911年）五月初十日。

游击队管带岂可从缓补入耶　民声

昨阅清乡分所十四日议案，郑雨初请辞游击队管带之职，众议将是职暂缓补入。吾阅竟而疑惑滋甚。夫管带者。为统属游击队之人也。既管带由于公举，则应就职，若因事繁告辞，则应改选，此一定之理，若因郑某辞职，遂将此席虚悬，是何理耶？

吾意该所中人必曰："游击队管带原举郑雨初黄启明二人，郑辞职而黄尚留，则管理有人，而改选固可缓也。"而不知管带者公物也，非个人之私物也，若谓管带可以一人当之，则前日何以推举两人？前日既推举两人，则今日断不能以一人可以胜任。吾故曰："清乡分所之肯虚悬管带之职者，非也。"

为今日计，郑既以事繁辞职，则亟应改选，盖为地方治安计，则管带得人，而后游击队可以藉收效果。若原议两人，而今仅以黄某独当一面，稍有丛脞，彼将以事繁卸责，而游击队恐无整顿之日。为该所名誉计，使郑去后，其职不复补充，则外间论议，将谓游击队专为位置郑黄而设。虽谓悠悠之口，不足定是非，然前后作事，茅盾滋甚，亦非计也。此改选管带问题，为清乡分所急应研究者也。

呜呼！吾邑自沙溪墟巨劫以来，人心惶惶，不可终日。而匪徒乘机辄发，亦所在多有。游击队之设，固记者所赞成，而虚悬游击队管带之职，又记者所深为疑惑者也。于是乎言。

——《香山循报》第121期，辛亥（1911年）九月初三日。

申明邑城团防筹款之界线　法坛

邑城筹办团防，所最紧要之问题，首在于筹款一层，此理人皆知之。然以邑城而论，绅商爱财若命，而公款又为局绅掌握，一旦欲筹常年万余金之钜款，谈何容易。款项既不能应付，则团防亦因之不能成立，即勉强成立，亦不能终始坚持，此亦理之必然也。然则筹办诸公，当此经费困艰，若无筹措之际，而又急于团防之成立。则踰越范围，以期达其筹款之目的，在所不免。昧昧我思，则以当今伏莽遍地，我邑兵力单薄，筹办团防以求自卫，原属人人心理所乐成。但筹办团防，将以卫民也，其筹款方法，当以最公平最文明之手段出之，务使别具思想，另筹钜款，不致妨害各种事业之进行，斯为至善。若狃于一时趋新厌故之习气，以为团防为今日人情所倾向之要政，则筹款方法，不惜倒行逆施，以期偿我所愿，此割肉医疮削趾适履之下策，非吾人所敢赞成也。吾闻邑城绅商因研究团防筹款问题，竟有以减折学费警费挹彼注兹之说进者，此则期期以为不可矣。

夫筹款之法，处于进退艰难一筹莫展之际，诚有以移缓就急，以速其政策之进行者，然轻重不可不审，取舍不可不择，使其所筹措之款，与所指拨之款，确有先后缓急之不同，则化无用而为有用，吾何间然。今以筹办团防而论，而与学务警务相比较，皆有相等的关系。今之不能以办团的款，而筹办学务警务；犹之不能以办学办警之款，而筹办团防，其理一而已耳。诚以团防学务巡警,三者既互有专司,即互有权限,不能舍此取彼,以爱憎为是非也。今减折学费警费之说,虽未必见之实行,然发议者固为堂堂之大绅,今日虽未必实行,则他日安知其不实行。记者为大局计,亟有以评论之,亦邑人所当注意研究之问题也。

何谓学费不能改拨团防经费也,查改拨学费之议,为某绅所倡,彼或未在会场宣布,而私室谈论,固言之既不厌矣。彼之入手方法,则先欲裁减劝学员与该所职员之薪金始,以现在黄总董之陈腐废事,各劝学员之遇事舞弊,靡特不足以增进学风,反足以阻碍学务,诚不足以餍服邑人之望,以邑人皆负维持邑中学务之责。整顿劝学所,实为不可放弃之义务。若因其一时之腐败,遽欲推倒之而夺之金,则非所以重学务也。盖一邑之有劝学所,为部章所规定。有提挈一邑学务之权责。他日调查学龄、分画学区、改良私塾、强逼教育诸事,皆属劝学所所应担之责任。若所用得人,实心任事,则劝学员尚恐不敷支配。而任大责重,则利权义务,亦足相抵,使狃于一时之偏见,遽行裁减,虽事实上未必可行,而众口铄金,亦甚可惧。使其见之施行,则他日黄总董去位,熟识学务者不肯就是职,就是职者不必熟识学务,而吾邑学务之败坏,将历万劫而不复矣。此吾之所欲言者此也。

何谓警费不能改拨团防经费也。查撤警办团之说,亦倡于绅界某君。彼欲先将西区巡警裁减,提拨此项经费,以为办团之用。在彼所主张之宗旨,吾实不甚明了,盖防勇为保护人民生命财产,而巡警亦保护人民生命财产,无所踦轻踦重之分也。至问若者收效,若者无用,则全在办理之得人与否为断,未可执一成例而观也。邑人鉴于乱事影响,邑中兵备单薄,防范甚难,急倡办团之议,诚为一种自卫之手段。然巡警亦以保卫治安,不可偏废也。盖巡警之规制在于分,团防之规制在于合。分则站岗守卫,防祸乱之未萌;合则厚储实力,压祸乱于既起。两者互相为用,所关系甚密切也。况查预备立宪清单,城镇乡巡警,皆当次第成立,则巡警之宜扩张不宜缩少,昭然甚明。况以本城西区而论,前因禁赌牵动警费,已将巡警裁撤十余名。若因办团而复行裁减,试问西区为商场聚集之点,安足分配。虽谓一巡警废,一团防代兴。然民团非日夕出巡,设有奸拐抢掠之事,调度非易,又不若巡警之尤得力也。此吾之所欲言者此也。

要而言之,近今时事多艰,乱机四伏,兼之外患迭乘,葡祸日逼。非有实行自卫之策，实无幸免之理。则办团之议，诚为今日之急务。然办团先贵筹款，而筹款之方法正多，不必作无聊之想。以谋及学务巡警之经费，盖团防学务巡警，皆为今日所应筹设之要端。使今日因筹议办团，尚可移拨学款警费，以支助之。若他日复筹议倡办别种事业，又可移拨团费以支助之乎？诚然，是吾邑无一事能成立，无一事能持久。爱之则加于膝，恶之则推于渊，邑事尚可为耶？故记者所见，则以团防为自卫而起，万不能漠视。而学务巡警，亦所关非细，万不能偏废。不若于已成者则顺而导之，于未成者则激而进之，斯为善矣。虽然，筹办团防，所需甚巨，款项支绌，亦有难言之隐。然公款可以指拨，绅商亦可劝捐。而根本问题，尤当和融绅界意见，清算公产，则款项不至无着。若其舍此不图，而谋及指拨已定之款项，是犹藏金于窖，日日言贫。而且狼狈四出，夺人之食，天下岂有是理乎？记者统筹一邑大局，有维持各项新政之义务。虽知其言发于一二人，而一二人之言，又未必尽见于实施。然见兔顾犬，犹可及也。若随后纠正之，恐亦晚矣。用敢操觚为文，以与邑中诸父老一商权焉。

——《香山循报》第104期，辛亥（1911年）六月初二日。

《天民报》停版通告海内外同胞书（本省）

呜呼！《天民报》已矣！呜呼！《天民报》长已矣！同人等愤社会之黑暗，悲同胞之无告。故敢大声疾呼，冀以言论警世，而补救于万一。明知官厅之钳制舆论，前事彰彰，《天民报》出，必无幸免。徒以责任所在，不敢息卸。不虞其出版甫及二日，一纸公文，《天民报》遂长此终古也。原论录下，海内外同胞请公评之。谕文云：为饬遵事，照得省城自乱事发生，人心时觉不定。是以粤东公报，前因论说新闻，类多淆惑视听摇动人心，即经遵奉督宪电谕，勒令停版，禁止发行在案。乃《天民报》甫经出版，而弁言即多张皇革命之词，两日要件栏内，均登载革命之大文章一则。而新闻栏内，复多附会革党二字，不遗余力，当此匪乱甫平，未便任听鼓吹革命，扰乱治安，自应勒令永远停版，禁止发行。除申报督宪暨行区所外，合行谕饬，为此谕仰。该报馆立即遵照，即日停止发行。毋违，切切特谕。呜呼！《天民报》长已矣！

——《香山循报》第104期，辛亥（1911年）六月初二日。

第四章 辛亥革命的发生

陈绍勋枉作小人

香山日报前在上海神州报,剪取革党小史刊载,诋邑中劣党,即欲借以倾陷,用陈绍勋诡名,具禀警道,随奉警道批示,略去。该报刊布革党林文等小史,淆乱视听,原应按律究惩,姑念所登各件,均经上海各报登载于先,从宽免于惩究,仰香山县传谕申饬,嗣后不得再为登载云。

——《香山循报》第 121 期,辛亥(1911 年)九月初三日。

保香山日报之进步者陈绍勋也　枕戈

报纸之所最重要者,在乎敢言,然报纸每以敢言之故,至为政界干涉,故政界干涉愈多,则报纸之名誉愈显,此一定之比例,无可为讳者也。何居乎邑人竟有陈请政界,干涉香山日报之举。

控香山日报者,陈绍勋也。控之何事?则以其刊登革党林文诸人小史故。噫!陈绍勋吾不识尔为何人,然欲借此区区小事,遂欲入人以罪耶?吾恶尔险、吾怜尔愚,乌得不为一言以正之?

革党林文小史,刊登者不自香山日报始,若沪若港若省各报,皆有登载。该报不过转辗登录耳,无论如何措词,该报不应先负责任。报律第九条,亦有类似之规定。而陈绍勋竟欲藉为口实,其可笑者一。

报纸言论,所以昭示国人者也,近日政界于报纸记载,非常注意,若香山日报果有不合法之言论,则政界岂无见闻,警道有直辖报馆之权,岂待尔陈绍勋之陈请,而后知报纸之言论若何耶?其可笑者二。

然则香山日报之刊载林文小史,实不应负有何等之责任,稍明眼者皆能洞悉。而陈某不察,反欲藉为倾陷之利器,姑无论此种无识之言,断不能招政界之赏识,即香山日报以此获罪,而报馆之成立正多,尔陈绍勋尽能钳其口夺其笔耶?其可笑者三。

由此而观,陈绍勋之愚妄,一至于此,宜乎警道等闲置之也,然则陈某既不能藉此以倾陷他人,而香山日报反得藉此以促其进步,亦未可必。盖敢言之报纸,每为社会所欢迎也。噫!小人何往而不福君子,我同业其毋馁,尔陈绍勋其知悔。

——《香山循报》第 122 期,辛亥(1911 年)九月初十日。

黄梁都亦有筹办团防之说　民声

自省城革党起事后，而本邑倡办团防者屡见，固知自卫根于天性，人有同心，此黄梁都复有筹办团防之说也。

查黄梁都素为盗贼出没之所，即无乱事，几岌岌不能自守，是筹团之说，比之他乡尤为要着。征之大势，固彰彰不可讳者。

而局绅曰："筹办团防，事重款巨，经费无着，未可举行也。"余曰："否否！"若地方上公款累累，不待局绅之举办。今之责望于局绅者，将欲局绅之设法筹措。肩比重任耳，而以经费难筹了之，是呜呼可。

总之筹办乡团，根于自卫而起。该都户口稠密，当筹所以自卫之具。若能办理得人，实力训练，无事足以守，有事足以战，于地方治安，为益靡浅矣。吾愿该都局绅勉力图之。

——《香山循报》第105期，辛亥（1911年）六月初九日。

何必张皇若此（本省）

前月下旬省城又复谣言大起，道路纷传，谓革党再来起事。闻其原因，由香港侦探，报告到省。谓党首黄兴，现已返港，二十九日城内各街巷口，有白粉书英文字母第一字，以致谣言较前尤甚。有谓党人暗划地段，布置起事，军警两界，经多派侦探，四出查缉，凡偏僻地方，更为注意。政界中人，稍有势力者，纷纷迁眷往港澳。某署办公各员惊恐尤甚，三十日下午四点钟，即纷纷出外躲避，署内为之一空，并在办公厅两廊，架机关炮两尊，俨同待敌之势。而西一区内，不三日间竟迁至四十九家，老城街市荒凉，商场尤为冷淡，旗满各街。在大市街左近，搜出炸药火油多件，惊惧异常。所有居民住户，从新稽查门牌，点验人数。旗兵则日夜持枪守栅，城垣之兵勇，星罗棋布，所有火药子弹加倍发足，以防意外云。

——《香山循报》第109期，辛亥（1911年）六月初七日。

又搜获革党炸药（本省）

近日省中谣言复盛，政界中人，风声鹤唳，故搜查各轮船，甚为严密。省港广东夜船六月三十早到省，关员将搭客行李查验毕，各客即纷纷登岸，再查船上各舱，并办房衣槓，及至华人大餐楼第二号房，细搜一过，并无别物。关员方出房门,其随役谓睡床下,未经查过,关员再入一搜,见有器物数件,取出验视,一系钢质圆筒,径阔约九英寸,高约六英寸,重约五十磅,筒上置有罗丝机关,关员设法开视,内有通气玻璃管,管内实以最猛烈之新式炸药。又一件如上式,惟筒身略小一半,又有最猛烈之炸药约十磅,灰绿强矾一包,小铜帽五粒,每长三英寸。关员知其危险,不敢轻动,即报知税务司,转饬船政司到轮。仔细查起扛至关后,由税务司密电张督。初二早张督饬制造局总办魏瀚,派员到关点收。只用民船装载,因系最危险之物,防有震动,致遭不测,后将各件细验,研究得此炸药筒系埋地所用,其炸发之猛烈,不可思议。若埋伏地下,稍有震动,触机即发。当制造此炸药时,须有最软底之鞋,凡属五鑫之物,不能放置身上,查其装式,似系德国所制造。第万国通例,此等炸药,有千例禁,平民不准买卖,须有政府特别凭照,方准购用。今该轮搭客,能得有此物,亦可异矣。

——《香山循报》第109期,辛亥(1911年)六月初七日。

侦探员之胡涂

邑人刘瑞藻,字墨卿,自省城革党乱后,即夤缘某绅荐充协署侦探员,并倩澳门渡夫李朝代为探访。十七日傍晚,李朝行经西门河口,因在路旁调戏妇女。是时适有某屠店伴郑友等数人,在河边洗浴,见李所为,上前干涉。互相口角,竟至用武,彼此均受微伤。即由该段巡士长将李郑二人拿回西区警局,旋由刘瑞藻新到城内区所报称,谓伊派有副探访员李朝,见有四人,形迹可疑,跟踪至河口,无故被殴,现已禀明马协查究等语。又由西区李巡官禀报,谓河口庚盛雕花店,聚集闲人甚多,疑与此案颇有关系,即由何区官派出毛巡长,及知会马协派出吴管带刘瑞藻带领巡士,于是夜三更时,直往该店徧行搜查,毫无影响。毛等恐贻人口实,适见该店有二人在此吸烟,即借查烟为名,将该二人及烟具一并拘获回区所罚办。复顺到西区右局,将李郑二人带回区所提讯。据李朝供称,在渡船雇工,侦探员嘱伊探访,适在船上见有形迹可疑三人,遂尾至河口,内一人暗发口号,斯时有四人在河洗浴,突上前将伊痛殴,仅扭得一人,即是郑友,余人经已逃脱。据郑友供称:在大街市屠店雇工,晚膳毕,往河洗浴。见有数人与李朝打架,伊上前排解,反被李朝拳殴脚踢等语。即将郑李移送过县由杨委员讯问,供均如前。当验明二人伤痕,李受伤略重,着回家自行调治,俟愈后传讯,郑则称被李朝打伤，不认有三人同党。准其交保在外，调治痊愈，传讯核办。

——《香山循报》第111期，辛亥（1911年）闰六月二十一日。

咄咄侦探员竟欲借题杀人　民声

余观前期本报《侦探员之胡涂》一则，而知刘瑞藻、李朝两侦探，皆欲借题杀人，罪不容诛者矣。

刘瑞藻、李朝，皆协署侦探也。乃李朝因调戏妇女之故，与人滋闹，而竟罗织人罪，借题倾陷。而刘瑞藻复从而张皇之，其诬郑友也。一则曰："形迹可疑"，再则曰："暗发口号"。一若郑友确为匪人，党羽密布，而后有此诡秘神通之举动也者，充其所言，非斩郑友之首，牵累多人，不足以蔽其辜。呜呼！侦探员之用心，固如是其险毒也哉！

虽然，吾不明正其罪，彼或不服。若徒于理论上明正其罪，彼仍不服。吾今就刘瑞藻之禀报，与李朝之供词，一正其谬，则彼之凭空捏造，故入人罪之处，当不辨而明。刘瑞藻之禀词，则曰："李朝见有形迹可疑四人跟踪至河口。"李朝之供词，则曰："见有形迹可疑三人遂尾至河口。"究竟形迹可疑者，为四人？为三人？彼尚自相矛盾，然则所谓形迹可疑，所谓暗发口号，皆刘李二人构造之，以为倾陷善良地步，而曾不知不能自完其说也。呜呼！吾观乎此，则侦探员之险毒者，其借题杀人之罪，更昭著而无可逭。

呜呼！侦探员乎！呜呼！协署之侦探员乎！尔欲食人之肉，饮人之血而后快耶？尔欲寡人之妻、孤人之子而后快耶？事实彰彰，无可掩饰，尔作伪愈多，其作茧自缚之苦处亦愈多耳。马协驭下素严，其亦有以惩治之乎！

——《香山循报》第112期，辛亥（1911年）闰六月二十八日。

又拿获革命党首领（本省）

闰六月二十九日下午，营勇于第十甫颐苑门口，拿获两人，一有辫，一无辫。查有辫者系线勇陈某，假冒革党，混入党中，结识现拿之有辫者。是日在颐苑品茗，预约罗管带派勇缉拿，一并解赴水师行台，由万委员提讯。据供罗星香山小榄人，年三十六岁，父名亚朝，已故，母尚在，兄亚华，并无妻子。光绪世四年，在西关一局，充当巡士，九月调往西关七局。宣统元年三月，因母寿告假，在家奉养年余。本月十九来省，因无朋友，每雇夜艇寄宿，并无不法情事。后经线人指证，该犯系欧柏楠，省城东关西关河南革命军,均归欧管带。此次来省,系发饷与党人,并由其身上搜将军印一颗,伪谕一张,小部仔一本。上书统领大帅革命第七军副将军欧柏楠字样,部面并盖有统领关防字样。委员再三研究,仍不肯吐实,后用刑威吓,始将实情供出,与线人所指证略同,即已发交缉捕发审局再行研讯核办矣。

——《香山循报》第113期,辛亥(1911年)七月初六日。

倡办联团之宜亟　精一

呜呼!今时何时?中葡割界,举国注目;无知匪徒,乘机蠢动;此真恐怖之时期也。

然则欲去恐怖之悲境,烽燧莫动,鸡犬不惊。斯何道乎?曰:舍倡办联团一法而末由。

恭都一带,枕近澳境。偶有差失,受害最深者也。都人倡联团之说,守望相助,意本甚善。何居乎而有乡人反对之怪闻。

反对者为谁?曰:一翠微乡,一山场乡。问其反对之说,则曰无款也。嘻!信然耶?抑聊以塞责耶?

据本报载该两乡最近之消耗,迎神则有款矣。演戏则有款矣。而独于联团一事,则曰无款。该乡人其有以语我否?

虽然,燕雀处堂,火未及身,犹云安也。彼乡人伏处一隅,未受何等之激刺。狃目前之安乐,忘将来之大患。其为燕雀,又何怪者。虽然,吾知彼等必有悔悟之一日。

悔悟云何?则因割界之影响,受他人之蹂躏是也。与其受蹂躏於他日,而悔莫能及。何若倡联团于现在,而有恃无恐也。世有智者,当起而实践吾言。

——《香山旬报》第40期,己酉(1909年)九月十一日。

收捐办团之注意点　民声

吾民日出赋税以供政府,而政府亦当设官吏整兵备以保卫吾民。今者情见势绌,盗贼横行于都邑,乱民蠢动于城市,官吏则相顾骇愕,绅民则手足战栗,一任其纵横驰骤,而莫奈伊何。此政府之无以对吾民,而官吏之无以对政府也。乃于万不获已之际,竟有加收亩捐办团之说,吾阅之而辄有所动于中。

夫加收亩捐，将以办团也。然国家平日设官有费，养兵有费，吾民供给税租，亦有常额。今于国家设官养兵之外，复以办团，而吾民供给税项之外，复收亩捐，政府之失信用，官吏之无能为，已百词莫辩。记者以时势近逼，姑勿深论。试于其加收亩捐办团之事，而略言其当注意者。

凡办一事，其预算决算，必须明了。今加收亩捐，为人民增重负担问题，究竟与办团营，配船游击，应需款若干，除官绅捐款之外，尚不足又若干，皆当有最简明之预算，以宣示吾民，此宜注意者一也。

吾邑举办清乡，而盗贼更有加无已。渡船之迭遭劫掠无论已，而大黄圃一带，官兵云集，竟为盗贼出没之区。然则今日收捐办团，果能收效与否？果能攘绝盗贼与否？即为吾民乐于输将与否之关键。此宜注意者二也。

由此以观，则今日加收亩捐，虽不能免吾民之怨嗟，然使其办理得人，卓著成效，则地方安靖，吾民亦得隐收其利，亦所谓官之卫民，不如人民之自卫之类也，愿当事者其善以处之。

——《香山循报》第115期，辛亥（1911年）七月二十日。

密派侦探党人专员（本省）

去年督宪按准部咨，筹设采访局，专办侦探各事宜。经檄司处详筹妥议在案。现司处会同妥议具复，以采访局关系重大，粤省地面宽阔。革会各党，到处煽惑滋事。办理该项采访，必须广储熟悉精干人员，方足以资委任。拟暂不另设专局。凡在省、潮、惠、高、雷、钦、廉各紧要地方，及海陆边界处所，向为革会各党潜行混入煽动者，一律密派侦探专员，会同地方官及地方巡警，采访党人踪迹举动。俟办有头绪，再设局专办云云。

——《香山旬报》第72期，庚戌（1910年）八月十一日。

虚惊者我邑整顿兵备之好材料也　民声

近日邑中警耗纷传，今日曰某处防守空虚，明日曰某处为匪徒所垂涎。盖自沙溪墟被劫后，人心惶惶，而不逞之徒，又复造谣生事，此恐慌现象之所由来也。而记者则曰："诸君其毋恐，有防卫之权在，彼区区小丑，何惧为？"

夫匪徒之所以得逞其志者，以邑人之无备也，若能练兵以待，防守谨严，彼匪徒虽甚强悍，岂肯投身陷阱，自取危亡之理。故记者今日之所以鳃鳃为虑者，以邑中兵力单薄，而主持者又不得其人耳。外此无所惧也。

虽然，吾言至此，不得不为邑人咎矣。邑人素守自私主义，绝不为大局计，试问邑中倡办民团，赞成之者几何人？输款以助成之又几何？人有以劝捐之说进者，则拒绝惟恐不力，然则既不能出赀以养兵，又恐盗贼之纷扰，是坐以待亡之道也。彼邑人盍一思。

而记者又不能不为办团办警者告矣。盖巡警团防，皆以卫民也。然挑选不可不严，训练不可不精。而某处应为防守，某处可以邀击，尤不可不熟筹于平时。若漫不加察，坐受薪粮，一旦有事，束手无策，我邑人当有以议其后也。彼当事者盍一思。

邑人为防患未然计，固当捐款以练兵；当事者为自尽责任计，尤当竭力以卫民。苟能当此警耗传来之际，各尽其职，防堵綦严，吾民可以安枕无忧矣，何惊扰之足云。

——《香山循报》第119期，辛亥（1911年）八月十九日。

邑属果有演说革命者耶　愤血

革命者，朝廷所视为大逆不道者也。吾侪小民，践土食毛，受恩深厚。二百余年于兹，曾不敢有越厥志。际此时事多艰，何敢日言革命，以取罪戾？咄！何迈荣竟以何葆元在邑属演说革命，控于巡警道，是何故欤？

夫何葆元是否演说革命，吾不得知，然何迈荣既指其在邑属演说，又聚集多人，地方官有守土之责，竟任其明目张胆、无所顾忌，亦不免失察之咎，乃地方官竟毫无见闻，而劳何迈荣之禀控。记者于此，辄有疑矣。

盖邑中士绅党见最深，多有以权利争执之故，不惜以革党匪党之名目，以为倾陷他人地步。观大黄圃绅耆之纠争，无不以通匪为藉口。然则何迈荣之禀，吾不敢遽信为然也。

虽然，何迈荣亦可谓克尽蚁民之责者矣。川鄂风云，变幻不测，朝中大老，束手无策。而何迈荣竟能以禁止演说革命，殷殷上陈，使中国人人皆如何迈荣，又安有革命党哉、惜乎其未能也。噫！

——《香山循报》第121期，辛亥（1911年）九月初三日。

杨润南所指为革命不过如是　民声

数月以来，邑属抗钉门牌殴辱调查员之事，屡有所闻。一般之论者，鲜不以乡僻之民，智识未尽，是为谣言所中，往往以钉门牌及调查户口二事，为异日抽捐地步，故相率拒抗不遗余力，其持论未尝不是。然调查员苟能为乡里所信仰，则劝诫之言易入，自可消患于无形。故本报尝申论调查员宜慎择其人，即本斯意，然初意以为调查非人，其弊不过恃势不恫吓乡愚勒索小费而止耳。不谓竟有如第四区调查员杨润南之动以革党及种种罪名诬人也。

本报前期所纪杨润南挟杨澄溪等控告之嫌，于杨澄溪则指为伪造纸币，勾串革党，演说革命，于谭家荫则指为欠缴钱粮，串同演说革命，今姑勿论杨谭二人，纵有其事，亦必须经人告发，讯有实据，而后拟其罪名，本非调查员权限所应及，但即就杨润南所指者而论，所谓勾串者是何革党，演说革命有何左证，彼皆不能指出，从以空言故入人罪，其为借端泄恨，可不言而喻。嘻！调查员如此，而欲其调查明确，不忝厥职，其安能？

近日民德颓丧，是非混淆，各树党派，互相倾轧。即以崖口三乡而论，甲则控乙为窝家，乙则指甲为庇匪。姑不计其事之有无，而所以互相控告者，可决其必非出于公，不外争权争利，各为其私而已。观杨润南之所为，慨叹倾诬之手段，每下而愈况矣。

——《香山循报》第121期，辛亥（1911年）九月初三日。

第四节　香山革命的胜利

新邑令之历史

邑令覃寿堃，号孝方，年三十五岁，乃湖北武昌府蒲圻县人也。由廪生庚子辛丑科举人甲辰科贡士，以知县用，签分广东。叠充学务处文案、学务公所普通课课长、督辕学科参事、学务公所实业科科长差。曾奉委赴日本考察学务，前署新宁县及钦州直隶州知州缺，现供今职云。

——《香山循报》第121期，辛亥（1911年）九月初三日。

呜呼龙旗（香港）

历年香港祝孔子诞，街闸店户，无不遍挂龙旗，今年则绝无仅有，独海旁妖党某报，及太平戏院（孔圣会假座于此）挂有龙旗。前月二十七上午，有劳动社会数十辈,群拥至其门首,以石掷之,大声呼喝,当即除去,群众始散。尤奇者商号多改悬三色旗,最动目者荷李活道某绸缎庄,悬方长数丈之三色旗,见者咸鼓掌称赞,噫龙旗者大清国旗也,三色旗者,所谓大逆不道之革命旗也,乃华侨舍龙旗而悬三色旗,洵不知其是何心理也。

——《香山循报》第121期,辛亥(1911年)九月初三日。

论收拾人心之不易　民声

国家所赖以成立者人心耳。

人心去矣　可若何？

纵览中国数千年之历史,其间兴亡递变,治乱迭更,而所以致此治乱兴亡者,必以人心之向背为主。当夫暴君污吏,残虐其民,水深火热,莫可告语,故有一夫攘臂,万众景从,土崩之形,立时而见。曾不数载,而国旗改色者,盖人心已去则然也。亦有奸宄擅权,强将拥兵,藩镇跋扈,夷狄内侵。当此之时,存亡之机,间不容发,而卒能拨乱为治,去危而安者,盖人心未去则然也。其远者不暇屈指数矣,即如近世洪秀全之变,建都立国,拥众称王,戎马所经,遍于十三行省,国家亦岌岌可危矣。而当时乃有曾胡左李之辈,奋身而起,鞠躬尽瘁,号召徒众,训练乡团,卒能诛锄洪氏。流血万里,杀人如麻,而半壁江山,竟能金瓯无缺矣。此非人心尚在事犹可为哉？今者鄂省之乱,举国受其影响,时局岌岌,当事变之始,监国首骂盛宣怀倡议将铁路收归国有,致失人心,于是内而廷臣,外而疆吏,多有以收拾人心为定倾扶危之本图,相率入告者。然今日事变亟矣,举国人心,果已尽去乎？抑对于政府,犹有希望之念存乎、此真存亡所尤关,朝野上下所宜特别注念者矣。虽然,不昧者,事实也。自鄂省变乱以来,国人对之其感情若何,记者试举此为我国人告,并冀当国者急起直追,为收拾人心之计,而勿徒托空言,务为粉饰,自欺以欺人也。

鄂省之乱,黎元洪以新军协统,为革军袖领,此朝家所指为大逆不道、罪不容诛者也。宜乎诛锄背叛,人有同心,声罪致讨,遍于都邑。乃武汉之间,革军所至,人民不闻反抗,兼且纪律严明,秋毫无犯,商民贸易如故,所乘机抢掠者不过土匪而已。至咨议局议员,人民之代表,舆论之准绳也。乃正副议长皆参与革军事务,议员亦多为革军规画布置者。至初三日警电所称长沙既陷,湖南一省,半皆传檄而定,而人民应革军召募者,解囊以助革军者，则络绎而不绝。噫！不知国家果何负于人民，人民之甘心附和革党，弃国家如敝屣，而曾不少悔也。然此不过就内地而言耳。若夫海外侨民，去国万里，日夕胼手胝足，博取绳头，得赀良不易，乃自革军起事，警电所传，今日则曰华侨汇助革军费用三千万，明日则曰汇助数十万，兼且开会庆祝革党成功，相继而起。噫，人心如此，岂不大可惧耶？试观明末之际，李自成张献忠辈倡乱，其为祸非不剧烈，然所至州县，其人民多能协力抵抗，撄城固守，往往至粮尽援绝，继之以死，即鼎革而后，其遗民野老，犹有借匡复为名，纠合徒党而起者。虽其固执不化，是其所是，不能不动后人之慨叹，而其怀念故国，不爱其身，正未可律以顺为正之义也。今者鄂省革党之变，附和革党者则日有所闻，而求所谓自鸣忠义，纠众以抗革军者，则寂无闻焉。又求以气节自厉，以身殉难者，亦寂无闻焉。岂今昔人心相去之远，固若是耶？抑时势不同，有不可以概论者耶？识者亦可深维其故矣。

虽然，记者于此，亦安能无感乎？中国近数十年来，祸败相寻，强邻交逼，内讧日起。当国者不为本根之计，徒以诈伪相尚；不以信义示民，重以苛细杂捐，名目繁多，竭泽而渔，曾不少恤；米珠薪桂，民不聊生。弱者则辗转沟壑，悍者则啸聚山泽。其稍有远图者，则奔走外国以糊其口，然苟能稍获赀财，言旋祖国，而如虎如狼之官吏，又往往指为会匪为党人，罗织以成其罪，致使吾民荆天棘地，无以自存；仰天而呼，愤不欲生。已常有郁郁居此之叹，而况又有民族主义以日夕喧聒于其侧也哉。人心所以日去，而变乱所以日多，又何足讶也。今监国以收回铁路为激变之媒，即革军檄文，亦以此为说，不知人心之去，非一朝一夕之故。铁路国有，固足以激怒吾民，而政府平日之举措，有类于铁路国有者，亦更仆而难尽也。韩愈不云乎："引绳而绝之，其绝必有处。"今之收回铁路致激变乱者，亦其绝之必有处也。信如是说，人心之去，由渐而然，而欲收拾已去之人心，岂犹是一二粉饰政策欺诈手段所能奏效而程功也？盍亦返其本乎？

——《香山循报》第122期，辛亥（1911年）九月初十日。

粤人集议承认共和政府详志

（一）集议之初情

初八晨八点，九大善堂，七十二行商，总商会各团体，齐赴爱育善堂集议，人数极众。随举曾秦两先生为临时主席，谭君宣布，摇铃开会，众皆肃然。

（二）维持之议案

一议粤省当此危急存亡之秋，吾粤人士万无模棱两可之理，就粤省人心趋向，应承认专制政府，抑承认共和政府，以图永久之保存，请众表决。众议旧日专制政府，政治势力已失，共和政府势力已成，友邦公认，为保存永久治安起见，应即承认共和政府。一议承认共和，已经众表决，对于现在粤省行政官，应用何种手续对待，众议先由九善堂七十二行商人，举代表领衔，将本日表决公意，用正式公文，呈知督院，随举熊长卿先生主稿，一议进行方法，应如何办理，请众公决。众议合九善堂七十二行合力举办商团，一面公举代表赴港，与共和政府机关部直接，宣达意见，一本日文澜书院，为融和满汉事集议，对于本日议案，恐有误会，应即公举代表三位，赴文澜书院与旗满人接洽，将此意见宣布，以免误会，应举何人，请表决。众举定领衔，郭仙洲、冯商严、明子远、陈惠普、俞海俦、杨辉严、谢锡恩、全樨严（秦祥光、曾耀廷此二人临时主席），又举定赴港代表，谭蔡郭冯熊俞六名，即日启程，赴文澜书院代表曾蔡梁。

（三）议后之纷来

表决后，接踵赴会者，相属于道，一闻表决情形，互相鼓掌，声震遐迩，久仍不散。徐再宣布文澜书院同人欢迎旗满代表，于是往文澜书院者不可以数计，江孔殷梁鼎芬并登坛演说。

（四）各街之跻踊

此会前数日已派传单，共保公安，粤人咸大欣悦，时未及午，途为之塞，附近店户，均皆闭门，以致上下九甫德兴桥一带均停止贸易。

（五）开会之延迟

文澜书院延至正午，尚未开会，到者均为诧异，或疑为粤路集议之故辙，议论纷纷，几至暴动。

（六）传单之飞来

是时人声鼎沸，几至不可收拾。而报界之传单恰至，报界公会初八日传单云："今日七十二行九大善堂总商会各团体，在爱育善堂集议，一承认新政府、一承认满汉一体、一用正式公文呈报张督、一已续派代表赴港表示意见商议进行方法,以上系今日各团体会议大略情形,万众一心,居民可无庸惶惑此布。"

（七）劝散之迭至

传单派后各人仍多喧问,于是临时公举陈惠普等登台演说,说至承认新政府,众大拍掌,声如雷鸣,欢容可掬,且各皆未用早膳,枵腹从事。

（八）代表之踵临

满洲代表祥康世杰,汉军代表黄谦门安朝等,相继而至,各皆让路欢迎入座,即举黄谦登高演说,言旗满人前颇不相能,惟今崇尚人道主义,不忍流血,所以极力融和。现街上谣言,谓吾人决裂,实无其事,可到旗街看有无大炮,便是作证云云,众又鼓掌。

（九）融和之公函

公启者,本日九善堂院会社,七十二行商等,在爱育善堂开大集议,佥以本省满汉八旗官绅,既与各团体迭次会议,共维公安,彼此并无意见。现经同人公决,极力保护满汉八旗生命财产,即将来新政府军队来粤,亦必代为要求,与汉人一律看待。查湖北政府,已宣示宗旨,所持系政府革命,非种族革命,所有满人,均一视同仁,是敝堂会等以上所言,必能为新政府承认,万望迅将此意,即日传单,通告八旗绅民,俾息疑虑,而保公安,无任盼祷,专此敬请团安,诸维察照不宣。

（十）捐资之踊跃

各演说毕,众议捐资制旗,一时倾囊者争先恐后,互相争掷,以至满地金钱,不一刻已逾额数,即在本街车衣店,定制独立大旗,俄而旗成。

（十一）独立之大旗

旗片刻制就,立竖诸文澜书院门口,并派人分担于长堤城内一带游行,到处欢迎,高呼万岁,到来瞻仰者人山人海,独立旗竖后,纷纷回家购买炮竹,炮竹店存货一空,自入夜六时至十时,炮竹恭贺之声,不绝于耳,烟雾弥漫,行者止步,喜悦逾情,妇孺皆然。闻长堤鹿角酒店及广和洋货店之龙旗,均被行人扯去。

（十二）代表之接洽

前报界派往香港代表,及是日董团行商续派之代表,均已代港,布告省中情形,港人咸表同情。

第四章 辛亥革命的发生

（十三）致港之公函

四邑工商总会暨旅港各同胞钧鉴，切启省，即午全粤商民集敞堂开大会议，决定承认新政府，以救粤亡。随举定赴港代表冯君商严、郭君仙舟、蔡君卓琴、谭君民三、熊君长卿五人，亲诣尊处，直接宣达本日集议情形，及全粤商民公意，危急存亡，间不容发，理合省港互相联络，以图进行，一切办法，希即与代表协商，切祷切盼，此启。九善堂会社七十二行商暨全粤商民公启。

（十四）旗官之文告

将军都统示，满汉联络，已表同情，居民铺户，莫起疑惊谣言传播，均属不经，万勿轻听，虚语无凭，安居营业，共享和平，剀切动论，各宜放心。

（十五）民团之组织

初八日各界民团，假座文澜书院，开大集会议，到位极众，并由旗满举出代表，共同磋商，暂由各团体，举出九人，组织广东满汉民团独立会，随即举定十人，定初九日十点钟，再假座文澜书院大集议，各界团体，并举代表到议，及进行一切方法，以保公安。（一）宗旨：维持满汉，及三千万同胞生命财产，以固将来永远幸福。（二）提议联合民团，公举代表，面请张督，即竖广东满汉民团独立旗（众赞成）。（三）提议由代表求张督，请满人缴回枪炮，退居于被保护者之地位，以固公安（众赞成）。（四）提议既竖独立旗后，拒绝解京饷，及应筹各省扰乱军械。

（十六）善堂会社致满汉公约函

公启者，本日九善堂院会社七十二行商等，在爱育善堂开大会议，佥以本省满汉八旗官绅，既与各团体迭次会议，共维公安，彼此并无意见，现经同人公决，极力保护满汉八旗生命财产，即将来新政府军队来粤，亦必代为要求，与汉人一律看待。查湖北军政府已宣示宗旨，所持系政治革命，非种族革命，所有满人均一视同仁，是敞堂会等以上所言，必能为新政府承认，万望迅将此意即刊传单，通告八旗绅民，俾息疑虑，而保公安，无任盼祷，专此敬请团安，诸维察照不宣。

——《香山循报》第 122 期，辛亥（1911 年）九月初十日。

广东中立问题　道实

自鄂省变起，革军势力日张，湘省既失，两粤可危。于是广东人士知不可以幸免也,奔走喘汗,欲图保存治安之策,而免流血之祸。遂集议于文澜书院,议决广东处中立地位,告于张督。张督深夜答复认可,夫中立之议,是否得广东人之同意,抑发是议者既揣知张督之用心,而为是掩耳盗铃之举,是皆可暂置勿论。今记者所欲明者,在广东是否可以守中立之地?张督是否可以守中立之人?与夫既守中立之后,确足以保广东之公安否?此真祸福所攸关。我广东诸父昆季姊妹,所宜悉心研究,急起直追,而不可观望徘徊,欲求安而得危,祈福而致祸也。记者愚昧,敢献其刍荛之见,为我广东人告。

盖中立云者,必处于第三者之地位,于两方面之战争事项,均不干涉之之谓也。故鄂省之变,外人即严守中立,两无援助,即有一二野心勃勃,欲乘隙抵瑕以肆其侵略兼并之图者,各国皆宣言以制止之。执法以绳其后,何者?国民因政治之不良,与自国政府宣战,外国断无干涉之理由,此盖国际公法所规定,各国所应共同遵守者也。广东省,中国之一省耳,与外二十行省之人民,有利害共同之关系,使愤政府之专制,不能利益吾民,表同情于革军,则离旧政府而承认新政府可矣。若犹谓食毛践土,具有天良,不忍自携二,而信旧政府之军力,可以荡平民军,而后冀徐开国会以实行宪政,如是。姑不论其思想之是否差谬,然既具此希望,即输械进粮,枕戈待旦,以供旧政府之驱策,而为新政府之敌可矣。何去何从,端在粤人之自择。今者以非立于第三者之地位之广东,乃欲蒙中立之名,谬欲倚于东西各国,而曰可以保公安也。名不正则言不顺,莫此为甚矣。即如在文澜书院集议,某君有言,广东纯然有独立之性质,不必有所依赖,信如是也,亦当明白宣布,亦无取乎中立之名义也。故曰广东非可守中立之地也。

张督为海疆大吏,固大清之人臣也。若以为君臣之义,守土之责,皆无可逃,则惟有鞠躬尽瘁,殚精竭虑,以巩固皇图。所谓以汉人杀汉人之说,皆可不必顾虑。若谓族种之义,深入人心,专制之毒,民怨已极。民心既去,大局已不可为。则识时务者在乎俊杰,黎元洪亦尝为大清之将官,而今则为民国都督矣。则以张督之明察,拥有两粤之地,岂与手无斧柯者比哉?是在张督之熟思而择取之耳,乃欲两无所系属,假中立之名,以求旦夕之安,不亦轻朝廷而羞当世之士耶、且张督所以承认中立者,不过不调兵不输械不解粮三者而已。是三者可以尽中立之义乎?所握者犹是两广总督部堂之印也,所揭者犹是大清之旗色之衔名也。就形式上观察,尚未得云尽中立之义也。据张督之奏章，所云不调兵输械解粮者，不过为地方保守治安，为朝廷收拾人心计耳。故就精神上观察，亦不得云尽中立之义也。故曰张督非可以守中立之人也。

顾或者曰：中立之名义，姑不论其是否正当，然为保存公安起见，则为此权宜之计，亦未可非也。不知以中立保存公安，此因粤省少数官绅所主张也。然广东治安，何能由中立之名义而保存乎、盖既名中立，则于新旧政府两无所利者也，就目前论，旧政府之视广东，固尚金瓯无缺，深望得其援助之力，以平乱事。一旦宣告中立，此岂旧政府所及料？甚者不免指为背叛之见端矣。若就新政府论，自湘省既定后，其视广东，不啻囊中物。闻中立之名岂肯置而不问，以瓯脱视之乎？且广东之为革军注重久矣，三月二十九之变，不惜驱其精锐，轻身于一掷，岂轻举妄动哉？盖广东既得，则由南洋输进粮食军械，皆可无忧矣。故谓革军既得鄂湘两省，惟专意北上，不暇南顾，此非知言者也。然则革军欲先定东南，则广东固在所必争，即以湘省为中枢，分军为二，一北上，一南下，则广东岂能免兵革之祸乎？即使革军不南下，然匿处港澳暨内地之党人，勾结日广，党徒日众，咸闻风思动，中立之议，岂乐闻乎？由此观之，欲以中立保存公安，识者诚知其难也。且垂诸空言，不若征之事实，广东未发生中立之议，地方尚觉安谧，自中立之议既成，独立独立之声，遂闻于社会，影响所及，致居民逃避，市井萧条，食力之民，将有束手待毙之象。噫！何其与保存公安之说之相背而驰也。于是可以觇人心矣。吾粤之官绅士庶，其可有志于保存公安乎？盍视人心之向背而速决其方针，庶可免噬脐之悔也。

——《香山循报》第 123 期，辛亥（1911 年）九月十七日。

政界之张皇如是（本省）

初八晚督院一闻有竖独立旗灯，恐有匪徒乘机窃发，立饬全部一律戒严，并将华宁里口，用石砌作炮台形，又于辕门外架起机关炮。各情已纪前报，惟昨经访员再往调查，该闸口仍然有石堆砌，尚未毁去。又卫边街口，则用大坭砖，在闸口两旁堆砌，砌至四五重，高三尺余，中留二尺，以便行人。华宁里口则撬取街石，在东便闸脚，砌至二尺余高，以便遮身，其后楼房口亦然（该处可以照应镇部司令处）。计现在督署四围，如前则寺前街，后则厚祥街，左则新丰街，右则洛城街，及本署辕门头宜门，东西南北四望楼，日夕分派桂军，常川梭巡，晚则加班放飘，望楼则打灯远射，署旁箭道，则驻扎卫队，另派营哨周围梭巡，再于黄黎巷尾之旧公平摊馆，驻扎桂军中营右哨一哨，以厚兵力云。

——《香山循报》第123期，辛亥（1911年）九月十七日。

三色旗帜天外飞来

十二日有数百人竖立革党三色旗号，聚于小榄上之二角地方，分驾桑艇数十只，岸上亦站立多人，是早小榄往省之桂平单行轮船，驶至该处，既为党人骑据。八点钟时候，石岐往省拖带信昌渡之鸿昌轮船，并往龙江之利丰轮船，先后驶至，均为骑据。是时驻利丰之卫旅营勇，曾与对敌，被其轰毙勇丁詹灿一名，随即勒令各勇丁将号衣全行抛弃海中，并云："不用惊慌，我们不是劫匪，不过借此军械轮船一用。各同胞不可再当官差，与我同去。"等语。随有江固兵轮驶至，即与党人对敌，党人占据之轮船，驶泊埋岸，登岸轰击，其同济泰济兵轮，及雷艮鱼雷船陆续驶至，由八点余钟直战至十二点余钟，党人始渐散去。先是该处附近有湖南扒勇船驻扎，已被抢去枪枝，及枪伤管带，是役江固兵轮拏获党人二名，闻已受伤，其一系被草坵自行盖住，为勇等搜出者。其时鸿昌、利丰两轮，已被江固夺回，即将气机扭去，使其不能行驶。至十四日，始将气机安妥，饬其拖带勇船出省。闻鸿昌轮船失去毛瑟枪七枝，利丰轮船失去毛瑟枪六枝，所有码子均为夺去。闻有一身体较肥者，系搭鸿昌轮船由岐往省，身上带有洋银数十元，被其搜去，其余各物，并无损失。又闻江固兵输勇丁被伤一人、毙者一人。又是日邑城得此消息，虽不甚惶恐，然石岐十八间一带铺户，多有关闭铺门，以备不虞，并闻附城各处居民，间有迁往港澳逃避云。

——《香山循报》第123期，辛亥（1911年）九月十七日。

革命军占领邑城详记

十五日间有革军千余人在小榄沙，是日上午，邑令会同李都司及游击队往巡视，甫到即见革军将由省驶回之鸿昌小轮追击。李都司及游击队便放枪与战。是时有湖南勇四十名当先冲锋，闻被枪毙六名，走回八名，其余不知下落。游击队管带梁守之部勇毙一名，伤一名，李都司几为所困。是晚入黑时候，邑令与李都司及游击队陆续回岐。翌晨马协乘坐安香小轮出巡，及上

第四章　辛亥革命的发生

午时候，即有革军在隆都隆胜卡地方，将拖带江门渡之金马轮船骑驶，所过隆都各卡，尽将枪支弹子取去。及至叠石地方，始将该轮放回。随即陆续分队由隆都、渡头来岐，直入西门城，沿途绝不惊扰，商民贸易如常，各均燃放爆竹，欢呼不绝。是时各营勇及县署、巡勇、游击队等，均表同情。各衙署巡警局及城楼等，均竖独立旗帜。各商户亦多有竖立者。随有革军一队进县署，在东仓为县署巡勇什长闵某所阻，即为革军枪伤。闵系湖南人。又有革军一队，由南门入城，城楼上有营勇数人，放枪抗拒，即为革军枪毙

图4-1　香山革命军司令任鹤年

三人，伤三人，闻均湖南人。又邑令闻耗，预携眷属，奔避于洪绅名宣家中。随由革军分队，驻守各街，保护人民。即出示云：

　　本军恭行天讨，布告同胞亲爱，满洲以胡乱华，已及二百年外，罪恶贯盈至今，势如土崩瓦解，各省义师云起，均是为民除害，还我大好山河，驱逐满胡出塞，建立共和民国，同胞幸福有赖，本军竖旗起义，人人欢欣称快。士农工商男女，照常作业毋懈。军到秋毫无犯，不令商民受碍。倘有军民骚扰，定予严责不贷。军队纪律明严，尔等毋相惊骇。中华民国粤军军司令部长布告。黄帝纪元四千六百零九年九月日。

并刊派传单，通请邑中绅商各界，于五点钟后，在清乡善后分所集议。及会议时，各界到者甚众。并邀同覃令在场。随议定暂借清乡善后分所为办事所。仍推覃寿堃为民政部部长，及议定临时干事员数十人。俟将各部组织完善，再行分部办事。旋即分派各军，驻守县属各扼要地方。并即分派四人往各当道地方演说，安慰居民。当革军闯进县时，所有监狱及刑事所、工艺厂各人犯，尽将脚镣扭松，意欲逃脱。后由革军善言抚慰，始行无事。又闻哨弁张德润，已为革军破腹抛弃河中。又由司令部宣布戒严令云：

　　（一）民间可供军需之诸物品，一概禁止输出；

（二）民间所有枪炮弹药、兵器火具，及其他涉于危险之物，本军司令部得因于时机没收之；

（三）邮信电报暂行停止，并断绝海陆通衢之交通；

（四）本军司令部依于战状，不得已时得破坏人民之动产不动产；

（五）寄宿于戒严地域内者，本军司令部因于时机，可使退出；

（六）行政之事，皆归军司令部处理；

（七）司法之事，由军司令长择判事检事行之；

（八）集会新闻杂志等，本军司令部认为于事势有妨碍者，得禁止之。中华民国粤军司令长，黄帝纪元四千六百零九年九月十六日云。

——《香山循报》第123期，辛亥（1911年）九月十七日。

第五章 澳葡局势

辛亥革命期间,香山人民除了反对本国封建统治势力之外,还得时刻提防具有领土野心的澳门葡萄牙殖民者。1895年中日甲午战争以后,在帝国主义掀起瓜分中国狂潮中,香山遭受澳葡当局疯狂扩占前山地区的威胁。1909~1911年,香山人民奋起抗争,打击澳葡的扩张气焰,保障乡土的安全。同时积极创建香洲商埠以抵制澳门。当时香山民众团结一心,官府立场强硬,新军进驻前山,对澳门也形成了极大的压力。

但澳葡坚持扩展界地,并企图强行疏浚前山内河。为此而陆续增添澳门兵力,派出炮舰巡游内河,举行攻陷拉塔石炮台60周年盛典,强拆望厦民居等侵略活动。执意向中国方面发出澳门划界交涉立场强硬的信号。

然而当时澳门形势也很不妙,赌业彩票无人承办,税务收入下降,财政开支困难。居澳华人惧怕划界谈判破裂,纷纷离澳门返回内地。再加上1910年10月葡国本土爆发民主革命,国王出逃海外。动乱形势使得澳葡有所顾忌,无法与中国继续其强硬态度,而被逼有所收敛。

第一节 澳门动态

葡人会议之情形(澳门)

澳门葡人于十二日在议事亭叙会,以状师施露华主席,商议设法改良澳门商务。到会者葡人百余名,华商约十名,主席畅论澳门大局,拟决致电葡京,恳请:(一)本国政府早派画界委员。(二)授权澳督,指挥各事。(三)广澳铁路赶速遵行。(四)签画千九百零四年在上海商订之清葡商约。(五)准澳门政府即行深浚港口。

——《香山旬报》第23期,己酉(1909年)三月二十一日。

请看葡人集议之条件(澳门)

澳门葡人定于十一日,集众会议地方要政,具禀葡国政府筹夺整顿。

闻所订议案：一、华商既开香洲埠，于澳门商务渔业均有妨碍。二、中葡委员会画澳门地界，切勿延迟，迟则将有不利。三、宜界全权与澳督，俾遇有地方要政，可便宜行事，随机应付，以维持地方利益。四、广澳铁路合约，宜速签押，亦不可再延行缓。五、疏浚澳门海口，以便商轮进出。六、一千九百零四年在葡京签押互换之中葡商约，宜速行更订，亦以速为贵。以上乃葡人预定提议之事也。惟闻自香洲开埠之后，澳门赌博亦为失色。职是之故，热心国事之葡人联合同志，于初九日由澳往香洲调查一切情形。

——《香山旬报》第23期，己酉（1909年）三月二十一日。

澳门会议电费仍出自华商

三月十二日葡人集议勘界事，已见省港各报，是日提议电请葡政府之电费，初拟令居留澳门之华商集款，惟众情未协，嗣由租藉香山之萧某等出而担任，又值熟膏、番摊两公司退办之后，彼萧某又请试办一年，故近日邑中舆论对于萧某多有恶感云。

——《香山旬报》第24期，己酉（1909年）四月初一日。

有意承澳门烟码者请看（澳门）

澳门葡官，因承葡政府训令，于昨礼拜二日，径将澳门烟码强取自办一事。澳中之人，因此议论纷纷。查该码商原为人和公司，曾立合约每月缴饷三万元与澳政府。澳门鸦片多系运往美国旧金山大埠。美国近忽立例，将烟禁止入境。至是澳烟不能前往，该饷商逼得报知澳门政府，不能照原议合约每月缴饷三万元，只愿每年缴银八万元而已。查原订合约内，有一款系由饷商贮按柜银万元，另每月缴交饷银若不照约而行，则将按柜银充公。澳门总督得悉饷商之实情，遂将美国禁烟情由，电禀葡京政府，指明饷商不能遵照原订合约而行，可否另订别约办理。迨后葡京复电，谓必须遵照原约而行，至是澳督又复再电葡政府，解说情形之难，饷商生意已尽失去。为时已久，葡京并无回音。故做礼拜二日，澳督逼得遵依原约，强将烟码接办。惟外间传说，该码虽由澳督辖，乃由一华商承办云。

——《香山旬报》第24期，己酉（1909年）四月初一日。

澳门财政之困难（澳门）

澳门公家财政甚为困绌，一切公费现亦未有银支结，学堂教习等之薪水至今尚未发结。往年天主教徒圣约翰诞期，原由议局循例举行庆典。惟前次该局叙会，决议本年库房支绌，不能提拨公项举行，是以须由众人捐款办理；自今各项公家工程，因无的款均行停止。然或谓何以政府不裁冗员，以节縻费，譬如某女学堂仅得女生二十八人，而女教员竟多至五人，每人每月薪水不下五十六元。似此可以减少教员名数，不须五名之多。澳政府现在招人投票，承办彩票饷码，惟闻无人过问。至于鸦片饷码投票，则闻有三四商人争承云。

——《香山旬报》第28期，己酉（1909年）五月十一日。

澳事汇志（澳门）

澳门承领牌照之手车东主，前因华民政务司劝谕，故暂为复业。今值转换牌照之期，公务局仍不允将牌费减轻，反要每牌加抽四仙士，是以各手车复于十四日联行停歇。

澳门三宏鸦片烟公司停办后，萧瀛洲代政府试办，取名大恒公司。今将期满。现葡政府定西七月二十二号，即华历六月初六日招人承充。

澳兵十二日在西街所擒之贼，十三日当讯，供云：以航海为业，并无为匪情事，因通译官不晓阳江言语，故将案押候。前获三妇人，其中有一妇约五十余岁，当堂搜出手枪一支，藏于股部，闻有孕之妇，在羁押所时，被搜出银纸首饰一大包，约值三千余金，以布一幅围于腰部，故被擒时见其腹皤然，疑为有孕也。

——《香山旬报》第29期，己酉（1909年）五月二十一日。

澳门地方税之窘状（澳门）

日前澳中手车夫役罢工，此事之起缘实因近澳门行旅冷淡，车主收租日少，联禀工务局减费，局员弗恤，各车主迫得停工三天，局员出差查拘。适勘界马使[①]抵澳，遂商令澳督及华民税务司设法转圆，面允酌减，

---

① 勘界马使，指1909年中葡澳门勘界交涉时之葡方特使马沙铎（一译马渣度）。

劝令车主复业。讵届领牌之期，反于每元加增五仙。车主遂复停工。事越旬余，商业为之牵动，摊馆受累大重。某赌商出头调处，声言愿由某公司帮助每车牌费银五毫；如不照常开车，恐蹈从前酒牌罢市不成，反受其辱之覆辙。惟车夫现尚观望，而猪肉行又联请减饷，未审澳官如何处置也。

——《香山旬报》第 30 期，己酉（1909 年）六月初一日。

前山邮局与澳门邮局相通

香山县属之前山，向设有清国邮局代理处。该处土人，凡有信寄香港、澳门者，必由该局转石岐局，再由石岐转广州局，然后复寄港澳，未免稽迟时日。现清国邮局，以此诸多不便，日昨已设分局一所于前山，专请邮差，与澳门邮政接洽。从此往来信件相通一气，不至如前阻滞矣。

——《香山旬报》第 33 期，己酉（1909 年）七月初一日。

看看葡人攻夺北岭之庆典（澳门）

香港南清早报云：六十年前，葡国千总美士基大氏带兵一队，计三十六名，攻夺北沙岭（北山岭炮台）遂保全澳门，不致为华人侵犯。此乃当时在故澳督亚孖刺路氏①被杀后三日之事。故昨初九日，澳门葡人特举行庆典。该报又云：此等荣光之事，葡人永远不能忘记。因美千总分三十六名勇士，皆系澳门之土生地也。且只美氏一人尚存，仍在澳门，今已八十岁，又名罗沙利澳云。该报谓此等荣光，葡人不能忘，吾不知华人对此，其感情又如何也？

——《香山旬报》第 35 期，己酉（1909 年）七月二十一日。

澳门添兵胡为者（澳门）

近日葡人因勘界问题派来兵船，闯入中国海面游弋，并拟添置大批军火，附近乡民异常惊惶。经香山勘界维持会提议自卫，并请派兵船震慑。现

---

① 澳督亚孖刺路氏，即澳督亚马勒。1846 年出任澳督以来，肆意平毁农民祖坟，扩张澳门边界，于 1849 年被沈志亮等农民所杀。

又闻澳门葡兵,已由三百余名增至七百余名,土生葡人复集民团百余名云。

——《香山旬报》第35期,己酉(1909年)七月二十一日。

葡人蔑视我国乃如是耶　嗣轩

自澳门勘界问题发生后,藐尔葡人,日恣其陵虐逼胁手段。据彼最近之举动,有足令人发指二事,请为我国同胞痛哭言之。

(一) 炮船游弋内河也

前月中旬,有葡人新造炮船,连日驶入前山南屏一带内河,任意测绘,或用电灯照射各处地方。人情匈匈,几至酿事。及省宪严词诘问,始诡称入港避风,强辞搪塞。按葡人蹴居澳门,亦只可居住旧借界内陆地,不得有领海权。既不得有领海权,则澳门一带海面,即非公海,安得以兵船擅行游弋。且前山南屏更属内地,尤不得违法无故闯入。况此次方磋议界务,两国应守文明,乃故任情恫喝,其辱我也实甚。即云避风,何不于初驶入时,遵守约章,缴卸装械,力期就我范围。乃待我国诘责,始诡辞退出,彼目中尚谓我国有人耶!

(二) 定期逼拆民居也

月之初六日,葡人张贴示谕,限于十三日,将望厦东西街民房一律毁拆。居民张皇无措,经致函邑中勘界维持会,亟请挽救。嗣该会于初十日集议,宣布望厦来函,并筹对待方法。查望厦属我邑地,前数年间,葡人在彼强编门牌,居民不服,几至决裂,有案可稽。今复于界务未定以前,为此野蛮无理之举动,其谓高使已允之耶,既未宣示,而谬以慨他人之慷,是自弃其民也。其谓高使未允之耶,尤葡人之蔑视我国,而暴动在彼也。

综此二事观之,皆曲在彼而不在我。曲既在彼,我有辞焉。若米也、柴也、油也、糖也、鱼也、菜也,皆彼日用所需,在在有赖于我,我无赖于彼者也。彼果出其强硬手段,我即实行此种种方策,以对待之,自足致其死命而有余。我受其辱久矣,苟有人心,又何乐而不为此!抑吾尤有疑焉,勘界之事,开议者已数次,而高使概从秘密主义,省港各报,禁不使言。民日怀疑,无所为计。岂吾国民皆不足与语耶?抑必以吾民之土地断送于人,而后快其为虎作伥之计耶?夫我国向来交涉节节失败,其始皆由当事之一二人知之,待发见后,虽合大群力以谋补救,而证据已落他人之手,噬脐无及,其覆辙然也。虽然,寡人政体,吾无怪其尔尔,今非所谓立宪时代,庶政公诸舆论耶？而亦隐忍依阿，献媚于弱小之葡政府，又专务压抑民气，不乐借之以盾其后。若此者，对于我则为专制，对于彼则为无耻，若高使者，又何为哉！

——《香山旬报》第 35 期，己酉（1909 年）七月二十一日。

叶干周承办澳门鸦片（澳门）

澳门之鸦片烟公司自开投后，日前代办之萧某入禀退办，现新接充人乃西洋银行买办叶干周，每月纳饷银一万一千元，先行试办数月，取名惠泰公司，经手前月底开办矣。

——《香山旬报》第 37 期，己酉（1909 年）八月十一日。

决战与退让　亦进

据港报云：中葡两国互派使臣在港商定澳门地界，已议至第九次，探闻葡使马查度坚索五款：

（一）自澳门连岛之妈祖阁直至关闸。

（二）自关闸至北山岭为局外地。

（三）内口河流，即是水界内港。

（四）对面山、青州、氹仔、过路湾、大小横琴、舵尾等处，及附近一切山岛。

（五）附近一切山岛之水界。

高使如何与之研论约章，与夫曾否执约争论不得而知。惟前数日遍请香山绅商到行辕提商三事：

（一）是和平办法，尽以葡使所请。

（二）是交黑城会议。

（三）则决战云云。

呜呼！月晕知风，础润知雨。今观葡使之强硬要索，与高使所以应付之具，则勘界之结果，固可以悬惴而得之也。虽然，高使既提出三事矣，先言退让，后言决战，由文字上观之，则高使固持和平之说，然或者其先以退让激国民之愤，后以决战助国民之气，意欲以民气为后盾，亦未可知。要之吾国民心目中，对于中葡交涉所最注意者，必在决战与退让之两事。为恢复土地者，则主战也。为保守和平者，则主让也。然主战固有利害，而主让亦有

第五章 澳葡局势

利害,吾今合两方之现象而一评论之。

倡决战者之说曰,昔者卑士麦①有云:世界上所恃者赤血耳,黑铁耳。中葡划界,收回侵地,尚矣,如其不能,而讳言干戈,此吾之大惑也。葡人不守约章,不认界址,徒以无理之要求,虚词恫喝,是明欲开衅于我,我若听之,使葡人他日得寸入尺,相率内侵,又将听之乎?葡小国也,吾国犹复畏之如虎,则列强生心,择肥而噬,其势必至于战。正如苏子瞻所谓不先于我,则先于彼,不出于西,则出于北,有迟速远近,而要其不能免也,故为今日计,葡使能念两国之好,还吾故土,则两国国际之交谊不至乖离,两国国民之感情不至决裂,否则誓死力争,头与璧俱碎,葡人越国鄙远,断不足与吾争。此主张决战者之说也。

倡退让者之说曰,兵犹火也,不戢将自焚也,吾国军力未充,使轻言战争,则庚子联军之役,将复见矣。况葡人素恃某国之奥援,葡人虽不足与我抗,难保某国不从中臂助,合力以谋我,如此则兵连祸结,非吾国之福矣,夫吾国今日之提议划界者,欲得回侵地耳,与其争此侵地而至于战,又何如退让之而保全大局之为愈乎,与其主于战而蹂躏大局,又何如退让之而力图自强之尤愈乎,此又主张退让者之说也。

昧昧我思,则所谓退让者,失败也,大辱也。鲁仲连义不帝秦,记者断不忍赞成退让之说也。所谓决战者,以铁血购和平,为世界强国所同认,此说不可厚非也。然又恐政府诸公以为妨碍邦交,指为暴动矣。此又记者以个人资格,不欲鼓吹者也。然记者所亟欲研究者,厥有一事。夫划界之初意,非欲与葡国交涉,以得回侵地为究竟乎?然欲得回侵地于外人之手,必非一介之使,口舌之争,所能有济。其恃以实力,济以民气,固当日提议划界者初意也。乃因葡人偶肆其欺诈要索之手段,遂欲曲意奉承之,吾知政府诸公必不然矣。再观乎我国民,因划界事而奔走骇汗、不暇饮食者居大多数。近日旅外粤人,函电交驰,誓以死争,又不胜数矣。保守国土,生死以之。然则今日粤人之愤起力争,决不在口舌之空言,必有最后之对待,可决言也。由此观之,政府既不肯曲意奉承,我国民又有实力为后盾,不幸葡人强硬要索,逼吾国以难堪,则

---

① 卑士麦,即俾斯麦,普鲁士宰相,1871年起任德意志帝国宰相。对外政策强硬,主张依赖军事实力,用战争手段解决外交问题,世称铁血宰相。

困兽犹斗，况于人乎？况于国乎？此又退让之说不能实行，而决战之说或又不能免也。

而或者曰：昔者英兵之入九龙也，乡人逐之。英兵退回香港，电总理衙门，檄两广总督，饬何长清平乱矣。广西乱党二次窜入安南，法兵安坐不动，电请政府，檄苏元春平乱矣。然则今日战端一开，使葡人师英法之故技，将如之何？曰：是诚可虑也。然吾默窥政府近日之态度，与其不能曲意奉承之故，或不敢公然卖国，反背舆论也。要而言之，吾国素以和平待友邦，今日划界一事，不必多所奢求，但按照约章以从事而已。若葡人要索五事，实为无理之甚。复据最近界务警告，葡人不根据十三年之约章，以研究界务，反谓彼得澳门于贼人之手，与日人指东沙岛为无人岛同一荒谬。使葡人长此不变，是明明欲开衅于我。我即可宣告天下万国，证葡人以违章背约之罪，再以实力对待之而已。

呜呼，吾愿一般之葡人其谛听。

呜呼，吾愿一般之同胞其猛醒。

呜呼，吾愿一般外交诸公其据约以力争。

——《香山旬报》第39期，己酉（1909年）九月初一日。

澳门近事（澳门）

澳地近三两月，居民多惧划界事决裂，纷纷迁回内地，房屋几无人过问，生意比之平时愈加冷淡。所谓大西洋注册衙门，三两星期竟至无一字出入，葡人颇为丧气云。又风传有某国人纠集一大公司，向澳门政府承揽一切烟酒、赌饷、花捐、戏捐等，以三十年为期，每年认饷一百二十万员，比之现时饷项所入，直至加倍。并先借出六百万员，为葡政府浚港及一切建筑之用。该某国人等拟于华人原有娼赌各业外，更益以欧洲一切不正之营业，务使澳门为东方之巴黎（法京之名，游欧洲者称其地为销金锅）。不特吸收华人精髓，即欧美人游历东方者，亦将无不入其壳彀中。而中国、日本避暑诸名胜，可移归该岛。惟闻澳政府尚未允许云。

——《香山旬报》第39期，己酉（1909年）九月初一日。

葡国调兵来澳胡为者（澳门）

荷国邮船，由葡京利士滨启行，载有葡军一队，至南洋荷兰时，即转船来澳门云。又《上海泰晤士报》云，中国勘界大臣高而谦，电致政府，谓澳门勘界争议，难望从速解决。葡国官吏，因此请该国政府，派遣兵舰，以备兴戎。现所派来之舰队，已行抵澳门矣。

——《香山旬报》第40期，己酉（1909年）九月十一日。

函述澳门最近之情形

澳门友人函云：自澳门议界，葡人近于衙署兵房炮台等处，皆加意添兵巡逻。其白鸽巢原有之枪炮，尽数移往二龙头之新式炮台。水面现有巡舰二艘，在港湾泊，因澳水浅不能驶入故也。每艘共二百余人，另澳门水面一艘，巡逻沙尾。

北山等乡自设团防及演说勿暴动等。汉奸入我内地探听情形。日前外间纷纷传说香山人有暴动之举，其实由于汉奸捏造，欲藉此以要索当道，禁止香山人办民团耳，非实有其事也。若当道不察，遂行派兵弹压，是内挫民气，外受人愚，当道殆不为此。

又葡勘界大臣马加度，与我国高而谦会议一次，必有一次传单，向澳门之葡人宣布。乃高而谦独守秘密。一则博采舆论，一则壅闭舆论，孰得孰失，孰胜孰负，当不俟将来画界而知之矣。噫！

——《香山旬报》第42期，己酉（1909年）十月初一日。

澳门又有新例出现（澳门）

澳门葡官，现定有新例。洋烟一钱以下拿罚；猪肉腊味（腊鸭无犯例）、烧猪及猪肝肺肠等，由外处到澳门拿罚。日前白酒不能入口，今则色酒一樽亦不能入口。若有由关闸外检执先人骨骸，不能入澳；如执骨骸搭渡回籍，必要回前山步头，过北山，直到湾仔雇艇，再到马骝洲关口处搭渡。如夜不及，将骨殖寄湾仔医院，待天明运去尤妙。如有船不能在湾仔银坑湾泊，在银坑燂船及在湾仔整船，要在葡官取准人情纸方可。如违拿罚，湾仔整船准人情纸，至多不能过三礼拜之久。湾仔燂船不准，只准整船而已。近日更严，不可违犯。如在乡间（即前山等处）坐东洋车，不能入澳；必要在关闸外，换过澳门车，方能进澳。若在澳坐东洋车，直往前山各处，华官无阻碍。如有标贴长红，即公益事，亦须纳印厘，方得标贴。铺家贴在门前，如单东之大，必纳印厘，方能标贴，如无拿罚。印厘论日计,吉屋铺出赁字样,亦要声明贴几日,逾期即违例。年晚挥春,笔墨生涯,必先纳了牌费,方准开摆。铺店虽有各钞纳妥,门牌外不能摆什物;欲摆每年纳四季牌费,纳妥限摆开二尺四,违者必罚。医院贴长红,均要纳印厘。又向日各街坊水龙,一遇火警,皆分驰往救。近日颁发新例,凡遇火警,只许本坊之水龙,及救火局之车往救;别处之车,不能越雷池一步,恐街中挤拥云云。

——《香山旬报》第49期,己酉(1909年)十二月十一日。

澳门近事(澳门)

澳门十六晚,街上巡行之兵及水手,或骑或步,皆配足军械,巡行街上。连日谣言甚多,有谓乱党多人欲由省港到澳焚烧银行,抢摊馆;又谓澳官因封烟公司之产业,故派兵守护,以防意外等语。盖十六日财政官及裁判官带差封禁烟公司屋宇,该公司之司理人,谓政府虽不准其减饷承办,尚未按例通知,不能遽尔封禁。惟葡京不听,该公司司理人不得不从强权,任其封禁云。

——《香山旬报》第24期,己酉(1909年)四月一日。

第二节 葡国革命

葡人纪念葡王之活剧(葡萄牙)

巴黎电云:去年二月一日,葡萄牙王父子授首。今年葡京(利斯本)官家大开纪念追悼会,民久不服。至近日因一节日,遂纷纷各戴纸面具,假扮葡王葡后,及太子兄弟,又有人假扮刺客毕夏君等,在街中实演去年受死状况;且嘲笑,且跳舞,又唱讥刺王室之歌。又有一行人,索性制造假棺两具,中实以雕塑之葡王父子死尸,假设为发丧者,亦讥嘲杂作。警察到处干涉,东驱则西走,不易弹压。遂集大队,露兵威吓。人民大愤,争掷砖石,妇女亦帮助在楼上抛掷秽物。于是警察掣刀开枪,受伤者甚多,共捕二百有四人。更召军队帮同弹压,始能消散云。

——《香山旬报》第21期,己酉(1909年)三月初一日。

葡国革命进攻王宫之声势① （葡萄牙）

初三日伦敦电云：葡京李十伴（里斯本）城，日前革命党倡乱，势甚剧烈。闻水陆官场中人亦附会革命党，有水兵甚多，开炮轰击王宫，已将葡王文鸟路第二掳禁。目下电线割断，萄京（里斯本）交通断绝。

又电云：初二日彻日攻击不休，枪炮之声隆隆不绝于耳。全国民人响应，欢声雷动。现已暂立政府管理政治，居然变为民主之国。传闻葡萄牙王现在麻花城，其幼弟则随母后，由理士般（里斯本）京城逃往加士加斯城。

又电云：初二早有向称为忠君之兵队，亦会合民政党，国人大悦，齐声赞颂，于是自立为民主。葡王现尚未知去向，有谓已从大臣之请，离王宫而他去者。

续电云：初二晚一点半钟，民政党放炮齐集，号炮四响，大呼备械。警察出队弹压，民党纷纷抛掷炸弹，警察大败随即归降，协同民党办事。未几民政党与保王党大战，死伤甚众；枪炮之声，连绵不绝。各街电灯黯然无光，两造从黑暗中接仗，保王党鏖战甚至力。初三早尤甚，民党迭次获胜。四点钟各处皆竖民主国旗，所有军械厂大会堂皆然。海面军舰燃炮贺喜，众即举立巴剌为总统，主国政。

又电云：葡王于初二晚偕同太后，后随四大臣，逃出宫外避乱，太皇太后则仍居于保士城。党魁李奥战胜后，在大会堂演说，众人齐集，路途为塞。李奥自任维持治安，劝党徒不可伤害人命，损坏物业。故此次大乱，并无抢劫之事，各银行均有水兵保护。

初五日伦敦电云：葡国暂设民主总统布剌架，曾与英公使晤谈良久，实告该使，谓政府及人民之尊仰英国极深，故民主国遇凡可以振兴及续行和睦政策者，愿尽力而行。葡总统力赞葡京人民竞争之时，极为奋勇，炮队第三营晨早由各省移至，约二千人，声明停止开炮。文鸟路王在亚美利亚舰。现在英国前首相苏沙经已被伤，新立葡总统布剌架，电致英京参利美路报，请其告知英国众人，谓葡民主国稳固，及政府决定维持英葡盟好。

---

① 葡国革命，1910 年 10 月初，葡萄牙共和派在军队支持下，迫使国王逃亡英国。10 月 5 日宣布共和国成立，共和政府实行一系列民主改革，1911 年颁布宪法，规定政体为 4 年一届的总统制和两院制。

初五日伦敦电云：葡兵有不归附民政党者，据最近消息，葡国全境以民政党为优胜。

初六日电云：葡王乘亚美利亚战舰到芝毛律打埠时，该处炮台及战船均燃炮致敬，该埠总督亦到舰欢迎。葡京新任大臣已掌握国事，各银行商店已大致复业。某某两德报谓英国已预知及许可革党之乱，伦敦么宁普士陈报，议由德英瓜分葡国藩港。而德国和思薛东报则深信英国将以葡债抵取葡国藩港。

——《香山旬报》第74期，庚戌（1910年）九月十一日。

列强对于葡国革命之态度（葡萄牙）

英国示意葡国承认保存皇族个人之平安，否则对于葡国执中立态度。德国政府则宣言保护德国人居住葡国之产业。葡王万夭将往访柏林，传言该王得蒙德皇之女公子维多利亚鲁意士允为招待，惟此事尚无正式之宣布云。

——《香山旬报》第74期，庚戌（1910年）九月十一日。

葡乱与华侨损失之交涉（北京）

庆王昨请驻京葡使到外部茶话约两点钟之久。闻因现在葡国内乱，在葡华侨之生命财产颇有损失，理应责令葡政府赔偿。葡使答以此事关系重大，须商之本国政府，方能定议；又谓三五日内定有回复。

——《香山旬报》第76期，庚戌（1910年）十月初一日。

此时不乘势收回全澳更何待乎（本省）

广东勘界维持会致北京电云：北京外部堂宪，转呈摄政王鉴。前我国与葡君主所立约章，订明非经中国允许，澳门永远不得转与别人。今葡君失位，另立民主，国旗改换，全澳理应收回。约章具在，万国难阻。乞筹办法，先发制人，以妨别国从中瓜分葡属，勘界维持会叩。

——《香山旬报》第75期，庚戌（1910年）九月二十一日。

澳门已换新国旗矣（澳门）

澳门为葡国侵占地，此次葡国革命成功，新总统继任。澳门督署，亦于初九日，撤去旧旗，改悬新国旗，系红绿二色，鸣炮志贺。阖澳葡官，均穿礼服，视为庆典焉。

第五章 澳葡局势

　　按葡国新举总统,以马沙杜(马沙铎)为外务大臣。马系前次来澳划界,坚持占地主义者。今又为葡国民族信仰,举为外务大臣。澳界前途,吾为我国哀矣。

　　　　　　——《香山旬报》第75期,庚戌(1910年)九月二十一日。

葡事汇认(葡萄牙)

　　葡国自革命成功后,葡王文奥奴乘坐御舰亚棉利,行抵芝波那打。炮台以王礼燃炮致敬,总督即诣舰欢迎。葡京理士般(里斯本)城,现已安谧如常。所有政治均由新廷臣主理,各银行及大商行亦已一体复业。当时党魁水师提督李士,疑不能成功,竟含枪自尽。现新政府已整备一切,设立议院,改良刑法,扩充教育,保护属土,并将政教分而为二,展僧尼等于政界之外。当民政府宣布成立,欢迎新总统布锡架时,鸣贺炮二十一响,鼓掌之声,高呼万岁之声,极为踊跃。布锡架神色雍容,气象庄严,体魄极其雄伟。当时葡民有称之为拿破仑①第二者。当民党起事时,葡国近京各省已宣布与京城联合,协助革党,合攻王室,亦有乡民携械助战。然远方各省因电断未知消息,至今则海底线先已续还,所有葡国各省各城皆遍悬蓝绿色之民主国旗,安净如常,民有喜色。抢掠纷扰之事固无,且已有开会,提议共和新自治问题。英法德诸大国,会议承认葡国民主问题。现各国已允推举英国为首,承认葡国之共和政府。新立之民政府,已宣布允准各藩港自治之权。新政府准于十七日颁发新例,将上议院,国事院,各大臣加衔,世爵,君主朝制,善堂等尽行废弃,而从新缔结规则。

　　　　　　——《香山旬报》第75期,庚戌(1910年)九月二十一日。

澳门举行民主周岁纪念之冷观

　　月十四日,澳门葡政府举行民主一周纪念,凡寓葡人,同伸庆祝,宜也。乃华人中间有富绅赌棍,亦于是日长衫小褂,赴澳督署庆贺。而十五、十六、十七连宵夜景巡游,如仪仗彩色顶马、银龙、狮子、鱼灯等等,全用通纱通纸为之,灯火辉煌,光耀夺目。凡得与于巡游者,莫不兴高采烈,得意洋洋。闻银龙一条,系鱼行所贡献,花费约千元之钜。若狮子则为旺厦、

---

① 拿破仑(1769—1821),18世纪法国大革命时的军事统帅,法兰西第一帝国皇帝。

沙梨头所舞。查旺厦、沙梨头，乃在澳门界外，前天惨被葡人将旺厦村焚毁，勒令搬迁，而强占其地者。因澳门华人之庆典公所，逼令该处居民舞狮，初居民不允，后公所许助以三百元，并以利害说之，该处居民，遂为庆典公所中人所愚。惟连日各处到澳看会者寥寥，客栈住客、轮渡搭客，以及酒楼、娼寮、摊馆、山铺票等等生意，均未见增多。各行店住家之亲友，到探亦少。即店铺之悬国旗挂灯笼者，就以繁盛如海傍一带，亦不满十家。并闻毗连澳门之下恭都各乡族，均派传单，不许子弟赴澳观看会景，违者议罚。故各乡除贸易买卖之外，专为看会赴澳则绝鲜云。又十四日一点钟，澳门葡政府，率领水陆各军队，及华人充当之暗查绿衣等，全数会操于新花园对面之操兵地，举行大操典礼。统计各军队总共人数，约在五百名左右云。

——《香山循报》第120期，辛亥（1911年）八月二十六日。

葡萄牙恐将有内乱（葡国）

葡国革命后，国内颇为平稳，列国以外交之关系甚大，将拟俟其新宪政发布，大统领选出后，予以正式之承认。而葡国政府于颁行宪法，选举大统领等事，不胜观望踌躇之意，盖恐国内王党乘此举事也。自革命后王党皆匿影不出，以待时变。据欧人之观测，恐不久将有内乱也。

——《香山旬报》第83期，庚戌（1910年）十二月十一日。

葡国逐皇之近况（英国）

伦敦《每日邮报》言葡逐王万牛尔，将于千九百十一年之一年内，学于英国奥斯弗大学。此后即游历世界各国，并特注意英属各地，以便考察行政。

——《香山旬报》第83期，庚戌（1910年）十二月十一日。

缉私纪闻

十七日有轮船一只，由澳门开行，经拱北关，内有毛瑟枪四十枝，烟坭四箱，及弹子各件。不料有线人亦雇轮跟踪而至，飞报关员，即由关员派轮尾追，而该轮船匪徒，知事不妙，皆凫水而逸。该船物尽由关员点收充公云。

——《香山循报》第111期，辛亥（1911年）闰六月二十一日。

第二部分
香山的社会变革

第六章 社会改革综论

辛亥革命是一场意义深远的思想启蒙和社会改革运动。香山海洋文化自来发达，人民长期接受西方先进文化的影响，还有本地区的启蒙思想家林则徐、魏源的"师夷之长技以制夷"思想，康有为、梁启超的变法维新思想，郑观应的富国强兵思想，孙中山的推翻满清专制皇朝，建立民国的民主共和思想；等等，这些启蒙思想形成强烈的舆论力量，推动着香山地方的文化变革，破除封建旧文化、旧风俗，树立民主的新文化、新风尚。这场变革早在人民起义之前就已发生，而且新旧矛盾十分尖锐，斗争非常激烈。

香山的移风易俗、破旧立新运动涉及的内容主要有：成立自治会，改良监狱，创办新学堂，厉行禁烟禁赌，剪辫和天足，解放奴婢，以及医疗卫生改革等方面。此外还有如揭露官吏昏庸腐败，抨击土豪劣绅恶行，维护社会正义，注重社会公益，成立读书会，以及各种先进团体，等等。在革命发生之前，香山民间早已出现一派弃旧迎新的气势，为新社会的来临做好了准备。而革命发生以后，这种思想文化上新与旧的斗争，又在新的形势下继续深入发展，直至新文化在社会上完全占据主导地位。

第一节 除旧俗 立新风

论中国不振之原因 方容均来稿

悲夫痛哉！风景依然，山河非旧。中国之不振也，殆久矣乎！悠悠千年间，五胡之乱，十六州之割，两河三镇之亡，憔悴于外族专制之虐政。殆久矣乎！谁生厉阶，至今为梗。吾尝穷思极想，推究其所以不振之原因，厥有五焉。

一曰专制。学派足以左右世界，而开民智。溯中国学派之衰，则源于嬴秦氏。始皇私天下为已有。一人为刚，万夫为柔；焚书坑儒，以愚黔首；偶语弃市，以束缚言论。至于汉武帝，则立博士于学宫，伪尊六艺，罢黜百家；取孔子小康之主义，而弃其大同。迄夫刘歆，则假借君权，窜乱经藉。唐太宗则开科取士，舔之以利禄，使天下英雄入其彀中。后世独夫因之，以愚民为无上秘诀。故人民无国家思想，视国之兴衰，若秦人视越人之肥瘠，以为一姓一家之私事。刘兴骂项，今日鄙之为盗贼，明日称之为圣神；胜则为王，败则为寇，实幸与不幸而已，王未必贤于寇也。呜呼悲夫！使中国受数千年专制之毒者，无非始皇、汉武诸独夫民贼作之俑也。其肉不足食矣！

二曰柔弱。中国有与欧西、日本相反者一事，则中国右文，欧西日本尚武是也。惟尚武也，故重体育，而国民用于进取。惟右文也，故轻体育，而国民怯弱退缩；有东亚病夫之诮。一遇体魄强悍之外族，则辟易退步。反宾作主，柔弱如斯。虽号称四万万，在外族视之，直蝼蚁耳。故种种凌虐，无所忌惮。方谓扑灭野蛮人，为文明人之天职。诗曰：天之方蹶，无为夸毗。传曰：夸毗谓柔脆无骨之人也。呜呼！当此强权时代，列国虎啗鲸吞，咄咄逼人。乃合四万万柔脆无骨之人以成国民，是委肉当饿虎之蹊，祸必不远矣。昔楚灭陈，坏其西门，使降民修之。孔子过而不式。子贡曰：礼当式众。今陈之修门者众矣，夫子不式，何也？孔子曰：有国而不能守，国亡又不能死，反为仇敌尽力，其人虽众，何足敬也。夫以孔子之仁，而其对于柔脆无骨之陈人如此。故曰：能执干戈，以卫社稷，可无殇也。愿我国民一日三复斯言。

三曰不诚。诚者物之终始。不诚无物。孔子曰：至诚而不动者，未之有也。不诚未有能动者也。自古义士仁人，不惜牺牲性命，为社会谋幸福，求自由。若法之罗兰夫人，美之华盛顿，成千古之大事业，流芳万世，岂有他哉！出于至诚而已。甚矣！我国上下之不诚也。政府朝三暮四之政策，不诚也。志士之痛哭流涕，不诚也。所谓代表，所谓议员，求其能开心见诚，以谋公益，万不获一焉。孔子曰：民无信不立。以如斯不诚之国民，如斯不诚之政府，其能立于天地间乎？吾有以知其必不能也。呜呼！田横五百，秀成十万，此二人者何其得死士之多，至诚之深感人而已。贞德率全国人而脱英羁。夫贞德法国一农人女耳，岂真有魔术哉。奋不顾身，至诚之深感人而已。夫纣有臣亿万，不能胜武王三千。何则？诚与不诚而已。诚则三千为一心，不诚则亿万为亿万心。此诚之所以胜，不诚之所以败也。是故君子诚之为贵。呜呼！中国之受制于外族，未有甚于此时者也。环视四万万，抱有至

第六章 社会改革综论

诚者几人乎？鼎鼎大名之某会某社，稍遇风潮，则土崩瓦解。昨日登台演说，大声疾呼，天崩地裂，有热血万丈之概。今日则噤若寒蝉，销声匿迹。虎头蛇尾，不特无益于国，而且示弱于人。此西人所以笑我无三人以上团体也。呜呼悲夫！殷鉴不远，偌大印度，今竟何如？我书至此，我不禁涕泪弥襟，为我国前途哭也。岂天不仁，抑人自馁乎？荏苒荏苒，蹉跎蹉跎，日日言改革，变态万端，不得归宿。抑知求木之长者，必固其本；欲流之广者，必清其源；爱国之兴者，必具至诚乎？我国民其思之！其重思之！无使大好江山，坐付他族，令后人以哀印度者以哀我也！

四曰利己。朱子谓有利于己，必害于人。夫集个人而成团体，集团体而成国家。守望相助，出入相扶持，则百姓亲睦。耕者让畔，行者让道，此三代之所以兴业。今也不然。人人惟知利己，与社会交接以势利，不以道德。势利尽，则交情绝。求其能始终若一，肝胆相视者，几若凤毛麟角焉。呜呼！人人重势利，而轻道德，此社会之所以不平等也；此贫富之所以不均也；此法国之所以酿成大革命也。甚矣！利己之足以亡国也。人人有利己之心，则人人有势利之念；人人有势利之念，则人人有青白之眼；见有势利者，虽其人极卑污下贱，谓他人父，谓他人母，亦无不可；苟其人无势利，虽圣如孔孟，亲为骨肉，亦加白眼；孟子所谓人臣者，怀利以事其君。为人子者，怀利以事其父。为人弟者，怀利以事其兄。是君臣、父子、兄弟去仁义而怀利以相接，然而不亡者，未知有也。呜呼！五胡之乱，辽金之祸，使无利己之汉奸，为之先容，则彼寡我众，外族岂能蹂躏中国若斯之甚耶？今犹有甚焉者，自通商以来，我国之为虎作伥，自伤同类，以博外族之一笑者，比比皆是；彼不过欲求富贵以利己而已，而不知适足以亡国而有余也。夫利己之反对曰爱群。若释迦王子之尊而学道，孔子之在陈绝粮，耶稣之钉死十字架，墨子之摩顶放踵，禹稷之己饥己溺，皆出生入死，以利天下，而达其爱群之目的。读圣贤书，所学何事，愿我国民其速破除利己之心，以发达其爱群之观念也。

五曰空言。孔子曰：吾欲载诸空言，不如见诸行事。夫言之非艰，行之维艰，古有明训。我国科举取士，士无实学，固无足论矣。然今日所谓新政，犹是徒托空言。即以留学生而论，学政治者有人，学法律者有人，学文科者有人；若学实业者，则寥寥若晨星。此非政府不注重实业有以致乎？故筑一铁路也，工程司则借材异国。造一船政局也，总理亦佣外人。所有军械，不能自制，皆仰给于外洋。即此一端，已足以制吾国之死命。况实业不兴，洋货流入日多，土货输出日少；游民四起，内乱叠生；此岂政治、法律、文学等所能救急哉！二十世纪时代，吾见物质之足以救国，未见空言之足以救国也。颜习之曰：中国呚笔弄墨之时，正外夷秣马厉兵之日。今之所谓志士仁人。其所抱负不离于呚笔弄墨者几人乎？呜呼！盖亦返其本矣。

以上五者，中国不振之大原因也。其余更仆难数。夫吾之所以刺刺不休者，非如江湖名士之使酒骂座，以徒快以其口舌也。盖忧之深，故不觉言之过激也。悲夫痛哉！赫赫宗周，茫茫禹壤，其竟长此终古耶？其未然耶？易曰：否极泰来。以其数则过矣，以其时考之，则可矣。此吾所以中夜再起，拔剑起舞，而望我中国之振兴也。

——《香山旬报》第21期，己酉（1909年）三月初一日。

匡俗议　亦进

自大地初有人类以至今日，国无论东西，种无论黄白，必有种种旧俗，深入人心。士夫不能破其藩，圣哲不能启其钥。吾无以名之，名之曰习惯性。数其来由，历数千年之流传，经数十代之保守，几奉为金科玉律。靡特不以为耻，而且拥护之。靡特不以为怪，而且增进之。嗟夫，谁生厉阶，至今为梗。其遗患甚于洪水猛兽，其流毒甚于细菌微虫。文明之濡滞，新政之不兴，皆恶俗之障碍为之也。然则欲兴其国，强其种，开通民智，振兴实业，必以匡俗为第一义。易曰，穷则变，变则通，通则久。伊尹曰，用其新，去其陈，病乃不存，皆此义耳。记者痛吾邑风俗之凋敝，民智之晦盲，因感而为此论。然亦信中国风俗，其与此同病相怜者，亦自不少。故小言之，专为一邑而发，大言之，亦国人之明镜也。

今之言风俗者，其弊有二。一则欲其自身之改变，一则希望官吏之改革。此皆放弃责任者也。夫自身之能改变诚善矣。然吾闻重学公例，凡物之有永静性者，非加以外力不能动，恶俗之根源，不知其几千百年，虽竭仁人志士之笔舌，筚路褴缕以启山林，尚惧不逮，况望其自悟之而自变之乎？俄罗斯之变法，大彼得之力也。日本之维新，福泽谕吉诸公之力也。时人亦有言，智者作之，愚者守焉。混混五大洲，纵横数十国，其能排除旧俗，增进文明者，孰非由达人先觉之改造而致之耶？若夫责望官吏之说，亦未免妄自菲薄。夫官吏固有易俗移风之责，然试问历任官吏，其能尽责任者几何人？

其能谋公益者几何人？其庸恶陋劣，惟利是视者，既不待言。即稍负人望略知自爱者，亦不过敷衍塞责，苟且享荣而已。盖中国官吏，皆朝任夕迁五日京兆，以短少之时日，而责之以改良风俗之任，于势亦有所限而不易行。且人地生疏，来宰是非，风土人情，尚未尽识，又何由起而为此也。嗟夫，天下存亡，匹夫有责，况风俗中？故今日不言风俗则已耳，既言矣，必先排去两种之劣质，对同胞而负责任。吾闻之，精诚所感，金石为开，何况于人，特改悟有迟速之异而已。兹以次说明之，以为邦人父老改革风俗之一助。

一、畛域之宜泯也。西人名我国为半化，讥我民为散沙，吾始以为过言。及证以我国风俗人情，潜观默察，其所得之结果，适与彼言吻合，始悟讽我者之不幸而言中也，亦可谓旁观者清矣。征之吾邑，畛域之见，牢不可破。刘黄之家，势不通婚，赵邝之族，引为仇敌，此族界也。员峰与张溪为世仇，岚下与南文为劲敌，此乡界也。士人鄙商工为猥贱，工商怒学界之强横，此四民之界也。社会以彼此而相疑，同群以尔我而招忌，此私党之界也。即属于个人者，亦因私嫌而愤争，竟小利而相杀，不外御其侮，而但阋其墙，甚矣其愚矣。吾侪今日，所当耿耿在抱者，亲爱之同胞，恳笃之兄弟，皆应出肝胆以相示，结合大群以御外侮，况属在比邻，同处一邑者，而竟水火构争乎？悲夫，卧榻之侧，他人酣睡，我同胞不引为大仇，名为国耻，而顾煮豆燃萁，相煎太急，抑何其倒行逆施若是耶？

二、奢侈之宜节也。吾邑人素富冒险性质，其出洋做工，至巨富而归乡里者，所在皆有。而得中人之产者亦相望也。前四五十年间，中国之最称富足者，以广东为首。广东以富足称者，以吾邑为首。曾几何时，竟一落千丈，至于今日之甚也。推原其故，固由于利源之不兴，亦由于财流之未节，一婚礼也，宾客填门，所费至千万金者有之。一葬礼也，僧道满室，所费上数千金者有之。然此犹其小且暂者也，他若迎神赛会，饮食交游，亦皆穷奢极侈，入不偿出。巨富之家，变而为中人，中人之家，降而为下户，质之乡人父老，所说十年来贫富之差异，未尝不汗涔涔下，悲此花团锦簇之香山，适成一衰落颓败之香山。嗟乎，皮之不存，毛将安附，人无远虑，必有近忧。彼奢侈者徒快一时之外观，曾亦知破败不旋踵耶？吾邑戒奢会之设，可谓知所先务，然其影响亦未甚大，岂办事者未尽鼓吹之力耶，吾愿其急起而图之矣。

三、私赌之宜禁也。广东赌风之盛，久在世人耳目。番摊也，山票也，铺票彩票，几于触目皆是，然其为害是公共的，非吾邑为独烈也。其权利是巩固的，非一时所能禁也。以记者所闻，则邑人之害于是者十之三四，而害于私赌者十之六七。盖吾邑私赌之风，至今日为极盛，赌局之开设如蚁聚，牌艇之陈列如鳞比（赌局则到处皆有，其聚散颇诡秘若牌艇以新街一带为最多）。其老千光棍之属，相机而动，择肥而噬。是以巨富之子，投身陷阱，则破家亡身相随属，其遗患不可谓细也。邑人非不知之，宰民者非不知之，有煽其中者，运动敏捷，财足通神，邑人固无如何也。夫赌博之弊，语其大者，则败家也，破产也，惰职业也。语其小者，则侥幸也，倚赖也，坏公德也。斯密亚丹曰，斗博者天下奸利之一也。夫奸利尚不可，况大害乎。而吾邑之官绅，竟视若无睹者，岂金钱主义耶？抑见闻未周耶？

四、卫生之宜讲也。文明之国，其政府必注重地方卫生诸条件，诚恐一处染疾，则将波及他处，不得不设法杜此病根，以保护万民公共之生存也。我国政府，无此能力，吾不必怪。然吾民公共之卫生，亟宜自研究而自布置之矣。举例以证之，种痘之法，往往取病人痘液，种于别人强健之体中，适得遗传病之结果。十八世纪以后，西人已戒绝之，而自给痘种。吾邑人仍不觉察，其流毒靡浅鲜也。清街道矣，而渠道之闭塞仍如故。赠医药矣，而毒物之贩卖仍如故。（西人设有卫生试验所，延请化学技师别食物之美恶，然后发卖，我邑无赖辈反以毙坏之牛犬图利可恨）又何怪秽气熏蒸，疠疫延蔓耶。夫至于疠疫延蔓，则又以为天降之灾，祈神建醮，以求免祸。而抑知祸患之来，固在显而不在隐也。西方诸国，方有保兽会之设，而吾人于地方卫生，亦淡然置之，其程度相去，抑何远耶。

五、迷信之宜破也。科学日益盛，则迷信日益破，此学者之恒言也。然吾观今日，尝有从学经年，亦囿于家庭及社会之锢习，而不能自拔者。吾友温犀已先我言之，推迷信之弊，则进化之障也，自助之敌也，甚者亡国杀身也。虢公请命于神，周史过曰，虢必亡矣。一国如是，一人亦然。皇天无亲，惟德是辅，邑人亦可深醒矣。自此而外，若卜筮，若巫术，若风水，皆阻碍文明之毒物，邑人当铲除而戒绝之，以实行天助自助者之格言。否则迷信极而依赖生，将迷信始者而放弃终矣，安有高视阔步，仰首伸眉之一日哉。

六、妇道之宜守也。解释妇字之义，其说者繁。说文曰，妇服也，从女持帚洒扫。白虎通曰，妇者服也，以礼屈。此皆专制之意，揆之人道主义，甚相凿枘。有圣人起，黜妇为女子之称，而易言夫妻，妻者齐也，从女从屮从又，又持事妻职也。此亦中国纯粹之伦理，而女同胞所宜知也。然返观吾邑，若黄圃，若小揽，女子之浇薄，实足骇人见闻。有骄傲自持，而终身不接夫面者矣。有同群挟制，而经年不返夫家者矣。准之中国伦理固大谬，即揆之自由新理，亦大相违反。吾读内则一篇，未尝不叹吾邑风俗之颓败也，夫此等恶习，侵淫洒漫，实为弱种之一原因，使相习成风，成为国俗。中国种族，尚可问乎？在文明之国，政府得出而干涉之，而吾邑父老，漠然曾不介意，独于婚礼小节，讲求之不遗余力，亦可谓放饭流歠，而问无齿决矣，岂不可异哉。

　　七、陋婚之宜禁也。自宋儒饿死事小，失节事大之说，流传社会，而妇女女子，皆以守节自任。遂有所谓望清者，有所谓守清者。邑人士方赞叹不已，惊其清节之可嘉，恬然不以为怪。夫守节之说尚矣，然区区者足为守节之代表乎？自谬说盛行，绅富之家，皆以再聘为嫌，而怨女旷夫，相望于道，未见其利，先见其害，抑奚利焉。女事夫犹臣事君也，仇牧荀息，君亡与亡，忠之盛也。若使岩穴之士，未执挚为臣，号呼而自杀，则不得谓之忠矣，彼守节者又何异于是哉。（以上杂抄汪容甫之言）是以程正叔历引经传，以证未嫁守节之非义，肫挚恒恻。真仁人君子之言也。嗟我同胞不揣其本，而齐其末。方以气节矜人，曾亦知悖人道，违圣教，一至此耶。然此犹其隐焉者耳，语其著者，则有冻馁其身，而悔恨终年者矣，有为旁人牢络，而发愤自戕者矣。自谓守礼，适逢其害，抑何蒙椎若此耶。语云，烈女不事二夫，非谓不聘二夫也，彼女子亦可憬然悟矣（按吾邑语有冥婚之说，更荒谬绝伦当在禁绝之列）。

　　以上所说，仅就记者感触之端，笔之于报，而为邦人诸友改良风俗之助。故篇中所说，皆约略言之，而不暇致其详。若欲明其本末，非数万言不能尽，区区数千言所未能竟其事也。要之为治不在多言，顾力行何如耳。嗟夫嗟夫，哀莫大于心死，祸已逼于燃眉，习俗移人，精卫之魂难泯，妖孽并作，温峤之犀奚存。长此安穷，贾长沙所以流涕，万方一概，杜少陵能勿哀吟。茫茫故乡，叹恶风之未靖，莽莽千载，念来日之大难，此吾所以仰天呼号，俯首流泪，而为此音之哓哓也。丧乱孔多，忧心如捣，叔伯兄弟，其或予顾？

　　众生一日不成佛，我梦终宵有泪痕。

　　——《香山旬报》第2期，戊申（1908年）九月初一日。

哀东乡　铁魂

吾曷为而哀东乡也。吾观东乡之学界，则沉晦而不进。吾观东乡之实业界，则黑暗而无色。吾更观东乡之风俗之人心，则疲敝而无进取之生气。以外如绅界商界，则咸顽疲而少振作。呜呼，吾观东乡之现势，吾安得而不悲，吾又安能已于言哉。

东乡之地势，最适于农业者也。由凤栖岭而下，为得能都为四都为大都，广袤六十余里，大小九十余乡，田园千顷，尽成膏腴。山脉延绵，绝少荒脊。若海坦，若围田，一片千里，四望无际，尤为莫大之利薮。天固以此最优胜之地理，遗我东乡人者也。我东乡人何幸而得此哉。

抑东乡之地势，最便于交通者也。陆可以通濠镜，航可以达香江；滨海之村落，如小引李屋边涌口洴河等乡，咸得享交通之便利。其去海稍远者，可接小艇以至大垦头。大垦头界南萌、榄边二墟之间，东乡适中之地也。使各乡能注意浚其河流，则水路之通，可直达堂奥，其交通之便又何如也。当红巾贼扰乱之际，小榄等处，相继沦陷，城堡岌岌，危在旦夕。邑东义旅，团集守城，力御贼众，城以保存。呜呼，我东乡人之足为香山历史上之光也如是夫。夫东乡人之性质，最耐劳而朴实者也，非安身农业，即牟利外洋，既鲜游民，复无盗贼，吾东乡人诚足以自豪也。然其失也，则有保守而无进取，多自隘而乏远略，在上古淳朴之时，诚为至治之民，在今日竞争之世，必居劣败之数。吾东乡人亦有闻而深警者乎？吾将燃温生犀，一烛东乡之现象而痛切言之也。

吾言东乡之学界，吾心痛矣。考东乡之有学堂，始于云衢师范传习所，于光绪三十年成立，阅一学期而毕业，继乃设云衢高等小学。而濠头郑氏五峰学堂，崖口谭氏家族学堂，洴河许氏家族学堂，相继成立。识者将以为东乡学风，因此一振。然自此数校外，则九十余乡中，更无有闻风兴起者。逮至今日，学界潮流，日落千丈。谭氏因经费而龃龉；许氏因争办而互控；而云衢又以校所处幽僻之地，就学者只十六七之学生；成者有解体之机，继者鲜热心之士，民智榛塞，学风颓靡。嗟我乡人，长此终古，吾安得不为东乡之学界哀。

入其国都，过其工厂，机声振天地，煤气漫城市，此非欧美诸邦之现在情形乎。中国工艺之进步，尚未足语此。吾又安能以之责现在之东乡。然以

第六章 社会改革综论

余所见闻，工艺之不振，实业之未兴，未有若东乡之甚者也。墟市店户，瓦栉鳞比，百货杂陈，无一土产，更无一土货。虽力田之农具，日用之常品，咸仰给于外，其大者更可知矣。东乡之南萌机，实唯一之出产品也。然业此者少，只恃人工，不假机械，经数日之久，成及丈之布。质理粗鄙，不合世尚，则谓东乡无出产物可也。利权外溢，将挽救以无从；工艺未萌，欲振兴而乏术。吾安得不为东乡之实业哀。

迎神赛会之资，岁糜及万；筑庙建醮之款，动必盈千；东乡之俗，其弊也在迷信。门鲜就学之童，室多躩足之女。日事稼穑，老死乡间，坐拥薄田，便夸富室。东乡之俗，其弊也在自域，迷信则真智泐，自域则思想隘。风俗之薄，人心为之也，过孝子之旧居，入先贤之旧里，问有能厉我沈毅之人心，复我先世之美俗者乎。时世非亦，坐井而自夸，多见其不谅也，吾安得不为东乡之人心风俗哀。

东乡之绅士，最尊严最狡猾者也。以数十金博一虚衔，为盘踞祖尝计者有之矣；以数千金市一秀才，为鱼肉乡间计者有之矣。以最畏事最服从之东乡人，临之以最尊严最狡猾之绅士，果何求而不得耶。然剥削之技虽甚工，而办事之才则恒乏。地方政要，毫无设施，稍重案情，诿诸官吏。而己则以一事不办为能保其为绅士之权利。其自为则善矣，其如吾东乡人何？吾安得不为东乡之绅界哀。

联托辣斯以兴地球上之人类争利者，欧美之巨商大贾则然也。集数百之款，以谋升斗之利而沾沾然自足者，其东乡之所谓商乎。夫商业之进步，固以竞争而益胜者也，东乡僻处一隅，既无土货之销流，复鲜交通之事。业其商业之不进，盖地势使之然也。然地势不足以域我也。亦视乎吾能振兴商业，以与世竞否耳。如其不然，则虽迟之数十年数百年，吾决其不能于南萌、榄边二墟之间有一宏丽之巨肆也。吾安得不为东乡之商界哀。

由是以观，我可一言断之曰：沉晦也，黑暗也，疲敝也，顽固也，皆我东乡人无高尚之思想无进取之精神为之也。我不尝言乎，东乡之人最柔顺，柔顺则以保守为主义。东乡之人最懦弱，懦弱则以安忍为范围。东乡之人最卑抑，卑抑则任人鞭策听人驱使而不知有所谓独立自治也。于是种种之腐败，发著于表面而不以为耻，此吾不得不为吾东乡人愧，而更不得不为东乡人哀也。然吾徒为是哀，而不思所以止其哀，吾胡为乎哀哉。吾乃因吾东乡有绝优胜之地理，有绝沉毅之民族，将利用之于吾东乡重辟一新天地。昔之沉晦者吾精进之，昔之黑暗者吾光明之，昔之疲敝者吾振作之，昔之顽固者吾开通之。我父老兄弟，乡人诸友，其谛听乎，其谛听乎。欲使吾东乡人人足以谋自立之生计，成生利之基础，则莫若多设工艺厂，以诱导之。夫东乡之财力，至今日贫困极矣，吾非不知东乡之壮者，多逐利外洋也。吾非不知东乡之愿者，多力田自给也。然吾闻生财之道，重生利而不重分利，而分利之甚者，莫若妇女。东乡之妇女，多助夫以耕田，间或樵苏以自食，非不知生利也，其所生者则微矣。故工艺厂一设，既足以容无业之游民，亦足以裨谋食之妇女，而制造之品物更足以助商场之畅销也。此宜注意者一。

吾就东乡人现在之程度，而筹东乡适宜之教育，吾以为所贵者，在具有普通之智识，而不必有高深之学问。何者，东乡固以农事著者也，田家之子，幼则助父行牧，长则助父耕稼。其就学之时期，多者不过四五年，少则二三年而已。为日无几也，以此极短之时期，则欲毕业于高等小学，势亦不可。故欲变通之，使人人于童穉之年，皆得以入学，则莫若多设半夜学堂，以期教育之普及也。综论半夜学堂之设，其利有二，一、省费也。二、人便于就学也。费省则各乡可设。人便于就学，则教育可普及矣。此吾之所言，固欲吾东乡人人具有适用之学问也。若夫钜乡豪族，能自立一家族学校，或联数乡而设一高等小学，以培育聪颖之子弟，则具出类拔萃之才，成极深研几之学，吾将于吾东乡人企望之。吾又安能以此限之哉，此宜注意者二。

鸦片之毒，为害靡既，人尽知之，人尽能言之。迩来戒烟之会，若邑城，若西乡，皆举办矣。而吾东乡则嗜之者如故也，盖无戒烟之会，而又无查办之人也。故欲除鸦片之毒，则戒烟会宜速立，地方自治，当世急务，人尽知之，人尽能言之。东乡自治研究所，崖口谭氏已创其先，其余各乡，宜有以继其后。吾谓如吾东乡人有能合数乡以立一自治所者，则地方公益，可借以振兴，而公局亦得以资臂助，实唯一之急务也。识者其以为然乎？此宜注意者三。

呜呼，以财力贫困之东乡，安望其能成雄大宏伟之改革事业。吾之为东乡筹者，亦犹治积弱之病夫，不遽投以急激之烈药。故仅为此简陋不完全之方法也，然因此而粗立其基础，后起者借以恢廓而张大之，其所至又乌能量哉。吾于是以痛哭流涕之热诚，发为急雨飘风之苦语，以敬告吾东乡之父老兄弟曰，縻脑力竭智虑，以竞争于学界者，吾不如西乡。雄资材，抱伟愿，以角逐于商界者，吾不如南乡。务蚕桑，讲种植，以驰骋于实业界者，吾不如北乡。五年不变则大伤,十年不变则大困,百年不变则底于地。吾为是惧,吾为是哀,吾愿吾父老兄弟一思之。呜呼,风雨如晦,鸡鸣不已。回念故乡,忧心如焚。知我者亦有以哀其志乎。

——《香山旬报》第 5 期,戊申(1908 年)十月初一日。

东乡成镇问题　民声

东乡因成镇问题,聚讼经年,赞成者之说曰:东乡成镇,所以便于联络也;反抗者之说曰:东乡地势散漫若成镇则诸多隔膜也。此亦一是非,彼亦一是非。骤而观之,诚难下一断语。

然而非难也。彼争执者之心理,各有所在。盖赞成成镇者,多为势力巩固之人;而反对成镇者,必为势力微薄之人。有势力者,欲总握事权,曰:成镇便;无势力者,欲各霸一方,曰:成镇不便。

积此两种之不良心理,而后有赞成者与反抗者之激战,持论虽不同,而各营其私互相倾轧之阴谋则一。

虽然,反抗最力者,多为东翘八乡局诸人。而该局设立以来,实无一事可办。目惟窟穴局中,营私舞弊;地方公益,漠不关心。于成镇问题,则竭力抵拒,抑又何也。要而言之,苟地方得人,则无论成乡成镇,皆足以增进人群幸福。否者,都人受害,不以成镇成乡而有异也。

——《香山循报》第 92 期,辛亥(1911 年)三月初六日。

阻挠新政之劣绅看者 (粤东)

粤省各处地方不肖绅棍,每因怀挟个人私利主义,阻挠地方新政,久已成为习惯。现闻大吏因目下筹办地方议会自治联结团体之际,一切地方霸捐、把持、唆弄、刁恶各习气,亟应严行整顿。当已查得有雷属陈绅三人,阳属何李各绅,惠属博罗赖各绅,暨嘉应劣绅数人,均系阻挠新机,劣迹昭著,为地方恶劣钜害。刻经开列详单,分行札饬各州县,将有名劣绅,一体拿案详革,严行惩办。以免为新政前途阻碍云。

——《香山旬报》第 17 期,己酉(1909 年)二月二十一日。

对于本邑新事业之愤叹　维伯

守旧足以亡国也。伪维新亦足以亡国也。吾见热心忧时之士,太息痛恨曰：非维新不足以救亡。吾悲之。吾尤怜之。夫中国之亡，不亡于不维新，而亡于伪维新。何言之？今日中国，内忧外患，纷至沓来。除少数之无脑筋无心肝之凉血动物外，大都略阅新书。颇知变法。惜乎其为被动而非原动。激于一时之客感。奔走号召。而维新之真念不诚。则维新之效果决无由见。即诚矣。而无毅力以坚持之。无壮志以进行之。则匏落亦由是耳。闻者疑吾言乎？勿征诸远。请以吾邑现象证之。

比年以来，邑人士之奔走呼号，合群结社以提倡新事业者，不一其人，不一其事。劝学所也，教育会也，改良私塾会也，商务分会也，警察（局）也，戒烟会也；如风起，如云涌，层见而叠出。主其事者，方且大言炎炎，夜郎自大。以为吾邑文明之进步，日驰千里矣。吾则谓论事者徒状其外观，而不审其内容，则斯言良是。否则吾邑而外，皆为生番，为野蛮。则邑人亦可闭门不出，顾盼自雄。奈两者皆不可期，而腐败之状态终不可久掩也。

夫十步有芳草，十室有忠信。使谓邑人不足与言维新，言改革，未免重诬同胞。然其所以呈现种种之腐败现象者，则任事者之过也。夫天演日烈，物竞不止。地球一日不息灭，则改进事业之责任，一日不可稍懈。西人有恒言曰：改革之业，如转巨石于危崖，非达其目的地不止。使诸君皆醉死梦生，不问世事，吾又何责。乃既各树一帜，号召侪辈。而又不能整顿而扩充之，冀收美满之效果，抑又何也。诸君勿谓社会幼稚，可以徐图改良也。天下事不为则已，为则未有不欲其完全无缺者。公等之倡言改革者，已数易寒暑。即谓始而幼稚，亦当由幼稚而入于少壮矣。此幼稚之说不足信者一也。吾静观默察，见诸公办一事，立一会，皆兔起鹘落。犹是一人也，犹是一事也，何始则少壮继则幼稚也。此幼稚之说不足信者二也。然则改革之收效与否，全以公等之用心与否为断。公等自信无办事才，则请避贤路以待能者。慎毋老马恋栈，坐失事机，以贻我香山全体羞也。诸君而不服吾言也，请于下举例言之。

（一）劝学所教育会

劝学所教育会之设何为乎？将以整顿学务，监察学界者也。然数年于兹，所能整顿者何事？监察者何事？青莪之毁学，泮沙之闹学，而劝学所教育会皆旁观焉。某小学之风潮，中学堂之腐败（中学腐败历史，教育会曾起而干涉，然持之不力，当与不干涉者等），劝学所教育会皆旁观焉。是劝学所教育会已放弃其主权，自失信用于学界，适成一学界之赘疣而已。夫欲学务之进步，而后有劝学所教育会之设。乃其趋避甚工，敷演塞责。则劝学所何必费数千金而成立，教育会何必合全邑学子而组成。毋宁持开放主义，听学堂之自生自灭，不犹愈乎。

（二）私塾改良会

欲图教育之普及，先自改良私塾始。然同一催眠术也，医者用以疗治病人；不肖者用以作奸犯科。然则改良私塾会之设，得其人足谋教育之进步；非其人足为学务之障碍。可预决也。吾邑改良私塾会成立，仅两月耳。而会员之讨债殴人也，稽查员之索轿资也，已日有所闻。更有甚者，则谋设半夜师范，欲传播恶劣种子，以流毒社会。是未见其利，先见其害而已。说者谓其借口改良，垄断罔利。是未可知。然就其现象观之，会长职员，互相水火；放弃权责，有名无实。又安望其改良教育耶？

（三）商务分会

近数年来，吾邑商务之情状，一落千丈。自商务分会设，当为商界上放一光明，市场上增一智识。盖众人之见长，一己之见短。声气交通，则商务之发达较速也。乃记者调查所得，该会内容，缺憾百出。同舟秦越，水火构争，见于公牍者，在所常有。嗟乎！物必先腐而后虫生之。不与地球市面竞胜负，而与同胞昆弟争锱铢，吾滋戚矣。夫欧风输入，商智日开，吾商民岂无远瞩高瞻，智识丰裕者。盍起而切实整顿之，以冀商业之进步哉。

（四）警察

警察者，所以维持公安，执行法律者也。然警察之能尽其责任与否，应以警丁之曾受教育与否为断。故欲聘警察，先设巡士讲习所，以开通其智识。乃吾邑之警察，一乌合之众也，一无赖之徒也，此非过激言之也。征之往事，则枪毙小儿者有矣；图奸妇女者有矣；吸食洋烟斗殴滋事者又有矣。且也不识警察之权限，每遇一事，则巡士禀命于巡长，巡长禀命于巡官，往来转折，然后敢办一事。此皆办理未善，未受教育之过也。不亦有污警察之价值哉！

（五）戒烟会

吾邑戒烟会之设，赖诸君子躬任调查之职，荡平烟魔，在此一举。曾几何时，而殴打调查员之怪剧，竟至数起。其为戒烟前途之障碍匪鲜矣。夫欲禁烟之实行，固赖地方官之切实保护，尤赖诸君子始终不懈。以吾所闻，某烟店殴伤局丁后，未有相当之惩罚；而烟馆之气焰益张。戒烟会员皆太息唏嘘，大有袖手旁观之势。嗟乎！不入虎穴，焉得虎子。若以一击不中，则神气衰沮，畏蜀如虎。是烟魔之流毒，终无平荡之日矣！此外若女学之腐败；工艺所之怪状；公私立学堂之退化；本报已次第论列之。兹不赘。

要之，吾邑现状，无一差强人意。群盲奔走于危崖，众跛牵仆于山谷。而欲其卓自成立，履险如夷者，岂不难哉。夫劝学所也、教育会也、改良私塾会也、商务分会也、警察局也、戒烟会也，创办者固皆热血满腔，高视阔步。方谓加人一等耳。而其现象之雕腐犹如此。则自邨以下，又何论焉。吾今引领南望，顺风而呼曰：香山者一濡滞不进之香山也。香山人者一冥顽不灵之香山人也。夫香山何以濡滞不进？香山人何以冥顽不灵？非邑人之过；非地理之限；而无教育以陶镕之，无法律以防闲之之过也。嗟夫！诸君子非提倡教育讲求法律者乎？处于邑人视线注集之点，又居于存亡绝续间不容发之时，无办事之远识不足以开将来，无办事之毅力不足以图自立。乃查其所成就者，仅如上所述。诸君子其亦汗流浃背焉否也。吾闻之，实过于名者安；名过于实者危。成就过于期望者荣；期望过于成就者辱。起而图之，是在君子。

——《香山旬报》第 7 期，戊申（1908 年）十月二十一日。

为香山人告语　愤血

雄鸡鸣矣！乌鹊噪矣！触于耳者，皆歌颂之语。接于目者，尽祝祷之文。呜呼！今时何时？非即辛亥年之岁首乎！然记者以为无容颂祷也。夫个人者，社会之分子也。社会者，个人之合体也。社会不能舍个人而生存，个人不能离社会而独立。相依为命，互相助长。今试问我香山之大局何如乎？又试问我香山之人民何如乎？昧昧我思，日俄协约以后，狼狈为奸，协以谋我，而东三省去矣。然我国处于群虎逐逐之旋涡中，可流涕可痛哭者，岂只一东三省已耶。最近中葡界务，葡人包藏祸心，着着进取。添设水泡，勒撤公局，其轻藐我国权，凌铄我人民，已为人人所共见。今复利用延宕，肆意摧残。炮毁路环，枪毙居民。明目张胆，不复知所顾忌。以朝中诸老外交之软弱，地方官吏对待之失宜，安知我生生息息日夕钓游之香山，不继东三省而去耶！邑人静思之，可颂祷乎？不可颂祷乎？今日哗然于朝野间者，则缩短国会年限之说是矣。记者即国会言国会，则国会之开也，必国人有法律之知识，有自治之能力。若我邑人则不可语此也。固见自封，不足与言法律。盲从瞎闹，不足与言自治。即诸代表之哀哀号号，上动天听，慨然下国会召

第六章　社会改革综论

集之诏。而我邑人亦局蹐如辕下驹耳。断不能占议坛之一席，发抒政见，与各省议员并驾齐驱者必也。即往以知来，即微以见著。曩者资政院开矣，而广东议员失势力。咨议局开矣，而香山议员更失势力。而谓他日国会召集，我中国之广东之香山人，有不从此更失势力者耶！辅车相依，唇亡齿寒。我香山又何以图存也。邑人再思之，可颂祷乎？不可颂祷乎？我国自英明神武之光绪皇帝圣衷独断，颁布九年立宪之谕。举国臣民诚欢诚忭，敬谨预备。而筹办城镇乡地方自治制度，已在第二年举行矣。若我邑城开办议董会则何如者？因黄绅之选举权而一激战；因徐李刘等之选举权而再激战；因董事会之总董而三激战。迄今事过境迁，几如吴宫花草，无人过问。呜呼！我邑人其洗耳听之，拭目观之，我广东号称七十九县筹办自治，有如我邑之败坏者乎？有如我邑人之竞意气、竞势力，不顾大局者乎？以邑人之心理之力量，闭门争雄，或有巧绌。出与人遇，则颠而仆矣。诸君又思之，可颂祷乎？不可颂祷乎？由此观之，香山之大局，则破烂也，危逼也。香山之人民，则涣离也，恶劣也。对于外人，则无强固之势力。对于一国，则无通达之人才。对于一邑，则无光明正大之团体。知微见远之士，方且涓涓以忧，安忍颂祷也。虽然，使邑人犹能回心易虑，相率就范。则今日我国之趋势，已将由人治而入于法治。果能因势利导，事无大小，一循乎法。则我邑大势虽去，改弦更张，犹可理也。来喀雅士立法而斯巴达强。销龙立法而雅典霸。十二铜表之法立而罗马逮兴。自由宪章之法立而英国以固。而谓我香山以七百方里之疆域，五百万之民族，独不能相助为理，巍然自存于世界上乎？惜乎其不能也。门户竞争，互相水火，而公事不问也。智力倾轧，日以心斗，而公事不恤也。今日研究自治，明日社团开幕，其实聚十数之蛇蜗豺狼，相济为恶。某会也、某社也、某局也，皆为强有力者把持其间。狡兔营窟，藏身至固。入宝山而攫金，过屠门而大嚼。分道扬旌，各饱所欲。而对于社会上事，实不能兴一利，除一害。而大奸大恶之流，且更藉社团之名目武断乡曲，而鱼肉平民者矣。更有藉团体之势力，蛮争狂触，而破坏大局者矣。呜呼！若而人者，使之令人俯首帖耳，奉法以受治则不可。循规蹈矩，守法以自治又不能。守正嫉邪，执法以治人更不得。以若此之人心，成若此之局面，则昔日之锢蔽已深，积重难返。而今日犹不思补救，不思维持，相为朋比，各营其私，我香山真不可为矣。我香山人真不可以图存矣。龚定庵曰：未雨之鸟，戚于飘摇。将萎之花，惨于槁木。吾观我邑之现象之人心，已呈败亡之先兆。皮之不存,毛将安附?偶一念及,可寒心矣。颂祷云乎哉!颂祷云乎哉!

——《香山旬报》第 84 期,庚戌(1910 年)十二月二十一日。

新年现象之悲感 民声

我观中国之种种现象,无一不足为灭亡之先兆。试即最近新年之现象观察之,已昭昭若揭者。

金银狼藉,索索作响者,赌也。

选色征歌,惟恐不及者,嫖也。

之二者,皆中国新年所最盛行者也。非特无意识者为然。即号称士绅,日言自治者皆为之。试观吾邑,所作麻雀、牌九之戏者,皆绅学界中人为多。而烟花下乘之区,无夕不有士绅之足迹。一方然,他方何独不然。

呜呼!葡萄牙之革命,日本之并韩,非不足以警刺国人之耳目也。东三省之警耗,中葡界务之争议,非不足以惊醒国人之梦寐也。而犹醉生梦死,歌舞自娱,大有乐一天得一天之景象者。吾诵:"商女不知亡国恨,隔江犹唱后庭花"之句,而深愿我国人一思。

——《香山循报》第 85 期,辛亥(1911 年)正月十六日。

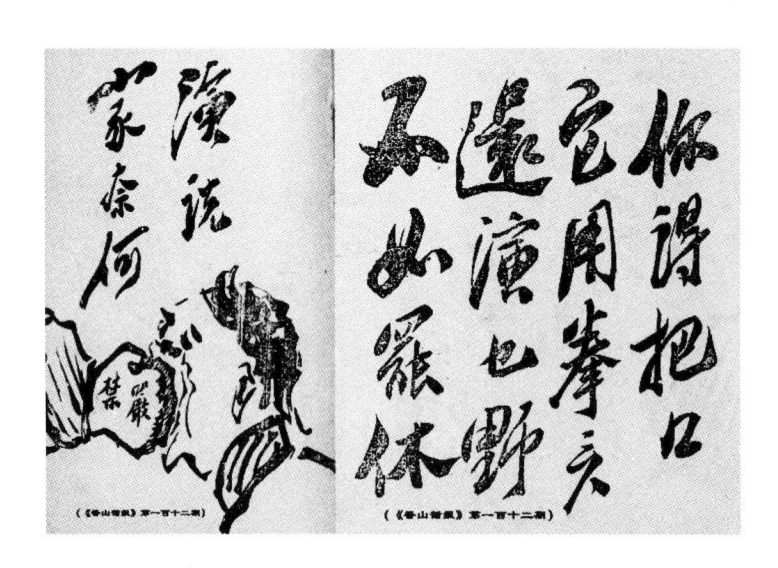

图 6-1 《香山旬报》讽刺封建专制的宣传漫画

对于烟洲新政之刍言　亚警

　　岐江环抱，阜峰遥峙。控隆都之咽喉，面邑城为屏蔽。一片斜照，辉映于狮山马岭间。非我邑之烟洲乎？负此地理上最优之形势，以之举办新政，组织自治，将一跃而为全邑冠；并为他邑冠，亦靡异事。然比年以来，控牍邱积，争端潮起。其缙绅则水火冰炭，其士民则醉生梦死。即有二三志士，登高疾呼，冀醒乡族之沉梦。而顽固者方眈眈逐逐，阻挠而摧折之。重私利而昧大局，挟意见而忘公德。鬼蜮经营，莫可究极。彼二三志士，亦以此心灰气沮，袖手不顾，以自保名誉。茫茫前途，遂将长此终古。吁！据首善之区，而反至一落千丈，甘居人后，良可痛也。余不敏，敢效忠告。夫烟洲人之性质，固最良好之性质也。其活泼之精神，刚健之体魄，勇敢进取之气概，进之以道，可与为善。果能晓之以卫族保境之大义，道之以爱群善邻之公德，固纯然优美的民族也。由斯以谭，而烟洲之举办新政，其创始为最易。

　　烟洲之新政，曰学堂、曰警察、曰戒烟、曰路政。此皆举办于三数年间，而今则款项不支。凡此新政，皆有岌岌不可终日之势。推原其弊，盖由于筹款者之未得其人。其一二老成士绅，于该乡形势，知之较悉，然办理失宜。往往出于操切，而攻诘起矣。今为该乡计，盖当尽泯私嫌，毋尚意气；图公共之利益，不斤斤于个人之仇怨；以此保谋固圉，庶有豸乎？兹举现行之新事业，评列如左：

　　一、初小学亟宜裁并也

　　烟洲学堂，自丙午成立而后，其乡中所设之两等小学，规则完备，管理綦严。第一简易小学于去年始成立，而人数亦有增无已。惟所筹款项，以互控故，久悬未结，颇有支绌之患。至邑城初等小学，学生仅得六人，糜费至七百余金。此固由于办学者之溺职，实亦校地之未得其当也。盖烟洲黄姓，居乡者十之八九，居城者仅十之一二耳。不多设学于乡，而分设于城，此理之不可解者也。为今日计，当以附城之小学，改并于烟洲。并淘汰蒙塾，多设简易以为普及计。该乡之学务，庶更有进步乎。

　　二、警政之宜图善后也

　　今年夏间，某某数君兴办该乡警察。办理之初，章程完善，颇获效果。未几而沙捐控案起，牵动约款，遂至警费缺乏，艰困万分。警局士绅，亦以是惭形懈弛。不知办警之士绅，固热心之志士也。观其筹办之初，不遑寝食。今反有疲委不振之弊，今昔之差，隶首不能穷其数。是何以故？以新旧之界，未能交融故。诸君于此，更当肩任而力持之。慎毋处危难之秋，遽成涣散，致贻人以散沙之诮也。诸君其勉旃。

三、戒烟会及路政之宜整顿也

烟洲戒烟会亦于夏间开幕。惟章程规则均未拟定，职员亦多放弃责任者。至该乡路政，现虽筹办，而东北二堡，沟渠尚多涸塞；而入乡通衢，亦多抛弃秽物，是则办理诸君之责。戒烟为新政之急，而疲玩若此；道路为卫生之要，而窳败若此。诸君能辞其责乎？如曰不能，则当力任其难，务与更始。而前此举办之东洋车，亦当力予保护，无任蚩蚩者之破坏也。此又余深望于诸公者也。

虽然，余非烟洲人，胡为责备如是其切也。烟洲亦邑之一小部分，胡为过予督责也。不知吾邑各乡，惟烟洲与附城为最近；文明之发达亦最早。且其三面临海，亦足为进化之征。而迟滞若此，几何不令僻处一隅者灰其进取之念也。烟洲士绅，亦以鄙人之言为然乎？将以斯巴达尚武之精神，进以撒克逊人种之沉毅，树自治之准的，张吾邑之荣光。所深望也。慎毋负此地理上最优之势力，民族上最良之性质，而等诸弁髦也。

——《香山旬报》第 11 期，戊申（1908 年）十一月二十一日。

香山之过去及未来　亚秋

自洪荒始辟，两仪肇分。而香山今日七百方里之疆域，前者不知其为山、为川、为高原、为广野，人物之产殖其间者，听其自生自灭自起自息者，不知历几亿万年矣。乃自县治既立，纪载可稽，由炎汉以迄今日。其中民俗之文野，政治之良污，贤哲之崛生，豪强之间出，与夫金石之留存，风景之秀丽。降至近十数年，欧风输入。东粤地滨海，感刺最速。而香山尤当其冲，邑人受外界之刺激弥烈，凡新政艺皆不乐居人后。自其最近之界线言之，则本报二周年以前，举皆香山过去之事实也。若乃本报二周年以后，则沧桑变化，陵谷迁移，一切事业皆有进而无退欤。有扩充而无中辍欤。虽有智者，亦不能悬策而决矣。然则由今日以考过去，不知其几亿万年也。由今日以测未来，亦不知其几亿万年也。若于其既往者必一一取其事实而论列之，其未至者必一一取其事实而推察之，纵不惮其繁琐，亦无此暇晷矣。无己,其姑就香山数年来之新事业,其成立或在本报出版以前,或在本报出版以后,要皆为邑人所殚精竭虑而组织之者,举而一陈其略,以测将来成效之奚若焉。或亦有心人所乐闻也。

盖闻政事以得人而举,人材以孕育而出。今者吾国人嚣然以立宪相哗,谈法政则取步东瀛,论艺术则多尚欧美。然而百废待举,而人材未裕。即以各直省而论,尚多有嗜好深重因循敷衍之大吏,其任州县职者,十人而八九,皆由捐纳而来。其所费已属不赀,求不营营于利,岂非大难。至于为地方任事之士绅,非各立门户,水火相争;即不脱旧日妄自尊大气习。而热心公益通达事理者,则落落如晨星。以若是之人格,而责以革新之事业,犹南辕而北其辙;此不独香山一邑为然。即以香山而论,近数年来官斯土者,时以不识文义贻讥。若对于地方兴革之事,欲其胜任愉快,尚可得乎?今姑舍是,即就地方士绅所组立之新事业而言。任劝学所总董者不知学务为何事;任农会总理者不解种植为何物;戒烟会则稽查已不如前;保育会则职员尚多放弃。即设一巡士教练所,而曾受警察教育者反弃而不用。有一劝业所之职,而人情干托,机械百出;几有中原逐鹿捷足先得之势。至于研究自治之社团,縻费多金,不闻地方上受何等之利益。而树党争权,亦有优为之者。由此观之,任事者不得其人,而欲造福于社会,诚不可得。而或者曰:幸也今邑中城镇各处议董会依限成立,其议员皆由公举而来。则前者地方种种自治之事,得议员以提倡之、改良之、扩充之;其甚者则改弦而更张之;庶几日臻美备乎?信如或者之说,则由香山过去之事业以测未来之事业,其发达与否,皆此议员操其枢纽。议员之责任如此其重乎!人之希望于议员如此其深且远乎!如是,又不能无说也。

夫议员受选民之公举,应必能孚众望而洽舆情。则钻营请托运动选举之事,议员必不肯过问。而今之议员则何如也?议员既负为众代表,则其聪明才力,必有以自异于众。而营私舞弊竞利争权之举,应不敢蹈此恶习。而今之议员则又何如也?若夫祇知有党争而不知有公议,则又触目而是也。然则为议者,对于已成之事业,果能发扬而光大之乎?对于未成之事业,果能竭力以提倡之乎?此亦不可必得之数矣。而记者之意则若曰:今者本报属二周年之期,而适为邑中城镇议董会成立之期,其中亦若有机缘焉。又安敢过为刻论,以议员必致贻覆悚之诮也。则请与邑人试目以俟议员之建白为何若乎?

——《香山旬报》第72期,庚戌(1910年)八月十一日。

民之蠹

征粮一事，虽为国课所关，然亦视县官之贪否为宽严；无定法也。去岁征粮之酷，为数十年来所仅见。本报所记，几盈篇牍。记者傲古乐府体，已痛言之。兹复再赘长句，不嫌复袭者，诚以预备立宪时期，尚有此狐鼠纵横，暗无天日之举动为可哀也。欧西各国租税，莫不视中国为重，民且乐于输将。而我国独视纳粮为畏途，原其远因，可深思矣。

——《香山旬报》第 13 期，己酉（1909 年）元月十一日。

是亦改良风俗之一端也

前月二十七日，陈峰海君与李玉英女士在下基纲纪慎教堂行文明结婚礼。是日到堂参观者约六百余人。先由陈峰海君与同志数人往女家亲迎，旋偕李玉英女士同到教堂。十二点钟行结婚礼，及开会演说。并有剪辫同志会查洲述，圣教育会与及阮勉男君等次第上祝辞。后由主席答辞毕，茶会而散。

——《香山旬报》第 82 期，庚戌（1910 年）十二月初一日。

亦算婚娶戒奢否

黄梁都土城内梁其煜，同伊子象干经商沪地，前月旋里，聘定大赤坎乡赵某之女为妇。月十一日午牌时候，梁象干亲迎赵女士到家，行文明结婚礼。邻近来参观者，殊形热闹，至各亲友，具礼致贺。即于是日设酒席申谢，定以一次为额，以节縻费，而省烦扰。余应行各节，亦均遵照自治研究社，议立章程办理，其结婚戒奢若是，亦改良风俗之一端也。

——《香山循报》第 99 期，辛亥（1911 年）四月二十五日。

婚嫁戒奢会之实行

小榄乡风俗素极奢靡，至婚嫁等事尤甚。有刘景濂等联合同志，特于甲辰年间创设婚嫁戒奢会。翌年刘娶媳，即先为之倡。惜定婚在立会之先，女家非本会中人，不能不通融一二；且积重难返，故影响尚小。至去年该会加意整顿，改良章程，禀县存案；并请出示晓谕。前月中，发起人钟禹奏续娶，悉照会章行事。纳征之日，女家回仪，尚有逾额衣物等类，钟毅然璧还。又向例梅酌之夕，新妇上堂揖客，客则戏谑为荣，备极丑态，名曰过堂。钟乃开演说会以代之。先请来宾登坛,末乃自陈婚嫁奢侈之害及该会设立之宗旨。慷慨激昂,听者莫不鼓掌。妇本缠足,钟立令解缠。三朝后即返夫家,一洗从前陋习。闻其当订婚时,已坚执此旨,人多以为难行。屡有成议,亦因此不就。今卒达其实行之目的。其于该会前途,必大有影响矣。

——《香山旬报》第 17 期,己酉(1909 年)二月二十一日。

婚姻介绍

郑凤湘君,仆之总角交也。其女公子撷芳,幼习经史,素娴文墨。年前肄业于省城夏葛女医学堂(即柔济学堂),大为该堂监督奖誉。得优等毕业文凭,以西医名世,具见才学兼优,至其品貌端庄,性情温雅,尤为仆平时所钦佩。今夏,凤湘君将有南洋之游,以家事托仆,且嘱仆代择佳婿。仆以久客香洲,家居日少,恐物色未及有负,专寄爱将微意,登诸报章俾求婚者,知所问津焉。凤湘君住邑城南新墟街市,门牌一千三百四十六号。通庚处石岐大街市万生堂熟药铺余郁南君　灼三王诜①广告

——《香山循报》第 98 期,辛亥(1911 年)四月十八日。

民气进步之一斑

广东粤商自治会,近为中葡勘界事,特派李少琼君到谷都一带演说。各乡皆备极欢迎。演至葡人强横处,乡民有切齿者,有下泪者;我国民气之进步,於此可见一斑矣。

——《香山旬报》第 42 期,己酉(1909 年)十月初一日。

是亦改良风俗之一端

谷都大布乡黄君福祥、张君寿彭、孙君冠山等,近组设一惠风社。专以革除陋俗为宗旨。现社员已有七十余人。凡社员遇有喜事,一概从廉。倘遇丧事,不准延请僧道作功德等事。违者照章处罚云。

——《香山旬报》第 42 期,己酉(1909 年)十月初一日。

---

① 王诜,字灼三,香山石岐北区黄沙港人,清朝花翎知府衔附贡生。1909 年与伍于政、戴国安、冯宪章等联合发起创建香洲埠,成立名为香洲公所的商埠管理机构,王诜任公所总理员。

是亦改良风俗之一端

濠头乡郑宪良君，前曾商于美洲。人极开通。其子荫朝、连元二君，今夏亦自美旋里。本月初九日，连元君行结婚礼。连晚开演说会，遍请乡中男女宾赴会演说；初九晚男女宾到者数人；郑君式庵、郑君翼，登坛演说。听者皆鼓掌称善。初十晚演说者为五峰学堂教员马君伯举、黄君普明、郑君溥川暨全体学生。是晚开会时间过迫，登坛者多不能畅发议论。十一晚男妇宾到者益众。坐者约二百位；馀无坐而直立者，人数尤多；不以为逼。六点半开会。先由荫朝君宣布开会理由；次五峰学堂校长郑君藻翰演说。大意谓本乡女子，多不受学，急宜开设女学校，以教育本乡女子；马君伯举演说妇女之四德，并致视词；其次五峰学堂学生藻森、乃奇、日堂、乃文、玉成、乃昭、闰卿、乃联、藻容、品明、乃炎诸君，以及郑君昌宏、卢君永元、郑君式庵等相继演说。至十一点闭会。该乡风气素称闭塞，自学堂成立后，风俗渐有可观。今由外洋回国者，复能以其耳目所濡染，贡之乡人，其进步遂一跃而千丈，斯会实为向所未有云。

——《香山旬报》第44期，己酉（1909年）十月二十一日。

女子许嫁而婿死适婿家守志为非礼说　亚秋

记曰：礼时为大。盖谓先哲于礼，因时制宜，因革损益，视乎世变；后人不可墨守拘执以致扞格而难入也。若乃察之于人道而不背；验之于人情而已安；通之于古今中外而不悖；此其为礼，虽奉为圭臬可也。悲夫！自风化衰息，人理大晦。地方有司，既不复以牖民为务。而士夫狃于奔竞，亦不闻以转移风俗自任者。遂使谬悠之说，流毒于闺门；以悖礼害义之举，为至中不易之行。若语以先哲至精至当之礼，竟有瞠目而不信者。盖未有如女子许嫁而婿死，竟以适婿家守志为合礼之事之谬者也。以鄙人所知，近年吾邑中有郑氏女，许嫁杨孝廉某之孙，已而杨某之孙死；郑氏女坚意适婿家守志。父母禁之。以死自誓。更有黄氏女许嫁郑孝廉某之侄，亦复如之。夫女子何知；彼其平居偶闻节义之可贵，而不能辨其等差。以为非如是，则坚贞之操，将扫地以尽；人或鄙夷之而不屑矣。使有人焉，能为之疏通证明，以是不特于礼无取，且大悖于人道。庶几可以少解其惑乎？鄙人于典籍无所窥，惟于此深有所怅触。详述往哲之言，及所闻于师友者著于篇。世之君子，容有取焉。

昔归熙甫作贞女论。谓女在父母家，不应以身属人；所许嫁者亡而为终守，不合于义；且以为六礼不备，婿不亲迎，比之于奔；此其说是矣。而犹未若汪容甫之言之深切著明也。汪氏之言曰："夫妇之礼，人道之始也。子得而妻之，则父母得而妇之。故昏之明日，乃见于舅姑。父得而妻之，则子得而母之；故继母如母。不为子之妻者，是不为舅姑之妇也。不为父之妻者，是不为子之母也。故许嫁而婿死，适婿之家，事其父母，为之立后而不嫁者，非礼也。礼：未庙见而死，不迁于祖，不祔于皇姑；婿不杖，不菲，不次；归葬于女氏之党。而未成妇也。今也生不同室，而死则同穴；存为贞女，没称先妣；其非礼孰甚焉。妇人内夫家，外父母家。父母生我者，夫成我也。父母之丧，无贵贱一也。妇人不二斩，故为夫斩，则为父母期。未有夫妇之恩，而重为之服，以降其父母；于婿为无因，于父母为不孝；失礼之中，又失礼焉。"由此观之，女子虽受聘，而亲迎之礼未行，婚姻之道犹未成也；乃世之女子，习闻烈女不事二夫之说，意谓一受聘，即不可改图；心中未尝有所区别。故许嫁而婿死，即为守志不渝；甚者以身殉之。而世之君子，往往哀其志而曲为之说，以为今律中道而背婚者有罚。因取以例女子守志为无害于义，斯亦非通论已。悲夫！彼女子者不读书，不习礼，坚如金石，守死不移；其用志未尝不可悼叹也。然彼亦习闻乡曲瞽儒之说，斯其惑乃滋甚耳；有移风易俗之志者，顾可任其流失败坏，而不为之针发乎。

抑尤有说者。女子未婚而守志，既时有所闻。于是搢绅之家，亦以处女再聘，引为嫌疑；不知唐宋以前，虽王公贵人，不以娶再醮为耻。况女子未嫁者邪！贤如范文正，其母亦再嫁朱氏。史册彰然！而文正贵后，且请赠封于养父；不闻当时以为失节。而且程正叔侄女少寡再嫁，亦正叔主其事；而宋儒不以律其闺门。而后世士夫，转以苛责于后俗女子；是无防于礼者，则苛以绳之；有害于礼者，则奖而掖之；宜乎妇人女子视非礼之行，为天经地义之不可渝也。语曰：好仁不好学，其蔽也愚。殆谓是与。

——《香山旬报》第73期，庚戌（1910年）九月初一日。

第二节　倡导廉政　反对贪官

论饬禁差役积弊事　警民

弥来大吏以差役积弊最深，通饬各属严为裁制；速行拟定严禁需索骚扰章程，冀挽颓风而肃法纪。洵善政也。虽然，以积重难返之痼弊，欲一旦与之更始；非涤荡而扫除之，而欲稍事补苴，以为扶偏救弊之策。固未见其可也。记者于此，益不能无慨然于吾邑矣。

差役之害，以吾邑为最。其鱼肉愚民之手段，几视为莫大之营业。藉票扰民，私押毙命，串唆陷害，凌迫无罪，实已指不胜偻。而差东开票之费用，酒食轿资之索取，又视其人之贫富，以施其攫噬之伎俩；富者盈千累百无论矣；即其人最贫，亦必割夺衣物以供其无厌之欲壑；亲民者竟漠然置之，恬不为怪。偶被斥革，彼必改名复充。或令其子弟充当，而彼居中用事。吁鬼蜮之阴谋，即温犀秦镜，岂能穷其变相哉。苏文忠有言，纵数百余万虎狼在民间，纵之者谁执其咎，亦可为痛惜矣。

前邑令李公征庸，曾以合邑士绅之请，核准整顿差役章程十余条，勒石通衢，以垂久远，立法至善，然积久弊生，故态旋复。煌煌之示谕，久已视等弁髦。而历任之官吏，又皆因循委靡，毫无振作。一任彼辈之横行恣肆而莫可如何。甚或倚之为爪牙，援之为羽翼，一若非此不足以示威严而张声势者。贪吏之焰，炎炎万丈；差役实为之扬其烈而助之酷。吁！专制国之国民，尚能一日享安宁之幸福耶。

且也裁彻差馆之议，前任龚臬宪已饬行之。南番两县自改良监狱后，差役之势，已去其半。回顾我邑，则差馆之设立如故；士民之受害如故。比年以来，奸民串通县差，恃强凌弱，固已数见不一；囚犯之瘦毙，更仆难数；他如习艺所之腐败，候审所之黑暗，均属惨无天日。有贤有司起，当鉴其弊而痛除之；吾知其终不忍漠然坐视也。虽然，差役之弊，积之数百年矣。空言整顿，补苴罅漏，庸有济乎？纵使革除一二，而后此者方极力运动，输千百金钱，冀为补充之计。差役之失，安知非长官之利哉！纵鹰犬以扑狐兔，复病其不驯而烹之；猎人实借以饱其馋吻耳。奈狐兔之被害而终无告何？

然则以吾邑观，整饬差役之举，殆未易行也；盖行之而未蒙其效也。无已，则设巡警而裁差役乎？顾吾邑举办巡警，已阅一年；而成效罕觏。外无谙通警律之警官，内有守旧闭塞之绅士；吾邑之警政，又安望其日有起色也。要之差役不裁，则无以除人民之蠹害。警政不善，则无以为裁差役之后劲；否则将来之巡警，亦差役之缩图耳。安见其果无弊乎！西哲有言，专制之下，必无良好之效果。吁！吾同胞其将渴望九年之立宪期，以稍苏其困欤？俟河之清，人寿几何？亦聊以自慰而已。予论差役之弊，不禁感慨系之。

——《香山旬报》第 7 期，戊申（1908 年）十月二十一日。

新任邑令纪闻

凌令①在任病故。现奉藩司牌示，已委现任代理顺德县沈瑞忠②署理。并以沈令到任需时，暂委李森霖代理云。

——《香山旬报》第 29 期，己酉年（1909 年）五月二十一日。

对于新邑令之希望　精一

处阴霾之会，而乍睹翔阳；居长夜之中，而忽闻戒旦；此人情之所喜也。比诸吾邑之现象，亦既可谓处阴霾之会，而居长夜之中矣；今而有一线光明，注射于吾邑中五十万民众之眼帘者，非沈邑令之来莅斯土乎？邑令之贤否，现虽不得而知；要其下车之始，辄以提倡教育为己责；尤谆谆以禁烟之举，训示胥吏以下诸人；遇贩卖病猪者即严行干涉；新街一带赌徒，皆闻风鼠窜，相率夜遁；大有杨绾辅政，子皋宰成之风；此亦先声之夺人哉！虽然，目虽明不能视千里；耳虽聪不能听万音；吾邑大局，败坏极矣。其当兴当革者，不可偻指计。斯正董子所云改弦更张之时也。顾吾邑历任官吏，除杨包两公外，大率敷衍塞责，苟安目前，固不知勤求民隐；即有一二条陈新政者，亦循例查核，绝无力肩整顿之责者。今幸矣。吾今责望于沈邑令矣。邑令其闻善则拜，殷殷然以鄙言为然耶；固吾邑之大幸。其或以为狂言而置之耶；吾亦为五十万之同胞言之耳。吾无憾焉。

原吾邑大局之败坏也，固由于官吏之视官为传舍，不肯维持补救以致之。然绅士者，足以补官治之不逮，为社会谋公益者也。若官吏非人，而有公正廉明之搢绅，匡扶助力于下；地方新政，乌至如此破坏；社会风俗，乌至如此沉迷；若吾邑绅士，则有私仇而无公义；有私利而无公益；其服从我也，则喜而加诸膝；其反对我也，则怒而推诸渊。终日遑遑，不暇饮食者，亦不外争权植党之计；其地方上之公益，则固置诸脑后也。为今日计，非得

---

① 凌令，凌以坛，河南光山人，1908 年署知县，1909 年病故。
② 沈瑞忠，浙江人，监生，1909 年署知县，1910 年去职。

贤明官吏，而吾邑终无排妖氛见白日之日；此吾所以不得不有望沈邑令也。抑吾闻之，孔子为政三月，沈犹氏不敢朝饮其羊以诈市人；公慎氏出其妻；所谓为政在人非耶？记者愤邑事之多难，痛绅权之横恣，欲上下四方而求之，为同胞谋大福；而终不得其人。今舍沈邑令而又谁之望哉！吾试一陈地方兴革之事业，以为高明之取择可乎？

一、学务之宜整顿也

吾邑有劝学所之设，以提倡学务；有教育会之设，以研究教育；使能相助为理，吾邑学务之发达，固未可量。奈劝学所总董，则素性懦弱；教育会虽欲干涉，而苦于权力之不逮；此养成今日学务堕落之现象也。然更有别种原因者，则仇学者之横亘于中，亦为绝大之阻力；如最近高某之毁隆都小学；林某之瓜分卓山书院公款皆是也。至中学为全邑学堂之冠，其监督一席，竟以一声名狼藉素行无耻之小人为之。以致教员率多庸劣（该监督为总局劣绅所串举，故一时稍爱名誉之教员，皆纷纷却聘；其就聘者皆品学卑劣之人；事迭见本报以前各期）；学生屡起风潮；犹复腼然恋栈，不恤人言；此尤足为教育之阻碍。使非雷厉风行，实力整顿，则若辈乌从而畏惧，学界乌得而有生气哉！此宜注意者一。

二、警政之宜改良也

未办警察，先办巡士讲习所；此人所同知也。若吾邑之巡警，仅就前日之团练而粉饰之；其腐败尤甚。操衣警棍，扶墙倚壁；偶遇一事，则畏避退缩而不敢问；其稍进者，则禀命于巡尉；巡尉禀命于巡官；而后敢办一事。其贻误实甚。若夫吸烟聚赌，奸案迭出；更彰彰在人耳目矣。要之未办巡士讲习所，则巡士不识警律；不识警律，则不能遇事苛求；至易知也。（吾邑警费困难，巡士饷银，数月未发；而帖委则每月坐食百余金；各局沙捐，尤多欠解；此皆官绅瞻徇之故。于警务最为阻碍，尤宜整顿）。他如烟洲之已办者任令解散，各乡之未办者听其自由，皆无此政体。此宜注意者二。

三、公款之宜清查也

地方公款，为举办地方新政之要需，万不容一二人把持舞弊也明矣。今吾邑公产，如崇义祠、丰山书院、文庙、义仓、都门旅费、印金局等数目，概由总局盘据；任意开销，彼此分肥；数年之久，并不刊发征信录。又何怪群情汹汹，联名上控耶！吾谓举办新政，必自清查公款始。例如举办巡警，动言无款；其实钜款为劣绅所牵制耳。使清查数目，公举正绅管理，滴滴归公；又乌有支出之患哉！此宜注意者三。

四、禁烟之宜严厉也

吾邑禁烟，收效最迟。迄今过摺绅之家，其烟具且狼藉焉；县署内监羁差馆各处，贩卖私烟者，仍未尽绝；若烟店之违章者，更言不胜言。推原其故，固由稽查之未尽得人；然充稽查员之权力，不能行于摺绅之家，官卫之内；至易知也。为今日禁烟计，必派员明察暗访，破除情面以干涉之。若有违章烟犯，禀解来署者，则必科以重罚；或肩牌示众。断不能以区区一二元之罚金，遂毕乃事也。此宜注意者四。

五、赌博之禁绝也

赌风之盛，吾粤为首；此世人所共知者也。若吾邑则尤甚。盖吾邑除承饷之赌具外，更有私开赌博之弊；如新街一带，虽煌煌摺绅、自治社员，亦有雇艇以麻雀、牌九为生涯者；更有涸迹烟花之地，以赌具为骗局者；再如谷都之开设白鸽票，恃劣绅为护符，为官力所不及，斯更明目张胆者矣。若夫戏场之聚赌，铺户之私摊，尤为地方风俗之大碍；此皆宜一一稽查而严禁之者也。此宜注意者五。

六、卫生之宜讲求也

宰卖病猪，已为邑令所干涉，似无庸记者之赘言。然宰卖者非独病猪之一种，其病牛毙犬，亦日有宰卖；如南区之大生当门首，北区之朔关街市，西区之武峰里口，皆为贩卖此种病兽之地；若屠户之收买死猪者，亦所有皆有；亟宜严饬警察，并派员访查；凡有摆卖者，则处以严罚；有肩挑过市者，则严行查究；此风或可少戢。他若开通沟渠，清洁街道，建筑新街市等，亦与地方卫生有密切关系；皆宜责成各区绅士，实力举办。此宜注意者六。

七、官河官道之宜通达也

闭塞官河之害，本报已详言之（参观二十九期时评）。若夫官道之闭塞，其害正与闭塞官河相等。如西区之直街，南区之河边等处，皆盖搭篷厂，摆卖什物；更有于大街两侧，高置柴砖等物，尤于井里交通有碍；亟宜责成地方警察，严行驱逐。非独行人实受其利，且可消多少无形之患害也。此宜注意者七。

八、迷信之宜禁止也

吾邑迷信神权之习最深；固由乡人智识之未开，亦由乡绅之未实力劝导也；观最近各处之迎神赛会者，小则费款数百，大则费款数千，或至数万；

以地方有用之财，消耗于无益之举，甚无谓也。且费之无益之举，则卓有余裕；至兴办学务，倡办实业，则无不曰筹款为艰；或曰款项支绌；缓急倒置，抑何一愚至此耶？吾谓迷信恶习。遽欲一时禁绝，势有不行；然亦宜责成乡绅，广为劝导；如有浪费公款者，实行拘究。亦未始非维持新政之一端也。此宜注意者八。

抑记者更有最重要最钜大之问题，而欲为沈邑令言者，则改良监狱是也。原夫囚徒现象，至可怜矣。虽其罪由自取，然除斩绞以下诸罪人，皆无死法，乃亦惨遭禁锢；夏日苦热，冬夜号寒，终日拘攀，暗无天日；加以狱卒毒若虎狼，秽气积为疠疫；稍有人心，谁不悲之。前南海邑令虞公汝钧已实行改良监狱之举，为囚徒造福。记者曾往游之。见其堂中有一横扁，大书"拔云"二字，即为邑人徐桂手笔；其大旨亦谓拔云雾而见青天之意；所以歌颂虞公者至厚也。今吾邑囚狱，几至人满。瘐死狱中者，时有所闻。由前之说，人数众多，防守堪虞。顺德、新宁反监之案，前车不远；由后之说，则人命至重，枉死狱中，大伤天地好生之德。亦非仁人君子所忍闻也。此改良监狱之说，为刻不容缓矣。然兹事体大，吾知反对吾说者，约有二种；一曰筹款，二曰择地。然款项足以人力致之。广筹地方之钜款，自足集事。若地段为天然之限制，以现在监房之狭窄，固不足为扩张之用。然吾以为无足虑也。吾犹忆前数年间，曾有以改良监狱为请者，绘图立说，颇为详明。时吾年幼稚，未甚注意。然其大旨，欲以十房改建于甬道两旁，而以监狱迁入于内者；其法颇善。吾今复审该衙之地段，若犹以地窄难行，则或迁警局于他处，即以警局为监房之尾闾，则不忧地段之狭小矣。尤有宜注意者，则改良监狱后，广设习艺所，令其自新，如汉时城旦鬼薪之类，亦仁人所宜有事也。

此外如整顿差役；提倡实业；与夫当兴当革之事，尚更仆难数；皆宜留意及之也。顾或者曰：吾邑大局之败坏，至斯极矣；千疮万孔，虽有智者起而维持之，亦苦难于著手。况沈邑令人地生疏，风土人情，诸多隔膜；安能于地方兴革之事，一一而整顿之耶？抑吾固尝闻之矣，其人在则其政举，其人亡则其政息；刘昆之治宏农，宋均之宰九江，亦非其土著者，何为政绩之昭著若是耶！顷闻道路传说，皆谓沈邑令以倡办新政著名；欢声载道，喁喁望治；莫不额手相庆曰：吾邑得一贤令矣。然则沈令固必有以副吾民之望也。

——《香山旬报》第33期，己酉（1909年）七月初一日。

呜呼地方官如此邑事不堪问矣　远公

在律，强殴他人有应得之罪，况纠众殴人乎。况殴人于地方官之前乎。吾邑自全属自治研究社诸恶劣，倡言打架以来，凡在会场，无不纠率党羽，以喝打为得计。地方公事遂致败坏不可收拾。呜呼！扬其波而助其焰者谁欤？则地方官安能辞其咎。

查劣党倡言打架习为惯技，始则见于明伦堂清算公款。当时沈前令目睹其野蛮之状，置而不理。故劣党视此为秘诀，气焰益张。于是再见于选举高初两等小学校长时。又见于选举烟洲小学校长时。今则又见于劝学所投田时矣。沈前令之巧滑畏葸，贻误邑事，邑人切齿之久矣。今包邑令固颇有才名，岂不知治乱丝者，惟有抽刀而断之义。乃竟于投田时，目击劣党之蛮横图殴，俨如老僧入定不见不闻。以致劣党之气焰益增，与沈前令如出一辙。今劣党既窥破邑令举动，从此以后，对于邑事不必照章，不必论理，惟恃众图殴，已奏凯旋之歌矣。尚复成何事体乎？使当日邑令能对于图殴之人，轻则严加申斥；重则拘人究办。则劣党各有身家，岂真憨不畏法，敢为尝试乎？奈何瑟缩畏葸一至于此也！

或谓办地方公事，若操之过激，则恐致变。不知所谓激变者，必其事为人心所公愤，如官吏妄拿良民，及办苛细杂捐等事。若一味冥行，不恤民隐，则诚足生变。今若劣党之滋闹，不过各怀私意，牵率而来。非恃有固结之团体，正当之理由。执法以惩之，则可以杜其诡心。玩法以纵之，适足以助其凶焰。何必以激变为虑。且天下事但当问是非，不当较利害。身为地方官，目击劣党图殴而不置一词，为是耶？为非耶？呜呼！有地方之责者，亦知所变计，慎勿以巧滑畏葸，误我邑人之生命财产乎！

——《香山旬报》第 81 期，庚戌（1910 年）十一月二十一日。

警局宜亟设消防队　质直

吾邑警察之腐败，可谓甚矣。愿其腐败之所由生，一由于无款；二由于无教育。今欲整顿之，则改良扩充之事，固刻不容缓者也。第吾以为警局所当办者，犹有一事，则设消防队是已。

消防队之设，原为救火而起。盖警察所以维持地方治安，而火警与地方有绝大之关系，为警察所不及防卫者。是消防队即以补警察之不逮也。

顾吾邑警察，於救火机关，绝无筹及。一旦火警见告，相望束手。无怪有延烧铺户，不可收拾之惨也。西人救火，专用电车驶附灾区，其器械极为完备。即以省城而论，既有消防队以备之；又有自来水以济之。故近来火灾一发，多有即行扑灭者。吾邑虽不能骤议及此，然消防队非难成立之事。此亟宜举办者也。而或者曰：各处火警，既有警察以资保护；又有水车相救援；吾邑筹款靡易，又何必设一消防队邪？不知巡警保卫地方，救火非其熟悉。而水车人役，散处四方，遽难召集。且管理无法，机关不灵。尝有火警发现之后，越数时而水车始到者。而火之燎原甚矣。惟设立消防队，则可日夜驻局瞭望。平日研究救火之法，又当精熟。且可联合各处水车，归其调度，不至互分界限。消防队之效力有如此，有地方之责者，盍一审之。

——《香山旬报》第49期，己酉（1909年）十二月十一日。

咄学堂岂枷示犯人之地邪　亦讽

邑城中学监学吴某，被杨某纠缠至县署勇厂。据杨某言，则云追讨欠负；吴某则云与之不相认识。事为该堂学生所闻，即由该堂监督率同学生数十人，蜂涌至县署收发房，要求将吴释放，并治杨某之罪。旋闻委员堂判，竟徇学生之请，枷示杨某於中学堂门首。记者於此案原委不详，故不论。惟对於在学堂枷示之举，则心滋不平。

查犯人在某地滋事，即在某地正其罪，此一例也；犯人籍隶某地，即在某地正其罪，此又一例也。今吴杨二人之事，不必问其是非曲直之谁属，其为个人交涉，可无疑义。杨某对于中学，非负有何等之罪名，则与第一例既不类；身非隶属於中学，则与第二例更不相符。欲正其罪，当枷示於县署门首，方为正办。而必移于中学，宁非咄咄怪事邪！揆其意不过谓吴某为中学监学而已；假吴某而为一商店司事，亦将枷示杨某於商店门首邪？吾知必无如是办法矣。此无他，不过当事者怵于学生等之声势汹汹，故不得不曲从其意耳。然而一念之失，其流弊遂有不可殚述者。即使杨某有应科之罪，而见者必谓吴某凭借学堂势力，致人於法。既以此坚其疑惑之心，亦由是起其嫉视之意。其失一也。当事者既枉法以徇情，则识见浅薄之流，一若以为置身学界，即有恃无恐，必敢於自恣而不顾。其失二也。坏国家之法纪，堕学堂之名誉，又不足以折服犯事者之心，而适来外界之訾议。

其失三也。有此三失。当局者竟贸然徇学生之请而为之，其为见好学界邪？适足以遗累学界耳。

往者信行渡李某殴辱烟洲教员黄某一事，曾定李某以枷号罪名。然亦不过置之县署门首，不闻其置之烟洲学堂门首也。今杨某之与李某，其犯事同，其罪名同，而办法则异。岂为学生所要挟邪？抑主持者别有深意邪？记者之惑滋甚，故不以其事之小而反覆推论之；亦欲使任事者，细绎其言。此后不论对於何界之事，当有折中处平之心。则幸矣。

——《香山旬报》第 49 期，己酉（1909 年）十二月十一日。

呜呼吾邑集会之怪现象　愤血

语邑人之性质，前后数年间，可析为二种。其一则守个人界限，不与社会相闻问。其一则持破坏主义，不复有大局观念。由前之说，固为国人相传之习惯。由后之说，则为吾邑最近之恶潮，乃不知者辄以邑人静默为虑。此实不达社会之状态邑人之性质者也。盖吾邑今日之大患，不在无人起而办理地方之事；而在办事者之冥行盲进，足以败坏秩序耳。故以记者所主张者，则以办事不循规则，不明公理，不如自安缄默之为愈。盖缄默虽近放弃，然我居缄默，犹有他人起而整顿之。若破坏者横亘其中，谁肯维持而补救邪？故吾邑自有破坏党起，凡议一事，集一会，只有狂妄叫嚣，不复问公理之谁属。某君尝与吾谈论，谓吾邑近日集会，比之墟场尤为纷扰。诚非过言。谓余不信，试举往事以证明之，当可释然矣。

吾忆去岁邑人集会之最可笑者，厥有二事。一为清算公款之集议；一为举校长是也。此两次之集会，人数极众。然所得之结果，适成一打架之怪剧而已。夫打架者，破坏之恶名词也；无赖者之所乐道也。以文明之会场，士绅之所聚集，则不宜出此。而若辈悍然为之者，殆别具肺肠也与。

夫当日明伦堂之集议算数，记者不在会场，姑勿具论。而选举校长时，固记者在座目击者也。其所倡言打架者，皆出于煌煌之搢绅。一倡百和，若众狗狂吠。不复论旁观之齿冷，此诚记者之大惑。然发难者使为年少喜事之人，犹可说也。乃阅其状貌，皆为毛发变色、牙齿摇落者为多。老者不以筋力为能，竟欲与人竞手足之烈，吾未见其可矣。抑若辈之所以倡言打架者，实由戾气使然，不复知其弊之所极。使稍一思虑，未有不爽然自失者。盖搢绅有为乡里排难解纷之责，今若倡言打架，己身不正，不能正人。即他日乡邻有斗者，若辈将无以治其罪。抑更有甚者，今日若辈之打架，尚为同等之竞争。使无赖者鼓其潮流，起而与士绅为难。一为文弱，一为强野，则若辈无立足地矣。即欲执法以治之，然打架之风，非由无赖者开其先，固不应先治其罪。追原祸始，若辈固动辄获咎。而地方上将无安宁之日矣。故吾之论打架者，小言之则为扰乱会场规则之罪人；大言之则为破坏地方治安之蟊贼。为维持公理计，为伸张公理计，不可不有以正之。然欲遏抑其打架之狂流，不可不知其倡言打架之原因。以吾所见，约有三焉。

一、无辨理心。

二、党从众多。

三、无法律思想。

何谓其无辨理心也。凡事必有一定之是非，一经研究而自出。故柏拉图之言曰：吾爱吾师，吾尤爱公理。此即辨理心之最圆满者也。西国之辩护士，当驳论事理时，雄辩滔滔，分毫不肯退让。下堂则握手言欢，此纯然为公理上之研究，不杂成见以自隘耳。若邑人则大异于是，其始实无辨论是非之心；其继激於一念之忿争，扬臂大呼以图破坏。试问他人植言之旨，则彼固茫然不能置一词也。此无他，辨理心之缺乏使然耳。吾闻前者粤路公司集议时，有以纸炮埋伏会场，欲乘机以扰乱之。皆因理气不足，而济之以强横者也。彼邑人之倡言破坏者，大都本路棍之故智与。

何谓其党徒众多也。凡人虽极野蛮，若孤立无与，必不敢破坏法律之防，为众人之公敌。惟党羽众多，则狼狈为奸。而蛊雕穷奇包鸮鬼雀之属，皆可食人矣。况于人乎。吾邑私党之组织，记者非所熟知；惟闻自治研究社成立以后，各树党帜，妄逞私见以相倾；此为众人所共闻共见，不可为讳者也。故其私见愈纷歧，则地方公益愈败坏。盖既无辨理之心，徒以桀犬自待；同恶相济，有恃无恐；故不复问事实之曲直耳。

何谓其无法律思想也。前两次之集议，沈令实为之主席。乃於地方官之前，而出烂崽打架之手段。国家之法纪何在？会场之规则何在？抑吾闻之，尊客之前不叱狗；况於地方官之前而喝打乎！其无礼亦甚矣！夫文明国之议事也，必有警察以资防卫。有破坏者则屏出之。所以维持会场之秩序也。故其到会者咸懔懔于法律之范围，不敢踰越获咎。我邑人素无法律之观念，利官长之浑厚，逞其斗殴之恶习。此皆由放纵之心贻之耳。

统上所陈，固由民智之闭塞。欲救其弊，必由若辈之革面洗心其可也。

第六章　社会改革综论

而或谓若辈改过，非旦夕之事。而吾邑集会，无时可以间绝。惟希望地方官之执法严明，使破坏者有所惧而不敢发。固为急则治标之理。而记者未忍赞同者也。盖地方官犹是人耳。同此耳目，同此聪明，各依法律以行事，何待彼之干涉。故选举校长时，有倡言打架者，即被沈令之面责。记者分属旁观，无与我事。然亦汗流浃背，为之愧惭。非为若辈惜。吾邑有此无意识之士绅，为可恨也。故记者今日之所愿者，与其受地方官之干涉，而各守规则；不若自寡其过。而免地方官之干涉。盖望于地方官者。而官之执法有时而穷。若望于个人者。固足保全个人之名望。亦足保全一邑之名誉也。记者不敏。敢以言忠告破坏者曰：诸君其倡言打架者，当知打架之利害，若如吾所举之流弊，而有确当不移者。则幸勿以一念之私，而遗一邑之害也。谁生厉阶，至今为梗。

——《香山旬报》第50期，己酉（1909年）十二月十一日。

凌以坛终于不免查抄

前任邑令凌以坛在任时袒庇劣绅蠹役，无恶不作；邑人切齿。及暴病身故，竟至亏空公款约一万余金。旋据该故令家属，具禀藩司。称谓亏空交代一款，拟在匀摊米羡沙捐项下作抵，仅短银一千四百余两云云。但拟抵一项，未据现任沈令出结，亦未便遽行准抵。故陈藩特备文咨请河南藩司，转饬该故令原籍地方官查抄矣。

——《香山旬报》第61期，庚戌（1910年）五月初一日。

沈邑令去　民声

沈邑令去，原为官场更动之常。吾人何为有此闲笔墨，附之以论。顾沈令来宰是邦，已逾一载。对于我邑兴革之事，亦可举其荦荦大者而评论之。前数年间，吾邑绅民，皆一柔驯之物也。官斯土者，不必有长驾远驭之才，但能择绅界之最强狠者，引为手足，交通声气，自足策驭一邑而有余。若今日则形势变迁矣。地方自治团体之制既定，则人人皆知天赋人权之可贵；人人皆有参预地方公事之智识；而昔日武断乡曲营私舞弊之劣绅，至是亦退军三舍，不敢公然与蓬蓬勃勃之民气作敌。其所恃为护符者，无过其三数无意识无人格之死党，不恤人言，不顾是非，狂争蛮触，为劣绅保饭碗之根芽；为一己尽奴隶之职守；实则得道多助，失道寡助。劣绅处于天怒人怨之旋涡中，已岌岌不足自保。有地方之责者，使能因民之好恶，断然廓清之，直一反掌之易；惜官场政务旁午，素性畏事；而又不忍遇事决裂，以绝恶劣之生命；此所以养痈为患，可以寒心者矣。沈令正坐是弊；而惹今日劣党联群抗选挟制长官之事。此则沈令之过也。

今姑下方详论之。而先言沈令政绩之差强人意者。国民之元气，全由教育而来。而操教育之机关者，亦全由教育会司其机。吾邑教育会，合一邑多数之学子组织而成。最近则改办隽德女学，以为姆教之基础；倡设贫民小学，以谋教育之普及；对于一邑学界，放一线之光明。此邑人所同认也。蠢彼劣党，以该会办事人，素性独立，不屈强权。怂恿一昏昧无知之梁恩灏，一学界不知有无之郑锟，出名控告；意欲推倒学界公同组合之教育会而后快。独沈令尚不为所惑；较之凌前令之蔑视教育，亦稍愈矣。此沈令对于教育会尚无可訾议也。中国官场，多欲罗织党狱，以为顶子染色之资料。自嘉应劝学所总董诬控州人好谈革命。袁督斥之曰："讨究各国革命之历史，及吾国汤武革命之绪言，藉为殷鉴之资，共奋图强之策。此则论世知人所不废，与昌言鼓动者不同。"而一般挟嫌诬控之小人，遂嗒然沮丧。嘉应人士，得以稍安枕席。故袁督批示军变事亦有言："凡对于党案，无不反覆推究，以得事理之平。"沈令知其然，故于刘君思复之狱，虽以嫌疑被逮，然确知心本无他。不忍其坐困囹圄，屈其所学。毅然详请上峰，得蒙省释。近于鳌山学堂董刘锡霖之被诬为会党，亦能力持正论，据实上陈。此沈令对于党案亦能平反也。吾邑监狱黑暗，自昔已然。沈令下车伊始，本报首倡改良监狱之举。沈令亦能采择舆论，实践斯言，得有今日新监所之建设。虽其建筑工程，邑人亦多有违言。然监狱改良，卒成于沈令。亦不得谓为漠视要政也。吾邑差役素号放肆，掳人勒索欺压愚民之事，指不可屈。李公征庸因汪绅文炳等之请，大加整顿；近已故态复萌。至沈令则稍事整饬，此沈令对于差役尚不得谓为袒护也。由此观之，沈令亦未可与今之州县吏一味残酷贪黩者同类而并讥。惟其办理议董会选举，不能始终根据定章。初次选举，偶因何鼎元等诿延不到，仓皇失措，遽将被革议员刘学华一名开复；复予徐李二人以选举权；因欲和平释事，而陷于违反章程而不知。幸多数议员，力持大体，不与彼辈为蛮野之争。使复如彼辈挟制官长，相率不来，而谓议董会有选举之日邪？此则沈令之过也。要而言之，吾邑历任官吏，多与劣绅同一鼻孔出气，每况愈下。沈令亦稍胜于前者，此则记者爱而知其恶，憎而知其善之意也。今者沈令去矣。而新邑令所抱持之政见，行将宣示以与我五十万之同胞相见。记者不敏，不禁翘笔俟之。

——《香山旬报》第74期，庚戌（1910年）九月十一日。

圆滑二字即为沈令误事之张本　民声

凡人而任事，苟能遵守法律，浃洽舆情，靡论其成功也，即败矣，千秋万世犹当谅之。若怵于势，牵于情，胸无主宰，宗旨万变，其究也，必至人皆失望，为众矢之的而后已。记者于此，不能无词于沈邑令也。

沈令来宰是邦，其政绩亦稍有足称述者。惟其办理邑城选举，负一大咎不能为讳者。黄绅违章补填选民资格，铁证具在。而沈令必揭示后取消之，已不免矛盾之嫌。若此次议董会选举，偶因无意识之流，联群抗选，更将被革议员刘某开复；复予徐李以选举权；不惜颠倒政见违背定章而为之。合五大洲之铁，不能铸成一错字。无他，怵于势，牵于情；胸无主宰，宗旨万变；故获此不良之结果耳。据邑中最近舆论，咸以此次违章选举，集矢于沈令之身。记者以沈令虽去，然前事之不忘，后事之师也。故亦略一评之。亦可见遇事圆滑不问是非者之不足自存也。

——《香山旬报》第74期，庚戌（1910年）九月十一日。

善理财必能清算公产　亦隐

记者曾以邑令善理财，必能将吾邑之各种杂捐设法蠲免。诚以只知巧立名目增抽杂税者，必拙于理财者也；善理财者，则利导整齐之术，必游刃而有余。若然，则吾邑总局绅士之吞侵公产，邑令亦必能从速清算；断不任若辈藉端延岩也。

查吾邑公产，若崇义祠、京都会馆、印金局、义仓、附城公所都门旅费等，向为总局绅士踞管。其中弊窦百出。近日邑人智识渐开，知阖邑之公产，断不能听三五人之侵蚀；于是向行政官控诉，而又立公产维持会从事清算；近据该会所宣布，局绅所交出数部，均藏头缩脚，含混殊甚；然即就彼所交出者略事核计，其浮漏串吞银约壹万壹千零壹拾余两；另由伊部内认存现银数又逾万；此真骇人闻听者也。然清算者自清算，盘踞者自盘踞；彼总局绅者一味恃延宕手段，而沈前则模棱两可，不能力与维持；致若辈之狡谋益遂。无怪邑人之咸抱不平也。今者凡百公益之举，多需公款补助。而邑令下车伊始，窥其气象，亦欲有所作为，以副邑人之希望；然苟非速将公产清算，切实整顿。记者恐巧妇亦不能为无米之炊也。

——《香山旬报》第 77 期，庚戌（1910 年）十月十一日。

委署新任邑令之历史

现任沈邑令署事期满，由藩司详请以候补知县包允荣[①]署理，已见牌示。兹将包令之历史略录如下：包现年三十一岁、江苏省人。于前六年以佐杂充学务处差。当时由学务处倡办运动会，包为评判员；因袒护官立学堂，致起大风潮。及后回藉娶亲，过班知县，复行来粤，兼充警局房捐差；办理年余，比较有长；胡藩器之，予以总办河口厘务；仅十阅月，又改调江门；即行条议整顿厘金，剔除中饱，每年多出二十余万；督藩均器重之。迨去年沈署藩面许署理番禺一缺。包以首邑太过冲繁，托亲不允力辞。无何沈、陈两藩交代，即筹办财政公所之时，藩台予以重任，令其组织一切；如公所成立后，必予以优缺，非香山则揭阳，着其好自为之。包自充公所赋税科长之后，又条议整顿沙田。故当道遇有关于理财事宜，多与包令就商。现在陈藩以香山沙田积弊最深，故予以是缺，以资整顿。闻定期九月初旬到任云。

——《香山旬报》第 72 期，庚戌（1910 年）八月十一日。

新旧邑令交卸纪闻

新任包令于初四日借水师轮船，拖带河头船三艘下午抵岸；初五日卯刻接印；随即入署视事；午候行香拜客；并有绅士多人到署贺任。随示期初八日放告。沈令卸任后，于初六日十一句钟下船回省。各区巡士，及五峰学堂学生均排列队伍，并奏军乐送行；沿途送行者，则有教练所巡官各员、戒烟会职员、自治研究社员绅、银行各商、烟洲警局学堂员绅、及十房三班吏役人等。烟洲水巡警局，及峰溪公约并鸣锣放炮致送。烟洲五峰两校全体员生并借隆威轮船、拖带花舫二艘、送至港口始回云。

——《香山旬报》第 74 期，庚戌（1910 年）九月十一日。

[①] 包云荣，江苏人，监生，1910 年署知县，1911 年去职。

包令裁汰房书之政见

自举行新政以来,各衙署之分科办事者,只督院及司道官厅各局所而已,其余府县等则仍用房书吏役。兹闻新任包邑令拟抵任后,即在署内分科办事;并将各房书吏,挑选数人,编作一二等书记名目,入内办事;该章程略仿财政学务等公所办法,包令早已将章程订妥,先行禀明上峰,若办有成效,即行推及南番顺等县。包令前日尝对人云,如年内不能分科,至迟来年正月,必要举行,以为各属之倡。总之州县房科一二年内必一律归于淘汰圈。即使初级审判厅未成,亦必先行裁汰,改编书记,上堂办事,以袪积习。此次抵任,先将邑属沙田整顿,特多带书手,赶造表册,其正副收发,委沈赵二人;其署内分科章程,预请财政公所赋税科员,陶丞应辰编订云。包令人颇有才,亦甚圆通。当差人等,无不受其范围。又闻此次包令,特由俞臬司札委兼办邑属缉捕事宜云。

——《香山旬报》第74期,庚戌(1910年)九月十一日。

请看新邑令之告示

新任包令初五日履任后,即悬出牌示。略谓:本县清廉自矢,操守弥坚,办事秉公,不受请托。兹值下车伊始,深恐诚信未孚,绅民人等漫相揣测,轻为尝试;自应开诚布公,明白示谕。为此示仰军民诸色人等一体知悉:本县事必躬亲,权不旁落;行政则兴利除弊;听讼则酌理准情;非义之财,一介不取;署中宾友,悉延品行端方;仆从书差,概予严加约束。倘有棍徒,招摇撞骗簧惑多方,切勿为其所愚,自取罪戾。除严密访查,缉拿究办外;尔等务各束身自爱,免污名节而蹈刑章。自示之后,如敢妄冀贿通,暗行勾串,一经发觉,本县惟有执法相绳,决不宽纵。其各凛遵,切切特示云。

——《香山旬报》第74期,庚戌(1910年)九月十一日。

包邑令来岁三月矣　亚秋

包邑令来邑三月矣。孔子治鲁三月而政有可观。若以此希冀邑令,则记者无此奢望。然邑令固颇擅能员之称者,此三月中亦当少有建白,以期名实相副。而今则何如者?公产纠缠,不闻有钩稽整理之术;议员争论,不闻有切实解决之能；整顿学务，尚讬空言；清理沙田，徒形文告；惟进省禀见当道，则时所闻。岂真视县署若传舍耶？

或曰：邑令于此三月中有一特色焉。则在省借银五万两以维持石岐市面是也。记者闻是言，则惑滋甚。维持市面之方法甚多，而禁止浪费，亦为要图。前月石岐各行商因建庙出会，约计不下耗去十万金。而邑令并不切实禁止。今虽借五万金维持市面，已得不偿失矣。所谓特色，固若是耶？

——《香山旬报》第 81 期，庚戌（1910 年）十一月二十一日。

邑令毋负此尾声　道实

邑令以善理财名。善理财而不能清算公产，则名实不副矣。今者邑令任期届满，瓜代有人；而牌示清核公产又闻；故本报前期特书之曰，邑令清算公产之尾声。

非敢遽断清算公产以此为尾声也。倘邑令任内不能核计清楚，则公产要当有清算之日；惟邑令行将去是邦矣，谓为尾声，当毋误。

邑令是举，评论之者约分二派。甲则谓邑令综核才长，以邑属公产为八十余万人所赖，而任令局绅盘踞，纷如乱丝，辜邑人之希望；遗后任以手续，邑令当不出此；故毅然清理之，而不以五日京兆遽灰其志也。乙则谓邑令宰是邦经年，对于公产，尚不能钩稽竣事。今复牌示定期核算，得毋循行故事掩耳盗铃耶？记者则谓事前徒事悬揣，要不若验诸将来之结果，邑令果能清算公产，则甲说近是；如其不能，则乙说得之矣。

信如是也，邑令毋负此尾声焉可也。

——《香山循报》第 116 期，辛亥（1911 年）七月二十七日。

以巡官兼办农业可乎　慎言

梁巡官，固明明现在警务所之巡官也。而据本报前期所纪，邑令竟以之兼办农业试验场。

微论邑中警政，办理未尽完善；改良扩充，亟待筹划。即使组织完密，无懈可击；而以巡官职任之重要，复使耗精力，糜时日，仆仆奔走于农业试验之场，其为不当，宁待论者。

或谓梁巡官未尝受警察教育，非如警察毕业生，日夕专究警察教科，舍此外毫无留意者。梁巡官毋亦有农学智识乎？故邑令明知警政之要，仍舍梁巡官无他求，或更谓梁巡官亦未尝肄业农务学堂，邑令就地取材，故但令兼办，亦不使离警官之职。持是说者，未尝不自谓言之成理，而其不当则一。

何者，职有专司，事有专责。即任巡官矣，微论其无农学智识，即有之，亦不宜他务。邑令其犹疑吾言乎？则请调查粤省办农业试验场者，其有以现在巡官兼充焉否也？

——《香山循报》第118期，辛亥（1911年）八月十二日。

论邑城警政之缺点及补救方法　慎言

居今日而论行政，不计其属于官治，属于民治，而欲其精神形式，皆焕然可观。具原始要终之能，无画虎类猫之叹。此无他，必求经费之充裕，用人之得当而已。经费不裕，用人不当，即保守尚不易，更何改良扩充之足言。邑城开办警察，数年于兹矣，而西区实为之先河。谓其绝无效果，则说近于诬；谓其办理已臻完善，则又不必有此谀词也。何则？盘根错节，所以别利器，处安则功不易见，遇变则效乃立呈。去月德人噶律在西区滋事，当时巡士无正当之干涉，致激众怒，几酿巨祸。本报已著为言论，速当局之反省。往辙厘然，无可讳匿。巡士无应变之才，此其显然者，若夫警律未明，智识幼穉，遇应干涉之事，则自甘放弃；遇不应干涉之事，又不嫌越俎，此皆时有所闻，非同逆臆者也。然则邑城警政缺点尚多，而所以致是者，不外由于警费之支绌，任人之未当而已。

邑城警费，除西区一带为商务繁盛之地，捐款自易，又于花捐项内截留三千金，稍可支持，不致时告缺乏。其余各区，非拨有的款，或取自亩捐，或捐自铺户，通计年缺经费五千余金，致警饷常延欠数月不发，上下交困，时闻怨嗟。职此之故，巡官对于巡士，虽有见违反法律之事，亦不敢过于督责，恐其一旦解散，无可维持也。警费不充之弊，有如此者。

若巡官巡长之职，当开办之始，类由各区警绅荐举，故任是职者于警察智识茫无所知，凡所举措，动贻笑柄。盖若辈非曾受警察教育，此固无足讶者。惟其既由警绅荐举，则多属警绅之私人，平日奔走其门下，仰承其颜色，即身任巡官，亦不自知所居何等。凡处地方事变，以警绅之是非为是非，以警绅之曲直为曲直。且因经费支绌之故，警绅又能时其缓急，代为措借，则所称巡官者，亦惟警绅之命是听，尤无耻者，服警官之服，以伺候于地方官吏之前而犹以为未足，更出入于局绅之门，躬亲厮养之役，以博其欢笑。噫！有官如此，岂徒警界之羞哉！夫警察为司法独立机关，非有守法不阿之士，主持其间，弊将立见，而况以智识卑陋之辈，滥竽充数，又为警绅所挟持，其行事固可想而知矣。用人不当之弊，有如此者。虽然，用人之权，操自警道，而考察之责，厥在警务长。本省高等警察学生，迭次毕业，以现年计，吾邑已有毕业生十数人。为整顿警务，不得不注重曾受教育之人。本报固早有是评，即邑中同业，亦尝有一致之言论，地方官对于警政，苟有意改良，则察其贤否而进退之，非难事也。至于经费则为第一要着矣。而数年以来，迭经官绅之协商，而卒未能筹有的款，闻附加税捐一节，包令虽已准详，然收数尚无一定。且又分拨为学堂经费，是税捐难实行，而能筹足警费与否，尚无把握。况就现在计，不足五千余元，而改良扩充之尚需多款，亦不可脑后置之。故就记者所见，则以邑属花捐一项，数逾万金，本属地方税，各属皆全数留为办警之用。邑城事同一律，乃竟由警道提去，只留三千元。吾邑社团，其始并不力争，今亦无提议及之者，甚可怪诧。观江孔殷前呈张督折文，论及佛山警费，亦以提去该镇花捐款项为不合。吾邑人具此完全理由，而警费支绌，又属确情。苟联呈警道请拨回全数，当有良好之效果，此亟当筹及者一也。日前警察毕业生郑伟夫条陈警道筹设市亭藉充警费，闻照郑君预算，苟市亭成立，岁可得万余金，夫建立市亭，为公共卫生之一事，本属警政范围，省城各地，多有设立，况能藉筹巨款乎？此亟当筹及者二也。邑属公产，向由总局绅踞管，其中弊混百出，语及筹拨警费，则动云无款。今者将清算完竣矣，查警政本属地方行政，取资公款，势所必然。今警费支绌若是，自应斟酌缓急，在公款内提拨，此又当筹及者三也。夫款项既已充裕，官长复得其人，虽欲警政之无起色，其可得乎？警务为地方要政，邑令果注重之乎？当不以鄙言为不中事情也。

——《香山循报》第120期，辛亥（1911年）八月二十六日。

邑人不能互卫之可叹　道实

自沙溪墟被劫后，邑属各地，官弁则蛇影杯弓，商户则风声鹤唳，于是而大涌、而石岐、而乌石、而象角、而小榄，迭有虚惊之事。类云大帮悍匪，刻期可到，讹言日至，伯有相惊，殊足为社会治安之碍。本报亦尝以防卫之说进矣。乃旬日以来，其有提倡联防办团之事者，往往以意见之各异，担任之无人,因而中辍,岂不可叹惜耶!

就事实而论,现盗风虽炽,要皆各树堂号,不相统率,多则百数十人,少或十数人,若如日前行劫沙溪墟,竟有数百匪徒之众,盖必预谋在先,互相联合,非可率尔而至者。现大举清乡,侦探之多,易得消息,故沙溪墟之役,官民皆预得探报。若因缘细故,或火警、或打架,动云大邦悍匪已至,则未免庸人自扰。虽然,间阎受害,正不必大帮匪徒,今日劫一家,明日掳一人,固已寤寐不安矣。故居安尚思危,有备则无患。际今日而犹不思结合团体为防卫计者,必无心肝之流而后然也。

虽然,防卫之事,既为人所同知,乃若隆镇之倡办联防也,以大涌乡人意见之不同,竟致不能实行。榄镇下基各店之倡办团防也,以担任之无人,筹款之观望,而迄无成议。平日散沙之讥,知不能免,而不谓利害切身,有生命财产之忧者,而犹视若秦越,此则可为流涕痛哭者也。愿吾民一洗之。

——《香山循报》第120期,辛亥(1911年)八月二十六日。

论械斗事并告邑人　醉翁

事有发端甚微,而为祸甚大者,械斗是也。盖械斗之起,每以微嫌小故,酝酿而成。而劣绅土豪,从而煽动之、鼓吹之;而滔天之祸成矣。而实当其斗机之呈现也,地方官临以大兵,实力镇压,自足解散而有余。即不然,而地方上之士绅,苟足排难解纷,善为劝解,则暴举亦无由而起。惟地方官置若罔闻也;惟绅士又以地方官在,不干涉其事也;甚而为虎添翼,相助为虐也;愚民何知,有不激一时之忿,逞一夫之勇,以闹成剧斗之惨哉!惟其然也,吾粤之械斗案,叠见而层出。若佛山、若顺德、若东莞、波波相续,终无已时。呜呼!勇于私斗,怯于公义,固为吾国人之普通性矣。然吾犹以民智渐开,由私意的争执,入于公理的研究;由破坏的举动,入于秩序的行为;则争斗之案,庶乎其免。而何意吾民之嚣张,日增无已。吾民之道德,日就衰微。偶一披阅报章,则同胞残杀之血史,填塞满纸。悲夫!虎狼生于山,鱼龟游于水,而未闻杀戮其种类也;而人胡为以相杀为快心事也;而又胡为以残杀同胞为快心事也。吾不能忘情于吾粤;吾尤不能忘情于吾邑;请就吾邑人而略一言之。

近十年来,邑人械斗之事,似稍稍绝迹矣。而在今日计,则械斗之机又似动。四都濠涌之与南塘也;隆都申明亭之与老丫坑也;皆有械斗之动机者也。幸而调处得宜，解散尚早，犹未及祸。不然，则杀人流血之惨剧，又乌可免哉！虽然，吾论至此，有不解于邑人者矣。凡人虽有智愚，而趋利避害之心，不谋而合。若械斗则破坏之尤者也，何趋利避害之有？而人亦踊跃欢呼，父勉其子，兄勉其弟，如西人所谓从军乐者。岂不骇人听闻耶？吾非欲吾民之蠢如鹿豕，贱如牛马，一在他人之驱策而为快也；不欲吾民为无意识之举动，自扰而扰人也。使能众志成城，为国流血，为民流血，吾有何憾？惟其不然，而相为蛮野之争。是则期期以为不可矣。抑吾更推械斗之祸，更可得而言也。械斗之起，相争相杀，血肉狼藉。固予人以共见者矣。然纷争之顷，兵连祸结而不解。则政界必有以兵力而解散之者。小之押绅交匪，大之剿村赤族。又将何利？吾闻东莞剿村之事，至今犹且寒心。彼乡人何乐而为祸乱之首耶？且乡人械斗，不外争利与争气二者而已。杀其人，火其居，倾复其财产，此利之不足争也；缴军械，具和约，留押其绅耆，此气之不足争也；此二者，皆械斗时必至之结果也。既有如此之结果，则所谓争利与争气，皆不足以达；且争利者适以自损焉。争气者适以自辱焉。同胞试思之，其将何以为情哉！

虽然，吾前言仅为乡人言耳。而尤有望于地方社团以维持之也。盖械斗之事，原由于无智识之愚民以发生；由于无心肝之劣绅以助长之。而劣绅所以助长之之故，全由于侵吞公款，浮开滥支。不惜冒大小韪而为此者也。吾以为对待若辈之法不可以道理论，而可以威令服。各社团可以尽其纠察之权也。若乡民则多数犷獠无识，晓之以利，说之以害。则彼将悔悟如响矣。故前岁东莞某君，曾发起一释争会。大都为械斗而设。为地方计，固甚可敬矣。然彼此之情势各不同，而今昔之社会亦各异。盖今日新政选举，社团林立。而皆当为地方兴利除害者也。使能由社员发起，公订演说员，日往乡邻宣讲。务使人人心目中，咸晓然大义之所在，合群之宜急，无知妄作之引为大耻。则不独械斗之风可免，而意外之暴动，亦可潜消于不知不觉中也。昔者王烈善于教诱。乡人有盗牛者，主得之。盗曰：刑戮自甘，乞无使王彦方知也。又有争讼者，将质于烈。或至途而返；或望庐而还。咸相推以直焉。由此以观，天下无不可变之人心；亦无不可移之风俗。乡民之好寻祸乱者，亦由教化之未普及也。使其开导得法，而暴举又何由起哉！吾言至此，窃愿我邑人其勉强之。尤愿邑中之各社团其设法维持之。

——《香山旬报》第64期，庚戌（1910年）六月初一日。

倡言械斗者当以濠涌人为鉴　天赋

虎狼食人而不自伤其同类,而人反有以自杀同种为快心事者,是人之不若虎狼也。吾今欲去其暴戾,而返其拥护同种之天性。亦不欲陈论过高,以骇乡人之观听。姑就最近濠涌乡人一言。

濠涌乡与南塘乡毗连。因水道缠讼经年,此则过去事也。近又与南塘争竖石碑,几酿械斗。为族绅滥用公款,乡人皆抱不平。细审乎此,则知械斗之无益,一如春蚕作茧,适以自缚耳。夫械斗者,破坏之现象也。大之则剿村赤族,小之则押绅交匪。而各绅者亦甘冒不韪,为乡愚之倡导者,是何也?盖族绅盘踞公款,垂涎已非一日;若得械斗事起,则藉名于办军火、筑炮垒、募死士、备粮食、浮开滥支,尽充荷囊然后止。故一经骚扰,族祠之土田,化为乌有;乡民之庐墓,变为灰烬。而族绅则攫全族之赀财,上下其手,旦夕而至钜富。此则族绅赞成械斗之真相也。乡曲小民,每激一时之忿争,张拳应敌;为绅者之牛马,而不知绅者之立心,固如此之险毒也。今濠涌因碑界之故,鸣锣集众,严守乡闸,若临大战;固由乡人之无识,相与盲从;而安知非其族绅从中鼓煽之耶?又安知非其族绅垂涎数千之巨款,而以乡人为傀儡耶?吾今还问该乡人曰:公等激一时之意气,倡言私斗,而族绅已窃取公共之金钱。而团团作富翁矣!公等以同种相残杀,是谓无人心;为族绅所簧惑,是谓无知识。呜呼!濠涌乡人听者。呜呼!一般之乡人听者。

——《香山旬报》第61期,庚戌(1910年)五月初一日。

第七章　遏制绅权　推行民主政治

如果说，《香山旬报》在舆论宣传方面强力推动着香山社会的改革，那么香山自治会社和咨议局则是议定具体改革方针的机构，并且还配合地方政府推行改革。清政府于1901年宣布实施新政，1905年又颁布上谕预备立宪。虽然这一招为时已晚，无法挽回政局危机。但资产阶级立宪派和革命派却接过这面令旗，掀起立宪运动，借此宣传革命主张，推动香山的社会改革。1907年年底，广东出现两个立宪团体：粤商自治会和广东地方自治研究社。前者是商人自发组成的民间团体，后者则是官方举办的机构，其成员则为有地位、有功名的绅士居多。两团体的成员良莠不齐，按政治倾向可分为三派，即封建顽固派、立宪派和革命派。香山不仅在人口相对集中、经济文化相对发达的城镇建立民选的自治机构，而且在广大的乡村也推行自治，这在全国较为少见。在自治运动时期，绅商参与了政治，分享了权力，并且为城市取得某种自主性和独立性而努力，经常对地方重大事件的兴革进行讨论。而由于自治运动内部存在不同政治派别，在议政时总是发生许多重大分歧和辩论。其中同盟会员与豪绅之间的矛盾尤其突出。同盟会及其机关报《香山旬报》的许多评论，都是与香山地方豪绅针锋相对进行斗争而发表的。

1908年11月，光绪帝和叶赫那拉氏相继去世，年仅3岁的宣统帝继位，由醇亲王载沣摄政。为了缓和社会矛盾，下诏"重申实行预备立宪。"①令各省成立咨议局。次年2月粤督张人骏着手成立广东咨议局筹备处，筹划议员选举。当时清政府对咨议员选举有严格条件限制，规定凡属本省籍贯男子，年满25岁，具有下列条件之一的人，方有选举权：一是在本省从事教育及其他公益事业满3年以上；二是具有本国或外国中学堂以上毕业文凭；三是举人贡生以上出身；四是文官七品、武官五品以上官员；五是拥有5000元以上资产的富人②。很明显的，这一选举资格限制，剥夺了广大贫苦

---

① 《清末预备立宪档案史料》（上册），中华书局，1979，第71页。
② 《清末预备立宪档案史料》（下册），中华书局，1979，第671页。

劳动人民和妇女的选举权。实质上这不过是由官员、绅士和商人联合组成的一个选举俱乐部。所谓的咨议局议员就由这一小部分人推举产生。

1909年7月间,香山县进行咨议局选举。共分九个选区,每区一个票箱。六月初六、初七两天将票箱集中在县署开票。各区投票人数不等,第一区仁良都最多,共有378票,第九区黄旗都最少,只有90票,其他各区介于100至300票之间。全县总投票人数为2286票。与当时香山县共有822218人口相比[1],这种"民主"参与是十分有限的。当选议员共37人,其中4人为候补议员[2]。这些当选者中固然不乏思想开明、德高望重的人士,如北山志士杨应麟,积极投入同澳葡扩张界址的斗争,又如高拱元是参加香山起义的同盟会员。但也有一些目不识丁的商人,以及声名狼藉的劣绅,如用诬陷迫害手段,制造了徐桂冤案的何鼎元等也混入咨议员队伍之中。这就警示同盟会员提防豪绅操纵自治会社和咨议局,阻挠和破坏会议的正常运转。在以同盟会员为核心的先进人士的倡导下,香山人民积极投入到社会改革之中。

实行民主改革的最大阻力来自地方上的绅权。清王朝实施新政以后,香山学界和商界出现新气象,但是乡绅往往对新事物心怀不满,蓄意破坏。因此只有坚决遏制绅权,才能推行有效的社会改革。

第一节 自治社团的建设

论个人自治与地方自治之关系 爱庐

地方自治者,个人自治之集合体也。个人自治者,地方自治之原动力也。苟有自治之人,虽无自治之名,亦可以收其实效。反是则虽设千百自治局、千百研究所,亦无当也。然此犹不过就地方普通范围而言之耳。若专指议员一方面,其祸更不止此。盖议员资格,含有治人性质。苟弗得人,则植党营私,蟹行无忌。借文明之名,以行鱼肉里党之实矣。

吾常叹中国近虽稍有改革,然每行一新政,往往有名无实,袭人之皮毛,

---

[1] 《香山县调查属内各境名称户口总表(据己酉年调查报告)》,《香山旬报》第52期,庚戌(1910年)二月初一日,第17~20页。
[2] 《本邑初选举开票详请》,《香山旬报》第31期,己酉(1909年)六月十一日,第13~14页。

而遗人之精髓，甚或弃人之美，而中人之毒。盖宗教衰微，四维不张，士大夫不沉于伪道德，则固于劣性根，几不知人间有羞耻事；而一般劣绅读书寡益，蝇营狗贱，复乘其潮流，改头换面，学一二新名词以自欺欺人；此所以兴一利则现一害，万方一概，病同不起矣。吾观于今日之筹办地方自治而益信；观于邑城之自治局而益显。

邑城自治选举案发表，舆论哗然。咸以串举居大多数，是总局之变相，将为世诟也。乃俄而竟演出违抗争闹之活剧矣；俄而串举劣绅以为总董矣；一般之议员尚恬不以为怪也；董事会议事会至今未能成立也。嗟乎！议员之资格，其如是乎？吾闻格兰斯德有言曰：地方自治之原理，所以制社会之冲突。故以个人之生活言之，则道德常与利欲相冲突；以社会与国家言之，则义务常与权利相冲突。近世之国家，常谋国家与社会之调和。自治制者，实所以谋此调和之唯一手段也。今议员之种种举动，何故与此言适相矛盾也。其内容亦可想见矣。吾恐以暴易暴，其弊日益加剧也。何以故？吾邑绅界无过人之才，而有营私之实。积弊最深，武断一切，盘踞公产，蛇神出没，鬼蜮万状。正如衙署之狼差虎役，虽明知其弊，亦不能骤清其毒者。盖根蒂盘固，由来渐矣。今更蒙以新政之名，运其同党之力，联袂共进，双斧齐下；则其怪剧益演益烈，正未艾也。吾非敢故为不详之言，以锄抑新政；吾亦非故为太苛之论以谩骂一切也。吾于此请更进一言以辩白之。

今日新选之议员，果能尽兴利除弊，维持公安之责任与否，现在尚无可论之事实。然试问议员之中，能有法学之知识者几何人乎？能有心为同胞尽义务，为地方谋公益者几何人乎？不事运动，确为众人所推举者几何人乎？想诸议员亦难以对也。盖诸议员之所以串举也，钻营也，纠党也，各有一私字存焉也。更进而言之，则议员之资格，不出下列三种：（甲）、借充议员以闹架子者。（乙）、谋噉饭处。（丙）、藉势凌人者。三种之中，甲已寥如晨星，丙乙居大多数也。夫秉此心理，与言自治，是南辕而北其辙也。医者治人，然妄用其药，则足以毒人；法者治人，然妄用其法，则足以杀人。吾观于此，吾不堪为吾邑前途悲矣。

或曰：子将持消极之论，谓议员之全不可用。自治局亦不可设乎？曰否否。中国一线之机，惟望民气之日振，民权之日进耳。自治团体，受国家之委任，以本地之人，治本地之事，是民气民权之见端也。欲中国不亡，当亟于此先树其基础，巩固其势力。使人人皆知有政治之思想，自治之观念。培养其秩序，涤除其恶习、助地方官之不及，谋公共之幸福，方为治本之法。乌可靳此耶？抑吾闻之，英人之能于政治上占最优之地位，庞然负立宪祖国之名号，雄视世界者，曰唯自治能力故。美脱母国之羁绊，建合众国。政治日进，秩序整然。为世界独立国之代表者，曰：唯自治能力故。默察大势。又乌可靳此耶？

然对于今日自治之局面当何如乎？曰从根本的解决，当谋个人之自治为先。因议员由选民而出。选民之不良，则断无完善议员之理。若治标之法，则今日选举已定，无可翻案。惟有望议员中被人告发之最陋劣者，按律除去。俾议事会董事会克日成立，免贻外人耻笑。馀既定供职者，则自省其身，改良进步。谋稍尽力于地方。毋为旧日之恶习。是则吾之所极愿望者也。书此质之议员。无愧吾言。吾邑庶有豸乎？

——《香山旬报》第78期，庚戌（1910年）十月二十一日。

咨行详查地方自治要目

宪政编查馆近以各城乡镇办理地方自治，经订通行草案专章。惟所办事项范围甚广，是否办有成绩，不至有违章紊乱等事，应由各省咨议局随时先就下开之九大要项，切实调查，列表详报。现将九项要目，分行来粤，请饬一体照办。其要目如下：一、教育自治；二、实业自治；三、工程自治；四、水利自治；五、救恤自治；六、消防自治；七、卫生自治；八、市场自治；九、警察自治云。

——《香山旬报》第17期，己酉（1909年）二月二十一日。

论地方自治宜先办乡团　惊鹤生

呜呼！政体将变矣！于此将变未变之际，吾人所最急于筹画者，则地方自治一事是也。近者自治之会，而省而府而县，次第设立，吾人对于此问题，苟不加以切实的研究，是有负于此好时期也。愿自治之名词，虽腾于一般社会之口，而实知自治之真相者能有几人？而实知地方自治宜首先举行何事者，更能有几人？夫一事之建设，首贵了然于其事之内容，然后细参详其事之缓急轻重，若者宜先，若者宜后，若者行之当有利而无弊，若者行之则害多而利少；体认既真，则措施万不致谬乱，否则盲动而已。果如此，则今日之言自治，又何殊戊戌庚子之言变法也？不宁惟是，戊戌庚子之言变法，政府之事而已，今日之言自治，则国民之事也。苟仍无力以举行自治之实，则是明示国民之无政治能力，而吾民族将永永沉沦，世界难入，无立足处矣。吾今为此论，吾将有二事警告于吾国民：一为首宜先知自治之真相；二自治团体首宜举行者何事。今此论特以先办乡团标题者，盖以此为地方团体举行各事中之尤急者也。

自治者何？别于官治之谓。自治之原动力，虽出于国家，然苟地方团体之施为，与国家之权力不相冲突，则国家不能滥行加以干涉；其自治团体，非惟行政之部份，而立法、裁判之事，亦得行之。盖如是，其自治团体方得巩固，而得有地方分权之利益。然所谓地方分权者，非破坏国家权力，而割取其一部分以归地方团体之谓也。惟地方团体代国家行使其权而已。行使其权时，苟无背于统治机关之行动，则一切皆可自由也，故专制之国，只有官治而无自治。官治者，政府委其权于官吏，举町村市镇一切可以自由而直接干涉之；自治者，则各地方团体，各依据国家法律，自行组织行政立法司法之机关也。故吾人今日之言自治，首宜划清官治，则自治之真相得矣。

即自治矣，则地方上之事务，皆其所自统辖者也。而此中立法、司法、行政之事，皆依于其地方所需要之政治而起。举其大者，则有八端：曰军政、曰财政、曰警察、曰教育、曰铁道、曰矿务、曰邮政、曰农业，而其最重要者，则军政、财务、与警察是也。军政财政警察者，所以保护地方上之安宁，与人民之生命财产者也。中国地方之大，中央政府之兵力，万不足资各地之保卫；即曰能之，地方情形，素不相习，一有扞格，则兵与民不相安，相猜忌而争端起，则为祸烈矣。何如就地筹款，各就地方征集其乡里子弟，勒为乡团，夷考其利。厥有三事，不糜国家之饷，而得地方艾安之乐，其利一也。兵皆出于闾里，则身家生命，自有密切之关系，人人为防卫者，即人人为设防卫者。有事之秋，不患其不出力，其利二也。生斯长斯，同为乡人，市无虑隔膜，情日益亲洽，其利三也。有此三利，而不急为举行，则虽日言自治，吾恐其徒托空言也。

或者曰，如子所言，则地方之办乡团，特将以补国家兵力之不逮耳。苟中央政府之兵力雄厚，则无须夫此也。或者之言，微论不切于中国，今日之情势。盖今日之中国，千疮百孔，能有多少余财，足以练兵？而兵者则一国之命脉，其不容一日不备也又如此。则非乘此地方自治发起时，各自为谋，以各卫其地方之生命财产，复奚术以图强哉？然乡团之用，且不仅此。夫英德法美者，中央政府之兵力不可谓不强也，而其各地方团体，皆各有军队之编制，其作用非仅为补助位而已，且藉以为中央政府之牵制。盖国家无论为民权立宪、君权立宪，其内阁皆从大统领或君主所任命，苟尽收行政大权，归于中央政府，则其去专制也不远矣。行政首长，虽无立法权，而可以其权力劫立法部，则立法部犹其爪牙也。夫是谓之机关之专制，机关之专制者，一机关而总有统治权各种发动之全权者也。然令行政首长不拥兵、不挟财，则将何所为乎？固不可也。令掌军政财政，则其势力已凌驾议会，故罗马之沃古斯达，英之克林威尔、法之拿破仑，由是以专擅，方克林威尔之尽逐异教徒，而以其党为议员，虽其同宗教者，未尽赞助之也。而卒得济者，则其兵权为之也。克林威尔死而拥其子，亦兵力之所为也。拿破仑亦以兵力屈议会以帝己，藉曰惩之，而以兵政财政之权畀议会，则议会实不能运转之，仍当委记之于一二人。方英法之始革命，不尝如是耶？其委托即为专擅之渐，盖立法机关，不能管行政机关之务，理有固然，而于军政尤甚。故将分中央政府之势力，令不得专擅，而致流于专制，则必以授之地方团体，盖令其军队编制统驭，虽属于中央，而凡军队皆紧于一地，其教练征集，并在本土，其财政除中央行政费外，皆地方自司之。中央政府不能为干涉，则行政府上无所碍，而中央政府不能渐为专制，此乡团之作用尤大者也。

由此观之，则当中央政府兵力之不足也，乡团实为之补助者，若当中央政府兵权过强大而恐流为机关之专制也，则乡团实为之牵制者。前一事今日之时势所最急迫者也，不先办乡团，实不足以言地方自治；后一事，则政体改变后所可虑者也。然亦不容不为未雨之筹谋也。且乡团者，洪杨一役，政府已食其利，此时苟无乡团，专恃缘营各军，则中原之鹿，不知今在谁手也。夫能自卫者方能自治，若乡团，则地方上之自卫者也。世有日言自治，而不思自卫之策者，吾名之曰徒托空言，有负此地方自治之好时机而已。

——《香山旬报》第28期，己酉（1909年）五月十一日。

小榄自治研究社选举社长

榄乡自治研究社，前由某君发起组织，于月十三日假座榄山学堂开会选举社长。是日到会者四十余人，投票选举者二十余人。被选者以何公望票占最多数，为正社长；何铭新、何柏辉、李毓昌三人次之，为副社长。

——《香山旬报》第11期，戊申（1908年）十一月二十一日。

香山地方自治研究所公布

启者：本所聘定法政毕业员钟良恭先生驻所，宣讲自治法理规则。定以六阅月毕业，照章禀请提学宪颁发文凭，以资鼓励。钟教习现已到堂，不日开课。凡属所员志愿来堂肄业者，请即到本所事务处（在城内崇义祠）注册，并亲填志愿书，勿延为盼。若所员中或因事未能常川肄业者，可随时到堂旁听。惟例不得请发文凭。合并通知

己酉年闰二年中旬，香山地方自治研究所公布。

——《香山旬报》第21期，己酉（1909年）三月初一日。

香山地方自治研究社议案

九月二十五日星期，该社第三十八次集议；轮值郑君颂平主席。议案录下：（一）马君应彪前提议建筑下基至雷家渡一带提岸，经会同仁良十八乡、及隆都十乡各代表、公议派员履勘；随经黄芷裳君到该地丈量，绘有图说；应再函请各乡诸君，来社会议，决定办法。众议自黄君踏勘图绘后，本社经函致马君，久未见复。今再函请马君来商办法，如仍未见复，则本社碍难独任；暂从缓议。（二）本社第一期研究录，计将印就，其派送之法如何，请公定。众议由本社分寄；其邮政不通者，则交介绍人转致。

——《香山旬报》第43期，己酉（1909年）十月十一日。

香山农务会议案

九月二十五日星期，该会第六次集议；公推高君蕙石主席。议案录下：昨据小榄农务分所函称：现有冯毓灵等，设立东海十八沙龙洞农务分所；查十八沙向无龙洞土名，且将小榄各沙，混归管辖；侵越权界，违背定章，殊於敝分所大有干碍。请竭力维持，据情转达宪听等语。本会应如何办理，请公定。众议龙洞分所，既属违背定章，应由该分所自行呈请地方官核办，再由本会请县维持可也。

——《香山旬报》第43期，己酉（1909年）十月十一日。

黄旗都自治研究社开幕

初三日该社开幕。是日来宾甚盛，座为之满。先由主席何朝瑞行开幕

礼，次请各界来宾次第演说。至四句钟，开会拍照。是晚戒烟总会李少琼再在该社演说；痛陈中葡划界事，并筹对待之法。座中无不鼓掌云。

——《香山旬报》第 43 期，己酉（1909 年）十月十一日。

下恭都地方自治社第二次集议

该社于初三日第二次集议，是日到者甚众。公推杨瑞初君①、刘永丹君为正副主席，鲍少勤君宣布，杨学坡君、林佩三君书记，随议定于十七日开正式大会，公举社长及各职员云。

——《香山旬报》第 28 期，己酉（1909 年）五月十一日。

下恭都自治研究社选举社长纪事

前月二十八日，该社选举正副社长；莊同知、鲍管带均临场监视；社员到者数百人。上午十点钟开门投票，至一点钟茶会，二点钟开票；先开正社长票，当选者为陈君赓虞；次开副社长票，当选者为张君心湖、陈君小江、叶君择知、吴君寿鹏、杨君瑞初、吴君节微、黄君怀珊、吴君海门、柳君壁臣、徐君鹤侪十人。是日莊同知及正社长陈君均登坛演说。听者鼓掌不绝。后由陈君代众社员致谢政界；随奏军乐散会。

——《香山旬报》第 49 期，己酉（1909 年）十二月十一日。

一般之自治研究社盍鉴诸

东翘八乡自治研究开幕浪费一则，已志前报。前天欧阳民庆君，以支长巨款，无从筹抵，即告辞财政之职；该驻社职员黄某、张某，连日往各乡催收入社费及特别捐，以资弥补；讵皆以社员办理不善，有名无实，均不肯缴交。现闻该社因经费支绌，大有解散之势云。

按自治研究开幕，动费钜金；本报前已痛论及之。今该社果因款项支绌，致形解散。既知今日，何必当初。一般之自治社可以警矣。

——《香山旬报》第 49 期，己酉（1909 年）十二月十一日。

---

① 杨瑞初，即杨应麟（1864—1925），香山县下恭都北山乡人，1896 年中举人，当时亦任香山勘界维持会会长。

城议董会何在国会期限已缩短矣　道实

宣统五年召集国会之明文已见矣。预备立宪各事应提前办理矣。而有国会热者,尚奔走呼号,冀达其即日召集之目的。而邑城议董会计期今年九月成立,已踰数月,竟影没声沉。邑人脑海中已忘议董会三字,岂非咄咄怪事!

城议董会不能成立之故,由劣党串举一控案,累累不洽舆情之缪庆燊为总董,以致告诉纷起。而官吏复不能破除情面,专事因循,有以致此。虽然官场办事,以宕延为无上计策,何足多责。惟邑城中人亦漠然视之,为可怪耳。

或曰:议董会成立,岂真能为地方兴利除害乎?子奚断断于是。则答之曰:西哲有言,野蛮之法,犹胜于无法。信如是说,姑勿论议员称职与否,而邑城应有一完全之自治机关。

——《香山旬报》第 83 期,庚戌(1910 年)十二月十一日。

评东翘八乡选举自治社长　又讽来稿

近年邑中各社团选举之事,往往有一二恶劣之徒,素为社会所不齿者,出其神通广大之手段,百般运动,以攫取社团中之一席地。而一般之选举人又往往不辨黑白,不问是非,如醉如梦,率意盲从。彼则摇尾乞怜以求其选己,此则丧心病狂以举之。于是有舞断乡曲、声名狼藉之土棍,昂昂然出现于社团之上。如邑城之选举议董会,纷纷攻揭,缠讼至今,是其确例也。曾几何时,蒿目东瞻,乃复有东翘八乡选举社长之怪现象。

东翘自治社之选举也,据吾所闻,八乡之人不得各举其本乡之人,而举他七乡之人。其举八人为社长,此公开制也。后由当选者再选一人为社长,此复选制也。今姑不究其是非,试问选举者不得举本乡之人,果持何种法理乎?夫自治之制起于人民有保卫其地方财产之观念,乃合而组织一公共之法团,为地方兴利除害。夫然后因自治而有选举,是故选举人之对于被选人,必择其最信用、最名誉,与地方最有关系者举之。此选举之定则也。今乃立一例曰:你毋举本乡之人。你举他乡之人,岂非压制众人之选举自由乎?无他,彼等欲避串举之名,而阴行串举之实,故逼而为此耳。然则今日所选之正社长,为钜恶,为大奸,又何足怪者。

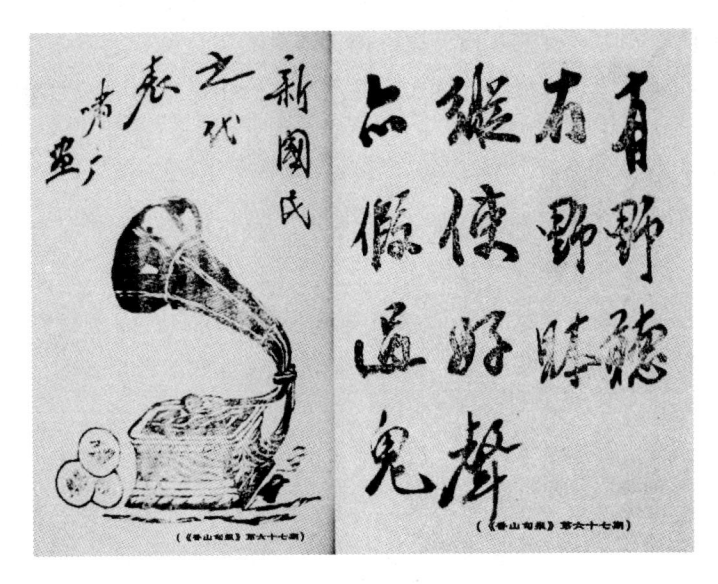

图 7-1 《香山旬报》关于代表选举的讽刺画

呜呼！东翘自治社之设立，于兹三年矣。开幕伊始，滥费数百金。戒烟会甫设，而社长私售烟照。是以设社以来，一事不办。惟彼辈所视为惊天动地之伟画，则郑发筑围之际，聚众辱官之一事耳。至今糜费公款，一败涂地，何莫非若辈之赐耶！然恶劣盘踞社内，何时不利用地方之有事，而藉以开消讼费。彼自为计，则诚得矣。独惜八乡之人，竟任恶劣者倒行逆施，而复推戴之为领袖。恬不知怪，是则可悲耳。

——《香山旬报》第 83 期，庚戌（1910 年）十二月十一日。

自治筹办处批

法政毕业生张福祥等批，据禀：请将东翘八乡联合村成镇等情。应否如议办理，候仰香山县安切核明禀复核夺。东乡总局绅董举人李家璧等批，昨据该县绅张福祥等，以东翘八乡应联合东乡各村成镇等情来处具禀。即经批行该县核覆在案。据禀前情，仰香山县照案核明具覆以凭察夺。

——《香山旬报》第 77 期，庚戌（1910 年）十月十一日。

资政院议员与公论实报　民声

膺国民之代表，为一国筹治安，为人民谋幸福者，非议员乎？司国民之喉舌，上以监督政府，下以扶植人权者，非报纸乎？故议员之责任在实行，报纸之责任在鼓吹。有鼓吹而后进行速，则报纸实为议员之导师。有实行而后言论著，则议员亦为报纸之良友。循此以往，相提相携则国力赖以固，民心赖以安。而一般之内政外交，赖以维持匡正者不少。而何图我国之议员报纸，竟成为水火不容之地位也。咄咄怪事！

议员因弹劾军机，而有限制议员之说矣。报纸因责备政府，而有限制报纸之说矣。然限制者皆出于政府诸公之手，固无足怪。若议员为国民之代表，而报纸亦为国民之代表；而议员竟因报纸之纠察，因羞成怒，因怒成仇。资政院议员遂倡言取缔公论实报。某议员又欲取缔帝京新闻。又有人请取缔全国报纸。煮豆燃萁，令人齿冷。吾不意我国议员之势力，不能代表民意与政府对待。而竟摧残舆论，与报纸决战，斯真出吾意表者矣。虽然以资政院议员之全力，第二次弹劾军机，为势力所慑服。百议不成，可笑。而公论实报为资政院咨民政部取缔时，风潮剧烈。而该报犹为文诘责之，并移书质问警厅，不少顾虑，可敬。而或者曰：公论实报为资政院陈请取缔，该报虽力斥之，亦无如彼何也。若然，则该报不及议员者势力，而议员不及该报者气骨。吾言至此又何忍言。

——《香山旬报》第 84 期，庚戌（1910 年）十二月二十一日。

评上恭都选举事　民声

昨上恭都因选举议员事，复演滋闹之恶剧。揆厥原因，则新旧党派争持，实为肇衅之引线。然使办理得人，亦足间执人口，而上恭都则不能。此疑难之所由纷起也。

彼办理之授人口实者，一由于管理员之舞弊，二由于代理监督不能遍行监察，都人士之不平，起原实由于是。

然则选举前之弊混，已昭著于众人耳目。而今日选举后之议员，复多不合当选资格者，不平则鸣，人情所同。而选举诉讼，又乌能免。

吾固痛心疾首于运动充选之人。吾尤痛心嫉首于运动充选之豪绅恶棍。彼选民有投票之权，自有诉讼之权。竭众力以为之，毋自馁。

虽然，诉讼可矣，而理由先贵正确。若挟私恩私怨，互相攻击，必无理由之可言。非特无益，而全体将受牵动。复蹈邑城议董会之覆辙矣。因私害公，君子不取，是则不可以不辨。

——《香山循报》第 89 期，辛亥（1911 年）二月十四日。

自治研究社选举职员纪事

该社定章,每年各职员留一半,新选一半。现届第三年选举之期,三月初四日在会所投票选举。兹将举定各职员列下:正社长汪文炳留任,副社长黄玉堂、黄瑞森、黄龙彰、李麟书、郑宝森、高拱元、萧绍芬等七人留任,缪云湘、杨鼎光、杨衍桐、洪名宣、郑照极、张宝铭、缪国章等七人当选,干事员黄汝楫、黄毓森、毛嘉翰、黄佑孚、刘嘉鼐、刘元璐、黄鼎、李友社、梁恩浩、李赞辰、刘惠权、杨彤英、高自宏、郑葆恒、苏藻煌等十五人留任,郑志超、黄廷显、郑殿松、刘銮藻、刘元戴、卢乃斌、刘瀛瀚、刘荣祖、陈鸿遇、陈颐、陈可大、杜昌龄、徐日新、刘鸾璋、潘燊等十五人当选。

——《香山循报》第92期,辛亥(1911年)三月初六日。

送何某赴咨议局序① 驱虎

天之生物也,纵之毒者速其祸,假以恶者酷其报,此理之必然也。毒虫猛兽,非不足以逞威而肆虐,而人之见之者,争挟弓矢拟其后焉。然则恃势而纵恶,实将以速其亡耳。公恣肆乡里间,已十余年于兹矣。鱼肉平民,构陷善类,皆公所得意自鸣,而引以为快者。而被害之人,皆欲得而甘心,迭经数十百人之禀控,卒逍遥于律法之外。公之门下厮养,藉公力博升斗者,群诶以为有天幸。去年咨议局成立,公又竭力运动,得列名后备。而公之党人,更动色走相告,未几禁赌案起,否议员全数撤退。公遂得滥竽充数,而顾盼自雄,以为今而后,昔之愤以图报者,皆莫予毒也已。后此之威福,或将什佰倍于曩日。然谓此果足杜邑人之怨耶?在公之营私武断,固已无被选为议员之资格。又将假以行其私,吾恐议员中之稍自好者,皆将羞与为伍,而为公论所不容,有不为三十五议员之续耶?目徐桂一案,余兰芬已为之请议矣,公为被告,应受法律之裁判。本邑议员中,除一二为公之私人外,余皆噤若寒蝉。欲更求排抑公论,以为公辩护者,殆无其人。而犹欲腼颜尸位,甘受众人之诃骂,何无面目若是耶?公今行矣,其倾陷排挤之伎俩,皆公所自有,固无俟仆之喋喋。然有为公告

---

① 何某,即何鼎元,香山县绅士,当选谘议局议员。

者，则公素善逢迎，谋所以取悦于政界者无不至，诚能以之施诸各当道，其享受当无尽藏也。妾妇事人，何适不可。公诚足以自雄哉！所可虑者，公理大明。权奸无所售其技，恶愈积而祸愈深报愈酷。则前此之所交以为幸者，固非公之福也。敢效忠言，用壮行色；若以为幸灾乐祸，则又何辩焉。

——《香山循报》第 95 期，辛亥（1911 年）三月二十七日。

小榄镇续办宣讲

小榄自治研究所第一届宣讲已办毕业。七月续办第二届，复延刘九皋驻所讲授；并教习国语，来学者颇形踊跃云。

——《香山旬报》第 77 期，庚戌（1910 年）十月十一日。

小榄镇自治研究所近事两纪

小榄镇自治研究所经沈前县通详立案，现该所职员任务期满，于九月初七日举行第二期选举。当选正所长李炘华、副所长刘景濂、何乃斌、李带显、张孟霖、何泽南、钟荣衮、麦福基、何朝柱、李福庆、刘鸿耀、何焕鉴、麦子超共十二人云。

又小榄镇自治研究所听讲期满毕业，经所长李炘华禀呈沈前县发给文凭，于九月二十八日举行毕业礼。礼成，茶会而散。

——《香山旬报》第 77 期，庚戌（1910 年）十月十一日。

小榄镇农务会选举职员

小榄镇农务分所十月初一日，举行第二届选举董事五人；张孟霖三十七票、刘景濂二十八票、麦福基十六票、李带显十六票、何琼鉴十六票。因地广人稠，诸事烦琐，殊难办理，再选商议员十人；李成衔、何国球、李启昌、钟荣衮、梁谦履、何炯章、张鹏飞、何子鉴、高鼎勋、何朝璋等当选。

按小榄地方统辖西海十八沙，农民散处。所谓开通民智联络群情者，未易办理。且值外棍冯毓灵等在榄内沙面诡设龙洞农会，浮言惑众。于小榄农务，颇多窒碍。今奉大宪咨部撤销，改归小榄农务分所。现选定职员十五人。当能集思广益以谋农务之发达矣。

——《香山旬报》第 77 期，庚戌（1910 年）十月十一日。

第七章　遏制绅权　推行民主政治

乡局制度论　舒夏来稿

从进化论之说，谓凡宇宙间有一物存在，必有其存在之理由，否则必归诸天演淘汰而消灭以尽。斯言也，可举天地万生，社会百变，莫能逃其例焉。如今日吾国中之有所谓乡局也者，其始也度亦必有其存在之理由，而后能发生；复以维持推移，以存至于今日，而不为天演所淘汰也。彼其沿革历史，吾今方越在海外，固无文献，可征其详；然尝静以思之，亦可约略审其所以存立之故。盖凡生息于专制之下者，尊卑之分至严且远；惟严故民气不通于上，惟远故官力不周于下。倘无有位于其中者，为之尽调和之术，讲保术之方，其势必至于上下相离，而社会秩序将岌岌不能自保。故夫乡局之生，亦有以应夫时势之自然者也。吾固尝观吾邑中之所谓局务者矣，其至烦剧者则为乡里排难解纷事件；此外若所谓团防，若所谓保甲等务，亦有归局管理者；顾其最重之点，则为地方官耳目所寄，以通民隐，握地方财政之权，以固民生。其名位非官非民，而特立于此两者之中，以尽调和融洽之能事；且其制义类似于合议体，斯尤为专制国下之一特色。果使得人而理，其足以造福于桑梓间者讵鲜少哉！无如利害相寻，一失其人，其弊也至于武断乡曲，侵蚀公款；或以一人把持，或以朋比为奸，怨谤沸腾，道路侧目；斯岂由于作法之未周，抑亦归于专制之趋势；而其祸有必至者欤。虽然，物穷则变，吾国今日固有将变专制而为法治之机者也。专制既去，则所谓应夫时势之自然若斯乡局也者，其复果有存在之理由乎哉！故欲占吾国以后乡局之生命，不可不研究此种局制组织及其保全，与近世法治国之法理思想，能相容与否，吾今试比较其一二，而评论之可乎。

凡国家无论为共和、为立宪，苟制有一定之法律，公布而实行之者，斯名为法治国。法治国国力之活动，其主要在统治权之划一。顾一国地大物博，鞭长莫及，决非一政府之力所能遍周。故有时不若还赖其人民有以自谋而利导，其事反切而可行，捷而易举。故近日世界文明各国，大率于中央行政之外，特认一种公共团体，使遵法定范围内，得以处理其统治事务之一部。斯即所谓地方自治也。夫地方自治之制，今日已成为法治国内之通有制度。吾国以后微论迁流何若，苟有去专制而为法治之一日，斯即不能逃出此通有性之外。今试问此所谓地方自治制度者，得容有此非官非民非公共团体亦非个人资格之机关在乎？（按自治制度中有所谓公吏。而局绅与公吏之性质亦不同。）且法治国司法必独立；司法独立，则各地必有裁判所，凡诉讼事件皆属之；其平理至捷而省费，公而适法。若是则社会上虽有争端，谁复就而质诸此无权无勇之局绅也耶。又法治国必有户籍，官司主之，岂复有所谓保甲；且广设警察宪兵，更安有所谓团防；不独是也，各地方之自治机关，皆一一选自地方公民；而其人数有定格，任免有成规，会议有权限，治事有定章，理财有会计。若是则举以与吾国现时所谓局绅相比较，札委出于官吏，办事行于贿赂，强者以意气用事，懦者以尸位为荣。其讵能相存而不悖也耶？由此观之，吾敢谓吾国他日不趋于法治则已，若果趋于法治，则此等局制，必归诸淘汰之列，而失其存在，可断言也。

虽然，今日吾国固犹然专制之面目耳。一日专制之局未去，即一日此种局制尚有其存在之理由。惟危幕燕巢，其亡也直指顾间耳。故吾甚愿吾国中今日之充局绅者，乘此未亡之时，为社会谋一二善举之事，公益之业；如教育，急务也，则推广之；卫生、要政也，则讲求之。其务至多，不能阐述。要之，凡可为民间兴一利除一害者，皆当以实心实力行之。则不独为桑梓间讴歌感激于无穷；而借此人望所归，异日峥嵘于新社会之舞台者，或仍为与情所推重。是局亡而诸执事之地位仍不亡也。第以吾国人士素重利而轻义，顾目前而忘远虑；而欲以此望诸一二同流合污之搢绅先生，岂必能如吾意也哉！

——《香山旬报》第 19 期，己酉（1909 年）闰二月十一日。

东翘八乡筹办地方自治研究社及戒烟分会纪闻

东翘八乡研究社，经乡中士绅组织有日，兹于七月二十二日假座东翘义学会议。是日到议者约百人，公推欧阳君菊岸为临时主席，谢君菊初宣布开办章程，黄君达生为书记。随由陈君艾轩献议，八乡中分派每乡绅士担任介绍社员，每人收入社费银一元；并附设戒烟会于研究社内，以省縻费。林君习三提议定于八月初十日开会选举自治研究社各职员，及戒烟会长。经众赞成。散会时已四句钟矣。

——《香山旬报》第 36 期，己酉（1909 年）八月初一日。

咄唐汝源竟不赞成禁赌　镜妖

咨议局提议禁止安荣铺票，而议员反对此条议草者三十五人。邑人唐汝

第七章　遏制绅权　推行民主政治

源其一也。

唐汝源在咨议局，匆匆两载，碌碌无所表见。澳门界务为唐切肤之痛，而不闻其一言以力争。而独对于害民之赌商，不惜身败名裂，助其张目而不辞。使非最无良心之人，其何以至此？

或曰：唐受赌商之运动也，唐得赌商之金钱也。谚所谓盗贼攫金于市，见金不见人，其为之保护也亦宜。然唐固议员也，非赌商之私人也；唐固由国民公举而为议员也，非赌商之雇用人也。则应为国人全体谋利益，而不当为赌徒增生计。安荣铺票者，固害民之新式赌博也。姑无论唐无受人之运动，得人之金钱。即赌商以此饵我，仍不应见利而趋，为彼所利用。而唐竟如此。唐何面目以归见父老哉！

虽然，议员者，实多数为衣冠盗贼耳。彼平日之倡言禁赌之铮铮有声者，尚为赌商作辩护，吾又何责于一昏昧无知之唐汝源为。

——《香山旬报》第78期，庚戌（1910年）十月二十一日。

下恭都镇选举纪事

下恭都镇于月之十七、十八两日，在筹办自治事务所选举议员，除南屏乡甲级票五条外，各乡汇共甲级三十二人，到投票者十七人；乙级除南屏乡三百余票外，汇共乙级五百余人，到投票者一百三十一人。十七日乙级投票，十八日甲级投票，十九日开票。分县廖鹏飞、淇澳司、陈逢辰监场。邑令于十七日到视，十八日回署。选列甲级十名：计开杨慕祖三票、杨应麟二票、黄福元二票、杨应銮二票、杨显生一票、吴振鹏一票、陈朝宗一票、吴应奎一票、叶让光一票、杨兰干一票；乙级十名：陈赓虞十一票、刘永枏八票、鲍尧初七票、杨慕祖六票、叶择知六票、杨文锐六票、杨应麟六票、杨应銮六票、叶让光五票、柳璧臣四票。

——《香山循报》第95期，辛亥（1911年）三月二十七日。

咄冯国材敢以欺农民者欺报界　砭磨

安洲农务会冯国材，迭被人控告。现奉督院饬县澈查，如果劣迹昭著，即咨部将钤记撤消，以慰群望。讵冯国材急不能择，复施其假公济私之手段，竟致电报界公会。谓被"豪绅刘曜垣捏歹侵夺，农民愤抑"。末署梁元太四千余农民字样。噫！以冯恃权挟势，鱼肉农民；彼方欲剪此朝食，愿肯随声附和为之发电耸听耶？故参观彼前期所登本报告白，则此电并非众人之公意，实冯个人所捏造。更昭然若揭矣！

冯等自设农会，举动谬妄；藉端敛财，捏报捐款，并收受投词，需索费用；更开堂审判，俨然以官吏自居。屡为何朝瑞、何国华、李仲英诸人赴省禀控。故督院批语，亦有"该会董屡次被人控告，谅非安分之徒"等语。今彼告白竟谓："督宪洞烛其奸，将李仲英等批斥"此等事实昭著，人所共见。犹敢捏词惑众，此其诬罔者一。又其告白中谓："各沙会友农民数百余人，势甚愤激，于初八日齐至会内，"又谓："随由各会友举定四人，为四千余会友之代表。"夫为四千余人之代表，则四千余人皆负责任，自当由四千余人公选，而后可居其名。今到会者仅数百人，即举四人硬名为四千余人之代表。即此一端，则该会平日行事，必由少数人垄断把持，已可概见。而况彼所称数百人者，未必有其数；所谓公举者，未必有其事乎？此其诬罔者二。

由此观之，以冯之善于作伪，肆为诬罔。更挟其诈术，广树党援。以之图谋公益，则实相反；以之欺凌农民，何患不济。今幸矣！该会将为当道撤销矣！记者之意，亦谓冯当知其术之不可屡售，引身而退，聊以息众怒也。乃竟施其故技，捏电公会，冀以淆乱观听。虽报馆有闻必录，亦暂为登记；今则概行更正矣。而谓冯之术可以售于报界耶？记者恶其狡，故不得不声其罪。并告吾邑之欲假会社之名以行罔利之术者，当以冯为戒，速变其旨，毋为冯之续也则幸矣。

——《香山旬报》第 61 期，庚戌（1910 年）五月初一日。

良都十八乡自治社成立

该社前由李文宝等发起，现入社者已千余人。随开会举定林龙光为正社长，刘焜煌、李鹗云、马显忠、林清华、雷澄海、梁富元等为副社长；李天照为理财员，李文宝为书记员；刘树楠、马宝銮、曹福缘、李之瀚、刘竹初、梁乃森、马赓载、李绍儒、李益微、李殿洪等为干事员。现订于十月念三日假座沙涌乡马侍郎祠举行开幕式云。

——《香山旬报》第 42 期，己酉（1909 年）十月初一日。

香山地方自治研究社议案

五月十三日星期，该社第五十四次集议，公推高蕙石为临时主席。议案录下：(一)杨翰延提议，粤省入春以来，雨泽愆期，禾苗大受损伤。现下各府州县纷纷举办平粜。本邑米价飞涨，小民粒食维艰，应行筹议开办。现经本社函致省港平粜公所，间取平粜章程及米办，亟宜函致沈令，赶紧举办。如何开办之处，请公订。众议应函请沈令，速行决定举办平粜。至如何办法，容再磋商。(二)黄启明提议，查石岐上基康公庙订十月崇升，举办会景。闻此次耗费不赀，劳民伤财，莫此为甚。况现在米珠薪桂，民情浮动，尤为不宜。若交十月、冬防吃紧，石岐又为商务繁盛之区，万一滋生事端，何堪设想。本社应为地方谋治安，可否函请沈令，照会商务分会及城西公约，劝导绅商停办会景，以顾公安。请公决。众赞成。

——《香山旬报》第63期，庚戌（1910年）五月二十一日。

对于邑城议事会之冷观　愤血

城镇乡者，最下级之地方团体也。然地方上之一般公共事务，必组织机关以处理之。此议事会之所由设也。吾邑城议事会行将成立，而热望之者，咸谓议事会成立，兴利除害，大有生死人而肉白骨之能力。以余观之，殆未必然。夫地方事务，治剧理烦。而欲议事会提纲挈领，措之裕如，则非有高才达识之议员襄助其间不可。今议员尚未发表，其得人与否，虽未敢断定。然吾潜观默察，可决其无得人之希望，无良好之结果。即有二三卓荦之士，得当斯选。然黄钟毁弃，瓦釜雷鸣。以一士之谔谔，终不敌众人之诺诺。如是则与不得人等，如是则无良好结果又可知。此吾所以有对于议事会冷观之作也。吾今欲推测其理由，所根据者约有四说。

(一) 证于运动选举者之怪像也

据本报所载，补填选民资格之胡闹，直堪令人喷饭。夫选民之伪滥，即为他日运动选举之预备也。试观今日奔走于钜商大贾之间，富家豪族之门，巧言蜜语，作毛遂之自荐者，此非运动者邪？聚十数狐狸蛇蝎，发狂曲踊，终日计算选民之多少。税额之盈亏。以佩置选票之方法者。此非运动者邪？因缘于调查员诸人滥报选民之资格，阴柔鬼蜮，冀得一当，以遂其梦魂想象之议员者，此又非运动者邪？若辈之丑声，使吾耳为之茧；若辈之媚态，使吾目为之眩。呜呼！顽钝无耻，至此为极。使若辈得为议员，则邑事宁有幸邪？而或者谓泰西运动选举，而政党不为之讳。吾邑于选举幼稚时代，不能责之太苛。则运动亦常情也。而不知西人之运动选举，自揣确有议员之程度，然后出面运动。乃吾观邑人之从事于运动者，强半为贪恶无耻腐朽寡识之辈。头脑昏然，良心剥丧。吾意泰西政党之锐首疾进，以运动于选举之途者，当无如此卑贱之人格也。此吾之冷观一。

（二）证于邑城之自治研究社也

吾邑城自治研究社之成立，于今已二年矣。美其名曰研究自治，查其研究之所得，则了不可见。夫自治研究社，实为自治入手之初基。以常理测之，则一邑之自治社，固应由一邑之俊秀组织而成。乃其黯然寂然，名存实亡犹若是。则他日议事会之议员，亦不外自治社员之化身。易地而处，则鲍落亦犹是矣。虽然，吾今遽以此责之自治职员，则彼或不服。请再以自治社员对于议事会选举之现像而一穷诘之。夫自治社之所欲研究者，非欲研究议事会选举进行之方法乎？议事会选举方法，虽有部颁选举章程之规定，然章程甫经草创，其应行增改实行之处，则自治研究社之所宜注意也。征之邑中舆论，榜示选民之后，所补填票数，有以一人笔迹连写表式三百余纸者；选民伪滥，莫此为甚。民情汹汹，众论愤激。此皆足妨碍选举之进行，及破坏选举之结果者。而自治社员皆漠然视之，绝不据实指陈，补助地方官调查之不及，维持议事会选举之前途。则社员素性之放弃，而不足与有为，从可知矣。此吾之冷观二。

（三）证之吾邑咨议局议员及邑人集会之现象也

夫品学优隆，辩才无碍，此议员职也。吾邑咨议局议员为邑人所公选，议事会议员亦为邑人所公选。情形一也。乃观吾邑咨议局议员。凡于咨议局开会，聊备一席。从无提议一事，独抒己见，以高谈雄辩于议场上者。即有一二事实勉强评论，喔喔作雌鸡之声，亦为绝无仅有之事矣。夫咨议局之议员犹若是，则议事会之议员更可知。此吾之所以耿耿于怀也。再观邑人集会议事之程度，又极幼稚。除一二横暴嚣张，凌乱无序之流，大率懿坐会场，默默竟日，绝无是非可否于其间者。夫学说以辩论而益明，真理以研究而愈出。我有良知良能，自有自由发抒言论之权。何至仰承他人之鼻息，以畏避而怯进者。故吾审察若辈之性质，非无学，即畏葸。无学者虽欲发抒言论而不能，畏葸者虽欲发抒言论而不敢；于是退处于赘疣之列，为优胜者所役使矣。夫咨议局议员固为一邑之搢绅，集社结团，亦为上中流人物所聚集，而碌碌无所表见犹至是。则又何望于议事会哉！此吾之冷观三。

第七章　遏制绅权　推行民主政治

（四）证之阻力增大，恐议员不足以战胜之也

吾邑今日热心运动议员者甚伙，使他日当选者，皆为依阿唯诺之徒，固不俟论；即有多数公正之士绅，得与斯选，仍恐不堪与阻力角胜负。举一例以证之，则邑人之组织维持公产会是也。维持公产会为一邑士绅所集成。核算公产，名正言顺。然开会集议，一声喝打，虽以煌煌搢绅，亦嗒然沮丧，莫奈伊何。则障碍力之巩固为何如也！夫维持会为一邑士绅所组织，尚不足战胜阻力；况议事会为邑城团体所结合，其声势比之前者为较微，则又何待论邪？夫办事不先去阻力，犹之筑室道谋，终无成就之日。今邑中公产，已为有力者所盘据，显为议事会绝大之阻力。盖议事会成立，凡办一事，兴一业，皆需经费。而公产既为他人所占据，则议事会虽立，亦必巧立名目，抵死而不退者，固必然之事。若是则议事会节节为人挟制，而无自由运动之望矣。此吾之冷观四。

呜呼！议事会者，固为吾邑城最重要之机关也。吾国大患，莫甚于下情不能上达。官吏妄自尊大，衙署森严，万人辟易。有议事会则可以达下情矣。吾国官权最重，其次则为绅权。吾观乡局先生，傲气凌人，不可向迩。有议事会亦收受各界之陈请，而人民不受劣绅之鱼肉矣。政治的教育，莫善于自治之实施。吾国以专制相承，人民素无政治之观念。今议事会成立，凡地方政务，使人民得亲自解决。而又可得政治上之经验矣。此议事会之功用，固予人以共见者。若他日发扬蹈厉，则成就当更宏远，此其关系于地方上为不浅矣。夫议事会之功用如此，则必有人起而执行之，而其功效始显。乃吾观前者所陈之四端，邑人确无胜任议员之程度者。则议事会虽成，吾恐议员之旅进旅退，莫展一筹，实意中事。有治法而无治人，此吾所以引为大忧也。呜呼！言念至此，吾心欲碎，吾瞻欲裂。吾固愿鄙言之不中也；吾固望议员之淬励精神，而不为鄙言所预料也。来日大难，夫谁之责。请拭目俟之。

——《香山旬报》第67期，庚戌（1910年）六月十一日。

善堂宣讲员无宣讲自治之资格者也　进公

自治之意义，精深博大，乡愚固不能洞悉；即搢绅先生，亦何尝窥其涯岸。吾邑倡办自治，乡人相顾骇愕，惊为创闻，固意中事。昨阅自治研究社十五期议案，缪君提议请宣讲员数人，解说自治要义，使家喻户晓，洵急务

也。然众议欲以善堂宣讲员暂当义务,则期期以为不可矣。夫善堂宣讲员,其头脑之冬烘,思想之固陋,提倡迷信,是其所长,岂知自治之真理耶?吾粤提办自治,故有自治研究所之设。今以专门研究之学问,而欲以提倡迷信之善堂讲生担任之,势必牵强附会,为通人笑。而乡愚无识,又必袭谬承讹,实其燕石,于自治前途,固无少补,抑又害之也。愿诸君子一思之。

——《香山旬报》第25期,己酉(1909年)四月十一日。

香山地方自治研究社第十六期议案

本月初五日星期,该社第十六次集议。黄君仙裴主席,议案如下:(一)黄君毓森由省来函,提议现有新民社所请李君沛南在省港轮船演说个人自治意义,闻者无不拍掌称善。李君颇热心本社,若请他到城乡各处演说,李君亦允当义务半月,作为试办,到时去留由本社酌定。可否即邀李君试办半月,请公定。决议函复黄君,现据广东自治社李君次桐,曾说称,代择讲生,想不日可到,所议李君一节,暂从缓订。(二)李君漱珊昨赴谷都调查得大布乡同益织布厂详细办法,及调取其种布样,似颇有成效,可否用本社各义筹赀举办,抑或任由社员另立公司,集股举办,请公定。决议先由本社暂拨银三百元开办,以为提倡,续由各社员凑集赀本,即行兴办,不拾外股,每股决定银五元,一次交足,其应拨回本社红利若干,俟成立后,开股东会集议。(三)榄乡自治研究社本月十六日开幕,函请赴会,本社应派员前往,请公订。众议俟下星期公推。(四)郑君策云提议本社可否函致广东自治社,请代取棉种,及调查其种植方法,以便分发各地方试种,请公决。众赞成。

——《香山旬报》第25期,己酉(1909年)四月十一日。

香山地方自治研究社议案

本月二十三日,该社第二十七次集议,刘君淡如主席。议案录下:郑君日铭提议本社第二十五次会议,决议函致广东演说会,请派员到社演说。惟至今未据答复。现各乡盼望甚殷,若仍久候,有稽时日,必致各乡失望。查广东自治研究社考取演说员,现经选定。可否即具公函与总社,请派员一人前来,以便分派各乡演说,请公定(众赞成)。

——《香山旬报》第33期,己酉(1909年)七月初一日。

第七章　遏制绅权　推行民主政治

实业研究所禀请案之批词

总局所设的自治研究所黄桂丹等，以附设实业研究所禀县立案。奉批据称实业研究所附设全属自治所内，是否自治研究所内各绅众情允诺；地方屋宇，能否敷用，均未据声明；希即另牍再行转禀立案可也，云云。

——《香山旬报》第33期，己酉（1909年）七月初一日。

敬告自治研究社社员　一惺

地方自治者，由地方人组织一公共法团，以自治其地方之谓也。然欲人人能自治，必自个人能自治始。个人之自治不端，而挟妓饮酒赌博吸烟。则凡在恒人，皆知其害道德，远法律，而大悖乎自治之意义者也。自治研究社员，夫岂不知。顾吾颇闻该社诸君，或不免焉。敢为诸君正告之。

挟妓饮酒之不道德，且无论矣。而邑中之花丛，尤所谓烟花下乘也。诸君以绅士自负，以政治家自负者，而竟屑为此耶？赌具中所谓义麻雀者，其害始于官场；今则邑人盛习之，费财害事。诸君以整顿风俗自负者，而竟亦为此耶？吸食洋烟，悬为厉禁，法律上不许有公民之权利者也。诸君口谈政治，而竟甘为废民，阳奉戒而阴违禁耶？责备贤者，春秋之义。勖哉自治社员！有则改之，无则加勉。慎毋以此自玷，而又玷及全体也。勖哉！

——《香山旬报》第22期，己酉（1909年）三月十一日。

再评邑城议事会　愤血

吾闻邑城议事会开始投票，邑令将投票箱封锁；其封条由全属自治社一人签字为据，复由地方自治研究社一人签字为据，然后投票。呜呼！是何故邪？明明以两党争驰，而藉此消融意见耳。然吾有见于此，则知议事会成立，亦不外两党人所集合而成。姑无论当选者，皆为不通文艺，品行悖谬之人；即有平稳之士绅，得当斯选；然意见太深，则办理心必从而消减。他日所发生者，除自私自利，武断乡曲外；当为斗意气，竞势力之怪剧。若地方上之公事，必无望其整顿矣。吾为此惧。

——《香山旬报》第68期，庚戌（1910年）七月十一日。

纪邑城选举议事会议员事

邑城选举议员，借城内粥庵高公祠举行。沈邑令、张委员、梁巡官及管理员等均到场监视。并派有巡士多人在门外站立。初一日为乙级选举，初二日为甲级选举。惟乙级人数太多，到投票者挤拥异常。是日多有往返数次不得投票者。因展至初二日，与甲级选民分边投票。到场选举者，各派参观开票券一条。初三日在县署内考栅当众开票。是日到场参观者颇形踊跃。每开一票，由管理员将被选人名唱报毕，即将选票挂黑板上。

核计乙级票共九百余条，选出议员十二名。计所得票数：（何鼎元）七十，（张瀚芬）五十八，（李骏洪）五十六，（邝廷章）五十四，（徐日新）五十四，（刘学华）五十三，（刘鸿銎）四十八，（徐廷相）四十六，（郑仲铭）四十三，（林郁华）四十二，（黄志傅）三十九，（何兆曾）三十七。

甲级票共八十余条、亦选出议员十二名。计所得票数：（萧绍芬）七，（缪云湘）七，（何鼎元）七，（缪国璋）七，（刘瑞麟）七，（张宝铭）六，（郑汝昌）五，（梁寿康）五，（陈鸿举）五，（杨衍桐）四，（黄瑞森）四，（李家凤）四。翌日邑令即将被选人姓名榜示县署照壁。并照会各绅答复矣。

——《香山旬报》第68期，庚戌（1910年）七月十一日。

邑城选举议员琐闻

初一日投乙级票。有侯某于写票时，在案上放一刘嘉黼名片，意欲照填；以年老手颤，大有误笔成牛之妙。卒勉写一刘字，亦不能成，怅怅而去。又有某甲始填一何字，而忘却下字。有管理员陈某从旁微语之曰：目字头。彼仍不能。乃仰思久之，终不就。鼎鼎大名、竖子竟敢忘却耶？翌日填甲级票，有来报李均名者。管理诸人见其形迹可疑，诘之。卒以捐数不符，请监督将其名注销，作为无效。复有伪冒郑灿卿名来者，为管理员所指斥而去。后真郑灿卿到，众认识之，始允其投票。及开票时，系举郑汝昌，但票上注明郑灿卿举等字样，亦作为无效云。是日又有调查员某，以铅笔书数小字交与投票人，为某管理员所瞥见。然亦不举发之。其余冒认而来，或以年貌不符，或为调查员所认识，不许投票者，尤不可偻数。初三日开票，由监督声明：如有填别号者，是否公认？有管理员陈某声言照章选册，若无此名不能作准，众议谓票内如有别号，经众承认，亦作为有效。后开票时，凡别号皆作为有效。至若字画糊涂，及将被选举人名填在票面，此类甚多，均作为无效云。

——《香山旬报》第68期，庚戌（1910年）七月十一日。

是所望于自治研究社诸君也　一介

吾邑小榄乡素号殷富，学士大夫，肩背相望。比年民智发达，如戒奢会、工艺所，皆逐渐成立。而独於新妇仇视丈夫（俗谓不落家）之恶俗，相习成风；未闻有起而改革之者，斯真负改良风俗者之大羞也。

查此种恶习，殆由顺德一带输入。而无识妇女，不察利害，群起而唱和之者也。呜呼！误矣。夫中国礼俗，婚姻为莫大之典；故必申日月以告君，斋戒以告鬼神，为酒食以召乡党僚友；将使既合者不得轻离，以保其夫妇之乐。今若此，等丈夫若路人，视翁姑如陌路；揆之女有家男有室之义，大相违背。五伦之道已失，礼义之防将废。岂非人心风俗之大忧哉！

吾闻某君之言，其恶俗相传，靡特女子安之；而家人父母，亦有故为儿女之伥者。吾闻之慨然。己则不恕，人谁肯怀。推其流弊，谁有不受恶俗之痛苦者耶？然则乡人之安之若素者，亦始终为习惯所囿，而不克自拔。使有人焉起而提倡改革之，晓以利害，未有不霍然醒悟者矣。

今该乡自治社之设，已有数所。移风易俗，非异人责。吾深愿其设立一会，明订章程，实力鼓吹，为桑梓谋幸福。则胜于争意见尚征逐者万万矣。诸君勉之哉！

——《香山旬报》第 44 期，己酉（1909 年）十月二十一日。

黄梁都自治研究社选举纪闻

六月二十八日为黄梁都自治社选举之期，是日到场投票者约千余人。开票后，黄銮之得五百一十六票，正社长以黄为当选。其余票数较多者，则为邝南大、吴维桢、邝家丞、陈建勋、梁浚川、赵直光、邝尊修、赵鉴清、赵臣蔺等，为副社长。二十八日各部任事员亦已举定云。

——《香山旬报》第 68 期，庚戌（1910 年）七月十一日。

告选民　烟洲人来稿

七月朔日，为城镇议事会选举期。诚重事也。盖议事会之设，即下议院之基础。所以为地方策治安，为社会谋幸福者也。议事会成立，则前此之豪绅土霸联结一窝者，将烟消云散。虽有某科某任某田某地之资格，亦不能逃于众好众恶公是公非之地矣。何也？议事会员皆出于公举者也。必其人才足以任艰钜，智足以达权宜，行足以重乡里，胆足以御强豪，而后可以餍人心而孚众望。吾知为选民者，必自度曰：某人副此；某人不胜。或调查而识之；或交与而验之。及选期至，则举吾心意中最钦仰之一人而选举焉。其他不当于吾所期许者，则虽爱如父，敬如师，吾弗知之矣。个人之对于选举也如此，他人亦如此。虽众人之意见不同，而以公德不以私意之目的则同。吾知当选之人，虽未必皆才德兼全之士。然而自兹以往，则豪绅土霸，必无一人足与于斯选者。快哉选民！快哉被选者！

吾闻连日东奔西走于亲朋之门，摇唇鼓舌于商市之家者，无非为选举忙也。其词曰：选举，余已有数十票矣；君当助我。此直接运动之词也。或又曰：某人合格，君选彼；当为他日手足计。此则间接运动而加以歆动之词也。吾料社会中不辨是非不识轻重而立意徇私以选举者，必居大多数。将来被选者，非豪横绅士，即恶劣少年。以此而希望议事会之能为地方策治安，为社会谋幸福，是何异望狗彘之耕田；望枭獍之反哺哉！

且夫选举重事也。选人各有自由权也。填选票时，非有窥伺督责而强之者也。开选票时，非有记号而知某之被选由于某者也。云鸿不能降其飞以徇弋人之求；神蛟不能露其角以贪渔人之饵；新月不能圆其光以照夜行之径；东风不能曲其力以顺北行之舟。光明磊落之士，不能反其好恶以就庸俗之请。若贸贸然而选之，以为不关痛痒；徇一时情面，毋宁纵数十虎狼于山林而驰逐之。及见其不择人而噬也，则亦悔之晚矣。吾闻之，狮象知风雨之将至而怒吼；雷霆受郁蒸之久而疾声。吾之为此文，为议事会前途计，亦出于不自己也。嗟夫！野人献曝，难回落日之戈。精卫痴心，愿塞无涯之海。

——《香山旬报》第66期，庚戌（1910年）六月十一日。

论逾限补填选民资格事　天赋

凡国家创办一事，必公布其法律章程，以为士民之则效。其章程内所规定之法则，自有约束一般人类之能力。虽至愚极悍之夫，亦不肯公然与之抵抗。盖章程既为人人所遵守，以一人肆意抵触，易惹同群之怨谤；且与法律不相容，执法者必据理绳之于后；又陷于触法抵禁之域，而为法律士之罪人矣。由此之故，无论何时何人何事，一纳于法律范围之内，必惕惕焉遵守靡违；从而可知法律章程之拘束力矣。吾邑开办议事会，有选举章程在，其章程虽未必完全无憾。然既为人人所共守，自不宜以一人而破坏之。乃黄绅桂

第七章 遏制绅权 推行民主政治

丹破坏于前，而自治社社员又相率而蛮争于后。呜呼！不问利害，不恤是非，但闻为同群被累之故；不惜狂争蛮触，张脉奋兴，以与政界为难。姑勿论其结果之荣菀若何，然凡事必有其理由；有理由者虽失败而无罪，无理由者虽幸胜而不武。今黄绅逾限补填选民资格，在法律上认为无效；邑令及司选员决议取消，皆根据定章以行事，无所谓不可也。乃以全属自治社社员之势力，为黄绅一人辩护；函电交驰，出死力以保全首领之名誉。洵不愧为黄绅之忠仆哉！虽然，此非与邑令及司选员争也；直与选举章程难耳。夫选举章程所载，关于选举人名册之限制，立法綦严。而人名册确定后，万不容他人之补入。黄绅以自治所长之资格，岂充耳而不闻，而竟逾限补填。是有意破坏定章，自作威福。邑令及司选员准其登册，是原于个人之私情。决议取消，亦本于守法之思想。盖逾限补填，为章程所不许。黄绅既已逾限，从而取消之。非邑令及司选员得有权以取消之也。实选举章程取消之耳。吾故曰：该社员之出死力而抗衡之者，非与邑令及司选员争，直与选举章程争也。虽然，吾知该社员亦有词矣。彼若曰：黄绅逾限补填，则不应准其入册；入册之后，则不应取消。

吾以为此种议论，可谓毫无根据者也。凡事须问其合法律与否。若违背法律，则不论榜示之后，固可取消。即他日选举有名，若有他人提起选举争议，亦可随时取消。彼谓榜示之后，不应取消之说，果何据而云然也。诸君试思之，选举人名必经宣示。其所以宣示之故，亦恐人名册中有舞弊作伪之事，故公之于众；使舞弊作伪者为人所察觉，得于宣示时提起争议，则狡赖者无所遁其形。此实宣示人名之要旨也。今黄绅违章补填，是以总局领袖自治所长而破坏定章；又以总局领袖自治所长，而威压邑令与司选员。邑令与司选员许其入册，于法不合，于情亦可谅。惟入册之后，复有地方自治研究社之函诘；即前所谓宣示人名之后，有人提起争议之类也。既有人提起争议，则邑令及司选员不舍私情而言法律。即前所谓宣示人名之后有人提起争议，可以将被控者随时取消之类也。彼该社员之欲为黄绅辩护者，不诚空无论据哉！吾论至此，敢先下一断语曰：邑令及司选员之准黄绅入册者，原于私情。私情者不可告人者也，故地方自治研究社得以力争之。其次议取消黄绅名者，原于法律。法律者神圣不可侵犯者也。故全属自治研究社不可强辨之。一言以为智；一言为不智。吾安忍下一转语也。虽然，吾邑绅民，素来畏官如虎。官吏一言之可否，几如铁案之不可移。今者民权甫振，隐为地方官之监督。

吾岂忍摧折其萌芽，以助长政界之气焰。惟是论事须言公理。若不能言之有故，持之成理；贸贸然与政界为敌，则是误用热诚，于事无济。而政界经此一度之风潮，得深悉吾邑绅民之无意识，民气之不可恃；拍掌窃笑，由轻视之心而行其横噬之计矣。不亦大可哀哉！故吾谓全属自治社此举，无所谓民气，直一哄之举动耳。此期期以为不可也。而或者更有为该社员解曰：黄绅为该所之所长，选举权被剥，足为一社之大羞耻。此实谬论也。试观所长不识法律，为一社之荣乎？为一社之辱乎？黄绅不识法律，剥去选举权；在该社当讽其辞职，以保全一群之名誉。何为而意存偏袒乎？某君尝以该所集议传单以示吾曰：此非公愤，实私愤耳。可谓至言。吾诚不知该社之怒目张拳，叫嚣竟日，果何为而然也？呜呼！天下本无事，庸人自扰之。吾为议事会前途，不禁重有忧矣。

——《香山旬报》第68期，庚戌（1910年）七月十一日。

斥《国事报》记载之荒谬　亚秋

余友愤血君见人阅《国事报》，必戒之曰：省报无虑十余家，佳者颇不乏。胡独取绝无价值之《国事报》为？余常询其故。愤血君曰：《国事报》之纪载失实，颠倒是非。久为识者所鄙夷。即如所纪本邑事，无不舛误者。如前学界提议选举校长，而该报则为盘踞席位者袒护。本报前纪戒烟会长邓某聚众吸烟，而该报则为邓某饬卸。此其尤著者矣。余久不阅《国事报》。闻愤血君言，但藏于心而已。乃闻该报近纪关于本邑新闻二则。一为"香山选举之风潮"；二为"社绅禀攻会匪"。取而阅之。淆乱黑白，妄实人罪。亦可谓荒谬绝伦。愤血君之言，岂欺余哉！

前"邑城补填选民资格者甚多，邑令特出示于二十一二两日核验凭证，旋于二十二日下午四打钟截止核验。乃二十四日午后，竟有黄桂丹函致事务所补填。当时适有数人在座，问司选员可否补填。司选员以逾限不能对。不料榜示选民资格，仍将黄桂丹一名补入。现由地方自治研究社致函司选员诘问"。此系实在情形。经本报调查确信登载。而《国事报》则谓："香山选举公民资格，由沈令于列榜后出示招人补填，限期二十二日截止。二十四日遂将核定补填各名再行列榜，其末名为黄桂丹。时有陈某等于二十四日复凑得多票，见榜已揭示，无从增入，以达与选之目的。乃相率入谒沈令，谓黄绅系最后时期始行报名，则现携来之百余票，自应一律收补；否则黄绅亦应

第七章　遏制绅权　推行民主政治

取消。沈令尚在踌躇未决，陈某谓不尔将有大风潮。沈令惶恐云云。"该报所称陈某者，即当时在座数人中之一。其间司选员以黄绅是否可补，系因彼逾限故。司选员以不能补入对，亦因彼逾限故。即邑令对陈等言，谓决不能补入者，亦以彼逾限故。并无所谓最后期。假如为最后期，即不得谓逾限。既非逾限，何至自治社致函诘问，邑令后竟将黄桂丹名字取消；更何至闻陈某将有大风潮一言，即形惶恐；以之诳三尺童子，犹不见信；乃竟纪诸报端，适形其谬而已。至谓陈某复凑得多票云云，尤为捏造。盖其意以为非是不见陈某之要挟邑令，及邑令之为人要挟耳。又如梁寿康见斥于司选员，系不由通传闯进事务所之故。查当时梁某见斥，即行退去。并无如该报所谓"此间系公事厅，鄙人非公不至。"等语。乃竟代为捏造登报。岂徒为梁某解嘲而已邪？抑别有所偿也。虽然，据右所言，该报记载虽属荒谬，然尚不至妄实人罪。至观其纪"社绅禀攻会匪"一则。始则曰："香山三点会匪刘锡霖"；继则曰："有劣绅为之运动"；终则曰："恐其运动狡脱"。查学董刘锡霖被控为会匪一事，经本邑学界集议。其时原告各人，并不能将为匪确证指出，但以刘锡霖无办学资格为词。当日集议请形，本报已据实登录。即省垣羊城时敏等报亦有纪载。该报编辑人岂尚熟视无睹？夫近日因挟嫌以会匪诬人者，时有所闻。当未审讯之始，裁判官亦不能遽定为匪。况刘锡霖由营弁拿解协署；由协署转解县署。虽邑令提讯，亦无为匪证据。复屡传原告到质，均延匿不到。该报果何所见，竟坐实刘锡霖为会匪乎？且刘锡霖于去月十八日被拘，本月十一晚由水提电县提省。相距已二十余天，而该报十二日始将此案登载。识者当明其用意。幸该报久失社会信仰，一落千丈。假当道以该报为可信，先入为主；则刘锡霖必将为徐桂第二。而该报之妄实人罪，又安可忍也！

噫！该报每日所纪新闻，何虑数十。而对于吾邑之事，已荒谬如是，其它亦可推想。余虽不屑教诲该报，然若任其狂妄不加纠斥，亦无以对我邑人。故亟声其罪为同胞告。

——《香山旬报》第69期，庚戌（1910年）七月二十一日。

竟有联群不到选举之议员

邑城议事会前选出议员二十四名，即由邑令照知各员答复，已纪前报。各员当即依期复县。邑令即各发执照。惟徐廷相一名，因被人控告品行悖谬，营私武断。邑令即据情转详大宪，将执照扣留未发。刘学华一名系隶葡籍，经人告发。李骏洪一名，经人指攻，前充麻洲局绅，庄前县驱逐出局，不准干预公务有案。邑令核实，即照章将二人撤消追缴执照。余为人禀控者尚有数人，邑令概不批准。又何鼎元一名，甲乙两级均当选。何自愿应甲级。其乙级所缺名额，经邑令电准筹办处将郑鹏飞补上。旋由事务所发出传单知会各员，订十六日在县署考棚选举总董、董事、暨正副议长。十四日即有人四处标贴长红。略云现下告讦纷纷，大局未定，遽定期选举，断不公认等语；末写选民公启等字。属期议员到者仅萧绍芬、张宝铭、杨衍桐、黄瑞森、郑仲铭、缪国璋、刘瑞麟、陈鸿举、徐日新、何兆曾、邝廷章等十一人。缪云湘因赴香港未回。其余九人经邑令迭次饬催，均托词挡塞不到。邑令大为不悦、即将调查员林嵩华严词申饬。因不到者尽系全属自治研究所员，林系彼辈同党，故邑令将伊申斥。待至下午，邑令遂令各议员退出，另择期选举。并将各情详禀大宪，请示办法。并闻是日侵晨，有缪庆燊、徐廷相、张瀚芬三人，联至议员邝廷章家内，强迫伊不得到场选举。彼此争辩多时，缪恃与邝有戚谊，竟纠缠不休。时黄耀光至邝家座谈，要邝外出。邝遂得到场选举。又是日马协台到会邑令二次，闻亦因选举情事。并闻到选各员愤三数议员，怀挟私见，结党抗选，已电禀大宪饬县查究。而邑城中人，亦以是日选举不成，咸归咎不到各员有意破坏。讵黄惠傅竟以违章选举，议员裹足等语电禀省宪。欲为不到之议员饰卸云。

——《香山旬报》第69期，庚戌（1910年）七月二十一日。

隆都镇议事会选定议员

隆都镇于初一二两日投票选举议事会议员，共选出三十二人。亟将人名及所得票数汇列于下：甲级当选人：（刘桂荣）三，（刘樊）三，（林寿图）三，（刘培兰）三，（林禄衍）二，（伍卫祺）二，（郑纲）二，（蔡有章）二，（刘伟）二，（刘瑢）二，（王德芬）二，（刘莱洲）一，（杨鸿锵）一，（余天眷）一，（刘钢）一，（李亮华）一。

乙级当选人：（刘景濂）四十二，（萧景清）三十四，（李宗干）三十二，（林汝扬）三十，（林日炘）三十，（李景龙）二十七，（余鸿钧）二十六，（王德芬）二十六，（刘冲汉）二十四，（林炳枢）二十四，（胡家宝）二十三，（林国光）二十一，（李秉均）十九，（伍卫祺）十九，（彭炳纲）十八，

（杨桂芬）十七。

——《香山旬报》第69期，庚戌（1910年）七月二十一日。

评烟洲自治研究社　磊畬

自邑城地方自治研究社成立后，影响所及，达于全邑。自治自治之声，腾播人口。烟洲黄族，亦复继轨接轸，发起斯举。于月之初九日集议开办，十三日行选举式。今既举定社长职员，就表面上观之，亦俨然一公共法团矣。顾记者于此，不能无微言焉。何者？该乡近日所办诸事，如人力车，如巡警，如戒烟会，不一而足；要皆自治范围内事也。乃人力车开设未及两月，为一二乡愚抵制而去之；至今音沉影灭，不闻有倡议规复之者。其无自治力者此其一。至巡警尤保卫治安之要政也。此次因赌徒滋闹，巡士闻县批后，愤然溃散。计今月余，所有私赌私摊，日益增设。当事者犹各怀意见，不闻联合一气，切实维持。已成者任其解散，未成者能望其成立耶？其无自治力者又其一。若戒烟会，尤关于转弱为强之要务。自该乡设立以后，报名烟籍者九十余人，至今吸食如故；甚且团聚一室，一灯莹莹，夜分不散。明目张胆，无人过问。腐败至此，其又何为？其无自治力者此又其一。综观以上所言，其前事既如此矣。今复有自治研究社之设，其又将以为名耶？抑俟此举成立，而举从前所已办者，次第恢复之改良之耶？此则记者所不能决言者耳。

——《香山旬报》第20期，己酉（1909年）闰二月十一日。

烟洲地方自治研究社选举职员详志

烟洲地方自治研究社，由黄君普南等组织成立，于十三日选举各职员。是日到会者共一百三十余人，先由宣布员宣布开会理由及选举规则。随举定黄君世忠为正社长，黄君龙彰等六人为副社长；黄君绍光溁等十六人为干事员。举正社长时，由纠仪员查出各社员中有先得选举票情弊，即当众提议，须当堂将选举票加盖图章，方作有效。惟票已发出，无从收回。惟于举副社长及干事员票内加印。故选举正社长时，约收二百票；而举副社长时，只得一百五十票左右；内仍有二十三票无加盖印章者，作为无效。黄君显成以现在任该乡小学校长，责重事繁，不能兼顾，当众辞去干事之职。经众认可。惟公推伊担任编辑白话浅说，以便宣讲云。议至下午四句钟。茶会而散。

——《香山旬报》第20期，己酉（1909年）闰二月十一日。

隆都联乡自治研究社选举纪事

该社于十六日，假座申明亭乡杨理调祖祠开正式选举会。是日到者二百四十余人，二句钟开会。先举正社长一人，当选者为周君鸾骞；次举副社长十人，当选者为杨君士瀛、高君拱元、林君禄芳、杨君玉瑚、高君仁镜、杨君汝禧、李君宗幹、高君宗濬、余君鸿钧、杨君燿焜；次举理财员二人，当选者为冯君桂芳、杨君松龄；次举幹事员二十人，举毕摇铃散会。

——《香山旬报》第38期，己酉（1909年）八月二十一日。

义门郑族自治社开幕纪事

初四日，该社在莲塘街郑氏宗词举行开幕式。闻因限于地方，只柬请仁良都属各界莅会。是日二句钟开会。先由主席郑君汝熙宣布开会理由，次由宣布员郑君腾驹宣读开幕词，随请各界演说。政界如沈令、马副将、豫捕厅等，均登坛演说。余如劝学所、教育会、香山地方自治社、农务分会、劝业分所、官立中学、高等小学、商务分会、隆都农务分所、香山全属自治社、附城总局、烟洲自治社、烟洲简易小学、麻洲自治社、三乡学员、香山戒烟分会、爱惠善堂、保育会、南湖族各代表等，均先后演说及致颂词。该族濠头五峰学堂学生全体赴会，内有幼龄学生二人，登坛演说；演毕全体唱歌奏乐，甚为动听。后由郑君亮晖宣读答词。时约六句钟，茶会而散。是日开会闭会，均奏军乐，会场内亦极整肃有序云。

——《香山旬报》第40期，己酉（1909年）九月十一日。

香山地方自治研究社议案

九月初四日星期，该社第三十六次集议，主席高君薰石告假，公推张铭石君为临时主席。议案录下：郑君日铭提议二事：（一）现在会社林立，一切开幕来往繁文，过事征逐，无裨实益，徒然浪费，殊非立社研究之本意；可否定例凡附城会社开幕函请赴会，本社应派员参观；若各乡各埠距本社远者，则函致祝词道意，概不派员前往，以省糜费。惟本社支社开幕及各团体因有特别重要事情请赴会者，不在此例。是否有当，请公决。众赞成。（二）黄旗都地方自治研究社，拟于月杪开幕。迭次函请本社于其未开幕前派员前往宣讲自治浅说，以期开通风气；昨何君虎臣又亲到本社催请，可否俟李君斗平由斗门回来，即派赴黄旗都宣讲。请公决。众议俟李君斗平回社，即派往黄旗都宣讲自治浅说。

——《香山旬报》第 40 期，己酉（1909 年）九月十一日。

香山地方自治研究社议案

十月念三日星期，该社第四十二次集议，轮值黄君启明主席。议案录下：（一）郑君颂平提议，查孝廉方正一职，应由每邑各举一人；现闻各县均经举定，惟本邑尚未发议，应请决定公同选举办法，通知邑中各社团定期选举；倘有未经公举，私行联名禀请核定者，概不公认。何如请公定。众决议函县询查如何办法，然后定夺。（二）昨按旅檀香山希炉埠同乡公函，请由本社提议倡设麻疯收养院；应如何办法，请公定。众决议先调查省城及东莞疯人院如何办法；次调查邑中疯人若干；俟议妥预算表，然后提议开办。

香山农务分会议案。十月念三日星期，该会第八次集议，黄君启明主席。议案录下：昨据和益围司事马耀裳，交来节略一件，应如何门办理，请公决。众议摘录节略大意，先函致卓山局询查明确，然后定夺。

——《香山旬报》第 45 期，己酉（1909 年）十一月初一日。

良都十八乡自治社开幕纪事

该社于二十三日两点钟开会，先由主席林龙光君宣布开幕理由，李鹗云君宣布开幕词毕；请沈邑候代表陈委员演说，各界随上祝词毕；宣布员致答词。闭会后拍照而散。时已四句钟矣。是日附城隆都东乡谷都各社团均派代表莅会；学界则有大岚岚阳学堂、南村振英学堂、沙涌马族学堂、皆率全体学生赴会。开幕费由林君龙光慨捐银一百大元，林清华、李鸿元、梁富元三君各捐银五十元，足见热心。时又有一捕听差役，持祝词一函，交入会场；支应员支茶资四毫；该差将银掷在台上，要银二员；该社不恤，该差竟大肆咆哮；时为会场招待干事各员所闻，喝令逐出；始肯执银及回帖而去，出门后仍辱骂不已云。

——《香山旬报》第 45 期，己酉（1909 年）十一月初一日，第 40~41 页。

纪黄梁镇选举议事会议员事

黄梁镇选举议员，借和风学堂举行投票。黄梁都分司吴及管理员等，均到场监视。并派有局勇多人在门外站立。初一日为乙级选举，初二日为甲级选举，初三日开票。是日到场参观者甚形踊跃，每开一票，由管理员将被选人名唱报毕，即将选票挂黑板上，核算乙级票五百余条，选出议员十三名。计所得票数：（梁炳勋）三十六，（梁倚文）三十四，（赵鉴清）三十三，（梁绍炯）三十，（陈世杰）三十，（梁寿谷）三十，（赵启文）三十，（梁元英）二十九，（梁赓尧）二十九，（黄鸿谋）二十八，（梁栋材）二十八，（梁桂年）二十八，（陈灿章）二十六。

甲级票二百余条，选出议员十三名。计所得票数：（黄杰元）二十三，（陈建勋）十七，（赵燮猷）十六，（赵蕃昌）十六，（陈佩鉴）十五，（陈觉世）十五，（赵直光）十五，（梁荣芬）十四，（梁维屏）十三，（邝南大）十三，（黄荣光）十，（邝家丞）十，（梁锡璋）十。是日并将被选人姓名票数榜示通衢矣。

——《香山旬报》第 69 期，庚戌（1910 年）七月二十一日。

南屏乡议事会选定职员

南屏议事会，经于本月初六日开幕，兹将各职员姓名录下：正议长陈德驹；副议长容鹏翔；议员郑朝举、容绍端、容鸿才、林文才、郑家桂、张光灼、张光杰；乡董容兆春；乡佐郑学仲。

——《香山循报》第 123 期，辛亥（1911 年）九月十七日。

黄梁都镇议事会董事会选举汇纪

黄梁都镇议事会，于月之十六日选举正副议长，黄梁都分司到场监视。议员到会投票者二十三人。午刻开票。正议长邝南大得十一票；副议长陈建勋得十一票。越日，由议长召集各议员选举总董、董事及名誉董事。是日黄梁都分司到场监视。议员支会投票者二十三人。午刻开票、总董赵燮猷得十二票；陪董黄杰元十一票；董事一名，赵臣蔺与梁炳勋各十一票，同票数以年长论，赵臣蔺长八年为当选；名誉董事赵直光、黄之鋆、梁赓尧、陈贵实、邝家丞各十二票；经由黄梁都分司及各议员当场检验数票，核实榜示矣。

——《香山旬报》第 69 期，庚戌（1910 年）七月二十一日。

香山地方自治研究社续选职员

初七日为自治研究社续选职员之期，是日社员到场者二百余人。两句钟开会。先由刘曜垣君宣布开会理由，及督宪学宪批词，选举规则。次投票举副社长四人。当选者为缪云湘、黄玉堂、唐汝源、周鸾骞四君。次举干事员，当选者为黄鼎等八君。散会时已五句钟矣。

——《香山旬报》第 19 期，己酉（1909 年）闰二月十一日。

选举慨言　劲士

原夫选举之用意，将欲公诸舆论，得人为理。然则选举者，固宜郑重选择，维持大局。若我邑人则否。有徇情者，有谋利者；表里为奸，视此选举权若不甚爱惜者。吾观于吾邑初选举之现象，而不禁为吾邑之前途痛也。夫运动选举，在文明国亦未尽绝。然选举者亦应量度其人之身份能力，而后从人之请。而运动者亦应默揆一己之身份能力，而后出而运动。乃以吾所闻，竟有目不识丁之某商，素行无赖之某某，声名狼藉之劣绅某某，皆从事于运动。初犹不信，今竟各得当选矣。呜呼！选举非细故也，议员非闲职也。今竟以无学问无道德之人物，滥竽充数。则败坏吾邑名誉之罪尚小，负累吾粤大局之罪为大也。呜呼！吾因此可验咨议局之作用；吾因此可验立宪之前途。

——《香山旬报》第 31 期，己酉（1909 年）六月十一日。

本邑初选举开票详情

月之初六七两日，为本邑初选举开票之期，开票所设在县署考棚。第一日由上午八时起至下午六时止，开票四箱；第二日由上午七时起至下午四时止，续开票五箱。计邑属共分九区；第一区仁良都共投三百七十八票；第二区隆都三百零一票；第三区榄都一百六十四票；第四区得能四大都二百八十九票；第五区谷都一百六十八票；第六区上恭都三百七十七票；第七区下恭都一百四十三票；第八区黄梁都三百七十六票；第九区黄旗都九十票。兹将当选人名票数列下：（唐汝源）一百三十二，（黄培元）九十四，（邓聪保）八十九，（邓萧）八十六，（郑宗惠）六十七，（周鸾骞）五十，（杨士瀛）四十四，（何宸章）四十四，（徐廷相）四十四（同票次序、掣签定之），（杨应麟）四十三，（何鼎元）四十一，（郑庆煌）四十，（梁寿康）三十九，（卓文枢号尧峰）三十七，（刘曜垣）三十五，（缪云湘）三十五，（高拱元）三十，（郑朝举）三十，（黄福元）三十，（刘培兰）二十八，（李家璧）二十七，（李家凤）二十七，（陈卓云）二十四，（吴凤翔）二十二，（黄玉堂）二十，（黄杰元）二十，（陈觉世）二十，（杨衍桐）二十，（林禄芳）十九，（吴凤藻）十八，（彭炳纲）十七，（刘嘉鼐）十七，（何作权）十六（以上当选正额）。（李麟书）十五；（缪庆燊）十五，（林郁华）十五，（刘景炎）十五（以上为候补额）。

——《香山旬报》第31期，己酉（1909年）六月十一日。

榄都研究自治会成立

该会组设已久，现入会者已逾八百人。前月二十四日，初次选举职员。票数最多者为麦玉堂、刘荣阶、李秋水、麦少岩、何泽南、钟品三、何品堂、钟惺可、张甘泉、李雨人、李乔山、李爵卿诸君。本月初二日复选。李君秋水得票最多，被举为正会长；麦君少岩、李君爵卿、刘君荣阶、何君栋云被举为副会长。闻将定期开幕云。

——《香山旬报》第31期，己酉（1909年）六月十一日。

古镇自治研究社开幕纪事

该社于初六日假座该乡邓氏宗祠行开幕式，社员及来宾赴会者约千人。是日二句钟开会，先由主席林达三君宣布开幕理由，副主席蔡伯周君演说自治利益；继由江门自治社、香山地方自治社、长洲自治社、香山教育会、保育会、戒烟分会、与善堂各代表次第演说，及上颂词；后由林日初君宣读答词。闭会时约四句钟。是日会场极为整肃，来宾莫不赞美云。

——《香山旬报》第31期，己酉（1909年）六月十一日。

烟洲地方自治研究社集议纪闻

烟洲地方自治研究社正社长黄绅世忠，以年老事繁，坚请辞职。经乡人挽留不获，旋于初十日派发传单，再行选举正社长接充。惟是日到会者寥寥，故未开会选举。随由黄绅鼎提议，谓凌令面谕该绅，着于乡中推正绅二人为乡董乡佐。由县谕饬充当。众议黄绅沂芬、黄绅葆光等可膺斯任。即拟禀县札充云。

按奏定城镇乡自治章程，各乡设乡董乡佐各一名。以本乡选民，由该乡议事会选举，方能充任。今该乡尚在研究自治，议事会并未成立。凌令遽饬设充，似于自治之手续不合。未审凌今此举，究何所见耳。

——《香山旬报》第 23 期，己酉（1909 年）三月二十一日。

香山地方自治研究社议案

七月十四日星期，该社第三十次会议。轮值洪君式文主席。议案录下：洪君式文提议二事：（一）本社研究所开课已三阅月，例应申报学宪，俾毕业时请领文凭。现查自治研究所章程，虽未奉到部颁明文，但可否查取咨议局筹办处现设之自治研究所程式，参照办法，从速申报。请公订。众决议将本所现订之学科章程，从速申报，至申报禀词，俟下星期宣布。（二）本社所办农务分会，迭奉宪批，催速举定总理董事；经刘君淡如等呈覆，赶于月内开正式选举会。现在会员日渐增多，请决定选举日期，以便刊布传单及升红周知。众决议八月初一日选举。（三）毛君仲莹提议，初十日赴划界维持会；林君佩三宣布该会经费，尚难持久，拟函请各埠同胞，量力捐助；此事关系我邑存亡，本社应酌量捐助，以尽维持之责；李君漱珊起言，由本社提款捐助，抑或由社员个人认捐；毛君仲莹起言，似宜由本社捐助；李君怜庵驳议，本社基本金提作捐款，似无此办法；且今日本邑公益事，应捐者尚多，若纷纷由本社捐款，何以应付；郑君日铭、梁君侣俦、黄君仙裴、高君蕙石均和议。众遂决议应由本社代为劝捐，俟集有捐款，陆续汇交。

——《香山旬报》第 35 期，己酉（1909 年）七月二十一日。

隆都自治社之风潮

该都自治社选举舞弊一事，已志前报。嗣据该都申明亭乡约所刊传单，则谓此事实由刘姓二三人造谣破坏。后该社于十二日开第二次选举时，有未曾入社之刘某，突然登坛，大声谓今日选举暂且少息，请先开刘杨二姓之谈判。杨姓人与之诘驳，刘某语无伦次，并拍案大骂。杨姓人大为不平，大呼解散，社员等遂一哄而去。闻即日由各乡同志倡议再行设立隆都联乡地方自治研究社，随定十五日假座申明亭乡学堂集议，其开办经费，亦先由杨姓垫支云。

——《香山旬报》第 35 期，己酉（1909 年）七月二十一日。

对于邑城议员不到场选举之慨言　亚秋

受千数百选民之委托，为地方计较利害图谋治安，泰然以代议士自豪。

非今日邑城议员之所同乎？怀才欲试，不自隐匿。一接有司之公牍，即依限答复。亦非今日邑城议员之所同乎？惟其然也，吾人对于议员，无论平居知其行谊与否，莫不引领企足以待议董会之成；而一观其风采，听其言论，而察其怀抱之何若焉。即身为议员者，亦当殚思竭虑以求议董会之成，得以早日提出议案，畅陈利弊，造福于社会，驰誉于桑梓。庶几有以慰众望也。乃事有大谬不然者。观本报前期所载，去月十六日原系选举总董议长之期，竟有议员九人联群不到会场；遂致选举不成，纷争弥甚。试问不到各人，守何项章程，具何种理由，而相率为此暗昧不明难对人言之举动乎？此真可为太息痛恨者也。

虽然，彼为议员者，前何以乐于答复，今何以善于规避。其中盖有一可嗤可笑之原因在。则以彼党人数不及半，恐所举总董议长各职，不为其党私人，异日不得凭藉权势狼狈为奸故也。或曰：以若辈之侧媚狡猾，善于钻营；人言不恤，法纪不畏，名誉不顾；卒之所举出议员仅居少数。则今日九人虽不到选，将来亦必有再约选期避无可避之日。而此九人者其数既无可增。则此位置私人之愿，亦谅弗可得而遂。则是举也，毋乃披其肝肺以示人，稍延时日以自慰而已乎？为是说者，真不知若辈之处心积虑，机械百出，而徒就表面以观察者也。何言之。盖小人行事，得志则以植党为揽权之基，失志则以破坏为挽救之术。即以不到选举一事而论，先期则标贴长红，借口于告讦纷纷大局未定以摇惑众人之观听；而于不同道之议员，则任情攻讦；届期则相率不前，肆意要挟；使地方官不敢负此责任。致选举之事，迁延不行；事后则又违章选举，函电交驰。所以然者，地方官之耳目较近，非甚易欺，故以要挟手段行之；省宪之见闻略远，则以蛊惑为破坏之计。至其尤为希冀者，则在经此番破坏，利用当道息争省事之心理，因得攻去一二不同意向之议员，使彼辈得居优势。则惟意所之言莫予违矣。此其用心真可掬以示人而不容或遁者。虽然，彼之自营其私，诚不遑寝处矣。然试问为议员者，以争权攘利为鹄乎？抑以兴利除害为鹄乎？使彼辈清夜自思，方未举之先，则饰为深情厚貌，务为大言高论，以属他人举己。及身当其职，则不惜违背公论自肆其私。亦将何面目以见人也！吾粤州县数十，未闻有议员联群不到选举之事。即吾邑各镇议董会，亦能依期成立。不谓此不规则之举动，竟于吾邑见之，竟于吾邑附城见之。此记者所为掷管太息，深为地方自治前途危也。

且邑城士绅党争之亟，始于争办自治研究所。两年以来，公产之纠纷，会议之冲突，莫不挟党见为是非。彼之言曰：吾党所主张者公论也。而此则目为私见。此之言曰：吾党所持守者正义也。而延彼则指为营利。熏犹相杂，黑白相淆。则地方必将隐受其祸。此有心人所以望议董会之成立，令两党之人一炉而冶之，而冀其屏除意气，相协以谋。不复如前之各树一帜分道而驰也。信能如是，则前此之相持，固付诸云烟起灭之中。即邑人亦为之谅。而前者公私义利之辩，亦各有说以自解。乃不此之图，竟演出不到选举之怪剧。此不特贻一邑之羞；即自为计亦良拙矣。吾闻东西文明列邦，各有党人之政见，此消彼长，皆自信其政见足以益国利民。今邑城中之议员，果具何种政策欲见之措施，乃惧他人之负此总董事议长而趋也。聚议于私室者不能宣示于公庭，此而曰党，党人之羞矣。

——《香山旬报》第70期，庚戌（1910年）八月初一日。

濠头自治社开幕纪事

十九日濠头自治社及戒烟分所、农务分所同时开幕。是日来宾极盛。二句钟开幕。先由主席郑腾驹君宣布开幕词，次各界来宾演说及上颂词，后由主席宣布答词。散会时已四句钟矣。是日邑城高等小学、四区简易小学、烟洲两等小学，及该乡五峰学堂学生，皆全体赴会；奏乐唱歌，极为闹热云。

——《香山旬报》第41期，己酉（1909年）九月二十一日。

榄镇自治社何苦甘为潘万成筹抵　一是

向者柴船到榄，柴贩与之交易，较量轻重，易起争端。潘万成充作居间人，专司秤手，每柴一担抽费用银八厘，名曰佣钱。嗣归入工艺学堂经费。每年投银四百员，名曰柴抽，榄镇自治社以镇中用柴不下十数万担，抽费在千金以外，而工艺学堂只得四百金。于是禀准以山票抽头抵补学费，撤销柴秤，免中饱于一二人，而通镇受其害，用意不可谓不厚。

使此后确无佣钱柴抽等名目。用柴乙担，实获八厘利益，岂不甚善。乃自柴秤撤销后，潘万成之揽收佣钱如故。自治社员固不过问。山票既禁，反为之谋别项抵补，吾于此不能无疑。

自治社之禀撤柴秤，谓其每担抽洋八厘也。工艺学堂非于八厘外有所加，潘万成非于八厘中有所减。乃于学堂则群起攻击，必达撤销目的而后已。于潘则任其明目张胆不置一辞，可疑者一。

佣钱归工艺学堂抽收，虽非尽属无私，犹有四百金拨作经费，归潘则悉入私囊，必夺取报效学费者之利益，与自私者以专利之权。可疑者二。

使归潘之损失，只此四百金，犹可言也。乃要向别处挖取相当之学费以作抵补，与归回工艺学堂开投，适成一反比例，是不啻每年筹付数百鑫为潘万成赎回该秤之费。可疑者三。

且也前者工艺学堂投家包支包收，柴船喜其快捷，故来源多而价贱。潘则分发各柴贩，每不能如期过付，柴船恶其阻滞，故来源少而价昂。用户既不获八厘之益，反受倍蓰之累。自治社员犹梗前议，不思补救。可疑者四。

禀撤柴秤者自治社员也，则凡有私收佣钱，悉自治社员之公敌。谓宜如何实力干涉，乃竟听其一再私收，人不责潘万成而责自治社，甘蒙不韪之名，使潘万成坐享其利。可疑者五。

有此五疑，无怪镇人窃窃訾议。虽然，自治社员固以不畏人言自命者也。吾谓无意识之言可以不畏，若确凿可据如此五疑者，而曰不足畏，则社员之为人可知。吾亦不复深责。若其闻过则改，当寻出潘万成私抽实据，缉获解官后，复时时暗查禁绝私抽，庶乎可以间执人口矣。如其不能，反不如当众公投，以期捐滴归公之为愈也。

——《香山循报》第106期，辛亥（1911年）六月十六日。

南屏乡议事会选举详情

南屏乡议事会，于五月初一二日选举。县派淇澳司常委员到场监视。初二日下午开票，参观者座为之满。开票后，乙级当选者：容鸿才十七票，郑朝举十四票，林维琮十一票，张光溥、容鹏翔均十票；甲级当选者：陈德驹三票，容绍端、郑家桂均二票，容兆春、张光灼均一票；林维琮因充香山第七区分局巡官，张光溥因避胞兄，均请除名。即以林文才、张光杰递补；一律当场答复。旋即互举议长，陈德驹五票为正议长；容鹏翔五票为陪议长。次举乡佐，郑学仲十票当选；再举乡董，容兆春四票当选。选举后，茶会而散。

——《香山循报》第101期，辛亥（1911年）五月初十日。

第七章　遏制绅权　推行民主政治

如此腐败不散何待

义门郑族自治研究社，原由濠头、西亭、庞头鳌、溪朗四大房合办；其经费系由该族知郡祖尝拨出。自去年成立后，选举郑汝熙为正社长。讵郑日在家中吸食鸦片，诸事不理。开幕以来，并未办过一事，已耗去公款数百金，族人啧有烦言。今岁已届一年之期，各职员例应改选一半；该社长亦不提议选举，乃竟于九月初间，召集各房社员到社会议；并联同二三私人，提议欲将知郡祖尝数目搅归该社管理；各族人以该社开办年余，并未兴办一事；只图经管数目，显欲营私肥己；大为反对，当即向该社长诘责。而庞头、西亭两房，并声明房内各社员全数退出，即将该社解散；以后不得再向知郡祖尝内动支分公款。是日到会数百人，除社长及其私人外，莫不赞成此说。今已月馀，该社长等犹欲仍前虚设名目图拨经费；现闻该族人大动公愤，议筹对待之法云。

按去年邑城已有两自治研究社，该族复在附城设立一社，已属赘疣。然使果能研究法理，为一族谋公益，犹能谅之；不谓该社自开幕之后，一事不办，徒糜公款，贻人口实。似此腐败，诚不如速行解散之为愈也。

——《香山旬报》第79期，庚戌（1910年）十一月初一日。

噫！咨议局之香山议员　复庵

噫！广东咨议局之议员。噫！广东咨议局之香山议员。

吾胡为深慨夫广东咨议局之议员也，将以九十馀人中，无一足为吾粤国民之代表者乎？则议堂之中，非无一二能根据法理发为言论者；而暗昧盲从，不辨事理，委蛇于议员之一席者，固居大多数也。不见夫去年开议乎？有伏椅瞌睡者矣。又不见夫日前之议禁赌乎？宣布停议之后，有始不起立而终起立者矣。盖此大多数人中，视所议之事件，茫然无所动于中。其神经之困倦，自有足惹起其睡魔者。诚如是故视他人之举动以为感觉，而起立与否。特为登场傀儡，作无意识之运动而已。又何怪前后所议之事件，终无一能收效果者乎？此犹曰议员之在本省者然耳。胡为资政院之广东议员，亦皆不谙北话，绝无议论而大失势力者。则吾粤士绅，诚无代议士之资格矣。

虽然，此特就其全体言之耳。议员之组织，固由各府州县组合而成。其一部分之议员，对于其本地方之政务。当如何实力研究。以务期与利而除害，以无负父老昆弟之委托。乃征之吾邑之议员，竟有大谬不然者。揆其人格，因未能为乡党所矜式。即其生平，亦未能画一策，建一议，而大有裨于吾邑者。试举其人格以为言，某某则纨袴子弟，不辨粟麦者也；某则乡局绅士，碌碌无所表见；某亦伏处乡里，木讷而鲜言者也。之数人者，而欲委以代表国民，毋宁假以议员之新头衔，为彼等夸耀邻里之具之为得也。他且勿具论，即以吾邑最重大、最痛切、关系于全国主权者言之，莫如葡界一事。此举发现后，吾邑人士疾首痛心，函电交驰，不稍退让。无如政府迟回于上，疆臣畏忌于下；纵有可用之民气，恐终难有效。斯时而可恃以为吾邑人之喉舌，而代忬其公愤者，惟咨议局之议员耳。惟咨议局中之本邑之议员耳。乃竟噤若寒蝉，不自提议，而犹有待于勘界维持会。彼衮衮者，已足羞矣。乃既经提议，而又不能持满足之理论，以力挽主权。揆其隐，盖由于无爱国之热诚，故无沉痛之言论。其土地之存亡，犹秦人视越人之肥瘠也。不亦宜哉。对于切肤之痛，尚若弁髦；则又何足表抒政见与商国家大计耶！且吾邑之议员，非徒对于葡界事漫无筹画也。自咨议局开始以至于今日，一检其议案，吾邑人之发议者，盖仅得三数次耳。以府属各县议员之发言者较之，几为一与十之比。似此腼颜议席，亦足羞矣。昔人有弄猴者，衣冠而进退之，则俨然人也。俨然长者达官，周旋而揖让也。责以人语，则暗且默矣。噫吾邑诸议员，其奋乃言论。毋与之等视而齐观也乎！

——《香山旬报》第76期，庚戌（1910年）十月初一日。

香山农会选举纪闻

该会职员周岁任满，九月二十一日开正式会，选举第二届职员。到会者百余人，黄玉堂主席，一句钟开会。先宣布开会理由；次宣布收支数目；次选举董事三十一人；当选者李麟书、黄玉堂、高拱元、洪典光、黄瑞森、缪云湘、郑宝森、黄龙彰、毛嘉翰、汪文炳、郑照极、黄祐孚、萧绍芬、黄耀光、缪国璋、彭炳纲、刘曜垣、杨鼎光、黄福元、陈鸿遇、黄汝揖、张宝铭、郑殿松、刘荣祖、梁恩浩、郑志超、李宗干、黄延显、何宸章、黄毓森、谢帝光等。候备董事李友杜、卓培芳、唐汝源、黄鼎等。随在当选董事三十一人中选举总理，当选者黄玉堂。选毕，茶会而散。时而已五下钟矣。

——《香山旬报》第76期，庚戌（1910年）十月初一日。

咄咄咨议局随波逐流之国会热　枕戈

开国会诚足以救国，而中国则否。他日之中国开国会诚足以救国，而今日之中国则否。斯理也，久为海内外明哲所同认。而一般薄志弱行之流，嚣然以救国相夸，而不知为根本上之解决。朝廷之所辩争，草野之所悬揣，皆在国会之一问题。一若我国国会之开否，视为中国存亡之枢机。即有一二参透此中之消息，而亦不免随波逐流而为之者。吾观咨议局开议会请愿事，而不禁为之一叹。

当日咨议局开议也，有六十五号议员起驳难。谓国会不足以救国，不能随波逐流而为之。而各议员皆不能有正确之答辩。三十二号议员则谓国会虽不能救国，亦不能不随波逐流而为之。此议因以通过。噫嘻！以全省之咨议局，如勘界禁赌之事，当复何限？乃相率盲从，为此随波逐流之事。吾诚不识其用心之何在也。虽然，吾知议员诸公，亦有死心塌地，醉心于国会者。吾则谓我国欲开国会，非特不足以救国，反足以害民。举例言之，咨议局非国会之小影乎？而政府诸公，岌岌然以限制议员为要着。即以广东咨议局而论，开局已两载，事事仰鼻息于官场。试问为民兴一利除一害否乎？然则今日之咨议局如是，他日之国会可从此而推。所谓救国者，毋乃悠悠之论，于实际上尚嫌隔膜邪？夫国会之结果固如是，而吾民适得一担任租税负担之重累，此又可于实事上推测也。试观各地请愿诸人，其要求之法，无何等之卓识，只日以贡献租税之说，强政府之闻。岂非国会一开，而吾民即增重义务之铁证乎？由此以观，国会之无益于国也既如此，而又害于民也又如彼。议员诸公，何乐而为此哉！而彼则曰：知其不可而姑为之，吾嘉其志而悯其愚矣。呜呼！岁月不居，山河变色，救国之法，求之往古，证之当今，堪为我国人之模范者何限，何必岌岌于请诸开国会为！

——《香山旬报》第77期，庚戌（1910年）十月十一日。

自治社开幕费之宜省　仑昆

狐狸嗥于堂，虎狼蹲于室。世变日亟，不可终日。岂犹是争华斗丽，征逐欢场，为粉饰隆平计耶！法团初立，成效未觏，而虚縻此千数百之开幕金，以为支持局面，踵事增华之具。迹其内容，于自治范围内事，固未能筹及万一。即延聘讲师研究法理，亦均置之脑后。然则诸君今日之办自治，亦徒耀外观，为歌舞湖山计耳。

夫开幕之举，非欲使举办之事业，表揭于社会上耶？非欲联络各界，谋团体之巩固耶？是二者固为举办新政之不可缺，抑亦思治事之方。固非徒为形式讲求，当于精神上加之意也。使其办理得人，成效卓著，方于社会上独树一帜，咸瞻仰而崇拜之。如其不然，则开幕而后，或将等于秋霜朝露，有声消而影灭已耳。由前之说，则开幕固足重哉！至欲以此为联络之机关。则谙于治事者，类不特立而独行。集合团体，靡大难事。而欲徒恃坛坫间虚文之酬酢，固未见其可也。矧款客之资，陈设之费，动逾数百金。以之举办慈善卫生各事并廷聘讲师，宣讲法理，固可收效而有余。以之为一日之酬应，欲以联络各界，则多见其寡效。诸君自思，其亦可以已乎？吾邑自邑城自治社开幕后，继起者如濠涌、麻洲、烟洲、卓山、古镇等乡均已次第举办。然稽其开幕费用，无不动糜数百金者。方今财政困难，筹款靡易。欲为保卫乡间计，则新政之举行，刻不容缓。而顾以此有用之金钱，掷诸无用之地。记者不敏，窃为诸君惜矣。嗟夫！匈奴未灭，何心南部莺花。神州陆沉，忍听东山丝竹。彼某县自治社，更有以招妓侑饮，开筵纵博，为娱宾计者。孰为陈叔宝，而竟全无心肝也。彼一般之办自治诸公，其亦知所警矣。

——《香山旬报》第32期，己酉（1909年）六月二十一日。

南屏乡地方自治研究社议案

该社日前第二期会议，临时公推正主席容君霁麟、副主席张君敏之、宣布员林君佩三、张君砚朋、书记员张君光灼容君镜祥、纠礼员张君光溥林君子麟。是日议案照录如下：一、议正副社长，应定员数若干，请公定。郑君拔臣起云：查部颁章程，正副社长各举一人，另举议员六人至六十人，俾资襄助；本社自应按照办理。惟议员应举若干，则宜参酌本乡情形，由众公定。张君光杰起云：本社议员可否定举十员；张君敏之、林君子麟、容君缉熙和议；众赞成。二、本社职员应定名额若干，请公定；众议财政定举二员，书记举五员，内推一员为书记长；调查定举六员，庶务定举四员；众赞成。三、本社寻常会议，原以初一、十五为期；现有社员献议，乡落与都邑不同，似每月会议一次，较为简便；应否照改，请公定。张君光杰起云：本社寻常会议，宜照改为每月一次；并宜决定每月十五为寻常会议之期。众赞成。四、社员入社费应于何日开收,请公定。张君光杰起云:可否由本月二十开收,至八月初十日止,为第一期。容君达楷和议。众赞成。五、本社旅港同乡,应否由本社派员往港,介绍入社,请公定。郑君拔臣起云:应即派人往港,介绍本乡同人入社;郑君培之和议。随举定容君东华、容君业麟持册往港介绍。众赞成。随宜布容君缉熙来函毕,至四句钟,主席摇铃散会。

——《香山旬报》第36期,己酉(1909年)八月初一日。

香山地方自治研究社议案

八月初六该社第三十三次集议,轮值周君翔云主席。议案录下:广东地方自治研究社特派讲生胡君寿臣到本社,经在社内演讲数堂。今应请胡君赴何处宣讲,请公决。决议请胡君在附城中区城隍庙宣讲,俟请毕再酌。

——《香山旬报》第37期,己酉(1909年)八月十一日。

咄咄刘学华等何无气骨乃尔　奈何

议员者,原具最高贵之人格也。何邑城议事会之议员,竟有呼之即来,挥之即去,一无气骨至此。

刘某则斥退后而开复者也,徐某则扣留执照,李某则先被斥退,而皆由县委予以选举权者也;此皆大可羞耻之事也。在稍有气骨者,虽王侯卿相之尊,亦必掉头不少顾。何有于一区区邑城之议员,而彼三人则否否。选举日,面目忸怩,匍匐而来。以个人天赋之特权,一为县委之命令是听,其可耻也实甚。子舆氏有言:一箪食,一豆羹,得之则生,弗得则死。呼尔而与之,行道之人弗受;蹴尔而与之,乞人不屑也。呜呼!吾言及此,又安忍为若辈下一转语耶。

——《香山旬报》第72期,庚戌(1910年)八月十一日。

徐廷相又被斥革矣

邑城议事会议员徐廷相,当选时即被人禀控其品行悖谬,不合资格。由邑令将其执照扣留,照详自治筹办处核办。及初五日互选议长及董事会各员,复予以选举权,均已迭纪前报。旋由筹办处批回,略谓:据法政学堂夏监督移称,徐因抵抗新增规则,为首滋事,被革有案。查照定章,品行悖谬，资格不符，应即将徐扣除。邑令奉批，已于十四日县出牌示、将徐斥革矣。

按徐某经法政学堂斥退，复经提学司断定有案。则今日之扣除，彼当无词自解。惟以现在之议员论，所应斥退者，不止徐某一人；即如刘某既入葡籍，证据确凿；彼既肯诒事外人，甘作奸民。以利害论，自应不得复任议员，干预公事。况近日中葡交涉，异常棘手，若议事会有特别会议，而任令不中不葡之奸民干预，万一事机泄漏，试问全体议员肯担此重咎否？试问我热心界务之同胞亦甘作旁观否？乃今日以万目共睹之奸民，斥退后仍得开复。又何必问一反抗校章之徐某哉！呜呼！豺狼当道，安问狐狸。议员中之品行悖谬者，以著名奸民之刘某为最。在记者之意，以议员无论何如党争，仍当以救国为前提。以维持界务为着手。既有此种观念，则刘某万不能容于议事会中。吾愿一般之议员熟思之；吾尤愿我邑人起而研究之。

——《香山旬报》第72期，庚戌（1910年）八月十一日。

第二节　绅权与党派斗争

大绅说　笑一

大之一名词，多为卑者对于尊者，作颂扬之称谓（如大人、大老爷、大少之类）。盖卑者对于尊者，非"大"无以博其欢心。而尊者对于卑者，亦非临之以"大"，无以崇其体位，是此"大"之一名词，作平等之称谓。稍有廉耻者，所不肯道也。然乡民之对于绅士，又往往曰"大绅"。大"绅"云者，则又何也？盖吾国素为专制势力所弥漫而充塞，一般之社会，其耳所闻，目所见，举为绅士之声音笑貌，印入其脑海中，由是而积威所至，已不啻奉之若神明，敬之如帝天。因畏生媚，而"大绅"之名词以起。行一事也，则曰某大绅所筹划；建一议也，则曰某大绅所主张。大绅而凌逼小民也，则哑忍之；大绅而蟠据公产也，亦漠视之。其视大绅，有过于官府万万者。盖官府之力，或未遽鱼肉平民，而大绅与平民相密迩，实足制平民之死命。是大绅者，实平民之仇敌，而官府之枨鬼也。以吾邑言，则何某之险毒、黄某之昏庸，皆所谓大绅也。而构陷善良，侵吞公款，久为邑人所切齿；皆假大绅之一名词，以行其恶者也。今日政府之所谓立宪，为期已届，将来平民之隽秀，或将与闻国事。而绅界之藩篱，殆从此决灭矣。寄语社会士民，慎毋以大绅为可畏而震惊之，更毋以大绅为可贵而钦羡之也。天赋人权，万类平族，安能容此毒恶之绅权，横亘于其间哉？自卑尊人，揄扬称道，舆台走卒，或优为之，气节之士，断不出此。何居乎？竟有以主持公论，乡导国民为己任之报纸，而竟以"大绅"称人，此则记者所为大惑不解也。作大绅说。

——《香山循报》第107期，辛亥（1911年）六月二十三日。

香山绅界对于学界商界之状态及绅权膨胀之原因　亦进

吾邑学界及商界之风气，至今日而似一变。所最专断最腐败者，厥惟绅界，此语夫人能言之。然昧昧我思，则学界商界所谓风气稍变者，亦不过东施效颦，邯郸学步，非徒无益，适形其丑。无他，借改革之虚名，奔走号召，而实巴结主义，铜毒归心。不惜屈高尚之人格，哀求劣绅门下，得一顾以为啖饭地。而劣绅亦心灵手敏，利用之以为入寇学商界之地步，可哀孰甚焉？夫劣绅亦同胞之一人，使其稍具热心，共谋公益，则同舟共济，何所不可？奈吾望之而彼偏远之，引虎自卫，非人本愿，安得不深恶痛恨为虎作伥者之绝无心肝耶。嗟乎！窃钩者诛，窃国者侯；是非颠倒，万方一概。哀哀同胞，殆明秋毫而昧舆薪者欤？何皆忍气吞声，不为之大声疾呼以发其覆也。吾思之，吾愤恨终日，谨就耳目所见闻者，为之和盘托出，与同胞一商榷之。

（一）绅界对于学界之状态

本邑自兴学以来，首于丰山旧址，创立义学；不数日即为劣绅破坏，演毁学之怪剧。再则某君设立学务公所，而劣绅之破坏又如故；此皆见之报章，形之公牍，讳无可讳者也。自此以降，若翠峰学堂之毁学，南乡学堂之闹学，崖口学堂之缠讼，泮沙小学之争执，非二劣绅巴持而破坏之耶？劣绅安坐以享实益，而学界之颠连惨状，已不堪言；则劣绅对于学界之情形固何如也。

（二）绅界对于商界之状态

吾邑商界，智识素称幼稚。数十年来，如古井无波，安有澎湃奔腾之象。有识者方窃窃然忧之。丁未间，商会之名词始出现。方谓其结合团体，交换智识，商智日以发达。奈何怪象百出，开门揖盗，浸假而某绅入寇矣，浸假而串举总董矣,浸假而禀控于农工商局矣。呜呼!所谓串举者何人,所谓控告者何事,谁则致之耶?他若赌局之开设,劣绅不能干涉之而包庇之(凡赌局必诱商人聚赌,于商务最有关碍。惟其聚散极倏忽要为土豪包庇),某银店之镠镙,劣绅不能调和之而主使之。此虽个人之交涉,然关系于商业者仍不少也。则劣绅对于商界之情形又何如也。

上来所说,彼绅界对于学界商界之价值,不待智者而知之矣。虽然,中国为专制政体之国,官场之权力,有若万钧;官场之地位,竟如天人。上下之间,几如鸿沟之隔断。彼绅士往来其中,申理民间疾苦,倡办地方公益,其立法未尝不当。乃何以法立弊生,日久生玩。若学界,若商界,无一不有绅士之迹,而无一能受绅士之福者,抑又何也?此其中盖有两原因焉。

一由于官吏之札派。夫地方上之设绅士者,以其图谋公益,申张公理,外与官场交涉,内为同胞模范耳。然谋公益也,申公理也,必其品学优隆,智识丰裕,然后胜任愉快。若札派之绅士,有徇情者,有贿赂者,其人格已卑下不堪,何足与言公益,更何足与言公理耶?

一由于无团体之监督。夫绅士即归札派。然地方父老,发宏大之志愿,结伟大之团体。监察之,纠正之,更进则声罪而致讨之。彼虽至愚极顽,岂敢公然与舆论作敌乎?乃环顾同胞,皆寒蝉瑟缩。闻劣绅之名,如当雷霆;见劣绅之面,如临西天。则劣绅亦何乐不择肥而噬,倒树捉鸦耶?据此两者,则劣绅之势力既日益巩固,而学界之生气,殆无丝毫存矣。呜呼!商会乃商界之机关,而恶劣可以营私。教育乃文明之事业,而顽固可以厕席。吾邑人士,岂不辨其奸者,何不鸣鼓而攻之也。畏祸耶?徇私耶?非吾所知。然学务与商业皆兴国之要素,而劣绅为社会之蟊贼,胡能隐忍而任之恋栈耶?

虽然,鸡群之中,非无鹤立;艾丛之里,亦有芝兰。彼劣绅嗜利把持,固为学商界之公敌。然鲠直不阿热心任事者,今岂无人,惜乎泾渭混淆,良歹莫辨。遂至一手抹杀之耳。吾今不惜词费而忠告学商界诸君曰:彼公正之士绅,固吾辈最爱最敬之同胞也,引为心腹,兴办公益,亦固其宜。若夫卑污放纵之鄙夫,遇事把持,压抑舆论,则吾等之劲敌耳。仇雠耳,争之以理,继之以血,犹当铲除而驱逐之。彼摇尾乞怜,奔走奉承者,何丧心病狂若是耶?夫劣绅狼子野心,亦有天良发现之日。当其酒酣耳热,清夜扪心,或亦发奋自愧,泣数行下。彼助桀为虐者,见利忘义,曾不知世间有羞耻事，其罪不更浮于劣绅哉。呜呼！兴言至此，吾又奚言。

——《香山旬报》第1期，戊申（1908年）八月二十一日。

呜呼！学堂竟为神权之奴隶　呜呼！防勇竟为赌博之护符　精一

吾近于吾邑新政中得两怪闻焉。一为小榄乡李某之欲保全神方；一为海洲乡孔某之欲开设赌博是也。问何以保全神方？则曰：为充学堂经费故。问何以开设赌博？则曰：为充防勇经费故。呜呼！学堂也，防勇也，皆公益事业，人所同认者也。神方也，赌博也，皆杀人利器，人所同嫉者也。故巡警道严禁神方，不啻三申五令；禁赌尤为吾粤近日唯一之要政。是神方与赌博，有百害而无一利，亟宜绝迹于中国者也。乃吾邑兴学办团之人，犹欲合一炉而冶之，以为学堂防勇之助力。呜呼！学堂防勇，固今日之要务；而神方赌博，亦为今日之大害。兴一利，长一害，又何如其已耶？如谓经费无着，可以利用违法之事业，为支持局面之具；然则强盗夜入人家，倾箱倒箧，饱其所欲，归而散之以济同党；犹可容于法律中耶？呜呼！办事未求实益，先求无过。兴学而利用神方，办团而利用赌博；吾恐未见学堂防勇之益，而先受神方赌博之害矣。彼有志于地方公益者，奈何倒行而逆施耶！今李某既为警道批斥（见四十一期省批），而孔某乃蒙善后局俯准（见前期新闻）。岂神方之毒比赌博尤烈欤？抑二公之政见，固各有不同欤？记者不敢臆度；然以邑中办理新政者，竟有此拒虎进狼之举，则不能不为吾邑新政悲矣。

——《香山旬报》第43期，己酉（1909年）十月十一日。

大哉舆论　亦进

自欧风东渐，专制灭而人权涨。一般虎狼之官吏，犹知博采舆论，规定地方上之行政。何物乡绅，乌有反抗舆论而能生存者？

前李君景纲控黄何二绅。奉批云：地方公事应凭公议。又云：二绅乡评如何？夫二绅之乡评自有公论，吾不必言。然据此观之，则舆论之可宝贵，已具有明证。一般之乡绅何苦反抗舆论，甘为公敌。

夫以权利与舆论较，则权力必骤胜而不久，舆论虽屈而仍申。虽以专制魔王若路易十四、若梅特涅，当其大权在握，未尝不横尽地球，万人辟易；若迟之又久，亦同归于尽。况乡绅人微言轻，智不足以伤奸，权不足以威众；徒以凭藉有人，冰山可恃，不惜牺牲名誉，鱼肉同胞。抑何其胆之大而不自量耶？

世人批评乡绅，每骂之为恶魔，斥之为强盗。斯固言矣。然乡绅与乡人同为人类，而彼独为恶魔强盗而无人过问者，则舆论不发达故。迩者人权大振，公理斯张；虽有恶魔强盗，为患不久。大哉舆论！良足制豪绅之命，而为吾民吐气者矣。吾痛乡绅之横暴，读督宪之批词，故有感而言之。既持此以为吾邑之乡先生告。

——《香山旬报》第22期，己酉（1909年）三月十一日。

干涉局绅之旷职

谷都总局自郑某等接办后，诸绅多离局外出，乡事均置弗理。惟每到收捐费时，始行汇集，争支薪水。以致都中人士，啧有烦言。兹闻桂山东两院暨自治研究会各员绅，均欲出而整顿。已于日前约齐各乡绅士拟联名禀县干涉云。

——《香山旬报》第11期，戊申（1908年）十一月二十一日。

邑绅亟宜调和党见以维公安说　法坛

时事日非，中原多故，正我国民戮力一心，呼号救亡之日。此犹可内相倾轧，斗智斗力，以自取败亡也哉。吾国自颁布立宪，举办地方自治。由表面上观察之，则百政具举，兴滞补弊，人民之德性日益高，地方之治安日益固。吾人皆可额手称庆，为地方前途贺也。不料举办新政，适以开新旧党派竞争之门，试观各地筹办地方自治，多因绅界意见不洽，鹬蚌相持，互相禀攻，互相牵制，置地方大局于不问。而城镇乡自治局，因此不能成选者有矣；因此不能成立者有矣。若夫成立之后，你虞我诈，闹成意见者，则所在皆是也。呜呼！我国人群治之力，固如斯其薄弱哉？曾亦知自治制度，即以养成国人保持秩序维持治安之能力，亦即以扩充内力对付外侮之始基。乃至各树党援，两相疑忌，以最文明之事业，为最蛮野之纠争。机诈相倾，靡所不至。士君子处兹时局，而有此盲从辖闹之举动，此岂地方安宁之幸福哉？他姑不暇具举，请以吾耳目所最切近，见闻所最真确者一论列之，以警告我邦人诸友。

近两年间，我邑新旧党派，攻击至为剧烈。若附城之两自治研究所，各怀意见，纷争不已，其中是非，本报固已详论之。然记者细参其故，则以新旧党派不能调和者，在于势力不肯平均故；其势力之不肯平均者，在于意见

第七章　遏制绅权　推行民主政治

之不能融和故。靡特邑城绅界为然。若黄圃，若小榄，若东南各乡，皆一邱之貉也。故各处绅界酿成意见后，积不相能，日以倾陷罗织之手段，以排挤异己者。而地方新政，社会公益，皆由此破坏灭绝，几无可复存。此党倡一善举，彼党则藉词以中伤之；彼党创一会社，此党则借势以推翻之。遂至邑中大局，凌乱错杂，自爱者皆引身远避，作伪者则乘势为奸。君子道消，小人道长。邑事不可复为矣。呜呼！公私之界不明，缓急之途倒置，邑人非无心肝者，胡亦卤莽决裂以为此哉？记者扩观时局，时作杞人之忧，乌能任绅界党争，纠缠不解，以贻误我香山之大局也？诸君思之，各国协约之议既成，觊觎中国之志日亟，计至今日，俄法德日诸强国，几有强攫中国之势，所不表同情者，惟有美国。美国素守门罗主义，不以侵略各国为事，或有居中调停，维持世界和平之想。然各国虎噬狼吞之势，已滔滔不可制止。俄已进兵新疆，英又进兵片马，诸国皆有乘势均沾不得不休之概。断非美国所能解散而阻止之者。瓜分之祸，恐终有见于中国也。中国亡，而我邑固可矗立于世界上乎？吾见我邑之父老昆弟，拜伏道旁，举顺民之旗，为印度波兰之续矣。此吾之所危惧者一也。诸君思之，中葡勘界之事，迄今几阅寒暑矣。我让一步，彼进一尺；增置青洲之水炮，干涉湾仔之鱼苗局、关闸外之膏牌局，此皆毁弃约章，蔑视我国主权者也。再则炮毁路环矣，再则拆掘基围矣；近复勒令九澳角石排湾等处田亩，纳税于西洋皇家；以我国领土内之土田，尚欲公然占据，其心目中，宁有中国之主权在耶！倘他日夜郎自大，狙蒲骚之役，骤胜而骄，滋扰吾内地；我邑之和平，亦将不可保矣。此吾之所危惧者二也。诸君又思之，我国非徒瓜分之祸，可以蹂躏土地也。革命之恶潮日烈，各省之警报频来，试观前十日间，省城革命党投戈而起，焚攻督署，全粤震动。吾邑偏守一隅，亦以人庞言杂，谣言四兴，大局几至摇动。富户之迁往港澳者，相望于道，居民惶惑，大有一日数惊之叹。夫以革党旋起旋扑，吾邑尚慌恐若是；不幸天未厌乱，苦战相持，而谓吾邑之大局，能保持治安，不为外方所牵动乎？此吾之所危惧者三也。由此三事观之，吾邑实处于最险恶之地位。非有善后之法，自卫之力，断不能幸免于今日弱肉强食之世。而欲筹善后之法自卫之力者，舍绅界群策群力，实心以经画之末由也，此吾欲为绅界诸公进一解也。

吾尝言之，智者防祸乱于未萌，愚者防祸乱于既起。吾前所举三事，皆足影响于我邑，使之须受其害者，以我邑兵力单弱，猝有乱事，大局危逼，数十不逞之徒，自足横行一邑，扰乱全境。故为我邑计，惟有统筹大局，举办民兵以自卫，若能办理得法，预备有素，则对于前之一说，或足为睢阳之守，屏蔽一方。对于后之二说，或足以制御寇盗，保土安民，不至为外人强盗所蹂躏，此吾邑之厚幸也。然举办民兵，非空言可立至，其始也几经筹画以期成立，其继也几经维持以冀持久。筹划也，维持也，非将多数有可能是权力之绅界，提挈而左右之，则事必无济。以邑中绅党之纠争，日甚一日，对于一邑公共事业，几若隔河观火，甚至意气相倾，竟欲射人射马，置破坏公益于不计。则欲合全力以办民兵，储实力以固吾圉，非先调和新旧党争，合力进行，仍恐阻力横生，莫能得竟全功也。故吾谓欲保一邑之治安，必先由民力之自卫；而民力之自卫，必先平绅界之党争。此吾有是篇之作也。虽然，吾所言者，亦为自爱者而发耳，外此者何足道哉？

——《香山循报》第 99 期，辛亥（1911 年）四月二十五日。

崔镇之为旗人计则善矣　愤血

旗人本汉族也。大清入主，旗人与有动劳。于是恃势作威，残害同种。吾同胞之低首受辱者固多矣。然自立宪之诏下，日以和融满汉为言。此等绝大问题，於事实上能发现与否，虽在不可知之列；而记者固翘首企足以待之者。何意证之今日，竟有非汉非满之旗人，横亘於中之怪象邪！谓余不信，请观咨议局第十五次议案可知矣。

是日提议较场建筑，与咨议局有碍，群议主张撤去；乃崔镇自许为旗人资格，以建筑较场，为旗人生计，出死力以抗议。呜呼！是非有汉旗之界限而何哉。凡事须问公地私地之分；既名较场，自属国家之公地。应否建筑之问题，自应从多数取决。乃崔镇于众人否认之后，尚声色加厉，嚣嚣辩论；谓"凡事须问公理不能以多数起立为表决"云云。呜呼！从龙贵胄，气焰高张。吾诚不知其所谓公理者，将作何种解释也。咨议局开议已十五次矣，凡事皆以多数认可为表决；何以崔镇皆不抗议力争，致今日始斤斤致辩邪？虽然。崔镇旗人也，较场建筑市场，旗人独占之利权也。崔镇既不能破除汉旗界恨，则拥护同族，记者亦不深责之。特不知我同胞之视崔镇何如耳。

——《香山旬报》第 45 期，己酉（1909 年）十一月初一日。

第七章　遏制绅权　推行民主政治

请看邑令偏袒局绅之详文

敬禀者：窃照光绪三十四年十二月十四日，据卑县附城总局绅士黄桂丹、何鼎元等禀称：窃维自治为立宪之基础，研究学理，尤为自治之先务。自朝廷诏下立宪后，民政部曾经咨行直省，举办地方自治。惟是自治范围博大，其制度又甚繁赜，非旦夕所能解悟；加以近日浮躁少年，多假新政之名词，广联社会，以为植党营私地步；若非慎之于始，不特无以谋地方幸福，转于宪政前途，反有妨碍。忖附城总局为全邑领袖，绅等忝主局务，均应讲究以资习练，并为县属提倡。查光绪三十三年，绅等曾订立自治章程，请钱前令详请开办。蒙谕以部中尚未有章程颁发，应与暂缓。现在章程闻已颁到，饬属举行。亟应遵照办理。谨拟先行设社，购置书籍，延请深明法学人员，在社讲解。随时访查品行端正学问优长，无浮嚣习气之士绅，陆续入社；互相参考，俾收集思广益之效。绅等再行集议，询谋佥同，拟先由绅等发起，逐渐推广，以昭慎重。所有开办经费，暂由总局垫支。先订简章，呈请宪台查核。伏乞迅予转详立案。即当开办。附简章一折等情到县。

据此，卑职查核所缴简章，尚属妥协。当经谕饬赶紧开办，再行转禀立案。旋据卑县举人刘曜垣函称：光绪三十三年禀奉督宪批准设立地方自治研究社。现于宣统元年二月初二日选举社长。请卑职临场监视等情。当以上年十二月，甫据附城局绅禀请设立地方自治总研究社。彼此同在城内，皆为地方公益起见，未便各立一帜。即经函覆刘绅曜垣，附入总局各绅所设总社内，公同研究，以免纷歧在案。卑职伏查地方自治制度，亦为选举议绅地步。第该局绅等与该举人等同在县城之内，设立社所。固不必纷歧，而荟萃正绅，公同研究，人数实不嫌其众。附城总局为一邑之领袖，即就该局以设社研究之所。既可以节省经费，亦不必另觅地方设立，实属一举两得。是以卑职劝令并归一社，公同研究。原欲使该绅等和衷心共济，集思广益起见。容俟该绅等商酌章程，定期开办，再行禀请立案外。所有县属附城局绅及刘绅曜垣等设立地方自治研究社缘由，理合具禀呈请核夺云云。

——《香山旬报》第17期，己酉（1909年）二月二十一日。

上凌令书（论附城总局争办地方自治研究所事）　夏肆来稿

顷者，邑人吴君等发起倡办香山地方自治研究所已成立矣。往者，粤绅倡办广东自治研究社，而张督极力赞助之。以彼律此，则公之必当赞助香山自治研究所也无疑。乃事有出人意外者，则以公不特不赞助该所，而反助总局以排斥之也。闻公之致自治研究所书略曰：去年腊月，已据附城总局各绅禀请设立香山地方自治总研究社。业经谕饬开办。今贵绅复拟设社，研究自治。应即附入该局绅等所设总社内，未便另设，至涉纷歧云云。公之示谕又曰：该总局绅士等，即便遵照速将地方自治研究所赶紧筹办，以为全属提倡云云。是公之意固明明不许吴君等倡办，而必欲归之总局矣。夫使总局果办之在先，而吴君等复从后另设以与之争。则不特当令其附入，且斥责其缪妄可也。无如某君之禀举吴君筹办自治，实远在两年以前。张督之批示，钱令之扎谕，具有明文。则今日吴君等之发起，非为躁妄从事可知。及今岁发布公启遍请集议之时，总局固寂然无声也。至集议之日，总局绅士到议者，有黄缪郑等数人。署名入社者，又有邓刘黄郑四人。是此时总局尚寂然无声也。及至该社成立，定期选举，乃虎而有公之致自治所函；忽而有公之示谕；公之示谕在正月二十九日始发表，而日则填初九日。何公事之延缓，竟相差至二十日之久耶！公函称总局于去腊举办，何以事隔两月，而总局犹不闻有只字之布告耶？此中疑窦，诚令人难于索解。此道路传说总局绅士哀求公之台前日期而公则责令总局之代筹警费以相抵之说所由来也。事之信否，不佞非个中人，诚难臆断。然众口同声，公已百辞无能自辩矣。夫使总局果在去腊禀办，而张督之批示，钱令之扎谕，远在前年，公牍具在，公岂不知。公何不批令总局会同该所办理，而必强令该所附入总局也。今日邑中舆论，无不集矢于公，谓公袒护专横之总局。蔑视上宪之批示，遏抑全邑之士气，剥夺全邑之公权。愤愤之声，喧播于道。惟不佞则固深谅公之苦心，而不敢遽以此责公也。何也？公固以巡警为地方要政，今日警费支绌实甚，乃不得已而出此举。以为可以枉尺而直寻耳。是则公之用心良苦，吾邑人所当共谅者也。虽然，公误矣。公以为此可以枉尺而直寻，不佞则以为枉者实不止寻，而所直者则仅尺而已。夫巡警为一邑之要政，凡在绅士，凡在邑人，皆有协助官家筹款之责。公何不清查全邑之公款，视何者可以提取，与邑人公议之，当未有不肯相助者。即不然，则以官力责令总局代筹，局绅有协助之义务，亦断无可以抗不遵筹之理。今乃必许与以一权利，而后令尽一义务，尚复成何政体乎？公亦知香山今日之总局，固最专权最贪暴之总局否乎？公乃事事左袒之，是直为虎添翼而已。公亦知香山今日之总局，固众怒丛集道路以目之总局否乎？公乃事事附和之，是直代为受谤而已。语有之曰：众怒不可犯。以公之贤明，而竟不一计及此。不佞窃为公惜之。夫总局之内容，公莅任已久，岂不深识。邑人有谣言曰：总局者，一人及半人之总局也。此语何自来？则以总局十二人中，其最揽权而最贪横者，实惟在局最久之某一人。其所称为总局领袖者，至庸懦无能，徒为某之傀儡。有事则使之出名，而某某得其实利。所谓半人者以此。其他十人，则皆某某所荐引；或本其家客，固大半为之鹰犬，否亦旅进旅退，随同画诺而已。香山人知有某某一人，不知有总局十二绅士也。此一人者，贡媚之术至工，运动之力颇大。一邑之中，无论何事，必欲揽之使归于一己。若公产也，若学务也，若商务也，皆以一人总揽之。且遍布其爪牙焉。下而至于戒烟会，见他人之倡办，亦必沐猴而冠，设一有名无实者以抵抗之。今之争办地方自治研究所，即此故技也。邑之人欲食其肉而寝其皮，已非一朝一夕之故矣。领袖某某，被其所舞弄指使。邑人已议其愚。何公今日对于此事，亦竟为之受谤也。夫今日之争办自治研究所，非新旧相争之问题，乃总局与全邑相争之问题；亦非总局全体与全邑人相争之问题，而实一人与全邑人相争之问题。欲解决此问题者，调和之术无所用；解散之法无所施。公居于仲裁地位，当必有以处此。故敢不避冒昧，将此中内容，为公缕陈之。惟省察不戬。某顿首上。

——《香山旬报》第16期，己酉（1909年）二月十一日。

对于总局争办自治研究所慨之言　劲草

调和上下，主持公论，厥惟绅士；上下其手，武断乡曲，亦惟绅士。由前之说。则绅士为地方之福；由后之说，则绅士为地方之之蠹。吾邑不幸，公直廉介之士，十年间绝。钜奸大蠹，踵起为厉。文明发舒，则屡为之梗。民智愈以蔽塞，公益恒以破坏，追原祸始，擢彼辈之发，不足数彼辈之罪。最近如彼辈之争设自治研究所，斯又变本加厉，甘为公敌者矣。总局何为而设自治研究所也？曰为争权故。何为其争权也？曰香山地方自治研究社已成立，彼恐猢狲失树，权利丧失故。见兔顾犬，人情则尔。斯固无足怪，惜乎其缘饰不工。黔驴伎俩，不过于伍；智术不足以济其奸，威望不足以和其众；阖邑汹汹，大倡反对。其事可悯，其情抑可哀矣。夫今日之患，不患无人起而谋公益，而患谋公益者之先具成见。鹬蚌相持，则事卒以败。近邑人吴君应扬等，创设香山地方自治研究社，实开吾邑地方自治之先河。局绅为地方谋公益者也，使能合力赞襄，和衷共济，为地方有所尽力，岂不甚善？舍此不图，羡人之功，因而疑忌；疑忌不已，因而顷轧。嗟夫！师克在和不在众。因自治之故，而大肆攻击。是未见自治之利，而先见其害也。参之肉其足食乎。东施效颦，不知自丑。反以地方幸福，事关公益等名词，刊发传单，掩人耳目。其谁欺？欺天乎？

（附驳总局禀词）该局禀词，舆表已率数痛驳之，无立足地矣。兹更举其余文剩义，为舆表所未及驳者，一一驳之。该局禀词最荒谬者，端在"浮躁少年多假新政之名词，广联社会以为植党私地步"数语。细译其言，若有所指。今与该局绅约，请将浮躁少年之属于何人，植党营私之属于何事，一一见告；毋为此通套语以抹杀香山人也。虽然，吾今迹其行事，根究其语之所从来，殆指香山地方自治研究社中人而言也。噫！可哀矣。既与该社作敌，不能就其本体大加指摘：徒肆叫嚣，为隔河狂吠之狗。亦适见其可丑焉耳。

其请议传单又云："专请城乡局绅、各学堂监督、校长、商务分会商董，同到敝局筹议开办。又云：随时访查品行端方，学问优长，无浮嚣气习之士绅陆续入社。"云云。似此办法，可称附城总局自治研究所，不得名为香山县地方自治研究所。舆表曾辨之曰：城乡局绅等等，曾有几人。诚足塞彼辈之喙矣。吾今重申其言曰：香山县地方自治研究所，应令香山人筹办。总局绅士妄揽大权，岂欲傀儡吾五十余万之香山人耶！虽然，彼良苦矣。彼非不欲吾同胞之来预议也。惧夫失道寡助，无以为继。大事一去，权势不保。狡兔营窟，铤而走险耳。故其于入社办法，故狭其途，诚欲拒人于千里之外。独行独断，言莫予远，其奸乃售。虽然，请彼辈再勿倡言公益。公者私之反，今藉公益之名，行其诡诈之术；良心其汝容乎？！

吾今燃温峤之犀，击祢衡之鼓，以告尔总局绅士曰：公等之办自治研究所，厥有二罪。（一）抹杀吾香山人也。吴君等所立自治研究所，合香山人所织组，以一邑人办一邑事，正合于天理人道；今该局另设一所，榜其名曰：香山总局倡设全属地方自治研究所。即集议开办事宜，亦严定预议者之资格，以拒绝众人，将置吾同胞于何地？（二）破坏地方公益也。地方自治，诚今日之要图。香山地方自治研究社之成立，万众欢呼，为地方贺。该局绅即不竭力赞成，亦当投鼠忌器，徐观其后。乃斥之为浮躁少年，必欲推倒之而后快。曾不思此以为攻，彼以为守。必不相下。徒为争权故，不惜以地方公益，抛向九霄云外，是何心理？具此二者以观，则总局绅士不独无以对吾邑；质之神明，犹且有愧。嗟夫！人之无良，至此极矣。而犹腼颜曰：附城总局为全县领袖。绅等忝主局务，亟应请求自治，为县属倡。公等试思，岂总局绅士可以抹香山人乎？岂附城总局即可破坏地方公益乎？立宪时代，固人人有预闻政治之资格。乃于人之倡办自治也，则斥之以浮躁。于己之争办自治也，则加之以限制。岂欲吾香山人永沉沦于九幽之中，始快乃心耶！比年公理大明，人权膨胀。法之路易十四，奥之梅特捏，其结果如何，姑勿深论。最近若俄罗斯、若土耳其、其君主总揽大权，暗呜叱咤，万人辟易，终亦降心相从，要福民党。何物局绅，而谓甘作公敌，可以保其晚节耶！夫阋墙之衅，传为大戒。使若辈伴养委蛇，惟希总局之余沥，而不害于我民；则虽秽德彰闻，亦当置于不议不论之列。今其计至狡，其心尤毒；一面欺蔽官长，一面压抑同胞。为鬼为蜮，损人罔极。是可忍也，孰不可忍？！

虽然，吾更有一言为若辈告者。公等勿谓武断营私，反加恶诋，人将不得与较也。白日可尽，星球有殁，公理必不可灭。公等以地方自治研究社之设，奔走骇汗，相惊伯有，脑筋不宁者十日。此则公之自扰耳。姑勿论公之反抗力，不足当一碎。即公等全胜，亦暂求一日之安而已。欧风东渐，维新事业，滔滔而来。吾邑所亟宜举办者，当复何限。公等无才无德，学步邯郸，终恐先据北山者之占胜着耳。又何如降心以相从，公之舆谕之为愈也。

——《香山旬报》第17期，己酉（1909年）二月二十一日。

清查劣绅之谓何　天赋

前阅报载，枢臣以现在筹办地方自治，不容劣绅滥厕其间。因即商由馆部，开列劣迹最著之绅士多名，咨行来粤，不准干预选举自治各事。其各地方之劣绅讼棍，亦即责令各地方官严密访查；如果混迹揽办自治新政，一律驱逐云云。据上方所说寥寥数语，至为严厉。一则曰不准干预，再则曰一律驱逐。枢臣之对待劣绅，可谓不留余地。顾吾伏居乡落，吾粤官吏之能否查办，未得其详。若以吾邑观之，则与枢臣所责望者，适得其反。忆吾邑倡办自治之日，凌故令方宰我邑。凌素以敷衍为治，方引劣绅为腹心。某局争办自治，三尺童子，犹知其争利植权；而凌反扶助之。此一事也。吾邑开办初次选举，而控案累累之劣绅，仍得当选。邑人相顾骇愕，不敢置一辞。此又一事也。夫以劣绅之干预新政也如此，而官吏之袒护劣绅也又如此，吾诚不解枢臣之督责若此其严厉，而地方官反视若具文也。呜呼！豺狼当道，白书横行。此岂吾邑之幸哉！此岂吾邑之幸哉！

——《香山旬报》第 32 期，己酉（1909 年）六月二十一日。

险哉吾邑自治之前途　质直

觇一国国势之强弱，须于其国民自治之程度定之。吾国倡地方自治之说，邑人争起相应。而城镇，而村落，皆有自治研究所之设。觇时者方额首称庆，以为邑人自治程度之高矣。以吾思之，容未尽然者。夫自治者，非可以空言致也。对于一身有自治之实力，对于地方有自治之规模，而后自治之精神粗具。乃以吾邑而论，其社员之立身行事，大半放纵卑劣；查其措施，又毫无把握；成立之数月，不能为社会谋一事，徒为此争利揽权，藉党自固之计。最近如隆都自治社之选举职员，因票数之争执，而该社随之解散矣。即此以观，则创办者之为私为公，岂待论耶？呜呼！自治之重要如此，而吾邑办自治者之人格又如彼；靡特不能自治也，且加乱焉。吾今为倡办自治社诸君进一言曰：自治者当先泯灭私见，为地方兴利除害者也。不能为地方尽力，徒拥自治之虚名，不可；徒拥自治虚名，而与乡人争鸡鹜之食，尤不可。何去何从，惟公等择。

——《香山旬报》第 36 期，己酉（1909 年）八月初一日。

论自治社不宜系以家族名目　哲存

自邑城地方自治研究社成立，开幕之日，外观炫耀，士女走集，远宾咸莅；车马络绎于途，工商释业于市，观者既震骇其陈设之琛丽，复羡慕其名；于是攘臂而谈自治者，遍于乡间。而以家族名义倡设自治社者，则发轫于烟洲黄族。继之则有义门郑族。顷见郑族自治社章程，所列入社资格，则有二千圆不动产，暨高等小学以上毕业，生员以上诸条。大约略仿今日选举议员条例而稍贬其格者。嗟乎！人之贤愚智不肖，本不在位尊而多金；特以政府倡言立宪，以土地之广，民庶之众，而虑其纷淆也，特师欧美限制人民选举权之法；其势不得不尔。又安可不揣其本末，而欲行于区区家族之内哉！虽然，彼其章程之良善否，办理之得人否，皆非仆所欲深论。兹篇之作，意谓自治社不宜系以家族之名；宜系以地方之名。至其理由，谨举于下：查吾邑一乡之中，聚族而居者，必有少数异姓之人，杂厕其间。若名为家族自治，将来举行地方公益之事，将屏此少数人于外耶？其势必不然矣。否则将何以解于家族之名也。其不便一也。一族之众，势不能尽居于一乡，故有散处各乡者，有迁居城市者；苟实行家族自治于乡中，则此二者将不能享共同之利益耶？吾恐于集款用人之际，必形且吾。其不便二也。凡族内所应办之事，无一非属于自治范围内者。今既设立自治社，将尽其事而决议于社中耶？则不欲入社者，必不能少参末议；即欲入社矣，而不具资格者，亦终无由预闻。如此，则与贬斥出族何异！窒碍不通，莫此为甚。将悉其事而公议于祠中耶？则此自治社成缀疣矣。其不便三也。故由仆之说，家族不宜立自治社。按之事实，本至易明。若经已成立者，例如烟洲黄族，宜改为烟洲乡地方自治社，庶可免上者所陈之弊，而推行尽利矣。审是则义门郑族之自治社，亦亟宜取消，更可知矣。何也，查郑族向分四大房。在东者曰濠头乡，曰鳌溪蓢乡；在西者曰西亭乡，曰庞头乡，皆离城甚远。今必设一自治社于附城，会议选举之事，日有所闻。而强四乡之人，朝夕奔走之不遑。果何为者，如但曰研究云尔。则附城固设有香山地方自治研究社，聘有讲师，宣布法理。何不就此而研究耶？或曰：吾邑之豪宗巨族中，其不肖子孙，把持族事侵吞祖尝者，大不乏人。今之欲立家族自治社者，将以整顿斯弊而已，斯又所谓目论者也。盖前者一族之事，一族之人皆得而干预之，尚不能力祛其弊。今则由三数人设社选员，复限以入社之资格。此后益将朋比为奸，不可究诘。是惧火之不炽而加之薪耳。安在其能补偏而救弊也。抑吾更有所感矣。今家族之宜急于举行者，虑无更重于兴学堂以谋教育之普及，设工艺厂以免游惰之失业，严禁洋烟以期锢疾之速化三事。且此亦不必几经研究，而后可以实行者；顾兴学堂已等于凤毛麟角之不可多睹。后二者则竟寂然无闻。噫！自治之谓何哉？今之有志增家族之称誉者。闻仆之言。庶知其所适从乎？

——《香山旬报》第35期，己酉（1909年）七月二十一日。

呜呼局绅　呜呼小榄之局绅　策公

语云：十步之内有芳草，十室之邑有忠信。况夫煌煌搢绅中，权责之所归，众望之所集，政界之耳目须寄焉，民间之生活须赖焉；又安知无特立独行之士，风励顽俗，维持人道，为当世绅界之铮铮佼佼者耶？然昧昧我思之，则吾邑之乡局先生，迹其行事，考其历史，求合于特立独行之资格者，几于凤毛麟角之不可多见；偶有一二洁己自爱，藩篱以守，老死不与社会争辨者，则咸推为诚恳之夫，廉介之士矣。而实当此新旧过渡时代，百废具举；而任此等奄奄一息、陈腐无用之废物滥竽充数，已为新政前途之障碍，罪已不胜诛；而乃愈出愈厉。虎噬狼吞之士绅相结一窝，吸收吾民之膏血，把持地方之公款；犹未已，且藉倡办新政之名以自植焉；犹未已，更藉倡办新政之名，以倾陷异己者焉。如某局之开办总自治社，某都之争办农务分会，皆其先例也。乃一波未平，一波又起。而小榄之局绅，又师某局绅等之故智，触着痒处，忍手不释；遂有禀请警道，撤销调查分所，归并公局办理之妙想。呜呼！日暮途穷，倒行逆施；其该局绅之谓。

夫今日之中国，非所谓预备立宪时代乎！既云立宪，必先清查户口，为入手之方法。此民政部之所以兢兢也。吾国举办新政，全彷模日本之陈迹。日本有市、町、村，吾国区为城、镇、乡。故清查户口，在城则设调查局，在镇则有调查分所；其根据在于部颁之调查户口章程，非邑人所伪造，非吾邑之创举。而局绅竟谬然禀销之。是调查所可撤，而煌煌之部颁章程亦可毁；试问武断一乡之局绅，能与民政部宣战否乎？既不能矣，又何为与其颁发之章程作难耶？夫该区调查员任事以来，其实心与否，尚未敢决；若如该局绅所禀为虚縻巨款，调查不实，则纠正之可也；整顿之可也；讽之辞职亦可也；胡为禀请撤销之耶？又胡为禀请归并公局办理耶？例如预备立宪，有咨议局之设，使议员舞弊，为舆论所不容，使有倡议废弃局所者，吾知该局绅不敢谓然矣。盖局所本于法定，议员舞弊，去之则弊自去矣。然则调查所为部章所规定，调查员不称其职，则调查员之过，不能遽请裁撤分所也；而该局绅竟若是，其冒昧也孰甚。

虽然，吾观该局绅禀请撤销分所之意，并非因公而发；不过因羡生忌，因忌而生攻击而已。使其确有维持公款之思想也，确为调查户口之前途计也，则该绅非无权鲜势者，何妨据实调查某员溺职，某事糊涂，禀请地方官维持。则调查员虽有百喙，无可辩矣。乃徒曰调查不实，虚縻巨款，而不能指证其不实之确据；已不能服人心矣，而又禀请归局办理。示人以私，乌足容于舆论哉！夫乡局之腐败，尽人知之矣。地方自治成立，则乡局行将废止，是乡局之在今日，已失信用于社会；而欲以癃钟潦倒之局绅，得生存于今日，已多不知量矣。况夫调查之事，任大责重。近各省因调查而起冲突者，间有所闻。而失信用于社会者，又安可胜任愉快耶？是该局绅此举，内不能度德量力，外不能识时应变；其谬可诛，其愚则又可哂。

吾今为该局绅忠告曰：公等主持局务，言莫予违者有年矣。然今日公理大明，不容公等之作伪也；而部章具在，又不容公等之翻异也。前日有投函本报者，谓某镇局绅集众结会，以为将来议事会串举之地步。事之真否，不必遽断，然足为公等之针砭矣。为今日计，则为局绅者，自宜主持公道，去敖节欲，以维系人望；岂可眈眈逐逐，以破坏新政乎？况禀请撤销分所云者，皆以空言故入人罪。而禀请归并公局办理者，又不能说明根据何种之理由。此无他，专权武断，固为局绅之惯技。调查所非公局势力范围之下，排挤异己，亦固其宜；其如无充分之理论何！其如无正确之事实何！吾非欲为调查员袒庇也。吾邑之调查员溺职者，吾方据理以正之；而不欲该局之出此者，为新政之前途计，不欲横生阻力，灰办事人之心也。该局绅欲干预新政，则宜根本法理以立言，按定实事以问难；徒以空言争之无益矣。吾愿该绅等听之。吾愿一般之局绅其谛听之。

——《香山旬报》第62期，庚戌（1910年）五月十一日。

论党派势力消长之关系　　天赋

一般阻抗选举之议员谛听

日俄协约之警电甫传，而日本并韩之警耗复至。吾邑人士，方且歌舞自娱，为釜底游魂而不复悟。更其甚者，不辨是非，引刀自戕，日寻阋墙之衅；如全属自治研究社的议员（凡阻抗选举之议员皆该社中人故云）之阻抗选举一事，抑亦无心肝之尤者矣。虽然，彼能言之有故，持之成理，犹可说也。乃一聆彼辈之言论，不过为投入葡籍之刘学华等争选权。不知刘既肯皆背弃祖国，隶入葡籍，我辈正宜斥为公敌，不认为中国人也。而彼辈竟为一媚外性成之奸民出力。斯究如何用意乎？虽然，吾得以静参其故矣。刘学华等全属自治研究社社员也，彼辈欲于议董会植势力，不能剥灭其手足，起唇亡齿寒之叹。故明知刘学华等不理于人口，不得不出死力以辨争。此其隐衷也。虽然。其心良苦。其计抑何绌哉。夫一邑之中，乡井与共，原不可以有党。即以党派而论，其势力消长之关系，全以主持正义学识兼备者为占优胜；而不区区于党中人数之多少也。

诸君试思之，盛宣怀浙人也，汤寿潜亦浙人也；乃汤寿潜被革，浙人皆为呼冤；而激烈派中，且倡言焚毁盛之家祠以泄愤。无他，公私之界判然矣。

然则吾邑议员，苟有洁己以进者，当得大多之赞助；何虑势孤力弱，而为是以自馁者。诸君再思之。凡议事通例，以多数取决，惟在于不能解决之议案为然耳。使有人于此，雄辩滔滔，辩才无碍，又何虑他人之有词以抗我者。试观各国之雄辩家，全国党人，无不屈伏于其肘下。即反对党亦心悦诚服，奔走偕来。从中可知势力消力之由来矣。然则为议员计，所患胸无实学，不敢建言耳。苟能独具卓识，遇事敢言，则多数不辨菽麦无识之议员，何患其不仰承意旨，一附骥尾以为荣哉！由此以观，一党势力之消长，全以主持正义学识丰裕者为比例，而不以人数多少为比例，彰彰明矣。而彼辈徒以感情用事，眼光不出十步之外。闻同党议员被斥退，狂呼大哭，以为势力从此单弱，不惜出九牛万马之力以争之。其愚真不可及矣。抑更有说者，吾观彼辈为刘学华等争议，以至相率抗选，更可见其不顾大局遇事徇私之铁证。夫彼辈为同党争议者，除刘学华外，复有徐廷相、李骏洪二人。刘既由县委开复，徐则借口于诉讼未定，姑可勿论。若李骏洪为邑令县牌斥革，既不闻上宪有开复之电文，又不闻邑令有取消前议之牌示，在法律上万不能予以选举权。而彼党必出死力以代争，其他独立之议员，虽于选举时稍有辩论，亦至于发明理由而止。不复如彼党之联群以示抵制，其度量之相去为几何哉！

盖党派相持，其势力此消彼长，皆为一定之例。使稍不如愿，遂置大局于不顾，斯非有人心者所肯出也。而必为不顾公理，毫无智识者所必至之结果也。记者于此，请以一言普告一般之议员曰：公等欲占势力，当归裕所学，然后出而主持公理，则势力不期增而自增矣。若舍此不图，而必冥行盲步以相角逐，几何不为议者耻笑哉！

——《香山旬报》第72期，庚戌（1910年）八月十一日。

劝学所与劝业所　天赋

提倡学务，故有劝学所之设。振兴实业，故有劝业所之设。然劝学也、劝业也，皆举办新政中之最重要条目也。主其事者，固当实力任事，多所建白，以尽一己应尽之责任。若我邑则何如者？

劝学所成矣，而学务之败坏仍如故；劝业所成矣，而实业之堕落又如故。且观该所之办事人，行所无事，几不知任劝学、劝业之职务者。而邑中之学界实业中人，自作自为。又几不知有劝学所、劝业所之存在者。噫嘻！可怪孰甚。

第七章　遏制绅权　推行民主政治

而或者曰：劝业所成立未久，无建设也不足怪。若劝学所成立在数年前，黄总董任事。亦已三年之久，而于学务上竟无丝毫之裨益。是劝业所可恕，而劝学所为可诛也。此一说也。

而或又曰：劝业员为学界中人，与实业家素相断绝，办事甚为隔膜。若劝学员以学界中人，办学界中事，情形自当熟悉，感情又称浃洽，而仍不能稍有施措。是劝业所可恕，而劝学所为可诛也。此又一说也。

以吾断之，则前说虽稍含真理，然劝业所开办已一载。所谓未能建设者，其说谎矣。实业家虽甚断绝，然既任其事，则体察情形，自能和洽。所谓办事隔膜者，亦不足信。要之，评论劝业所，虽不能谓其与劝学所同一腐败，然亦五十百步之差而已。

今者闻劝业员因闹捐事辞职矣。固知责大任重，难于措手，决然舍去，尚有一节之可取；而总董以老耄之身，任学务之重，毫无振作。仍学老马之恋栈，此则大可鄙也。

——《香山旬报》第65期，庚戌（1910年）六月十一日。

改选劝学员长之研究　民声

黄桂丹为本邑劝学员长，于兹三年矣。究其实际，无一善之足录，终以历任地方官之祖庇，迁延至今。卒为急激之潮流，推荡而去。而或者曰："是我邑学务之将有起色也。"记者曰："唯唯，否否。"

吾忆前数年间，何鼎元曾为劝学总董，本邑留省学界诸君实锄抑之，而何遂不安其位，然何去而黄进矣。黄之纯厚虽大胜于何，而黄之柔懦枉法，实比何而加甚。然则何去而黄益甚之，安知黄去而不更有甚于黄者在乎？吾敢断言之曰：本邑改选劝学员长，为本邑学务盛衰之大关键耳。若云起色，吾未敢信。

盖吾邑学务，其沉敝衰落，实有不可言语形容者。远者姑勿论，就如邑城中学，岁糜款约七千余金；初等小学，岁糜款至二千余金。他若离城较远之学堂，办理之违章，教授之无法，更所在多有。使非得精明强干坚毅刚正之士，主持劝学之职务，得以监督而干涉之。则昔日之锢敝已深，今又积重而莫返，吾邑学务，有万劫而不复耳。是又大可忧也。

然则当如何？曰："维持之责，是在邑令。"盖包令能知黄某之不合而去之，覃令当择尤而保送之。一为推翻，一为建设，其关系相等。然包令去矣，责任尽矣。本报前日进言于包令者，而包令亦俯从舆论，据实禀复矣。改选之责任，新邑令又乌可忽耶？

——《香山循报》第123期，辛亥（1911年）九月十七日。

何郁和竟控告何天保耶　民声

何天保者，不过沙夫中之头目耳。何郁和控告之，事甚平常，吾何为骇异若是？盖恐何郁和为徐桂第二也。徐桂控告何天保，理直气壮。而一经天保之反噬，长禁狱中。而以何郁和乃为一无权无势之人，安得免其毒手者。吾论此事，故先为何郁和危。

虽然，何天保既纵匪于前，致何郁和等蒙其损害。则损害者为保护个人计，自不能不声罪致讨，诘问其纵匪之罪。何天保虽有翻云覆雨之势，而何郁和不平则鸣，亦不得不提起控诉，以同受法律之裁判。吾虽为何郁和危，在其中处于身受损害之地位，亦有不自觉其危，而断然呈控者。

而或者曰：地方官非尽如郑令。何天保之势力，大不如前。何郁和虽控其为匿职，为通匪。在何天保亦付于无可奈何之列。断不能以构陷手段，得重演于今日。吾思之，亦或可信。

要之，围馆被劫。沙夫坐视不救，自属罪有应得。惟在何天保今日之地位，虽未能反噬何郁和。亦断不为何郁和所噬。吾敢断言也。呜呼！不去庆父，鲁难未已。吾前之为何郁和危者。个更为其一般之人危。

——《香山旬报》第68期，庚戌（1910年）七月十一日。

怕何五老爷说　不怕

近阅各报载徐桂冤案纪闻一则，谓何天保恫吓乡人，逼令检举，且大言曰："我有何五老爷之势力你不怕死耶？"呜呼！何天保可谓不知自量矣！今日之香山人，非前日之香山人；今日之何五老爷，非前日之何五老爷。何五老爷来，人将唾其面、批其颊，痛数其构陷同胞之罪。而何天保犹以何五老爷自夸，扬扬然若有得色，所可道也，言之丑也。虽然，彼既倚若冰山，我亦传为佳话。董狐直笔，有感而言。曼倩善谐，无微不至。兹特假作何天保口吻，引申其词，作怕何五老爷说。

一何五老爷有交通官场之势力。若官场独断独行，希图超雪冤案，何五老爷略展一筹，自可旋转官场之意向，使之俯就范围，怕乎不怕？

——何五老爷有压倒绅士之势力。本邑绅界中人，强半为何五老爷的走卒。如有绅士妄作妄为，意存抵抗；何五老爷即指挥走卒，或以危词恐吓，或以善言劝导，皆能立时解散。

——何五老爷有钳制报馆之势力。报纸号称三千毛瑟，煞是利害。但何五老爷能以秘密方法，结识报界记者，务令其每次所发行之报纸，虽欲为徐桂呼冤，亦不得道及何五老爷姓名，否则以狗咬主人论。怕乎不怕？

——何五老爷有慑服学界之势力。邑中各学堂监督校长，强半皆何五老爷之私人，学界倘有集众会议，欲与何五老爷为难者，各学堂堂员、教员，均有所顾忌，不敢到会，即到亦不敢发言，务使会场寂寞，不能成议。怕乎不怕？

——何五老爷有役使商人之势力。昔日何五老爷入寇商务分会，曾有商董某某甘作虎伥。今虽不能再任，仍密布心腹私人，在会内以供驱策。如有需用商界出力之处，当派出某某等数人竭力运动。怕乎不怕？

——何五老爷有构陷华侨之势力。华侨少辞祖国，暮返家园，累累黄金，光怪陆离。当到何五老爷府上敬奉礼物，以为进见之资。若其傲慢无礼，有眼不识泰山，则是自取罪戾。徐桂之狱，接踵来也。怕乎不怕？

——《香山循报》第106期，辛亥（1911年）六月十六日。

邝景煌真敢包庇其侄耶

新会县民妇伍邝氏到县称：伊夫伍文福被匪多人截抢掳去，闻系小濠涌村绅士邝景煌之侄邝韶光、心光等所为等情，已纪昨报。兹查伍文福于六月十九日朝，带银搭小濠涌往江门轮拖渡。路经小濠涌地方，突被韶光、心光等拦途截劫，饱掠一空。并将伍文福关禁暗室。困至二十晚四点钟，防海局勇到小濠涌，将伍文福起出带回局中。堂上独见邝景煌一人在座，云伍文福此事，本不应如此办法。但因擅捉不能擅放、算对汝不住、都要解县。说罢命局勇带回勇厂。至初更时，又叫局勇将伍带到局侧之偏室问话。是时有赵弼墀、邝景煌在此。邝景煌则云汝欠黄大成堂之银应要还，汝亦未必有银带上海。伍答云：银宝有五百员带上海买货，路经小濠涌，被邝韶光、心光掳劫而去。至欠黄大成堂之银，乃系以莫亿祥数目，曾经讲妥，与邝姓无涉。邝景煌复命局勇将伍带回勇厂。至二更时，命局勇押往小濠涌口，用艇解到县署。以因欠款扣留，非平空掳捉等词禀县。欲为邝韶光、心光二人饰卸云。

——《香山旬报》第68期，庚戌（1910年）七月十一日。

邑城议董会与清理财政公所之泡影　民声

曰议董会，曰清理财政公所，非所谓地方要政耶？

邑城议董会所以不能成立之故，由士绅党争。沈前令复办理不善，有以致之。至今邑城中人几忘议董会三字，及包邑令来，首注意公产，于是有在县属设立清理财政公所之详文。今已数月矣，复寂然无闻。

议董会不成立，则地方无自治之公共机关。故议办平粜也，议办民团也。忽而自治社，忽而商会，忽而爱惠医院，无一定之议场。几同筑室而道谋。公产不清算，则局绅盘踞日深，办理地方公益动云无款，于是以抽捐为唯一政策。噫！酿此恶果者伊谁之咎耶？士绅之不能和衷共济，官吏之不能破除情面，此皆无可讳言者。

议董会终不成立耶，则姑待之尔；公产终不能清算耶，则吾民被搜括之苦正未艾也。如之何其弗争。

——《香山循报》第103期，辛亥（1911年）五月二十四日。

平粜宜筹善法　民声

目前青黄不接，民食维艰。复淫雨兼旬，米价飞涨，奸商利此时机，且有囤聚居奇重为民蠹者，哀此穷黎，其何以堪。于是附城大黄圃小榄各处，均有平粜之举。富者输财，智者尽虑。显以加惠贫民，隐以维持治安，不可谓非急务矣。

虽然，苟但慕平粜之美名，而不求经理之善法，势必黠者因以为利，懦者则绝无所得。而中饱干没，种种弊混，有不可胜诘者，大抵平粜办法各处不能一致。现邑城拟仿照省城平粜章程，先将各街贫户查实，按户派票。然开办伊始，有持票换酒者，有持票卖银者，贫民未受其惠，奸商已得其利，以后有何弊端，尚难预料。至小榄办法，着人先在附近米店买票，然后往来米厂取米，此则漫无限制，强有力者则必购买多票，懦弱者不免有向隅之叹。此办理之未得其法也。

犹忆前者附城开办平粜，由爱惠医院司事刘某经理。侵蚀肥己，复任用非人，弊端叠出。有持一票而得米数倍者，是不啻以众人之义举，饱少数之私囊。无怪怨声载道，咸欲得若辈而甘心焉。总之凡办一事，不能毫无流弊，惟在任事者之随时改良，务筹妥善之理耳。

——《香山循报》第 103 期，辛亥（1911 年）五月二十四日。

调查户口宜慎择其人　道实

近日邑属各乡镇，迭发生抗钉门牌殴伤调查员之事。一般之论者，皆以为蚩蚩小民，可与图成难与虑始，加以伏处乡曲，无所知闻，往往以调查户口为将来按户抽捐地步，讹廖相传，牢不可破，重以煽惑，遂酿风潮。懦者则多所隐匿，悍者则起与为难。苟不亟求善法，则风潮固不能遽绝也。彼所持论，归咎于民智之否塞，稽诸事实，固为有征，然于调查员之得人与否，尚未一论其利害，此记者所为有言也。

官吏与民远，调查员与民近。官吏示谕，洋洋千百言，皆以调查户口编钉门牌为筹备宪政之要端，事在必行，并非为抽捐而设，所以劝民者未尝不切至。然政府素来失信于民，征论乡僻之民，智足以洞达官谕者实居少数，即能悉其命意所在，亦以官吏特欺我耳，疑难不释，有触即发，争端之起，何幸免乎？然调查员苟能慎其人。平日诚笃昭著，素为乡里信仰，则劝诰之言，不虞隔膜。乡民既能致信于调查员，即能因调查员以致信于官吏，风潮亦何因而起耶？然则任用调查员，无论为官派为绅举，皆当取决于舆论，不待智者而知矣。

无如今之任是职者，多由营钻而来，其平素既为乡评所不取，临事又不免有恃势凌人藉词恫吓之举，求其能胜任愉快，固莫能得，激变肇衅，则反掌间耳，有维持治安之责者，其可以是为无足重轻耶？

——《香山循报》第 106 期，辛亥（1911 年）六月十六日。

论小人利用党派以肆其恶　阐微

甲树一党焉，而曰皆君子也，此事所必无也；乙树一党焉，而曰皆小人也，此事所恒有也。盖小人处心积虑瞬息不忘者，无不为争权攘利计。苟利权较小者，竭一己智力足以致之而有余。则必深闭固拒，惟恐他人之过问。苟权利较巨者，非一人之力可以攘夺而得。则必号召徒众，广植党羽。以权相夸，以利用诱。当此之时，贤者恶其诈而羞与为伍，懦者畏其势而不相与较，而小人之党以成。若夫君子之为党也，其始未尝不以声应气求为必至之符,党同妒真为可鄙之行。而既已激于声气动于利害矣,小人遂得窥其隐而施其术。貌为忠信,饰为热心,使非独具卓诚者,恒堕其彀中而不觉;迨既引为心膂,倚为手足;则假公济私,违众独断,奸伪直出而不可究诘。记者观于今日吾邑士绅党派之争,其悍然自居为小人者,已明目张胆,常欲肆其博噬之馋吻;亦有自号为君子者,虽其人未必言行相顾,然以君子之道责之,使勿为小人所利用,亦吾人所有事也。盖吾国自变法之说出,于是有新旧党之目;自立宪之说盛,而新旧党之名目渐归澌灭。向之视欧美之译篇为洪水猛兽之不可近者,今则守外人法政之著作,为粟米布帛之不可须臾离矣。故今日党派竞争,几无新旧之足言,惟有公私之可论。虽然,向以新旧相争,主旨重在变法与否,其相持在乎士夫;今则凡文义不知、粟麦不辨、倾险狡诈、素行无赖之徒,皆嚣然自号于众曰:可以办自治也;可以作议员也。如前者邑人创办自治研究所,而总局绅士为保全私利计,更设全属自治研究所。援引同类,俾作爪牙。一时寡廉鲜耻贪鄙奸诈之流,群然附之。今则牢固蟠结,相倚为奸。迹其行事,皆可发指。破坏会场秩序,动以蛮力相夸尚。为邑人之公敌,为劣绅作牛马。如集议维持公产恃众欲殴是也。一人违法,见纠于众。则必恃其羽翼,要挟有司。公论不恤,国章罔顾。如因黄桂丹背章除去选民资格,竟聚众闯进县署代为强求是也。背签妄控,倾陷异己。如迭次控告教育会员,皆彼党为主谋是也。凡此皆所谓利用党派以肆其恶者也。夫此数端,亦彰明较著者。至若藉其党势,阴以鱼肉良懦,武断乡曲,谁得而诘之。虽然,小人党恶,人所同愤。积怒既深,群起以锄之,或有匿迹销声之日。至小人中之操术较工者,必傀儡一二众论稍孚之人,以行其奸诈,则其为害乃弥烈。此其故又可得而微论也。盖甘冒不韪显悖公理之人,虽其戚好,犹不能为之掩盖。至委曲以行其恶者,因为众人所不易察。即悉其阴谋诡计,而为之傀儡者,亦必多方为之弥缝。而论者或存一投鼠忌器之心,而小人之恶遂日积而不已。由此观之,小人为恶,其利用同类者其祸显;其利用异类者其祸深。党之不容讳言,既昭然于今日矣。世之君子,有思群策力以救颠扶危者乎。慎虑小人之以术至也。

——《香山旬报》第69期,庚戌(1910年)七月二十一日。

主张调和党争者宜注意人格　道实

邑城自两自治研究社分立,于是士绅之党争始显。自议董会将告成立,

第七章　遏制绅权　推行民主政治

于是调和党派之说始著。党者，虽互相讥议，互相争竞，而其中是是非非，亦有舆论之可凭，公理之可据。抑党者，积人而成，人亦有智愚之相悬，邪正之各别；二者犹寒暑不兼时而至，冰炭不同器而久。如但曰调和党争而已，不问其党人之人格何若，此则漆园所谓大惑者终身不解者也。

盖欧美所谓政党，各抱其政见以相争持。或者乙党之人，一旦悟其政见不甲党若，或两党同被外患之侵害，则交相溶合，以享共同之生活，亦时有之。至于今邑中所谓党者，大抵为争权攘利之问题；惟其如是，则必无党人政见之可问，故首宜注重人格。故夫恃外籍为护符，以包揽词讼为生涯，声名狼藉耳熟能详者，可与之为伍乎？潜谀卑劣，日奔走于权豪之门，专事营钻者，可引为同志乎？以会党诬人，阴贼险狠，而貌为圆通、口蜜腹剑者，可推为士绅领袖乎？如曰不能，则主张调和党争者，宜知所决择矣。

——《香山旬报》第72期，庚戌（1910年）八月十一日。

峰溪约绅何以任意拘留无辜　道实

滥用绅权，假公济私，任性妄为，互相比周，未有若峰溪约绅之甚也。观本报近两期所载藉端勒索及久押幼童二则，自可知该局绅之行为，而验所言之非虚矣。

张溪著匪梁陈载在澳门被获。其妻林氏逃回乡中。揆之罪不及妻孥之例，该局绅自可无庸过问。即使奉宪饬拿，或该局绅等查有别项情弊，自应将林氏拘获即行解案，待地方官审讯。何以六月二十二晚将林氏拘回约中，延至二十五日始行释放。即不必论其是否有勒索情事，而此三天中，将一逃难回乡之妇女拘留约内，究作何解。此一不可也。

又如七月十一日，员峰幼童郑某被萧某指为盗鸭匪徒，送交该约。该约绅竟将该童押留至十五日。迨遇抱病，始允给其亲属领回。使该童盗鸭确有赃具，该约应有禀解之权。如其否也，应据理申斥萧某，将该童遣回。即使萧某争执不服，亦可听其自行交涉。何故将该童押留四天，竟至身罹疾病乎？此二不可也。且查警局对于轻罪犯人，不过拘留一天以示惩罚。今该约绅既无裁判之权，乃竟滥施其拘留之权，且拘留者又系无辜之人。威福自恣，一至于此。虽名为公约，实为阱于乡中而已。

——《香山旬报》第70期，庚戌（1910年）八月初一日。

刘学华竟以出籍据为词耶　阐微

刘学华于前十余年隶葡国籍。今被选为邑城议员，经人告发，确凿可据，邑令即行扣除。而刘乃以出籍无据赴禀自治筹办处。而该处批示，亦谓如无出籍确据，应准将控案注消云云。夫刘既以出籍据为言，则其确入葡国籍更无可疑，何必区区于出籍一方面；而刘所以有所借口者，则曰：根据国籍条例也。筹办处主事者亦曰：所根据者国籍条例也。

查国籍条例颁行于宣统元年，而刘之隶葡国籍则远在十余年前，此时安有国籍之可守。即既颁行国籍条例矣，苟此时刘因事故，用籍民名义与地方官交涉，则地方官自不得不承认为籍民。例如本邑近日籍民郑兆栋与东翘八乡人互争筑围之事，何曾呈请出中国籍而后以籍民自居。地方官亦何曾诘其是否出中国籍而后认为籍民乎？然则中国奸民以入外籍为护符者，至今则更肆无忌惮。利用外籍则以籍民出首，利用中国籍者则仍以未经出籍，自称为中国人。以一身骑两国籍，不啻狡兔之营三窟矣。记者诚不解所谓国籍条例，乃为奸民增如许作用也。

谅哉府宪批语："自来华人之入洋籍者，大半皆因犯有事故，借以趋避。"可谓洞见症结矣。亦可窥见刘之腑肺矣。甚愿邑令上遵府批，下察舆论。则刘平日之人品行事，庶无遁情；而能否胜任议员，更不难立决矣。

——《香山旬报》第71期，庚戌（1910年）八月十一日。

咄咄害及枯骨之刘学华　去非

坟山局设立以来，其内容何如，吾不暇论之。然有刘学华厕身其间，而坟山局不堪问矣。有刘学华把持武断，而坟山局更不堪问矣。

刘学华之在坟山局，其营私舞弊之处，殆难数计。其最近之在人耳目者，莫如判断黄周两姓争山案一事。此事之不洽舆论，不独记者言之。即稍知其颠末者，亦类能言之。呜呼！坟山局之设，不过为息事宁人而起，而乃任性妄为，指鹿为马，而又恃公所之声势，恫㤉乡愚，不许被害者之申辩，直与平坟灭骨。盗棺钻穴者，同一罪大恶极。吾邑之有此坟山局，坟山局之有此营私武断之人，岂不可为浩叹者哉？

吾尝言之，吾邑多一局所，即邑人多一受鱼肉被敲剥之地。盖彼出而办事，实挟一金钱贿赂之目的而俱来，即有一二乡党自好者，提挈而左右之，

第七章　遏制绅权　推行民主政治

而一经若辈之把持之破坏，则必引身远去。而营私舞弊者，将尽攫其权，妄作妄为，而不复有所顾忌，此局所之所以多贼民也。今坟山局正坐此弊，局中大权，全由刘学华掌握，而刘学华又最不理于人口，则其植党营私，不恤人言者，亦固其宜。

虽然，坟山局之办事诸人，人格不齐，品流甚杂。吾不敢谓去一刘学华，而可弊绝风清也。然不去庆父，鲁难未已，亦弊去太甚而已。呜呼！堂堂局所，神哭鬼号，无量数之冤魂怨魄，当不若恕也。追原祸始，谁为为之？谁令致之？吾不得不痛恨害及枯骨之刘学华。

——《香山循报》第111期，辛亥（1911年）闰六月二十一日。

约绅持何理由以辞职耶　　枕戈

原夫约绅应有之责任，上以助官治之不足，下以代民意之上达。任大责重，力任其难。何居乎榄镇约绅甫经到局，而竟有辞职之说。

问其辞职之理由，则曰："为榄镇改办团防之争议也，为邑令拟派委员监理财政也。"噫！此可得为辞职之理由乎？约绅者，有权衡地方利弊之责，若者为利则兴之，若者为弊则革之。冒万难、犯万险，孤意直行，无所避也。而竟以一二难于解决之事，遽萌退志，是亦不可以已乎。

吾今为数语以诘若曰："公等以改办团防监理财政之事，果为有益乎？为有害乎？如以为有益也，则公等之辞职，是争私利也；如以为有害也，则公等之辞职，是畏官威也。之二者，皆不可也。今公等竟因此而辞职，而于其利害关系之处，又无何等之说明，安得免外界之公论耶？"

呜呼！是可议矣，无事则拥权自恣，有事则舍之而去，姑勿论其所见若何，总不出自私自利也近是。

——《香山循报》第111期，辛亥（1911年）闰六月二十一日。

缪庆燊果堪为总董耶？　　民声

因刘学华等之被控，而议事会不能设立；因缪庆燊之被控，而董事会又迁延而不成。由表面上观之，则以私人之争执，而牵动全局，良非所宜。然使刘缪等无被人控告之实据，选举章程无许选民控告之条文，则彼等万无被控之理。惟其犯案累累也，惟章程许人控告也；则不平则鸣，人同此心，无怪上控者之纷纷矣。刘某等姑不置论；吾请对于缪庆燊而下一评语。缪庆燊为人，邑人久有公论。就实计之，则控案山积，无总董之名誉；人格卑劣，无总董之资望；不学无术，无总董之智识。此非记者之私言，即返问缪某之自身，亦无能自为解脱之理。若夫设票公举之人，亦不通为私党之挟隘主义所囿，欲植势力计，不能不举之为块垒，实无是非之见存也。今者闻自治筹办处已札县查办矣。然则缪庆燊之去留，全在于邑令之手。凡我邑人，伫看庸恶陋劣千夫所指之人，其结果为何如矣。

——《香山旬报》第75期，庚戌（1910年）九月二十一日。

不严办劣绅恶弁邑人无噍类矣　妖镜

近年民智渐开，公理日明，吾民欠呻而起，奋其朝气方新之气概，稍知伸张势力，以保其天赋可贵之人权。然吾民之智慧虽日增，而恶劣之魔术亦愈进。恒思饮乡愚之血，食愚民之肉，凶恶之态，狰狞之状，令人不寒而慄，人而俯首帖耳，供其取携，或免其陷阱之险，稍悖其愿而撄其怒，则衅隙所开，大祸随之而至矣。即此之由，大奸巨憝，日驰骋其贼民利己之手段，以欺压平民，而平民之畏事无勇者，恒为其欺压而气不得申。吾所见所闻者，比比然矣。推原其故，皆由廉耻道丧，法令不张，道德之说，已不能范围奸人，而执法者又为之瞻徇情面，不克执行律例以绳之于后，若辈放纵之日已久，而又有徇情枉法之官吏，隐然为之护法，有恃无恐，益大肆其毒而无所忌。嗟我小民，忍气吞声，坐受鱼肉，悠悠大恨，永不得申，岂非最可悲痛愤恨之事者哉？而究其最足为祸烈者，则劣绅恶弁之类是。

夫绅弁者，固日出入于社会之间，与乡民周旋最密者也。若而人者，欲造福于乡民者固甚易，欲种祸于乡民者亦甚易。居今之世，豺狼满道路，张牙舞爪，择肥而噬，而欲其守法奉公，超异于贪鄙阴狠之伦，固不可期之事。而欲其委蛇求活，无损于吾民者亦不可必得。征之吾邑，已数见不鲜，由绅界而言，则有劣绅之敲诈良民，构陷无辜者矣，由政界而言，则有武员之冤诬枉杀，凌虐无知者矣。诸如此类，经报纸所指摘者，几于舌敝唇焦，无如竭报纸之力，为乡人请命，而劣绅恶弁，不特不因此而稍戢其锋，而反肆虐不已，日为民害，无他，有操持法律之权者，不能执法以相衡，则姑息养奸，事有必至，其甘冒不韪，流毒乎人群者，亦固其宜，此则劣绅何鼎元之指官撞骗，恶弁江齐恩、薛有玉之滋扰商民之所由来也。何谓何鼎元之指官撞骗也？何鼎元之指官撞骗，已见于陈某之书函，再由邑令堂讯陈某亦坚

第七章 遏制绅权 推行民主政治

称此事问何鼎元知到,又称要传何鼎元质讯明白。铁案如山,不能易一字。夫陈某何以牵连何鼎元,则以何鼎元之从中预谋也。乃邑令并不澈底研讯,提何到案质讯明白,遽听陈某之翻供,判何以"有则改之无则加勉"两语。夫陈某之翻供,无论何人,皆知其伪。邑令既肯信其一面之词,舍何于不问,则前日何以不听其一面之词,而提何到质乎?且阅陈某翻供,既称与何交好,又称负罪已深,不忍累及他人。试问以交好素笃之人,而肯以不法行为,牵连其名字者乎?试问其负罪已深,不忍累及他人,而何以于到堂投质时,又坚称要何鼎元到审乎?意有所私,不顾其言之自相矛盾,而邑令于此情节,皆淡然置之,而只以"有则改之无则加勉"八字,为何鼎元轻轻道过,而不知何鼎元恶迹素著,有怙恶不悛耳,无所谓"改之""加勉"者也。夫曰"改之"曰"加勉"所以为善人而言也。而邑令竟以此箴诫何鼎元,虽足为名誉之辱,亦未免失于宽纵也。且即曰"有则改之"是明认何鼎元有指官撞骗之事也。而仅诫之曰改,并不加以惩罚,又何以对陈某之独受重典耶?此亦邑令之无以自解也。吾于此敢断一语曰,邑令之轻纵何鼎元,何鼎元之幸,吾邑人之不幸也。

何谓江齐恩、薛有玉之滋扰商场也。夫江薛两弁,有管辖营兵之权,而营弁之责,首在于军律严明,驭下有法。乃江弁所带扒船水勇,调戏蛋妇,从而毒殴,已为军法所不许。而又因商民和解之故,迁怒商店,意欲寻斗,马协以之按律治罪,插耳游刑,固其宜也。惟江弁有管辖之权,致令兵勇出而滋事,已不免疏于觉察之咎,而又老羞成怒,与薛弁到商店恐吓,声称水勇为侦探,责街坊擅解警局为不合,而不知该勇滋扰坊邻,有违警律,坊邻自有解送之权,巡警亦有干涉之责。使谓侦探则不许巡警干预,然则有以侦探为护符者,即可肆意蹂躏商场,而无人过问乎?幸李巡官排劝得法,相事也。若其不然,则兵勇因两弁之动怒,恃势行凶,一方与商民为难,一方与警兵为难,试问谁任其咎?省城兵警之变,可为寒心,两弁不为之约束兵勇,劝令息事,且厚责他人,自种祸根,是何理欤?虽足责矣。马协执行军法,能惩罚水勇,而不能惩罚两弁,此则可怪。而或者疑江弁与江总办有关系,马协有所顾忌,而不知江总办军律素以严明著,吴宗禹违法扰民,尚为之据实纠举,岂有纵容一江弁之理?吾于此又敢断一语曰:"马协之轻纵两弁,两弁之幸,吾邑人之不幸也!"

呜呼!吾邑人之受劣绅恶弁之鱼肉者,盖亦多矣,而始终无一严惩绅弁之快事，此邑人之大恨也。夫何鼎元，劣绅也；江薛，恶弁也。何鼎元之眶骗古某，虽为间接的，而非直接的，然铁证固在也。江薛两弁之滋扰商场，袒护水勇，又为众目所共觌，为舆论所攻击，而以此等之劣绅恶弁，竟能免于法律之诛，岂非可太息痛恨者哉？吾知协县之所以畏首畏尾，不能按律拟办者，岂不以一为绅士，一为营弁，不得不稍留余地乎？而不知法律之行，先由近贵始，并宪之国，虽尊严如君主，亦有代负责任之人，自官绅以至齐民，皆当纳入于法律之执范。今何某之指官撞骗，江薛之包庇兵勇，此种不法举动，律有明条，乃竟任其逍遥事外，不闻提讯，不闻究罚，岂法律不能行于绅士营弁之列乎？吾知其弊矣，使长此不变，吾尤恐劣绅恶弁之肆毒未艾也。吾为此惧。

——《香山循报》第116期，辛亥（1911年）七月二十七日。

何云谷之狐假虎威　慎言

何鼎元虎而冠者也，何云谷人而狐者也。惟狐最能媚人，故于虎绅之颐指气使，皆奉若帝天，而罔敢违越。然狐假虎威，亦足为社会患，余观何云谷之近事而益信。

夫何云谷何人？生平碌碌无所长，出入于绅士之门，承颜色、博欢笑，冀稍得人怜，沾其余溉，以为个人衣食计。古人所云足将进而趑趄，口将言而嗫嚅者，非若辈也耶。使其虽受庇于权豪，苟能安分守己，不亟亟为人作鹰犬，此亦无大恶于世。又奚为口诛笔伐，不为少恕者，无知其不能也。观于日前何鼎元陈溪生指官诓骗一案，陈所开数目，内有送何云谷二十员，使非蛇蝎一窝，同恶相济，必不得分润。然此尚不足为确据也。当陈之被押也，何往返民事所与陈溪生熟商，为鬼为蜮，不外甜陈独承其罪，为何鼎元卸责耳。至于出入衙署，代行贿赂，尤有明证。观赵收发因陈事急，不敢受四十金，交还何云谷，非其已事乎？迨去月二十四晚，复受何鼎元指使，贸然持片到警局，面区官，欲将殴人而未定罚之何润泉取保，幸区官不为所动，当堂申斥耳，使略为瞻顾，则区官之枉法徇私，犯人之逍遥法外，虽何鼎元实主之，亦何云谷有以成之也。

噫！云谷老矣，桑榆暮景，曾有几时，且又在习艺所供职，无忧冻馁，奚必终日仆仆，为虎绅作牛马耶？思之思之，夫亦可以返矣。

——《香山循报》第117期，辛亥（1911年）八月初五日。

对于何鼎元控案一般舆论之批评　搏虎

近一月来，吾邑人引领以望，拭目以俟。一般视线所注集者，非总局绅士何鼎元之控案耶？以彼气焰煊赫，炙手可热，邑之人望之若帝天，畏之如猛虎。忽然有此一控，所控者非一事，控之者不一人。其中详情若何？果能确当其罪与否？尚无从臆断。然何鼎元被控之说一传，而全邑人皆奔走相告，喜形于色。若为人人心中所欲言者。则舆论于此觇，群情大可见矣！

今者派委查办之批出矣。一般舆论，对于此事，互相私议；推测其将来之结果者，约有二派。

甲派之言曰：此人财雄势大，善于运动。昔日之被控者固已屡矣。札县查覆者有之；派委查覆者有之；要无不为洗刷净尽。非云查无确据，即曰迹近挟嫌。倘或遇严厉之查办，则别出奸险手段，以他事置主控者于死地。前年岑督派委查办之委员未到，而原告之徐桂等数人已身入狱中。即其明证也。以此之故，彼之被控多一度，势力反增长一度。今此次之派委查，其无能为彼害必也。

乙派之言曰：张督对于劣绅，颇能惩治；况当所谓预备立宪时代，政界亦当博采舆论，不能大悖民情。所派之员，虽未知其为人若何；而公论难逃，未必肯徇情；更未必敢受贿。此次之禀覆，当不至如前日之糊涂也。记者曰：查覆之权在委员，裁判之权在大史；此皆非余辈所能预测，更非余辈所能过问。两派之舆论，皆从此点置议。虽各有所见，要终非能自树立之论也。余闻何有自夸之言曰："麻雀仔跳不烂瓦珩。"此言盖谓吾邑人皆不足为彼害也。然则吾邑人之无团体，无毅力，素为彼所藐视，可见于此矣。惟吾亦谓吾邑人无团体，无毅力；洵无异于麻雀仔，无足为讳也。何以言之。何之势位，非有督抚司道之大力也；何之财产，非有百数十万之雄也；何之才智，更卑无足道，非有大过人之处也；而吾邑五十万人，皆任彼作威作福。十余年来，无人过问。此岂彼之神术能慑人哉！毋亦吾邑人之无团体，无毅力；愚者甘受其牢笼，智者亦畏其权势；心虽敢怒，口不敢言。相率隐忍，放弃自安。有以使之然耶？夫以彼之权倾一邑，他事且勿论；第观其掌握沙捐；盘踞坚牢；动掣知县之肘；此事于国家财政官府权利皆大有妨害。而历任为宰者，尚皆有仰其鼻息，不敢少动。权固若此，抑岂区区一纸控词，所能损其势者？是何怪彼之意气自豪藐视一切也。然则将奈何？曰：亦惟吾邑人之自结团体，自持毅力，不顾利害，不徇情面，以正当之手段对待之而已。夫苟有团体，有毅力，则虽以法兰西之贵族，日本之幕府，俄罗斯之农主，尚有倾覆之日。况渺尔一何鼎元，其能敌全邑人之公愤耶？呜呼！吾邑人其思之。

——《香山旬报》第26期，己酉（1909年）四月二十一日。

何祥麟不愧为何鼎元肖子　搏虎

永英轮船管带何祥麟诬告营弁曾定国通匪一案，已经前报。记者曰：此何祥麟善学其父者也。

何祥麟何人？吾邑豪绅何鼎元之子也。彼父之恶迹贯盈，笔难尽述。以匪党诬人，尤其长技。光绪二十四年诬陈孔屏、陆兰谷为孙党；三十一年诬徐桂及甘某等为孙党为三合会匪；是其已事也。今其子何祥麟又诬曾定国通匪拒捕。记者曰：何鼎元可谓得一肖子。

虽然，二十四年、三十一年之案，何鼎元虽为主动，而皆假手他人，不居其名。今其子则出名指控直欲置数十人于死地，其手段为尤辣；而卒不免于压候按办。是岂家学相传，仍有工拙之判耶？语有之，其父杀人，其子必且行劫。其此之谓与？

——《香山旬报》第26期，己酉（1909年）四月二十一日。

第三节　绅权与公产争议

设局整顿粮务之伟画

隆都山溪角刘氏凰族绅耆等，昨刊布传单。略谓：本族隆一二刘凤等户税田数百顷，爪目繁多，粮务无人清理。历年顽户欠粮，县差岁暮追呼，择肥而噬；波累良弱，怨愤沸腾，殊属不成族体。本年幸逢豁免旧粮，至三十三年底止；现计应收粮务，只此新旧两年。本族倘不乘此整顿，设局清厘，累积日久，愈难查办。兹族内城乡各绅公同定议，即于本年冬季设局在本乡大祠内，公举正绅坐局清查户爪。所有隆一图三甲各爪税粮，俱归粮局汇收缴纳。逐年扫数清完，每户发给纳粮簿据，凭簿交收，妥定章程，禀县立案给札，以专事权而清积弊。候批准开办后，凡族内业户，无论本乡及散处各村者,各该爪值理。务于设局时将本爪税田共计若干顷亩,条列户丁名字为谁,享业若干,该税若干,逐一核实开具清折,交局查封登簿;并将新旧两年纳粮执照呈验,以凭催收汇纳。如有有税无田之户,亦须具折呈明。以便确查设法禀销云云。

——《香山旬报》第 43 期,己酉(1909 年)十月十一日。

绅士侵吞公款之证据大发露　燃犀

试翻阅前岁本报所载劣绅侵吞公款之事,吾目为昏。然而证据确凿,百辞而不可辨者,又莫古镇约绅若也。

据本报载古镇约绅滥用公款,光绪三十一年至三十四年,已短进浮支银六千余两。现约绅大恐,特托某某运动云云(见四十九期报)。嗟夫!约绅之得志,一何可恶。而约绅之末路,又一何可怜哉!夫公款者,人人皆有维持稽核之责者也。而主持公产者,心苟无瑕,固不容人之讪谤。若其侵吞有据,正当如俗谚所谓"欠债还钱",又不容其托人运动者。吾闻谷都局绅与总局绅士,皆因滥支公款之故,为邑人禀攻。而该绅等竟有老羞成怒,致起打架之恶剧者。揆其用意,不过欲以威力解散邑人之团体耳。而不知邑人固再接再厉,共筹对待。昨阅公产维持会传单,宣布都门旅费数目,为某绅侵吞至数千元之谱。其他项数目,未查核者正多。是邑人维持公产,已认为唯一之天职。固非权力所可威吓也明矣。今该约绅不师打架之故智,而行运动之手段。岂所谓别开生面,而欲以阴柔制胜也与。虽然,吾决其无济则均矣。债权者对于债务者而有债权。今劣绅侵吞地方公款,是不啻欠负邑人之钜款也。劣绅不履行其债务,人人皆可执行债权以强逼之。彼欲以智术胜人者,又乌见其有济邪?

嗟夫!时值维新,百政待举。然而举办一事,动言无款;曾何知千万之钜金,竟为劣绅中饱而不之觉邪?仆不敏,敢下一语曰:劣绅之侵蚀公款者,不独古镇约绅已也;彼不过发觉较早者耳。继之而发觉者,安知其吞款不比古镇约绅为甚哉!凡我邑人,亟宜起而监察之矣。

——《香山旬报》第 50 期,己酉(1909 年)十二月十一日。

邑人亦知黄衍昌之作伪否　直道

谓总局绅士无一不作弊,此言未免太刻。谓总局绅士多数惯于作弊,则至当不易之言论也。某君前论该局绅士，非苟贱不廉，则纨袴无识。是其来也，必非为地方兴利除害而来。实一植权之目的而已，一为利之目的而已。既有植权为利为之因，则必有舞弊营私为之果。此总局绅士之作弊，所以日甚一日也。谓余不信，试观黄衍昌贱价私批一事。

崇义祠公产，非黄衍昌一人之私有物也。黄衍昌为崇义祠值理，不过为邑人之公仆耳。以公仆之资格，竟将其主人产业，贱价私批。谓非作弊而何哉。夫批田之价格，同在一样之期间，一样之产业，则相差必不甚远。今黄衍昌将青鹤湾围田私批梁某，租银八百两。复在祠投得之赵某，租银千二百余两。彼此相较，相差在四百余两之数。试问相差之四百余两，谓非黄衍昌从中舞弊，其谁之信。幸也，人心不死。而有某氏之诘责。遂在祠复行开投。不然，则崇义祠固少四百金之收入。而黄衍昌作伪之鬼域行为，且无人之举发。而得新辟一生财之门径矣。

夫黄衍昌作弊之铁证，既如上述矣。虽欲辩之亦无可辩矣。吾意其于辨无可辨之处，而得一强辨之法。则必以当日批田，有某某数绅在座，不能谓之私批（闻黄见本报六十二期新闻后对人云然）。而不知私批云者，非以见证者之多少为定。使其私相授受，则总局十二名之绅士虽共同许诺，亦不得谓之公。使其当众出投，虽黄衍昌专主其事，亦不得谓之私。吾之不满意于彼者，全根据于此说也。彼黄衍昌虽欲辨，其如无充分之理论何。其如己为值理，而不得归罪于他人何。

呜呼！吾因此有以告邑人矣。崇义祠之产业，为我邑人公共之产业。观黄衍昌一事之苟假，则可以概括其余。使邑人犹不竭力整顿，清算公产。再举公正士绅，权理厥职。吾恐崇义祠虽有万顷之田园，千万之钜款，而一任若辈之日侵月剥。其竭也可立而待。况夫兴办新政之始，日日提款。而又任其横吞私噬，安有幸哉。吾愿邑人其谛听者。

——《香山旬报》第64期，庚戌（1910年）六月初一日。

科举遗毒之一斑

崇义祠公产，入息甚丰，岁有盈余。自科举废后，所有红金京费各项，久已停支。兹因举贡考职获选暨在学堂毕业得奖者，欲照旧例支取，共约二百余人。该祠值理未敢作主，特订于月十五日集众公决云。"按红金试费等名目，实为科举时代陋习。自学堂既兴，早经提学宪通饬，嗣后各族不得仍

第七章 遏制绅权 推行民主政治

前支给，尽数提办家族学堂，夫家族尚不可支，况崇义祠产业，为邑人所公有。现虽为总局绅踞管，将来核算清楚，则办理地方公益事业，需此者不知凡岁，岂可苟仍陋习，徒饱个人之私囊乎？"

——《香山循报》第89期，辛亥（1911年）二月十四日。

维持公产宜清界限　民声

近年邑人稍留心公务者，莫不曰维持公产，而盘踞公产之局绅，亦每藉口曰维持公产。

邑属公产，久为局绅踞管，明吞暗蚀，弊端百出。迩者民智日开，讲求自治，兴利除害，需款正殷。若任若辈吞蚀不复过问，则凡百建设，何所取财？且以一邑之公款，徒饱小数人私囊，于理为逆。此维持公产之说，所以不谋而同也。

局绅侵吞公款既多，惧人发其覆，则凡对于拨款兴学办警暨种种自治事业，必多方阻挠。每谓公款若不储蓄，设遇水旱兵燹，何以为计？此则藉口于有备无患之说，为盘踞侵蚀之计，此局绅所谓维持公产也。

总而言之，维持公产四字，本为最正当之名词，而持论者之为公为私，则不可不辨。盖维持云者，特对于耗费吞蚀者而发，至地方上事，只论其应办与否，如不应办而办，虽小用公款亦属虚耗；如其应办，虽多用公款不为过，断不容藉口储蓄，致因噎废食也。即如近者榄镇议员何有虔等，禀控董事会调查户口延时糜费，而归重于为局约留储蓄。本报前期按语，已略致辩驳。所以然者，该镇议员所应当研究之问题，第一为调查户口应否动用公款，第二为所用公款其中有无糜费。至区区为局约留储蓄，所谓不知务也，否则为局绅所嗾使也。记者因论维持公产之界限，特赘及之。

——《香山循报》第107期，辛亥（1911年）六月二十三日。

族学确无提拨崇义祠公款之理由　枕戈

梁维城筹办文明小学，既声明为一族学堂，断无筹拨地方公款以为补助之理。前期本报已言之，今又观梁某禀请提学司提拨，词意甚坚。记者固望该学堂之成立，然为地方计，为地方公款前途计，则不能无一言以正之也。

崇义祠为阖邑人组织而成，夫人而知之矣。既为阖邑人组织而成，则其盈余款项，当以之筹办一邑公共之事业，断不能以之筹办一姓一家私有之事业，固明甚也。今梁姓筹办小学，明明为一姓一家之事，其款项当由族中筹措，地方公款，非彼所宜过问也。

若欲提拨崇义祠公款，以为补助机关，则其弊害将不可穷诘。试问吾邑兴办地方公益事业，在崇义祠筹借款项者何限。有崇义祠公款，尚可挹彼注兹，为补救一时之计，若任一姓提议拨款，各姓纷纷效尤，是不啻举数十万之公款而瓜分之。则地方事业，将更无公款之可筹，又岂计之得者哉。

记者所见，则以地方官有维持地方公款之责，不应任梁族提拨。梁维城有保全地方公款之责，不应倡议提拨。以一姓之族学，合全族绅耆之力以助成之，何所求而不得，何必谋及公款，以为邑人之借口纠争耶？

——《香山循报》第99期，辛亥（1911年）四月二十五日。

族学果能提拨崇义祠公款耶　呼醒

昨阅县批一栏（二月十八卯）有梁维城禀称族学经费不敷，请每年提拨崇义祠学款一千四百元。吾阅之，不能无疑。

夫崇义祠公产，素为总局诸人盘踞，邑人诚有不怿。然合全邑之力，争回此款，筹办一邑之公益则可。若任意提拨，以筹办一姓之族学则大不可。

盖崇义祠公产，由邑中各姓组织而成，若一族提拨，则各族必援利益均沾之说，相率效尤。吾恐崇义祠虽有百万公款，顷刻可立尽，况其经日浚月剥，已成弩末之势者耶。

今者梁维城既公然禀请提拨矣，而邑令又照会劝学所附城总局查覆矣。兹事虽小，而关系于崇义祠公款之前途甚大。吾不知有权查覆者又将何如。

——《香山循报》第93期，辛亥（1911年）三月十三日。

争山案

恒美乡李燕洲祖山葬于渡头附近之牛皮地地方。近有隆都濠涌方姓人在于山之交界处，新筑一穴。李姓谓有占伊祖山税地，方姓又谓系葬自买山圆界内，互相争执。昨投坟山公所勘明理处，两造均不肯退让，恐不免又兴雀角之争矣。

——《香山循报》第99期，辛亥（1911年）四月二十五日。

第七章 遏制绅权 推行民主政治

哀东翘　旭日来稿

凡地方公事，必赖绅士出而主持。为绅士者，苟能开诚布公、兴利除弊，则人无从以议其后，且不忍乘隙抵瑕以议其后。至若有结党营私、武断乡曲、攘夺公款、糜烂大局之人，则人人皆得而诛之。此吾对于东翘八乡之事，所为太息痛恨于当事者之无状也。远事且勿论，试翻近十年来之历史，何一非可悲可愤、可惊可叹者乎？

诘奸禁暴、保卫治安，非团防局之权责乎？研究法理、补佐官治，非自治所之目的乎？稽察违章，实行烟禁，非戒烟所之职守乎？然自团防局设立以来，除集款外，无如何之成绩。姑置勿论，惟自治戒烟两所，开办伊始，则开幕之费，耗数百金；维持水道，酿成钜案；串同差役，私售烟照；稽查骚扰，任意苛罚。凡此种种，皆乡人侧目，敢怒而不敢言者也。自此以往，小人道长，君子道消。智者则急流勇退以洁身，愚者则徒拥虚名以任过。其狡而黠者，则狼狈为奸，大肆其横行无忌之私心。呜呼！地方多一局所，则劣绅多一巢窟，未受其益，先蒙其害。不如不设之为愈也。是曰局所之弊窦，可哀者一。

凡管理地方公款，必须有清算之期限，有公布之征信录。庶足以昭人民之信仰，清管理之责任，此社会公例也。东翘八乡之公款则何如乎？查该乡义学公产，每年除祭祀外，应有百圆之赢余。至今为盈为亏，局外人无从悬拟。以吾所闻，某田为某绅据批，某款为某绅借用。乡人啧有烦言矣。至于办团防局，则捐集数千圆；开自治所，则捐集数百圆；义学入牌，则捐集千余圆；维持水道，则捐集数百圆，且借支义学数百圆。至今无一纸征信录宣示于众。其不可示人耶、抑不暇及此耶？使非侵蚀殆尽，何至深闭固拒，秘而不宣，甘受婪劣之名而不辞乎？是曰公款之紊乱，可哀者二。（未完）

——《香山循报》第108期，辛亥（1911年）六月三十日。

哀东翘（续）　旭日来稿

风俗之文野，乡族之盛衰，与人民之程度为正比例，此人群进化之公例也。东翘八乡之民族，沉毅笃实，温存和平，苟得贤明士绅为之鼓舞，其进步正未可量。乃当事者不特不鼓舞之而反愚弄之，是以笃实者流为鄙陋，厚重者变为怯懦。无办理之智识、无固结之团体、无权利之思想、无进取之精神。大梦沉沉，一任劣绅之横行，束手待毙，不闻有维持之策，甚或随声附和，阿谀取容，以长劣绅之气焰。嗟夫！民智卑下若此，彼劣绅亦何所惮而不为耶？是曰民智之蔽塞，可哀者三。

小学教育，为输进人民之普通智识，其关系固尽人而知之矣。今试游于东翘八乡之间，除大环之黎族、大岭之欧阳族，近方组织外，问有公立之完全小学乎？无有也。问有简易小学乎？无有也。问有识字学塾乎？无有也。而髫龄村童，冬烘先生，咿唔之声，达于户外者，犹是守《三字经》、《千字文》之故辙，否则采未经审定，鄙俚不经之俗本，终日鞠腰伏案，以养成浑浑噩噩，如醉如梦之国民，微论其有戾于朝廷兴学之定章，而已大悖乎教育之精义矣，是曰学务之腐败，可哀其四。

以上数端，互相为因，互相为果，有如是之教育，而后有如是之国民；有如是之国民，而后有如是之局所。然则东翘近年乡事之败坏，谓劣绅构成之可也，谓乡人养成之亦无不可也。故吾对于劣绅，犹可恕其辞，对于乡人，实不能宽其责。乡人乎，将低首下心，长此终古乎？抑急起直追，共筹补救乎。风雨潇潇，鸡鸣嘐嘐，翘首东望，不禁沧然而泪下也。（完）

——《香山循报》第110期，辛亥（1911年）闰六月十四日。

因隆镇阻办防营事足征民气之可用　民声

隆镇阻办防营一事，而彼都全部之舆论，皆痛恨局绅之压制小民，政界之瞒禀上峰，慷慨激昂，不可终日。本报负代表舆论之天职，不敢隐饰，因于其集会之情状，对待之方法，详加采访，书之于报，亦以见官绅之遇事武断，而吾民心之未尽泯没也。今者，吾民之起而抗议者，已大告成功矣。兹事也，即为吾邑官民抗争之嚆矢。记者观于舆情之愤激、举动之文明，足验我邑民气发扬之征候。因搦笔论之，亦我辈所应有之责也。

前数十年间，我邑无所谓民气。各乡局之设立，其局绅皆由官札派，终日盘据公局，顾盼自豪，仰官场之鼻息，承官场之意旨。官为虎而彼为伥，官为狼而彼为狈。鱼肉里党，压制细民。吾邑人之忍气吞声，敢怒而不敢言者，盖已久矣。而民气之澌灭，荡然无存，亦至此为极。即以近日而论，民气似较前发展，然吾静观默察，其于绅界的方面，似有确实之非难，而于政界的方面，仍少正当之对付。有之则自隆镇阻办防营始。

第七章 遏制绅权 推行民主政治

夫隆都护沙局，均为民捐民用，此人人所同知也。而政界欲改编团防营，又最不公平之事也。当日该都绅士，闻有抵抗之议者，则手足股栗，不敢参预末议，而阴贼险狼之辈，且欲压制乡民，以博官场之观心，以巩固恶劣之势力。乡人手无斧柯，奋起而与之抗，人微言轻，难生效力。使非合大团，策群力，进而与争，断无制胜之日。即与争矣，而所进行之方法，所坚持之理由，苟非正大光明，亦反为政界所藉口，而于事无济，惟彼能于最强硬之压力，而以最巩固之团体力争之。又于最公愤之事件，而以最文明之手段发布之。观某君所拟办法三条。第一条："用议董会名义，电禀张督，收回成命"；第二条："如张督不准，则宣扬县协瞒禀上峰，压抑我民的手段，通布海内外华侨，俾得如何设法"；第三条："我都人士，齐往县衙，力求邑令，效申包胥故事"。此三种办法，虽间有尚待商榷者，然大致已具，义正词严，其正气充塞，已足折服政界愧励劣绅而有余。此邑令所以不得不勉从舆论，而有"应准照旧章办理无庸更改"之批示也。由此以观，则隆镇此次之争议，谓非民气之发扬，不可也；谓非民气之可用，更不可也。盖官民之交涉，官有势力，而民则无之；官有威权，而民则无之。无论其曲而在我也，即理直气壮，为人人所共悉，而非有坚忍之魄力，强固之人心，誓死力争，再接再厉，仍恐气弱而易馁，势孤而易散。而官吏乘其弊而镇压之，则摧枯拉朽之易耳。惟其事出于公，人皆思愤。前月念三日之会议，到者千余人，为隆镇历来集会未有之盛举。登坛献议者慷慨淋漓，闻声附和者鼓掌雷动。众论激越，万口同声，而后政界为之转移，都人得偿其夙愿矣。壮哉民气！壮哉隆镇之民气！

呜呼！吾因此而知民气之可用，而政界之权势，不可无理出之也。盖官无畸轻畸重之分也。近两年来，我国号称预备立宪，已将由人治国而进为法治国。为上为下、为官为民，率纳于法律范围之内。则吾民惟知守法耳，无所谓权力也。官既不能恃其权而糜烂吾民，则吾自可守其法以保卫利权。此法律修明之日，即民气发展之时，无可疑也。惜乎吾邑人士，多昧于立法之意义，放弃权利而莫之或恤。凡事皆由绅界与政界交涉，政界之所是者，不敢非之；政界之所非者，不敢是之。而所谓绅士之眼光，亦只有权力之识别，而无法律之研究。除奉承外无善法，除贼民外无能事。即以邑城而论，有一议董会，即为邑城议事之机关，而亦以党派倾轧之故，废置之而不复过问。有民气代表之地而不能用,且从而摧残之,是无异人之自破其喉舌,自断其手足也。他若各乡镇之绅界,鱼肉平民之不已,而互相倾陷,互相倾陷之不已,而两败俱伤,自撤藩篱,自失羽翼,而听受政界之命令,皆不善用民气之过也。吾邑人不善用其民气,而凡事皆为政界所操纵。隆镇人能善用其民气,而大权不致为政界所攘夺。吾愿隆镇人有以勉之,吾尤愿吾邑人有以师之。

虽然,是不可以不辨,游民蚁聚,肆行破坏,是之谓暴动,非民气也。愤激而起,哄然而散,是之谓感情,非民气也。所谓民气者,有坚毅之团体,有健全之理由,进退一循乎法,而非可以轻易言之也。今观吾邑人之弊病,皆前两说有以中之,而曾不知民气为何物。如拆毁捐局、如抵抗调查。动辄聚众千百人,哗躁而来,此暴动也。如维持勘界一事,利害密切,而邑人开会争之,旋起旋落,此感情也。由前之说,则人心可用,而智识不足以副之;由后之说,则宗旨甚正,而沉毅不足以持之。皆不足谓为民气也。若此举动,适足授人以柄,为世人所詈骂,吾人所深恶痛绝之者也。吾之所志者,确以民气根于正义而发生,壁垒森严,无懈可忌。虽以专制如路易十四,横暴如梅特涅,终不能不降服于其麾下,此则民气之本色也。吾因论隆镇阻办防营事,证明民气之可恃,而又反覆推论民气之作用及其标准若此。吾邑人当有以处之乎。

——《香山循报》第111期,辛亥(1911年)闰六月二十一日。

所谓新政之人才如是 奈何

吾尝闻师之言曰:凡人欲出任天下事,首重学问。其学问造至何等之程度者,然后有何种之权利以报酬之。吾深以为至言。若证之吾邑近日之所谓新政,则未敢信。以素不识学务之人,而为劝学所总董。以素不晓实业之人,而为劝业员。以素不暗警务之人,而为教练所员。以目不识丁、胸无点墨之人,而得为议事会议员。然则何必读书,然后出而任事哉!恫夫!

——《香山旬报》第69期,庚戌(1910年)七月二十一日。

噫!局绅竟以祠堂庙宇为块垒 燃犀

迩者我邑筹办咨议局第二期选举,经费奇绌,邑令责令总局绅士筹措。

而该绅等竟献祠堂庙宇认助经费之议，每间认捐银五元。昨已由邑令通饬各祠堂庙宇照办矣。噫嘻！局绅之狡谋！噫嘻！局绅特别之筹款法。

夫筹办选举，公事也。若邑中公款尽绝，无处可筹，则责成祠堂庙宇认捐，可也。即不然，邑人激于公义，互相劝勉，乐助经费，亦可也。今邑中公款，为数至巨，概为总局绅士盘据，迭经邑人禀请核算，皆不之恤，而竟以选举经费，责令邑人担负，是乌乎可？

吾敢以一言断之曰："我邑公款，一日为局绅把持，则凡有地方公益费用，邑人断无乐于输将之理。盖地方公款，皆我邑人应享之权利，乃为局绅所攫夺净尽，欲求一核算而不可得，而又为局绅所利用，以为三数人卸责之地，而谓邑人甘心否乎？"

呜呼！局绅把持公款，舞弄同胞之罪，从此当更著矣。一邑公款，慨归彼辈掌握，而侵吞有据，为维持公产会所揭发者，亦盈千累万。而选举为新政之要端，区区数百金之经费，仍不负责任，靡特不足以对邑人，且无以对地方官矣。噫！

——《香山循报》第113期，辛亥（1911年）七月初六日。

救灾会漠视灾民之可叹　民声

吾邑何为而设救灾会乎？则因前年旋风为灾，欲以赈恤贫民也。当日存款数百金，声明为后日赈灾之用。今吾民迭遭灾患，并不闻有抚恤之举。噫！异矣！

前日吾邑开办平粜，该会所储款项，理宜拨充平粜公所之用，而该会置若罔闻。再则太平沙农民被劫，焚毁八十余家，张督电饬拨款抚恤，县协亦捐廉赈济，可谓穷民之巨灾矣。而该会亦等于不见不闻之列。噫！又是何故欤？

吾闻前日有杨黄氏函请救灾会拨款修整屋宇，该会集议，以此款为救灾起见，不允所请（见本报一百零九期）。今农民被焚劫者数十家，其为巨灾乎？其非巨灾乎？其应救济乎？其不应救济乎？吾请该会为我下一断语也。

要之救灾会既有存款，则无论何地何人何时，偶有灾异发现，皆应驰往援救。今救灾会历经巨灾，皆若不甚介意，毋亦负当日慈善家捐款之盛心耶？救灾会存款，非办事人之私有物也，若欲救灾，则姑待之，否则邑中慈善事业甚多，不若拨充经费，毋为邑人之窃议其后也。

何也，邑人之非议救灾会，不过办事诸人之事耳。而不知办事者不能见信于前，则他日各人亦不能取信于后。若灾变之来，创猝募捐，邑人皆以救灾会为借口，而相戒不前，足以败乃事者不少也。记者忧之，于是乎言。

——《香山循报》第114期，辛亥（1911年）七月十三日。

劣绅藉官撞骗之败露

张家边乡人周官赐前控马鞭埔古聘轩吞租易佃一案，缘古为富翁，向客檀香山，有棉昌团四六顷零，由古之少子叔恺，批与周某耕种，已收租银二千四百两。又按柜银二百四十两，惟此田向由古聘轩批与旧佃，且叔恺与周某经手。闻系引子账，故控其数载，古均置之不理。本年周复禀请包令，追还租银，并愿在该项内，报效农业试验场经费银一千两，六月时包令即勒传两造到案，由孙杨二委员讯问，判令古某将原银缴案，以二千二百两拨充地方公益费，以四百两给还周某，案遂了结。当时古某因与陈溪生相识，溪生之子述贤，为虎绅何鼎元密友，故由陈诱令古某托何鼎元代为关说，除报效外，复骗古某二千二百员，谓送包令一千员、何鼎元一千元，又送赵收发四十元、缪庆燊二十员、何云谷二十员、邓剑台二十员、谢佩兰二十员。古年老性朴，不知陈何等串骗，遂将银如数交其呈缴，其费去五千余金之多。该案结后，何鼎元复于闰六月十九日，面谒包令，复代古某缴银四百员，包令以案已完结，罚款又已如数缴足，何又续缴四百员。据何称古系富翁，此项是伊情愿报效者，邑令以事关公益，不必固却，遂发还收条一纸，并叙明案内。及七月初间，古聘轩长子古伯荃由檀香山埠回乡，均悉情由，即于初十日进谒邑令，询及此案罚款，为数不赀，欲拨回小数，为伊乡中阅书报社经费。邑令以该款均已指定，碍难分拨，并将其案内罚款数目，一一指明，伯荃以数目不符，即将伊所缴过之数目陈明，并云何鼎元代缴之款，原系一千元，不止四百元，邑令询以此款系何人经手，伯荃答称系家父交陈溪生转交何鼎元代缴。邑令闻言，大为震怒，立即饬传何鼎元到署质问。何初托故不到，后派梁巡官带同警勇拘传始到。何只认收得古四百元，余六百元则诿称陈溪生与古父有数目计算，伊实不知。邑令拟即出火签，拘陈到案，伯荃以其父与陈素有交谊，且此数亦非自己经手，遂对邑令言，谓俟伊父来岐，然后再传同面质，邑令亦以为然。伯荃旋即退出，何尚欲留下再谈，邑令亦一

第七章　遏制绅权　推行民主政治

并命之退出。十一晚何即令陈溪生星夜到聘轩家，求其转圆，并求古叔恺写回字据一纸，谓除报效之外，并未送银与何鼎元等语。及十二日，古聘轩由乡到石岐，是晚八点钟，邑令拘传陈何二人，赴案质讯，何讬故不到，陈则偕其侄舜徽赴邑令前，作三揖，邑令斥之使出，令在差馆暂候，此时尚未提审也，少顷，提堂质讯，先问古聘轩，据称当日二千六百四十两缴案之外，尚交银二千二百元与陈某，再报效一千元，为其余费用。该二千二百元，内十元银纸六十张，五元银纸八十张，另一元银纸二百张。此外尚有忘记，时日亦记不清楚，约在闰月十八九之间，乃系交到陈手，旋问古伯荃，据称家父曾交二千二百元与陈，但其缴案者不过四百元，尚余一千六百元，核其收条，与来数不符。邑令复讯陈某与聘轩如何交情，陈某供称与古为世交，古某托他代为照料。邑令云，古某云交二千二百元与尔，此数如何开销，陈供称该项确有收过，只交四百元，为报效之用，其余费用等项，俱有数目。即将清单开列呈验，邑令谓古某交报效银一千与尔，现由何鼎元缴到四百元，我即发收条，何以尔于四百元之外，又撞骗他。此时古伯荃，即将陈某亲笔信函呈验，邑令阅后，赫然震怒，严斥曰："尔函内谓尔儿子与何鼎元面谒本县，所有出票签差等件，均已答应，属在相好，定然极力办妥等情。本县识尔儿子是甚么人，今日有尔父子在此把持，还要本县来做香山县么？总之尔串弄衙门，指官撞骗，凿凿有据，现在事情重大，拟分两层办法，先将古某银两追出，后办尔指官撞骗之罪名。"陈溪生至是，手震舌战，称函信系儿子经手写的，要问何鼎元及儿子便知。若谓儿子有无谒过公祖，可传他到来，嗣邑令又将其收过古某之数，亲自核算，相去太远。陈某再将古叔恺亲笔单一纸用镜藏好呈验，此单即陈某十一日亲到伊乡求古某写回字据，古聘轩亦未签名，不过画一花押。邑令谓此不能为凭，惟陈某坚请传出何鼎元到来集讯明确，讯毕，即将陈某收押民事所，其古聘轩、古伯荃遣回，听候传集一干人等审讯明确，分别惩办。是晚聘轩即返乡，十三日何鼎元走狗何云谷，往返民事所，与陈溪生熟商数次。十四日，邑令复提陈溪生堂讯，据供所有开列各数，尽系我一人浮开，凡县署委员书吏，亦未有分文致送。至何鼎元一节，乃我冒名，邑令即判令陈溪生将棍骗古氏之银限十五日缴案，又限五日内将伊子陈述贤交出，科以撞骗之罪，如不交出，即将陈某惩究。又谓何鼎元经手之银俟有凭据，再行追问，遂令两造具结，兹将古伯荃具结录下，具结人古任鋆，今赴老公祖台前，为具结事，缘现由官查明陈心瀚棍骗

275

生父银两一案，今蒙仁宪提讯算明，陈心瀚应交还生父银一千二百元，另三百二十三两八钱八分，限陈心瀚半个月内，将银缴案，给生收领后，彼此数目，均已清楚，具结是实。又此案败露后，赵收发即差人到城内黄太史第，找何云谷，往返数次。见何后，即将四十员交还何某，谓曰："吾不敢受此矣。"何云谷笑而纳之，闻赵某晤何时，形状狼狈，言语仓忙，见者皆为窃笑云。并将十四日邑令堂判，附录于后，现提两造详加覆讯，据陈心瀚供认前日所开清单内，实尚有收到古姓来银一千二百员，未经列入，所有开与古姓各数目，实系任意捏名浮开，兹奉彻底查究，不敢始终欺瞒，情愿据实供明，求恩从宽发落等语。查当日续缴报效银四百元，系由何鼎元经手交来，是古任銎所称内有敬送何鼎元银千员之语，恐非尽出无因，当向陈心瀚再三驳诘，并晓以如果实有其事，则指官撞骗，罪在何鼎元，该陈心瀚仅只从中说合过交，厥咎尚轻，若无其事，则指官撞骗之罪，全在尔一人身上，现在事已至此，切勿暗中受人愚弄，代人受过，讵陈心瀚坚称当日实只交银四大百元与何鼎元转送入署，实无交给报效千元及另送何鼎元千员各情事，不敢任意诬报，再增重咎等语。复经诘以何鼎元与古姓本无交情，如非有所沾润，何肯代为经手，复据声称何鼎元与伊交情甚厚，系念伊交情代办并无别故，实非代为回护等语。又再诘以尔向古姓开报各款，内有县署收发传供等款，谅必不虚，据称亦实系藉名开销，均无其事，并称现在身已犯罪，如果实有送给别人之款，岂有尚不据实供明，图减已罪，竟甘一人受过之理等语。盘诘再四，矢口不移，复询古任銎所称，敬送何鼎元等款有无确据，据称均系凭陈心瀚开报，伊古姓父子始终未与何鼎元直接，实无凭据，查本县自抵任以来，即经出示严禁招摇撞骗，甫又重申禁令，乃该陈心瀚竟敢指官撞骗，实堪痛恨。邑中各绅，洁己自爱者固多，而藉端撞骗者，恐亦不无其人。何鼎元此次之事，如果确有其事，决难姑容。今经本县迭向陈心瀚追究，而陈心瀚迄无一言供指，质之古任銎，亦只谓系凭陈心瀚所报，伊父子实未与直接，亦无别项凭据。无从澈究，惟愿何鼎元有则改之，无则加勉。局绅为桑梓谋公益，固不得徒畏人言，意存见好，尤不宜稍存私见，自败令名，兹本案既经质讯明确，陈心瀚供认不讳，应即据供定谳，将赃款照数追缴，惟据称原银业已花销，着限半个月内，即将捏报短收之一千二百元及据单开尚存银三百二十三两八钱八分全数缴出，给古任銎父子领回，以清缪葛，如违比追，仍照现行刑律内载，诓骗财物，准窃盗论，计赃满，贯罪止流三千里，改工作十年，以为指官撞骗者戒，伊子陈述贤，仍严缉获日并究，一面将讯明按例拟罪缘由，通禀各宪察核，各供录，古任銎等结，陈心瀚限状，及古任銎堂缴信单照片均附。

按指官诬骗，罪实难逭。前月邑令已出有示文，严拿此种棍徒究办。今陈溪生父子诬骗有据，自当加等严惩，以肃观听。万无任其狡卸之理，惟何鼎元亦案内重要人物。今陈溪生竟为他卸责，而邑令亦轻纵之，此节不无可疑。记者试将其可议之点，一一揭出。查十二晚邑令提审此案，陈溪生坚请传出何鼎元到案集讯明确。而十四日堂讯，陈溪生竟一力招承，全为何鼎元饰辩。可议者一。陈溪生父子与何来往甚密，邑人皆知，陈致古某函，有提明何鼎元向邑令关说之语，则何鼎元招摇之罪，已难稍逭。况古某报效四百元，又由何经手，而谓此事非由其把持撞骗，夫谁之信？可议者二。古某除罚款之外，果能情殷报效，尽可自行送县，何必托何鼎元缴案。而何鼎元非盲聋之徒，何以不跟问明白，贸贸然为之呈缴。可议者三。观此三者，则何鼎元对于此案，诚为借题撞骗之重要人物，亦万难任其逃脱。故记者所见，则以邑令不欲严惩撞骗者亦已耳。苟其欲之，当先治陈某父子之罪，次拘何鼎元到案讯问，逐层研求，务使此案水落石出，得其真相。若其不然，则无论墨汁未干之示文，空言见诮，而以一光明磊落之身，竟为劣棍牵入污泥，同其分谤，斯亦太过不值矣。书此敬质于邑令。

——《香山循报》第115期，辛亥（1911年）七月二十日。

有则改之无则加勉说　劝恶

何鼎元串同陈溪生，撞骗古某银千余两，包令堂判，有惟愿"何鼎元有则改之无则加勉"之言。夫撞骗何事？而可以已意测人有无，撞骗何事？而有则仅以一改了事。吾恐由前之说，则为乡党自好者所不受，由后之说，则藉官诬骗者，皆诵邑令之仁明也。然何鼎元恃势擅权，交结官府，历任皆为之庇。而邑令独能婉娩其辞，曲为开谕，亦煞费苦心矣。舍法原情，规过劝善，殆古所谓贤有司耶？记者最好此等文字，喜邑令之先得我心也，演其例如下。

萑苻大盗，恶迹昭著，劫掠钜万，为他盗当堂指攻，问官不予严捕，反令人寄语该盗曰："有则改之，无则加勉耳。"例一。

登徒子强奸处女，已成奸矣。获付法庭，经被奸女子，指证有据，按律应予严办。问官不加推勘，欲以含糊了事。但曰："有则改之，无则加勉耳。"例二。

侦探捕风捉影，不问是非黑白，妄拿邀功。某寺僧怀有慈悲成轴，三宝白文等语，遂指为革党，囊有三数番石榴，遂指为炸弹，被逮到案，解囊菓现，问官无以难。第曰："有则改之，无则加勉耳。"例三。

武员藉捕盗为名，入乡穷搜，金帛悉入私橐，偶不如意，开炮轰人。小民请惩办，官传武员到衙，不加申饬，惟曰："有则改之，无则加勉耳。"例四。

骗子骗人财物，控案累累。被害者扭赴公堂，问官不为伸理，但语骗子曰："有则改之，无则加勉耳。"例五。

凶汉杀人，被苦主控请拘凶。血衣凶刀，一并缴案。问官曰："被杀者为刃所诛，现此刃既已缴案，则是否为该某持以杀人，无从澈究，然既指供为某所杀，则亦宜惩戒，但嘱他："有则改之，无则加勉可耳。"例六。

以上所举，只就想象所得，聊供一粲。至何鼎元把持公产，构陷良善，结党营私，纵淫怙恶，久为邑人所控告。乃年复一年，而盘踞如故，纵恶如故，殆邑令亦将以此语为彼慰。曰有则改之，无则加勉耶，噫！

——《香山循报》第116期，辛亥（1911年）七月二十七日。

广有则改之无则加勉说　勉之

"有则改之无则加勉"斯言也，邑令以之判何鼎元之棍骗案也。夫何鼎元之串骗古某，指官招谣，人人所共知。然邑令以陈某之前后翻供，事无佐证，不能按律究治何鼎元之罪。而又以何鼎元经手过付，显有弊混，特以此八字为训诫何鼎元之良药。虽谓为劣绅曲全体面，然以作恶十年炙手可热之劣绅，而遭此磨折，亦可谓强项令矣。何鼎元良心不昧，当以"有则改之无则加勉"八字，如孔子之雅言、子张之书绅，谨志不忘。潭潭府第，清风园里，亦当书之壁间，以邑令之所训诫者，用以自警也。呜呼！斯言也，可云劝勉备至，忠厚待人。记者不敏，更推演其义，用以提撕一般之作伪者。

梁国英为檀山领事，诬指华侨为革命党，华侨大动公愤，不承认其为中国领事官。风潮剧烈，而梁亦以此去职。梁之自残同种，罪大恶极，诚狗彘不食其余矣。而记者慰之曰："有则改之，无则加勉。"

第七章 遏制绅权 推行民主政治

赵收发扣留壳艇,勒索蛋民,已为蛋民梁满所攻讦。夫以职司收发,而遇事勒索,吾民受害,乌有穷尽之日,无怪为舆论所不容,竭力以攻击之也。而记者慰之曰:"有则改之,无则加勉。"

杨委员之在寓所磋麻雀,在新街饮花酒,事为报纸揭载,杨委员怏怏不乐者竟日,终以事不离实,哑佬食黄莲,明知其苦,而不能宣诸口也。而记者慰之曰:"有则改之,无则加勉。"

某校长赌癖素者,本报前已攻讦之,不遗余力。近日香山日报亦复描写尽致,绘影绘声。而记者慰之曰:"有则改之,无则加勉。"

近日有一种无意识之人,劣迹为报纸登载,狂暴异常,扬言以官力压制,或以武力对待,欲以虚声恫吓,此等伎俩,殊为可怜,而报馆一笑置之,不为所动,而彼亦徒唤奈何而已。而记者慰之曰:"有则改之,无则加勉。"

兹篇之作,记者亦以邑令所训诫何鼎元者,用以提撕一般作伪之人。何鼎元固当奉邑令所言者为金科玉律,而一般作伪之人,亦当奉鄙言为金科玉律也。于是邑令训诫何鼎元之苦心著,于是记者提撕一般作伪之苦心亦著,作广有则改之无则加勉说。

——《香山循报》第117期,辛亥(1911年)八月初五日。

控争尝田案续闻

前报纪控争尝田案已结了一则,经沈令断结。惟复回李世谦三代祖惠一节,乡人皆大不平。因朝礼祖为李族一小支房,李聘珍与李鸿元争讼,是其一房事;李绍美堂出族是一族事。其出族之原因,为父子济恶。前经传单登报,不必赘说。今世谦不向乡人讲和,竟乘沈令卸任贿弄札谕告示,借官势恐吓乡民。乡人以其盘踞各祖尝,及拖欠会项等,尚逾钜万;且出此压制手段,实不公认云。

——《香山旬报》第74期,庚戌(1910年)九月十一日。

坟山局斥退陈溪生之冷观 冷眼

吾邑坟山局设立以来,凡所作所为者,多予人以可议。乃近观其斥退陈溪生一事,则又似一洗从前朋比为奸,相济为恶之陋习,在昧昧者观之,亦将心焉许之矣。而记者曰:"否否!"

夫彼而欲整顿局务，化私为公也？则应声罪致讨者，不仅陈溪生一人，所不堪与共事者，亦不止陈溪生一人。乃败坏局所之名誉有甚于陈溪生者，彼则绝不加诛，甘负熏莸同器之消。而独对于陈溪生则排斥之，在陈溪生固可诛，而何以有甚于陈者，竟至相为隐忍耶？

把持局务，武断营私，为局员所指攻，为舆论所痛击者，非刘某乎？今虽辞职，而其辞职之恶历史，何以该局不为之宣布耶？坟山局不满于舆论者，全由刘某造其因，若彼作伪败露，舍之而去（迭见前报故不赘），而坟山局不从而纠正之，试问他日职员何所惧而不作恶耶？此其一。

侵吞捐款，假公济私，灰华侨之热心，堕局所之声誉，非林某乎？彼利李益徽父子之捐款，累累黄金，为彼平日所渴望而未得者，一旦有人捧之而进，则攫以夺之，固无足怪。然捐款者公物也，彼竟冒坟山局之名义，私相授受，岂该局员独不可起而议其后耶？此其二。

观此二事，一则假坟山局之名以武断山案，一则假坟山局之名以吞骗公款。比之陈溪生之有碍坟山局名誉者，尤不可同日而语。盖陈溪生虽藉官撞骗，罪有应诛，然彼不过在外招摇，非假坟山局以济其恶也。若刘林者，不惜破坏坟山局之名誉，藉之以行其奸，在坟山局处之，其罪应加一等。乃陈溪生不免于斥革，而两人独能以幸免，又何一洗从前陋习之足云。

——《香山循报》第117期，辛亥（1911年）八月初五日。

谷都局绅盘踞公款之魔力　民声

咄！谷都让董两会，向该都局拨银一千元为开办经费，而局绅阻之，本报前纪"局绅竟以公款为私有物"是也。咄！桂山学堂因经费支绌，议酌提公局租银俾资弥补，而该都局绅又阻之，本报前纪"局绅破坏学务之可恶"是也。

议董会为地方自治之机关，所需经费，自应提自公款，若盘踞公款，使之经费无着，即间接以破坏自治之团体。至桂山学堂为十八乡公立，开办数年，地方士绅皆有维持之责，断不能听其款项不充，有中道而画之叹。何物局绅，而竟阻止拨款，其必欲学堂之解散而后快于心耶？查谷都局岁入款项几近万金，向在局绅掌握，其中弊混百出，久不清算，乡人啧有烦言。盖久已视地方公项为囊中私物，一闻提拨，则不暇计其为要政与否，惟有出死力以与之抗而已。然此亦邑属局绅之惯技，不独谷都为然矣。

要而言之，地方公款，多为局绅踞管，而今者凡百要政，皆待兴举，无米之炊，巧妇所难。势不得不先取资于公款，然有所提拨。则触局绅之私，其强横者则纠率私党，显与之抗，其狡猾者则委为局用不足，无款可拨。然则欲自治事业之发展，必当以清算公款为先，愿谷都人士幸毋视为缓图也。

——《香山循报》第 120 期，辛亥（1911 年）八月二十六日。

咄救灾会竟不欲助济贫民耶　民声

救灾会设立以来，经旋风之变，积存数百金，当日已声明为邑中赈灾之用。乃邑中迭遭事故，而彼皆无一文以为之拯救。本报已屡言之矣，乃近日下闸涌蛋户，因火灾求赈，而彼仅助以七十金。呜呼！善量固如此其狭小耶？

其尤荒谬绝伦者，该会员竟谓救灾会之设，系救风灾，非救火灾，使该会当日仅为救风灾而设，则何以不声明救风灾会，而必混含之曰救灾会，遁词知其所穷，吾将于此征之矣。

虽然该会款项，即为该会所掌握，则救灾会所有者，不逮二三私人所有，欲其解囊赈恤，亦彼辈所难堪者，吾又何忍多言。

——《香山循报》第 123 期，辛亥（1911 年）九月十七日。

第八章　抨击司法弊端　改良监狱条件

封建专制时代司法腐败不堪，香山某些官员视公事为具文，案积如山，从不清理。因涉案关押的约有100多人，其中有的拘押十五六年而尚未定案，闻之令人惊骇。官员审讯犯人，往往采用极其残酷的刑讯逼供手段，致使犯人屈打成招。至于监狱关押犯人，大都腐败苛酷，惨不忍睹。犯人服刑往往刑期未满，就已在狱中被折磨而死去。即使幸而苟存生命出狱，也往往习染群犯的恶习，回归社会时又重新犯罪。因此，在革除旧的封建司法体制弊端之时，必须同时切实地改良监狱①。

倡导改善监狱最给力的是同盟会会员刘思复，他自从以疑犯身份被关押于县城监狱之后，对监狱腐败现象深有体会。恰好新任知县沈建忠为政比较开明，锐意改革陋习，推行新政。于是刘思复率先向当局提出改良监狱的建议，认为改良监狱首先要把犯人当人看待，反对任意虐待和欺凌犯人。需要做好两点：首先是对犯人区别对待，分类关押。例如，罪行轻的犯人和重刑犯、死刑犯应该分别关押，而不能混押一室。又如，已经判刑的犯人和尚未定罪的犯人，男犯和女犯之间也必须区别对待，不能混在一起关押。分类关押有助于监狱的安全和教育管理的方便。其次是改善监狱的条件。包括改建牢房；对犯人实施教育和传授工艺，使犯人在狱中学得一技之长；改善伙食；不对犯人肆意虐待；等等。

刘思复把他的改良监狱建议，以《改良监狱概论》为文，在《香山旬报》公开发表，引起广泛关注。在香山人民要求改良监狱的强大压力，以及《香山旬报》的舆论推动下，1909～1910年，香山县利用政府经费以及商民捐款3万元，将原有监狱拆卸，修建了一座规模较为宽敞的新监狱，其结构甚为讲究。监狱头道门的门楼驻扎巡勇，二道门两旁是委员书记的住所，中部分别为监狱牢房、刑事看守所、女犯看守所等3处。另有已定死罪

---

① 自觉室编述《改良监狱概论》，《香山旬报》第36～37期。

的犯人单身牢房8间。监狱的正中央为习艺场，分上下两层，第三层为守望处。此外，监狱还设有宣讲处、养病室和黑监房等，设备颇为完善。3月27日，犯人全部迁入新监狱。当天县令沈建忠亲到监房点名安置犯人，并发给每名犯人衣服、被席、洗脸盘、梳子、毛巾等日用品。同时在监狱管理方面也有革新，全部撤换原有的狱役牢头，革除种种积弊，派遣监狱管守讲习所的毕业生当监狱长，并派驻巡勇15人轮班看守，从而使监狱面貌焕然一新①。

第一节 反对当局司法不公

对于清审积案之刍言 慈光

近由省吏派遣某令为香山会审积案委员，已抵差次者将半月矣。说者相传，皆谓大吏将行改良审判，并为将来实施新订民事刑事各诉讼法之预备，先令各州县清理积案，凡一切未定之案，皆一一讯明断结之。记者不禁欣然以喜，敬贡一言，愿负会审之责者，与令斯土者，少留意焉。近年以来，宰吾邑者，杨文骏以干吏称，虽甚贪酷，然案牍之清理，为历任所不及。嗣则蒋鸣庆以循吏称，办事颇勤，仁而不儒，故积案亦少。自此而外，大抵非贪残鄙劣，即柔懦不振，置民瘼于度外，视公事为具文。案积如山，从不清理。惟冀辇金钱，饱囊橐则去而之他已耳。此等积弊，全省皆然。上吏亦所深知，特以积习难返，纵檄行清理，亦不过视为一纸空文，从无实效。凌夷以至于今，迫于时势之变迁，畏于部咨之催促，于是通饬各州县清理积案之举，日益严厉。今日香山之派委会审，想亦由此。然则不可谓非香山之福也。虽然，札饬清理积案者屡矣，派员助审者，亦已司空见惯矣；而历年积案，卒不能清者，则以奉委者只视差委为调剂，为令者只奉公文为故事，非藉此以行贿赂，则亦糊涂了事，勉强塞责，借一纸之空文，为禀复销差之具而已。以此次委员与凌令之贤明，加以屡次部咨宪札之严厉，其不肯如前之虚循故事，而必振刷精神，一举澈底清厘之当可预言也。吾闻邑中刑事民事之案，悬而未断者，更仆难数，因案奉押者，除礅房内监不计外，拘留于羁所者，约一百零数人。有拘押十五六年而案尚不定者，闻之实可惊骇。此外

---

① 《改良监狱工程完竣》，《香山旬报》第57期。

差馆候审所等，亦各以数十人计，此皆所谓未清之积案也。至于民事诉讼，两造互争，历年不休者，更无论矣。嗟夫！不独文明各国，无此政治，即以吾国律例言之，亦岂容有如此之漠视民情，如此之积压案牍者耶？吾愿任此次清理积案之责者，上体大吏改良政治之苦心，下恤国民因案受累之隐痛，鞠躬尽瘁，振刷精神，勿严刑以迫供，勿深文以故人。先从事于羁所差馆各案，次及监押未定之案，再次则两造互争之案，一一明讯而判结之。拨云雾而见青天，拯斯民于水火。此则本记者为民请命之苦心，抑或我国民所引领翘望，欲呼吁而无门者也。

抑吾更有所望于当事之实行者，厥有三事。

一则改良审判除免刑讯也。自上年奉谕除免刑讯，各督抚以为难行，先后奏请从缓施行者相继，以故刑讯一事，至今毫不轻减。历任宰香山者，后借口于多盗，刑讯之严酷，比他县为尤甚。不知三木之下，何求不得？倘有诬服，能勿伤心。不改良各种审判法以期得民情，而惟恃严刑为讯案之唯一妙法，窃为当事者不取也。迩者直隶已实行改良审判法，而吾粤大吏，亦将有审判厅之设置，法部复屡次咨饬各州县实行改良审判，然则此事之不容久缓，固彰彰明矣，当事者亦何乐而不从速筹办，以树各县之先声，而免刑讯野蛮之消乎！至于审判法一日未改良，刑讯或有不得已而用之者，亦宜去其太甚，取最酷之刑具，先裁弃之，固不可视刑具为最良之审判法也。访闻前数月某委员，专恃严刑，有只犯窃案，而迫认强劫者；有已定案礅禁，而迫认旧案，解往猪头山行营正法者；又有业已认供，仍用严刑以示威者；此种苛暴手段，实骇听闻。此次清审积案之当事者，慎无蹈该委员之故辙焉可耳？

二则改良监狱裁撤差馆也。改良监狱一事，吾粤自南海首先倡率，番禺顺德相继改建，独吾邑至今如故。闻前令钱保寿已绘图招工估建，嗣以去任遂不果。以最要之政，而视为缓图，此则诚所不解者矣。颇闻吾邑监羁礅房差馆等，粮食之缺乏，丁役之贪暴，实不忍言。且押于内监者，约六十人，羁所礅房各百余人，面积狭窄，空气不足，垢秽堆积，郁为疫疠。每年酷暑时，或死或病者，不计其数。至于差馆，更黑暗无天日矣。呜呼！凡有血气，莫不伤心。而谓为民父母者，能默然无所动于中乎？今者即有清理积案之举，则此事更不容缓。即或一时未能改建，而差馆则必宜先撤，查裁撤差馆一事，经屡奉大吏札饬。三水南海等县，已先后遵裁，窃以吾邑所宜即日仿办者也。

三则扩充犯人习艺所也。吾邑向有习艺所一区，但不过只具规模，诸事未备，近则因款项不足，无资本以扩充工艺，所务日益废弛，今既清理积案，凡轻罪人犯，皆宜拨所习艺，而徒刑及流罪之轻者，又已奉新章改为习艺，然则是又不可一刻缓者矣。以上三者，皆与清理积案有密切之关系，且为新政之要端。部咨宪札，旁午交驰，岂容膜视，吾邑又为号称富庶交通最早之地，而顾肯放弃责任，让人先鞭乎？吾知当事者必不出此。

——《香山旬报》第1期，戊申（1908年）八月二十一日。

论中国讼狱之弊　候镜

中国讼狱，其弊多矣。贿串颠倒，刑迫压搁，无奇不有。彼诚可罪，而罪不当死，乃竟死于桁杨刀锯者，吾姑舍之而弗论。至于善良之辈，横被不白之冤者，实有不能已于言也。大凡讼之所起，必有两造，孰是孰非，可质而明也。若徒执禀纸之词，否察因由，慢稽虚实，谬以文字结构之巧拙，为辨别曲直之准绳。其离中失正，必甚远矣。且人以事讼于官，无论关于权利命盗，只持片纸，不能尽叙其情节者。固有之矣，其挟嫌诬指，扯砌多词，冀图架祸以消宿怨者，亦有之矣。假名攻讦，欲陷人于大辟，从而夺取其妻子财产者，又有之矣。前三举之后二者，实为中国原告相传，先发制人之术也。至于被告，若在诸文明国之法庭，只准申辩其所被控情节之真伪，于申辩之外，不得有所强牵反捏，以图抵赖。盖界线所限，未便任其扰紊，非有所偏徇于原告也。若夫中国之被告则异是，其为辩也，本诸事实，而不别生枝节者，虽不可谓全无其人，然自其大凡观之，则支离假借，以为一己掩护，反谤原告，务尖利其言者，实占多数。似而人者，其毒虽不剧于右所云云之原告，然以人道论之，亦可谓之天良丧尽，罪宜加等者，乃聆诸巷议，竟有谓其为身命财产计，不得不尔。且曰："此诚智也。"呜呼！中国之无真是真非，不即于此而可见乎？今且更评原告。夫原告，有真伪两种，其真者，据事直陈，志在求官讯办，理得其平，不以架捏为事者也；伪者异之，其控人也以诬，诬必取其为官之所最惊极忌者。官既有所惊忌于其心，则必闻风而警惕，不俟审察是非，而遽加屠戮，汉之功臣多不见容于高祖，即类是也。夫好以大逆不道之罪诬人者，其必巨奸而且惯于冒掠功利者也。若其挟嫌，或止于谋人妻子财产者，则移尸嫁祸有之，捏以充军禁锢之罪有之，指人为大逆不道亦有之，毒相等矣。惟其手段多端而稍拙，不类巨奸之狡诈凶横。嗟夫！谁为始之，孰令行之，岂非官之为其媒孽耶。中国讼狱之流毒，从古迄兹，不知几千百载矣，其阴消善类，奚啻野草河沙，前比冥蛮，不顾人道，吾无责已。讵今所谓预备立宪，改良裁判时代，民之无辜，而糜烂于显刑幽絷者，日见其多。狱之有讼而无审，且可以贿串压搁，欺诈胁吓，伪冒唆耸，颠倒反覆，射影牵连，斯何怪夫豪暴之辈，狼跳虎舞，遇肥而眈眈也。乡教常言，地方有司，民之父母，乃察其实，则类于确磝。孟子谓人皆有恻隐之心，然乎？否乎？以问人。则使索解于黄白，甚矣。吾昧昧四十载，思愈惑，夫复何言。

——《香山循报》第107期，辛亥（1911年）六月二十三日。

为香山五十万同胞请命　愤血

专制之国，所恃以制服人民之术者，无他道焉。曰：严刑而已。俄罗斯之打挠；西班牙之桎梏；土耳其之鞭苔；中国之脔割；淫刑以逞，言之犹有余痛。盖专制之国为寡人政治，人民蜷伏于势力圈之下，痛苦无可告诉，时有溃堤而出之患。所以不得不恃刑具以威逼之者，势使然也。若今者已为专制灭绝时代，虽甚专断之国，亦佁语更张，戴立宪之假面具。傀儡登场，以为收拾人心之计。故我国颁布立宪，停止刑讯之说，亦纷哎于大廷，揭载于公续。盖立宪之国，裁判改良，人命至堇。万不容贪官污吏，滥用刑讯，以残杀人民之生命。而惹起友帮之讥评也。吾准此意而有以告我邑之官吏矣。

吾邑武营私刑之惨酷，几不忍言。偶阅某报，载有香山地狱记，盖即指此。此一事也。邑令履任两月，颇闻有酷刑之说。此又一事也。记者有为民请命之天职，是安忍闻？是安忍闻之而不言。夫推用刑者之心，以为犯人之狡赖，非用刑不足以得其情。所以历有停止刑讯之说，而刑讯且愈久而愈酷。此其为难之情形也。而不知被刑者确为有罪之人，犹可说也。今试问匍匐于堂下者。果非无罪之良民乎？死者不可复生，断者不可复续。故古者有罪疑惟轻，宁纵无滥之言。仁人君子之用心，亦不忍以生人之骨肉，施以种种之刑具以为快者。此吾欲为我邑官吏告者一也。按之文明法律，无论上下贵贱，苟无故害人身体，使成废疾。则犯者当给养受伤者以终其身；且酌补受伤者终身所应得之权利。吾国民智尚为幼稚，民权未大发达。虽无实力监督官吏之程度。然揆之既往，鸡春岗之命案；杨令之私刑无罪女子；皆惹起舆论上之激昂。而柴杨遂为全粤所疾视。此吾欲为我邑官吏告者二也。我国停止刑讯之说，原欲收回领事裁判权而起。盖各国用刑之野蛮，以我国为最。久为列邦所嗤病。故外人之在内地犯事者，我国皆不能行使其裁判权。为外交上莫大之耻辱。故欲得收回裁判之权利，必先从改良裁判着手。乃停刑之说，上官日以是为督责，而用刑者如故。且从而加甚焉。其足为新政进行之梗者不少也。此吾欲为我邑官吏告者三也。由此以观，则用刑之不宜于今日也，固彰彰明矣。况其酷刑乎！而吾邑官吏，竟多以此为审讯之妙法者。吾诚不知其是何心肝矣！

东西列邦讯鞫人犯，皆设有裁判专员。而以素谙审讯者充选。我国裁判所既未告成，而审判者大都严刑逼供，舍此更无审讯之策。然县府大堂之上，观审讯者众。万目睽睽，用刑或不至于苛酷。若武营妄用私刑，诬良为盗。阴沉惨淡，神号鬼哭。铁石人闻之，犹且下泪。受刑者虽得昭雪，而躯体已躏躅尽矣，岂不哀哉！故吾闻吾邑文武两署之用刑，过于惨酷。鞭棰数百，习以为常。哀哀小民，呼号堂下。准之为民父母之道，能无恻然。而况乎其关系于一己与外交者，更有重大之问题耶！记者有代表舆论之天职，宁犯君子居是邦，不非其大夫之戒，为我五十万同胞请命。斯亦不得已之言也。虽然，吾所言者，亦为贤有司发耳。下此者何必问哉！

此文甫脱稿。某君谓余曰：子为被逮者呼冤是矣。为五十万同胞请命，不亦过乎？应之曰：不然。我国网罗繁密，甚若蛛网。人人可以被逮。徐桂非教员乎？刘锡霖非学董乎？而身陷囹圄矣！我辈安能自信哉?！某君唯唯。因并志于此。

——《香山旬报》第80期，庚戌（1910年）十一月十一日。

一般酷刑者可以警矣　劲草

我国迭有停止刑讯之说，而酷刑之官吏，曾不稍减其苛酷。即以吾邑文武两衙而论，亦时有用刑之事，更时有滥用私刑之事。

试于审讯人犯时，偶一观之，小则鞭扑数百，大则动用非刑：断支体、刻肌肤，血肉狼藉。旁观者方恻然改容，而堂上人恬不为怪。呜呼！刑罚不中，民无所措！若此之官，若此之刑，诚为古今中外所无有！

夫刑讯且不可，何有于私刑？非刑向悬厉禁，何有于停止刑讯之日？而承审者必乐为之，一若舍威刑更无审讯之法门者。盖彼既无哀矜之情，亦未有裁判之才，其刑驱势逼，固势所必至，理有固然者。

幸也。正月二十六日谕旨，又重申用刑之禁矣。圣谟高远，用意至深。然从表面上是观之，则遣流以下者，不得用刑讯。犯死罪者，仍不得用私刑。固如是云云矣。

然则承审者即不为民命计，不为舆情计，仍当自为计。既往不究，来者可追。吾有以语酷刑之官吏，吾更有以语我邑酷刑之官吏。

——《香山循报》第89期，辛亥（1911年）二月十四日。

噫嘻警绅何忍诬良为盗耶

大都崖口乡于十月十七晚有匪盗割禾稻，被警丁察觉，匪即逸去。遗下担杆，该警丁疑是萧亚培之物，遂于十八日拿获亚培到该乡自治局审讯。适警局绅谭某与亚培积有怨嫌，因喝令警丁将伊捆锁，滥用私刑，要遵罚银一百元乃允释放。乡人以亚培向安农业，今被该警绅等诬良为盗，藉端敲诈，大抱不平。嗣某绅恐动公愤，遂着亚培具结开放云。按匪徒盗割田禾，警兵不能当场拿获，而竟以疑似之物，拿获萧某。其侦控之术，可谓离奇极矣。乃警绅漫不加察，遽听一面之词，私刑拟罚，又何谬妄之甚耶！噫嘻！蚩蚩小民，不为劣绅所鱼肉者几何哉！

——《香山旬报》第79期，庚戌（1910年）十一月初一日。

邑城警务刍议　舆表

邑城警局，自丁未秋间经始成立，及今二稔。其成效若何，我不敢知。惟闻两月以来，因经费支绌，饷发无期（初议以半月内发饷一期，今已数期未发）。总局绅士之办理斯举者，皆仰屋窃叹，束手无策。夫枵腹从公，不能责之士君子之行。况敢望于今日之巡士耶？如是虽欲其不腐败，不可得矣。今闻邑令拟切实整顿，与邑城士绅，通盘筹算务集的款。记者不揣固陋，爰就一得之愚，用陈管见，俾采择焉。

夫警察要政也，既已举之，即不可废矣。故为今计，只当言举办，不当言裁撤；当言扩充，不当言节省。查邑城警费，费用约为二三千两。前开办之初，定议以本城经费及带收沙捐二款拨用，约得九千余两。两相比较，缺额不过数千金耳。以吾邑之物力，而不能筹措数千金，以供常年有用之经费，夫谁信之。兹就地方情形，悉心筹划，择其切当可行者，可约分为三类。

（一）为裁汰之类

以无用者化为有用也。我邑庙宇林立，除祀典所载者外，多属淫祀，如三元天后之属，不知其何神。甚有同为一神，而一城之中，庙或五六所，或三四所，尤为大惑不解。西哲有云：野蛮时代，为多神之教。吾其犹在野蛮时代耶？昔狄梁公毁淫祠万数千所，至今称之。况迩者文明进化，凡导人迷信之事，皆在干涉之例；即非筹款，犹当消灭，奈何听其为蠹于社会也。吾谓当择其尤者，如所谓石岐大庙、三元庙之类，封禁一二，提出公投。如此便可得款以数万计。此事在一乡一族行之，或不免风潮之暴起，若邑城则固无虑此也。至如僧寺，亦事同一律。夫裁汰沙门，史籍所载，古多有之。僧寺尼庵，大抵多藏垢纳污之所；以吾所闻，城东良朋里一带，僧尼杂居，不一而足；日夕相望，何事不有。夫省城长寿寺为勅建之寺，以岑督一人之力，毁之而有余。至今开作通衢，富商钜贾，麇萃于此，其利益盖已不鲜。虽彼因闹学而然，与吾邑情势，微有不类。然因是调查其实数，使归并之，既可为僧徒除一海淫之渊薮，即可为公家开一生利之富源，何不可之有？此当与神庙同一淘汰者也。若夫建醮之费，赛神之费，多则逾万，少且盈千，均非开明社会所宜有矣。此款之有可筹者一。

（二）为捐抽之类

以少取者集为钜款也。夫一岁之中，各户延僧建设斋醮，所作佛事，动辄不赀。估其赢余，不啻中人十家之产。其以吾人血汗之所获，供彼辈酒肉之需；在我则为作无益，在彼则为行骗诈，均甚无谓。且佛理深邃，尤非一二尘俗僧徒所能解。彼舍其作香花图口食之计，更有何意。谓宜调查其岁终所入，综核其数，计口算缗，合邑城僧尼计之（道士之属附焉），可得数百辈，每人科其值，岁计当亦不菲；况此即明抽之僧尼，实暗抽之延僧尼之家也。此尤于捐抽之中，而寓裁抑之意。皆事之可行者。至若商贾之利，如鱼监之课，烟酒之捐，几已势成弩末，且病商害民，议无可议，凡此之类，可置弗论。而仅筹之化外游民，此亦不得已之计也。此款之有可筹者又一。

（三）为生利之类

以倡办者开其利源也。社会愈发达，则建设亦愈多，使用亦愈广。然或以资本浩繁，即非咄嗟可办；收效迂远，尤非旦夕可期。凡此者皆可俟诸异日。至观察社会之现象，而计其程度可及者举行之，则电气灯、德律风皆可筹办也。计我邑石岐一埠，各铺户约可数千，除中下不计外，能点电灯者，至少可得千数。如此便可开办。利之所在，人争趋焉。但恐不能实力提倡耳。况下基水龙机器车房，久经开设。既有电灯局，水龙即可附设於此，且益形其便。此一举而两得之计也。至如电话，其用尤广。计本城用此者，或不见多。然查其用法，可通之五百里内。如澳门、江门各埠远不过百余里，皆商贾辐辏之地，其与石岐商务有关系者，当复不少；若设电话，则一水之隔，仍可对语。其机开关更捷，其交通当更广，而费仍不多，人何乐而不为。吾谓此二者，皆可於商会提议之，使鸠资兴办。由地方官与之详请立案，定其饷额而使输将。如此者於地方商务，大有影响。而我亦得其捐助之利也。岂非计之得者哉！此款之有可筹者又一。

综观三事。既不敢谓甚易，亦不敢谓甚难。要在官绅士民，互相联络，合力图之，终必有达其目的之一日。吾知难者自难，易者亦自易也。不然，左支右拄，补苴缀拾，纵可弥缝于目前，终必溃散于异日。尚安有可为之事耶。

抑吾尤有不能已于言者，则举办者之非其人也。夫人非万能，此有所长，则彼有所短，亦事理之必然矣。故办何种新政，必用何种人才，此理之至明，人所易晓，舍是则可决其无当也。如办海军而不用海军人才，办法政而不用法政人才，办铁路矿务而不用铁路矿务人才，是犹南辕而北其辙也。有是理乎？吾邑警察各生，其由东洋及省城毕业返者，固不乏人；而殷殷为返哺本邑计者，亦正不少；即如前岁吾邑开办警察，由警察毕业生某某君，条陈兴办，其中所言，虽未必尽属可行，要未尝不可采用。乃甫经警署发委会同办理，而一般之总局绅士，恐无以遂其一手抹煞之计，而又不敢公然解散之，辄从而媒蘖焉，以暗施其抵制。某月某日，吾香山巡警正局，遂于此出现矣。及彼辈自维，又不知警察为何物，无可自讳。然既以不甘让权之故，只得慨他人之慷；毋宁以公产一月百两，拱手而奉之帖委。司马昭之心，路人不既知乎？至今两年之久，彼帖委者，坐食无事，既已情见势绌，乃始婉言谢之（禀称帖令公干太忙，未便兼任警察之职云云）。招之使来，即又麾之使去，斯又可怜耳。夫警察者，所以防祸害于未然，而维持地方之和平秩序者也。其中管理若何，训练若何，非亲受此中教育者，不能知其意旨。吾亦非谓总局绅士，皆非善类。特以彼中人所习惯，类多颟顸大面，徒事铺衍；且平素尤多顽固，办理新政，意气既不相投；即或迫于时势，勉强行之，终非所乐。如此又安望其不腐败者。

故迩年以来，所办警务毫无起色，甚且比之从前之团练，犹或逊焉，固无足怪。吾谓不办警察则已,若办警察,则宜召邑中之警察生,与之筹议,畀以职守,使尽其所长,不当则撤换之。用人之道,如是而已。记者非有所甚恶于总局,非有所爱于警察生,为邑中警务之前途计,因筹款之议,而纵论及之。苟要当道之人之听信焉,未始非一邑之幸尔。

——《香山旬报》第42期,己酉(1909年)十月初一日。

痛哉陈炯明之言　道实

"直接杀粤人者赌商,间接杀粤人者政府!"此议员陈炯明之言也。嗟乎!余不知陈炯明作何状,乃有此痛快淋漓之言论也。于是为之推广其意曰:政府日日言蠲免苛细杂捐,而未尝志于实行,官吏窥见其隐,故从其意而不从其令。已办苛捐固未见稍有停止,更多立名目。日事朘削,民不堪命,激而为变,虎狼官吏,指为叛逆,刈夷如草木。莱阳一役,转尸千里,言之犹有余痛。是直接杀民者官吏,而间接杀民者政府也!

政府日日言停止刑讯,亦不过垂为具文,而酷刑殃民之官吏,不闻稍有惩治。刑讯不已,更滥用私刑,民不死于法而死于刑者,固不可胜数。其间亦有残害太过见哗于众者,长官则力为庇护,必使茕茕之民无可伸诉而后快,是直接杀华侨者官吏,而间接杀华侨者政府也!

政府日日言保护华侨,而华侨去国万里,遭外人虐待,鞭棰若牛马,不可复忍。往而诉诸使臣,使臣恶其聒已,或受外人委托,又从而鞭棰之(本报前期所纪华侨被虐之惨酷是其明证),即上而诉诸政府,政府能为发一电文,已为莫隆之恩待。卒之华侨被虐于外人受虐于使臣者,比前无损且加暴焉。嗟嗟!华侨负辱抱屈,相聚惨死异域,不获生入国门以一望其少小钓游之地者,谁实为之。而今至是:直接杀华侨者官吏,而间接杀华侨者政府也!

凡上所举,不过其彰明较著者。政府不良,内治必紊乱而无纪,则吾民之以夭死以贫死以水旱盗贼疾疫兵燹死者,皆罪有攸归矣。余于此,不得不深恶残暴恶劣之政府,因而希望庄严俊伟之政府,吾民其有意乎?

——《香山循报》第95期,辛亥(1911年)三月二十七日。

呜呼!竟有以会匪诬控学董者　枕戈

执市井之夫,曰:此会匪也。执一学界中人,亦曰:此会匪也。会匪之名,撼吾之脑;触吾之目。吾不知中国何以多会匪也。吾又不知中国人何以入会为匪,而憨不畏法也。静言思之,实非中国多会匪。而会匪之名,由外人而激成;或由外人而制造者也。咄咄!何汝砺、刘炳璇等竟以会匪诬控学董刘锡霖。岂又欲借会匪之名,以倾陷学界乎?是不可知。然彼既以会匪之名,宣之文牍,控于有司。则关系于学界也为至钜。吾乌得而不言。

吾闻何、刘等之指控刘锡霖为会匪也。实因刘与何作桢在鳌山学堂同事。何因何作桢管理书院公款,遂迁怒于刘,此其原因也。夫以私党之微嫌,遽欲倾人家,害人命。其心术之险毒,思想之恶劣,固属可诛。然吾以彼既敢藉会匪之名诬人,则必有确凿之证据。乃查其所借口者。则指前日徐委押留刘某之事。恃为唯一之佐证。吾以此种事实。不足为若辈张目也。盖法律有不追既往之条,刘某既为学董,经众承认。则前日虽有通匪情事。仍不能追溯其前日行为以治其罪。况徐委押留刘某之事。仍属可疑。使当日刘某确为会党。则当按律惩治。何为而省释之。今因得蒙省释之故,从可知刘某确非会党。而徐委之为误拿也。夫徐委既为误拿。则何刘等万不得援以为证。更显而易见。何至根据无足轻重之事实,以故入人罪哉!

今者,马协因何刘等之请,已饬薛弁拿刘到案矣。又因绅学界环请保释,将刘转解邑令办理矣。记者与被告既被逮案,原告仍当提案对质。实究虚坐,庶足平邑人之愤,以维持学界之前途。否则人人皆可自危。一经反对者之控告,遂逮案究办。虽事后昭雪,然目前之损害,已不鲜矣。推其流毒,非独学界受其影响;举凡在社会上办事者,皆可无端获罪矣。不亦哀哉!呜呼!徐桂之狱,姚竹英之狱,皆指党人而械之;皆由劣绅之构造以械之。然犹曰此与劣绅有利害相反之关系,故出此狠毒手段耳。今竟愈出愈奇。凡对于稍有血性,敢为地方任事之人。则必悻悻焉设法以去之。去之之术,或加以"好谈革命"之名;或加以"交通匪党"之罪。因意见之相左,竟引为不共天日之仇。呜呼!叔宝无心肝,吾何暇为此曹责。独恐吾邑学界演成嘉应之惨剧,为可悲耳。

——《香山旬报》第 67 期,庚戌(1910 年)六月十一日。

打架与诬控　爱同胞者

吾邑绅学界中,近有一最蛮野之举动者,打架是也。又有一最险毒之行为者,诬控是也。

夫打架之说,倡之者为悻悻之小人。诬控之说,行之者为阴柔之恶棍。

然皆足破坏地方之治安。在法律上认为罪人者也。

以法律上认为有罪之行为，而邑人皆接踵为之。固未能分辨是非，抑亦未能审察利害。其愚也实甚。

盖伤人者抵罪，诬陷者反坐，皆为最著之例。万不容犯罪人之狡展者。与其抵罪，与其反坐；曷若心平气和，为公理上之研究之为愈乎？不此之图，而必逞其蛮横，施其险毒，吾敢断言曰：其愚不可及也。虽然，吾观劣党之言打架者屡矣，而终言之而不能行。若诬控之说，虽无公然倡议之人；而暗展其毒，为人所共见者，先后相继。是何故也？盖打架伤人，为地方官所不能忍置之事；若诬控案件，地方官必为之含糊了结。此证之向例，无可疑者。诸君试思之，几见有被伤请验，而地方官不为之拘凶拿人者。又几见被诬昭雪，而地方官能按律反坐原告者。由此之故，此喝打者之不肯实行，而诬捏之事，竟致屡见而不一见也。

然则将何如？曰：是在各社团之主张公道。如有诬控者，则根据反坐律，联请地方官按律究治，惩一警百。庶几诬控之风可戢，而同胞不至于任人鱼肉耳。吾今待此说以静验刘锡霖之冤狱。

——《香山旬报》第67期，庚戌（1910年）六月十一日。

学界集议刘锡霖被诬事详纪

大黄圃乡鳌山学堂董事刘锡霖被诬控为会匪。该堂绅董等即投请教育会编发传单，订于六月二十六假座崇义祠，通传合邑学界集议。是日到者六十余人。该学堂校长陈普、董事严永和、何伯伦、何国华，该乡劝学员何作桢，及原告何汝砺、何作梅、刘经邦、何奋英等均到会。二句钟摇铃开会。公推梁巡官、劝学所代表李承庠主席、陈鸿遇宣布、郑大文书记。先由陈鸿遇宣布开会理由，再将两造投教育会节略宣布。请众研究。李景纲起言，刘锡霖是否系会匪，自有官吏裁判。今日应研究营弁拘拿，沿途凌辱，如何对待为要。众议此节虽要议及，然今日当问刘锡霖是否系被诬为会匪为第一着。此时原告到会各人次第起立，均以刘锡霖非学界中人，无办学资格。又言学堂事务，并不通传集议为词。郑宝森驳之曰：刘锡霖是否有办学资格，此另一问题；非今日议事范围。今日当问刘锡霖是否为会匪。至会匪以凭据为证，试问诸君控人为会匪有无凭据。此时原告各人坦言刘锡霖不能办学，刺刺不休。至会匪一层，并无确据指出。李景纲起言：会匪一层，似应派人调查为合。刘荣祖起言调查之事，属之裁判官。既无裁判之权，自不宜调查。且今日两造俱在，询问明白，即可作为调查。李友杜起言：到会务位虽无裁判权，然现两造具备，是否诬控，即可研究而得。陈鸿遇原告各人既不能将会匪确据指出，似不能故入人罪。学界应否公禀邑候。毛嘉翰言：毫无确据，可诬人为会匪，则学界安得不人人自危。应由学界公禀，请邑候实究虚坐。众问禀内如何措词。陈鸿遇言：应将本日集会情形具禀邑候，并声明刘锡霖如为会匪，则国家自有法律。如系被人诬控，应请按律反坐，以儆刁风而杜后患。众赞成。遂公议先由劝学所、教育会联名具禀邑候。并推劝学员毛嘉翰主稿。李景纲复申前议，应如何对待营弁拘拿沿途凌辱一层。众议先由教育会函致马协诘问。俟如何答复，再行磋商。议毕，遂摇铃散会。

——《香山旬报》第 67 期，庚戌（1910 年）六月十一日。

薛弁拘拿学董之恶剧　天赋

以一无罪之人，而惨被拘拿；铁锁银铛，情实不甘。以一无罪之人，而惨被拘拿；铁锁银铛，又受营勇沿途侮辱。乌得而不动人公愤邪？夫营勇之狐假虎威，其气焰诚不可迩。然使果为真盗，则虽如何凌辱，亦属咎由自取。乃竟以一现任学董，而亦任其肆意凌铄者。是则可愤。

夫刘锡霖被诬为会匪，马协派员拘拿到案。邑中舆论，已谓前年刘某被诬，既为马协所深知。虽今日有人控告，仍以卤莽将事；为马协咎。然记者以会匪关系甚重，既有人指攻，自无不可逮案之理。马协之饬营弁到校拘拿刘某，虽似轻信一面之词，仍不能为之深责也。惟是薛弁以奉命拘人之人，亦当酌量是非，严定军律。何至横行无忌，不恤人言哉。吾今揭薛弁凌辱学董之罪，其亦俯首无辞乎？当日薛弁到校拘拿刘某，经局绅学董联请具结送案对质。求免锁解。以情理论，则既有保证之人，自可听其自行到案。乃薛弁偏要锁解。一若不能锁解，则不足彰刘某之丑，而尽自己之义务者。此中原因，宁待道破而后知邪？此薛弁之罪一。薛弁为拘拿刘某之人，既不能审察是非。锁解则亦已耳。乃纵容营勇，沿途侮辱。夫锁解犹为该弁之职守；若凌辱则非军律所许也。而营勇恣意为之。该弁熟视而无睹。此薛弁之罪二。既侮辱矣，而复剥其衣，夺其扇。有近于抢劫的行为。此薛弁之罪三。有此三者。则薛弁粗率之罪。固百喙而不可辩。而平日军律之废驰，于此亦见一斑矣！

第八章　抨击司法弊端　改良监狱条件

呜呼！营勇之设。所以卫民也。乃吾观吾邑之掳勒案件，绝少当堂破案者。而独于诬良为盗，作福作威之事，则营勇必优为之。此卫民者即以殃民也。虽然，虎兕出柙，龟玉毁椟。是谁之过？吾愿治军素严之马协，当有以处此。

——《香山旬报》第 68 期，庚戌（1910 年）七月十一日。

学董被诬案续志

大黄圃乡刘炳浚等，诬控鳌山学堂董事刘锡霖为三合会首，又由何文瑞主使耆民梁敬初到案指攻。经邑令讯明并无确据，将刘锡霖暂交民事所。各情已迭纪前报。兹于月之十一日四更时候，邑令将锡霖提出，严加镣锁，解往猪头山行营审讯。查系刘炳浚等前赴水师提辕呈控，致奉电提省。该乡士绅闻耗即电致省城督宪、学宪、臬宪、提宪、咨议局、粤商自治会、教育总会各处云：香山鳌山学董刘锡霖，被刘炳浚等诬为会匪，瞒禀马协解县。由阖邑学界集议，刘炳浚等不能指出为匪证据，情虚匿审。经劝学所教育会呈县辩诬。忽闻提省，学界惊疑。务垦转达提宪，提同刘炳浚等质明究坐，乞勿刑讯。香山黄旗都自治研究所鳌山学堂大黄圃乡公所全体员绅等叩。又闻刘自解省后，讯不认供。李提恐有挟嫌诬陷情事，特电饬香山协立传原控绅士刘炳浚、何作梅、何嵩庆等迅速到案质证，分别究坐。现将刘发交南海县押候。而原告等均匿不到案云。

——《香山旬报》第 69 期，庚戌（1910 年）七月二十一日。

辩诬广告

昨阅传单有冒用大黄圃绅耆士民，谓锡霖平日以针绣为业，非读书中人。今年因办学堂夤缘约绅冀得一学董名目以弥缝恶迹，以欺压善良等语。查刘锡霖自十八岁起因功名不遂，往大良与友人开设钱银店。迨二十岁回家娶亲，从此在家营业，并非以碱绣为业。迨光绪三十一、三十二年，迭奉郑前县催速开办学堂及自治所。各绅耆以刘锡霖于新政锐意请求，遂于去年设立黄旗都自治研究社，经众票举锡霖为副社长。今年在鳌山书院开办两等小学堂，又蒙沈邑候谕伊为学董。此皆人所共知。又何恶迹之可弥缝，善良之可欺压？至谓在家私开白鸽票一节，光绪二十年鸽票弛禁，乡内各人间有私设。而查刘锡霖于此时尚外出未回，谁人胆在伊家开白鸽票？其谬一也。至谓勒抽炭厘，妄锁商民讹诈等语。我乡对圃向因地方不靖，经马协台设勇二十名以资捍卫。惟经费不敷，难于展布。马协台遂与沈邑候会衔出示，饬由各炭船买卖，收用一分五厘以作勇丁口粮费。各炭船均经乐从照交。何得谓之讹诈？其谬二也。至谓抗谕胁商一节，想是指吕恒均与潘明添为争数铺互控一案。两造经已投质，是非应由官断。实非锡霖所能威胁，其谬三也。至谓霸收债主刘某基租故农桑失业一节，此刘某必指疯人刘德甫而言。缘锡霖祖代前与刘德甫之父简中揭银，还剩本银五十票，用村前桑基五亩作按。德甫只说五亩桑地，每年仅发租银九两之谱。锡霖以为桑基五亩，每亩租银五两，共有二十五两之多。着将从前收过租银若干计明收赎等语。德甫迭次含糊应之。以致今年未有发畊，锡霖何尝有霸收基租。此谬四也。至谓枉拿无辜，梁廷辉因押毙命一节。此系光绪三十四年事。缘敞坊三社有经营桑地二十余顷，每届第七造将此桑花拨出以作公用。奉有柴前县示谕，历收无异。梁廷辉因出而抗阻，致被小黄甫司方役拏获解案。后逾数月保释回家。因病毙命。究与锡霖何涉？其谬五也。至谓屡唆族人争讼，倒是颠非藉端染指一节。查此案必指刘畅科与刘成裕争继之件。此案两造经已投审是非曲直，又凭官断。从何染指？其谬六也。至谓妄捏正绅窝匪，倾陷善良一节。此正绅必指刘成裕与著匪世杰系属服亲，绅与匪互相凭借倚作护符。久为何作球迭禀有案。何得目锡霖为倾陷？其谬七也。至谓耸叔思俐出首借妹尸为吓诈一节。查锡苹有妹嫁与本乡北头坊何姓为妻，因夫妻争拗，何将锡苹之妹用脚踢伤左腹身死。请官勘验有据。奈何势大财雄买件封冤，至今尚未了结。此系思俐自行出首告发与锡霖何干？其谬八也。至于捏为三点会匪首，谬引光绪三十三年清乡委员徐捏解为据。不知从前妄拏，系为下坊三社奉柴前县示招收桑花维时，有劣弁扬国相受贿偏帮及捏刘锡霖为会匪肆行拏解。后经凌前县详审明白知系冤抑，觅绅保释。如果当日锡霖委系会匪，经已为刀下鬼矣。岂有真会匪而可保释耶？今日因仇学起见，又复捏为三合匪首，贿嘱劣弁薛有玉、关容添等瞒禀马协台，不分皂白任意妄拏。迨由邑候差拘原告刘炳璇、何汝砺、刘成裕等到案对质。则又匿不赴审。显系情虚畏质，不问可知。此案现经我邑教育会及劝学所会同公禀邑候并由本乡学堂将锡霖被屈各情呈请咨议局及自治会集议。又通禀各大宪在案。想无端诬害，陷以大辟之刑，人人同此公愤。如果限期仍不赴质，定执实究虚坐之条，使之自作自受也。仅将砌词再捏各节晰辨明想，高明诸君断不为其所惑。至其妄绅耆士民均系个人冒列,我乡断不公认也。香山大黄圃乡绅耆士民:刘裕之　范华标　刘迫耀　何伯沦　何桂耀　何朝瑞　何朝赞　严永和　刘增莹　何家汉　何学治　刘永康　周惠泉　严銮漳　何崇厚　何国栋　何国祥　何国华　刘裕曾　何家潮　何国聪　何国阳　叶孔枝　何建勋　何宗藩　韩朝岳　刘心田　何国治　范公和　刘元庚　何作球　刘振兴　刘礼培　黎嵩由　刘俊先　刘崇光　黎朝安　王河清　李兆棠　何枝华　等布。

——《香山旬报》第70期,庚戌(1910年)八月初一日。

异哉上恭都约绅之诬良为匪　民声

甘丽业被控为匪解案,控之者非他人,固其胞叔亮成赞成也。又有从而指攻之者,指攻之者非他人,固煌然绅士也。就是观之,甘丽业之为匪,似无疑义矣。乃其祖母保之,自治社长亦保之。两者成极端之反对,已足令人怪诧。今案已集讯,由甘之祖母及其叔玉成证明,丽业之被诬为匪,由亮成赞成挟争耕之嫌(参观本报第百十八期新闻),是丽业之受屈,缘是大白矣。噫!以骨肉叔侄之亲,乃挟眦睚之怨,不惜陷之大辟,此其忍心害理,真狗彘不食其余矣。其叔固可诛,而上恭都约绅之禀攻,又何为者?上恭都约绅耳目切近,岂不知其家庭诟谇,叔侄嫌怨,至演此诬良之惨剧乎?绅士负保良之责,自当陈之官吏,期于毋枉。即使不深悉其情节,恐蹈滥保之嫌,亦惟静候执法者之裁判而已,乃贸然禀攻之,必欲置于死地而后快者,岂已受亮成兄弟之运动耶?不然,胡以出此。

今日盗风诚可谓炽矣,然官弁往往不辨良莠,妄有拘拿,惟赖有公正之舆论,以为人民之保障耳。而地方社团,又舆论集合之机关也,使今日攻一人而失之枉,明日保一人而失之纵,即无受贿挟嫌之弊,而轻率荒谬,已不足为舆论之代表,又何足取信于当道乎?吾愿一般之局绅,亟以该约绅为鉴。

——《香山循报》第119期,辛亥(1911年)八月十九日。

呜呼黄遵谟　呜呼陈秀斌与范彩　昆仑独立人

迩来吾粤之学界、军界中,忽演出风云惨淡天地无色之怪剧。每日新闻纸上几以大半纪载其事,凡吾粤人之眼光视线莫不注射之者,非嘉应州豪绅黄遵谟构陷学界,及沙基第八营弁陈秀斌、范彩强殴掳掠之二事乎?之二事者,其是非曲直,各报论之已详。一般舆论,已见其一致,吾今亦不暇赘述。吾特因此而有感于吾邑之黄遵谟，与吾邑之陈秀斌、范彩。

吾邑之黄遵谟何人？附城总局绅士何鼎元也。吾邑之陈秀斌、范彩何人？何鼎元之子前山都司何威凤也。

黄遵谟之构陷教员姚竹英也，与何鼎元之构陷教员徐桂同；黄遵谟之诡串知州邹增祐深文罗织也，与何鼎元之诡串知县郑荣虚词瞒禀同；姚竹英之初被诬为劫匪，继又被诬为革命党，前后支离，而皆毫无凭证也，与徐桂之初被诬为三合会，继又被诬为革命党，前后支离，而亦毫无凭证同；邹增祐之既获姚竹英后，复以大兵围捕劝学所总董家也，与郑荣之既获徐桂后，复以大兵围捕石门乡同；姚竹英案之株连二十余人也，与徐桂案之妄拿十数人同；然而何之陷徐，不在县起诉，而直运动何长清告之於岑春萱。其审讯在营务处，定案由于总督。故得以雷霆万钧之力，强定以永远监禁之律。今虽以数十乡之绅耆，檀香山全体之华侨，禀电纷驰，卒无丝毫之效；而何鼎元与郑荣乃皆安坐掀髭，大告成功。黄之陷姚，则仅与州串谋，而不能直接运动上游。故一见风潮大起，其案遂提解于道；或再不了，是将提解于省。而黄与邹之果能遂其志与否，尚在不可知之数。是黄之手段，不及何之高强；而黄之立心，更万不及何之阴狠。黄遵谟乎！得毋令何鼎元笑汝乎！

陈秀斌、范彩之恃势扛帮沙艇也，与何威凤之持势扛帮族人何侣琮同。陈秀斌、范彩之殴拿无辜掠夺银物也，与何威凤之毁掘坟墓妄树碑界（详情见第三十四期告白），其罪名不同，而皆犯最重之军律则同。且陈范不过营弁，何威凤则为实缺军官，其罪当比陈范加等。然而何威凤平掘数十坟墓，被凌者皆忍气吞声，不敢与较。禀控之者仅仅欧阳某一人。而地方官方疑其不实不尽，第以札属查覆之虚文了之（见第三十五期县批）。而陈范则已各予责罚，尚未能得舆论之满意。将来或再有最后之惩处，亦未可知。是陈秀斌、范彩之权势，远不及何威凤。何威凤之手段，实高出於陈秀斌与范彩。陈秀斌乎！范彩乎！得毋令何威凤笑汝乎！昆仑独立人曰：拙哉黄遵谟！不幸哉陈秀斌与范彩！云云。

——《香山旬报》第 39 期，己酉（1909 年）九月初一日。

怪哉犯人临刑时之呼声　枕戈

刑人于市，与众弃之，此国家具有典刑，所以威服愚民者也。然执法者不可以不严，而执法者仍不可以不审。偶一失当，则含冤莫白，非为民父母者所忍闻矣。吾观本报载犯人刘勤临刑时，大呼无罪一事（第百零五期新闻），细思之，不能无疑。

夫刘勤之是否匪人，吾不得知之。但彼一则曰："泰来烟店司事"，再则曰："委员严刑逼供"，临刑呼号，言之凿凿，亦未尝无可疑之点也。

而或者曰，彼为匪人，或于临刑时狡言惑众，为哀痛之言以欺人耳。而不知吾人论事，不必问其言之真否。但犯人临刑呼冤，执法者不能卸其责，盖失出失入，均为法律所不许，此吾人闻犯人之呼号，而恻隐之心，悠然而发现者矣。

呜呼！往者已矣，有罪则为正厥典刑，无罪亦不能过问。但杀人者不祥事也。吾愿一般之清乡委员，推诚与人，平情断狱，慎毋以淫杀为功首乎。

——《香山循报》第107期，辛亥（1911年）六月二十三日。

忠告马协台　亦讽

马协台之官我邑也，或曰视前数任为愈。武营惨酷横暴之态，尚未闻有以是咎马协台者。然则刘锡霖被诬一案，何以马协台始终偏听一面之词，指实刘为会匪。据外间传说，水提之提取原告对质也。马协台以小轮送之往省而告之曰：列宪皆知刘为会匪，尔等此行其毋惧。若是者则又何说。记者曰：此马协台之误会也。前者学界人士对于刘之被诬，愤然不平。集会聚议，为之申雪。此固邑人应尽之义。初非与马协台为难。且马协台有守尽之责，操发奸除暴之权。有以会匪告密者，则拘拿解案。此亦马协台应尽之责。邑人之恶感何至生乎？然而马协台以为会匪也而拘拿之，邑人以为被诬陷也而昭雪之。或马协台据人言以为匪而拘拿之，继查知其非而能脱之。此皆并行不悖。确不必有所顾忌于其间也。使马协之里党亲戚有被诬为匪者，知马协台亦必攘袂而起，断不能充耳不闻也又甚明矣。且前学界之禀，亦不过注意于实究虚坐，于马协台初无苛责之词。乃马协台竟以此不足于领衔之某绅，此记者所以知马协台误会学界与之为难也。夫使他日当道确讯知刘为被诬，得脱械而出。将原告人按律反坐。而在马协台一方面，极其量亦不过有失察之过。如曰虑己受失察之过，而不惜文致他人以大辟之罪。而谓马协台忍心乎？今者刘锡霖已提省矣。亦闻讯无确据矣。系铃解铃，亦不能无望于马协台也。

——《香山旬报》第71期，庚戌（1910年）八月十一日。

呜呼！我香山人今日所处之地位　道实

呜呼！时至今日，我香山人犹可醉生梦死，衣食饱暖，冀幸日出而作日入而息，优游卒岁以自尽其天年乎？呜呼！时至今日，我香山人犹可人自为计，不联结团体，袖手旁观。徒抚膺太息置邑事于不可为。而一任虎绅恶党相率而搏噬之、倾陷之、鱼肉之。而挺身而起，拔剑而斗，而与之决死生胜负于俄倾之间乎？呜呼！时至今日。我香山人犹可饰为宽大，从容以愉，日从事于地方社团开幕之虚文末节，粉饰太平歌舞湖山，而谓人之莫敢予毒乎？今我香山人所处之时何时也？阴霾蔽天，荆棘塞地，豺狼当道，纵横噬人。同胞岂尚熟视而无睹乎？呜呼！我香山人！鄙人非丧心病狂，安敢肆为危言激论，以耸阅者诸君之视听，淆他人之耳目。而在报内为此苟且塞责之文字乎？

则请取黄圃刘炳璇、何嵩庆等诬控鳌山学堂学董刘锡霖为三合匪首，为革命党之事；及邑中之虎绅恶党，欲乘此机势大兴党祸，俾遂其吞噬之志。此其手段之辣，用心之险，计谋之毒，亟合我香山之老幼少壮大声疾呼而一告之。

黄圃人士之党争，与邑城如出一辙。其各争设自治研究社同；其各争办学务同；其互相禀揭缠讼不休亦无不同。此次刘锡霖以该乡自治社长充学堂董事，刘炳璇之党恨之切，忌之深，殆无有伦比。挺鹿走险，急不能择。故诬以会党，瞒禀马协。饬弁拘拿，沿途凌辱。试观六月二十六学界集议其事，而刘炳璇党羽之到会者，并不能将为匪确据宣示于众；而但以刘锡霖无办学资格为言。

然则刘锡霖之被诬，其远因则在办自治；其近因则在设学堂。盖不待智者而后知。呜呼！大丈夫作事光明磊落。即不能操胜算，亦差强人意耳。乃竟因意气之争，不惜陷人以大辟。天良泯没，至于此极。咄咄此獠，狗彘亦不食其余矣。呜呼！有一刘炳璇。我香山人已尽蒙其羞。不谓更有阴贼狠，肆意罗织，继刘炳璇而起者。

闻邑中某恶党乘刘锡霖被诬，串同黄圃何某，密禀水提，指刘锡霖为革党，并牵连邑城学界多人。呜呼！从此以后。我香山人真食不甘味，寝不安席矣！人人皆可为刘锡霖，人人皆可为会匪为革党。即不必论当道深文周内。铸成冤狱，重重犴狴，呼吁无门。纵幸得昭雪，而铁锁银铛，惊魂动魄；受弁勇之凌辱，被问官之刑讯；肢体不完，血肉狼藉；人鬼之界，相去盖无几何矣。呜呼！我香山人其奈之何哉！

夫以会匪革党陷人者，虽曰索见不鲜。如防营之任意诬良为盗；左秉隆之动目归国华侨为党人；亦其显矣。然未闻专与学界人为难，以流毒于士类者。即嘉应州劝学所董江秉干一案，亦卒获平反。而以我香山一隅之地，数年之间，以会党诬学界中人者，乃层见叠出而未已。呜呼！岂天之恶我香山人，而专产此败类，为我同胞之催命符乎？岂我香山诸先哲在天之灵，不能呵护其子孙，而使之死于水旱疾疫盗贼饥寒之不已，而更使之死于为人诬陷乎！常反覆推察之而得其故矣。盖自何鼎元勾通不肖官吏，得以会党诬陷崇实学堂教员徐桂置之于狱，当此之时，我香山人噤若寒蝉仗马，不肯一援手。即学界中人，亦未闻集一会发一言为之解脱者。往往高堂大厦，稠人广坐，闻人谈及徐桂受诬，如小儿深夜闻人谈鬼神事；其恐怖之状，几不可以笔述。逡巡退避者有之，掩耳疾走者有之；公德薄弱，畏蜀如虎。遂使地方污吏，得以窥见吾民气之不扬。任意播弄之、愚辱之、摧残之而不以为意。而狠如虎贪如狼之辈，更挟会党二字，为挟嫌倾陷之秘诀；为争权夺利之不二法门。于是继何鼎元起者，有刘炳璇，有何某。继徐桂而被屈者，将有刘锡霖及学界之人。呜呼！谁生厉阶，自今为梗。罪魁祸首之肉其足食乎？

虽然，徐桂被诬，无人敢为之申雪者，犹可曰当日民气不振，以惧祸畏势之念，克夺其申张公道之心也。今何时也？社团林立，舆论发扬；公益之说，耳熟而能详。孤立之行，动色以相戒。乃对于刘锡霖之事，除学界一集议；劝学所教育会一具呈地方官；寂然无闻矣。岂我香山人今日之心理之德量，与昔者会无少异乎？。何以任离未罔两白昼食人，竟瞠目而不见也？鄙人狂矣，未敢武断。请于我香山人将何如对待刘锡霖之事而一察之。

——《香山旬报》第 71 期，庚戌（1910 年）八月十一日。

第二节　呼吁改善监狱条件

改良监狱概论　自觉室编述

监狱者，民族生命财产名誉之所攸关，亦国家政体主权国脉之所攸系者也。经中古十字军之乱，而改良监狱之声浪，遂腾播于地球。厥时有准华尔朵牺牲其身而唱之于先，巴哈小河研究学理而踵之于后。于是改良监狱之价值，得与慈善家相辅而行。所谓监狱者，有已决监未决监之分；未决监者，即因事待质之人，被羁押之地是也。依据监狱学理，此等人与清白无疵之人，一体管待。第恐今之入未决监者，非对家有意扳攻，即胥吏从中作弊。往往因待质被押，常至十年八年，而未了结者。方之有期入监，反有轻重之别。鄙见以为改良监狱，宜先改良未决监。顾或者曰，未决监者，处裁判未确定之地位。公是公非，自可俟诸异日。而已决监者，在裁判已确定之范围。严刑威吓，颇难求其真情。是改良已决监，实足以补刑法及裁判之未逮。若此，吾姑请言改良已决监。兹仅以一得之愚，举其办法，约有数端。

（一）构造法

改良监狱，不可不注意于构造之一法。构造不得其宜，难望收其他之效果。盖监狱系采用感化主义执行自由刑之场所。故构造之法，一则防其罪恶传染之弊端，而注意于分门别类；一则防其健康之亏损，务取乎通气透光，改其构造之形状。则有十字、扇面、光线、长方、马蹄、圆轮等形之不同。而最适于今日之用者，莫如十字形。十字形各翼交互为直角，以三翼为监房，一翼为事务所。该配置法，有使空气及光线分配均匀之利益。事务所宜面东北，使全体受阳光。若因地段狭隘，不敷于用。则惟有因地制宜，变通其一二。若全然不依法而行之，甚或因陋就简，则未有能见其可者。东西各国，构造监狱，不遗余力，而必求其完全；不惜巨金，而必成此美举（多以慈善家捐助为之）。故准华尔朵曰，罪犯之损害于国家者诚大。然果能执行完全之行刑法，使罪犯减少。则虽一时投莫大之费用，视彼徒节狱费，以致不能执行完全之行刑法，使罪犯日以增加。果孰得而孰失？然则行刑者为国家百年长久之计，用费较多，又乌能已。

（二）编制法

（监狱学谓之行刑制度）构造之不良，则编制一法，无执行之必要。近世各国之所采用者，一曰杂居制；一曰分房制；一曰阶级制（又名折衷制）。其采用杂居制者，最足以传染罪恶；此制欧美各国，今已绝对的不行。其采用分房制者，最易发见精神病；此点未免为缺憾。其采用阶级制者，系于分房杂居两制之间，而折衷之。（日前某县改良监狱，已奉张督批准采用此制。）该制以为分房监禁为第一级；其期限之短长，当局者于法律所定期限内，依囚人之品行而定之。第一级之期限终时，所移于第二级。第二级则仅于作工时杂居；夜间、及食时、休息时，亦分房（南海监狱日间杂居夜间分房）。第三级则与以多少限制之自由，而使之假出狱。（我国狱制，现未修明，假出狱一条，无从规定；然考湖北模范监狱章程，归习艺之规定，有有能学艺有成、痛自改悔者，酌其所犯轻重，量予省释，以示成全等语；此亦假出狱之变相）此制仅分三级：始则严密限制其自由；继则舒缓其限制；终则与以假出狱（其刑期尚未终结，不过姑许其住居于狱外而已）。第一级期限不可短。第二级品行不良者，则贬黜于第一级。假出狱品行不良者，则拘禁于监狱。此制最宜仿用，惟于假出狱一点略为变通。以求合于今日之情形，则善矣。

（三）管理法

监狱无论如何构造，如何编制，其管理一法，不可不讲求。其最要者，莫如将囚人刑事被告人民事囚惩治人等，严重区别其拘禁之所。否则不便于管理，且不免与法律相抵触。兹从其改良下手之点，而加以鄙见言之。厥要有三：（甲）设改良监狱管守讲习所。狱内最重要者，莫如管守。管守未受教育，则于管理上殊多窒碍（南海县以未受教育之营勇为之究属不宜）。为我邑而计，似宜由狱官，考取年在三十岁以上四十岁以下之强壮男子三四十人，入所讲习。期以三个月毕业。其被选之人，系以能作浅白信札者为合格。专授以监狱管理诸法及体操。其教员则以热心于此道者充之。毕业后，择其最优等者，为管守长。其余为管守。厚其俸薪，优其待遇。给以奖章，以示优异。如果实心任事而无误公者，核其一年成绩，分别请奖，以为鼓励之地。（乙）除苛索。夫苛索之所有，皆由于牢头狱卒；而牢头狱卒之所有，皆为漏网之鱼，而以充是职者。举凡犯罪者之入监，无论其为非罪犯、重罪犯、轻罪犯。一经入监，则必尽其种种需索之手段（名目太多不能备举）。如不遂其所求，则拷打之，锁扭之。甚而置之死地，亦所弗恤。又必严禁该犯，如敢在堂上呼冤，定行毒打。似此刻酷，惨无人理。是宜尽行裁撤牢头狱卒，而改派该项毕业人员。又不时派员监察。如敢作弊，即行惩罚。（丙）禁烟赌。监内囚徒，其吸烟聚赌之方法甚多。有以竹头木屑而作枪，且壳纸筒而作灯者；有以指为赌；有以棋为赌；有以零星碎物而为赌者。此外亦有烟具赌具，非人意中所有，而彼辈亦得而有之（仆曾目击此弊）。是宜责成该项管理人员，认真痛除此弊。其余管理诸法，渐次施行。（未完）

——《香山旬报》第36期，己酉（1909年）八月初一日。

改良监狱概论（继前） 自觉室编述

世有难之者曰：今者刑法裁判未曾改良，而筹及改良监狱，一若不揣其本而齐其末。是不然。我国各处监狱，大都腐败刻酷，惨不忍闻；而以我邑为尤甚。若不及早改良，吾恐有期出狱者，必多瘐死狱中；即幸而出狱者，亦必沾染群犯恶习，而社会上又多一传播罪恶之人。若切实改良，则此弊或可革除，为功不少。抑更有难之者曰，改良监狱，其构造则贵取乎十字形；其编制则贵取乎折衷制；其管理则贵乎尽用新人。其款其地，从何而出？且新人管理，未免窒碍难行。是又不然。改良监狱，事属善举。有狱官果能开诚布公，或指拨公款；或出示劝捐；或抽自神庙寺观；其他或属地方公款，而耳目不及，为一二人所中饱者，亦由热心公益者，提倡指拨；如此则经费或可易集。建筑地段，暂可仍其旧址。诚如三十三期本报所论，或迁警局于他处，以为扩张之地。亦可采用。如此则建筑不患其无地。狱内管理诸人，概以曾受教育者充之；因其明白管理诸法，则自能识犯人之所好者为何，所恶者为何，所喜者为何，所忌者为何，而区别待遇，则收效倍易。如此则新人管理者，不患其难行。然而难者尚有辞以自解曰：彼辈既身经入狱，可决其无一善良。何必糜费巨金，以筹优待？是更不然。法国学者玛尔恩云：世人皆可以犯罪。其未犯者，如睡而未醒耳。且犯罪之原因，极为复杂。或社会不良，受恶习之污染；或法律不善，受无辜之波及。故谓犯罪者皆属恶人，此非正确之论也。

今者世界之公理，日见发明。而保种之思想，渐次发达。前者视犯罪者如仇人，势不欲其生存于社会；今则视犯罪者如一物，与其毁弃之，无宁修理之为得也。诚以一人入狱，举家痛哭；不死于堂上刑威，而必死于狱内之苛待；不破产于狱外之运动，而必破产于狱内之横需；不败名于入狱以前，而必败名于出狱之后。若因自国法律之不良，而愈溢其弊。是以同种而虐同种，容有得乎？

抑吾更有进者，法律之效力，在乎支配于全国之人民。近世采用属地主义之国家，凡外国人住居于自国，有犯罪之行为，则以自国法律支配之。吾第见我国人之住居于外国，有犯罪之行为，则受外国法律所支配，常有使之入狱内而执行者。而外国人之住居于我国，有犯罪之行为，则不得以我国法律支配之；并未闻有使之入狱内而执行者。无他，刑狱未曾改良，领事裁判权之所为恨也。言念及此，辱也奚如？政体于是乎损伤，主权因之堕落。若长此不已，则国之为国，正未可知。呜呼！吾不忍言。今沈邑今有见乎此，故拟改良县署监狱。吾愿从事于斯者，慎勿心里地狱未曾改良，而轻言改良世外地狱则幸矣。

——《香山旬报》第37期，己酉（1909年）八月十一日。

论自治社宜担任改良监狱筹款问题　度公

就自治之范围而论，则关于地方公益之事，皆宜振兴之。关于地方患害之事，皆宜革除之。此必然之理。然吾邑一般之自治社，而独寂然无闻者何哉？岂其基础未固，百事不遑欤？抑开办未久，无所藉手欤？是皆非记者所知。然吾闻沈邑令已倡议改良监狱之说矣。改良监狱者，地方之公事也。阖邑官绅，皆当力肩责任。今沈令提议於先，吾邑士绅，亟宜筹款助成于后。理固宜然。此吾以之责望于吾邑之自治团体也。吾所以责望之故，当从道德、责任两方面说明之。

从道德上言，则一切众生，皆有佛性，特遇事而显耳。保育也、救灾也、戒烟也、筑路也，何尝与己为切身之事，而邑人争投钜款，乐观厥成者，亦慈善之心使之然也。然则改良监狱者，亦一种之慈善事业也。观囚徒之酷苦，狱卒之苛待，跼天蹐地，无可告诉。有心人谁不伤之。故近年士夫之言论，辄以此为言。盖罪徒入狱，虽云罪有应得。然有由国法不良而育成之者；有由严刑拷讯而虚诬之者；此其人可悯而事可矜也。斯又乌可漠视者耶？此自治社亟宜起而担任筹款者一也。

从责任上言，则自治社者，固有维持地方公安之责者也。故广东自治社成立以来，自来水工程之腐败，则移书面干涉之矣。城墙街闸之妨碍，则倡议而毁拆之矣。是自治既以提倡公益为前提，则凡有妨害于公益者，皆得有权而更张之。至易见也。今之监狱何如乎？吾闻前数年药局焚毁之变，囚徒溃狱而走。则该监狱之腐败可知矣。使长此不变，则囚徒由此而生心，不幸蹈新甯、顺德之覆辙，危及闾巷，是大有害于地方公安者也。此自治社亟宜担任筹款者又一也。

或者曰：改良监狱之事，公事也。以地方之财，办地方之事，深合于公。何必再事他求乎？则应之曰：不然。吾邑公产之蓄积若何？能提拨以公益者又若何？姑勿具论。然据本报之报告，则谓监狱工程，须在二万之谱。夫以二万元之钜款，而欲于地方公产而获得之，谈何容易。此必待于筹款以补助之者势也。虽然，筹款之法多矣。

而吾必斤斤然责望于自治社何哉？抑吾固分道德、责任两方面以说明之

图 8-1　香山新建监狱图

矣。若更有进言者,谓其为众望之所归也;谓其有团体之强固也;谓其倡办公益而无违心也。若其力肩责任,则万金钜款,咄磋立办。曾何困难之足患哉!而或者又曰:吾邑应兴应革之事何限,自治社应负责者又何限,乃万事未遑筹及,而独为囚徒谋安乐窝,毋乃舍本逐末之计乎?则再应之曰:自治之范围虽广,然例应举办之事,固无所谓先后缓急也。使谓监狱宜缓图,则何者宜先务乎?恐亦无辞以自解也。抑吾闻之,镂金石者难为功,破枯朽者易为力。自治社固为办公益计耳。今改良监狱,概由沈令发其议,则自治社宜因势以利导之,以冀底於成。此事半功倍。有志者皆宜力肩其责。当仁固不让者也。抑吾更有一言以告于诸君者,监狱关系于一邑之治安,固如斯其重矣。使因款项不敷之故,则今日可以提议兴筑,明日亦可决议停办。即勉力而成落之,仍恐因陋就简,工料之腐败,办事之苟简,或意中事。而意外之危险,不可思议矣。故就改良监狱而论,兹事虽细,然小之则谋囚徒之幸福;大之则保地方之治安。其关系为至重也。此吾闻实行改良监狱之说,而深切杞忧,而殷殷然有望于自治社诸君也。人之欲善,谁不如我。吾请于此验之。

——《香山旬报》第38期,己酉(1909年)八月二十一日。

所谓改良监狱者如是　民声

监狱之所贵改良者,非徒改良其形式,尤当研求其实际。若徒然模仿形式，而于其前日之种种积弊，概置不论，则犯人之受害，无异于往昔。所谓改良者，徒存其名而已，君子不取也。

吾邑改良监狱，已两年矣。当日沈前令受事伊始，颇能认实整顿，而牢头滋扰之事，虽或不能斩断藤根，亦已闻风敛迹，何意今日看守监狱之巡士，又蹈牢头之故辙，起而讹索。立法虽严，日久弊生，理或然欤。

虽然，整顿之责，吾不得不责望于邑令也。盖前日看守监狱者为狱卒，今日看守监狱者为巡士。其实狱卒巡士，皆一丘之貉，变其名不变其实也。然则以此贪悍之人，而处于积弊丛生之地，欲其洁己奉公，良非易易。而所恃以整饬之者，在于官吏之执法与否耳。今邑令岂能忍执役之人，交相庇结，相济为恶，以鱼肉呼号待尽之犯人耶？

记者于此，敢进一语曰："犯人有罪，国家自有刑法以处分之，不能任受他人无辜之困辱也，更不应受改良监狱后所看守之巡士之困辱也。"凡弊之生也，其来有渐，此其见端矣。整顿之责，邑令其有意乎？请悬余言以俟之。

——《香山循报》第 106 期，辛亥（1911 年）六月十六日。

前邑令为捐助改建监狱各绅请奖

前任沈邑令特将改良建造监狱，捐助钜款各绅，开列姓名、履历、具呈督院。恳请量予奖叙，以照激劝。其所列捐款姓名列下：王福和捐银一千两；陈其斌捐银一千四百四十两；郑乃成捐银一千两；陈赓如捐银七百十四两；陈应珍捐银七百七十四两；马应彪、欧彬各捐银七百二十两。并将监狱所工程银两逐号开列，刊刻征信录，以备查考云。

——《香山旬报》第 75 期，庚戌（1910 年）九月二十一日。

新监狱又有牢头滋扰

自沈令改筑新监狱后，一切牢头名目，概已革除，犯人咸皆称快。现闻近日故态复萌，因监狱委员与捕厅互分权限，所以刑事所事归委员管理；监狱事归捕厅管理。而捕厅办事不甚认真，故牢头名目，又出现于监狱中云。

按新监狱告成，所有事务应归委员管理，而捕厅总其成。互分权限，已属无谓。而捕厅办理又不得法，以致牢头复出滋扰。然则何贵改良监狱为耶？须知改良监狱非区区于形式上做工夫，有利不兴，有害不除，所谓改良者亦徒托空言耳。即谓改良监狱出于沈令之手，然继其任者仍当有继续整顿之责。岂能不闻不见，一任其滋扰而不过问邪？吾愿有管理监狱之责者，亟有以处此矣。

——《香山旬报》第 83 期，庚戌（1910 年）十二月十一日。

第三节　揭露官兵枉法扰民

诛缪庆燊　杀猫

缪庆燊一刀笔小人耳。乃因为某虎绅爪牙之故，贪缘而为总局绅士；复腼然盘踞港口局西门局官医局等十余席之公职。下至总局缮拟禀稿之贱役，亦垄断之而无余。坐支干修，苞苴竞进，招揽讼事，滥保匪人；其凶恶虽不及某虎绅，而贪劣无耻，实为吾邑劣绅之最。今则以二百金滥保一匪之事，竟见于公堂上之供词矣（参观前期本邑新闻缪庆燊婪劣之一斑一则）。

夫局绅者，所谓保良攻匪者也。今周添一名，其确为真匪与否，虽不可知；然许以二百金，则以为良而保释之。无力筹送，则又以为匪而拿解之。良也匪也，实则有钱与无钱之别耳！翻手作云覆作雨，此固一般劣绅之惯技；然从未闻有如是之儿戏者。今周某既明明供出矣。录供者虽为回护，然问官亦岂有不闻者耶？即或不闻，又岂不可覆提再讯耶？窃谓此事若不严究，何以警一般之劣绅；何以警一般作弊之吏役；更何以服一般无辜被拿之小民！

——《香山旬报》第 36 期，己酉（1909 年）八月初一日。

乡人果不能控告巡官耶？　民声

今何时也？颇闻为预备立宪的时代矣。吾国立宪之诚伪，吾辈不必论之。然既以立宪号召天下，则吾民对于国家之权利义务，皆依于法规而行动。非若昔日之任令专制官吏，随意而蹂躏之也。故近年以来，凡贪官污吏怙势作威，大苛于民者，必有反抗申辩之举。盖官民之间，论势位固有尊卑之分；论法律则无高下之别。人民既蒙官吏之损害，则由被损害者提起上控，以期伸雪；固国法之所许。何物狂奴，竟敢恫喝农民，而为巡官作辩护也。

黄圃巡士焚掠民居一事，已纪前报。日前邑令亲到黄圃查办。随行传供竟向刘某诘责。谓："尔有何本领？敢告巡官。"噫嘻！何其出言如是之怪诞也。凡事当问是非，不当论势力。刘某既为身蒙损害之人，而巡官为警兵之统率。警兵违法殃民，巡官应有处分。何得以彼为巡官，此为农民。遂令隐忍而不敢陈说耶？试观粤人截留梁诚之电；湘人对待杨度之举；其手段何如？即谓此关于路权而然也。再观杨恕祺虐待许有；许有得以面讽之。士民得以禀攻之。斯又何论一区区之巡官哉！虽然，该传供之如此恫喝之者，岂真震惊巡官之声势，而为是语者，吾知其不然矣。吾闻官衙之传供者，其弊端至不可纪极。凡有互争案件，必需索多金。否则在公堂之恐吓之留难，令人不可身受。今其喝骂事主者，非索贿不遂，则为巡官贿托。二者必居一于此矣。不然，彼传供者非有责任之人，何为越分妄言。竟如此之哓哓者耶？

呜呼！吾邑警务之腐败，以黄圃为极。或者藉刘某之禀攻。得以整顿万一，未始非地方上之幸。若于焚掠民居之事，犹不得按警律治罪。是警政终无改良之日。卫民者适以殃民。则乡民之受虐未艾矣。吾知刘某理直气壮，断不因言而堕其志。又知邑令鉴空衡平，断不因私情而枉其法。记者不敏，请试目俟之。

——《香山旬报》第62期，庚戌（1910年）五月十一日。

巡士可谓目无法纪　枕戈

前报载西区巡士纠党滋闹一则（见本报八十八期）。记者辄叹我国警律废弛，至于不可收拾。虽巡士之藐法横行，罪有应得，而操纵警务之全权者，竟坐视不动，一任彼辈为所欲为，不闻案律究治，殊可异也。

姑勿论西区更练所拿获之某巡士，确为行窃之人。即当日确为误拿，亦当陈请该区警官，代为申理。何得聚众滋闹，殴打更练，强横一至于此？

以现在计，巡士之行窃尚可辨，巡士之滋扰不可辨。然行窃者大都属于一二人，尚不得谓警律之腐败。而滋扰者必出于多数人，则巡士之轻藐警律，巡官之容纵巡士，实百喙不可辨矣。

呜呼！吾邑开办巡警，耗费何限。设一警务长，用款若干；设一区官巡官，又用款若干。而彼只知坐享利权，于警务毫无整顿。以致巡士愈趋愈横、目无法纪。种瓜得瓜，种豆得豆，吾不知费许多金钱，设许多警务人员名目，吾邑果何所得也。

然则主持警务责任者，非实力执行警律，雷厉风行。一新巡士之耳目，则巡士将更无顾忌，固于责任有亏。而于地方治安，亦大有碍。语有之：涓涓不塞，将成江河。青青不札，将寻斧柯。是有望于新任警政者。

——《香山循报》第90期，辛亥（1911年）二月二十一日。

看看调查户口人员之强横

隆都永厚乡蔡杨氏怀妊数月，该都调查户口人员刘某、余某、高某、林某等，到氏门首敲钉门牌。适其夫外出，该氏因迷信之故拒不许钉。讵调查员谓该氏有意抗阻，即将其锁拿到局。沿途凌辱，并鸣罗游刑各乡示众。该妇返家后因羞愤自缢；幸家人察觉尚早，得以解救复苏。现都人多为之不平云。按当此过渡时代，民智尚未大开。抗钉门牌，各县多有。岂独蔡杨氏一人为然。即谓有意抗阻，亦事属有因。该调查员既不体谅乡愚，为之解释理由。反擅将该氏锁拿，游刑示众。如此妄行，该调查员之气焰，洵属可畏。其如都人之不服何。

——《香山旬报》第76期，庚戌（1910年）十月初一日。

禀究改名复充之革役

革役王安改名王淦，复充前职，已登前报。兹闻隆都杨族学堂校长杨君玉瑚、教员杨君子沅，已于前月念八日，往谒邑令禀请革究。想邑令必有以慰学界之望也。

——《香山旬报》第76期，庚戌（1910年）十月初一日。

梁义华为黄梁都巨害[①]

匪首梁义华*，前因路环巢穴顿失，潜回斗门属之大虎小虎等处，时行劫掠，地方不堪其扰。去年三十日，该匪首竟率党羽数十人，新往赵族公产之大囊寮围田等处勒收行水，临行时遗信一通，内开银三百二十员，洋烟二十两，限日预备，听其来收，如不遵缴，勿谓无情云云。闻赵族绅耆已集祠共筹对待之法矣。又于月之初一日，该匪首又往斗门沙栏村掳去幼童三口，勒赎万金。闻现该幼童亲属纷纷遣人来赎矣。未悉有地方之责者，应如何实行踩缉也。

——《香山循报》第94期，辛亥（1911年）三月二十日。

[①] 梁义华，土匪头目，1910年7月间，掳困天主教徒子女藏匿于路环岛，导致澳葡趁机出兵攻占路环。

非严办凶犯不足以儆蛮横　枕戈

吾邑屡演打架之恶剧，全由地方官之意存姑息，莫肯执法惩治，而恶党深窥其隐，甘心破坏秩序。角理不胜，转以角力。如员峰约绅之殴打蔡某，亦一证也。

夫员峰约绅之积恨于蔡者，非一事矣。控约绅之吞款也、控约绅之吸烟也，皆为该约绅痛心疾首，莫奈伊何。虽欲百计掩饰，而上宪之督责，地方官之查核，危惧交逼，无以自谋，彼辈亦良苦矣。

然吾犹以约绅虽被控告，若自反而缩，无难彼此环质，一决是非，若确有不可告人之隐，则当闭门思过，静候官厅之裁断，何意其野心未死，竟出先发制人之计，聚众逞凶，以自鸣其得意者。

邑中凡有与劣绅为难之人，必为恶党所图殴。今蔡某因公受屈，亦舆论所代抱不平者，该约绅之阴谋可畏，该约绅之怙恶可诛。虎狼在途，白昼噬人，吾邑真无宁日矣。

而吾所深愿者，在邑令之执法惩治，务使案内凶犯，不能丝毫狡脱，庶惩一警百。不特员峰约事，可望整顿，即一邑公事，向为劣绅把持者，得此警惕，亦可迎刃而解。吾愿邑令一留意及之。

——《香山循报》第95期，辛亥（1911年）三月二十七日。

林斌在押私逃之影响　天赋

吾邑差役中之林斌，历年积恶。邑人之受其鱼肉者，指不胜屈。至今日罪恶贯盈。经舆论之指摘，个人之禀攻。逃无可逃，逭无可逭，遂有斥革留押之事。乃留押曾无几时，而林又私行逃走矣。狼子野心，非可驯驭之物，益可知其为人之如何。虽然，记者对于此案，更有无限之感触。则以其在押私逃，其影响为至巨也。

吾何以谓其私逃之有影响也。曰：前月监犯之图谋越狱，即受其影响也。盖林，差也。以差役讹索妇女，犯案累累，仅有责革收羁之惩罚。乃未几又由羁而押候审馆矣，而林犹不知感激，逾墙逃走。涓涓不塞，将成江河。青青不札，将寻斧柯。而谓素不就范之匪徒，安有不闻而生心，见而相从者乎？故有林斌之私逃于前，则各犯之谋事于后，固意中事耳。呜呼！林斌之罪，乌可赦乎！

然则为今日计,则新监狱甫成,而犯人竟敢图谋越狱,固宜防微杜渐,切实整顿。然吾以整顿之法,先自严惩林斌始。若林斌以差役私逃,犹无相当之责罚;则各匪虽有异志,亦不足执法以惩诫之也。即惩诫矣,亦不足以服其心也。法不能行,心不能服,则怀异志而走险者相环矣。是吾邑越狱之忧未艾也,是皆由林斌一人酿成也。吾故曰:欲整顿之,必自严惩林斌始。

虽然,林斌既在逃矣,虽欲惩之而无可惩矣。而记者以为无足虑也。林斌在署服役多年,爪牙遍布;今虽在逃,使能严行查缉,不难就获矣。抑记者以其逾墙走脱,必与看守人通同作弊也。即不然,而看守人亦必知其巢窟也。吾故谓其查缉之无难也。记者于此,敢下一语曰:林斌私逃之事小,而各犯私逃之事大。林斌个人私逃之罪小,而各犯受其影响而逃之罪大。邑令为整顿差役计,为改良监狱计,当必知所从事乎?

——《香山旬报》第 63 期,庚戌(1910 年)五月二十一日。

林斌果获回矣　亚秋

藉端勒索,欺压良懦,恃势横行,憨不畏法,今之差役鲜不如是,此不独一林斌为然;而林斌则事机败露,经人告发,无可弥缝者。

前林斌棍骗钟张氏银两,加以平日积恶,怨毒在人,为人控告。邑令始则置之羁所,继则交候审所。乃林斌狼子野心,竟越所而遁。当时本报已为文评之,谓林斌虽狡,然能严密查拿,必能获回,今果言之中矣。林斌之罪重如邱山,邑令必能尽法惩治以儆奸邪,而为一般之狼差虎役戒,当无俟记者喋喋也。

独可叹者,林斌非北走胡南走越,如鸿飞冥冥弋人难篡也;不过出没于恭都一带,间往澳门窜匿耳。且明目张胆,向各处勒诈。署中差役,当无不知。乃经邑令严限获回,竟若置之不理不论之列。今者为恭都绅士拿获解县。彼差役者,岂讹诈勒索若有余术,而侦查逃犯竟穷于技乎?岂兔死狐悲,物伤其类,故继之而不过问乎?何以林斌近在咫尺,乃竟不闻不见也。差役之机械非后人,凡穷乡僻壤,苟可诈取财物者,足迹无不至。何有于恭都,而流毒恭都之林斌,则竟无睹也?嗟吁差役!舍作恶之外无思想,诈勒之外无手段矣。截获逃犯云乎哉!

——《香山旬报》第 71 期,庚戌(1910 年)八月十一日。

保徐桂者情同罚异

邑人徐桂前被虎绅诬陷下狱，有该乡耆民甘某等数人禀请伸雪。复被虎绅诬为会匪，讯不认供。当时释放跛哑者一人，押毙一人。尚余甘志晖、甘和彩三人羁禁数年。至前月邑令始将甘和彩提出，改拨习艺所。本月是旬将甘志晖交林绅等保释云。

按甘某二人，其禀保徐桂也同，其为虎绅诬陷也同，其不认供也同；今一则释放，一则仍拨习艺所，情同而罚异。噫！中国一日不改良审判，其断狱之轻重，一听官吏之私意以为衡。彼小民不瘐毙于狱中者几希矣。

——《香山旬报》第63期，庚戌（1910年）五月二十一日。

咄国事报又淆乱是非耶　劲草

余久不阅《国事报》。据友人所述该报记载之误谬者，几不可数计。然今日民智日开，公理大明。该报虽借文豪之招牌，益增其丑，而一落千丈，亦势所必然矣。故吾人对于该报，虽其纪载无论何等狂谬，亦不欲加以驳难。而何意其因江门民警交哄事，竟大受同业之攻击者。

月前江门埠巡警局因细故妄拿商民，复纵容巡士开枪轰毙人命，致动公愤。《国事报》因此事竟分送新闻稿于省城各同业，淆乱是非。首发布告书以纠正之者，《南越报》也；继之者则有平民、国民等报矣。夫该埠此次民警交哄，曲在巡警，该报岂不知之；乃倒行逆施，故加商民之罪。而又恐以一报刊登，不能普及于各社会也，复送稿于同业，以布散其毒。呜呼商民！呜呼各同业！何一任该报颠倒若是耶？

幸也，有各报急起纠正之，是非终可大白。而该报犹不深自悔罪，复刊登告白（《南越报》将其告白刊入，且痛驳之），谓该新闻为友人来稿。然则友人来稿，该报可以不负责任耶？又何以分送新闻于同业时，不声明为来稿耶？其袒官抑民之罪，宁待智者而后知之乎？噫！吾于《国事报》，言之欲呕。忆前番禺令虐待许有案，各报皆声罪致讨，而该报独哑然。及杨令以该报易与，硬与为难。而该报始有答盛意之作，见者咸匿笑之。则其价值可想矣。

呜呼！《国事报》休矣。今为各报诘责，欲归罪于友人。曾谓各同业能信之耶！有目非盲，有耳非聋。胡腼颜为新闻记者，亦无辨别是非之识也。

曾又谓各同业能容之耶！虽然，该报已明言"江门友人来稿"矣。然细核该报平日之记载，其误谬者，又岂独江门一事哉！误该报者，又岂独江门一友人哉！

——《香山旬报》第80期，庚戌（1910年）十一月十一日。

捕务废弛之可叹　民声

试一阅本报，无论何期，邑属各处之劫案掳案，无不层见叠出，而被获则鲜所闻也。即以最近之七十二期而言，若大黄圃、若隆都、若小榄、若黄梁都等处劫案，皆纠率多匪。明火行劫。或连劫数家，或枪毙人命。横行无忌。甚者若黄梁都蜻蜓洲村黄某家。被匪掳去小孩二人，竟隐忍而不敢报案。吾不知所谓防勇，所谓更练，平日所司何事，竟任盗匪之横行一至于此也。抑防勇诬良为盗，则时有所闻；而于掳劫强盗，则缉捕竟穷于术。人民生命财产，受其荼毒者何限。此真可为痛恨者也。昔人有言：大乱之起，必起于小奸；而况盗风之猖獗若此。有捕务之责者，犹可不急起而弭之乎？

——《香山旬报》第73期，庚戌（1910年）九月初一日。

营县自以为杜绝私挖蚝壳之上策

邑中营县日前会禀水提。略谓：窃查向来拿获挖蚝匪艇，仅截留蚝壳充公，仍船艇给还。图利匪人，因惩罚稍轻，辄敢赏试。倘幸免获案，固可独擅厚利；即犯事到官，亦不致损失血本。职是之故，屡禁不绝。盖产蚝之区，为天生之利益，利之所在，人心必趋之。欲绝其弊，唯有通饬各属，此后拿获私挖蚝艇，将艇船蚝壳，一并充公，并重办私挖匪徒。该匪人获利虽巨，一旦被获，失去船艇，其耗亦属不鲜。则利害参半，或者心存儆畏，冀绝私挖之弊，谅于地方不无稗益等情。李提据此，当准如所请，饬行番顺香各营县，遵照办理矣。

——《香山旬报》第74期，庚戌（1910年）九月十一日。

严防狼差蠹役之替身术　枕戈

衙署中之有差役，犹世界上之有微虫霉菌也。而微虫霉菌，为人目力所不易见，尚思设法以扑杀之；况差役为万目所共睹，而肯任其横行无忌，终不能纳于法律轨范中者，吾知其不然矣。

虽然，吾思制限差役之法者，不外两端：一则斥革；二则刑责，如是而已。而斥革矣，可以改名复充；刑责矣，可以雇人替代。变化百出，幻术甚精，执法者恐亦穷其术矣。

因此之故，而差役更有恃无恐。平时则鱼肉良民，得赃纳贿，即不幸为上官察觉，按律惩治，而彼不过略费掊剥之余赀，已足逍遥法外。征之邑中近事，如查封小榄之佑经店，票拿隆都之伍湘南，何一非得贿宽纵，以公事作儿戏耶！

今者，孙委员知其然，若有传案疲玩者，动辄提堂重责，可谓得小惩大诫之道矣。然法立弊生，受刑者仅为孤寒无告之小民，而差役曾无丝毫之损害。此立法之未甚周密也，有心清理积案者盍一变计乎。

——《香山循报》第101期，辛亥（1911年）五月初十日。

何虎绅之侄又逞凶杀人

侯灿与何全同居东区下河泊街。初六日，两人之妇因事口角，何全竟将侯妇黄氏殴打。是晚六句钟，侯灿回家知悉，即向何全诘责。何不由分说，竟持小刀将侯灿砍至重伤，登即毙命。灿子大呼救命，何全即持刀逃走，灿妇黄氏，即行尾追。此时十一号巡士方俯身燃点打灯，闻警企立，何全经已走过，跟追不及。当由何全胞弟何润泉到清风园报知伊叔何鼎元，时何方在园中宴客，同席者有东乡局绅李家璧、协署审案委员李森霖，及县署二人，闻报即匆匆回去。何即饬走狗何云谷到县署户房，请该房掌案陆拱臣到家密商，勇弁王作标旋亦到何鼎元家中，缘何全现在王作标所带亲兵厂处充当巡目，方何全逃走时，基堂弟何桂标到何全家内检点衣物，为更练及巡士拿获解局，及转解区所时，即有亲兵厂勇丁某沿途向何桂标教供，及由何区官提讯，何即称云："因是晚到清风园亲兵厂找寻何全，该厂中人答云，何全已销差十余日，旋到何全家中，见有尸横在门内，致被拿解。"初七日，尸妻侯黄氏赴县喊称，伊夫侯灿，向卖鱼虾，与何全同居，全妻郑氏常与小妇人吵闹，倚恃何鼎元声势，声称杀人不用填命。初六日酉刻，何全与弟何标并妻郑氏将夫侯灿刃伤毙命，何标尚在郑氏房内搜检衣物，并嘱郑氏不用惊慌，有何鼎元运动等语。夫兄侯辉闻报到来，将何标捉获，并将何全尾追，眼见何全走入鼎元宅内。查全系鼎元子侄，且现充团勇,巡士不敢往捕,叩乞相验尸伤拘凶讯究等情。查尸妻系于初七日上午十二句钟赴县喊验,延至二点钟始由杨委员提堂问供,大声疾喝,将苦主多方熬讯,延至入夜,并不勘验。至初八早,邑令始派委捕衙前往验明侯灿尸身,左乳及右乳上臂膊右指均有刀伤痕迹,现已饬差严拘凶犯讯究。旋由亲兵厂管带王作标,协同帮带高某,往澳门在氹仔地方,将何全拿获。初十日下午二句钟,由茅弯广利渡解回,随即用轿密扛入县署,闻拟伪称投到,以冀减轻其罪。惟苦主家甚贫穷,无以为生,经用黄纸写明冤情,在西门口一带行乞。行人悯其惨状,多有投以钱银。又闻死者之棺,尚停在家内,秽气熏蒸,坊人均啧有烦言云。

——《香山循报》第118期,辛亥(1911年)八月十二日。

我邑办警亟宜用警察毕业生　枕戈

我邑警政之腐败,虽原因复杂,然办理警政者,既非其人,断难望收良好之效果。然则欲今日为维持警政计,则非全用警察毕业生,协力襄助,其道末由。

查邑中迭次在警察学堂毕业者,大有其人,此皆钻求学科,日夕苦攻有年。警察智识,亦当丰裕,有是学即有是用。而今日还顾邑中,所用以办理警政者,多不学无术之徒。凡有毕业回籍者,多投闲置散,厥故何哉?郭某一武夫耳,三月二十九日之变,擅离职守,日夕在县衙保护,以结官长之欢心,而今竟得中区巡官矣。毛某一司书生耳,既无警察之经验,又无警察之学问,徒以交结区官,手段灵敏,而又为三等巡官矣。夫巡官必由巴结官场而来,吾又何说。若犹为警察前途计也,则又何以处于迭次之警察毕业生。

呜呼!警察之设,所以为地方治安计也。警察学堂之设,所以为制造警察人才计也。然则欲地方治安,非任用得人不能,欲制造警察人才,非量力用使不可。吾因邑中警政之腐败,而警察毕业人员之拥塞,亟有感而言之。吾愿警察毕业诸君其愤起,吾愿有办理警察之责者其谛听。

——《香山循报》第119期,辛亥(1911年)八月十九日。

禁人入店汲水救火之当罚　道实

初八日石岐火警,附近菓栏街各店中,竟有闭门不许人入内汲水者,后经坊众指责始开。而始终不恤人言自守樊篱者,则有广生菓栏。说者皆谓若辈公德心之薄弱,此其征矣。记者曰:"岂惟公德心之薄弱而已?"即自为计,毋乃太左。

揣各店用意,岂不以当火警仓皇之际,人庞语杂,许之往来店内,即有失物之虞乎?不知就当日情形论,因火警而讹传贼劫,各处水车,延迟半句钟始陆续赴救。各店器物,固已摒挡妥当,封检甚固。且有店伴多人看守,即许人入内汲水,岂尚虑有乘机偷窃者。至于匪徒强劫,则必纠率党众挟带利器而至,即关闭铺门,奚济于事。沙溪墟之被劫也,各商店亦相率闭门,何尝缘是而免乎?且也两害相权取其轻,当日火焰綦烈,各店与被烧之处,相去咫尺耳,使因不得水之故,而火势蔓延,即各店亦必同被其灾。况各店因闭门之故,已激怒大众,使燃烧既及,而众人救护不力,亦意中事耳,故曰自为计亦左也。

闻此次火警,坊众因昌隆店伴持刀斩断水喉之故,均抱不平,已集议处罚。窃以为禁人汲水不顾公益之商店,亦当查明分别论罚,庶足以儆将来也,各商店以为然否?

——《香山循报》第119期,辛亥(1911年)八月十九日。

大黄圃清乡之可怖 道实

盗贼,害民者也。清乡所以捕盗,捕盗即以卫民也。然观近日官弁到大黄圃清乡,不能无惑。

大黄圃素多掳劫之案,当事为保卫地方计,举办清乡,自属急务。然近观营勇驻扎该地刘姓祖祠,该族月需供费千余金,已不胜其苦累。且自刘增莹等指为庇匪被拿后,刘族绅耆,无论贫富,逃亡外出,如避兵燹。清乡营勇未闻捕获一匪,而扰民之象,已如此可怖。所谓卫民,果安在耶?

夫庇匪分肥,法所不宥,果能明正其罪,此固人心所同幸。而该族人事,何至惧为扳陷。相惊伯有,俨若巨祸之临身耶。然则有保民之责者,对于所谓庇匪绅士,固宜虚心鞫讯,辨其是非,不能以商董一面之词为据,固甚明矣。抑尤有说者,大黄圃绅士各植党羽,积不相能,已非一日。其间串通恶弁,挟嫌告密,时有所闻。此次大举清乡,不逞之徒,多思乘隙抵瑕以快心于搏噬,此又当事者所宜再三措意者也。

——《香山循报》第96期,辛亥(1911年)四月初四日。

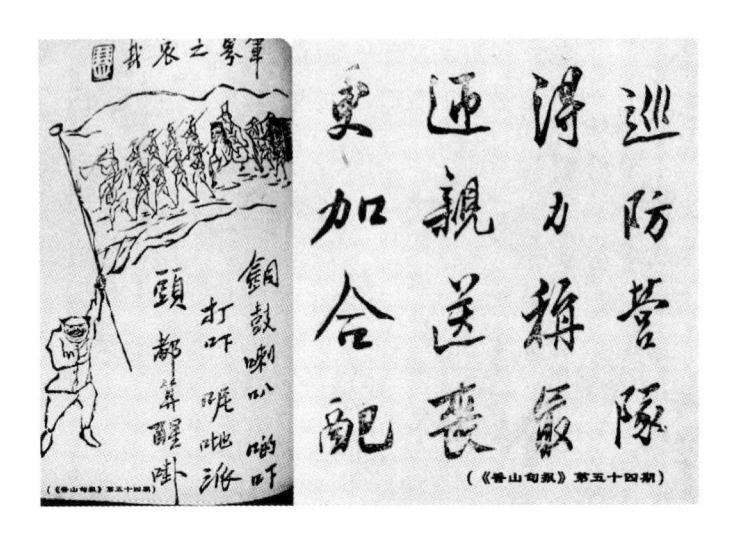

图 8-2 《香山旬报》刊登讽刺政府城防队的漫画

大黄圃清乡之四面观　枕戈

近日大黄圃举办清乡,吾姑不暇究其是非,但一面大举清乡,一面盗匪横行。记者于此,亟欲向清乡委员一问。

谓清乡即以扰民也,吾不必言。谓清乡即以剿匪也。何以驻扎大兵之处,而匪徒亦四出滋扰?而曾无丝毫顾忌,是何以故?

大黄圃非移营驻扎之所乎?何以商会公所,亦为匪党扰害,放枪围轰,而各兵弁仍不能当场截获者,可知清乡之举为众情所未许,非无故矣。

然则大兵驻扎之地,尚不能拿获匪犯,而徒责令族人交匪,未免强人以难者,彼清乡委员盍一思。

今者大兵已驻扎刘姓祖祠矣,而乡民无识,惧为株连,逃亡迁徙,时有所闻。于大局似有牵动也,彼清乡委员盍一思。

吾固愿大黄圃之剪除寇盗,以靖地方。吾尤愿清乡委员之慎重将事,以慰居民。若不问是非,孤意妄行,不独族人不堪其扰,而坊人亦不安于居,此则记者所抱为大忧也。

昔人有言,贼过如梳,兵过如篦,已痛乎言之矣。今以略有纪律之营弁,或不至此。然据上所言,则彼亦罕能自解者,吾于是欲为大黄圃之清乡委员告,吾于是又欲为一般之清乡委员勉。

——《香山循报》第 97 期,辛亥(1911 年)四月十一日。

图 8-3 《香山旬报》讽刺专制政治的漫画

清乡善后分所集议之怪现象　民声

昨闻清乡分所因筹我邑公安事集议，记者甚欲聆诸先生之伟论，并所以求阖邑之公安者，至则会场寂寂，有嗤骂者，有冷笑者，究其言论，皆痛数该会之专制。噫！清乡善后，其范围只限于治盗之一方，乌得以专制闻者，吾今为我邑人一缕述之。

一初十日在该会集议，已见于该会传单。且初六日曾对众宣言者，乃初十日到会者甚众。而彼竟欲不承认前议，惹起会场之争哄，此一事也。

一该会初六日集议，声明每社团派代表二人，到会磋商。乃初十日开会，该会会员李某竟谓派代表一层，系指每社团之员长而言，意欲将各代表取消。夫请派代表，清乡善后所之权限也，选派代表，各社团之权限也。而该所员侵各社团之权限，有进退其代表之权，其意何居？此又一事也。

一清乡分所，其权限甚微，凡关于清乡事项以外，该所断无参议之权。乃本报访员查核其议案，竟有提议学务警务之事，夫邑中议董会尚未成立，虽无统一议事之机关，然学务警务，断非该所中人所明了，又非该所中人所应议。乃彼贸贸然议之，越俎代庖，莫此为甚。此又一事也。

此外，如阻领枪械，冀揽大权援引私人不由公举尤为邑人所不服。然则议事之不明权限，诚莫有如该分所若矣。吾今以一言敬告该所诸公，专制政策，断不能行于今日者，附城总局，为专制魔鬼之巢窟，卒为舆论所推荡而去，该所欲为第二之附城总局也。吾复何言，否则妄自为之，勿谓邑人尽可欺也。

——《香山循报》第123期，辛亥（1911年）九月十七日。

蔡春华何以处此

大黄圃自举办清乡以来，颇涉骚扰，本报已迭期论之。月之十七晚，竟有营弁蔡春华率同兵勇百余人，声称围捕，先到三社坊棣华堂，破门而入，搜寻一回，毫无所得。复到该坊之刘泰思住宅，蜂拥入内，是时刘泰恩兄弟适外出，妇女辈见其来势甚猛，是否官兵，尚自疑惑不定，相率窜入室内，蜷伏不动。随由官兵搜寻，并无匪人藏匿，呼啸而去。去后始知确为蔡春华所带兵勇，惊魂稍定，检点什物，已不翼而飞，计失赃约千元有奇。闻已投该处商务分所理处，务必追回赃物而后已云。

按该访员所言，则该宅妇女所疑惑者，恐盗贼假扮官兵，藉图抢劫，故相率走避耳。然则今日来者固明明为蔡春华所带营兵矣，何亦失赃如许之钜耶？寄语该宅，亦有贼过如梳，兵过如篦之感否乎？书竟，掷笔三叹。

——《香山循报》第99期，辛亥（1911年）四月二十五日。

蔡春华之纪律何在　枕戈

蔡春华营官也，以一人而统驭无数无教育之兵丁。非明订军律，断不足以资节制。果也，蔡以剽悍无统驭之军人，四处围捕，而竟有抢掠刘宅银物之事（见九十九期报）。噫！以营勇而有盗贼之行为，其平日之纪律何在？原夫清乡之举，亦以捍卫地方，保护生民，意甚善也。乃未清乡之前，居民已受盗贼之苦，在清乡之际，居民又受营兵之害。天荆地棘，无以自存。然则何必费国家如许饷项，养此贼民之兵，为地方大害哉。

吾观张督会同李龙两提督商定军律有云，现在城省主客各军，分扎地面，均为保护地方而设。不准稍有骚扰，妄取民间一草一木。如有不肖兵勇，胆敢违犯军律，骚扰良民，甚有强赊强买、奸淫抢掠等事，准被害之人，认明该营勇号衣标志，随时赴本督院本提督行辕据实喊禀，立即提解来辕，按照军法从事。并将管束不严之营官哨官，一并从严惩办。

可知军律先贵严明，此虽省城新订之军律，然同是营兵，各地皆当仿行遵守。何以营兵劫掠无忌，而蔡春华竟无闻见耶？律以约束不严之罪，彼又何说之辞？

然则为蔡春华计，或者查明为首抢掠之人，明正其罪，复查起赃物偿还失主，免无罪者受意外之损失，从而整饬军纪，敬谨将事，庶可稍盖前愆。不然，以今日上峰之严明，军律具在，易地皆然，恐亦无可幸免矣。

——《香山循报》第100期，辛亥（1911年）五月初三日。

绅士何遽听更练一面之词耶？　大呼

四乡之间，警察未设。所恃以保卫闾里防御宵小者，则惟更练。更练虽对于一乡负责任，而例为绅士所委任。故更练有私刑吊打之事，则绅士得以惩戒而纠正之。甚者禀请官吏以治其罪。若乃不察事理，偏听更练一面之词，如东翘八乡绅士张福祥等禀解马根有一案，则可谓大惑者矣。

夫马根有一案，据马李氏赴县喊称：则谓伊子马根有投割田禾，被唐族殴至重伤。据绅士张福祥等禀词，则又谓马根有偷窃猪只，被更练唐族捉获之犯。然以记者所见，若以为马李氏之言是，则唐族固应有正当惩罚。即如张福祥所言，以区区小窃，而殴至重伤。唐族亦有应科之罪。在张某等既为乡绅，持平办事。自宜将唐族与马根有一并解案。受地方官之判断。方为正办。乃竟意存袒庇，但将重伤之马根有禀解。及邑令饬传更练资讯，始将唐族三人解案。得不谓之怪事耶！夫滥用私刑，虽官吏尚为舆论所集矢。况更练本无刑人之权，其平日之惩责贼匪者，不过习惯相传。然亦至鞭挞而止耳。何至殴至重伤乎？张某等只知偷窃者之有罪，而不知私刑吊打之更有罪。吾民何辜，何不幸遇此虎狼之更练。又何不幸遇此庸谬之局绅！

今唐族等已解案矣。又情愿将马根有医愈矣。然逞凶殴人，而无相当之责罚，何以警戒来者。是所望于执法之官吏耳。

——《香山旬报》第65期，庚戌（1910年）六月十一日。

吾邑直成强盗之世界　晓峰

吾邑近日盗案迭出，纷至沓来。其间或大伙，或小伙；或截抢，或纠劫；或掳人勒赎；或勒收行水。而暮夜，而白昼。神出鬼没，鸡犬不宁。连月以来,本报所纪载者。荼毒已如是之惨。只就见闻所及而言。余若道路僻远,采访不及,记载阙如者,尤不知凡几。呜呼!荆天棘地,日月无光。此何时乎?直强盗之世界而已。

夫所谓强盗,犹是寝食,犹是视听,仍然戴发含齿之伦。何甘自外生成,而乐于为此。盍移其性质,排难冒险,天下何事不可为?竟失身为盗,一遭捕挐,则身首异处。岂其脑轮胆汁,有特别不同。而偏恶生乐死耶?纵或一时侥幸,苟且偷生。而围捕时虞,宗族株累。父母兄弟不相见,室家妻子虽安享所得货财,随手散去。诚如是,则经营糊口小生计,犹胜于为盗。吾窃自揆度,敢一言以蔽之曰:逼之为盗者,贪官污吏也;恶弁复为之纵容也;劣绅又为之庇护也。

斯语也,吾非好为深刻,故作此口诛笔伐也。盖政繁赋重,生计日拙。灾害罔恤,政以贿成。固有之脂膏易竭,无穷之欲壑难填。民不聊生,挺而走险。故造成此强盗纵横之世界。官绅弁勇,复养痈贻患。目无见,耳无闻。畏盗如虎,缉捕懈驰如故。盗则以强劫而扰治安,勇则以诬陷而害良善。嗟嗟!我民何辜?丁斯黑暗。抽剥之余,继以攫劫。吾念及此,吾不知涕泗之何从矣。

——《香山旬报》第78期,庚戌(1910年)十月二十一日。

准人匿名攻匪之非计　枕戈

邑属大黄圃素称多盗,人尽知之。而清乡委员素来扰民,亦人尽知之。然则今日而大举清乡,将以绝盗源也。欲绝盗源而重以扰民,是拒一虎而进一狼,为害均等耳。吾观邹委员论黄圃绅耆指攻盗匪,而知其扰民之见端,胥在是矣。

其论文之最可嗤议者,在于准人"无名投筒暗中指攻"之语,在该委员之意,以为乡民畏匪人之凶焰,不敢出名指控,特设此条以便人之禀陈耳。不知一法立,一弊生;徒知此法足以治盗,而不识此法即以扰民。吾恐匿名控告之风一开,人人皆可向壁造虚,藉快私意。固于捕盗之政策无所补益,适以开乡人攻讦构陷之门,为害固非可一言尽也。

且也,以黄圃之绅界而论,分门别户,互相倾轧,已非一日。前日某等之诬刘某为匪党,即私党之积怨酝酿而成。夫以诬人为盗,尚敢出名指攻,况夫准人匿名投禀,更足予人以营私作伪之途。以此寇仇相视之人,谁不乘势诬攻，藉以修其私怨者。是邹委员之来也，非以清乡，将以害民；是邹委员之出此秘密政策也，非以清祸害，将以成怨毒。邹委员又何乐而为此耶？

要之黄圃多盗，固贵设法捕拿。然一面求治盗之法，仍当一面求安民之方。盖治盗欲以安民，若因治盗而施行之政策，有妨碍地方之治安者，则大反乎清乡之本旨矣。记者不敏，观邹委员准人无名指攻之条，敢下断语曰：是扰民之政策也！是足以妨碍地方之治安者也！邹委员职司清乡之责，立法固当严明，防弊尤宜详审，幸勿卤莽从事，贻误地方，以负大吏知人之明乎！

——《香山循报》第103期，辛亥（1911年）五月二十四日。

告团防管带张恩培　民声

原夫养兵之意，无论为官兵，为民兵，皆以严定纪律为第一要义。何来张恩培？竟任团勇之坏法乱纪，且从而袒庇之者。

查团防营为沙团改充，前后未及一月。竟有调戏妇女之怪剧。固知沙团勇素来放纵，绝无教育，则越分妄为，在所不免。然张恩培，管带也。团勇未受教育，岂张恩培身为管带，独不能严行约束乎？如其然也，则不足充管带之职。如其不然，又何以任令兵士横行无忌，一至此耶？

且也，团防营之来也，为护卫地方而起，若任其出而滋扰，则路人侧目，乡邻痛心，而与居民之感情恶。且放纵无忌，道途所经，当为巡士干涉，而与巡警之感情又恶。经此种种之恶感，实非地方之福。则团防为护卫地方，适足以遗累地方而已。

然则张恩培于此，由消极的弊害而言，则为纵勇殃民；由积极的弊害而言，则将酿成恶感，两者均非地方之福。欲免此弊，惟有申明纪律，严加训诫，以其相安而已。张恩培好自为之。

——《香山循报》第108期，辛亥（1911年）六月三十日。

非斥革吴继英不足以谢邑人　质直

营勇者，将以卫民者也。自鼠窃无赖之流，滥充兵数；既无教育以陶镕于先，又无纪律以监督于后；聚十百莠民于一隅，狐假虎威，其不溃裂而害乡间者几希矣。故俗谚云：遇贼如梳，遇兵如篦。则兵勇之为害，不言而共喻也。迄今公理渐明，上官颇能执法以绳其下，而兵弁亦多守法以自保。即有不法之举动,亦鲜能逃三尺之诛者。沙基某营擅拿商民一案,其一例也。何物吴继英,敢于城市之中,长官耳目之所及,绅民视线之所集,而竟有纠党横行,发枪乱击,妄拿良民一事。愤哉!是可忍也,孰不可忍。

夫吴一管带耳。乡民演戏,原含有营利的性质。演戏既未违禁,则买票之例,应为官绅各界所共守。而吴竟放纵兵卒,结队据位,是为违法。吴之约束不严之罪,无可逭矣。迨其与值事冲突,又复纠党持械,妄拿良善。吴之纵勇殃民之罪,又何从而逭之哉!虽然,吾知吴必有所恃也。观其事发之后,反敢助恶而拿人;拿人不已,竟敢沿途殴打;一错而再而三,尚不知悔,且有饿虎反噬之势。其中之奥援,岂待论耶?今吾之所望者,则彼之奥援自奥援,我之严办自严办;此殷殷焉有望于马副将之执法耳。夫当日起事之原委,记者姑勿深论。然彼既曰被殴,又曰受伤;以堂堂之军人,不当守棚人之一击;其腐败已可哂。若曰:吾守法也;则又何以强据竹床,抵拒查票耶?姑舍是,试问彼等与值事之争,与观剧者果何涉?而何以放枪射击,殃及池鱼耶?又何以锁拿商民,辱殴善良耶?恃势凌人,令人发指!数其罪状,或可容于同一鼻孔之民贼,必不能容于执法严明之长官也。千夫所指,不疾而死。吾不知马副将何以平邑人之怒耳。

——《香山旬报》第44期,己酉(1909年)十月二十一日。

吾邑之清乡侦探员听者　枕戈

因盗贼之滋蔓,而后举办清乡;因盗贼之行踪诡秘,而后设侦探员。然则欲清乡而穷匪之窟穴已难,而欲侦探以绝匪之根株则尤难。吾于是亟为我邑之清乡侦探员告。

广府属举办清乡,由张督奏派江绅办理,复由江绅派邑人黄文荣、黄龙彰为侦探员。盖以邑人熟识邑中情形,平祸害以靖地方,意甚善也。虽然,侦探云者,有机警之才,尤贵有仁爱之念。而后可以肩负厥责,非可以卤莽从事者明矣。吾今以个人之心理,而测侦探员之所至极,厥有二弊。

一则尸位素餐。不问盗贼之若何纵横,地方之若何扰害,皆等于不闻不见之列,势至坐受薪金,无一匪之可办。

一则诬良为盗。或则因私怨而诬陷良善,或则因贪功而指获乡愚,不复研求其善恶,势亦至良歹不分,不能获一真匪。

吾之不满意于侦探员者以此，而今日之号称侦探员者，亦多坐是弊。吾虽不必谓我邑之侦探员，当以此例律之，但愿其知其弊而思以自警，知其善而益以自勉。此实清乡前途之幸，亦吾邑人之幸也（按黄龙彰经已自行告辞另派何人接充容查明续报）。

——《香山循报》第 108 期，辛亥（1911 年）六月三十日。

酿成大黄圃之劫夺世界者谁也　枕戈

邑属大黄圃号称多盗，吾闻之耳熟矣。然前则诿为兵少力弱，犹可说也。今则清乡兵勇，云集响应，而匪氛仍恶，劫掠尤多，是何以故？

谓兵力不足以御盗耶？试问盗贼曾有几许？彼辈或聚或散，三五成群，无过乌合散漫之众，以千百之营兵，旦夕平之而有余。

谓地方辽阔不足以分布耶？则黄圃不过一隅之地，苟能控制得法，歼其渠魁，覆其巢穴，则匪贼失其根据之地，不出走则擒耳。

由此二者观之，则黄圃盗贼，实无难平之理。而乃养痈为患，一溃而不可复制者，则清乡营弁之苟且畏事，坐视盗贼之横行，而莫之或恤也。

不然，吾闻邹委员尝言选派侦探四十员，秘密巡捕矣；而盗贼之猖獗如故。吾又闻蔡管带每日带勇出巡，预备恶战矣；而盗贼之猖獗仍如故。岂盗贼之悯不畏死，非炮击刀斫所能尽耶？毋亦营弁之虚张声势，聊以自壮而已。

然则谓大黄圃之盗贼，而谓营弁有以纵成之，实不为过。今者邹委员死矣，而继其后者盍勉旃。

——《香山循报》第 109 期，辛亥（1911 年）六月初七日。

清乡善后所亟宜成立　民声

清乡何以待善后，则以清乡必有流弊也。清乡流弊，盖难更仆数，姑举其大者言之。则有藉端焚掠之弊，有勒索供应之弊，有诬良为盗之弊。虽大吏所订清乡章程，非不严密，然奉行不善，则弊混必多，理所必然，无足异者。

远者不及论，即以本邑计。大黄圃虽素称盗薮，然当清乡之始，虽未闻有焚掠之事，惟营勇多人驻扎刘姓祖祠，勒索供应，以致闾里惊惶，如遭巨乱。富者尽室而行，贫者侧目而视。然则不清乡只患盗耳，清乡则患盗更患兵，岂不重可叹耶？至如前邹委员所办刘勤一犯，舆论均为道冤，是则诬良为盗，亦所不免矣。

虽然藉端焚掠也，勒索供应也，全在军律之不明，官弁实司其咎。地方虽有公正之士绅，亦往往无法以戢其凶焰，至诬良为盗，则绅士耳目切近，必知其冤，苟先有清乡善后所之成立，则以团体之名义，为之禀保，自足以见舆论之公，官吏亦有所惮，不至以人命为儿戏矣。虽清乡善后不止一端，然即此而论，亦可见该所之宜速于成立也。

——《香山循报》第113期，辛亥（1911年）七月初六日。

诱供逼认之疑案

前月二十五日，巡警正局移解五街更练黄论，窃匪陈标二名到县。是日委员提讯。据黄论供称：月之十二夜，关仁住宅被窃，坊邻人等均谓系陈标所为。且标从前已犯窃捉获，是以此次将其获解。又据陈标供称系上基人，此次确非系伊所窃。黄论捉伊回馆，诱供逼认，以图销案云。现将陈判拟枷号。

——《香山旬报》第79期，庚戌（1910年）十一月初一日。

清乡善后分所保良问题　道实

官吏因粤省盗风之炽而办清乡，原期盗贼由是而绝，地方由是而安也。乃开办日久，而盗风不少息；以吾邑论，则反加剧焉。至清乡营勇焚烧民居，借端劫掠，种种惨酷，指不胜屈。官吏不能尽法惩治，弁勇之凶焰，缘是而益彰；平民之怨愤，亦愈积愈深而不克发泄。观夫舆情所怨嗟，报纸所攻击，同乡京官所纠参，真可为流涕太息者矣。于是吾粤人忧之，有清乡善后所之设。而吾邑亦立分所，联合十都人士，组织团体，讲求善后之法。惟观其措施，首先议设游击队。夫游击队所以捕盗，纯属于清乡范围，而非清乡善后所有事，而首提议及之，此记者之所不解也。盖善后云者，以清乡必多流弊，欲防其弊，则善后之说亟焉。今清乡之流弊，盖不可以更仆数，而语其显且大者，则有兵勇焚劫民居、诬良为匪之弊。夫焚劫民居，皆由管带之失职，军纪之不严，兵勇之淫暴，有以致此。方其率队而至，猛如虎狼，往往借口于乡民窝匪助盗，纵火焚烧，更因此以肆其劫掠之志。虽以乡间绅耆之就近，亦多为远祸计，无法以制止之。而谓善后分所远处附城，当事机紧迫之际，能稍地方略，以禁止其暴行乎？其势亦恐有不能矣。至于诬良为匪，苟非被当场击毙者，则必经官吏之研讯，而后能定其为匪与否。分所士绅耳目就近，苟确知其冤，则保良之责，义无可委。虽然，记者于此亦有说。

夫良民被诬为匪，固亟宜保释矣。然明明为匪，及被获案，则或属托亲族为之禀保，或贿赂绅士为之饰卸，此亦事实所或有。例如周孙一犯，前在钱令任内获案提讯，其供词略谓前经略托绅士缪庆燊保出。嗣因无银致送，复被拿获解案。夫有钱则保以为良，无钱则拘以为匪，此劣绅之惯技也。今以分所各员，由都人士所公举，当能束身自爱，主持公论？记者诚不敢以贪恶之缪某，预为比拟，特恐偶一不慎，误听一面之词，而至有滥保之弊。使行政官得藉为口实，办事必形棘手。此后虽确知其良而保之，亦恐难迎刃而解也。且也良匪之界线，诚有不能凭人言而定者。试观本报百十五期所纪"攻保之互异"则。则一甘丽业，其叔指攻为匪，其祖母则力保为良，团防局绅以为匪，自治社长则以为良。夫胞叔也、祖母也，此亲属之切近者也；局绅也、自治社长也，绅士之负有责任者也。而一攻一保，大相径庭如此，其中情节，苟非调查明确，诚不能妄加测度明矣。查分所施行草则第三条内载："如关于保良供匪者，必须分任调查，以期实在，不得以一二人私意执行之。"此其草则所规定，亦以所员武断营私滥保匪徒是虑，用意诚不可谓不周。所可虑者，吾国人办事，往往瞻狥情面，一强有力者之所主张，听者虽明知事有可疑，亦乐为依阿，而不敢面折其不是。且也执行不力，则虽有良法美意，亦徒具墙壁，而不能收其效果。凡此可虑之点，此真分所各员所宜特别注意，不可狥一二不肖者之私意，致破坏全体之名誉也。抑尤有说者，该草则既云分任调查矣。而调查之方法，未明定也。意其所谓分任者，必以彼都之人，调查彼都之事。然以记者之意，则以既查知其为良而保之，则分所各员，对于行政官负有责任。至原调查员，亦应规定其对于分所负有之责任，庶不致苟且塞责，或怀挟私见于其间也。

记者对于清乡善后分所，所为斤斤计于保良问题者，诚以吾粤盗贼之多，就根本上解决，则由政府不恤吾民，不为之筹教养之道，而又重抽复剥，竭泽而渔，使民不聊生，挺而走险，今者已成赭衣半道群盗满山之现象矣。欲善其后，当究其本，其本谓何？为之谋衣食之道。不使冻馁其身，而后广兴教化以变化其气质。然此种重大之问题，以之语分所各员，即不诿为权限所不及，亦必以经费无所出，而尚有待于经画。即如前劝业所以兴办工艺厂诿之分所各员，而各员亦逊谢之而已。至于将来各乡投诉诬良之事，则必日益多，不观于分所之提议乎，大抵属于保良事件也。然良匪之界，出入甚大，断不宜以轻心掉之，此记者所不能默尔而息也。分所各员，其办事纵皆详尽精密，而于记者之言，姑储之以为药石，亦未见其无所裨益也。

——《香山循报》第 117 期，辛亥（1911 年）八月初五日。

第九章　厉行禁烟禁赌

禁绝烟赌是香山社会改革的重要任务。赌博作为一种社会文化现象，已经在中国流传了数千年。赌博是凭机运和策略促使财物所有权发生频繁转移的活动，它并没有造成财富的丝毫增值，却养成了人们的侥幸和投机心理。而且赌博所含有的竞争性和娱乐性，会产生巨大的诱惑力量。现实生活中的人，凡是有好胜心、侥幸心和敛财欲望的，往往会去赌一把，而这正是赌博至今得以存在的社会基础。可是赌博无论输赢，均以损人利己为前提，钩心斗角十分激烈，给社会造成无穷危害，历来被视为社会之毒瘤。广东赌风之盛，举世瞩目。山票、铺票、彩票这些所谓的公共赌博，触目皆是。这些也同样流传于香山县。但香山地区更大的危害是私设的赌局，普遍盛行于城乡之中，致人倾家荡产，为害极大。更因毗邻澳门赌城的恶劣影响，本县受害较之其他地方尤为严重。因此禁赌被列为移风易俗的头等大事。香山人民对赌博之害深恶痛绝，对禁赌态度十分坚决和积极。1908~1909年，香山县各乡镇都依次成立了戒赌会。乡绅带头劝诫人们戒赌，巡警查禁甚严，对地方遏制赌风，起了一定作用。其中安堂乡和大岭乡禁赌素严，遇有私设赌滩，或借演戏开赌，都遭到乡绅出面禁止。同盟会员郑道实更公开倡导"家族禁赌说"①。他认为，开设私赌，各县必多于省会，各乡镇必盛于县城。而乡镇大抵皆聚族而居。因此可以在家族之中宣传教育，集众公议，明定罚则，发现有人赌博，重则解官惩治，轻则出族革尝。这样禁赌的效果会更好。

鸦片是危害健康的毒品，19世纪英国通过输出鸦片扭转贸易逆差，造成中国大量白银外流，并借口中国政府禁烟而发动了鸦片战争。从此鸦片在中国更加泛滥成灾，香山烟民众多，烟膏店铺公开出售鸦片烟膏，流毒甚广。有识之士对鸦片流毒切齿痛恨，强烈要求禁烟，并在城镇和乡村普遍建立了戒烟会等团体。在民间禁烟呼声的推动下，1906年7月清政府颁布谕

---

① 道实：《家族禁赌说》，《香山循报》第92期。

令，宣布禁烟。"着定十年以内，将洋土药之害一律革除净尽。"① 对嗜烟之徒，政府采取渐禁手段，先劝导而后惩戒，宽既往而严将来。具体办法是对60岁以上的烟民，从宽免议。60岁以下者发牌限制烟量，规定其吸烟量逐年减少，逾期未戒断者，即强行停止供应烟膏。1908年10月20日，香山知县谕示，宣布发给嗜烟人士甲乙两号牌照，年满60岁以上的烟民给甲牌，60岁以下给乙牌。无论绅民，都遵照办理。此后烟民到烟店买烟膏，均要对照牌照年龄按规定烟量供给。无牌照者不得供应烟膏。如有违反，定予惩罚。由此可见，在禁烟和禁赌问题上，对烟鬼和赌徒的处理政策是有区别的。它更强调思想教育，劝令戒断。

香山城乡戒烟会和戒赌会的检查员配合着地方巡警，经常在各种场所察看，一旦发现违规吸毒或聚赌现象，立即按规定处罚，使得香山禁烟禁赌运动取得良好效果。

第一节　禁烟赌机构的建立

广东人大注意　度公

近两月来，吾粤人所应注意者二事：一禁赌问题也，一勘界问题也。而禁赌问题，已定三月初一实行矣。勘界问题，亦决定三月以前解决矣。顾禁赌矣，何以商善后之策。勘界矣，何以筹进行之方。吾人为广东人，同有利害相关休戚与共之关系，固不可无一言以商榷之也，以禁赌论。则未禁赌之广东，与既禁赌之广东，皆为粤人所宜注意者也。夫今日当赌祸剧烈之际，稍有血性者，靡不奔走呼号，拒之如洪水猛兽。而禁赌之说，翕然无复异同。夫禁之宜矣。而禁之后，我广东人未必同享其利也。禁之无其法，则与不禁等。其弊有更甚于禁。故为今日计，禁赌之善后策，是亟宜筹商者也。以吾观之，其善后策有二：一安置游民之策，一防压私赌之策。由前之说，则振兴工艺，筹办教养院，如是而已；由后之说，为至艰钜也。昔者马抚军丕瑶禁赌，杀子以示威。而煌煌钜绅家，且明目张胆，公然开赌，地方官无敢过问。故今日禁之不能绝其源，靡特粤人担捐抽之重累，而地方仍遗

---

① 《东华续录》光绪朝，卷202。

赌博之隐忧，欲扫除而扩清之者，舍地方团体无由也。使地方上有正大之法团，而益之官力以防其弊，则赌祸自息矣。此广东人之宜注意者此也。

——《香山循报》第89期，辛亥（1911年）二月十四日。

家族禁赌说　道实

近百年来，神州有两巨害：曰烟曰赌。民苟嗜其一，必足以杀身丧家亡国灭种焉。然洋烟之害，率土皆受；赌博之害，吾粤特甚。同胞感于切肤之痛，怵于眉睫之祸。大声疾呼，以禁赌相提撕警觉者。数年于兹矣。乃无状之议员梗之；疲玩之大吏梗之；痛痒不关之政府梗之；窟穴于赌之奸民梗之。至今年三月朔日而始以禁赌告焉，于此而犹虑禁赌之义不能贯澈。徼幸复开，作前抚马瑶之禁赌观者，必妄人也。于此而犹以赌博既禁，骤失巨饷，办事必形扞格。兼以平日业赌者，一旦失所依倚，因谓为利少害多者，必愚人也。虽然，有一事焉，为吾人所亟宜注意者，则奸徒开设私赌是也。

夫私开赌博，虽在往昔，亦为作奸犯科之举，矧禁赌之后乎。则地方有司，必纠察于先而惩罚于后，其责任固应尔也。然地方官干涉私赌，有诸可虑者，豪绅包庇，查核不易，一可虑也；地方辽廓，耳见难周，二可虑也；狼差虎役，藉为利薮，三可虑也；挟嫌攻讦，虚实虽辨，四可虑也。而况舍此而外，重以玩视要政甘受蒙蔽瞻徇情面不顾考成之州县哉！然则私赌既不能尽绝，而徒恃地方官之稽察禁止，微论其力有未逮，其流弊亦有可指者。记者不敏，敢举家族禁赌之说，与高明一商榷之。

夫默计开设私赌，各县必多于省会，各乡镇必盛于县城。诚以省会之地，官吏切近，警察森严，虽欲私赌，亦有所畏惮而不敢作。降至各县稍懈弛矣，又降而各乡镇更懈弛矣。此势所必至，无足讶者。然吾粤各乡镇，大抵皆聚族而居，其平日惩顽禁暴，非尽准国家之法律，亦有其家族之习惯。而绅耆之权力，亦可以行使乎宗族之内，则际今日禁赌时期，苟各族之内，能集众公议，明定罚则。有私赌者重则解官惩治，轻则出族革尝。与夫一切劝诫之方，稽察之法，皆悉心以讨论之。务使于地方有裨益，于情势无阻碍。此诚自治之要端，胜于空谈法理縻费巨款多矣。且今者政界禁赌，有十家连坐之说，实行与否，现尚未知。要而言之，私赌之举，非只个人之害，实足以流毒于众也。苟家族禁赌，能切实进行，则虽有挟嫌攻讦借端勒索者，族中绅耆自可出具切结于地方有司，则狡毒者无以施其中伤之术，良懦者不至受鱼肉之毒矣。然则是举也,非但足以助官力之穷而已,自卫之图,莫良于是。

且家族禁赌,自以严禁私赌为要务。至先调查乡内平时有赌场几何,业赌者约有几人。而因酌拨族款,举办习艺所以为安插之计,此又未可视为缓图也。

或谓前提倡家族禁烟之说者,谓凡吸烟之人,不得领受祖惠,而后卒不果行。今家族禁赌之说,将毋类是乎。不知洋烟之为害诚烈矣。然国家尚许若辈领牌吸食,非有即日禁绝之命令也。以族谊计,惟有劝令戒断而已。若竟视同干法乱纪之流,不以齿于一族之内,立法不免苛酷,人情诚有难安。此所以不能实行也。至禁赌之事则迥异。有禁赌而无戒赌,私设赌博,尽人皆可告发。官吏视为要犯,家族能严行干涉,不待智者而知其不悖也。今吾邑各乡中自行禁赌者,亦时见报端矣。然尚恐立法不明,族人必无率循之准,奉行不力,奸宄复启觊觎之端,匪特于禁赌前途,愈形窒碍,于地方治安,亦不能保持也。有志为家族谋幸福者,可不投袂而起哉。

——《香山循报》第92期,辛亥(1911年)三月初六日。

敬告戒烟分会稽查员　讽一

本邑自设立戒烟分会以来,得诸君竭力组织,热诚任之,复躬亲调查之职;将来推倒烟魔,根株净绝,固诸君是赖。顾闻之道路,谓诸君所调查有得,敢实行干涉者,不过附近烟馆,所吸食者亦不外穷苦小民;至稍有门户者,则绝不敢一过问。仆闻此言,不禁为诸君羞,惟私心忖度,以诸君主持公理,不畏强御,或不至是。岂言者失实耶?则固万口同声矣,岂将有所待耶?则贵会闻办已数月矣。是贵会所挟之权力,仅可行于区区之下流社会,甚非始愿也。且查邑中稍有门户,染有烟癖,不领牌照而吸食者强半。若有询之者,则多傲然自大,谓莫敢余毒也。若此辈尤当首先干涉以肃观听。抑仆闻之,商君立法,先行于贵近。孙子教战,试威以宠姬。今诸君欲禁烟若先畏权势,亦南辕而北其辙也。愿诸君一思之。

——《香山旬报》第1期,戊申(1908年)八月二十一日。

纪隆都戒烟分会　亚川

削弱我神明之种族,污蔑我庄严之国体,耗费我亿兆之货财,演出种亡

第九章　厉行禁烟禁赌

国辱民贫之惨剧者，噫！此何物，此何物？曰：鸦片烟也。

夫鸦片烟来自印度，印度为英国属地，考其输入我国，已百十有年。其间经林则徐督粤时，实行禁绝，雷厉风行，几使此弱种病国害民之毒药，一洗而溅之，为我同胞拔离苦海，重出天日，其功亦伟矣哉。何图汉奸伍某[①]，钱神力大，运动外人，至林则徐革职拿问，赍志以没，良可慨也。

今英政府知鸦片烟之害人，宁牺牲出口税之金钱，造我同胞无量之幸福。我政府悯鸦片烟之害已，宁牺牲进口之权利，延我同胞一线之生机，互立十年合同，递年减少输运。英国之所以慨然允诺者，未始非议员爹亚之力也。我国富强之转机，基于此矣。

抑吾闻之，自禁烟谕旨一下，大小臣工，戒脱者固不乏人，吸食者亦所在多有。京城如此，直省可知。况膏局之牌饷未除，烟馆之灯花更灿。十年之限，如电光，如泡影耳。曾几何时，已去二年有七个月矣，可不惧欤，可不惧欤？

然于此二十世纪文明时代，岂容此离未罔两，出现于化日光天，故省城振武宗社发起于前，内地各处社会继起于后。风声所播，志愿胥同。其他地方吾不暇论，吾为隆都人，请言隆都事。

隆都密迩港澳，得风气之先，且人多远涉重洋，吸外国之新潮，悯故乡之习染，组织戒烟分会，不旬日而成。风起潮涌，山鸣谷应，置邮传命，有不如是之速。前月初八为开幕之期，是日也，天朗气清，风和日丽，绅界、学界、农界、商界、工界，人才毕集，礼仪秩然。宣布员宣布戒烟宗旨，众皆倾耳静听。演说员演说戒烟利害，众皆鼓掌称善。闹热之形，有非纸笔所能声者。又十八日传单集议章程，都绅咸在，每一条议，必经宣布，如众决议者作实，或有未妥处，有何指摘者，必磋商至尽善乃止（章程太繁不能尽述）。极合泰西文明公例，不意于隆都一隅，有此大观，洵盛会也。鄙人虽不文，乌可以不记。

嗟呼！沉沉黑界，已成半人半鬼之俦；济济青年，尽是有作有为之彦。隆都以五十余乡之微区，为社会上除一大害，苟由一都而一邑，由一邑而一省，使鸦片烟绝迹于二十二行省，固自易易。吾不禁登卓旗山高声而祝曰：隆都万岁！隆都戒烟分会万岁！中国前途万岁！

——《香山旬报》第2期，戊申（1908年）九月初一日。第39～41页。

[①] 伍某，即伍敦元，广州十三行总商，曾因勾结英国鸦片商人走私鸦片，经两广总督阮元奏报，道光皇帝下令摘去其三品顶戴。

禁赌公会成立之可喜

恭都南屏乡人容君祝三等，近邀集同志，组设禁赌公会。经于十五日在该乡自治研究社内举定张君宝廷等十人为调查员。即定月之十六日为实行禁赌之期，并将该会章程按户派阅云。

——《香山旬报》第44期，己酉（1909年）十月二十一日。

禁赌分会之悬谈　道实

禁赌分会前由邑令发起，已集议多次，举出干事各员。迄今两阅月，尚未组织成立。本报前期载邑令致函催速开办，邑令责望该会之意，可谓深切矣。然使该会成立后，对于邑属私赌之事，果能实力干涉，务期根株净绝乎？此亦尚待研究之问题也。

大抵聚众私赌，离城治愈远者则此风愈炽。立一禁赌分会于城内，以十数担任义务之职员为之部勒，即使咸踊跃奉公，不少窥避，吾恐虽鞭之长，不及马腹，则其势不得不多设稽察员。试问此稽察员亦责以担任义务乎？此实不可行之事。盖禁烟稽察比禁赌稽察为易，然尚以担任义务之故，流弊百出，人言啧啧。然则将给以薪水乎？则款从何出？此煞费研究者一。

今且勿论稽察员何如任用，即能多设，且又皆能尽其职；然各处之包庇私赌及开设私赌者，类皆险诈强悍之徒，抗拒官兵，枪毙人命，尚时有所闻。而谓此种稽察员敢将赌徒赌具执获解究耶？若但侦查属实，据以报告，辗转往返以待官兵之掩捕，吾恐闻风而遁者又十而八九也。且也以地方官握生杀予夺之权，有差役丁勇之众，而于所属私赌之举（邑属私赌之风甚炽迭经本报记载）不闻破获，亦不闻查究。而徒以一纸公文责成禁赌分会，以此期弊绝风清，亦南辕而北辙也。此煞费研究者二。

要而言之，中国行政机关，不完不备；地方要务，百废待举。凡办一事，类皆支节而为，勉强以赴，尤甚者则在上先存一卸责之心，务为粉饰之计。故但托诸空言，而不按诸事实，不独对于私赌为然也。虽然，记者个人之见特如是耳。主持禁赌分会诸君，倘有孤怀宏识，建立完善之法程以持其后。则造福桑梓，岂有涯涘耶！

——《香山循报》第105期，辛亥（1911年）六月初九日。

闻我邑禁赌分会成立感言　燃犀

自三月朔日禁赌之令下,吾以为弊绝风清,吾同胞之为赌博羁累者,至今脱离苦海,不复受其牵制矣。人人无侥幸苟且之心,即人人有奋勇力行之慨。市无饿莩,野无游民,则推其种因,安得不谓禁赌时代所得之效果耶?无如禁赌之令虽下,而私赌之害繁兴。而都会、而城市、而村落,明目张胆,不复知有禁令存。呜呼!赌博,所以害民也。而粤人费如许心血,肩如此负担,而后达最后禁赌之目的,将以绝其源泉,去其滋蔓,为地方造福,为国民造福,为志固甚苦也。今者,名为禁赌,实则私赌之害,更烈于曩时,而吾民之负担,比前更加百倍。横抽苛捐,靡所不至。而吾民互相劝勉,安之若素者,曰:"为禁赌而然也。"为禁赌筹抵饷项而然也,乃赌博不能禁止,而赌饷则先筹抵,然则又何贵禁赌为哉?故今日政界之所筹议,士绅之所经画,悉汲汲然致力于善后之方;而惩罚私赌之法,实不肯丝毫假借。此我邑之发起禁赌分会者,亦同一用意也。

原夫禁赌会之设,将以禁绝私赌为目的者也。盖禁赌之责,专寄其权于地方官之身,则地方官将为见闻所囿,虽有至尊之权而无所用,有至严之法而无所施,而禁令有时而穷矣。惟授其权于士绅之间,士绅发其覆,官吏执其法,交相为用,则赌害绝矣。其用意未可厚非也。虽然,试问地方绅士,果能守法奉公,洁己以进,以负担责任者乎?吾恐未必然矣。盖近年来,吾邑绅士,多巧滑险诈之夫,而乏刚强耿介之气,证之邑中近事,固可知其不谬者。况禁赌之事,任大责重,而欲彼负之以趋。此岂可得之事耶?吾今潜观默察,而一抉其弊。

一绅界素以包庇赌博,见嗤于时。彼利于赌徒若干之陋规,不惜冒大不韪,身败名裂,为赌徒作护法;彼尚公然包庇,则不能严禁可知。

一绅界中人,性懦耳软。恒有知赌博林立,而一格于乡邻之交好,戚友之情谊,必隐忍而不敢举发。

一绅界素来畏事。虽明知赌博之当禁,而慑于赌徒之凶焰,恐其含恨报怨,于己不利,则置之不问者亦常有之。或以利诱,或以情动,或以势逼,则赌徒实足以摇惑绅界之志虑,使之不敢出其主张。此至显至浅之理,固人人所能知者也。

吾更即最近本报之所记载者而一证明之。一南区李生记之私带澳票;

一北区熜崖祠之私开赌具。两者皆破坏赌禁，不能容于今日者也。乃李生记事情败露后，竟托南区局绅为之调处；而熜崖祠之赌博，又为巡警屡次劝止而弗恤。是何赌徒之足以令人畏惧一至此哉？局绅不当调处而调处，是徇私也；巡警当干涉而不干涉，是枉法也。徇私枉法，皆不足以言禁赌。今日如是，他日安知其不如是？而谓禁赌会成立以后，各职员皆克负责任者，吾未敢信也。且也，绅界之嗜赌者，固不乏人。麻雀声喧，恬不知耻；呼卢喝雉，达于户外。揆诸擒贼擒王之例，则禁赌会职员，欲干涉赌博，当先干涉绅界始。然以懦弱不振之人，而欲其此有惊人之举，此又吾所疑而未敢信也。由此观之，今日之禁赌会，其疑难之点如是，吾又安知其结果之如何哉？

而或者曰：前日赌徒之所由强横，局绅之所由放弃者，皆以禁赌之未有专责也。今禁赌会成立，若者为会长，以统辖会内之事权；若者为评议员，以评论其事之是非；若者为稽查员，以侦缉私赌之巢窟。事权既一，人有专责，则赌徒不寒而自栗，私赌不禁而自绝矣。余应之曰："唯唯，否否。"如是立论，必该会职员，皆为急公好义之人而后可；皆任劳任怨之人而后可。今所选之职员何如乎？吾虽不敢一手抹煞，以灰若辈之热心；吾亦不敢全数恭维，以崇拜此辈之人格。是禁赌之收效与否，尚未可知也。且邑中不尝有禁烟分会之设乎？而效果则何如也？充其力量之所至，不过于科头跣足者，一施其势力；而搢绅之家，富豪之门，曾不敢一履其地以干涉之。而且秽声四播，贿托公行；烟禁败坏，皆若辈之罪。今日之禁赌会，即禁烟会之影子。吾因禁烟会职员之破坏烟禁，而甚惧禁赌会职员之破坏赌禁也。总之禁赌会之成立，即为赌博之起伏所关，得其人以为之，则赌祸必绝；不得其人以为之，则赌祸反炽，吾所敢断言矣。致堂胡氏曰："物坏则虫育，木朽则蠹生。人少则禽兽繁，气衰则邪渗入。"吾观我邑设立禁赌会后之赌博，亦持此意以论之耳。敬告该会职员，善为之，则吾大书以褒奖之；不善为之，则吾声罪以诛讨之。笔权所在，责不容已。深愿其勉力以从事乎。

——《香山循报》第109期，辛亥（1911年）六月初七日。

戒烟分会议案

初八日，该会职员例会，主席高蕙石君。议案如下：

（一）书记员提议，顷接古镇戒烟分所节略三件，应如何分别办理，请公定。（甲）为绅士营弁吸烟事。张汤铭起言，拟由该分所禀县移营查办，再由本会续禀县宪；众和议。（乙）为请发烟牌事。主席起言，拟由本会函请捕衙缴回日前所发之牌底，再交该分所核实分派；众和议。（丙）为派勇协同查烟事。胡拾义起言，该处未设巡警，宜由该分所禀县谕饬该营弁随时派勇协稽查，并保护一切，再由本会函请县宪及豫督捕办理；众和议。

（二）干事部提议，现存查获烟具二百余副，应订期销毁，以免堆积。胡拾义起言，拟二十三日照旧在城内武庙前焚毁；众和议。

（三）干事部提议，柏山乡萧申私售洋烟，禀由县宪饬差拘究在案。今伊母萧黄氏到会求请从轻发落，如何办理，请公定；胡拾义起言，此事权在县宪，本会不能作主；众和议；并着伊投案申诉。

（四）稽察部提议，广甯帮东兴号柴船舵工蓝鸿滋事一案，已由县饬差拘拏船伴。今查得该船湾在海心，恐该差有受贿瞒禀情弊，可否禀催县宪严办之处，请公定；主席起言，应将情形具函禀报；众和议。

（五）理财员提议，刘亮如借用本会捐款一事，经已逾期，应举员往催，以重公项。张汤铭起言，现在经费支绌且审期已过，应请理财员与伊商酌，陆续收还，以应支销；众和议。

（六）胡拾义提议，商会已派傅单协助禁烟，深明大义。今查得某某店仍复如前供客，应再致函商会，从严禁止以重功令。主席起言，不必再函商会，如果查实，照章密禀查封；众和议。

——《香山旬报》第43期，己酉（1909年）十月十一日。

禁烟分局选举不成

禁烟分局各职员一年任满，前月二十九日发出传单，订于七月初一日再行选举。是日到场者约数十人。开会时，黄君普明因会员表内无名，上前诘问。据宣布员谓未交会费者，此次无选举权，故不列入。黄君问何以前四次有权选举，此次独无，究系何人所主张？宣布员不能答，后查此次除名者约数拾人，多有已交入会费者。各职员又借口前书记员高拔翘私吞会款，未及出数为词。众以高既私吞会款，何以并不开会追究。于是有谓各职员任职太久，不应连举连任者；有谓稽查员现被告发，理宜回避者；有谓禁烟局与戒烟会不同，须分清权限，明订章程，再行选举者。众论纷纷，闹成一片。后卒定于十一日开会公订章程，然后定期选举云。

——《香山循报》第113期，辛亥（1911年）七月初六日。

对于禁烟分局前途之喜惧　阐微

洋烟之为中国患，百余年于兹矣。一旦欲澌除廓清之，徒恃官吏禁制之力，其势必有所不能；故必有待于吾民之自谋，理甚明也。吾邑禁烟事业，其始也唯有一戒烟分会，其后以行政官之命令，饬改为禁烟分局。今名义虽属两县，而主持其事者，要不外由公选之数职员而已。自开办以来，职员屡有变更，其人能胜任与否，亦不能一致论。近以团防问题发生，主张办团者，则议抽烟膏以充经费，与禁烟分局不免互有冲突。其冲突之显著者，则始于团防公所所订抽烟章程，其始不能要禁烟局之承认，其后禁烟局订期选举职员，则有会员数人起而纠斥办事人之违法。而此数会员，又多属团绅。虽其干涉之者，非以团绅名义，然以局员与团绅，已互有意见在前，亦难怪该局员之藉为口实者。今者选举事既不成，而各职员亦已期满，以颇足惹起邑人之视线。而有心人亦亟欲推论其得失，顾经此次波折，于烟禁前途，果为可喜耶？抑可惧耶？则记者亦有一得之见存。

禁烟局各职员均由公举，而职员中之任劳任怨者，宜莫若稽查员；然易于营私舞弊者，亦莫若稽查员。任稽查职者，如往昔张某之任性妄为，欺凌烟店，固已怨声载道。今屏除已久，可置勿论。即近任是职者，对于不凭牌售烟之西永盛等店，皆过而不问；稽查员耳目接近，岂有不见不闻之理？则外间以为得贿袒庇，虑非无因。即以局内办事人而论，侵吞公款，则扶同狗隐，经理财政，并不刊布征信录。此次选举，订期七月初一日公选，迟至闰六月二十九始发传单，又于选举表除出会员数十名，显系怀挟私见。凡此种种，各职员固不能辞腐败之咎矣。由此观之，禁烟局固不能谓为办理完善，苟邑人复相率放弃，不思所以纠正而维持之，必将每况而愈下。今幸得会员之诘问，致不正式之选举不能通过，复订期集议办法。自兹而降，苟能捐除成见，注意烟禁，殚思尽虑，大事改良；则百余年之烟患，甚于洪水猛兽者，必可速至于根株净绝，此则大可喜也。

虽然，记者于欣幸之中，有一言为团绅告者，则以各烟店欲藉报效团费，以达其售私烟之欲望是也。此非记者凭空悬揣，遽加人以罪名也。观在商会初次集议抽烟事件，由黄某代表烟店意见，即欲免禁烟局查烟之事。当时到会者多以恐难办到为词，是各烟店之用意，已不啻司马昭之心，路人共见。及后各烟店集议，以既缴团费，而禁烟局查烟如故，欲不遵缴。然则谓各烟店恃缴团费，而希图售卖私烟，非过词也。今者团绅得各烟店之同意，订立抽烟章程十条。如第九条规定云："吸烟者必须领牌购烟，惟无牌购烟，系在路上缉获者，只罚购烟之人，不得凭空牵涉烟店。"夫在路上缉获无牌购烟之人，始并不知购自何店，必待其供出店名，于禁烟方面，未免窒碍。夫禁烟要政，谓团绅始从而干涉之，夫既由购烟者供出店名，即不得谓为凭空牵涉。若虑插赃诬陷，似宜严定罪名，以示限制。不宜因噎废食，如章程所云，订立窒碍烟禁之章程，知团绅必不乐居是名，即地方官为考成所关，亦不愿有斯说，顾事实之不可掩也如此。苟不思变计，诚非记者所敢知矣。此则大可惧也。

要而言之，同为邑人，同办邑事，但求其有利于地方，无损于众人，如斯而已。即记者对于此事，亦必由各方面之观察，以研求其利害之终点，不挟成见，不为袒语，此固可质诸邑人而不惑者也。故谓禁烟办理完善者，此非记者所敢赞同也；谓团绅所订章程为满足者，亦非记者所敢赞同也。禁烟局员乎？团防绅董乎？试平其气，竭其虑，而一一参度之，当以鄙言为不谬也。

——《香山循报》第115期，辛亥（1911年）七月二十日。

禁烟分会与禁赌分会　枕戈

欲厉行烟禁，而设禁烟分会。

欲厉行赌禁，而设禁赌分会。

然禁烟分会过去之污史，不堪言也。会长之开灯供客，稽查员之敲索烟店，皆事实上予人以共见者。而禁赌分会则何如？

禁烟问题，有涉外的关系，而吾邑因办团之故，竟欲抽收烟膏，从宽弛禁，使禁烟分会，形等虚设，而禁赌分会又何如？

由前之说，则禁烟分会，即破坏其烟禁；由后之说，则禁烟分会，已解散于无形。若以禁赌分会律之，或不至蹈后一说之覆辙；而前一说之疑难，则记者重有忧也。

——《香山循报》第111期，辛亥（1911年）闰六月二十一日。

戒烟会宜设女调查员　劲草

戒烟会何为而设调查员乎？将欲调查烟人实数，实行强逼主义以扫荡烟魔者也。然吾考其现在，调查员之势力所及者，皆贫户小民为多。若豪绅钜贾，已绝鲜过问。至于妇女之吸烟者，更无由查悉。虽谓溺职致之，然高堂大厦，遽欲入穴取子，亦甚多窒碍难行者。记者因浙省禁烟公所拟设女调查员，而亟欲与吾粤之戒烟会一商榷之。

吾粤自设戒烟总会以来，各洲县之戒烟分会亦接踵而起。然试问调查所得者，为富家乎？为贫民乎？粤人之嗜烟者，以富家占多数。而实行干涉者，于富家竟少见之。则调查之难，已可概见。浙省之拟设女调查员，盖思之深虑之切，而出此最后之对待也。其心亦良苦矣。吾请进一言曰：调查烟户固难矣。然欲去其难而就其易，非女调查员不为功。诚能踵而行之，吾知自爱者固知敛迹；狡黠者亦无由施其诡诈，而不得不就我范围。则烟毒之肃清，或可计日而待。而或者曰：迩来女界虽稍通达。而调查烟户，责任甚大。恐女界之适合此资格者，或难其人。噫嘻！此亦过虑之词耳。夫女界识智幼稚，是固然矣。然岂真无一二热心强干为铮铮狡狡者乎？吾见十字会之设，女干事者若干人，犯难冒险。扶伤救死者，尚有人当此重任。岂调查员独难其选耶？且戒烟会之设女调查员，直欲济调查之穷而已；亦有各职员为之臂助而保护之也。而女子又何畏避而不敢任事哉。嗟夫！鸦片流毒，至今而极。浙省禁烟公所之举，即大破烟魔阵之先声也。诸君子其有意乎？盍亟起图之。

——《香山旬报》第10期，戊申（1908年）十一月二十一日。

劣绅破坏戒烟会之可愤

卓山十乡戒烟分会成立以来，颇见成效；讵有安堂乡劣绅林汝勋、林挺芳二人，屡图破坏；近又议将戒烟护勇裁去；现该会长及各职员等纷纷辞职，大有解散之势云。

——《香山旬报》第38期，己酉（1909年）八月二十一日。

东翘八乡自治社及戒烟分所开幕纪事

九月十五日，该社与戒烟分所同时开幕。是日来宾及社员赴会者，极为踊跃；约计五千余人。先后上茶点毕，即行开会。先由主席朱卓田君宣布开会理由；次由谢菊初君宣布开幕词；次各界来宾演说及上祝词；后由谢菊初君宣布答词；闭会后并撮影纪念云。

——《香山旬报》第41期，己酉（1909年）九月二十一日。

第二节　查禁行动的开展

隆都戒烟分会之认真

　　隆都戒烟会去月由该都总局员绅组织成立，公举高仁镜、林禄芳两绅为正副会长。办法内先议定，局员有烟癖者，限告假三月，以便速戒。假内所有扣留薪金，拨助该会经费，作为该员义捐。不能戒断者，不得入局，并将查得属内乡团吸烟之勇丁四十余名，立行撤换。全都悦服。闻者亦莫不称善云。

　　按禁烟一事，有万利而无一害，尽人皆知。第迩来各地纷纷集会结社，以为戒烟之助，大抵出于学界、商界发起。而联络绅界者有之，未闻有纯然发起于局绅，其干涉并先及局绅。而身在干涉者，亦乐于赞成，能牺牲权利，以竞争名誉者。今隆都局绅，其办理戒烟，殆所谓本身作则，公尔忘私者乎？以视徒知有权利而不知有名誉，日挟其积极之威福，暗于责己而明于责人者，其相去奚啻霄壤耶？吾愿隆都局绅对于该会，终始不渝，更本其办理戒烟之魄力，之规律，出图其他种种公共之利益，则全邑将大放光明矣。

　　　　　　——《香山旬报》第1期，戊申（1908年）八月二十一日。

现身说法

　　恭都山场乡黄君完伯、吴君润文、鲍君伯康等，痛禁烟前途之腐败，特现身说法，办成各种活剧，杂以铜鼓喇叭，巡游各处。其形容黑籍之丑态，无微不至，观者无不为之感动云。

　　　　　　——《香山旬报》第35期，己酉（1909年）七月二十一日。

查烟被殴

　　隆都戒烟分会自成立后，每夜必派丁勇往各乡查禁烟灯。讵初九晚，查至大岚乡，见昭利店聚众开灯，登即协同该乡更练到店干涉，不料店东李润昭，鼓众持械团殴丁勇。内有一名受伤颇重。现该会已将受伤丁勇扛验，禀官拘究矣。

　　　　　　——《香山旬报》第1期，戊申（1908年）八月二十一日。

禁烟汇志

月二十日邑令发出一示。略谓吸烟一事，迭奉大宪严申厉禁；并给发吸烟甲乙两号牌照。凡年在六十以外者，无论绅民，给以甲牌；六十以内者，无论绅民，给以乙牌。饬遵办理在案。自示之后，其膏店及吸烟人等，均要见有牌照、对明年貌及吸烟数，方准买卖。如敢故违，定即严行究罚云云。

十七晚戒烟分会稽查员，查得西门三记栈违章卖烟；即邀同该段巡士杨七将店东拿交正局，判罚银二元释放。又查得新街尾瑞香艇开灯供客；即邀同二十六号巡士钟富，将烟具执去。并拘艇家吴梁氏一名，送交正局。判罚银五元释放。又河口奇香烟店违章开灯；即邀同三十四号巡士黄崇，将烟犯刘坦一名及烟具带交正局，判罚银二元五角；随传店主黄心到局，罚银二元。

又十八晚柏桠东岳庙左侧更馆，招聚无牌多人吸烟；即协同东区巡目黄某执获烟具各件，并烟犯四名，带交正局；判罚银四元五角释放。

又柏桠口馀字十八号烟馆，招聚无牌多人吸烟；即邀同东区第三队巡目，第十三号巡士，拘获烟犯四名，带交正局；判罚银一元释放。

又二十二晚石岐大庙前更馆聚众吸烟；邀同该段巡士陈来拘获黎勤一名，并烟具全副，解交正局；罚银五角释放。

仝日下基新填塘某客栈内，有人违章吸烟；邀同该段巡士，将其烟具执去，送交西区右局。又长塘街更馆聚众吸烟；邀同该段二十七号巡士陈求拘获冒牌烟犯萧卓珍一名，并烟具全副，解交正局。判罚银一元五角释放。

——《香山旬报》第8期，戊申（1908年）十月二十七日。

查烟汇志

黄梁都小濠涌乡烟店抗查鼓噪，邑令添派差勇，由陈委员带赴该乡从严查办一事，已纪前报。兹闻陈委已协同该都黄绅懋平妥为办结；盖该乡因迭次有县署调查员到查，乡人疑系冒充，以致地保拥众滋闹；陈委念其事由疑误而成，姑从宽办理。仅将地保斥革，该烟店查封；仍勒令该乡限十日内设立戒烟分所，并由陈委捐资八圆作为发起，现已成立。闻该乡人黄君宏谋慨捐巨款，极力赞成，尤为难得云。

又初七日，县署调查员与淇澳司查封涌口门麟记烟店一间。濠涌乡中堡锦川严家祠内，有严就开张就记烟店，聚众吸烟；为豫典史及调查员查悉，当场搜获烟具多件；现已将该祠查封矣。

初九日，县署调查员查得龙王庙前黄炎葵棚内聚吸烟，即协同该处警局将该葵棚拆毁。搜获烟具二副，即送戒烟分会毁销。隆都坎下乡耀记烟店，经已闭歇；店东梁寿仍在该店私售洋烟，开灯供客。初九日，戒烟分会稽察员协同该都戒烟分会长周鸾骞君，督带警勇驰往掩捕；当场拿获传递私烟之小童阮尽一名，并搜出私烟二大盅，烟具一副；该店东已闻风先遁，随将该小童交隆都局觅保省释；并将私烟等件回明豫典史。十一日，豫典史即协同县署调查员，前往该乡，将该店查封。

初十日，戒烟分会稽查员查得北区城基日字一十四号门牌陈满屈灿藉牌聚吸，即搜获烟具一副；又仝晚查得西区林涌尾谭英无牌吸烟，即搜获烟具二副，烟斗八个，并谭英一并解送巡督正局，判罚银二元释放；又查得南区庙仔滘天后庙司祝聚众吸烟，搜获烟具一副；又查得西门内官堆藉牌聚吸，即搜获烟具一副，并烟犯高源杨显温有三名并解正局，判每人肩牌游街一天。

又十三日查得西区宝兴无牌售烟，搜获烟盒一个；又仝晚查得西门内陈维博祠聚众吸烟，即搜获烟具一副，及烟犯郑湘、陈开、陈瑞延三名；一并解赴正局，判郑湘罚银一元，陈开罚五角，陈瑞押一宵；又查得北门内城基有营兵梁德无牌吸烟，搜获烟具一副，并解正局，判押一宵释放；又查得东门内达德街马道馆藉牌聚吸，搜获烟具一副，及烟犯马炳祥、陈有并解正局，判马罚银二元，陈斥释；又查得东区峃阳田瓦屋内聚众吸烟，即将烟具一副，烟犯董炳并解正局，判罚银一元；又查得南区荒字八十三号门牌、冒领李堂、麦祥烟牌二张，以便供客，即将该牌注销；又县署东快馆备有徐彩名字公共烟牌一张，以便供客；十四日，陈彩借该牌往县前生记挑烟，为稽察员查悉，即将该牌注销；十四晚查得西区长塘古庙侧黄光藉牌聚吸，即将烟具一副及黄光、黄慎二人并解正局，判黄慎罚银一元，黄光肩牌游街一天；又中区益生店有杨佩安牌，十余日未盖图章，即将该犯及牌并解正局究罚；十五日中区方伯第会小云用曾自新名领牌吸烟，又将该牌改摺，以取轻便；为稽察员查悉，即将该牌缴会；闻曾现欲托人具保领回原牌云。

——《香山旬报》第38期，己酉（1909年）八月二十一日。

一般之烟绅听者

戒烟分会前月查得峰溪两乡公约萧绅澍森在局吸烟，即令伊将烟具缴会焚毁；讵萧置若罔闻；该会迫得呈请沈令核办。随奉批云：约绅为四民之首，必须戒除烟患，方足以孚民望。查两乡局绅萧澍森在约座开灯吸烟，殊属不合；着捕衙勒令戒除，将烟具缴所烧毁，以肃公令。并即知照。

——《香山旬报》第38期，己酉（1909年）八月二十一日。

筹办家族禁烟分所汇志

黄梁都荔枝山乡黄君懋平等，近拟在该乡组设家族禁烟分所，实行禁烟。昨到戒烟分会商酌一切，闻不日可开办矣。

又渡头乡雷君澄海等，近在该乡筹办家族禁烟分所。日前致函戒烟分会，请代领木烟牌七十张云。

又谷都郑福田君等，联络各乡绅耆，组设禁烟分所，拟暂借桥头郑岚桥祠为会所云。又古镇乡自治社林君达三等，组设禁烟分所，现已举定职员，禀县立案。

——《香山旬报》第38期，己酉（1909年）八月二十一日。

禁赌者当以两乡为法　精一

吾邑赌博之害，牛牌也、私摊也、卜架牌九也，每于乡落之间，恃官力所不及，明目张胆，聚众开设。所恃以压制之者，惟乡绅而已。然乡绅大半昏聩、畏首畏尾，不敢一为过问。此赌博之害日烈，而时肇钜祸之所由来也。

虽然，赌徒者直乌合之众耳。宽假之则恃势横行，严惩之则各鸟兽散。谓余不信，则试观安堂乡与大岭乡而可知矣。安堂乡人藉戏开赌，某武生实力禁之，而赌徒无所施其技。此一事也。大岭乡禁赌素严，而宫花乡私行开设，为林绅查悉，即行禁止。此又一事也。

由此以观，则可知赌博之流毒，所以不能骤革者，尽由乡绅养成之；故纵之；受贿以包庇之；互相为奸，以遗祸乡里而已。不然，何两乡禁赌为独易，而各乡之禁赌为独难耶？

然则各乡士绅亦宜知所取法矣。造福桑梓，人所同仰。公等既为乡绅，可为有其权矣。执法而行，岂让两乡绅士专美耶？

——《香山旬报》第40期，己酉（1909年）九月十一日。

查烟汇纪

日前淇澳村蔡茂朝并无烟牌，在该村蔡长全祠内聚众吸烟，为淇澳司查悉，即将烟具执获，申报邑令；现邑令已饬将该祠查封，县差林斌昨往潭州执获由潭州往大良车渡烟具一副；又执获潭州剃头店、南头沙烟店、浪纲涌烟店、大江烟店等烟具多件；其大江烟店各烟具，由商务分会调停罚款取回。

戒烟分会稽察员初十晚查获广进番摊外馆烟具一副，并拘烟犯梁云、张四到局，判罚银六元；十二日南区民安街芳记店东住宅私设烟具供客，查起烟具一副，随将屋主刘西、客刘炳、李有、林荣、陈初并解巡警正局，判共罚银四元；十三日查获南区青莱基杨三应烟具一副，仝晚查获东区月华坊内黄生住宅违章烟具一副，及黄生、刘恩并解正局，判黄罚银一员，刘系地保，移送捕廨斥革；十四日查得十八间永泰烟店一牌挑烟四盒，带赴正局核办；又永泰店挑烟逾限，即将店伴缪光、烟人卢保并解正局，判缪罚六元，卢罚四元；又马巷益生无牌挑烟，违章多次，即将店伴黄成、烟人张明并解正局，判黄罚银八元，张罚银三元；十四晚北门城基二烟店聚众吸烟，查起烟具一副，烟犯屈灿、郑良，并解五街警局核办；十五日河口林炳记店，有丁辉冒任远昭牌挑烟，即将牌照注销；又西市陈智庵书室无牌开灯，查获烟具一副，仝晚查得麻湾渡帐房开灯吸烟，即将烟具一副及烟人林有胜区保并解西区左局，罚银七元；又瓮莱塘锦泰杂货店开灯聚吸，该烟人各持烟具由瓦面逃走，查获烟灯一支；十六晚中区公益店重挑，即将烟人钟名广解赴正局，当堂斥释；十七晚中区公益店又复重挑，即将重挑烟人周铭石、杜福、郑发三名并解正局，传出店东张玉，判罚银六元，周罚银一元，杜郑斥释；十九日北门城基件作店开灯供客，查起烟具一副，烟人郑应文到会具结宽释；又北区维新街屈捷生家开灯聚吸，查获烟具一副，烟人黄荣、屋主屈捷生并解北局核办；又北区长塘源记重挑，挑烟人黎焕年解赴五街警局，罚银五元。

——《香山旬报》第 44 期，己酉（1909 年）十月二十一日。

快哉邑令封闭犯法之烟店　民声

吾国自举行禁烟后，其成效未大著者，则以烟店不凭牌照售烟，为一大原因。盖烟店既可无牌售卖，则嗜烟者大可自由采买，而国家所订章程，所以限制烟人之意，皆失其效力，此诚禁烟之障碍，有识者所以长叹也。虽然，邑属自设立禁烟分会以来，稽查烟店，未尝中辍。而各烟店犹敢任意售卖私烟者，其狡者则恃有护符，不恤法律，余则恃法令之宽，即令察觉，亦不过略罚款项，此售卖私烟之事，所以触目而是也。

快哉邑令之封禁永泰、和安两烟店也。永泰犯禁至六次，和安犯禁至三次，此真视禁令如弁髦，为人道之蟊贼。邑令决然封闭之，一般售卖私烟之店，其亦知所戒惧乎？虽然，闻两店此次之被破获也，竟有人向邑令代为说项，幸邑令不为所动耳。记者甚愿邑令此后对于烟禁，纯取严厉主义，务令根株尽绝而后已，斯亦为民除害之要端乎。

——《香山循报》第122期，辛亥（1911年）九月初十日。

札饬严办香山烟匪

戒烟总会会长左庆欣等，以香山戒烟分会稽查员缪宝莹，被壶天仙馆素不安分之窃匪陈得即亚九，因查烟挟嫌，纠党殴伤。该县仅予枷责。现该匪兄大王根声言报复，具禀巡警道。请提犯羁押，出示保护等情。王道据禀，查禁烟一事，迭奉上谕认真办理。该县陈得胆敢逞凶纠党，殴伤戒烟会员，殊属目无法纪。其中有无别故，候札香山县勒拘该犯按办，以儆效尤。并饬该处警局妥为保护。仰即知照。

——《香山旬报》第23期，己酉（1909年）三月二十一日。

戒烟分会查烟汇志

初九晚查得花王巷丛桂书屋吴志藉牌聚众吸烟，当场搜获烟具一副；又查得后岗缪元、缪祺兄弟家内开灯供客，当场搜获烟具二副；及李有缪容名字烟牌二张，及屋主烟客其三名，拘解西区左局核办。又查得西区虾米巷缪泮銮家藉牌聚众吸烟，关闭门户，叩门时，烟精数人由后楼瓦面逃去，即将缪申斥。

初十日查得北区厚兴街内郑姓魁星楼内私卖洋烟，开灯供客，即搜获烟具一副，及大烟戥各件；即将屋主郑郁初、烟客郑修、郑培珍、王琳四名拘解北区警局；每人罚银二两，具结释放。同晚查得西区怀德里丽兴鞋店账房内开灯吸烟，见有烟具一副，黄庆烟牌一张，该店伴均不承认，即将各件送该区警局核办。

十一晚查得西区长塘街富来源竹椅店藉牌聚众吸烟，即搜获烟具二副，及店东缪富、烟人钟明等并解正局；判缪罚银二员，钟斥释。

——《香山旬报》第41期，己酉（1909年）九月二十一日。

查烟汇纪

十一月十五日，禁烟分局稽查员张、胡、缪、郑等，查获北区外岐头乡林泉在家私卖烟膏；即协同该村更练林庆朝、麦茂祥等当场搜烟膏三大角盒，另一盅三螺壳约四两余，及烟灯二枝、盘一个、斗四个、另碎物各件，并烟犯林泉一名，交该村更练回报捕宪核办。

十七晚又查西区大维街三千七百三十一号门牌吴琼珊在家无牌聚吸；即协同巡士邓有搜获烟具各件，并烟匪吴琼珊、郭有二名，带左局罚银共十二员。又仝晚查西区泰安通衢润字十二号执屎馆开灯聚吸；即协巡士李标搜获烟具各件，并烟犯刘泗、张参二名带中局，转解正局；裁判张参姑念贫苦斥释；刘泗屡次违章，拘留一天释放。

二十五晚又查西区康公庙前三和客栈三次开灯供客聚吸；即协同巡士朱明当场搜获烟具二副，并栈主杨春、烟犯杨茂盛、曾志基、妇人杨陈氏共四名，带左局判罚共银二十五员。

二十八晚又查西区新街公栈烟店无牌购烟，即协巡士搜获私烟一盒，并店东郑六、烟犯何昌二名，带右局罚银六员五毫。

又二十九日查获西区河口奇香烟店无牌购烟；即协同巡士搜获私烟二壳，并店东黄森、烟犯何照带右局；罚银三十员。又查西区水龙巷广安烟店无牌购烟，即协同右局巡士搜获烟一盒，并店东麦森、烟犯杨添二名，带右局罚银六员。又仝晚查西区沙岗杨氏宗祠内聚吸，即将烟具各件交南局存毁。

又十二月初三日查南区蓉兴烟店无牌购烟，即协同巡士拿获店东徐仲、烟犯林荫棠二名，并烟二盒共二两五钱，带南局转解正局；判罚徐仲五十员，林荫堂十五员。仝晚张、胡、缪、郑等又查得西区南基街炳记无牌购烟，即协巡士拿获店东郑炳烟犯黄福并烟一壳，带右局罚银一员半。又查安澜街南来香无牌购烟，即协巡士拿获店伴周九、烟犯刘凤华，并烟一壳，带右局罚银一员半。又查西区安澜街宏安烟店无牌购烟，即协巡士拿获店伴方合、烟犯何全并烟一壳，带右局罚银五员。

初四日又查西区新街水车馆私煮烟一小锅，即协同巡士拿获煮烟匠高三和，并膏带右局判断；而惠来持有购土煮膏凭照呈验，认称伊店丧事未完，暂借水车馆开煮，未逾限期；情有可原，姑从宽罚银六员。仝晚又查西区长洲步头黄成家执屎馆聚吸，即协巡目搜获烟枪烟具二副，并灰一盒，带交左局存毁。

初六晚又查西区南侧街水馨店购无牌烟，即协巡士拏获店东何仲、烟犯朱福带赴左局，判罚银一员五毛。

——《香山旬报》第 83 期，庚戌（1910 年）十二月十一日。

大岭欧阳家族戒烟分所批准立案

香山戒烟分会前月派员携带告示章程，分投注各乡劝设戒烟分所，经已次第成立。而东乡大岭欧阳家族戒烟分会，亦备章程节略，请该会转禀立案发戳。初三日奉沈令批：家族禁烟，前经出示通谕合属遵办。迄今日久，据覆遵办者属寥寥，殊深焦灼。兹据转禀东乡大岭欧阳家族开办禁烟，殊堪嘉许。惟此名家族，则戒烟范围当以强迫行于一族之内，仍与县城戒烟分会联络一气，且一县只一分会不得有两分会，应即改名东乡大岭家族禁烟分所。其余章程尚称完善，应如禀转详戒烟总局立案，并先给谕稽察员遵照可也。章程名册相片征章式附。

——《香山旬报》第 37 期，己酉（1909 年）八月十一日。

戒烟分会查烟类纪

七月二十六晚西区北侧街同合米筛店违章聚吸。即将烟具二副，及店主李洪交该区右局巡目朱朝拘解正局；判罚银二元。又西区巨龙社番摊外馆冒领多牌，以便聚吸。当场搜获烟具二副，烟牌三张，及黄有一名，并交该区右局巡士刘四解局，从严究治；按之禁章，应在查封严究之列；今巡官格外体恤，从宽罚黄有银一员，烟具发会焚毁，烟牌注销。又南区新墟黄字四十六号门牌何芥裳冒牌吸烟。即将烟具一副、烟牌一张解赴警局销毁。

八月初五日查得已封之日盛润记烟店东萧申、郭永，仍在栢山住宅私卖烟膏，由小婢传递。将入门与婢相遇，在手篮内搜出烟膏二盅，一重五两五钱，一重二两二钱。即将该赃带赴捕衙禀请沈令核办。

初七晚查得齐东乡刘肇记在刘济川祠内开设烟膏店，又在对门住宅开灯供客。当场搜获烟具二副，即交该管更练刘发；该烟犯多人乘间逃脱。即晚由稽查员回明捕衙随于初八日前往查封矣。又新街天香楼妓馆私开烟灯，以便嫖客。前被稽查员协同巡士缉获解局，当经巡官分别判罚。并由巡官饬令馆主李洪将与南兴隆相通之门，尽行堵塞。讵李恃某劣绅为护符，抗不遵堵。复经戒烟分会查悉，禀县核办。昨奉批娼寮妓馆开灯供客，大干例禁，本应查封。据禀天香楼妓馆违禁开灯，经巡士起获烟具，将三客一并带赴正局判罚；已属从轻办理。寮楼上下有横门九扇，与南兴隆相通，饬令堵塞，以免勾引少年吸烟。该寮主竟敢抗不遵堵，实属可恶已极；候饬差拘案严究云。又古镇约绅蔡某，初三日将所获之烟枪十二枝，木烟盆一个，送交戒烟分会焚毁。闻所送之烟枪，内有七枝系古镇团防管带廖佳年缉获者。该局俟廖回城，即往该营取去，由局送会。且多非原物，恐有顶冒之弊云。

——《香山旬报》第 37 期，己酉（1909 年）八月十一日。

戒烟分会定期焚毁烟具

该会积存烟枪灯具四百余件，订于本月二十三日午刻在城内武庙前焚毁，并请政界到场监视云。

——《香山旬报》第 43 期，己酉（1909 年）十月十一日。

查烟汇纪

戒烟分会稽察员於去月二十九晚，查得青云桥三盛杉店栈房有江门渡件梁青冒牌吸烟，查获烟具一副，并解巡警正局，判罚银三元。又青云桥祥胜店藉牌聚吸，查起烟具一副，及烟人麦满、梁姒并解正局，判共罚银三元。又河口林炳记不凭牌照售烟，即将买烟人邹辉、店东林炳宜并解正局，判罚银十元。又林涌尾黄有违章吸烟，查起烟具一副。又西区安澜街闸口甡合店违章开灯，查起烟具一副，及烟人李贵并解西区巡警右局，判罚银一元五角。

又李家基梁俊奎违章聚吸，查起烟具一副，及烟人张内、黄德、施章、梁绍并解右局，判共罚银二元。初三晚查得西区梅基淇澳殿丁馆有淇澳绅士武生王次年即兆廷藉牌聚吸，查起烟具一副，并解右局判罚银十二元。又新街惠来烟店开灯聚吸，查起烟具一副，及烟人麦敬、陈三、店东何惠山并解右局，判共罚银四十元。又湾底候在家无牌吸烟，查起烟具一副；初四日查得西区三元庙巷永泰烟店内有幼童杨墀携杨庆牌买烟，因连盖初二、三、四日图章，即将该童及烟牌并解西区巡警中局，判店东高顺章罚银一元。又查得山背街刘杰记裁缝店无牌聚吸，起出烟具二副，及店东刘杰并解左局，判罚银六元。又查得余敬携牌往永泰店重买洋烟，即将烟牌缴销。又新街后塘基馆违章聚吸，查起烟具一副，及烟人麦裕宙、何根、馆主吴连贵并解正局核办。初五晚查得林炳记再次不盖烟牌图章，即将主客二人并解正局核办。又安澜街宏安烟店违章售烟，即将店东方永年及烟客并解正局核办。初六晚查得北区长庚街源记烟店不凭牌照售烟，搜护私烟一盒，即将店东黄东、烟人梁惺并解五街警局，判各罚银四元。初七晚南基生源剃头店开灯供客，查起烟具二具，及烟人蓝生、何结、杨树并解右局，判何结罚银三元，杨树罚银二元。又蓝生向不吸烟，因探友误拘，从宽斥释。又南基宝安香店开灯供客，查起烟具一副，及烟客方儒、方泗并解右局核办。又龙王庙后巽兴石店无牌吸烟，查起烟具一副。濠头戒烟分所稽察员于月之初一晚定更时候，查得下员山乡曾弥、曾庆、曾藻三人在更馆内聚吸洋烟，先将烟具带返，后传更练严责，判共罚银二元。古镇乡戒烟分所稽察员于初四夜在夏园坊区定宇祠内缉获南约绅士区德心烟具一副，又在起凤更馆缉获烟具三副，又在古镇墟杏草菜店缉获团防帮带冯棠烟具二副。

——《香山旬报》第 43 期，己酉（1909 年）十月十一日。

小榄查烟之成绩

小榄镇烟膏店，向有私设烟灯吸烟之积习。近因榄镇戒烟会员，每会同分司密行稽查，设灯吸烟弊亦渐除。小榄戒烟前途，可望有起色矣。

——《香山旬报》第 79 期，庚戌（1910 年）十一月初一日。

谷都戒烟分所解散

谷都戒烟分所自去年开办以来，遵章查缉，颇著成效。讵去岁平岚烟人挟恨将副所长詹国康家毁抢，迭经该分所禀官拘究。惟沈前令并不切实查办，致案悬莫结。现该所决议解散。烟禁前途，亦足悲矣。

——《香山旬报》第 83 期，庚戌（1910 年）十二月十一日。

查烟类纪

十月初六日，禁烟分局稽查员张、胡、缪、郑等，查得西区龙王庙前发记客栈，即前山公馆，违章四次开灯供客。即协巡士林富缉获烟具二副，并栈主曹鉴、烟客谭光、殷柱三名，带回该区右局；栈主曹鉴遵罚四十五元，谭光罚九元，殷柱罚六元。又在龙王庙前，遇有无牌烟犯郭照携烟一盒，带回该区右局罚银三元。

初八日查得西区河口江门镜花舫，开灯供客诱赌。即协巡士缉获烟具二副，并船户吴黄氏、烟客杨和斌、高四三名，带回该区右局；船户吴黄氏罚银二十二元，杨和斌罚银六元，高四罚银二元。

初九日查得西区长洲步头省城顺馨舫，开灯供客诱赌。即协巡士黄计，缉获烟具一副，并船户林有、烟客冯日二名，带回该区左局；林有罚银十四元，冯日罚银九元。又在西区逢源初地赵姓起凤书室，缉获无牌烟枪灯具一副，交巡士带回右局存毁。又在西区湾底庐贞家缉获无牌烟具一副，交右局存毁。又在城内县前街缉获美珍客栈，开灯供客。即协同巡士缉获烟具一副，并栈东杨树南、烟客何秀二名，解回警务所；判罚杨树南三元，何秀一元五角。

——《香山旬报》第 78 期，庚戌（1910 年）十月二十一日。

查烟汇纪

五月二十七日，禁烟分局稽查员胡、缪、郑等在东区贤才街，查得美香烟店无牌购烟，即协同巡士当场拏获私烟一壳，并烟客郑培，店伴郑华二名，带赴东局，转解区所，判罚该店银八元，烟客拘留一天。五月初八夜，查得西区新街河岸九江鱼艇开灯聚吸，即协同巡士黄光当场搜获烟枪灯具一副，烟五盒，并烟客伍基、吴初二名，带西区右局，转解区所，判罚四元。是晚又查得西区湾底蒋记客栈，无牌开灯吸烟，即协同巡士拏获烟具各件，并烟客朱渭一名，带西区右局，罚银四元。又在西区安澜街查得宏安烟店违章多盖店戳，即协同巡士当场拿获，带右局转解区所，判罚银八元。

——《香山循报》第 105 期，辛亥（1911 年）六月初九日。

大岭戒烟分会近闻

得都大岭乡戒烟分会自开幕以来，连日在本乡演说，闻者多为之动容。现在该乡烟馆经已闭歇。其愿戒烟者甚多，即到领烟丸者亦复不少。又去月二十七该会副会长欧阳民庆，稽察员欧阳谷堂，书记员欧阳钧堂三君并会员等，前往西桠宫花江尾三乡，查察烟馆情形。并劝各乡组设分会，冀联一气，以除地方之害。一时各乡绅耆之热心公益者，莫不赞成。

——《香山旬报》第 34 期，己酉（1909 年）七月十一日。

分属调查开灯烟馆

沈邑令对于禁烟一事最为认真，近日附城各熟膏店，多已不敢违例开灯。然恐各乡仍有开灯烟馆，特派调查员张韩、刘俊、章常诸君，分赴捕属戎属小榄、淇澳、黄梁都、大黄圃等处，会同各司捕严密稽查。如有开灯烟馆，及违例开灯聚吸洋烟者，即行查封拿究。现各调查员已分途赴各乡调查矣。

——《香山旬报》第36期，己酉（1909年）八月初一日。

焚毁烟具纪事

戒烟分会十月二十三日为第三次焚烟具之期，仍在城内武庙前举行。是日政界有沈邑令、马协戎、梁巡官、陈分司豫捕厅、暨各区巡佐、巡尉，到场监视。先由胡拾义、张汤铭、高恋飞等相继演说；次由各职员与政界及各分所代表摄影；再由稽察部诸人将烟具当场毁烂，付之一炬。是日沈令将所获之烟具百余副送来焚毁，又方爵廷、黄达君二君戒断烟瘾，各将自用烟具送来销毁；约计焚去烟具数百件，环观者千余人，事毕已钟鸣五句矣。

——《香山旬报》第45期，己酉（1909年）十一月初一日。

查烟汇纪

二十晚南门正街李安逸家藉牌聚吸，查起烟具二副，及屋主李安逸、烟客陈忠享，并解警局，各罚银一元；又长庚街源记店重挑烟膏，即将高登木牌缴销；又太平街益栈重挑烟膏，即将杨连生牌缴销；二十一日北门城基屈灿住宅私售洋烟，查起私烟一盅，烟具一副，及屈灿并解捕衙，责板四百保释；又东门正街美香，查有烟精方三持旧纸牌，及烟灰两余，到店私购，并解警局核办；二十二日上基宝馨店，查有视华年班二花面胡添即大牛添，无牌私售烟灰一盅，二两余盒一个，并解左局，具结斥释，灰盒均毁销；二十二晚县前街公益店，查有峰溪公约烟绅曾广裕，使仆持曾广潮木牌挑烟，匿不盖章，希图重挑，按章绅士不得领牌吸烟，带赴正局；随传曾到案，判将牌缴销，并具限戒烟，罚银五元，以示薄惩；又胜超群八音在城隍庙开唱，不到戒烟会报明，违章开灯，查起烟具二副，随有该庙值事刘培等来会具结免究。

——《香山旬报》第45期，己酉（1909年）十一月初一日。

戒烟分会纪事

戒烟分会因改办禁烟分局事，于二十五日开临时大会。主席沈大令，宣布胡拾义，书记高拨翘；议案录下：一、宣布沈宪照会及函件，众认可。二、主席宣布改办事宜，并言会长三员，改为局董，其余参议、稽察、书记、干事等及执行各事，悉仍其旧；一俟奉到细则，再行布告；众赞成。三、提议（暂不宣布）。四、茶会。

按此稿系由戒烟分会送来照登。其云"三提议暂不宣布"者，不知何意。是殆军国机要耶？抑外交秘密要件耶？请看下条新闻，便知底细。

——《香山旬报》第 45 期，己酉（1909 年）十一月初一日。

戒烟分会集议之怪象

二十五日该会集议，到会者约五六十人，大半皆总局的全属自治社社员。当未闻开会时，会员李赍廷即当众诘问今日是戒烟会集议，抑是自治社集议。该会员某答曰：今日到会诸君，多是今日新入会的云云。开会后，草草将改办禁烟分局事略说数语，即提议本报第四十四期所载该会副会长邓耀藜开灯供客一事，硬谓本报任意诬蔑，要求沈令传本报申饬。沈令斥其无此办法。又复出一知启，请众署名；知启略谓，本报以莫须有之事，任意诋毁；前议面禀县警宪饬令该报更正，并请诸君献议对待之法等语。签名者四十七人；其中十余人原系该会会员，其余皆全属自治社员也。签名后将知启送交沈令，意欲以官力迫本报更正。而沈令卒不允所请云。

按邓氏开灯供客一事，乃本报编辑人在座目击，且曾诘问在座之稽察员何故不加纠正。该稽察员仍不过问。此事众目共睹，本报因其身为会长，责任綦重，是以据实登载，诚为本邑戒烟前途计也。不料该会不惟不知悔过，反谓本报任意诋毁，集议对待。何无意识一至于此邪！尤可哂者，此事为戒烟会之事，是日为集议改办禁烟局之日；竟以素非会员之总局绅士及全属自治社员参预其间；复将集议主旨之改办禁烟局问题略说数语，即提议对待本报。试问是何用意邪？盖邓氏开灯之事，人所共见。是日之提议，不过被本报纠责之数私人，欲借戒烟会之名以泄愤，并非多数同意。故凡不直其事之会员，皆不到会。而会外之总局自治社员，既素恨本报前日之言论，乃乘机参预，欲藉以为报复计。迨被诘问，该会员竟硬以今日新入会一语为搪塞。夫是日既云改办禁烟局，则戒烟会不啻销灭，又何得有新入会之事邪？作伪心劳日拙，可见于此矣。又集议后该数人四处声言，将以强硬对待本报。其送来之开会纪事，内有提议暂不宣布一条，盖亦隐含强吓之意，尤为可笑。今请正告全体戒烟会员曰：本报之纠责会长违章开灯，所以维持戒烟前途也。今被纠责之数人，不知悔过，且谬引会外之人，为此无意识之举动，是该数人破坏禁烟前途也。诸君果皆噤若寒蝉甘持放任主义而不过问邪？噫嘻！吾为禁烟前途惧。

——《香山旬报》第45期，己酉（1909年）十一月初一日。

戒烟会改办禁烟局章程

戒烟分会改办禁烟分局，办理阖属禁烟事宜，业于二十五日集议开办矣。兹将奉行章程列下：

一、各厅州县城内各设禁烟分局一所，专办阖属禁烟事宜，即以原有之戒烟分会改设；由地方官督同该会公举绅耆办理，官为局长，绅为局董；遇事官绅妥商酌办，以免偏私。

二、禁烟分局直接省城禁烟总局，举定局绅后，妥定章程，详列职名禀请给钤开办。

三、各厅州县除城内已改设禁烟分局一所外，其各乡戒烟分会，悉仍其旧；一切戒烟事宜，商承分局办理。

四、禁烟分局绅士如有吸烟者，由地方官禀请撤换，并准再与别项地方公事。

五、地方官及幕友书差，如有烟瘾，匿不具报，徇私袒护者，禁烟分局得禀请总局听候核办。倘挟嫌诬禀，查明反坐。

六、各厅州县如有开灯烟馆及膏店私设烟灯者，分局得干涉而惩劝之；重要事件，得禀报总局分别扎县，或委员查办。

七、各处戒烟分会，如有未经设立之处、由分局会同地方官劝谕开办。

八、禁烟分局除禁烟应办事宜外，不准干与别项地方公事。

——《香山旬报》第45期，己酉（1909年）十一月初一日。

戏真无益

隆都象角乡阮某，近因建坊演戏，雇定耀华年，于前月十九日开演。复定国山玉，于月之十旬开演。讵旧岁与族人有隙、该族人顿触前嫌，竟于上月十一日演颂维新班。念三日演人寿年班。月之初二日演祝华年班。阴为种种掣肘，以图报复。闻阮某与族人现尚未休，拟于明春复行开演云。按演戏无益，种种危险，书不胜书。该阮某藉名建坊，该族人硬捏酬恩，互相演戏，实则藉势开赌。楚则失矣，齐亦未为得也。曾不思大小赌博之重重搜括乎。今阮某与族人均悍然不顾，忍而为此，试问乡邻其何以堪。倘无人焉起而禁之，吾恐贻祸正未有艾也。

——《香山旬报》第 83 期，庚戌（1910 年）十二月十一日。

禁赌纪闻

谷都雍陌乡，烟户繁盛，自承办海防经费后，乡内每晚开设番摊三四铺。雍陌墟每值二五八之期，开设番摊六七铺，即十二位牌九等，亦有数铺之多。该乡绅耆，前月抄奉到邑令示谕，三月初一日实行禁赌，遵即书贴长红，所有大小赌博，一律禁绝。并召集阖乡绅耆，在公约会议规则，由各房族绅耆约束子弟。倘有不法之徒，抗章聚赌，定即联名禀官拘究，并勒由该房绅交出治罪，不得瞻徇，当场的签衔名预为公同禀评地步。现已届期，乡内各赌博，已一律禁绝矣。

——《香山循报》第 92 期，辛亥（1911 年）三月初六日。

商界岂容有赌棍耶　亦进

据本报新闻载，甡合店李秋在店中聚赌，现警局实行干涉，禀官究办云云。夫私赌为害，记者既于匡俗议篇中略言之；然以其聚散之诡秘，见闻未周，未能确指其所在。何意警局破获神速，致记者得而言中耶。吾谓办理此案，非雷厉风行，从严惩罚，断不足褫赌徒之魄，以警将来。盖吾邑商务之凋敝，皆私赌有以致之，伙伴以股本为孤注，股东以付项为应酬，一人破产，拖累百家，商务焉得而不衰落，商场焉得而不恐慌。故欲振兴商务，当必正本清源，首从禁赌始，而禁赌之机会，犹当严办李秋一案始。

——《香山旬报》第 5 期，戊申（1908 年）十月初一日。

山票者变相之白鸽票也　维伯

白鸽票之流毒，人尽知之而禁之矣。乃有一物焉，其祸烈于鸽票，而人有不知。其故何也？祸害尚隐于中，欲望咸纷于外也。呜呼！是乌可以无视之者。吾昨从省归,由西而南,沿途所经,其悬牌代收山票者,触目皆然。其公司有所谓新昌阜诚十余名者;其票银亦有五仙一毫者;离奇琐碎,与鸽票等。不禁喟然长叹曰:"山票之设,吾邑人无余财矣。"夫卖山票者千万人,而中式者不过万中一;以一邑而计,输赢相较,已不相抵;以个人而计,其亏本者自不待言。由是观之,吾邑之财源,乌得而不竭;邑人之生计,乌得而不困哉?然则将如何?曰禁之而已。禁之何自始,曰禁各属之分厂而已。夫以省城之大,其开收者,只一名利公司(余概禁绝不许代收),其开票之日期有限,投票之母金亦有数计。今各属之票厂,不下十余家,邑人皆揽而代收,彼辈徒希冀其花红微利,安肯计及于我民?而我民则人人可赌,日日可赌;减衣缩食,亦博孤注于一掷。其为害与白鸽票相去几何哉?吾闻自治之目的,专在兴利除害。今吾邑倡办自治,此种巨害,当在必禁之列。何不禀官示禁,为桑梓谋幸福耶?

——《香山旬报》第24期,己酉(1909年)四月初一日。

值戏聚赌自应干涉

唐家乡赌徒唐高国等于去月二十日,演祝丰年班时,开场聚赌,曾志前报。嗣复留棚,欲续演华天乐班。议初八日开台,事为该乡绅所悉,登即出而干涉。谓现当禁赌时期,如再欲藉戏聚赌,定必指名禀究。赌徒知难而退,遂将棚拆去云。

——《香山循报》第94期,辛亥(1911年)三月二十日。

拟荡平赌害露布　墨阳

尝闻澄神涤气,本高人之雅怀。而破产倾财,实赌徒之败行。固律法所必禁,讵博奕之犹贤。溯自棋演河图,象垂兵备,柱下作吏,遂传挎蒱之书。汉宫消闲,缘作弹棋之戏。记凄凉于南宋,犹谱牙牌。话往事于中唐,曾书叶子,房千里作升官之谱,李易安传打马之文,六博名经,五木纪数,莫不藉以消磨岁月,舒发性灵。然而年湮代邈,遗没已多,逞智矜能,贻害犹小。曾未有如今日赌博之害流毒于吾粤者为至大也。考番摊之戏,古曰意钱。读后汉书梁冀之传,已发其端。披李济翁资暇之谈,更详其制。射数持掩,足稽其滥觞,偻指揎发,莫罄其流弊。讵解带夺装而争赴,且典衣截食以胥将逮其单骑不还。全军皆黑,风声鹤唳,凄绝苻秦之师。灶冷厨空,馁杀若敖之鬼。寖假而穿窬少试，且且攘鸡，袪筐能为，盗宁效狗，既室人之交谪，亦国法所必诛。语其为害，斯亦钜矣。而况山票铺票，助之以肆虐，牛牌麻鹊，比之以济奸。害更甚于虎狼，谋竟同于狐鼠。非廓清而推陷，胡正俗而除邪！用是共奋同仇，大彰天讨。义声所播，树之以成城，公愤交抒，鼓之以向敌。既犁廷以扫穴，期弊绝而风清，以三月朔日之辰，为千古一时之举。腥膻尽扫，除五岭之阴霾。群丑潜踪，静三江之浊浪。即陈露布，咸使闻知。奠乐业安生之福，遐迩交孚，奏策勋克敌之书，驰闻恐后。

——《香山循报》第93期，辛亥（1911年）三月十三日。

赌风稍戢

隆都涌头乡赌风日炽，已纪前报，近尤猖獗。初则十二位、荷兰牌，继则九子摊；由宵达旦，几成赌乡，不可收拾。该乡绅耆，近被窃案激刺，颇知赌为盗媒。遂集庙重订禁约，倘敢违犯，许更夫人等，拿获有据，即赏花红银十元；赌犯即将庙尝红锦金胙肉，永远革除。如持刀刃伤获者，则由庙尝包医；毙命则补验费银三百元云。

——《香山旬报》第74期，庚戌（1910年）九月十一日。

第三节 禁烟赌中的问题

学生聚赌

官立高等小学设在学宫，其大成殿地方极为宽敞，且极僻静。该校学生每日必到此处作游戏运动。故向来校员每当小假时，必梭巡此处，预防学生躲此作不规则之举动。及黄某为校长，专主放弃；所谓董事教员等，自闹娼起风潮后，日如猫犬相对，互相诟谇，分为两党；各自讨好学生，不复知有管理之事。以致学生时在大成殿及两庑地方麇聚赌博。赌具如升官图、卜架、十五符、骨牌等，无不备具云。

——《香山旬报》第12期，戊申（1908年）十二月十一日。

对于学部饬禁教员学生赌博之感言 道实

粤东赌博名目之繁多，甲于二十一行省。平民受其毒害，甚于洪水猛兽。粤人处此水深火热之际，奔走呼号，万众同声，佥以禁赌为最切要之图。乃以此吁请于疆吏，疆吏则曰：姑筹抵而后可言禁也。以此入诉于政府，政府亦曰：姑筹抵而后可言禁也。藉词延宕，祸我粤人。凡有血气，莫不发指。而于禁止政界、学界赌博之具文，则又不惜词费，时有所闻。顷学部复以学界人士沾染赌风，通饬禁戒。而沈提学奉此文告，更以粤省赌博最盛，恐教员学生染有赌风，饬属查禁。此等政策掩耳盗铃，真现今官吏之惯技。至其理论之不完，尤不值识者一哂也。

记者非谓教员学生可以沉酣赌具荒其学业也。特以彼亦四民之一耳，岂学界中人嗜赌，则期期以为不可；而农工商各界则可任意赌博，不足轻重耶？何以绝不闻别部亦有此等戒文也。岂重视学界中人而蔑视农工商各界若此耶！若以士为四民表率，故董戒维严。则居高位握政权自命为民率法者，宜莫若官吏。而现在之官吏则又如何？视麻雀牌为性命，以赌场为运动场，此等举动成为习惯。吏治不振，嗜赌亦一重要原因也。至于只计私利，不恤人言，如受赌商运动，于新立赌具名目，亦批准开办。及激起风潮，受舆论之诘责，则又粉饰其词，自图掩盖。尚得谓有人心者哉！至若向无赌馆之地，亦准奸商承开者，亦时有所闻。此又明目张胆，为人之蟊贼。凡我粤人，皆当鸣鼓而攻之者矣。

虽然，今者粤省地方官吏只为图利，何恤民艰。则其不赞成禁赌，固意中事。若学部饬禁学界人士之赌博，岂不以为词严义正，虽不能期诸实行，亦不可无此一纸空文耶！抑知国家既承认赌饷为正供，则禁赌之言，虽陈义高而立言正，亦不宜出自官吏之口，使有自相矛盾之弊也。如不谓然，则请试设为赌商之言以反诘学部曰：我辈既出重赀禀准承赌，则无论何界之人，皆有自由赌博之权。今既禁止之矣，则饷费不足，官吏自不能以此相迫，且须任赔偿。吾不知学部诸人，将何辞以对之。吾不知粤省官吏，亦将何辞以对之。譬如粤省戏院，岁纳费于官而后演剧，而为地方官者，则又禁人观剧。宁有是理？彼赌场与戏院，亦何相异之有？如以承赌为不正当之营业耶。则疆吏不宜岁收其利而保护之也。如已承认为正当之营业耶。则横来干涉他人赌博之权，又安取是？虽然，此但就理论上以相辨难。若姑就事实以立言，则禁止教员学生赌博，亦必穷于术也。何则？彼摊场牌馆林立通衢，耳目所易及，且必身涉其地，而后可施其一掷百万之手段；则稽察而干涉之，亦较易措手。至若山票也、铺票也，即安坐室中，亦可倩人购买；亦将何法以侦察之，何从而禁止之？噫嘻！教员乎！学生乎！群居终日，以谈论赌博代研究学科者，固不可谓无其人矣。终不禁人承赌，而但禁赌博之人，于理不顺，于势亦不行也。

且吾国教育现象亦日形堕落矣。内而学部，外而学司，不闻有统筹兼顾之谋，救败扶衰之策。而屡以禁赌为言，毋亦趋风气而出此耶！或曰：沈提学最嗜叉麻雀，置学务于不顾。甚者有遗失毕业试卷之事。今者学界人士激于公愤，集议对待。是沈提学之意，以为他人以是责己者，己亦不妨以是责人也。斯真官场之怪状也乎！

——《香山旬报》第81期，庚戌（1910年）十一月二十一日。

忠告烟洲戒烟分会诸君　磊盦

烟洲戒烟分会成立以来，期年于兹矣。当其开办之先，会长及稽查各员均未举定，遽行开幕，是徒务其名，而不能实行其事，以致有一如无。查该乡吸烟者，不满百人，亦多未领牌照。而下流社会，三五成群，随处开灯，甚有在祖祠内吸食者，实属无所顾忌。且于夜阑更静之时，肆行盗窃，乡人多受其害，而莫之何。推其原因，实由该乡戒烟会成立之初，并未举定职员，专其责任，遂致互相推诿，以养成今日之现象耳。兹闻于本月初一日选定会长、稽查、干事各员；想被选诸君，关怀桑梓，定能大加整顿，一洗从前之陋习，为乡族增幸福，盖可逆睹矣。然记者对于此举，不能无言焉。夫禁烟之举，虽由于稽查员之认真检察，亦未尝不赖绅界之力与维持。附城戒烟分会，殴伤稽查员缪君一案，至今尤未断结，此皆由绅界不与维持，有以致之也。以议乡论，士绅之冰炭，本报言之綦详，巡警之解散，其已事也。该会稽查员其不尽职则已，诚尽职也，则稽查之举，为劳动社会所仇视，则衅隙之生，即指顾间事耳。使该乡士绅，袖手而观其变，虽有雄魄毅力者，岂能奈风潮之撼击哉？且也闻烟洲士绅中，吸烟者亦不乏人，律以正己化人之条，则稽查员进行之方针，而必先及于该绅也亦明矣。使其悍然不顾，稽查员必执宗法条例以纠正之。乡族之间，尤易生嫌隙。然则为该乡士绅计，非尽消意见，恪遵功令，以就稽查员之范围不可。而稽查员尤当随时随地尽其应尽之义务，守正不阿，无为外界所慑。则该乡禁烟之前途，其将一跃千丈乎？记者不敏，拭目俟之。

——《香山旬报》第25期，己酉（1909年）四月十一日。

戒烟会长亦开灯供客耶

邓绅耀藜现充戒烟分会副会长，十八日伊女出阁，是夕竟公然设烟具二副，供客聚吸。是晚戒烟分会副会长郑树伯及稽察员胡十二、张汤铭、缪宝莹等皆往赴宴，见之亦并不劝之撤去，座客皆啧有烦言云。

按戒烟分会成立以来，成效颇著。邓绅既被举为会长，宜何如束身自爱，为人矜式。乃竟于稠人广座中，违章开灯供客聚众吸烟。而该会所谓疾烟如仇之稽察员，亦复徇情溺职，不敢过问。似此破坏烟禁，若非将邓胡等驱逐出会，吾邑戒烟之前途，尚可问乎？

——《香山旬报》第44期，己酉（1909年）十月二十一日。

禁烟局稽查员乃竟如此滋扰　道实

前各报曾载增兼督语禁烟局总办许珏曰：禁烟宜注重军学两界，余工商各界，不宜过迫；恐奉行不善，转致滋扰。记者以为禁烟关系内政外交，宜严速不宜宽纵。增督虑滋扰而有所歧视，毋乃因噎废食耶？乃近观本邑禁烟分局拿解郭文周送县，指为私卖洋烟，及经邑令查无确据，交保省释一案；及稽查员某某等因争妓闹事一事，始叹稽查员之滋扰，增督亦能料及之。

虽然稽查员因争妓闹事，纵不称职，其事尚小。至拿解郭文周一案，则其事为邑人所注意。本报已将其可疑之点，逐层指出。今果以无据省释。则稽查员虽百喙亦无以自解，无怪外间啧有烦言也。然有说者，文明之国，权利、义务两者相因。禁烟稽查一职，任劳任怨，若欲责以尽职，宜酌定薪水，庶不至借口义务以搪塞人言也。禁烟为自治之一端，研究自治诸君以为然否？

——《香山旬报》第82期，庚戌（1910年）十二月初一日。

呜呼！禁烟之前途　质直

人人知烟患之足以流毒社会也，则禁令可不严而自绝。

人人知烟患之足以流毒而故嗜之也，则禁令愈严而犯者弥众。

是岂禁令之徒具耶？是岂吸食者之漫无顾忌耶？抑有人焉，从而为之护符，使禁令失其势力，而吸食者增其胆汁也。

吾邑自沈令下车以来，下严厉之禁烟令，宜使四方慑伏矣。乃竟有通报

索贿之差役何耶？（事见三十六期旬报本邑新闻）

虽然，是固吾人所习闻之怪象，不仅见于吾邑，盖各省各府各州各县靡不有之，又何足怪。

然而记者固以此为禁烟前途一种障碍之魔力也，是不可不发其覆而惩其罪，是不可不救其失而补其过。

吾今乃敬告一般热心禁烟者曰：禁令之宣布，所以整齐社会之秩序而保持社会之平和者也。有一种之禁令，则必有一种之势力。宜实施其势力，毋为他人所破坏。

吾更进语于我邑人之前曰：禁令者干涉主义也，与其受禁令所干涉，不若自寡其过以免干犯禁令。

若在上者实施其禁令，而在下者复凛凛然于禁令之干犯，则戒烟前途，庶有起色。否则种种怪象，将发见而未已也。

——《香山旬报》第38期，己酉（1909年）八月二十一日。

诛禁烟分局之稽察员　民声

本报自出版以来，倏经三载。对于社会上公共事业，雅不欲吹毛求疵，灰办事者之热诚。而有滥用威权，以为自私自利计者，则是为社会蟊贼。本报有发奸摘伏之责，断不能默尔而息，为若辈宥也，吾因此有以诛吾邑禁烟分局之稽察员。

吾邑稽察员之劣迹已时有所闻，而莫甚于某稽察员之于惠来烟店一事。夫稽察员之职守，在于干涉烟店之违章卖烟及开灯供客而已。乃以稽察员强逼烟店卖烟，复诬指其无牌卖烟，滋扰需索，皆所不免。吾不知吾邑堂堂之禁烟分局，而竟容此放纵不法之徒，果何为者？

虽然，该局稽察员之放纵不法者，不止某稽察员一人，某固不幸中之败露者耳。然则为禁烟前途计，非将稽察员分别淘汰，从新整顿，则若辈之营私舞弊，将更层出不穷。欲收禁烟之效者，适足为禁烟前途之累也。

然而实行整顿之责者为谁？曰：是在邑令。去年十二月十二日关于禁烟谕旨，略谓地方官若仍前粉饰，著即从严参处。是地方官对于烟禁责无旁贷。今吾邑禁烟局之腐败，稽察员之贪横，与夫烟禁之废弛，整顿之责，邑令其何能辞。

——《香山旬报》第84期，庚戌（1910年）十二月二十一日。

何苦私带山票

澳门山票,迭经官吏严禁、不准内地各商承收。惟本邑附近澳门,私带者众。去年十二月十五日,有城内聚益店刘某,约同数人同到步头,俟票艇到步,刘即自往该艇取票根。并谓各家票根一齐与他代交,艇主以其熟识,且平日亦带澳票者与之。不料刘某回自步头,该数人即将票根抢夺。并将刘某假意纠缠,令他交出艇主,然后释放。刘即引该数人到艇,将艇主拿获,私禁屋中。是晚投票者纷纭到带家取票根,各带家甚为惶恐。后闻各带家卒与刘某等五百员,始将艇主及票根交回云。

——《香山旬报》第84期,庚戌(1910年)十二月二十一日。

咄!张汤铭亦果自行辞职耶　道实

须见禁烟分局标贴长红,中云:"稽察员张汤铭自行辞职。"又云:"此后凡有冒认本局稽察暗查等名目,到各店户勒索滋扰等情,准各店户扭解到局,或交巡警局究治。"等语。证以本报前纪,"稽察员之真相大发露"一则。则该分局之瞻狗情面,饬词袒庇,不可无一言以纠正之也。

查张汤铭将麦敬烟缸抢去,指为私卖洋烟。其举动谬妄,令人发指。县委判为居心陷人咎实难辞者,适当其辜。记者以为该分局对于此等不法之稽察员,即声罪致讨,驱逐出局,而平日失于觉察,亦难免人言。惟亡羊补牢,识者犹为之谅。乃邑令明明函致该局请将张汤铭稽察职名撤退,并吊销徽章。而该局犹以自行辞职一言宣示于众。如是瞻狗袒庇,必无以维系邑人信仰之心。则禁烟要政,将必败坏而不可收拾。虽该局所谓勒索滋扰准人扭解究治者,其陈义本甚正。然勒索滋扰之确凿有据如张汤铭者,尚不能执法相绳。又何必为此掩耳盗铃之说,以自欺欺人也。且稽察员名誉职也,故亦惟名誉足以防范之。人至不爱惜其名誉,假稽察之名,遗地方之害,已无可言。而又不能明正其罪,更从而袒庇之。则作弊者虽一旦暴露,而名誉固在,亦何所惮而不为乎。然则该局此举,固无一可者矣。苟主持局务者循此而不变,虽去一张汤铭亦与不去等耳。

——《香山循报》第86期,辛亥(1911年)正月二十三日。

私收澳票者果不畏法耶　民声

居今日而导人于赌,已属罪有应得;而又甘作汉奸,私收澳票,承粤省禁赌之机会，为洋奴扩张赌业，尚得谓有人心耶？以绝无人心之汉奸，人人得而诛之，人人得执法以绳之，彼辈果何恃而不恐？

然而彼辈私收澳票以来，虽迭经自治研究所陈请究治，而地方官亦迭经出示严禁；彼亦置若罔闻，明目张胆，私票充斥店中，不复知有禁令者。由此而观，则彼辈亦似有所恃。

试观本报所载，彼辈以携票回岐，为人截获者，已有两次（见九十一期）。使非迭次私收，何至为人道破？何至屡屡为人截获？彼辈之目无法纪，于此可见一斑矣。

虽然，吾所最不解者，以彼私收山票，实不能秘密从事。行道之人，尚得截缉之，何以地方官出示严禁之后，并无破获逮案者。岂煌煌之禁赌示文，仅作一官样文章读耶？不然，何以解此？

今者，已实行禁赌矣。惩罚私赌之章程，至严且厉。况私收澳票者，更当尽法惩治。不待言矣。吾愿邑令有以执行之，吾尤愿自治社诸公有以匡助之。

——《香山循报》第93期，辛亥（1911年）三月十三日。

查获私土之镠觸

石岐三和苏杭店，向有贩卖私土情弊。二月二十八日，该店伴梁景带私土八颗，搭龙口永源渡回岐，被渡伴窥破，向梁景索贿二百元，许代藏匿无事。梁因身上未有现银，遂将私土三颗交该渡伴作按，俟下期渡回备银取赎。其余五颗，交由该渡伴移匿火船。驶至中途，突有卫旅营弁王标截船查验军火，遂将私土五颗查出，并将梁景拿获。梁旋托其戚黄某向王弁关说，被王索去数百金；并由黄某写回字据交王收执，始准将梁私释。黄某旋托王弁向渡伴取回留按私土三颗，王置弗恤。黄某愤无可泄，遂报由本邑牌照捐局派人向该渡查询，并追究王弁，均不认查有私土情事。该局遂于初五日，派稽察员黄某，带同局丁四名，欲将该渡扣留。该渡置之不理，径行开驶。而王弁亦将私土五颗越解水提行辕。该捐局迫得禀县究办，当即签差协同局丁到三和店拿人。讵差勇竟误到三和客栈，将该栈司事纠缠不休。后知误会，始行释手。现已先后拿获龙口永源渡夥陈九、李松二名，及三和店伴王佐一名，收押民事所。并在三和店搜出历年与外埠走运私土单据，共六十一张。又闻水提特委潘统带到岐密查王弁是否受贿。现已禀复。将来如何办法，容俟续报。

——《香山循报》第93期，辛亥（1911年）三月十三日。

又有一篇禁赌善后官样文章

昨邑令以筹办禁赌善后，特札谕各巡司局约饬令各陈政见，俾集思广益择善而从。前有小黄圃司韦炳魁具禀邑令，大要以通谕各乡赶紧筹设工艺厂，最为得法。以广东地方而论，各姓家族祠堂储积尝租诸皆富厚，每于祭祀设筵分胙中散耗，皆属无益。可否再行严谕通乡各姓管理该祠堂族长和盘托出，造册报县，定以改良章程，祀典拜扫，酌以三牲酒醴香烛奉祭，以尽报本追远之道，无许设筵分胙为一时口腹之耗。即将所节之款，概行提出开办工艺厂云云。并拟定白话告示一纸缴县，略云谕称各姓父老，谅各深明义道，现在奉行新政，首重实业为宝。调查祠宇蒸尝，半属口腹虚耗。计除祭祀酌用，余抽工艺制造。如有为非子弟，习艺衣食可保。切勿视为具文，踊跃遵行最好。邑令据此，现批以仰候汇核妥筹办理，该巡检仍须尽心劝导各乡族筹提尝款开设工艺厂，安置该中无业赌徒，以裨禁赌善后云。

——《香山循报》第94期，辛亥（1911年）三月二十日。

香山地方自治研究所议案

十月二十六日，该所为唐汝源庇赌，及本邑禁赌事，开特别会议，萧绍芬为临时主席。议案如下：（一）本所准本邑留省学会林君继昌等二百一十七人函称：初八日咨议局提议，禁增安荣铺票；否议员唐汝源，袒护赌匪；极端反对，遗害全粤；应即驱逐出社，永远剥夺其选举资格等语。事关议员庇赌，请诸君公定对待之法。谢菊初起言：案经增兼督电京请示办法，复经全省自治社将否议员斥出社外，并电奏请旨加以惩罚在案；唐汝源亦经邑人两次登报，不认为议员；查照本所章程第十四条，凡所员有破坏本所名誉，或有不合资格，经所员讦发者，得以所员多数之议决，责令出所。今唐汝源显犯此条文，亟应斥出所外，并剥夺其公权。众赞成。（二）林君等来函，又称本邑承带各埠山铺票者，无虑数百家；前经汪绅文炳呈请示禁在案。迄今日久，尚未实行；垦再伸前议，务请将各赌具一律禁绝等语；应如何切定办法，请公决。众议案经本所呈准示禁，示内有通饬巡警查拿；如有票艇私带者，人则签拘严罚，铺户则查封等语，办法不可谓不严。讵自示之后，行政官以一纸空文塞责；巡警又置若罔闻；以致票艇日形猖獗，殊堪痛恨。亟应呈请包令严申前禁，并请设法一律划除各赌害，以靖地方。随拟就呈稿宣布，众赞成。呈词附录于下：

> 为虚悬厉禁，阳奉阴违，恳重申严示，实行签拘查封，以绝票赌而苏民困事。窃香邑赌风日炽，外来山票充斥，票艇林立，害及妇孺。经敝所于四月二十一日第五十六次会议表决请示严禁；当以小赌密布，地方大害一件，呈准沈前宪，通饬巡警查察拿究。奉示嗣后如有私带外来山票者，人则签拘严罚，铺户则查封等语；悬禁在案。殊示禁之后，巡警置若罔闻。沈前宪徒以一纸官文塞责，并不切实严办。票艇阳奉阴违，只将招牌改写带收省城名利山票字样；仍揽收各埠小山票，甚至包收澳票，实属悯不畏法；在票艇巧于尝试，无非藉省城名利厂票为护符，影射外来犯禁之票；如能密派亲信干员查察，其奸立见。敝所昨准本邑留省学会林继昌等二百一十七人公函略称：本邑票艇带收各埠山铺票者，无虑数百家；前经呈准奉禁，何以仍任其带收；亟应呈请一律将赌具禁绝，以树七十二县之先声等语。绅等自维能力薄弱，未能设法廓清赌害，思之疚心。乃案经呈准奉禁，犹复猖獗带收；尚复有何国法？合再切垦仁宪重申前禁，俯念外来小山票及澳票等，实为小民切肤之害，票艇猖獗已极！查照前示，严饬巡警查拿，实行签拘查封，惩一警百。害先去其太甚，继行设法划除各赌具，以靖地方，阖邑幸甚。

——《香山旬报》第79期，庚戌（1910年）十一月初一日。

开设私赌之胆玩

下栅墟向为赌博渊薮之区。自三月初一日，奉谕禁止后，该墟赌匪，视若无睹。闻初一日墟期，在墟中文武庙前，亦有摊台八张，招人聚赌。查开赌者多官堂上栅乡人，有卓某袒庇，故得为所欲为云。

——《香山循报》第94期，辛亥（1911年）三月二十日。

抢烟又闻

六六唐家乡晃合烟店，系无牌而沽烟者。乡人禁之弗恤。初十早，有梁某率其党四人，入店搜查，执去熟膏一百余两，局绅亦置之不理云。

——《香山循报》第 94 期，辛亥（1911 年）三月二十日。

论吾邑宜严禁销售各属山票事　天赋

赌之为害，甚于洪水猛兽，夫人而知矣。惟社会知其然也，故有禁赌之论。惟政界知其然也，故有筹抵之说。乃筹抵禁赌之声，嚣然于人口。而著名赌商，煌然为咨议局议员矣。而围姓承饷，公然蒙政界批准矣。呜呼！一方倡禁赌之名，一方扬赌徒之焰。离奇变幻，令人堕身于五里雾中，莫知其政策之所在。今阅咨议局请取缔古劳山票一事，更令吾人大惑者矣。夫古劳票开办以来，售价甚轻，妇女小孩，皆便措办；诚如该局所言也。然核其亟欲对待之主旨，则以其充入省城为可虑。噫嘻！何议员之眼光，如斯其小哉！咨议局者，广东之咨议局也。议员者，广东之议员也。既为广东咨议局议员，则当为广东全部分兴利除害。不当仅为省城一部分兴利除害。今该局既知古劳票为民生之大害，则断然禁之可矣。何为独禁其来省销售耶？且古劳票以外，若江门票，若新昌票，更不可胜数。其售价也与古劳同，其为害也亦与古劳均等。何以议员皆如聋如哑，绝不为之过问耶？揆其意若曰：在省城售销者惟古劳票。不在省城范围者，吾不干涉也。诚然，则广东咨议局，改名广州城咨议局，可谓无负厥职矣。何为冒我广东全体之名义也。或有为该局解曰：古劳票为承饷开办，若遽行禁止，于饷源有碍。惟听其在古劳地界开办，不宜遗害邻邑。此该局之苦心也。诚然，则该局又不宜禁名利公司兼办小票矣。岂禁古劳票则有碍饷源，禁名利公司之小票，独不有碍饷源乎？要之，该局禁古劳票到省，为主观的问题；禁名利小票，为客观的问题。张拳怒目，叫嚣竟日，皆未足与云兴利除害也。某报谓其声东击西，取缔外票之销场，保守名利山票之权利，诚非虚言矣。虽然，记者固恨该局办事之不公平，谋利之不普及。然又深幸其有此一举，而足为我邑研究严禁各属山票之一问题焉。盖吾邑售销各属山票，名目至多。本报前已痛论及之。而为官绅者，茫然若无所见。揆其深意，必有所疑忌而不发也。今咨议局既提议禁之于前，吾邑即可踵而禁之于后。萧规曹随，无所谓窒碍难行者矣。且输入省城者，只古劳票一种。若吾邑之票厂，名目多至十数。人人可赌，日日可赌。充其弊之所至，与鸽票相去几何哉！吾邑带家只求票数畅销，侥幸花红微末之利。于社会利害，无所介意。故邻邑多一票厂之成立，而邑人即多一重之负累。一邑之元气，人民之生计，皆剥夺消耗于无形也。呜呼！为吾邑官绅者，是又乌可忍然置之哉！夫吾邑赌博之为害，非第山票然矣。演戏也则有赌；贺岁也则有赌；（正月初旬各处公然开赌例无禁止）各都之鸽票也；人家之私赌也；（如城东某宅之类）新街头之牌艇也；几如微虫霉菌，到处传染。然犹谓其阳奉阴违，而莫可查究也。谓其区于一乡，限于时期，而为害不甚广也。以云山票，则僻壤而有代理，昏夜而可投票。率举邑之人民，日沉迷于赌博之生涯，而不复有贮蓄之思想。妇女以典当而供孤注，商人以工值而投博场。日积月累，何以为继。吾邑连年商务之败坏，生计之艰难，何莫非由山票之影响耶！为今之计，亟宜严为取缔。或禀明大吏，实行禁止。庶几吾邑之福耳。虽然，吾粤咨议局固操全省舆论之机关者也；而其偏僻任事，纵欲行私犹若是，吾又何所责望哉！曰：筹议之责，是在邑绅。严禁之责，是在邑令。

——《香山旬报》第61期，庚戌（1910年）五月初一日。

烟人之猖獗

谷都戒烟分所，自平岚乡烟绅挟嫌驱逐副所长詹国康，并毁其家物后，地方官置之弗理。该都烟人遂日形放肆。日前有桥头乡人郑某，竟暗将该分所扁额挑落，用脚踢烂；复将旗竿摧毁。近又闻平岚乡烟人某，约同烟人多名，欲将稽查员郑福田殴打。郑责之。彼辈称：驱逐所长，毁其家物；虽经历控官，亦无半点牵累。你区区一稽查员，亦何能为。尔须小心提防，吾等总有一日以泄前愤等语。呜呼！谁生厉阶，至今为梗。烟禁前途，真可为痛哭流涕矣。

——《香山旬报》第62期，庚戌（1910年）五月十一日。

政界在娼寮吸烟

初二晚某巡司在新街某娼寮，请李都司宴饮。酒酣之际，烟瘾大作；即呼开灯吸烟，该寮以无烟具对。并引税关司事陈吉生为鉴。李都司曰：我在此，稽察员奈何！即叫跟人借得烟具一副，饱吸而去。噫！政界如此。禁烟之令，安能实行耶？

——《香山旬报》第19期，己酉（1909年）闰二月十一日。

告上恭都卓议长　贵刚

顷本报迭接来函，多痛诋上恭都卓议长庇赌分肥者。果然，则卓议长固为一都之公蠹，而上恭都之议事会，更为卓议长而丧失其声誉矣。

开赌，违禁也。议事会，有整顿赌禁之权责者也。以平民而违禁开赌，已为法律所不恕，以执行赌禁之人，而公然破坏赌禁之开赌，岂能容于法律者哉？

虽然，凡社会上之劣绅士恶，欲遂其舞弊营私之志者，必先投身社会，而后足以藉公济私，证之吾邑，已数见不鲜矣。今卓某之得为议长，岂其俦欤。

吾今为数语以告若曰，禁赌一事，粤人几经艰难而得之，迄今立法森严，触之则扑。若为议长，有为地方兴革之权，坐视乡人开赌，已负厥责。包庇乡人开赌，更著其罪。本报诛锄公敌，责不容已，盍细图之。

——《香山循报》第99期，辛亥（1911年）四月二十五日。

赌徒猖獗

东门康公庙侧，街道僻静，行人甚稀。近数日有赌徒方宪等十余人，在该街开设牌九卜架等赌具，招集无赖，在此聚赌。该街更练及巡士等向之干涉，方等亦置之不理，开设如故云。

——《香山循报》第100期，辛亥（1911年）五月初三日。

熟膏果能专卖耶

本邑自牌照捐停办后，即有烟馆某某等欲运动禁烟局请承办专卖熟膏。日前已由该局长郑绅呈递节略，以报效警费银四千员，戒烟留医所经费银一千八百员，准其专卖熟膏，未知邑令能准如其所请耶。

——《香山循报》第100期，辛亥（1911年）五月初三日。

告周翙云　民声

周翙云何人？非隆都戒烟分会会长乎！平日热心禁烟，颇获称誉于乡里。然吾谓热心禁烟，为乡里称道之人，无论何地何时，尤宜遵守法律。无可疑者。乃阅其致本报书（见六十四期）。竟谓某会聚赌，系弟性癖于此，借此消遣，与该会无涉。噫！是何言？某会何地，岂为人消遣地邪！信如所言，若有烟店开灯供客，稽查员干涉之。而烟匪竟效周之口吻曰：吾性癖于此。借此消遣，与该店无涉。试问周翔云何说之解。

——《香山旬报》第66期，庚戌（1910年）六月十一日。

巡防营何以辞包庇赌博之嫌疑耶　民声

昨阅督院通饬各属，略谓各属赌徒，聚众私开赌博，责成各属防营委员，专查严禁。是巡防营之责任，一面在于捕匪，一面在于禁赌，无可疑者。何以黄梁都之斗门墟，为防营聚集之地点，而赌匪竟弁髦禁令，公然开赌，真可谓咄咄怪事。

查斗门墟自宣布禁赌以来，凡有赌博，皆已停止。可知赌徒非敢违法之人，赌博非难禁止之事。惟有包庇之者，则赌徒之气焰张矣，而赌博之祸害复炽矣。今张督责成防营委员禁赌，而防营仍坐视赌博而不问，吾安得为彼解决得规庇赌之问题耶？

总之防营庇赌，则赌博可以复开，防营不肯庇赌，则赌博当能永灭。是斗门墟之赌禁如何，皆悬于防营委员之手。吾愿其懔承训令，好自为之。毋贻乡人以口实，毋负张督之责言。

——《香山循报》第109期，辛亥（1911年）六月初七日。

谁令赌徒放诞至此

隆都溪角村近日小赌林立。或祠宇，或闲馆，或摆设街边，不一而足，日夜聚赌；所有私塾生徒，于早晚放假之余，亦有为之招诱。现已由该乡绅士刘福锵禀报到县，请示严禁。邑令当即批以赌博为害闾里；番摊筹饷起见，系万不得已之举，然亦定有限制。向无之处，不准添设。此外骰牌、牛栏、十二瓣等项，久经厉禁。据呈前情，除向有之摊馆，乃准照章开设免碍饷源外，其余一切赌博，候出示严行禁止。此等杂赌，恐不仅该乡一处有之，应一并严禁以肃功令云。

——《香山旬报》第79期，庚戌（1910年）十一月初一日。

诘禁赌分会职员　枕戈

吾邑设立禁赌分会以来，已两旬于兹矣。邑中私赌林立，未闻有所缉获。而徒高挂禁赌分会之招牌，名存实亡，是何故欤？

远者姑不必论，就如熄崖祠聚赌一事，久为本报揭出，且于"闻禁赌会成立感言"一篇，复累言之。该会职员虽无所见，当有所闻，既往禁赌之名，即当尽禁赌之责。而乃脑后置之，是又何故欤？

观乎此，则该会职员放弃之咎，虽有喙无可置辩。吾固知该会职员皆当义务，然既肯力肩其责，则万无放弃之理，使谓义务职而可放弃也，则禁赌会等于虚设也。是三数人虚拥职员之名，而贻累禁赌会，且贻累地方矣。是乌乎可！

抑更有进者，职员放弃责任，则禁赌会无由发生效力，已说明于前。非特无效力已也，且恐二三败类，藉禁赌会之名目，狂吃死咋，包庇私赌矣。是未获其利而反受其害也。吾又安得不忧？

要而言之，吾邑禁赌分会诸职员，庇赌或无其人，而玩视赌禁，则铁证具在，无可掩饰。迄今澳票输入正多（参看本报百零九期私带澳票一则），而各处私赌，又比比皆是，使非实力稽查，乌有禁绝之日？顾名思义，吾终愿该会职员有以处之。

——《香山循报》第113期，辛亥（1911年）七月初六日。

隆都戒烟分所之发达

邑属戒烟分所之多，以隆都为最。或十乡为一分所，或五六乡为一分所，或一乡自为一分所，联络一气，查缉紧严。而分所之中，又以沙溪墟四乡为最认真；内有稽察员胡君吉裳，不避嫌怨，异常出力，都人皆称道不置云。

——《香山旬报》第42期，己酉（1909年）十月初一日。

乡绅卖私烟之怪闻

小隐乡绅李国霖，近以运动得为该乡自治社长，及戒烟分所评议员。讵就职后，竟以卖私烟为业。昨由稽查员缉获伊侄妇煮烟，将人烟一齐带局。该绅丁艰未及十日居然素服到局咆哮，强要将烟取回。后得各绅排解，卒以罚金了事云。

——《香山旬报》第42期，己酉（1909年）十月初一日。

戒烟会长果在家煮烟耶

濠头局绅士兼充自治社职员郑某，去岁曾充该乡戒烟会副会长。现下烟癖甚深，尚未戒除。前月二十一日在家中煮烟一镬，该乡稽察员虽明知之，亦不过问云。

——《香山旬报》第 79 期，庚戌（1910 年）十一月初一日。

张某父子果无吸烟卖烟情事耶

小榄李氏两等小学堂校长李肇融，以举人张日昕父子均隶烟藉，其子私卖洋烟，戒烟分局不敢干涉，且日昕蒙蔽各校长，滥充榄山卫所工艺等学堂教员，学生藐视等情，上赴禁烟总局呈控。当即札县转札香山司查覆。昨香山司以张日昕从前本有烟癖，惟近来已经戒除，其子私卖洋烟，查无实据等情覆县。由县照覆禁烟总局。兹奉批云：据禀已悉。张日昕现在既不吸食洋烟，姑免置议；惟其子既系开过烟店，虽已歇业，难保无在家私自售卖情事。该县务宜随时饬查究办，勿稍偏徇，仰即遵照云云。

——《香山循报》第 115 期，辛亥（1911 年）七月二十日。

武弁不服查烟之缪辖

日前石歧出会时，禁烟分局稽察员张汤铭等，探得西门瓮菜塘应元书室内，有人在南水私运烟膏，来岐发售。即到该书室内稽查。是时适有女客在该书室寄寓。该稽察员等并未入内进搜检。该寓主武弁梁树，即在内肆口乱骂，谓稽察员等是否奉旨查烟。张等置之不理。讵该弁翌日竟以稽察员穿插内眷，禀请马协查办。现闻马协已派某弁查明，确无人内房搜查云。

——《香山旬报》第 78 期，庚戌（1910 年）十月二十一日。

整顿禁烟局不可缓矣　道实

二十五晚团防局勇之到大益店查烟也，不协同禁烟局稽查员及巡士，论者皆谓侵越禁烟局权限矣。然则查烟必当属诸稽查员，而后名实相符，职守有当也。而今者禁烟局之现象，稽查员之行动，果何如者。

禁烟局办理之未善，稽查员之未洽舆论，本报已著论及之矣。自此届该局选举不成而后，局长则相与逶避；稽查员以任期满足，复经会员之诘责，对于查烟之事，已持放弃主义；是禁烟局内部之紊乱，不可为讳矣。然则必速行整理内部之秩序，使职有专司，责无旁贷。然后可以行使其固有之权力，而杜他机关之侵越，至易明也。若内部既已整理，而犹有越俎代谋者，尽可根据局章，为正式之交涉。何必以他人之侵越，而自阻其进行耶？

一般之禁烟局员暨有禁烟之责者，幸毋河汉鄙言。

——《香山循报》第 117 期，辛亥（1911 年）八月初五日。

吴川欲步林斌后尘耶﹅慎言

曰虎差、曰狼役，非过词也，抑又甚焉。虎狼张牙舞爪以噬人，人能奋手足备器械而与之争；至差役藉官吏势力，以肆其勒索，人且吞声忍气不敢与较矣，可哀孰甚！

近吾邑差役害民，以林斌为甚。然自林斌被监禁后，此风迄未稍息。近则如吴川借禁烟禁赌为名，迭在隆镇各处索贿。经本报据实登载，此其犹彰明较著者。今者已有刘绅等之禀攻。邑令下车伊始，兴利虽未能实行，而除害则不可不亟。吴川当不能幸免，而未来之吴川，亦当知所敛迹也。

夫在立宪之国家，司法独立。逮捕人犯及查传之事，均属之司法警察。故审判厅成立，则差役可尽废。惟今者张督以战云方急，粤省财政奇绌，将新政分别停办；则吾邑行政与司法，未易骤分。官吏尚资差役之用，执法者能随时整顿，尽法惩治，吾民庶有豸乎？

——《香山循报》第 122 期，辛亥（1911 年）九月初十日。

第十章　剪辫运动的开展

提倡剪辫，也是改变风俗，荡涤旧染的一个重大行动。蓄留辫发之事，本非汉人习俗，而是满人入关以后，用恐怖手段强迫汉人这样做的。当时所谓"留发不留头，留头不留发"，对不肯留辫的汉人实行大屠杀，迫使汉人就范。虽然时间流逝二百多年，但一提起这段往事，汉人皆有一种屈辱感。随着近代民智开通，清朝封建专制统治的腐朽衰落，人民揭竿而起，进行革命。其所做的第一件事，便是消除疑虑，执剪除辫。早在容闳组织学童赴美留学之时，便有香山学童剪长辫，着西服。他们此举可谓开了风气之先。但直到辛亥革命发生之前，香山县令仍对剪辫运动采取压制打击态度。如1908年年底，有5名剪辫人被县令判处各打100大板。又有张溪人黎生在澳门剪去长辫，回到石岐后在南门内请理发匠廖阿角为其接假辫，被巡勇捉去，县官也以"不守国制"罪名，将2人枷号半月。1910年10月间，郑自强、郑佩刚等倡建"剪辫同志会"，散发传单，宣布将在崇义祠开会演讲，本年刚上任的知县包允荣却"诚恐人心浮动，别滋事端，出示严禁"。尽管如此，在同盟会员的推动下，香山人民无视当局的威胁和打压，全县各乡镇纷纷成立"剪辫会"，形成一股剪辫新风。其中尤以恒美乡剪辫表现最为突出。据《香山旬报》报道："近日剪辫之风盛行，而以良都恒美乡人为最多；剪发会未发现以前，该乡计剪去辫者有二百余人，月来自由剪去者，又有百余人。现乡间剪发者触目皆是。有一十余龄学童，见人剪辫，即浼人代他剪去。归家为母所见，竟将该童鞭挞。其伯某晓以剪辫利益，其母怒乃息。"

第一节　剪辫运动的发端

剃发被责汇志

十八日由正局巡士捉获南门内兆昌剃发匠廖阿角，并剃发人黎生二名解县。是晚提讯，黎生认系张溪人，十六日在澳门剃发。回岐后往该店打辫，至被拿解等语。邑令以其不守国制，将廖黎二名各予枷号半个月，以示惩儆。又县署墩犯杨石安等五名剃发，为邑令所闻。于月之二十五日逐一提堂，各予扑责一百板。

——《香山旬报》第11期，戊申（1908年）十一月二十一日。

委员亦违制剃发

驻谷都局之沙捐委员某于十二日竟将发剃光，行往左近之某乡看醮。乡人以政界中人，尚蔑视国制若此。拟用炮油以涂之。幸该委员知机，急促走回总局云。

——《香山旬报》第11期，戊申（1908年）十一月二十一日。

军学官界纷纷剪发（北京）

近日京内外人士，剪辫者甚众。而以军界、学界实行最力，官界次之。据确实调查，如禁卫军，大率次第剪尽。京师法政学堂、闽学堂、湘学堂等，亦均剪去大半。第一级师范学堂，亦有陆续剪去者。闻各学堂学生，并拟联合开会，约定限于年内剪尽。至官界除陆尚荫昌早已剪辫外，近海军大臣萨镇冰，及吴禄贞等均行剪去。有警界中人亦拟呈递说帖于资政院，陈请将剪辫问题列为议案。日前由议院提议，已得多数赞成矣。

——《香山旬报》第81期，庚戌（1910年）十一月二十一日。

即剪发以觇国民之心理 道实

今有人焉，利害不及计，是非不能察，人以为可行者则欣然以兴，人以为不可行者则恝然而止。脚跟不定，随波逐流，专窥多数之举动，以定小己之趋向。与夫确知其事无悖于情理，无扞于时势，惟保其故常，惮于改作，逡巡瞻顾，不能决然以行之者，此均非刚毅有为之士。恃此民德，处于闭关自守之世犹不可，一与列强相遇，往往误用感情，盲从众论，拘牵旧习，坐失时机。使外人得以窥见吾国民智之浅弱，进化之迟滞。本其并吞囊括之心思，运其精锐灵敏之手腕，则亡国败家，直如摧枯拉朽耳。噫嘻！不谓吾国上下，具此恶劣根性者触目而是也。他勿具论，请即剪发而一言。

夫辫发为物，即不必计其本非汉族制度，及被外人所消辱。即以利害问

图 10-1 《香山旬报》关于剪辫的宣传漫画

题论，试执十人而质之曰：吾人具此辫发，于起居动作便乎否乎？吾可决其以为不便者十而八九也。而此十而八九者，亦姑以为不便云尔，未必能即毅然除去以脱此拘累也。若语其故，则亦各有其思想。（甲）则顽钝固塞，以辫发断不可剪除，而诋剪发者为用夷变夏。彼所主张，则以剪发虽见明论，亦不可从。（乙）则以剪发关系国家制度之变更，吾侪小民不能任意行之，惟有静待朝旨而已。（丙）则以为剪发必易服，始成美观。而易服则漏卮必甚，故不能决然行之。（丁）则以为剪发良佳，但我不必为之先。姑待剪者日多，则步后尘未晚也。虽然，甲乙两派其智识陋劣，不知五洲为何物，不知种族为何事，专制之毒，入于膏肓，固可勿计。即丙派之人，其根据亦殊脆弱易破。盖剪发而不易服，与易服而专川土布，其权悉自己操，以为宜剪则径行之可耳。固不必因噎废食惩羹吹齑也。且上三派之人，亦居少数耳。若对于剪发一事，而发一种不谋而合之言者，未有若丁派中人之甚者也。呜呼！兹事虽小，亦可觇国民之心理矣。夫天下事不患不知，而患知而不能行。盖不知者或有豁然而达之日，知而不行者其偾事乃滋甚耳。即如剪发彼期期以为不可者，虽在热诚之士，亦惟有劝导之而已，固不之责也。今明以为宜剪矣，且对于已剪者亦从而赞美之，对于未剪者亦从而催促之矣。而己则徘徊顾虑，专听命于多数之人。若尽人皆同此心理，则安有进化之可言乎？且此种人之用意，方其未剪发之先，固蹈保其故常，惮于改作之弊，即使已剪亦不免脚跟不定随波逐流之消。若是者固无一而可者也。盖尝论之，中国自汉迄今，绵延数千年，名为崇尚儒术，其实深中老子之毒。所谓知其雄守其雌，不为天下先之学说，几奉为金科玉律之不可逾越。遂积为疲缓不振畏葸不前之恶习，恬然不以为怪。推原其故，皆由专制暴主利用儒术以愚民，而于儒家之大义微言，所谓"朝闻道夕死可矣"，"见义不为无勇也"等说，皆驱而纳之忠君敬上之范围。复深文苛细，文网密张，务求所以摧残吾民进取有为之心。使俯首帖耳入其彀中，永不能以自振拔。呜呼！此岂特区区剪发为然哉！政府不良，未闻有起而改建之者；官吏残暴，未闻有起而对待之者。凡百政事，皆误于退缩不进，志行薄弱之中。此真不能为吾民讳者也。使一旦穷极思变，奋然而起革面洗心，涤荡旧染，公义所在，不惜蹈汤赴火以行之。以此图功，何功不克。以此除暴，何暴不除。是在吾民一转移问而已。能勿勉哉！

——《香山旬报》第82期，庚戌（1910年）十二月初一日。

恒美乡之特色

近日剪辫之风盛行，而以良都恒美乡人为最多；剪辫会未发现以前，该乡计剪去辫发者有二百余人，月来自由剪去者，又有百余人。现乡间剪发者触目皆是。有一十余龄学童，见人剪辫，即浼人代他剪去。归家为母所见，竟将该童鞭挞。其伯某晓以剪辫利益，其母怒乃息。

——《香山循报》第87期，辛亥（1911年）正月三十日。

粤垣乱事与剪发之关系　阐微

前者本报登"即剪发以觇国民之心理"一篇，曾云辫发为物，不必论其本非汉族制度，及为外人所消辱。即以利害问题计，其为一身之障碍，已不胜枚举。则去之不可不亟也明甚。幸迩者民智渐茂，不封故步，断除此赘物者触目而是，此亦力图自立之一动机也。乃自粤垣革党起事，影响于剪发问题，以当时党人剪发者多，故勇丁搜查于剪发者为密。中有缘此拘留者，一时风声所播，顽固者资为口实，轻薄者肆其雌黄。吠声吠影，是非大晦，于是已剪发者受此恐慌，间有复事蓄留者。有志剪发而未决者，则多逡巡而不敢前矣。使不有以解其惑，势必国民辨理之心日以晦，独立之性日以薄，

第十章 剪辫运动的开展

果何恃以竟存于今日耶？

此次乱事之起，剪发者所以疑惧之故，非虑革党以若剪发即挟以冲锋陷阵，不过虑旗丁之嫉视，防营之骚扰，或罹不测之祸而已。不知此次防营枪毙平民，肆意劫掠，并不计其已否剪发，即有因剪发而被拘去者，询问明白，即交保释。观吾邑张杨二君，因此嫌疑被逮仅拘留数句钟，可为明证。况革党中之有辫者亦复不少，观南海县之报告，有辫者十七人，无辫者十六人。人虽至愚，断无以剪发却为革党之证。此不必疑虑者一也。

此次勇丁之搜查，其始对于剪发者虽较严密，旋经政界出示，以形迹可疑为断，不必计其剪发与否，搜查者已不复用其轩轾。且此种训令，深合一般人之心理，而入人必深。假不幸地方复有此等乱象，则搜查者自不苛于剪发之人，固甚明也。此不必疑虑者二也。

革党举动，变幻莫测。观其输进军械于内地，神妙不可思议，为地方官所不及防，为巡警所不及察。经一度之挫折，即有一番之改易。安知此后不计及剪发党人，易惹人耳目，而变厥方针耶？即如此次党人欲逃出城外，有乔装作尼姑者，有改扮舆夫者，为状至不一。不闻粤城中之尼姑及舆夫，因是受枉屈者，诚以事实不诬，即不宜作杞人之忧。此不必疑虑者三也。

要而言之，革党非以剪发为识别。则剪发问题，原与革党无丝毫之牵涉。顾此次受其影响者，由于勇丁之误会耳。误会之事，不可以久。且是非即缘是而大明，固不必私忧过虑，贻讥有识矣。抑记者之意，以为经此次之变故，苟其人能知剪发之有利无害，即当毅然实行，不可稍有瞻顾。所以然者，盖有二义存焉。吾国人盛谈改革，而效终不睹者，则以满汉畛域为之梗也。今者剪发潮流，颇有不可遏抑之势。若自生疑虑为之阻碍，则剪发者与不剪发者，将必显画鸿沟，而不能共趋一致，是以满汉之畛域为未足又从而加之厉也。此一义也。向所以剪发者，谓其不便于吾人之起居动作也。今偶遇利害如毛发比，即仿徨无措，变易初志，其何以养成特立独行之风？与皙种人相见于铁血世界耶？夫刚毅有为之士，苟义之所在，虽力锯在前，鼎镬在后，而颜色不渝，矧此琐琐之事能乱其方寸耶？吾将于是觇国人之识力矣，此又一义也。噫嘻！列强环伺，实逼处此，南风不竞，来日大难。舍身救国，亦大有人在。区区豚尾，奚用恋为？

——《香山循报》第100期，辛亥（1911年）五月初三日。

辫已剪（粤讴） 学痴

辫已剪，就要留番。君呀，留番头发自好出街行，呢阵文明装束，最易影入官场眼。郁吓就话系革党派（平）头，有得过你转湾。况且二百余年，久已长拖惯。呢哋系纪念留存，点到你话野蛮。君你既系食毛践土，应要听吓人家谏，快把革履洋衣，尽地改删。第一国事忌言，君你莫犯，休拚烂，免使家人盼。试睇吓黄花岗上唎，血迹斑斓。

——《香山徇报》第 109 期，辛亥（1911 年）六月初七日。

孔子之剪辫谈　达公

有一秀才，进了学堂，听见同班学生，大都商议要剪辫子。秀才犹疑莫决，归到家中，问其妻曰："如今大家要剪辫子，我若剪了，有碍着本朝服制；若是不剪，有碍着同班学生，所以不得主意，来问问你。"其妻道："问我做什么呢？你是孔夫子的徒弟，还该去到孔子那里问问。"秀才一听，果然不错，便跑到文庙里。先在仲弓面前跪下，说道："学生如今要剪辫子，请问贤人可不可以？"仲弓嘻嘻笑道："不亦可乎。"秀才想仲弓究是贤人，不是大贤，不如去问问曾子，便又在曾子面前跪下，说道："学生如今要剪辫子，请问大贤可不可以？"曾子摇摇头道："士不可。"秀才想想曾子究是大贤，不是圣人，不如去问问孟子，便又在孟子面前跪下，说道："学生如今要剪辫子，请问圣人可不可？"孟子想一想道："则将应之曰可。"秀才想道孟子究是亚圣，不是至圣，不如去问问孔子，便又在孔子面前跪下，说道："学生如今要剪辫子，请问至圣可不可？"孔子点一点头，叹一口气道："无可无不可。"

——《香山徇报》第 112 期，辛亥（1911 年）闰六月二十八日。

剪发之冷观　复庵

我国四千年来，冠裳文物，灿然大具。吾先民服御习用，鲜或差异。中间五胡之溷杂，辽金之阑入，终无使吾国民族，稍沾其同化力者。即天不祚汉。元胡入主，亦无敢大变其制。降至本朝崛兴东鄙，一举其编发索头之故俗，以施诸我国。遂使章甫缝掖之旧，扫地以尽。其时先朝遗老，碎首沥血，以死殉发者，所在多有。即深山古刹中，黄冠髡首，抱道自贞者，亦何莫非吾先民之韬光遁迹者哉！悲凉惨血之历史，既已传之简编而斑斑可考矣。循至今日，烟消响灭，举国士民，遂几以遗传之故制，若或然者，咸淡然忘之。噫！专制势力之范围，亦巨矣哉！

不意比年以来，民族主义日益膨胀，颖异之士，咸树革命之帜，以反抗政府。彼已知专制势力之不可复用也，遂一变其牢笼箝塞之方，而为保谋固圉之策。而所谓最尊贵最宠异之某某两贝勒等，遂泣涕以剪发之说进。其意盖欲因民心之趋势，蒙改革之假面，消满汉之宿嫌，弭党人之祸心。凡所以巩固其万年有道之基而已。岂果有满足之政见，为生民大利计哉！某御史未明政府之用心，而有辫发亡即满洲亡之说。抑知政府之欲毅然剪发者，实欲以延长其国脉耳。知专制之终不可恃，而欲藉此为融和要结之具。则其心亦良苦哉！

虽然，政府之用心，既如是深且切矣。而果能达其目的与否，则尚费研究也。短发公装，已成世界之通式。近年以来，明达之士，亦多剪发易服，以自出于满洲范围之外者。政府既不能一一禁绝之，则或剪或否，恒人皆有自主之特权，非政府所能干预也。然则欲假文明国之通式，以行诸文牍诏诰而便其私图，又岂吾人所感激而崇奉者哉！诚以短发非政府之特制，而垂垂豚尾，又在天演淘汰之中；则剪之云者，信为吾人之自动力。而不事政府之明以召之也。至宪政之行否，与国权之强弱，则虽三尺童子，皆信为发愤图强之功，而不因辫发之存在与否也。若云满汉之界，二百年来，装服一致，其精神仍凿然而不相入；又岂剪发之所能为。党人之祸，炎炎日烈。有以皇皇道员，而谋为不轨矣。剪发与否，安有关系于其间哉！综之剪发之举，特为现政府之深谋，所谓自固其皇图者；而非为国家大计也。吁吾同胞，又何事企剪发之诏下，而歌呼舞忭乎！

——《香山旬报》第74期，庚戌（1910年）九月十一日。

剪辫同志会成立

阮亚刚、郑佩雄、郑佩刚①、王子标诸君，近日联合同志，创设一剪辫同志会，以催促剪辫为宗旨。并拟聘员往各处演说剪辫之利益。定于十二月初一日实行剪辫。现闻入会者，颇为踊跃云。

——《香山旬报》第76期，庚戌（1910年）十月初一日。

---

① 郑佩刚为郑彼岸之弟。

香山剪辫同志会缘起

居今日而实行剪辫，或曰莫便于不易服，以是可以杜洋布塞漏卮也。而吾侪所主张，又不区区于是，抑有说焉。今之喜用洋货者，虽装色如故，而衣服饮食之所需，靡不取于欧美，采自东瀛。否者虽乔装改服，而中土布帛宁无可取以制服者。故但曰剪辫而已，易服与否，亦听人之自为乎？总之编发索头非我汉俗，留此豚尾，贻笑外人。况挽近机器大明，物力蒸进，凡诸工作，恒以辫发贻害。故夫海内明哲善持论如汤寿潜，通外情如伍廷芳，莫不以剪辫为中国急务。近月以来，剪辫同志会之设，而天津、而上海、而香港，罔不闻风兴起，殚力鼓吹。而个人剪辫者更踵相接。吾邑地濒海交通早，岂可无出而提倡鼓舞之者乎？古人有言请自隗始。

简章列后

一宗旨　本会以催促剪辫为宗旨。凡关于政治及别项事情，概不干预（易服与否均听其便）。

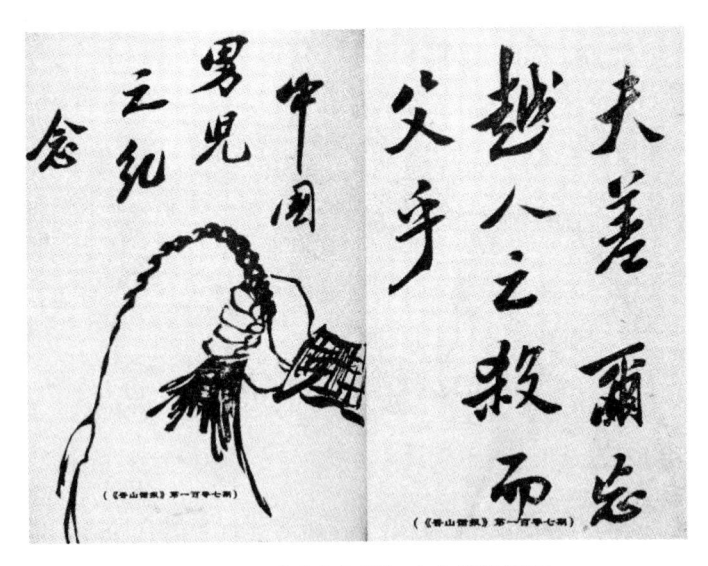

图 10-2　《香山旬报》宣传剪辫漫画

一经济　凡有同志愿入本会为会员者，概免纳捐，所有用费均由发起人担任。

一会员　凡与本会同人抱同一之宗旨，愿为本会会员者，请开明姓名、籍贯、年龄、职业、住址，寄投本会通信处，即为本会会员。

一义务　本会会员除实行剪辫外，并有劝人剪辫之义务。

一赞成员　凡赞成本会宗旨现尚未剪辫者，亦可入会为赞成员。惟届剪辫时不得推委（本会定于十二月初一日实行剪辫）。

一演说　本会成立后拟即聘员，演说剪辫之利益。

一通信处　暂设东门佐寿堂郑建初、石岐国光李毅父、洪安猪栏阮勉男为通信机关。

发起人　郑佩雄　陈竞存　李毅父　阮亚刚　郑佩刚　王子标　吴叔寰　郑佩强　程大元　李税南　郑自强①　郑贵斌　同启

——《香山旬报》第76期，庚戌（1910年）十月初一日。

香山剪辫同志会开幕礼式

启者：敝会定于本月十七日十二点钟假座城内崇义祠，举行开幕礼式，并设茶会。敦请各界诸君贲临，指示一切。幸勿吝玉是荷。庚戌十一月初一日　香山剪辫同志会披露

——《香山旬报》第80期，庚戌（1910年）十一月十一日。

是亦剪辫会鼓吹之力也

自阮亚刚等创设剪辫同志会以来，刊派简章，遍粘长红劝人剪辫。并请陈峰海君演说，听者常至数百人。每说至辫之由来，及剪去之利益，莫不鼓掌称快。现入会者日形踊跃。该会发起人亦已次第剪去，以为之导。而闻风兴起，个人之剪辫者更踵相接。月之初三晚，有黄刘二人到该会坐。谈及辫发之有碍卫生，不便操作，娓娓动听，旋请该会发起人与他剪去。现剪辫者触目皆是。

——《香山旬报》第77期，庚戌（1910年）十月十一日。

隆都又有剪辫同志会

隆都沙溪下泽墟，由杨霖贺、林谦干、余炽垣、林廷沛、林亚侃等发起，联合同志二十人，倡立剪辫同志会，专劝商界人等入会。入会之后，限

---

① 郑自强亦为郑彼岸之弟。

于一月内，随时自便剪辫，不得逾限。现已定于十月初十日起，至十一月初十日止，一律实行剪辫。并聘请剪辫工匠萧某，自备剪辫机器，与各人剪辫，分文不受云。

——《香山旬报》第 78 期，庚戌（1910 年）十月二十一日。

谷都又有剪辫会出现

谷都乌石乡郑照良、郑锐德二君，发起剪辫不易服会，订于十一月初一举行。该乡人欣然赞成。两君即于十月二十二日先行剪去发辫；继后又有七人剪去。现在乡中工商各界报名入会者，极为踊跃云。

——《香山旬报》第 79 期，庚戌（1910 年）十一月初一日。

剪辫者触目皆是

近日剪辫之风盛行，无论何人皆以剪辫为快事，而我邑尤以恒美乡为最多。计一月来，剪去辫发者，先后其三百余人。前有某宅之十龄童子，见人剪辫，即浼人代他剪去。归家为母所见，大加申饬。后为其伯某晓以利益，其怒始解。

——《香山旬报》第 79 期，庚戌（1910 年）十一月初一日。

隆镇剪辫之盛

隆镇各乡人，近因潮流所播，剪辫日多。又闻人演说这条辫子，外国人每诮为豚尾，并半边和尚之名词，未免自形羞愧，其稍为开通者辄欲去此八千根烦恼，以故此一星期内，剪却辫子者，不下千余人云。

——《香山循报》第 123 期，辛亥（1911 年）九月十七日。

第二节 反对剪辫的逆流

政界取缔剪发会之无谓

昨包邑令具禀广府，以顷据警局访闻，县属有人结合剪辫同志会，并刊发传单，择于本月十七日在城内崇义祠开会演说。诚恐人心浮动，别滋事端。应否出示严禁，知县未敢擅专，理合奉请察核，迅赐批示只遵云云。已奉府批：据禀已悉。剪辫一事，并无奉有明文，未便任令自为风气。查十月间佛山地方，有刊派传单结会剪辫不易服会事情。业经南海县出示禁止。该县如有此项集会，自应一律示禁。仰即遵照。仍候巡警道批示云云。

——《香山旬报》第 83 期，庚戌（1910 年）十二月十一日。

乡勇何恶于剪辫人

十二日有神前乡人某甲，剪发公装，行经山场乡。有乡勇两名，在村外守卫，见甲已剪发，不许入村。又闻前山搜查剪辫人亦甚严密云。

按近日民智渐开，剪发公装者，触目皆是。此次省城革党起事，政界以该党多属剪辫者，凡遇剪辫之人，皆被其波累搜查。已属近于骚扰。今山场乡勇，竟以剪辫之故，阻人入村，无论该乡非革党起事地方，即有党徒出没，亦不能徒以剪辫而留难行人。若处处如该乡勇所为，不但不足以保卫治安，适足以激成民变，人心解体，非大局之幸也。吾为此惧。

——《香山循报》第 99 期，辛亥（1911 年）四月二十五日。

剪发复留之可哂

斗门大赤坎乡赵岳，寄寓省城，在某馆学习医科，业经剪发。于前月二十九日，党人肇乱时，伊怀恐惧，即只身逃跑出城潜避，讵被官军见其剪发，即行拘拏，扣留多天，幸伊堂兄，警察毕业生赵家梁，联名保释回家。附近村坊人等，探悉剪发被拏情由，其未剪者，引为前车之鉴；既剪者，纷纷留发，以复回原形，甚至装假辫以为掩饰云。

——《香山循报》第 99 期，辛亥（1911 年）四月二十五日。

监督禁止学生剪辫之顽陋

近日剪辫之风，盛行各处。我邑各界之实行剪辫者，亦络绎不绝。日前邑城中学堂学生剪去辫发者八人，该堂监督林某闻之，竟出牌示禁止，不准学生剪辫。可谓顽固之尤者矣。

按中学管理腐败，迭次失窃。林某概置弗理。而独对于学生剪辫一事，则嫉视之，必欲禁止而后快。宁非咄咄怪事邪！

——《香山旬报》第 78 期，庚戌（1910 年）十月二十一日。

巡士竟因剪辫被革

西区左局巡士劳某，近因剪辫风气日开，日前将辫发剪去。讵该局巡尉何某见之，谓恐绅士不悦，即将劳某革除云。

按辫发之有损无益，尽人皆知。近日明达之士，多有实行剪辫者。乃该巡尉因谄媚绅士，竟敢压制巡士剪辫。亦可谓无耻之尤者矣。

——《香山旬报》第 77 期，庚戌（1910 年）十月十一日。

缪庆燊又来献丑

近日剪辫之说盛行，各种社会皆翕然徒之。日前有钟某在石岐康公庙前，演说剪辫之快事，并言辫发之种种危害。听者数百人，皆无异词。突有所谓局绅缪庆燊者，上前辨难。谓尔系进教中人，尔伯爹亦是有辫来，戚戚不休。钟某即一一答辨，并发为问题，促其返答。缪竟呆若木鸡，面红耳热，不能置一词。旋因羞成怒，令警兵向钟某干涉。钟以并无妨害地方治安为词，警兵不能难，亦听之而已。

按剪辫为有百利而无一害，稍明达者，莫不知之。而一般无意识之流，竟肆为莠言，任意诋毁，甚至谓剪辫者皆进教之人。须知剪辫为应于人身之利便而起，于宗教问题，有何等关系？而进教者又岂必皆剪辫者耶？此等谬论，诚不值识者一笑。而缪某复摭拾市井狂言，肆口乱道。非献丑而何！

——《香山旬报》第 79 期，庚戌（1910 年）十一月初一日。

咄巡士何荒谬乃尔

前月二十八晚十一点钟时候，有剪辫人王李等路经西区武峰里口。该段巡士数人，聚集一隅，声称杀冇辫仔一名，赏银二大员。王李等以其荒谬无礼，置不与较。闻该发言者系第一号、第六号、第十五号巡士云。

按巡士为保护地方治安而设，乃竟倡言杀人，何凶横不法至此。吾不知任警务之责者其亦知之否？

——《香山旬报》第 79 期，庚戌（1910 年）十一月初一日。

第十一章　反对凌辱世仆　倡导解放奴婢

蓄养奴隶是封建社会保留的奴隶社会的残余物。中国奴隶制的发展不很成熟，它是以家内奴隶为主的。因此，贯串于整个中国封建社会中，奴隶作为封建贵族和富人家庭的装饰品而存在，即把奴婢使用于侍奉、歌舞、扈从及家庭杂务。但封建社会里也有使用奴仆从事生产的，如在香山沙田地区，就普遍使用世仆从事耕作。

清代法律明确规定可以蓄养奴婢。香山地区买卖奴婢之风极盛，蓄奴现象较为普遍。光绪年间，香山"县城富家妇女，出必肩舆，亲串遣婢媪随行，多者二三十人"①。因此释放奴婢，废除蓄奴陋俗是香山地区肃清封建残余，推动社会改革的重大问题。

释奴经常成为《香山旬报》评论的话题，也是自治会社演讲的中心议题。质直《释奴私议》一文认为，蓄奴对社会至少造成三大危害：一是部分人卖身为奴，丧失人身自由，没有独立人格尊严；二是做牛做马，任人驱役鞭打，过着非人的生活；三是赌徒烟鬼卖儿女为奴婢，以供赌博嗜烟之用，造成社会道德的沦丧。因此必须制止人口买卖，释放奴婢②。

贵刚《释奴议》一文指出，"何谓之人，就法律上言之，则有权利义务之谓人也"。卢梭倡导"天赋人权"，人人自由平等，皆有权利义务。罗兰夫人说得好，妨碍他人之自由是莫大罪恶。香山西南乡盛行蓄奴，奴隶处境悲惨，有义务而无权利，过着非人生活。因此解放奴隶，实为当务之急。他认为释奴之方法不外两条。其一，发动奴婢控诉其悲惨生活，以唤起社会的同情和法律的保护，使奴婢得到解放。其二，从法律上制定对买卖和蓄养奴婢的惩戒条款，如有奴婢控诉或有人举报，查实之后，小则处以罚金，大则判处若干年监禁。则蓄奴者人人自危，势必不敢以身试法③。

---

① 光绪《香山县志》卷五《舆地五·风俗》。
② 质直：《释奴私议》，《香山旬报》第40期。
③ 贵刚：《释奴议》，《香山旬报》第2期。

香山著名同盟会会员刘思复和郑彼岸也大力宣传释放奴婢。刘思复盛赞香山申明亭乡首倡释放奴仆，认为这是"民族平等观念之发达"的表现①。郑彼岸则倡导释奴，身体力行，从自己做起。据其亲人回忆："岸父在《香山旬报》倡导释奴放婢，自己以身作则，把他的妻杨幼庄之随嫁婢宝珍解放了。并请宝珍的父母前来，交还卖身契，宝珍父母愕然，不敢接受。他们说没有赎身钱。岸父笑说，我不要你赎身钱，你父女可自由往来，如自愿仍在我家工作，按月给予工资。这个解放奴婢创举，邑人视为奇事。"②

1909~1911年间，香山各个乡村，一批批奴婢陆续获得解放，恢复人身自由后，登报向社会和原主人鸣谢。例如，1910年2月14日，香山知县沈瑞忠发布告示称，濠涌乡严姓家族释放奴仆50多名，"放为平等，听其自由。日后不得作为世仆。至世仆曾经前人给有住屋者，任其照旧居住，不忍追回"。对此，濠涌乡被解放的奴仆也联名发表"铭谢德光"的公开信，表示将永远"饮水思源，长歌德政"③。

第一节　解放奴婢的正义性

悍妇虐婢

隆都下泽乡林谦干妻刘氏性素凶悍，家蓄一婢，稍逆其意，即以剪刀戳其头部，以铁锤击其手指；以致伤痕满面，手指肿烂，四邻啧有烦言。现悍妇将婢禁锢家中，不许出街云。

——《香山旬报》第77期，庚戌（1910年）十月十一日。

呜呼此之谓总局绅士　一文

近十年，所谓附城总局绅士，非苟贱不廉，即纨袴无识。执吾邑人而问之曰：局绅何状？则惟有怨恨声怒骂声嘲笑声而已，他无闻也。近民智渐

---

① 《香山旬报》第32期。刘在《民族平等观念之发达》一文中写道："吾于最近时事中得两事焉。恒人所不甚注意，而实于民族前途关系至钜，且足觇吾国人民族平等观念之日渐发达者。斯何事？其一则为吾邑申明亭乡之倡放世仆，其二则为南海某君之倡建蛋民学堂也。"
② 郑佩刚：《香山旬报及其创办人郑岸父》，《广州文史》（第25辑）。
③ 《香山知县沈告示》，《香山旬报》第56期。

开，莫不视总局为缀旒，行将在淘汰之列。间亦有颠连莫告椎鲁无知之同胞，逢负屈不伸积愤难泄之际，思向彼求一援手者。乃局绅不问是非，不究情伪，肆口狂吠，袒护亲知。欲伸屈而屈愈甚，欲泄愤而愤弥深。如本报五十九期所记串妻奸婢纵妻虐婢二事，彼总局绅士之巨谬极戾，绝无心肝。虽欲吝惜笔墨，不声其罪，有期期不可者。

何云衢强奸其婢，婢之母投诉总局。所谓局绅缪某者，对婢母言，既索补银，则须将女交还其主作妾云。邓某则竟谓婢女不贞，任意诬捏主人，此风断不可长。此一事也。林焕华虐待其婢，婢之父母投诉总局。讵林某以兄弟为局绅，两造到局时，各绅向婢之父母大骂，谓决无赎回之理。林复从旁喝骂。谓异日倘有失物，惟你是问云。此又一事也。由第一事观之，何欲得其婢为妾，遂强奸于先。此实人头而畜鸣者。缪某为局绅，既不能为其母伸此屈，复不能为其婢雪此辱，反令其母交还此女与主作妾。亦人头而畜鸣而已。至邓某之言，余真不解彼具何魔术，而能确知婢女之不贞。亦不知彼具何肝肺，而确知婢女之为诬捏主人。今何某已赔钱与婢母，是已承认其奸婢属实矣。邓某亦自知其谬否。噫！菽麦不辨，任意武断，诚可痛恨。由第二事观之，庇护同事。明知虐婢之惨酷，亦毫不怜恤，反狂骂不休。苟有人心，岂忍出此。至林某以失物恫喝婢之父母，欲使之不敢至其家。此后虽若何凌辱，亦无过问之者。此又蛮横无理，立心不可问者矣。

噫！虐婢一事，林某袒护其弟，各绅袒护同事，此易见者。奸婢一事，缪某亦胡为善体何云衢之意，而有交还作妾之言乎。盖何为某绅之侄，缪固奔走其门下为之作牛马者。故其言不得不如是耳。人格卑劣，至于此极。名之为绅，实贻搢绅之羞。名之为士，实为士林之耻。呜呼！此之谓总局绅士。

——《香山旬报》第62期，庚戌（1910年）五月十一日。

奸婢案以赔款释事之可愤　诛奸

在今日而言蓄婢之事，已非仁人君子所忍闻。乃竟利用婢女之易欺，强逼以猥琐行为，肆无顾忌。由其小者而言，则为堕弃人格。由其大者而言，则为伤害风纪。在国法上皆勒有明条，万不容若辈之逍遥法外。乃吾观邑人何云衢奸婢一案，始则恃局绅袒庇；继则殴伤婢母；终则只允赔款百元，作为释事。害礼坏法，莫此为甚。吾请得以笔诛之。并为一般之凶淫者告。

查律例所载，凡用暴行胁逼奸淫妇女者，为强奸罪，处二等以上有期徒刑。今何某串妻奸婢，其为强奸，已无疑义。以国法论，自应治以应得之罪。即减等言之，亦应科以若干元之罚金，仍可谓稍当其罪。乃仅赔偿百金，糊涂完案。得不谓之怪事耶！吾观乡人俗例，凡犯奸者为人拿获，必集众示威，不复与共乡井。是虽习惯相传，未有法律之思想；亦可见奸淫重案，人所同嫉矣。今何以搢绅之家，而为禽兽之行，反得局绅之袒护，警官之调息。吾恐此风一开，则凡家有藏金百元者，将肆其淫恶而无所惮。涓涓不塞，将成江河。他日追原祸始，谁任其咎耶？

虽然，人为刀俎，我为鱼肉。强权世界，类此者不鲜矣。吾论至此，固不暇为弱婢惜，而深为吾邑之风俗人心哀。

——《香山旬报》第62期，庚戌（1910年）五月十一日。

释奴议　贵刚

何谓之人？就法律上言之，则有权利义务之谓人也。卢骚倡天赋人权之说，风靡一世。盖一人有一人之权，虽暴君污吏，豪家钜族，终不宜挟种种之权力而妨害之。罗兰夫人有云：妨害他人之自由者为大罪恶，放弃自由者亦如之。痛哉言乎！吾为此惧。吾为此羞。惧则惧吾种之尽沦于奴隶之域，而不复有自由之日也；羞则羞同胞之有沦于奴隶之域，已不得有自由之日也。嗟夫！吾同胞果有身为奴隶者耶！谁生厉阶，至今为梗。非得宏达有志之士，大声疾呼，力破其藩。彼奴隶人者方以固有利权，不复知人权之可贵；而为奴隶者又必安于习惯，不复知自由之宜争。将使世世子孙，皆有为奴之叹。违反人道，莫此为甚。此释奴之说，所为刻不容缓者矣。

我国蓄奴之习，盛于秦汉，至今日其风未艾。远者不必论。回顾吾邑西南乡之蓄奴者，所在多有。在蓄奴之家，以人为市，子孙百世，坐享其利。而为奴者稍拂主意，呼喝随之，再则鞭挞；再则缚束手足，长跪阶前泪如雨下。主人怒稍解，则奔走侍奉一如故。仰体主意，惟恐不逮。嗟夫！嗟夫！同是圆颅，同是方足，何以为奴之惨，一至是耶！然犹未已也。祖父为奴，祸延后代。受主人一餐之食，一衣之衣，感恩入骨；主人一怒，祖父若孙，环跪乞宥。祖父死，子孙相继服务。绳绳继继，数代不能卸其责，数十代不能洗其耻。嗟夫！嗟夫！同是圆颅，同是方足，何以为奴惨，一至此耶！然犹未已也。为奴之惨，非第筋骨之劳瘁，身体之苦痛已；即有聪颖子弟，不

第十一章　反对凌辱世仆　倡导解放奴婢

得入官,不得应试。含垢忍辱,不得与齐民齿。即甚得主人意,而主人怜其贫也,赐之金;怜其鳏寡孤独废疾也,为之置室家,为之买屋庐。鼹鼠饮河,不过满腹。而终不能扬眉吐气,一雪祖宗为奴之耻。嗟夫!嗟夫!同此圆颅,同此方足,何以为奴之惨,一至此耶!嗟夫!嗟夫!苍苍者天,俯瞰大地,化生万物,各得其所。而何以有此奴隶之痛苦耶。奴乎!奴乎!其为人否乎?人必有权利义务,奴则有义务而无权利者也。由动物上观之,尚得谓人。由法律上观之,虽谓之非人焉可耳。各国蓄奴之禁,至为严厉。吾邑蓄奴者,犹熟视无睹。恬然不以为怪,其罪宁可逭乎?

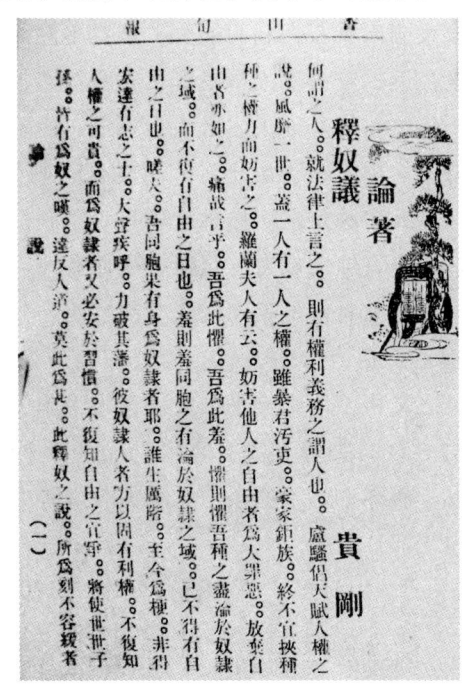

图 11-1　《香山旬报》刊载贵刚《释奴议》论文

比年邑人智识稍稍进化矣,知蓄奴之罪而排斥之者,前有郑官应①,后有杨士瀛。皆殷殷然以释奴为请。洵仁人君子之言也。然有其倡者而无以为继,则事必不成。即有继起而和之,而未有其具,则事亦无济。盖蓄奴之

---

① 郑官应,即郑观应(1842~1922年),香山县三乡镇雍陌村人,近代著名启蒙思想家、实业家,著有《盛世危言》等著作。

家，久视奴隶为分内之权利。而为奴者亦相安既久，俯首帖耳而不为怪。非加以雷霆万钧之威，发聋振聩，则奴隶者终奴隶而已。故欲达释奴之目的，必先求释奴之方法。方法维何？吾请约略言之。

(一) 准奴隶之控诉

奴隶之惨，既如上述。则为奴者亦多逼于势力，而非出自本心。使由吾邑士绅，详禀有司。准奴隶于所在地方，自行控诉，使皆得法律之保护。则奴隶咸有恃无恐，或不至受无穷之痛苦也。

(二) 加买主以惩罚

蓄奴之家，以奴隶驯而易驭，利而能久，虽冒不韪而亦为之。若由有司加以惩罚，有为奴隶控诉，或为他人告发者，查覆得实，小则科以若干元之罚金；大则加以若干年之监禁。则买主必人人自危，而不敢以身试法。

由上所说，为有司之规定，再由士绅广为劝诫，则奴隶不释而自释矣。迄今谈林肯之历史，世人多称羡之。然林肯以半生擘画，终放黑奴。吾邑蓄奴之习，尚非大盛。稍假官绅之威力，足以去之而有余。由此而行，何难由吾邑而推行于全国，使为奴者出地狱而登天堂哉！呜呼！蓄奴之风，语其流弊，小之为悖乎公理，大则为有妨人权。悖公理则外人窃笑之，而呼为野蛮。妨人权则失国民之资格，而影响乎国家。其为害非可以一言尽也。前数年间，上海有释婢会之设。夫婢女鬻身富家，仅订若干年之契券。过此期限，即复有自由之权。而亦排之不遗余力，况夫为奴者之沉沦终古，百劫不复，又乌可以漠然视之耶！

——《香山旬报》第31期，己酉（1909年）六月十一日。

释婢私议 质直

居今日而倡释婢之说，而世人多以为窒碍难行者。顾自人道倡明以来，人权共宝。断不容此种野蛮阶级制度，横亘社会，至易明也。故前数年间，上海有释婢会之设，各报亦多起而鼓吹之者。然终以民智闭塞，积重难返，于社会上无甚影响。然则兹篇之作，将欲推其流而扬其波，继续其志以告我同胞。自此以往，使社会上少一蓄婢之人，即社会上多一自由之人，则记者之深愿也。

夫蓄婢之为害烈矣。然而富家钜族，蓄婢者比屋相望，是何故也？狃于目前之安，不计其祸之所极也。吾今胪列其害祸而表明之，庶使若辈知所返乎！查蓄婢之例，略分二种：一为卖婢者，一为当婢者。当婢者则立有期限之契券；卖婢者则永远鬻身而已。然姑勿论其为卖婢者，为当婢者，既立契券，则履行契券之时期内，皆失自由运用之权。此蓄婢之为害一也。蓄婢之家，其为慈善者，犹可言也。然浇漓刻薄者必居大多数。庭台楼阁，尽是牢笼；夏楚宣威，有如地狱。故世人以第二之君主，喻富众之主人。斯言甚当。然君主尚不敢公然以无理之命令以杀人，而富家主人，因虐婢至毙命者，则司空见惯矣。据本报所载，如前山寨之韦某，山场乡之某尼，其最近之杀婢者也。此蓄婢之害二也。有蓄婢者，则必有鬻女者。然蓄婢与鬻女，其罪相等。且就鬻女者之方面而观，实足助成其偷懒懦弱之恶习。故尝有女未及岁而鬻身于人，以供其赌博吸烟之用者。此蓄婢之为害三也。据此三害，则前二说仅对于婢女一身而言，是谓束缚自由而已。后一说则对于鬻女者而言，是直影响乎社会上之经济问题也。由此而观，则释婢之说，又乌容缓哉！

然而难吾说者将有辞矣。曰：蓄婢将以供使役之用；使人人从事于释婢，则谁与执劳役耶。则语之曰：吾之所论，是禁人之蓄婢，非禁人之雇佣。盖为婢者则为束缚的、限制的，无自由之意思以行事；若佣工者则有权利义务，而不任一方之专制。此足以济释婢之穷，而免上列之三害者也。然而难吾说者又有辞矣。曰：蓄婢者似悖乎天理，而鬻女者似近乎人情。盖为父母者无不爱其子女，然有因饥寒而鬻之者；有因病症而鬻之者。其情至可哀悯。使禁人之蓄婢，则病馁者不将饥困而死乎？则又语之曰：此说似含一面之至理。细按之，则不通之论耳。夫既曰为父母者无不爱其子女，则鬻子女者其为不慈爱可知。如谓为病馁驱逼使然，然则紾兄之臂而夺之食则得食，则将紾之乎？踰东家墙而搂其处女则得妻，不搂不得妻。则将搂之乎？彼鬻子女而求生活者，何以异是耶？夫释婢最慈善之事也。如牵制于贫户之冻馁，知其不义而忍为之，则天下文明事业多矣。其发始也，何一不与小部分人有所妨碍乎？例如机器发明，则劳动者必艰于糊口。改良私塾，取谛塾师，则寒士必艰于谋食。此必至之势也。若谓因贫户而阻释婢之议；然则又因劳动者而废机器；因寒士而罢改良私塾之说乎？吾见其愚矣！夫谋生亦何尝之有？有子女而犹可鬻之，若无子女则又将何恃。是在穷则变，变则通而已。由此以思，论者其无以难吾说也。则释婢之有百利而无一害，固人所同认矣。然昧昧我思，则蓄婢者锢习已深，遽欲其仗以解释之，如美洲之放黑奴然。断乎不可。吾之所愿者，则欲邑中之各社团，起而提倡之。使一邑之人，咸晓然于蓄婢之流毒，与释婢之利益。动色相戒，期之以渐。则庶几耳。若以为骇俗难行而惄置之，则非记者所敢知矣。

——《香山旬报》第40期，己酉（1909年）九月十一日。

民族平等观念之发达　丹水①

吾于最近时事中得两事焉，恒人所不甚注意，而实于民族前途关系至钜。且足觇吾国人民平等观念之日渐发达者。斯何事？其一则为吾邑申明亭乡之倡放世仆；其二则为南海某君之倡建蛋民学堂也。

吾友惊鹤生之言曰：凡一国之内，人人平等，其权利义务无一不均者，斯之谓文明国；若一国之内，门阀互异，阶级厘然者，斯之谓野蛮国。诚如斯言，则今世仆之对于主家，蛋民之对于平民，其阶级之严，孰有甚于是者？此之不除，而欲免野蛮之诮，抑亦难矣。

考吾国本无奴制。周官司厉郑司农注曰：今之奴婢，古之罪人也。风俗通言，古制本无奴婢；奴婢皆是犯事者。故奴婢实为刑法上之一种罪名，而非人人皆得蓄奴者也。不料至于后世，买奴之风，竟为法律所承认。且明明规定于律书之条文，而禁其种种之自由。斯不亦异乎！今吴越诸省，富贵之家，有蓄奴至一二千者；吾粤钜室，亦多买奴仆。世世子孙，不能自由。其违悖人道，实与美洲昔日之黑奴，俄国今日之农奴无异。至于蛋民者，考其历史，书阙有间。说者则曰：蛋民本分二种，其一为粤人之不服秦而遁居海上者；其一为庐循之兵。庐循被交洲刺史杜慧度所斩，而亦遁居海上者。据其所言，前一种本南粤之土著；后一种乃吾夏之遗黎。然今日则已浑然无间，既无种族之可分。且今日民族之定义，必以历史为根据，而不徒重血统；蛋民之言语风俗，皆与华同。则其当吾民同享权利，同受教育，自可断言。不谓今日蛋民，法律上既屏之于化外，民俗中亦不齿于齐民。世世相传，教育杜塞，遂成为一种最愚劣之民族。嗟嗟！同为华种，同具耳目心知。而乃令其卑贱愚盲，形同异族。苟非木石，能勿为之痛心哉！吾粤之有此，盖与奴隶之制，同为民族上之大污点，而被世界文明国民之所耻笑也久矣。不料吾邑之开放世仆，南海之倡

---

① 丹水，刘思复的笔名。

蛋民学堂，乃同发现于一时也。吾故为之喜曰：吾国人民族平等之观念日渐发达，盖可见于此矣。吾闻学使批南海某君之禀词有曰：惰民脱籍于吾浙，蛋民兴学于是邦，跂余望之，学使亦有心人哉。（日知录云：今浙江绍兴府有一种人，谓之惰民，世为贱业，不与齐民齿。志云：其先是宋将焦光瓉部曲以叛宋降金被斥。）

抑吾更有说者，则以蛋民之不独宜兴以教育，且当开放束缚而废除蛋民之号也。蛋民之称，不知何自始。然蛋实延虫之讹字。蜑者、南蛮种也。同属夏族，而世受蛮名，无理孰甚。吾友寥士箸粤语解则谓蛋为卵之转音，卵为鲲之假字。蛋民即卵民，卵民即鲲民。鲲者鱼子也。以其水居，故被以鱼子之贱名。其说之信否，虽不能遽断。然蛋之一字，必为鄙夷贬斥之名辞，则可决言也。今既为之兴学，而不为除其贱名，案之民族平等之义，固犹有未尽矣。吾愿与有志者一商之。

——《香山旬报》第32期，己酉（1909年）六月二十一日。

县令颁布濠涌乡放仆告示

钦加知府衔赏戴花翎补用直隶州署香山县正堂加十级纪录十次沈（沈瑞忠）为出示晓谕事。现据濠涌乡生员严宝燊等呈称，生等族内共有世仆数十名，遇有吉凶等事，饬充工役，历代相沿，成为陋习。查家奴世仆，为立宪政体所无，现奉通行，凡有各乡各族，从前鬻身为奴者，准即开放，任其骗户立籍，报明立案等因，生等族内共有世仆五十余名，各自遵照宪示放为平等，听其自由，日后不得作为世仆。至世仆曾经前人给有住屋者，任其照旧居住，不忍追回，惟恐乡内无知之辈，横生阻力，滋生事端，势得联叩宪阶，伏乞赏给示谕，俾众周知等情，到县据此除批揭示并谕饬该族绅耆遵照外，合行出示晓谕为此示谕该乡诸色人等，知悉现当立宪时代，理无积世奴仆，凡有世仆自应放为平等，毋得抗阻欺凌各宜懔遵毋违。特示。

宣统二年二月十四日示

——《香山旬报》第56期，庚戌（1910年）三月十一日。

铭谢德光

窃维免役蠲徭固盛朝之异典，循善布惠，实贤远之，高风邦赞等先世，寒蝉曳叶哀雁无枝，顾服仳离鹭身作仆，守卑贱舆台之义，受主君斯豢之麻。出入岁时，既蒙抚恤农工生聚；且沐裁成。宜乎百世承流，共溯渊源之旧。同侪报效，敢萌违背之思。迩值治启新猷，干符握泰天高。帝德泽溥丁男瑞雪卿云遍海隅而布化；和风甘露，环草木以嘘春然，虽拜丝纶上锡之洪慈，尤藉矜恤下情之伟度。今邦赞等蒙耆绅严任臣　祥光　丙熙　鸿书　金光　紫荣　迪光　子琛　宝燊　焯垣　席珍诸公钦承，明诏俯赐优容。径开劝掖之门，聿彰祖武倡狃联衔之牍代叩，廉明大君子乐普逾施，贤父母克垂仁爱。此后穷檐曝日，知群钗妇孺，咸祝耆英，异时饮水思源，将稼穑曾玄，长歌德政。千秋翼载，酬报无由。谨布旬章，先鸣谢臆。

图11-2　香山知县沈瑞忠颁布的放仆告示

　　香山四都濠涌乡放仆　陈桂开　阮永益　黎启庆　孙贤任　阮永谦　方邦赞　余建猷　陈全庆　孙开任　余喜元　陈本庆　孙兆和　陈康保　余喜朝　阮敬祥　孙献任　余喜全　孙彩任　方锦辉　阮荫祥　余建泽　陈泽庆　姚灶华　陈三行　陈阿快　余润良　余建琼　阮章焕　阮丙辰　陈彩庆　高

第十一章 反对凌辱世仆 倡导解放奴婢

顺开 阮兆康 余润宜 余润宽 陈亚立 陈亚平 陈亚至 陈灶保 余观银 陈杰庆 方康熙 余顺松 陈贺森 方晃辉 姚顺和 陈祥庆 黎桂祥 余观煜 方小良 陈亚杨 余亚南 陈有祥 余庆长 陈兆开 陈顺邦 陈贺德 余顺棠 余建荣 方永治 余顺利 方凤辉 黎满庆 余绍经 陈满开 余亚赞 黎长发 黎喜庆 方小祥 余建辉 余喜培 陈帝彰 陈仲生 陈顺兴 陈观成 黎闰昆 黎亚财 陈亚斗 陈亚建 老少男妇等仝叩

——《香山旬报》第56期，庚戌（1910年）三月十一日。

梓潼帝君曰：广行阴骘，上格苍穹。夫所谓广者，小而日用施为，大而仁民应物。而说者谓，有权位方能肩其任，非富贵不足语其功；此迂腐之谈，庸昧之见。正如朝菌不知晦朔，蟪蛄不知春秋耳。方今天子御极治启明文颁谕，各行省大吏示饬乡间，凡有世仆之家，宜一律开放编为平等。在该仆等为千载一时之遇，而为之主者，当于此际推谊鸣盛申厚爱而普皇仁，虽曰宗祖所留贻，而放发开诚即所以报宗功绵祖德也。广行阴骘奚以加于此哉。香山为广州繁邑，缙绅阀阅生聚如林。而放仆之举，寥寥无见。濠涌乡耆绅严任居、严宝燊诸君起而行之，联禀邑宰准予出示晓谕，各世仆开放编立平等。凡诸色人等，毋得抗阻欺凌。贤达之风徽神明之父母，诚相需殷而相期洽也。被放之仆世世衔恩，放仆之家冥冥造福，广行阴骘，奚以加于此哉。彼有世仆者，其亦知所向乎。

漫游半道人略识

——《香山旬报》第56期，庚戌（1910年）三月十一日。

放奴之举将有实行消息（本省）

日前有人奏请放奴一事，业经字寄来粤。查明核议具覆，当即札行一体遵照。各情已纪前报。兹闻大吏复以此等陋俗，实非立宪政体所宜；当决议一律开放，另编户籍，报明部中立案。现特札行各属一体查报，略谓：查乡族有贫民子弟为奴之举，屡代任听驱使，尽失天赋人权，实为地方陋习；亟应一律开放，准予编立户籍，报明立案。合就札饬。札司即便会同通饬各属，逐一确切查明，从前卖身为奴其子孙为奴仆者，应即切实查开，妥筹办理。并将查明筹办情形，禀司汇详核办。

——《香山旬报》第33期，己酉（1909年）七月初一日。

乡绅放奴之伟识

吾粤故家巨族，每有蓄奴之举。积习相沿，不以为怪，亦陋俗之一端也。邑属申明亭乡杨缵亭祖于乾隆年间，收买梁用安一名，以为世仆。今该房绅杨士瀛等，以为禁革陋俗，当始于士夫。倡议将世仆梁用安一家，特予开放。邀集房众公议，均表同情。即将身契一纸，交梁用安之孙梁连灿领回销毁。并禀请督宪存案矣。

按我国蓄奴之风，起于周秦。周礼注称男奴女婢；又云其奴男子入于罪，隶女子入于舂稿。然皆指有罪而没入官者言。徵之历史，如季布之为朱家奴，栾布之为臧荼奴；与羊仁、赵一德、李恬等，盖有被人贩卖而入于青衣者矣。我邑蓄奴之俗，以东西各乡为最盛。而惨被苛待，呼吁无门者，亦所时觏。今该士绅能首倡放奴之议，为各乡开其先，诚是嘉许。更愿一般之主持乡政者，群起而踵其后焉。则数千年之浇俗，诚不难革除于一旦也。世有林肯，企予望之。

——《香山旬报》第 28 期，己酉（1909 年）五月十一日。

第二节　奴婢解放中存在的问题

不允放奴之愚谬

恭都会同乡莫屡庆家，蓄有世仆刘亚听，为日已久。前数年刘往外洋贸易，获得钜资而归，情愿以贰百金赎身。该主人莫某之子因自己家贫，恐其以奴反主；竟坚执不允。如莫某者，可谓毫无人心者矣。

——《香山旬报》第 46 期，己酉（1909 年）十一月十一日。

放奴伟举

雍陌乡郑健庵祖房，向蓄有世仆，已历七代，其子孙计有六人，身贱业微，无力自赎。先由郑君谔一、郑君仲颐发起释放之；郑君凤交、郑君铁瑚、郑君殿基亦力为赞成。复问房老郑善平等，均表同情。即告世仆方亚敬知之。方兄弟闻命，甚为感激，竟跪地叩谢。现已于初八日集祠释放。并张贴长红，劝令房外人等，以后当以同乡之礼待之云。

——《香山旬报》第46期，己酉（1909年）十一月十一日。

评严族开放奴仆事　民声

开放奴仆，至仁之事也。反对开放奴仆，至不仁之事也。乃吾观濠涌乡严族，始则实行开放奴仆，继则集议取缔奴仆。而因取缔奴仆之故，至族人大生攻击，起阋墙之衅。以最仁爱之事，而得最不良之结果。呜呼！为德不终，其是之谓。

推严族放奴之意，亦以社会上人类平等，不宜横生阶级；故慨然开放之，以养成奴仆之人格。乃开放未久，而重订取缔规则，以仇敌相视。务令奴仆等因得福者反以得祸。然则又何贵有放奴之善举邪？说者谓取缔规则，全由恶棍唆摆。吾不敢尽谓然，吾不敢尽谓为不然。

吾观其取缔规则，共分十则。比之吾国前议抵制某国者，尤为严密。吾不知该族绅耆者，前与奴仆有何恩而开放之也；今与奴仆有何仇而取缔之也。说者谓取缔规则，全由绅耆听恶棍唆摆。吾又不敢尽谓然；吾又不敢尽谓不为然。

总之严族此举前后矛盾，固予人以共见。该绅耆平心思之，当亦思设法以维持之者。

——《香山旬报》第66期，庚戌（1910年）六月十一日。

濠涌武生严廷扬诈索不遂挠败宪政凌虐放仆诬蔑宗亲状

窃迪光向以商业经营美埠。缅思祖国，携眷东归，条陈矿务利弊。奉前两广督部堂谭札委，采访东西粤矿产。缘风气窒碍，遂留居西省辟种田园。还念维桑，拟图公益。故于族中劝教育，兴种植，先捐资本，以提倡止争斗，睦乡邻。力主合群为保。又去岁皇仁广被，开放世仆。凡有血气，莫不仰颂休和时集。监生严丙熙缮就放仆呈词。族衿严宝燊、严紫荣、严鸿书、严子琛、严焯垣、严席珍；族耆严任臣、金光、严祥光等，在善堂当众签名。迪光厕名柬末。联禀县宪即蒙批准，给发谕示有：现当立宪时代，理无积世奴仆。凡有世仆自应放为平等，毋得抗阻欺凌，各宜懔遵毋违，等谕在案。惟当签名联禀之日，武生严廷扬勒索各仆重贿不遂，未允签书。后见谕帖无名，悔羞成忿。乃出奸横手段抢匿示谕，吓勒各仆酬金，又不遂。竟组织鹉啄，诬迪光受各仆贿银五百元。欲以恫喝之辞，冀偿贪食之愿。而岂知始终狡术俱不行也。然所谓五百元者，当各仆议放之日，曾集众凑捐五百金，缴充同善堂经费。讵廷扬恨无染指。督使善堂管柜严荣阶不准收存。各仆无可如何，遂将该项附股制砖公司，声明为阖乡公益。其股票从交严宝燊验据。而廷扬贪囊失注，计算皆穷胆。与恶兄严卓卿，纠率案匪严干光、严月见、严伦占、严伦乔，无赖严辉光、严平昭、严瑶光、严康根等集敢死会，大恣嚣张。讪称不由立宪，先捏迪光放仆为干犯族例。嗾率婪老严业光，及凶顽恶党硬斥迪光出族革尝。又另立苛条，逐驱众仆非刑殴挞，惨刻异常。更爪严伦占、严金光逼勒各仆老少男妇缴出长春会棺殓费共八百余金。狠毒凶残，天良丧尽。各仆遭此惨烈，实欲食其肉而寝其皮。徒以势份攸关，迫为哑忍耳。然当此立宪时代，开放世仆诏旨颁行。且奉县宪毋得欺凌等谕。廷扬野蛮暴戾，显抗玉章，其罪可胜诛哉！至于迪光与廷扬素无怨嫌，何竟以诬蔑之污施之同姓。公论所在，清浊难淆操同室之戈。迪光不为已甚灭盛朝之典，廷扬宜早弥缝三尺之法，一本之亲，其知之否？谨告政、绅、学、报、商、善界诸公鉴而识之。俾悉该武生之横行武断也。

濠涌在议放仆矿学生严迪光表

——《香山旬报》第 68 期，庚戌（1910 年）七月十一日。

请看濠涌严迪光藉公营私自因出族砌词欺饰之狡诈

昨阅旬报第六十五期广告栏，登有严廷扬武断乡曲一则。敝族见之，诚恐有淆诸君之观听。故不得不据实通布，以昭公理。缘迪光于是年春集议提倡放仆。族内士绅曾闻朝廷有诏恩释，靡不赞成。适有二三耆老处穷乡僻壤，无见无闻，稍有措阻不无足怪。迪光不以理喻，反以强权对待之。且厉声疾呼曰：无论汝等赞成与否务禀，县宪将各世仆开放。似此目无耆老，君子窃不取焉。然敝族当日犹以迪光如此强迫，无非尊重人道之热力有以致之耳。讵知事有难于逆料者。自奉县宪饬准发给谕示后，一般世仆乃知为迪光所愚。遂将迪光之诡计向众宣诉，谓迪光曾索各仆贿资五百金。于是族人咸抱不平，集众公议。宣布开放世仆，实奉朝廷诏谕，岂容迪光一人假公益之名，逞营私之计。遂法议将迪光出族革胙，以警效尤。此迪光出族革胙之实在情形也。讵迪光砌词前登旬报，始则谬称本乡预备与简族械斗，恨迪光谏阻为非。先以出族革尝，捏端抵制。其虚言耸砌一也。继则谬称开放世仆，诬指迪光受贿，擅将迪光出族革尝。观此前后支离，迪光之欲掩饬出族之来由，徒亦自欺欺人耳。至捏廷扬督令无赖抗阻，不准同善堂登收各仆凑捐之银，尤为荒谬之极。当迪光提倡放仆从中静索贿金，合族绅耆无有知迪光之猾诈也。及今事机败露，又谓转该银附股制砖公司为濠涌阖乡公益。使迪光确有是心何以不当众声明于事机未败露之前，竟声明于事机已败露之后。况该股票宝燊亦无有据，其居心之诡诈百出，自可想见。谚曰：明人不作暗事。岂迪光未之知耶？复捏廷扬夺取谕示藏匿，勒索仆贿。不知当日收此谕示，廷扬曾将宪谕集祠宣布。而宪示则由经手人严宝燊曾在众地张贴。合族皆知矣。噫！迪光之强横砌词，以为藉公营私之掩饰，计诚狡矣。其如人未尽可欺何。

严孝思堂绅耆伦占、任臣、瑶光、金光、宝燊、伦乔、廷扬、国安全披露

——《香山旬报》第68期，庚戌（1910年）七月十一日。

看看看濠涌严任臣严宝燊严廷扬等蛇蝎同窝藉端诬噬尤复哓哓逞辩耶

武生严廷扬武断乡曲，慢欺同种，素不为乡族所齿。途人皆知。若严宝燊者，读孔孟之书，名列校膠庠为一乡冠。乃阳善阴恶，诚非人所逆料矣。观其诬毁迪光藉公营私一则，自相矛盾，更不能已于言矣。自去岁朝廷恩诏放仆，迪光喜皇仁广布着意提倡。集议同善堂生员严宝燊首出知启劝众签名。呼绅耆严子琛、严丙照、严祥光、严席珍、严紫荣、严焯垣、严鸿书、严金光等同时秉笔。独廷扬以索贿不遂，不肯签名。众谓其赳赳武夫，无足轻重。遂由丙熙主稿缮禀。众情允洽，亦无从旁挠阻。迪光何用强权？且非为一身一家，何尝目无耆老。惟各仆感恩图报，故集捐银五百员报缴同善堂。廷扬以未饱私囊，督令不准收受人所共见。各仆遂付制镈股份，声明为阖乡公益股票。交宝燊验收，岂容诿卸。均系去年十二月初旬事，而登辩则云：今春集议提倡，信口雌黄，诚属不知朝暮也。本年二月奉县宪给办示谕。廷扬矜恃婪恶，禁核地保不准张贴。狡勒各仆重贽。宝燊三次来函，彰彰可据。然廷扬以再索不遂，衔恨诸仆，移怨迪光。复因本年三月，族人与简姓失和，廷扬纠率族中无赖，结敢死会，宰牲肇门藉事敛财。迪光再三着人谏阻寝息。廷扬种种失著挟怨成仇，誓欲架捏谋吞，冀偿贪壑。乃先集案匪无赖等辣立苛约，凌虐各仆，教逼各仆

认迪光受贿以善其谋。各仆以报恩未能，岂忍报怨。廷扬虎欲不遂。乃嗾婪老恶党驱挞众仆，苦不可言。且诬迪光干犯族规，革尝出族。实欲噬迪光产业。诡辞狡险，阴险蛮横。现各放仆皆存。可一一调查据校。宝燊函信俱在，尤能作出证凭。宪政煌煌，诸恶党均属无知也。宝燊名列胶庠，宜当检举，何竟甘为蛇蝎耶？

濠涌矿学生严迪光再表

——《香山旬报》第68期，庚戌（1910年）七月十一日。

阻挠放仆之劣生已奉查办

四都濠涌乡劣武生严廷扬等，因阻挠放仆，强将严迪光诬陷出族。并另立苛例，致令各仆人惨受凌虐各情，已迭纪前报。现严迪光以被该武生诬陷，情有不甘。且乡中各仆户受虐更甚于前，势难隐忍。特据情赴县禀控。邑令已批札饬淇澳司查办。想一经澈查，必能水落石出。该乡之仆人终有出生天之日也。

——《香山旬报》第71期，庚戌（1910年）八月十一日。

广告

严迪光提倡义举，恪守宗规。洵称阖乡公益，不应革尝出族，妄启猜嫌。经本族绅耆呈请县台立案。嗣后祖宗尝业一体同沾。族众人等，毋得再肆浇漓，至干禀究。特此布闻。

宣统二年九月十九日濠涌严族绅耆严宝燊、严贤光、严照光、严廷扬等谨布

——《香山旬报》第75期，庚戌（1910年）九月二十一日。

论放奴宜先筹安置之法　道实

自汉以前，奴婢之属皆犯罪没入官府者。自汉以后，或有遭世离乱，茕茕之民，以饥寒所驱，恒鬻其子女为奴婢。于是为奴婢者不皆有罪之人矣。二者而外，则更有战胜他国，取所俘虏为奴者。自昔人主有诏责豪贵之家，不得买良人为奴者，已啧啧称为仁政。而地方有司，求能如柳子厚之知柳州，设法为人民赎还子女者，则又绝无而仅有矣。故吾国数千年来，奴制遂与专制政体长存于天壤。呜呼！同是圆颅方趾，而为人役使，终身不渝。并

第十一章 反对凌辱世仆 倡导解放奴婢

以及其子孙。人权剥丧,侪于牛马。此岂人道哉！今者环海交通,公理日明。专制政体,既不能独存于中国。而缘专制以发生者,如没为奴婢之类,其制亦宜因而永绝。此近年以来,以吾邑一隅之地,声明放奴者已相继闻风而起。虽现政府既倡言立宪,因立宪而议及放奴,则凡为奴者,固不必待主人之放,已回复其自主之权。而犹有以是为说者,亦足见人类乐平等而恶专制也。

虽然,奴制相沿已久。一旦言放奴,苟不先筹安置之法,往往以最仁之政,变为构衅之端。今所得而知者,其大较有二：甲则蓄奴之族,子姓不繁,奴溢于主。平居则资为扞卫,泊乎已放,则多有恃其人众挟制主人,为倒行逆施之计。乙则族大奴少,始也有放奴之举,倡于二三明达。而无心肝者狃于所习,肆为反对。虽一时怵于明谕,屈于公理,无可奈何。及后则煽动乡愚,肆意虐待。彼前为奴者,势力微弱。重以积威所渐,惟有以忍气吞声,自伤实命不犹而已。然由甲说则吾粤州县如三水各属,斯弊已著。已有据情向行政官诉讼者。由乙说则不幸于吾邑见之。邑属濠涌乡严族有奴数十人,始由严迪光发起释放。而竟有藉端反对。鼓动无知之徒,于既放之后,创立种种苛约,备加虐待。乡中公共应享之权利,亦屏绝之不使得与。其苛虐事情,本报已迭有所纪。最近则已放奴仆有妇女多人上山割草。讵挑回乡中,竟被乡人抢去。将所带器具一并焚毁。窥其用意,必欲使之衣食断绝无以为生而后始快于心焉！然则彼中奴仆于未放之先,虽任其主人鞭棰若马牛,犹不至于颠连冻馁。今则徒拥释放之美名,而竟仰事俯蓄之无术。而身受凌虐,则万万有加。虽欲再为奴隶而弗可得。天下不仁之事,孰有逾于斯？为民上者,奈之何竟熟视而不思所以救之？

然则救之之术,固宜查究鼓动之人,而开导无知之辈。尤莫要于酌量情形备筹安置之法,通饬各乡族一体遵行。则庶乎不致变仁政为暴政也。而所谓安置之法,亦可得而言焉。（一）既放之后,平等待遇。凡乡中公共所享之权利,准一体享受,乡人不得藉词阻挠。（二）前日给与仆人之住屋,既放之后,即为仆人之物,不得取回（诚以前日凡主人有冠昏丧祭之事,仆人皆为执役,对于主人甚劳,今不取回住屋,断不为过）。给与仆人耕种之田园,应以寻常佃户相待,不得即时取回。（三）已放仆人,雇之作工,应给以相当价值。以上三法。皆其荦荦大者。地方官苟通饬各乡族绅耆使之执行,而后放仆始无流弊也。虽然,乡曲陋民不知爱惜人

401

权，平日蔑视仆人，一旦侪之使平，往往有怨怼之色。此又赖明理之君子，为之解释而化导之矣。

按此文已脱稿，而阅严族绅耆所登本报前期告白，已认设立苛约为野蛮无理，公议删除。倘能终始不渝，此固本报所深望。惟仍将此文登报者，并欲为一般之虐待已放仆人者，痛下针砭也。

——《香山旬报》第 76 期，庚戌（1910 年）十月初一日。

第十二章　改革旧教育　创办新学堂

改良风俗不能只靠行政手段，普及教育才是根本。因为愚昧无知和习惯势力对移风易俗形成巨大的阻力，必须经过普及教育提高人们的道德文化质素，才会自然地抛弃一切腐朽的旧风俗和旧习惯。当时香山人认为，普及教育要从三个方面入手，即家庭教育、学校教育和社会教育。当然这里所说的学校教育是新学堂教育，即西方的教育体制，而不是旧式的学塾教育。经过香山同盟会会员和先进知识分子的不懈努力，香山各乡镇纷纷兴办新学堂。从全县来看，上、下恭都开办新学堂最早，1902年前山寨刘永梠创办刘氏初等小学，1903年上栅乡邓兆凰创办公立两等小学，两地均属今珠海市。这里毗邻澳门，早在鸦片战争前后，就有人通过澳门出洋留学。对创办新学堂态度尤为积极。这些新学堂分为初等小学、高等小学和中学堂三类。当时全县只有县城有一所中学堂，即如今石岐市一中的前身。另外，包括初等和高等小学在内的学堂，称为两等学堂。当时全县先后建立新学堂62所，覆盖全县各个乡镇。新学堂教学内容大体上有修身、国文、算术、中国历史、中国地理、格致（物理、化学）、图画、体操、音乐等课程。学制为初等小学4年，高等小学4年。人们对这些新学堂的发展十分关心，地方当局也很重视，专门设立了劝学所和教育会等机构，大力整顿学务，监察学界。学堂奉行新学制，采用新教材，讲授科学新知识，这无疑是一场教育革命。经历了这场革命之后，新的教育体制建立起来，成为普及教育的主流。当然，旧的教育体制并没有完全消失，当局也设立了私塾改良会，仍让塾师任教，使其不致失业而生活无着，但指导其改进教学内容和方法。私塾教育直到民国初年仍然存在。

旧学塾是科举时代的教育，当时只有男子能参加科举考试，于是学塾也只收录男生攻读八股文，而排斥女生。自从废弃科举，兴办新学堂后，教学目的和内容完全变了，妇女与男子一样享有同等的受教育权利。但当时男女同校尚未出现，于是用兴办女学堂的办法解决招收女生的问题，使广大妇女得以接受近代文明教育。在香山地区，刘思复率先创办隽德女学堂，树立了典范。女学堂的学制和课程，除了增加女红一课之外，均与其他学校相同。隽德女学堂于1908年由私立改为公立学校，由于得到公款资助，设备更加完善，学生报名异常踊跃，该校开设新班，分堂讲授。此后，随着渴望求学的女子逐渐增加，从1909年起，香山又陆续增开光汉女学校、同仇女学校等几所女学堂招收新生。其中光汉女学校是刘数初独出巨资开办，报名就读的不下数十人，在香山县人民中引起不少轰动。

第一节　建立新学制　倡办新学堂

论教育与改良风俗之关系　醒汉

迩年以来，改良进化之名词，腾播于社会。虽妇人孺子，亦耳熟而能道之矣。夫人人皆识此名词，人人实行此主义，则社会上之旧染污俗，何难一扫而空之，使骤进于文明之境界邪。顾吾尝近而征之吾邑社会之现状矣。若婚嫁之家，犹论嫁饰，争品物，亲友道贺之繁文，恶少闹房之怪剧，一一如故也。若丧祭之事，犹延僧尼修斋醮，停尸择地之恶俗，焚衣化帛之愚迷，一一不改也。以言神权，则元旦之行香，七月之烧衣，除夕之祀灶，其迷信不减也。以言俗尚，则二月之夺炮，浴佛日之舞龙，端午之竞渡，其蛮野犹昔也。且限期禁烟之令既下，而烟馆林立，殴打戒烟会员之恶剧，不一次也。改良私塾之会既设，而塾师锢蔽，反对提学司之干涉，不一人也。环顾吾邑，此十三都之疆域，五十万之同胞，舍学界少数同志外，有提倡改良风俗，实行化导社会者乎？无有也。呜呼，岂我邑同胞，无意识，无思想，醉生梦死，与倭兰吉贡同等，不足与言改良乎？盖无教育故也。

夫教育者，制造社会风俗之原料也，教育未兴，而欲风俗之改良，是犹舍舆马而欲至千里，弃舟楫而欲绝江海也。世界万国，其国民程度之等差，必贫者十百，而富者一二，必愚者十百，而智者一二。惟恃普及国民之教育，促其民使进于文明之域耳。我国未受教育之女子，已占国民之半数，其他半数之中，未受教育之农工商等，又居十之七八，惟余此最少数之所谓士林中人，身受腐败之教育，沉溺于词章帖括，驰骛于利禄功名。目未睹科学之书，耳未闻鸿哲之论，守旧之习，积于脑髓，直与未受教育者等耳。责此辈以改良风俗，何异令瞽者辨色，使聋者审音乎。

不宁惟是，社会未开化，崇拜腐儒者常占多数，崇拜新学家者仅一二耳。吾见有志之士，发悲惨痛切之言论，累千万言，犹不能感发而开悟之者。老学究出一二语，而社会奉为定盘针，恃为护身符矣。吾当竭力以提倡之，彼辈交口以诋毁之。有倡破神权之议者，群以为奉洋教矣，有倡设女学之说者，群以为好色登徒矣，有倡剪发易服之论者，群以为变乱国制，谄媚外夷矣。一齐人傅，而众楚人咻。此诚社会风俗之大魔障也。故欲浚发社会，破除魔障，非普及教育不为功。

普及教育之方面有三。

一曰家庭教育。家庭为学校基础，凡身体之发达，知识之开通，道德之纯固，胥于此基之。盖小儿初生，为父母者，即其玩好之物，为其剖释以启其知，因其日用之事，为之解说以发其识。其为功最大，其收效亦最易，此陆克氏所以专主家庭教育也。顾掌握家庭教育之枢机者谁乎，则女子也，裴司塔若藉氏有言，儿童之受教，必自母始，小儿在襁褓之中，其性常亲母而疏父，盖父之声音颜色，予儿以可畏，而母之言笑情状，予儿以可爱也。爱之切斯信之笃，信之笃斯教之易。古来之圣贤豪杰，其得之父教者少，得之母教者多，是可证已。吾国女子素无教育，其抚子也，或惧之以鬼神，或诳之以食品。家庭之间，所闻皆鄙俚猥琐之语，所见皆粗暴谬乱之行，深印于其脑中，适养成迷信欺诈骄奢贪残种种劣质，其影响于人群风俗岂浅鲜邪！

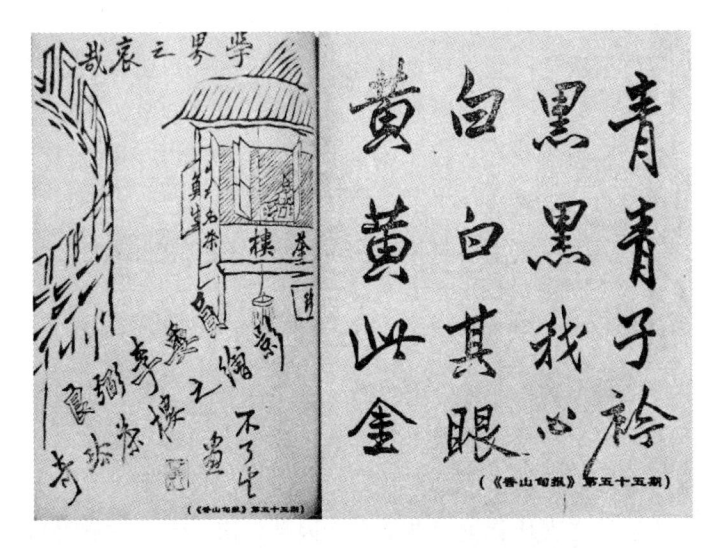

图 12-1 《香山旬报》讽刺学界现状的漫画

二曰学校教育。学记言古之教者，家有塾，党有庠，州有序，国有学，保传篇言八岁而就外舍，束发而就大学。周代学校之盛，不让于今之欧美。欧美各国学校，别为普通专门特别三种，而普通学校为尤重。凡国民六岁，无论男女，必令就学，谓之义务教育。至于贫儿孤儿，盲哑痴聋之类，皆特设学校以教之，使全国人民，皆具普通知识，故其国教育愈盛者，而风俗亦愈良。有断然者，吾国近年名为振兴教育，然未能推广。就吾邑计之，小学仅得六七十所，学生不过三数千人，以人数论，得受教育者百之一二耳。又况学校之中，教科不备，教授不良者，比比皆是乎。人民之程度，恒视教育之涨缩为比例差，吾邑教育之现象如此，则人民之程度可知矣，社会之风俗更可知矣。

三曰社会教育。人类不能离群而孤立，非内处家庭，则置身社会。社会积习之染人，有同化之力。故欧美文明诸国，皆重视社会教育，组织种种之团体，以开通社会之知识，扩充种种之事业，以增进社会之文化。社会之教育，实为改良风俗之重要机关，未闻有社会教育发达，而风俗不良者也。顾吾邑中下流社会无论矣，所谓上流社会中人，触吾目者，莫非劣绅赌棍，烟鬼酒徒，结党营私，横行乡里，以鱼肉同胞为事。即素有名誉号称新学之士夫，往往聚首谈心，讨论国事，咨嗟太息，亦惟付之空谈。及考其实际，则囿于流俗，而不克振拔。嗟乎嗟乎！吾邑之社会如是，学校如是，家庭如是，而欲改良风俗，不亦难乎！

虽然吾不敢谓我邑同胞之不足与言改良也，其所以野塞若是者，实不知普及教育关系之重要也。吾知之而不大声疾呼，正告我邑人士，是无以对我同胞，闻吾言者苟视为河汉，而不奋其热心，合其群力，以图教育之普及，是为自负，我同胞其念之哉！

——《香山旬报》第3期，戊申（1908年）九月十一日。

邑中教育之新计画　亚秋

拥管学官之名衔者，非邑令乎？操一邑学务之机关者，非教育会暨劝学所乎？然近年来宰是邦者，如钱令之荒昧，凌令之固塞，沈令之圆滑，均不足与言教育之事。而任劝学所总董者，无动为大。尸居余气，绝无振作。仰总董而外，劝学员之责任綦重。办学者之因陋就简，惟劝学员得指导而纠正之。学务之日即衰落，惟劝学员得确知而振起之。已办学堂因筹款争讼有岌

第十二章 改革旧教育 创办新学堂

炭不能持久之势者,而劝学员亦得代达于地方有司而维持之。而今之为劝学员者,果能于是数者曾尽其心力否乎?他勿具论。串同劣员,换卷舞弊,亦有其人矣。若教育会,虽其任职者亦卓然欲有所作为。惟各人皆有专业,对于会事,不过担任义务。除星期例会外,无多时日,得以群聚而讨论。故诸所措施,尚未尽获良美之效果。且经费未裕,窒碍良多。职是之故,吾邑学务毫无起色;学校之中辍者既有所闻,各校生徒之不足额者所在而是。其余关于教育之种种事业,亦无足称者。苟非得贤有司出而提倡于上,明达之士绅相与赞助于下,而冀学务之蒸进不已,亦犹适郢而北其辙也。记者愚昧,近对于邑中教育事宜,以为宜殚力组织者,厥有四端。亟陈其梗概,幸主持学务者之不脑后置之也。

一宜在县城设一完全高等小学为各属楷模也。查县属小学。其办理略为完备者虽不乏。其间办学不晓章程,不知变通,亦不为少。且对于教育之新法令,亦有茫然不知,仍其故辙以进行者。故亟宜仿提学司模范小学办法,在县城设模范高等小学一所,务求整备,以为各属之表率。使办学者得以参观而取法焉,庶盲行冥进之弊自绝。裨益于学务者必非浅鲜矣。

一女子师范及小学亟宜设立及扩充也。盖教育以家庭为始基,女学以师资为先着。邑中女学,发端于前数年,而巂德女学为之倡。近则女子渐知向学,惟各女塾教法参差,多不完善。此不尽由于经费之难筹,亦由师资之缺乏。查邑中女子,前经入学校二三年者,及现在巂德肄业者,其余各女塾之程度较高者,亦不乏合师范生资格之人。且省城官立女子师范学堂亦有毕业者。故设立女子师范,尚不患无教师。至女子小学,更宜设法扩充,而附设小学于师范之内;以期实地练习,亦不可缓者。

一宜令各小学附设简易识字学塾也。查简易识字学塾,专为年长失学及贫寒子弟而设。可以开夜班,附设于各小学,甚为合宜。至经费一层,每所至多不过二百金。各小学之经费充裕者,稍省縻费,固不虑兴办无赀。即现无余款者,尚不难于筹措。乃今各小学未见有筹设此项学塾者,岂劝学者之不力欤?抑鼓舞者之无人欤?以振兴教育为任者,宜亟起以图矣。

一图书馆宜组织完备也。查图书馆之设,为教育上重要之事。袁督交咨议局公决议草,言其利益綦详。现邑中教育会已决议开办,择有馆地矣。惟开办经费既不充足,寻常经费亦待筹措。然天下事经始虽难,但能群策群力,未有不济。故有志教育者,皆当竭思尽虑,以谋图书馆之完善。而蔚一

407

邑之巨观也。

凡此四端，皆教育上切要之计画，而亦非甚难举行者。邑令前者曾当学务职任，于学务当称熟识。其亦不河汉斯言乎？则请拭目俟之。

——《香山旬报》第77期，庚戌（1910年）十月十一日。

教育会集议纪事

九月二十五日，教育会开特别会议。是日一点钟开会，由会长刘仲芬君宣布开会理由；大略谓本会之设，将及三年；徒以资力绵薄，每举一事，辄生阻力，以致成效未见。现拟扩充办法，增订新章。嗣后凡邑中城乡各校，皆得以学堂名义入会。入会后即举定代表一人，会议时由本会函请到场参议，庶足以联合大群，力谋进步。随将议增订之简章逐条磋商后，决议将章程刊送各校，俟得其覆函赞成，然后实行。又会计员李怜庵君提议，迩来各社团开幕，纷纷函请各校学生赴会。在社团第欲藉军乐队伍，以壮观瞻。不知中小学堂，功课繁密，黄金时日，实无暇晷可以赴会。而主持校务诸君，以为交际问题，人情难却，万不得已而徇其请。驯至此往彼来，竟有不能不应酬之势。遂以人格最高尚之学生，学界最庄严之军乐，视为傀儡，实非办学者初意所及。拟由本会刊布传单，分送各校。嗣后社团开幕，及诸凡集会，无关于学生者，请无容全体赴会。是否有当，请公定。众皆鼓掌赞成。又书记员郑叔裕君提议，查奏定教育会章程，有品学素优或以财力资助本会者，皆得推为名誉会员之条文，本会似宜照章办理。应如何公推，请公订。众议如有合上资格者，会员、职员均得随时商知本会，由本会具函公推。

——《香山旬报》第43期，己酉（1909年）十月十一日。

香山教育会议案

十月二十三日，该会星期例会。议案录下：主席刘颈芬君，提议本会职员将届期满，照章应行另举充任。且高初两小学校长亦届选举之期，似宜从速将本会职员举定，庶於办理选举校长事无所妨碍，应如何定期另举以重职守之处，请公定。黄君启明起言，本会职员存案时计至明年二月方满任，有一日之责任，应尽一日之义务，照章应俟届期另举，似不宜以目前应办之事，诿诸下届职员。众和议。郑君颂平起言，高初两小学校长，现届期满，应先会同劝学所妥商，然后移请地方官定期选举，研究选举方法，以重学务。众决议，下星期会商劝学所，将前届选举校长办法，逐一研究改良。另订日期，会同邑侯，召集大众，公同磋议，俟磋议定，即定期选举校长，庶免延误。

——《香山旬报》第45期，己酉（1909年）十一月初一日。

集议选举校长情形详志

去岁十二月十三日，劝学所教育会会同在劝学所开会，妥议选举高初两小学校长事。是日到者八十余人。二点钟开会，公推沈令为正主席，黄桂丹、刘荣祖、郑仲铭为副主席，郑照极、高文锦为书记员。旋由张汝翘宣布开会理由，并将前次选举校长时被选资格及选举人资格为议案底本，先宣布被选资格。第一条众公认。第二条为曾习师范一年以上毕业者；秦荣章起言，此条太滥，改为半年师范以上。众和议。第三条为曾充各学堂教员及校长者；李景纲起言，此条似应稍加限制，应改为曾历任校务四年，及略受教育者。是时众议颇多，或主任务二年，或主不必在一堂之内，终以在一学堂充当教员或校长继续任事三年者，为多数承认，作为决议。黄蔓彬提议云，曾任中学监学三年以上者，应有被选资格；陈鸿遇驳议，监学程度不一，虽高等学堂监学，尚且糊涂不堪云云。张汝翘云，就事实上，自然做不得；就理论上以中学监学充小学校长，亦不为过，仍可承认；李耀公驳议，凡事不贵空言，既云事实上做不得，即为不胜校长之明证；郑廷选和议。李景纲云，第三条教员校长，皆以在本邑充当者为定。今中学监学，自然以在本邑为限。本邑中学开办未及三年，黄某提议之说，应无庸议。李经芬提议被选资格，应加入举贡一条。是时反对者颇众，作为无效。

次宣布选举人资格。第一二条皆通过，第三条为附生以上。李景纲起言，此条应加限制。郑仲铭和议。是时互有辩驳，随定多数取决。徐廷相起立大呼曰：此条必要誓死争回，终以赞成附生有选举权者较多，遂决议。第四条为劝学所员绅；第五条为教育会会员；徐廷相云，第五条亟宜限制。李耀公起问限制之法。徐廷相云，先列出该会会员人名，俾大众公议，某人有选举权，某人无选举权。李耀公云，如此手续极繁，且开攻讦之门。徐廷相云，该会会员品流极杂，为防流弊起见，不得不示限制。李耀公云，既欲防流弊，教育会会员品流虽杂，附生品未尝不杂；如欲限制教育会员，必将附生一并限制，方昭大公。黄蔚彬云，教育会员以六元入会，天下断无如此便宜之事。李耀公云，教育会经提学司及地方官承认而后设立，且有入会资格，不必区区六元之入会费。徐廷相云，试问地方官能将会员资格一一调查否？李耀公云，此是地方官权限。陈鸿遇云，地方官就使不能一一调查，惟其假权于会长，会长自有调查之责。是时赞成教育会会员有选举权者极众。徐犹嚣嚣致辩，谓教育会不过六元入会，若许该会员有选举权，运动家可以召集百人入会，费六百元便可得一校长云云。李景纲云，此实不通之论，校长每年不过得二三百金，且担任极重，乌有费六百元而运动一校长之理。徐语塞。自后无复继起驳议者。教育会会员一条，作为通过。黄桂丹提议局绅应有选举权。李耀公云，既许附生以上有选举权，似不必另立局绅一条。某君提议被选人年龄；李瀛登谓宜以三十岁为限，众认可。李景纲提议，前日毁学者应剥夺其选举权。林嵩华云，鄙人最热心兴学，邑人咸指为毁学首领；若此则我不能不争。满座皆大笑。李景纲复提议复选办法；经众决议初选时，以得票最多之十人为复选人。随由沈令定期二十三日仍在劝学所开会选举。即摇铃散会，时五句钟矣。

并将被选人与选举人资格录下：被选人资格：（一）中学以上学堂毕业者；（二）习师范年半以上毕业者；（三）曾当本邑学堂校长或教员在一学堂内继续任事至三年者。凡本邑人年在三十以上，不染嗜好，合上列资格之一者，皆得当选；惟就任后不得兼任他职。

选举人资格：（一）各学堂堂员教员；（二）高等小学堂毕业生；（三）劝学所员；（四）教育会员；（五）附生以上。凡本邑人合上列资格之一者，皆有选举权。

——《香山旬报》第50期，己酉（1909年）十二月十一日。

选举校长纪事

去腊月二十三日为选举校长日期，到者二百余人，仍推沈令主席。将开会时，有师范选科毕业生郑其昌，提议十三日所定被选人资格，与学务大纲有悖；而限制年龄一条，尤为不合。鄙人当日因事赴省，未及与议。今为一邑学务计，似宜再行磋商尽善，然后选举；并请师范毕业诸君，上前讨论，其未习师范者，不必发言云云。语犹未毕，喝打之声已起。前毁学首领之林某，声浪尤高；会场几至扰乱，旋由沈令以手指林某诘责；略谓会场中当研究公理，不应如此野蛮。林某瑟缩不安，连称是是，形状殊觉可怜。后由众公推纠察员数人，力劝诸人就坐，勿得喧扰；会场始略肃静，再摇铃开会。张汝翘宣布毕。复由郑其昌申明前说，谓凡事皆以奏定章程为本，若违背定章，则不能以多数决议为执拗；众皆无说以驳，有刘某起言，此次议定资格，虽有不合，但既已由众公决，似不宜翻异；可否照行一次，下次选举则不能援以为例。李景刚驳议，谓既知有错，则宜即改；若俟之下次，则已贻误三年。徐廷相起谓，前日集议，李君亦在场与议，何以当日并不辩明。李谓当日一时失觉；今既明知其不合，则改之亦无不可。张寿荣闻言，即起向沈令陈说，谓李前日在场，今竟遽翻前议；并怂恿沈令向李诘问，意欲以官力压服众人也。卒以反对者众，遂从多数决议将年龄一条删去；其余资格则仍其旧。复有陈鸿遇提议，被选遗选资格第一条，中学以上毕业生，应照奏定章程所列之学堂统系表为定，其警察陆军法政概不得入选。徐廷相、郑仲贤相继起驳，谓陈说实为攻击个人。（注意）陈以其言语狂妄，一笑置之。是时附和陈说者甚众，纷纷争论；郑廷选起言，此事须问明提学司为决；郑仲铭对沈令言，可否俟选举后有不公认者，再行请示提学司办理。沈令闻言，向会场宣布；众皆赞成。遂投票选举。开票后，初选当选者林松龄等十人。复由十人互选，先选高等小学校长，林松龄得五票；次选初等小学校长，张寿荣得五票；均作为当选人。选毕，复由陈颐具节略一扣，当场宣布，谓官立中学及高初两等小学糜费太钜，不遵原定预算章程，请为厘订。后由沈令允准另日公议；随即散会。

按此次选举之前，本报迭接友人来函。均称林张两人，遍布党羽，极力运动。本报适因岁暮停版，未发其覆。今观现当选者适与相符；核其复选得票，又果然同此人、同此数。其为运动抬举，已无可疑。况更以席位相酬。则教员之得人与否，益不堪问。噫！以区区两小学校长，而鬼蜮若此。昔人所以谓士重器识也。

——《香山旬报》第50期，己酉（1909年）十二月十一日。

劝学员何为裁减耶　道实

欲开通民智，莫先于普及教育。欲普及教育，莫切于劝学。然则劝学员者，宜多设不宜裁减，固彰彰也。

吾粤学务堕落，由主持者之非人。吾邑学务堕落，由管学官之漠视。夫人能道之，而幸也继固塞之凌令，巧滑之沈令后，包邑令来。

包邑令者，固历当学务差委者也。固以整顿学务为己任者也。固欲大有所作为者也。邑人责以普及教育，即邑令亦不谓苛。

异哉，劝学所向设劝学员四，以吾邑土地辽阔，户口稠密，而劝学员只有此数，亦云少矣。而自郑劝学员弃世后，竟缺额不补。邑令之意，果何在乎？欲普及教育而减少劝学员，亦难索解人也。

或曰：今之劝学员，除往各校监考毕业试催缴表册外，果于劝学二字，能顾名思义乎？不知劝学员责任綦重，如调查学龄，分割学区，皆应办之事。有漠视学务之管学官，有不知学务之总董，则劝学员亦相率放弃耳。否者督率之，策励之，则劝学员敢荒其职守乎？故谓劝学员未尽责任而邑令裁减之者，此因噎废食之说，邑令当不作是想。然则果何为缺额不补，邑令宜有说以处此。

——《香山循报》第 85 期，辛亥（1911 年）正月十六日。

教育会补选职员纪事

教育会因正会长张汝翘、庶务员郭锐兴辞职，会计员郑彦博去世，特于月十五日开会补选，并磋商会内一切事宜。是日到会者约六十人。到场监视者有易捕厅、梁巡官。二句钟摇铃开会。由张汝翘宣布开会事由。次会计员黄耀光宣布庚戌年进支总数。随派票选举。计举出正会长刘荣祖五十票，会计员毛嘉翰三十五票，庶务员谢帝光二十九票。是日会员无提议事件，再由陈鸿遇将该会筹办图书馆始末宣示。随茶会而散。

——《香山循报》第 86 期，辛亥（1911 年）正月二十三日。

家族学堂之发达

隆都申明亭乡杨氏家族学堂，于乙巳年（1905 年）成立，至今已属九学期。因定章初等未有奖励，故学生每读一二年，程度渐高，即考入高等小学；虽开办数年，仍未有期满毕业者。旧岁殷视学员禀覆提学司，谓该校编制教授，诸称适宜。学生成绩，并皆优美。惟学生额数尚少三名，须招补足额，以符定章。闻该校今岁添招新班，全堂学生共约五十人。该族学务之振兴，于此可见一斑矣。

——《香山旬报》第 61 期，庚戌（1910 年）五月初一日。

梁恩瀚等其谓之何　天赋

梁恩瀚等控告教育会一案，本报已著论痛陈之矣。然当日惟知其挟嫌攻击，而不知其冒名妄控。今阅提学司批词（已见前报省批栏），始悉赴辕检举者，已有数人。则梁某之作伪心劳，无理取闹之怪像，遂大白于天下。戴震曰：死于法人有怜之者；死于理夫谁怜之。呜呼！彼梁某其谓之何？夫吾邑之教育会，虽无何等之振作，亦无何等之劣迹，吾所敢断言也。毛某等虽未为教育会谋大益，亦无恃教育会以营私。此又吾所敢断言也。梁某控其营私舞弊，吾则敢断言曰：挟嫌而已。盖吾邑开办自治社会以来，新旧两党，已如水火之不容，冰炭之相克。党界纷歧，则私人之交涉，公事之决议，凡为党人所干预者，必肆意诋毁，不遗余力。今梁某等固总局的自治社之羽翼也，其控告教育会，亦本于党争之观念而起。呜呼！若辈良苦。然而误矣。夫吾人对于学界之败类，固不可宽其纠正之责；然欲实力以干涉之，则当调查确实。某人藉学渔利，某事为之铁证；某人藉党营私，某事为之柄据；胸有成竹，然后根据实事以立言。虽未云尽善，然言之有理，持之有故，当为世之所同谅。若夫因私害公，空言诋人，则论据必弱而无力。一经驳难，其溃败可立而待；此一定之理也。今梁某等之禀词，记者虽未知之。然平日既由私党之争，其恶感已酝酿深醇；则今日禀攻，必由恶感情而发，非由辨理心而起。虽无冒签之事，已知其事之无济；况重以冒签之鬼域伎俩，又安在为不为人所摈斥哉！春蚕作茧，适以自缚。彼梁某其知之否？

今者毛某等既请查办矣；而某校长又请除名矣。吾意梁某左右荆棘，当悔作事之孟浪。或者经此番堕败，改心易虑，破除党见，固记者所深望。若犹为困兽之斗，因意气争执，置是非于不顾。则是愚而自用，吾真无以诏之矣。

——《香山旬报》第62期，庚戌（1910年）五月十一日。

恭都小学堂毕业考试纪略

恭都公立两等小学堂，由该校长韦廷芳君创办，已历数年；本年已届毕业之期，定于七月二十四、二十五、二十六等日在堂内分科考验。是日庄同知、沈令、廖丞，及劝学所总董、教育会正副会长，均到堂监试，颇为严密。查此次高等小学生修业已满八学期者，共十五人；内有一人因丁忧未满百日，故预考者实得十四人云。

按邑属小学共约七十余所，恭都小学成立最先。溯各处学堂创办之初，鲜有不遭阻力者。而恭都小学之风潮，尤为剧烈。乃韦君终能坚持毅力，卓著成效。可称为该都学界之功臣矣。

——《香山旬报》第36期，己酉（1909年）八月初一日。

高等小学毕业经由司核准

邑城高等小学甲班生第一届毕业，自去年底考试后，旋因阅卷委员李良弼舞弊一案，学司缓未批示。复因郑炳鋆运动赴省覆试，延搁数月，尚未发表；至前月中旬，始由学司将各学生试卷核定发县；九月二十二日由邑令将各生积分榜示学堂门首。闻此次各生分数，学司多有核减；惟程大元则略为加增。而郑炳鋆则多方运动，耗去多金，仍博得下等；亦可谓枉作小人矣。兹将学司核定各生积分列下：最优等二名，毛彦愉（八九六）、郑洪钧（八零零）；优等八名，龙亮（七七九）、方惇裕（七五八）、方汝钦（七五五）、黄达孝（七五一）、张念祖（七四五）、冯宗骥（七四三）、缪宗郊（七一二）、黄公遇（七零一）；中等十三名，李濠鋆（六九八）、郑守谦（六九七）、毛若砺（六八七）、萧炳材（六八零）、杨官祺（六八零）、冯家骏（六七六）、林增源（六六零）、程伟奇（六五零）、李景芬（六三零）、郑韬（六一八）、郑生同（六一一）、李焕遥（六零七）、程大元（六零六）；下等二名，方焕燊（五七零）、郑秉钧（五六八）；最下等一名，黄勃（四一五）。

——《香山旬报》第76期，庚戌（1910年）十月初一日。

邑人控劝学所与控教育会之比较　燃犀

握一邑学务之机关者谁欤？即劝学所教育会是也。操监督劝学所教育会之权责者谁欤？则一邑学界中人皆是也。彼能孳孳矻矻，发扬文明，则群起而推许之。彼若舞弊营私，放弃职守，则群起而攻讦之。吾无间然矣，乃吾观邑人对于两方之行动，始则过于宽纵，继则过于倾轧。试一披阅本报所载禀攻劝学所教育会之案，无时间绝。吾不敢谓两方皆办事认真，无可攻讦之理由。然细察邑人所恃为攻讦之根据，皆游移徜彿，不能得其要领。揆其原因，皆由若辈张拳怒目，强聒不舍者，多为私而非为公，为个人而非为全体。外有所慑，内有所忌。故立言行事，皆乖谬百出，反为识者所嗤病，非无故矣。吾今欲证其谬，先举邑人之对于两方之现象，作一比较观。

第十二章　改革旧教育　创办新学堂

其相异之点有三。

凡人出而任事，为公为私，于比较上而自显。平情而论，则教育会在本邑学界之位置，尚无谬戾足以资人口实者。而劝学员则舞弊有据，见于公牍矣。乃邑人之禀攻教育会者，不必过问劝学所。而禀攻劝学所者，不必词连教育会。分途并进，两不相侔；偏爱偏憎，悬殊实甚。此其相异者一。

彼辈所恃为干城甲胄者，亦引公义之说以自文。则凡责难于人者，必当持之有故，言之成理；不为含混，不为阿附，词严气正。而人无所议矣。今教育会开办至今，无甚过失。而邑人不必胪举证据，辄指为舞弊营私。而劝学所虽处于疑谤交腾之中，而邑人绝少过问。过问矣，亦隐饰其词，大失锄奸诛恶之意。毗轻毗重，各有会心，殊令外人索解也。此其相异者二。

凡作一事，若有偏私之见存，则见诸言论，发为事实者，皆不免自相矛盾之诮。观邑人之控劝学所教育会可以知矣。其控教育会者，不特禀控其任事之职员，即为无足轻重之会员，仍有在被告之列。而控劝学所者则异是，其注力全在总董之一方，而劝学员之若何放弃，若何贪横，不苛求也。此中情节，令人莫名其妙，此其相异者三。

其相同之点有二。

同处乡井之间，而有因社会公事，破除情面，决裂以干涉之者，必其人留心时事，忍之无可忍，待之无可待，然后出于诉讼。今干涉劝学所者，无过吴国贤之流。干涉教育会者，又为梁恩瀚等众。若辈沉迷昏老，乌知有所谓学务？乌知有所谓劝学所教育会？乃出名控告者，即以此辈为前驱。而社会上稍露头角之人，反猬缩鼠伏，不赞一词，此其相同者一。

凡干涉社会上事者，必先有其宗旨。既自信其宗旨不谬，而人之行事为可议，然后出而干涉。则无论有济与否，而自信既笃，必有再接再厉，百折不挠之慨。乃若辈之干涉劝学所教育会，所署名禀首之人，今日为甲，明日为乙，狐埋鼠猾，变幻甚神。揆其理由，凡出名控攻者，必为人所利用，甘为追杀猛兽之狗。而后有此一哄之举动也。此其相同者二。

观上所说，则若辈互相攻讦之本旨，可以想见矣。夫吾邑学务，已成一落千丈之势，其弊坐于主持学务者之放弃。而主持学务者之放弃，其弊坐于无监督之人。若有干涉之者，吾方勉励之臂助之，何忍堕其气而馁其志。不知正当干涉，固记者绝对赞成。而蛮触忿争，则期期以为不可矣。吾尝闻之，循名而不核实，为善者不必免，为恶者未必刑。试思教育会成立数年，筹办女学,筹办贫民小学,筹办简易小学,筹办图书馆,倡办公益,果何负于邑人。而盲从瞎闹者流,竟欲灭此朝食而甘心。是何故也?若劝学所糜费公款,几于无一事可办,则干涉之是矣。然干涉者皆嗫嚅而言,隐忍不敢尽吐。劝学员之舞弊,总董之有心袒庇,皆事实上予人以共见者。而邑人无一诘责之,又何故也?总而言之,其控告教育会者,多为争气;其控告劝学所者,多为争利(如吴国贤之禀可为明证)。争气者,积无限恶感,处于势不并立之地,倒行逆施所在不恤;争利者,但欲去当事者而代之,随时可以发难,随时可以援引。故虽有弊混,而彼亦不暇问,此皆若辈今日之隐衷也。积此种种之恶心理,而后得此种种之怪现象,相聚一室,纷呶不已。而名不正,言不顺,显不可告同胞,隐不可质神明。斯何贵为此终日哓哓,自扰扰人之事耶?有为学务谋者,盍亦知所变计乎。

——《香山旬报》第93期,辛亥(1911年)三月十三日。

论撤换总董宜从学务现象着想　铁公

黄总董听者

我邑学界诸公听者

凡地方上公共事业,欲其美满发达,必有统一机关以监督之,维持之,以催促其进行,而后各部之进行也倍速。故商务则有商会也,实业则有劝业会也,学务则有劝学所也,此皆所谓统一之机关也。机关不良,则整理之手段必缺。整理之手段一缺,则各部之精神不振。譬之树也,欲畅茂条达,而不知培其本。譬之水也,欲其淳泓洋溢,而不知浚其源。而欲枝之繁流之远也,是乌乎可?一事然,事事何独不然。此吾纵论邑事,而辄叹统一机关废弛之所致矣。吾邑人也,吾邑中学界之一人也。请言邑中学务,邑人思之,主持邑中学务统一之机关者谁欤?非劝学总董乎?今为劝学总董者谁欤?非黄绅其人乎?黄绅为劝学总董已三年于兹矣。其为人也,柔弱寡断,而非有办事之才也。笃于所亲,而非能知人善任也。枉法徇私,而非能除恶务尽也。积其种种原因,任职三载,而遂成今日学务现象(现象若何,邑人类能言之,且迭见本报,故不赘述),败坏而不可收拾。语其一年所得之成绩,劝学总董也,则支六百金矣。劝学员也,则支三百六十金矣。其他耗费于有意无意之中者,更属不赀。要而言之,年耗我邑数千金之钜款,而实无一事可办而已。呜呼!总董非人,劝学所之无用如此,而全邑学务之不振也又如彼。黄绅乎！将何颜以坐受薪金乎！将何颜恋栈，以见我邦人诸父乎！本报有见于此，时著论以忠告之。睽之忠告之意，亦不过一方督促黄绅之实力整饬，以图学务之进境；一方唤起邑人之急起干涉，以谋学务之转机。乃言之谆谆，愧之渺渺。总董之腐败也如故。邑人之坐视也如故。匆匆数载，始有陈某等"总董期满应更选"之言。记者不必以陈言为非，然一邑学务之衰落，至于此极，总董实不能辞其咎。而仅欲以期满改选，为黄绅遮羞地步，大非维持学务之心。记者所不敢赞同者也。

吾揣陈等改选总董之请，其用意不过二端。其一则以总董非人，欲借期满之说以去之也。其一则心本无他，以为总董满期则应改选也。后之一说，仅注意于总董更换之问题，无研究之价值。前之一说，措词虽婉曲，而隐寓维持学务之意。其说似未可厚非也，细按之则流弊滋多矣。诸君再思之，凡人受主人之佣金，而有遗误主人之公事者，莫不有相当之责罚。劝学总董者，即受邑中学界之佣金也。整顿一邑学务之责任，该总董应不能卸其责。诚如学司批所云："该邑学务该总董应负责任"之言也。乃彼一味疲玩，放弃职守，恬不为怪以正理论，实应声罪致讨，宣告学界以去之。以为溺职者罪，以为后起者戒。乃陈等之请改选也，不曰总董非人，而曰总董期满，使总董期满而更选，何烦陈等之陈请也。使陈等以总董非人而去之，何为而委婉其词也。吾邑学务之堕落，陈等当亦知之。吾邑学务之堕落，由于总董之放弃，陈等亦无不知之。若陈等言徒斤斤然于期限为请，是总董之去留，全以期限为进止，而不以学务之成绩为进止也。名之不正，言之不顺。记者辄有隐忧，又何必纷纷陈请改选，如此其不惮烦耶。即能改选，而人皆以总董为利薮。尸位三载，舍之而去，绝无何等之责任。而邑人何贵有劝学所耶？而或者曰：陈等非不欲明正其罪以去之也，以为黄绅在邑中，亦一忠厚长者，不欲决绝以出之。若然，则为私情计则是。为学务计则非也。吾言至此，吾不欲言。

——《香山旬报》第83期，庚戌（1910年）十二月十一日。

办学者当无负维持学务者之苦心

前岁蔡绍勋见员峰公立学堂停闭，禀请学司将该学堂常款拨改两所简易小学，经蒙批准。讵武举黄桂标挟嫌莫释，复串使乡正曾广誉迁校具于其祖祠，并强拨私塾生徒，名为学校复开，以为踞款之计。蔡某无可如何，迫暂揭银开办。迄今经已三学期，尚无常款，该校殊难支持。幸包邑令履新，清理财政,于前月二十七日派陈李两员到峰溪公约查缴数簿。声称在署核算清楚,追吞办学。似此情形,祥和学款可拭目而俟矣。

——《香山旬报》第83期,庚戌(1910年)十二月十一日。

奇闻奇闻课堂上之学生自治会　嗣轩

学生自治美名也,亦良法也。又何訾为?然他人之所谓自治会者,特交相约束于管理之所不逮焉耳。未闻如我邑中学学生之倡自治会于课堂之内者。观其立法,班长而外,有会长,有纠仪,有参议。每上课时,同学有犯规者,纠仪得直接记过,监学奉行焉。或经监学记过,而本人不服,反得请于会长,来相诘问。其所谓自治者,如是而已。闻是会发起于某教员而监督赞成之。其原因盖由监督乃串举而来,恐管理过严,易生恶感。故不惜以记过之权归之学生,以自固其席位。而一般无意识之学生,以其利于己也,又复贸然盲从之。呜呼!中学为一邑学风所系,其管理之纰谬如此。学务前途,吾又何望?

——《香山旬报》第2期,戊申(1908年)九月初一日。

清末城乡新学堂一览

都属	地址	校名	成立年月	校长	教员数	学生数	常年经费(约支元数/
仁都	东城内	香山中学堂	戊申2月(1908)	林郁华	7	87	5760
良都	东城外	香山高等小学	戊申2月(1908)	黄应枢	5	69	3700
仁都	北城内	香山初等小学	戊申2月(1908)	刘荣祖	3	65	1940
仁都	西城内	颖川初等小学	丙午2月(1906)	陈颐	2	50	900
仁都	西城内	寓德女学堂	甲辰1月(1904)		6	27	670
良都	南城外	南区简易小学	戊申1月(1908)		1	50	250
良都	西城外	西区简易小学	戊申1月(1908)		1	20	250
良都	北城外	东北简易小学	戊申1月(1908)		1	40	250
良都	北城外	烟洲简易小学	戊申1月(1908)	黄子俊	1	10	660
良都	烟洲乡	烟洲两等小学	丙午2月(1906)	黄显成	5	54	3930
良都	烟洲乡	第一简易小学	丁未2月(1907)	黄显成	1	30	325
良都	员峰乡	公立初等小学	丙午2月(1906)		1	7	362
得都	濠头乡	五峰两等小学	丙午1月(1906)	郑镇堃	2	50	1320
得都	濠头乡	第一初等小学	丙午1月(1906)	郑镇堃	1	30	160

续表

都 属	地 址	校 名	成立年月	校 长	教员数	学生数	常年经费（约支元数）
四 都	大岭头	云衢高等小学	丙午1月(1906)	李家璧	3	20	3100
大 都	泮沙乡	公立初等小学	丙午7月(1906)	许子钊	2	15	1050
大 都	崖口乡	三乡两等小学	丙午3月(1906)	谭国鎏	2	25	1300
大 都	翠亨乡	尚武简易小学	丙午1月(1906)	杨文懿	1	16	350
良 都	沙涌乡	教忠初等小学	丙午1月(1906)	马	3	64	1050
谷 都	平岚乡	桂山两等小学	乙巳8月(1905)	郑宗愚	4	52	2000
谷 都	茅湾乡	公立初等小学	丁未1月(1907)	李宗膺	3	47	1200
谷 都	桥头乡	公立初等小学	丙午2月(1906)	郑应琛	3	94	1000
良 都	雍陌乡	东山两等小学	丙午1月(1906)	郑炳勷	3	57	1900
上恭都	宦塘乡	公立初等小学	丙午1月(1906)	卓尧峰	2	36	900
上恭都	会同乡	公立初等小学	丙午1月(1906)	莫藻泉	1	22	750
上恭都	上栅乡	公立两等小学	癸卯1月(1903)	邓兆凤	2	51	800
上恭都	唐家乡	公立两等小学	丁未1月(1907)	唐汝霖	4	96	3000
上恭都	鸡拍乡	鹤山初等小学	丙午1月(1906)	唐世泰	2	25	700
下恭都	北山乡	杨氏两等小学	丙午1月(1906)	杨应銮	2	38	1600
下恭都	南屏乡	香南两等小学	丙午1月(1906)	容联芳	3	50	1300
下恭都	南屏乡	容氏初等小学	丙午1月(1906)	容国大	3	80	1200
下恭都	前山寨	恭都两等小学	甲辰8月(1904)	韦廷芳	6	50	7000
下恭都	前山寨	刘氏初等小学	壬寅9月(1902)	刘永楠	2	50	1450
下恭都	翠微乡	修来两等小学	丙午1月(1906)	吴庆光	6	66	3500
下恭都	翠微乡	梯云简易小学	丁未1月(1907)	吴逊乔	1	22	350
下恭都	翠微乡	郭氏初等小学	丙午5月(1906)	郭遹周	1	15	350
下恭都	北山岭	公立简易小学	戊申1月(1908)	吴文坚	1	30	400
下恭都	南大涌	南溪初等小学	戊申2月(1908)	吴应魁	2	85	700
下恭都	山场乡	鲍氏初等小学	戊申2月(1908)	鲍焕章	2	33	600
隆 都	豪兔乡	隆都高等小学	甲辰1月(1904)	杨汝禧	4	55	4000
隆 都	溪角乡	端本两等小学	甲辰1月(1904)	刘炳煌	8	180	1581
隆 都	申明停	杨氏初等小学	乙巳10月(1905)	杨玉瑚	2	20	800
隆 都	下泽乡	明新初等小学	甲辰1月(1904)	余鸿钧	2	29	850
隆 都	龙头环	明德初等小学	丙午1月(1906)	周鸾骞	2	50	600
隆 都	大岚	岚杨初等小学	丙午1月(1906)	李宗干	3	60	1808
隆 都	安堂乡	觉群初等小学	丙午1月(1906)	林挺芳	3	64	1400
隆 都	南村乡	振英初等小学	丙午7月(1906)	伍贺元	2	29	760
隆 都	叠石乡	时新初等小学	丙午1月(1906)	余福铭	2	45	1700
黄梁都	斗门乡	和风两等小学	丙午9月(1906)	赵臣蔺	3	48	3000

续表

都属	地址	校名	成立年月	校长	教员数	学生数	常年经费（约支元数）
黄粱都	南门乡	敦本初等小学	戊申2月(1908)	赵逢泰	3	40	600
黄粱都	南门乡	渝智两等小学	戊申2月(1908)	赵燮猷	2	15	300
黄粱都	大托乡	公立初等小学	戊申3月(1908)	任绪声	2	30	350
黄粱都	大赤坎	赵氏两等小学	戊申2月(1908)	赵启文	2	35	800
黄粱都	南山乡	颖川简易小学	戊申2月(1908)	陈槀谋	2	36	240
黄粱都	汉坑乡	汉溪初等小学	戊申1月(1908)	吴桂馥	3	56	366
榄都	小榄乡	榄山两等小学	丙午1月(1906)	何作权	9	60	4700
榄都	小榄乡	流庆两等小学	丙午2月(1906)	何植芬	4	27	1700
榄都	小榄乡	乌环两等小学	丙午2月(1906)	何锦裳	5	37	2000
榄都	小榄乡	翠峰两等小学	丁未1月(1907)	刘式镠	3	22	1700
榄都	小榄乡	李氏两等小学	丙午1月(1906)	李琪昭	6	31	1700
榄都	小榄乡	麦氏两等小学	乙己8月(1905)	麦瀛梁	4	30	1821
榄都	小榄乡	三立两等小学	丙午1月(1906)	钟荣衮	3	30	1400
榄都	小榄乡	卫所两等小学	丙午1月(1906)	罗寅杓	3	22	800
榄都	小榄乡	黎明两等小学	戊申1月(1908)	郑雨祥	3	36	1200
榄都	小榄乡	公立工艺学堂	戊申1月(1908)	何尊芬	7	44	4000

——《香山旬报》第3期，戊申（1908年）九月十一日；第4期，戊申九月二十一日。

招生广告

钦加四品衔、赏戴花翎署理香山县事即补县正堂、加十级纪录十次包，为出示招考事。照得宪政要端，以教育为本。而振兴教育，以小学为先。查本邑城乡各小学堂，统计已有六十余处之多。其中课程完备，班次齐整，教授认真，管理合法者，固属不少。而办理不善者亦复甚多。揆厥原因，固由于办学者未谙学制，亦以僻居乡曲，囿于见闻，欲改良而无完善之学堂以资观感。欲效法而无已成之模范以示准绳。摘埴冥行，遂难免歧途之误。改弦易辙，不可无乡导之方。现拟由官设立模范高等小学堂一所，分本科、豫科办理。并就城内旧有常平仓废址，建筑合宜校舍。以其扩张形式激发精神。刻已鸠工庀材，诸事粗有端绪，亟应先行招选学生，以便校舍落成即行开学。合行出示招考。为此示仰阖邑士民人等一体知悉，尔等须知此次开办模范小学，系欲实施完全之教育，以养成完全之国民。获益无穷，造就宏远。较诸寻常学校迥不相同。尔等切勿观望怀疑，自误进取。如有志愿向学，与后开资格符合者，即便开具年籍三代，前赴劝学所、教育会两处报名填册，并附缴四寸相片一纸，届期齐集县署听候。

本县于本月二十九日在考棚扃门考试，以凭选录送堂肄业。附列招考条规其各遵照毋违。切切○示。

计开招考条规：

一、学级　第一年先招高等小学本科一班，豫科一班。

二、资格　高等小学本科生，以初等小学毕业者，或曾在初等小学肄业满三年以上者为合格。预科生以曾读经书，粗通文义，年龄在十岁以上、十五岁以下者为合格。

三、学年　高等小学本科生以四年毕业，预科生以两年毕业，毕业后即升入本科。

四、学额　本科暂定四十名；预科暂定五十名。

五、学费　本科预科每月一律暂收堂费银三角，不寄宿，不留餐，不收寄宿膳食等费。

六、凭证　初等小学毕业生，或在初等小学肄业满三年以上者，均须呈验毕业、修业各文凭。如非学堂毕业者，即取具劝学所或教育会保证书以凭查核。

——《香山循报》第86期，辛亥（1911年）正月二十三日。

伍湘南果堪办学否　　枕戈

伍湘南何人？即吾邑毁学之罪魁也。一则拆毁校具，再则殴辱校长，怙恶不悛，为全邑学界所嫉视。而所谓握学界机关之劝学所、教育会，绝无起而纠正之。已奇。

靡特不能纠正之也，而伍复奉札开办学堂矣。藉学阻学，路人共知。以嫉学如仇之人，而倡言办学，是犹与盗贼讲礼让也。而劝学所、教育会又不起而干涉之。尤奇。

吾以伍湘南可以办学，则吾邑以后之学务，可决其败坏而不可收拾。无利于己者，则相率阻学；有利于己者，则复言兴言。以最重要之学务，一视吾之利害为衡，而绝无外界之纠察。则人亦何惮不藉此而济其私者，吾邑学务，将不堪问。

纂此以观，伍湘南办学，不独其所办之学塾为其败坏，即全邑学堂，亦将受其影响。劝学所乎！教育会乎！亦敢干涉之否？吾以劝学所、教育会虽不敢干涉，而该都绅者，仍当一筹对付之策。

——《香山循报》第87期，辛亥（1911年）正月三十日。

荆棘丛中之校长　玷磨

自伍尚礼图殴振英学堂教员伍时光，得以逍遥法外。于是复有伍湘南关禁校长伍贺元之事。自伍湘南不闻惩罚，于是复有萧曾等督凶团殴校长蔡绍勋之事。前乎此者可得而言也，后乎此者将不知其所终极。噫！吾为学务危，吾不能为地方官恕。

古语不云乎：为虺弗摧，为蛇若何。盖谓防微杜渐，任事者所宜留心。小惩大戒，司法者所宜措意也。吾邑踞款阻学者岂乏其人，而犹瞻顾徘徊，未敢肆其强暴之手段者，惧执法者之惩其后也。乃有悍者姑一肆焉，而地方官不以为意，其气焰已由是张矣。况屡为之而不问如故乎？则办学者安得不自馁？仇学者安得不日进乎？

虽然，夫蔡之被殴，已扛验矣。已饬差拘凶矣。谓邑令置之不理不可也。然果能将各凶拘案，定罪处罚，而不为伍尚礼、伍湘南之续乎？则姑待之。

——《香山循报》第94期，辛亥（1911年）三月二十日。

论我邑小学招生之阻力及其补救方法　劲草

吾不解各县之学务发达，继长增高，竟若是之迅速也；吾又不解吾邑之学务堕落，荼然黯然，竟若是之劣败也。以吾邑之地位而论，固广州五大县之一。人民比他邑而多，财力比他邑而富。交通最先，民智优渥。若语学校之盛，育才之多，当以吾邑为首屈一指。乃何以入其乡则学校寥落，入其校则气象荒凉。即有一二学校悬的以为之招，而报名投考者亦寡。吾观模范小学招考之现象，而不能自己于言。

昔者吾邑办学数年，虚糜公款，能毕业者实无几人。邑人甘自放弃，其锐志向学之思，尚潜伏而不动，吾无责矣。若近两年间，肄业期满者，实繁有人。人同此心，心同此理。谁无捷足先登刻苦求学之想？吾意邑中

第十二章 改革旧教育 创办新学堂

少年俊秀，外有激刺，内知发愤，其向学热诚，当比前增涨数倍，相与争先恐后者。况夫模范小学甫经开办，气象一新，虽谓事仅开始，吾人不敢过情加誉。然彼既以模范自任，有其名则必副其实。其教授之合宜，管理之得法，凡此种种，当比各小学而上。今开办伊始，正邑人求学之机会，有为学问计、为身名计者，皆可于此育成之。故招考之日，吾方恐额少人众，必有珠遗之叹，阻邑人进取之路。何以报名投考者寥寥不过百数十人？以一邑之大，学童之多，而创办一新立小学，几至招不满额。一若环顾邑中，读书种子将绝，甘心塞其耳目，窒其聪明，绝无学问竞争，智识向上之思想者。岂以邑人之聪明俊艾，固如是之狉榛无识者哉！吾思之，吾重思之，其中盖自有故。

吾邑小学开办，所以难于招生者，其中盖有二大阻力：一各小学教授之腐败也；一各处私塾之中梗也。试观吾邑兴学至今，虚糜公款何限？所能成才者几人？揆其原因，皆由办学者位置私人，并非热心教育。故学童入校数年，所习之普通科学，既无领会；即其日夕所诵读之中国文字，反逊于昔时。为其父兄者，遂以学堂为畏途。尝有以数百金延师教其子弟，而不敢使之入学者，此今日招生之难者此也。若私塾之中梗，更为最大之阻力。吾邑私塾之设，几于棋布星罗。彼辈坐拥皋比，腼颜为人师，其实耳不通乎六经，目未穷乎诸史。学问疏阔，谬种留存，误人良非浅鲜。然乡愚无识，或利于经费减省，或狃于戚友情谊，使其子弟相率从之。以为私塾教授，与学堂无异，不复辨别其是非。此又今日招生之难者此也。由此两项之阻力，潜移暗涌，而学堂遂生无限之荆棘，失绝大之信用。凡仇视学务者，固将肆口雌簧，以为诋毁之具；即锐志求学者，亦将摇惑失志，引为鉴诫，因此视为畏途者甚多矣。由此而推，则学务乌得而发达？人才乌从而育成？无论吾邑现在成立之学堂，仅五十余所；即十倍此数，而学堂既不足昭信于人，而人亦不以学堂为重。虽日日招生，日日开学，而一秦一越，谁有应者。此吾闻模范学堂招考之事，而顿增无限之感触矣。

然则将如之何？曰：惟有筹一良善之法，以徐图补救而已。而实行补救之法者，则全在邑令操其机。而劝学所、教育会相提相携，同助其成，则学务或有发扬之一日耳。为今之计，莫如随时派员稽查各学堂之教授科目，并考察各学生之成积，务使办学者知有警惕，淬励精力以为之。而不学无术之人，亦以干涉过严，不敢滥竽充数。庶几教授，有真精神，而后学生有真心得。若夫私塾之中梗,更当用强逼干涉,以制其弊。近日改良私塾之议,时起时落。究之私塾一日不整顿,则学务一日无振作。欲实力而干涉之,必先调查全邑私塾若干,其教法若何。认真淘汰,认真改良。务使私塾教授,足为递升小学之预备。然后不至为学堂之阻力,而足为学堂之助力矣。由此而行之,根本既固,则枝叶自然繁殖。兴学育才,其成效必操左券。若不此之务,徒然开办学堂,徒然招考学生,空有其名,全失其实。应考人数,几不逾额。一如耕田而无犁,煮米而无釜,制衣而无针,造屋而无砖与瓦。虽有名工良匠,而奈此何哉?故吾因模范小学招生之难,寻源溯流,而知其病源之所在。若能急起直追,实力整顿,则吾邑学务庶有起色。若犹敷衍塞责,因循不振,虽学堂遍布于城市,师范相望于村落,而学之不能兴也如故,才之不能育也仍如故耳。吾闻邑令素以兴学自负,而补救之法,是又乌可忽哉?是又乌可忽哉?

——《香山循报》第 97 期,辛亥(1911 年)四月十一日。

教育会控案平议 精一

教育会开办三年于兹矣。除设立四区小学及改办嵩德女学外,尚无良谋伟画明示学界。此学界诸子所以有微词也。然教育会任职诸人,无权鲜势。外未得官绅之臂助,内未有经济之赢余。虽欲办事,其道末由。此又学界诸子所当共谅也。一二责备求全者,不悉办事之艰难,复不审该会所处之地位,贸贸然摇唇鼓舌,肆意而诋毁之。吾闻其语矣。吾见其人矣。方欲将其为难情形,拉杂成文,以冀官绅之补助,以速该会之发达。顾缘扰于他事未果,良用引憾。顷见郑文炳控告教育会一事,力诋该会之专横。虽未尝不恶郑氏之狂谬,而哀该会之无辜。然深喜得此一事,有进言之机会,并以辨郑氏者为促该会之进步。亦记者之稍偿夙愿也。

凡反对人者,必先立身行事光明磊落,然后审观他人之行事及其地位。若者为妨害公益,若者为放弃义务。反覆推求,证之情理为不合,而后发揭其罪。虽未必尽云合理,然言之有故,持之成理。未尝不足折他人之心,而得多数之赞助。郑氏则否。其初实无是非之心,其继激于一念之恶感而已。吾忆前岁教育会选举职员时,郑氏口出恶声,几与会长冲突。吾以为控告之杀机,已伏于是时。其所以不即发者,以当时会员多不直己。深恐冒挟嫌攻击之罪。故蓄怒至今,然后发露。此皆意气之攻讦,而非维持公益者也。如

第十二章 改革旧教育 创办新学堂

其有公益心也，则吾邑不平事多矣，何一不可干涉。何为如寒蝉之默默耶？即欲维持学务，则郑氏即为该会会员。皆可为直接之纠正。不此之图，据行控告。直欲推倒教育会耳。提学司一一反驳之，且断言曰：该会长任事，尚属实心。不知郑氏见之，其绝气否也。吾爱公理，吾爱教育会。敢据其呈控各节，略详论之可乎？

（一）教育会果藉党行私乎？

郑氏之控告教育会也，第一语曰藉党行私。吾不知其所谓"党"者，将何所指。谓全体之会员耶？而郑氏亦会员一分子。且全体会员具在，断不甘受其诬。谓少数之职员耶？则该会办事，概集会公议，从多数决议。亦有议案可稽，断非三数职员所敢专擅。既为集众，何得谓党？既为公议，何得谓私？然则郑氏所谓藉党行私之一语，以何原因而相诋乎？斯不待辨而自明矣。

（二）归并小学改办嵩德女学果不正当乎？

吾友亦进前著"对于教育会献议"一篇，深以改办女学，某绅有遗言为憾。吾阅竟方骇异之。以为吾邑女界黑暗，断无阻止扩充女学之理。或者告者之过耳。今阅郑氏之呈控，而知前言之不虚也。噫嘻！郑氏误矣。正月间该会开大会议，提议归并小学，拨充嵩德女学常费一节。盒以四区小学人数寥寥，虚糜钜款为无谓；又以嵩德女学无款不能持久，亟欲归并小学，以其余款充女学之用。此缓急相济，不致掷黄金于虚牝也。当其提议之始，经全体一致赞成。就法律上观之，凡当众决议之事，未到者皆作默认。是郑氏已无反悔之理由。即谓欲事后干涉，亦何以改办数月，不闻反抗之词，据理以争；而必待今日之控告。其为私为公，岂待论乎！提学司批云：归并小学，按之地方情形如何，亦深悉该会之为难情形，与郑氏之饰词耸听者矣。

（三）郑文炳果有干涉学务之资格否乎？

吾前文既言之矣，凡反对人者，其立身行事，必光明磊落。此即正己正人之微意也。郑氏为私塾改良会会长，放弃责任，任令该会解散，咎无可辞。复因滥支公款之故，为副会长程某等攻击。见之公牍，百词莫辨。是更罪无可辞。乃不返求诸己，闭门思过；犹复饰词以诬人，使教育会诸公反辞而辨之曰：你胡为而任私塾会之解散？你胡为而滥支公款，以被职员之控告耶？彼郑氏将何说以自解。

郑氏控告会计员黄龙彰庶务员黄耀光一节，黄之有无劣迹，属于个人私

图 12-2 刘思复创办之香山隽德女学堂全体学生合影

事,记者不能知。然观提学司批云:去年投票选举黄某,经该县凌前令申报有案。一若以去年选举,今日始行控告,已疑其有挟嫌之情状矣。郑氏又控告该会所收会费,年终未将数目宣布,更为无理取闹。忆今年正月开会,该会已将一周年进支数目,张贴堂上。复由会计员逐款宣布。经记者所目击。乃更以含沙射影之谈,而施其诡诈中伤之计。毋乃谬甚。

要之教育会开办以来,虽无若何之振作,亦无劣迹之可指。其所以不能振作者,非其人不足有为也,无助力耳。例如倡办女学,而苦于无款。整顿学堂,而苦于无权。而欲其蒸沙成饭,吐气为云,何怪其难也。郑氏不达斯旨,贸贸然强词攻击。吾敢断言曰:此修怨也;此争权也。提学宪批云:所控告各事,难保非饰词耸听。谅哉言乎!小人无施其伎俩矣。吾愿教育会诸君勉之。吾愿郑氏等其平心思之。

——《香山旬报》第 34 期,己酉(1909 年)七月十一日。

第二节　开办女学堂

敬告办女学诸公　亦进

自女子无才便是德之说流毒社会,而女界遂陷于黑暗惨淡之中,而不克自拔。识者忧之,乘欧风东渐之潮流,奋起提倡女学。吾邑人士亦应时而起,于是女学之设,竟有数所,未始非女界进步之征验也。

然观人者必观其微,不可震其外观,而骤加以最上之美誉。以记者所闻,则香山女学,其颇著成效者,亦有一二;而轻举妄动,贻人口实者(如烟洲警局开幕某女学前赴茶会、戒烟分会演影戏,某等欲以女学生卖物之类),亦所在多有。就实论之,谓其文野各半,已为谀言,何足言贺。

记者于此,窃警告办学诸君曰:公等为女界功臣者为今日,为女界罪人者为今日,邑人之鄙视女学者亦伙矣。使其办理得人,成效大著,固足塞反对者之口,而生其信仰心。否则一落千丈,至使邑人士不知女学有何等之利益,且疑女学为非急务者,是公等之办女学,适成一最不良之结果。女学前途,殆不可问。

然则为保全女学计,必先戒绝无意识之举动,而进以文明之教授,使女界各分子,咸有保重名誉之自觉心。若不问事之大小,动辄利用女界,则走马呼医,未免太易。而学生之人格将日卑下,全邑女学之名誉将为所污,吾为此恫。

——《香山旬报》第2期,戊申(1908年)九月初一日。

光汉女学校招生广告

宗旨　以德育为经,智育、体育为纬,务求养成女子自立之资格,并为家庭教育之张本。

校址　城内狮子街。

编制　按女子两等小学程度分班教授,不拘年龄长幼,只以学生学力之深浅配置之。

学科　初等级学科凡七,曰:修身、国文、算术、女红、体操、音乐、图画;高等级科凡十,曰:修身、国文、算术、中国历史、中国地理、格致、女红、图画、体操、音乐。

教员　惟女红、体操、音乐三科聘女教员教授,其余各科则聘男教员教授。

授业时间　每星期共三十小时。

毕业年限　初等高等俱四年毕业。

学额　限招学生六十名额满不收。

入学资格

(一)年在七岁以上二十五岁以下者。

(二)不缠足者。

（三）品行端淑身体健全者。

学费　每人每年收学费二十员，上下学期开学日，各纳其半

报名处　狮子街本校；香山旬报社；县前天元店；西门振兴店。

开学期　己酉年元月二十日。

——《香山旬报》第 10 期，戊申（1908 年）十一月二十一日。

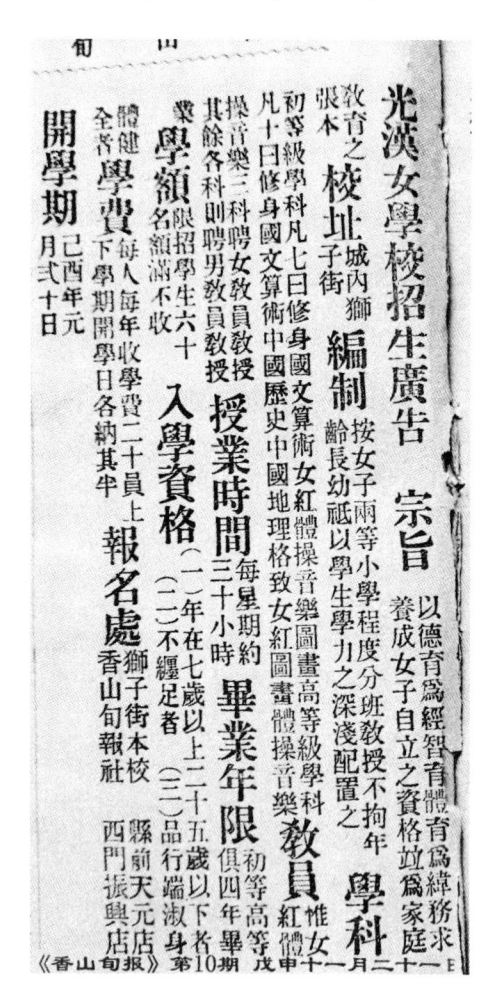

图 12-3　光汉女学校的招生广告

有志投考女学者看

本邑女子师范学堂开学已有数月之久，各班缺额甚多，现续行招考，师

范班以十五岁以上为合格，初等班以七岁至十岁为合格，在劝学所报名投考，准月之二十五日止截，听候邑令示期考示云。

——《香山循报》第111期，辛亥（1911年）闰六月二十一日。

评邑令示期招考女学生事　枕戈

邑令抵任以来，即注意于倡设女子师范问题，诚以女子为国民之母，家庭教育，万难缺略，故以振兴女子师范者，为振兴女子小学之基础，意甚善也。然记者对于最近招考女生之告示，则不能无疑。

邑令招考女子师范生示文，已声明闰六月十五日在学堂听候考试，而其示文迟至闰六月十三日始行发表，此可疑者一也。

前数日劝学所宣告，又谓师范班及初等班均于月之二十五日截止报名，听候邑令示期考试，又与邑令所出招考示文不符，此可疑者二也。

噫！吾邑倡设女子师范，非徒为邑城女子求学计也，按之邑令招考示文，先后仅两日，各乡来学者固无从报名，即按之劝学所招考长红，前后仅历一星期许，欲各处之能周知者，盖亦鲜矣，况其招考日期，一则云十五日考试，一则云二十五日止截报名，尤为纷歧可笑。邑令之咎欤，发行文告者之咎欤，抑劝学所之咎欤，特书之以质当事者。

——《香山循报》第112期，辛亥（1911年）闰六月二十八日。

邑城女学之发达

邑中女学以寯德女学校成立为最早，教授管理，亦最合法，成效卓著。自去年禀准公立，及由县详准提学司立案。稍得公款资助，更觉完善。本年学生者异常踊跃，已逾定额。现拟添设新班，分堂教授。

又刘君数初独出巨赀，自立光汉女学校。地方宽敞，学科完备。已于月二十六日开学。就学者亦不下数十人云。

——《香山旬报》第15期，己酉（1909年）二月初一日。

女子识字学塾亟宜筹设　道实

简易识字学塾，县城已有三所。各乡亦有闻风兴起者。余谓识字学塾宜设矣，而女子识字学塾则尤要。何言之。县属有初等小学，有简易小学。欲求学之男子，而不患无地。即云识字学塾专为年长失学者而设。然按之实际，入此项学塾者，绝鲜年长失学之人。此又别有原因也。若言女学，固属成立者寥寥。纵有之，学费、衣履费、书籍费，所去不赀，能胜者必中上之家。彼寒俭者于何求学？故余以为宜仿照识字学塾办法，广设女子识字学塾。诚今日要着也，有志国民教育者，宜亟起图之。

——《香山循报》第89期，辛亥（1911年）二月十四日。

女学解散之可惜

上恭都淇澳乡钟榄正君，因鉴于女学不兴，家庭教育由此不振，故邀集亲房女界，特于暇时，创立女学一所，以期由渐普及。开办数月以来，颇收成效。嗣以该乡愚民无知，妄造谣言，以至半途停办。而钟某不久亦身故，至今继起无人，良堪嗟叹。

——《香山旬报》第78期，庚戌（1910年）十月二十一日。

女子师范学堂开学纪事

初十日官立女子师范附属初等小学堂开学。是日邑令因公往省未回，特委梁巡官代表。校外总理黄逸樵、教育会副会长陈君铸魂、劝学员毛君、李君、高君均到。女界到校参观者甚众。一句钟邑令代表梁巡官、黄总理及监督教员等导学生行谒圣礼毕，毛君代邑令宣训词，并梁巡官颂词，高君代黄总理宣训词，监督刘女士宣布训词及校内规则。后有华益工业女校长上颂词毕，茶会而散。闻寯德女学堂学生，考入该学堂者二十余人，是日均未到开学，缺额颇多，特将于暑假内招补学额云。

——《香山循报》第102期，辛亥（1911年）五月十七日。

斗门又有简易女学

斗门新围赵筱溥、赵笔锋、赵伯陶、赵少墀等，组织自治维新社一区，初等小学一区，已纪前报。近复办一简易女学，将围内不识字之妇女授以书算、信扎、家政学等科，借小琅环书屋为教授场所，已于是月十四日开课，由赵君少墀担任教授云。

按倡办女学，为今日急务。倡办简易女学，尤属要着。本报第八十九期时评中已纵论及此。今赵君等组织简易女学，可谓知所先务。至其教授若何，记者尚未详悉。惟据右访稿所称，既云不识字妇女，自应先教以识字，并及浅近算术。今谓授以信札家政学等科。岂始入校之不识字妇女所能领会。若过于深远，诚恐来学者或萌退志。以记者所见，应仿照简易识字学塾办法，略为变通，庶足收效。质之赵君，以为然否？赵君能将该校详细办法及学生程度见示，此又记者所欢迎也。

——《香山循报》第 91 期，辛亥（1911 年）年二月二十八日。

与倡设女子师范学堂者言　亦进

吾邑麦某创设女子师范学堂，记者久欲著论评之，蹉跎未果。顷见本报时评中，有评女子师范学堂一篇，所谓先得我心也。然仅就创办者之人格，及其章程之怪诞，加以批评。以吾所见，容有荦荦大者在。今请再进一言。

创办女学，美名也。欲办女学而注重师范，尤根本上之问题也。然则吾何为而非之。曰：吾自有说。试执孺子于此，智识未启，而遽授以精微之哲理，繁难之学科，其无领益亦明矣。今吾邑欲创办女子师范者，何以异是。然吾遽以此说语之，彼必不服。吾今欲解决此问题者，有二前提。第一，吾邑女子果有入师范之资格乎？第二，以速成之教授而能养成师范之人格乎？吾以为第一前提则可直断曰：无有也。盖吾邑女子素鲜教育，通常文字，能得其句读者已鲜。即以两等小学而论，其程度已极参差，教授极为阻碍。而欲得数十通晓文字者，置之师范之途。志愿虽奢，其奈无以应吾求何？若曰：吾之设科，来者不拒。然则一女子之启蒙馆耳，而必张大其词曰师范。果何为乎？第二前提，吾以为女子师范断不可由速成教授而得也。不观昔日之师范速成科乎？以粗解文字之学究，从事斯途，尚且学步邯郸，为学界病。无他，欲速则不达耳。然则以学究之所不能为者，而欲未学女子优为之，谈何容易。据此二者，则现设之女子师范，其无济亦明矣。故吾以为麦某不欲创设女学则已耳，既欲矣，则必注重小学。拾级而升，庶得一当。若慕其名之高，而与实际全不相称，是直揠苗助长耳。庸有济乎？嗟夫！入五都之市，见美服而求之，忘其身之未称也。吾为若辈惜矣。

——《香山旬报》第 16 期，己酉（1909 年）二月十一日。

对于改办香山公立女学之献议　亦进

吾国人号称四万万，男女各居其半。而吾国女子，则仰给男子，窒塞聪明，斯真大悖乎人道，而为文明国人所窃笑者也。迩年以来，一二识微见远之士，奋然提倡女学，不遗余力。虽有顽固老辈，鼓其诐说；而天演公例，终不可敌。女学之声浪，遂滔滔进行。此诚吾族改革之动机，女子拔出地狱之际遇哉！而何以返观吾邑，女界之黑暗也如故；士夫之沉寂也仍如故。虽有一二私立女学，大率因陋就简，勉强支持；外无宏大之规模，内无完备之科学。以此之故，懵儒视为迂而诋毁益坚；新进以其陋而相视却步。教育不兴，又何怪风气之终于蔽塞，迷信之久而未破也。是岂香山人之固陋而不足言进化欤？抑其袖手旁观，未有出而振之者欤？幸也今教育会果有改办香山公立女学之说。

夫今日欲改办之香山公立女学，即前日所设之寯德女学也。吾言寯德女学，吾欲无言矣。方其成立之始，内无经费，外遇阻力，险阻艰难，备尝之矣。而卒赖二三志士，竭力维持以至今日，诚非鄙意之所料也。今之提议改办者，纯为经费问题，而欲公之一邑，相与合力整顿。此皆办事者之苦心，而为邑人所共识者也。虽然，凡事不惟其名而惟其实；既为香山公立女学，则必名实相称，邑人始无间言。商务分会，吾得而名之曰：某某之商务会；私塾改良会，吾得而名之曰：某氏之改良会。何也？以其为一二人所把持，而腐败不必问也。今教育会中人皆自爱之士，其无垄断营私之事，吾敢断言也。虽然，似此遂可告无罪于学界乎？未也。教育之未普及，科学之不完全，即名实之不相称也。吾窃谓今日之改办公立女学，关系于教育会者甚重，而影响于一邑者亦靡轻。请为公等借箸筹之可乎？

夫香山公立女学，则香山人皆有就学之权利，无可疑矣。虽然，吾有一疑问焉。则以女子之负笈从师，无地寄宿，其障碍必多也。故欲改办香山公立女学，则必择地迁徙，建设寄宿舍，以为远来者寄宿之地。若徒仍寯德女学之旧址，则规模狭隘，阻碍殊多。离城稍远者，且艰于一行。而四乡之妇女，更无就学之希望。是虽有公立之名，究于公立之名有所不称。此亟宜注意者一。

寯德女学生徒，不过三十余人，大率就近附城者居多。而四乡之来学者且无人焉。今既改为香山公立女学，则必增置讲堂，新招学额，以谋教育之普及。吾尝查本邑女界，其附居城郭者，吸文明空气较多，知识因之稍达；其远居村落者，则犹日以涂脂抹粉为之，而不知学问为何物。无他，无教育然也。然则今日之改办女学，当以开化各乡落之女子为尤要。使非增学额，

第十二章 改革旧教育 创办新学堂

建讲堂，又何由而至此哉！此亟宜注意者二。

公立女学，既为寓德女学所改办，若复添招学生，则其程度既参差而不齐，其入学年限亦因而有别。似宜量度学徒之程度，分为高等初等两级，分科教授，免碍学生之进步，为至善也。自此而外，科学上尤当极求完备。如手工一门，寓德女学之所缺也。当时艰于经费，固无足怪。若改为公立，则局面既已扩张，声势从而大振。如手工一科，固万万不可缺略。否则不完不备，毫不改良，亦何贵乎公立也。此亟宜注意者三。

总以上三端，皆就鄙见所及，约略书之。后此当以见闻所及，再为诸君子陈述。然此三端，亦为诸君子今日所亟宜研究者也。虽然，无米之炊，巧妇所难。统上所陈，非储有的款，断不能实行一切。而责经济困难之教育会，遽肩此费用浩大之责任，是犹以蚊虫而负山也。岂可得乎？然则将何如？曰：非筹款不可。然筹款之说亦多矣，以吾所见，则有二端：（一）义捐。吾邑人士，颇多疏财仗义之人也。保育会之设，捐款者若干人矣；救灾会之设，捐款者若干人矣；他若戒烟会、清洁局，而捐款者又若干人矣。今之兴办女学，为一邑女子谋幸福。富商巨族，谁无妇女？谁不欲其妇女之克自成立？吾知其捐款赞助者，较前尤为踊跃，可决言也。（二）提款。以有用之金钱，投于无用之地，此吾人所抱为大悲者也。然则吾邑而有此陋弊乎？曰：有。如庙堂、如庵寺，其縻费为至大也。今欲兴办女学。必调查各处之盈余，酌量提拨，以充经费。若庵寺之富足者，能如铁禅和尚，慷慨捐款，固所甚愿。不然，亦当禀官酌提，无所避也。具此二者。则经费何患而不集，办理何患其棘手哉！是在诸君子宏以热诚，持以毅力而已。要之义捐为学堂开办之急务，提款为学堂持久之要图。二者相较，亦有先后迟速之别也。

抑吾犹有感，则以该女学办理之完善与否，全以筹款之有济与否为断；而筹款之有济与否，全以邑人之助力与否为断。以吾所闻，该女学欲以四区小学余款，提助女学；某某皆有遗言，其志虑何似，姑毋深论。然其不满意于女学者，至易见也。然则他日筹款之议一倡，阻力骤起，或意中事。吾深望办学诸公，刚毅持之，勿为外界之摇惑而堕其志。而尤望邑中父老，各具热诚，出而助力，则庶几耳。书曰：惟善人能受尽言，吾欲于此觇之。

——《香山旬报》第20期，己酉（1909年）闰二月十一日。

第三节　创办阅报社和图书馆

又有阅书报社出现

亨美三乡，程君镜波、程君道闲等，近在该处组设广益阅书报社一所，于二月十六日开幕。来宾数十人，社内规则，亦复井井有条云。又岐山乡西堡，李君灼如等发起一博闻书报社。赞成员数十人，已于前初八日开幕。各界来宾，极为踊跃云。

————《香山旬报》第 18 期，己酉（1909 年）二月二十一日。

阅书报社之近闻

邑城内阅书报社自去岁八月开办，初设在拱宸街，后迁入戒烟会内。该社职员原系一年任期，迄今已过一周年选举之期，尚未提及选举。且今春演戏筹款数目亦未清算，致外间啧有烦言。闻该社款项，皆归社长吴某、萧某及庶务员黄某①主持。经各社员屡次诘问，皆置之弗理。及后由各社员集议，定于九月二十八日选举及清算数目。属期吴某、黄某皆匿不敢到。萧某则藉口人数未齐不能选举，即令解散，又不定期再选。该社向章，每日将日报县挂四门，任人观看。近亦将此举裁撤。又闻庶务员黄某将外洋捐款三百余元，尽数挥霍。吴某、萧某则盘踞演戏、筹款之项，是以弄成今日之局面云。

————《香山旬报》第 76 期，庚戌（1910 年）十月初一日。

又多一阅书报社

谷都鸦岗乡张振德联合同志，在该乡公约，创立阅书报社。乡人捐助社费极为踊跃，可谓热心公益矣。

————《香山旬报》第 67 期，庚戌（1910 年）六月十一日。

阅书报社社员之棍骗

邑城内阅书报社庶务员黄飞鸿，前日在十八间锦隆布匹店，骗去女裙一

---

① 黄某，即黄飞鸿。参见后面"阅书报社社员之棍骗"一文。

条。谓拈回家人阅过，如合意即照价与购。该店伴以其为阅书报社庶务员信之。不料黄一去竟无回音，知为所骗。月之初七日，该店着人到仁厚里黄宅门首，伺黄出街，即协同巡士拿获，解赴警务所。是日阅书报社社员亦到警务所，指攻黄前日收外洋捐款三百余元，私自用去。至今一毫未有交出，请为追究。巡官提讯，判令限一月将原裙交回该店；并将该捐款交出。否则转送过县，旋由黄某之父具结保出云。

——《香山旬报》第 77 期，庚戌（1910 年）十月十一日。

论教育会亟宜倡设藏书楼　精一

吾邑教育会成立以来，寒暑已数易，职员已迭更，终亦泯泯没没，鲜有建白。自自治研究社成立之后，与教育会同处。邑人震炫于自治之名，相率附之。大有知泰国有太后穰侯，不知有王之势。而教育会孤立无偶，遂并此各朔饩羊之星期会而亦停止之。吾以为喜新厌旧，君子不免。而自治社之对于教育会，将有我不杀伯仁，伯仁由我而死之感矣。何意人心不尽死，兴复尚有期。而教育会仍有开大会议，联合各校，扩张规模之事。夫教育会以研究教育事宜为主旨，其联合各校，沟通声气，固其宜也。虽然，吾思之，吾重思之，则以教育气息奄奄，几如吴宫花草，无人过问；非得各职员起而扩张，各会员起而维持，兴办一二事业，照耀邑人之观听。虽曰以教育会名目，号召各校，其无济也如故。惟其然也，则与其联通各校，为外形之壮观；究不如力图创造，为内部之增色也。记者非谓联合各校为无谓也，记者愤邑人办事之愦愦也，亦已久矣。盖邑人之通病，好议论而鲜实行；有发起而无持久。其所以组织社团者，又多为争权植党而设。正如荀卿所云：狂生者不胥时而落耳。然则教育会之在今日，不图整顿固不可；整顿矣，而不为具体的建设，而徒为外观的交通，则人莫我应。以鄙见论之，则教育会先有建设，而后联合各校可也；毫无建设，而徒联合各校无济也。建设为何？则倡设藏书楼是已。

夫学者之大较，中人多而上智少，寡闻多而博学少，无古今中西皆同也。况夫处今之世，技术计日而逮新，学说以人而不同；声光化电格算之著述，农矿工商法理之载籍，岁出以千万计。而中国之正经正史，错杂纷陈者，更不可指数也。职此之故，其甘自暴弃，无学问竞争者姑无论；即有一二求学之士，欲求先圣之道，观后王之迹，与夫旁涉中外学者之遗书，终奈其为见闻之所限制何？通志注略有云：大著述者必深于博雅，迁之踪迹于七八种书，成三千年之史籍。所可为迂恨者，博不足也。夫以司马氏之世司典籍，工于制作。尚有少见狭闻之诮；况夫普通人类，中智者多，而又际学术昌名之会，又乌可不博搜载籍，以启其智识也耶？然则教育会者，专以研究教育为主旨者也。其倡设藏书楼，以启迪邑人，固其分所应为。而万不容诿卸者矣。吾闻伦敦藏书楼，其书籍至九万余种。吾邑鲜小，不足遽语及此。然何可漠视之耶？夫教育会之设藏书楼，其利益可得言矣。盖吾邑士人，大都家贫苦学者为多。若有藏书楼，则可收博览之助。其益一也。古今中外之秘书善本，恒有不足分配之叹。即私人所有，亦多秘而不宣，莫能与世共宝。若教育会以公共之团体，贮藏书籍，人人得受其利。其益二也。各私家书籍，其怀室自藏者，恒不可数。不幸子孙中落，不能保其先人之遗物，束之高阁以至腐烂，售之异域以得多金，可惜孰甚。若教育会既设藏书楼，则必有以秘本见赠，与世人共珍宝之，而免上列之二弊。其益三也。有此三利，则教育会诸君宁能不介意哉！

虽然，吾今倡此说，必有以无款为词者。前日本报尝有扩充女学之献议一篇，正告教育会。而至今未有整顿，殆亦无款之故。况藏书楼之经费浩大，又乌从而凑集之哉！然鄙见以为无足虑也。前者丰山书院有藏书楼一所，书籍颇多。现既改办中学，暂归该堂管握。若教育会既建藏书楼，则可以该书籍为基本，然后或商提公款，或由会员与热心家义捐，再行售办各种新书，以资研究。其成立正自易易。试观前日邑中之某书社、某阅报社，亦能由义捐筹银千百两，售置书籍。况以教育会以公共之名义，有继续的性质，其筹款又何难哉。是在诸君之提倡何如耳。

要而论之，倡设藏书楼之说，为教育会唯一之急务。无论经费若何之困难，办事若何其棘手，皆宜速底于成。今该会诸君，徒为联合各校，交通声气是务。而曾不计及夫此，抑亦不思之甚矣。

——《香山旬报》第44期，己酉（1909年）十月二十一日。

教育会开办图书馆

教育会图书馆之设，去岁已由郑君岸父等提议开办。嗣因会中经费支绌，且觅地甚难，是以迄未成立。现闻由洪君式文捐助银八十元，张君铭石捐助银三十五元，在城内文昌庙修建房舍，送出该会以为开办图书馆之地。即由该会职员议定，先将前丰山书院书楼所藏书籍搬出陈设；并由黄君仲韬送出书六箱。其余图藉报章，拟陆续筹款添置。已由该会职员拟定简章，禀准沈令立案。想不日即可开办矣。

——《香山旬报》第74期，庚戌（1910年）九月十一日。

香山县图书馆劝捐启①

粤自玉书金版，穷宛委而扬辉；鸟迹龟文，发天苞而阐秘。宝纬聚文章之府，星蔚连珠；神霄辟著作之庭，山标群玉。结绳杳而书契作，孳乳赜而篆述繁。获汲郡之竹简，羽陵散其蟫鱼。聆孔堂之金丝，坏壁藏其蝌蚪。汗青既废，缣素代兴。简牒益繁，藏庋斯富。石渠金马，蔚天府之球琳；东观兰台，蕴九霄之鸿宝。下至休文好古，富有典坟。彦升家贫，率多异籍。申屠万卷，遂号墨庄。王懋千编，不减秘府。要皆储上清之玉册，不在人间。或抱海台之遗编，自供浏览。曾未有如吾邑图书馆之设，将以楷模来学，陶冶士林者也。溯吾邑藏书之所，有寿香楼焉。固邑先哲黄芭香先生所手创也。发藏宇内，访秘名山。比朱昂得俸赐，悉购以储。适段直作长官，割田能买（先生时主丰山讲席，捐其岁俸，悉以购书。张明府墨缘，亦捐廉购置书籍）。用是红经绿史，分标识于牙签。绨怀缥囊，彷编储于秘阁。靡臻宏富，亦具规模。无如典守未慎，遗阙孔多。岁月迢长，丛残亦易。同人等值宪政之初步，谋教育之扩张。愿踵前规，成兹美举。拾残补缺，工穷书穴之遗。博古约今，下逮五洲之采。将使二酉遗籍，经秦火而长传。三洞瑶编，靡弱水而可渡。等柳仲郢之三本，供采择而备留存。比曹无虑之一仓，固缄縢而免湮没。此固艺林之盛事，抑亦东粤之先声也已。惟东平令渺，谁为庙学之藏。君山书存，价等漪顿之富。集资靡易，购买良难。所望儒林文人，读书种子，发枕中之秘宝，解囊内之青蚨。或助以简编，或供其经费。俾令左图右史，合多宝以名船。分部别居，列众香而为国。蔚干国栋家之选，定资李谧百城，披金匮石室之函，看取蓬莱藏宝。是为启。

——《香山旬报》第79期，庚戌（1910年）十一月初一日。

筹设图书馆之可喜 道实

吾邑寿香楼，前附设丰山书院，庋藏图籍多种，以供邑人士研究参考之

---

① 此文是旬报主编郑彼岸所作。

资。是举也，黄绍昌先生实经纬之。自科举废，书院改为学堂，图籍分存教育会暨中学堂两处。其中亦有展转借阅，尚存私家者。今幸教育会有筹办图书馆之举，拟先将该楼书籍尽数迁入。记者不禁色然喜也。

夫图书馆为教育之要端，已由袁督拟就办法，详言其利益，交咨议局提议，业已通过。凡属学界人士，当无不知。然则我辈对于筹办图书馆，皆当竭力赞助。智者尽思，富者输财；以期早日成立，备学子之研究，蔚一邑之巨观。此固不可视为缓图者。抑尤有说焉，前借阅寿香楼图籍者，参伍错乱，多非完帙。此际亟宜检出，速送交教育会，俾免散缺，庶乎其可也。夫文明国民，对于公共之物件，虽一草一木，均尽力保存。故公德之心，日形发达。吾邑学界诸君，于筹设图书馆，既思群策群力。而谓尚有隐匿旧籍以自私者乎？

——《香山旬报》第76期，庚戌（1910年）十月初一日。

香山图书馆梦游记　书痴

春间侨寓穗垣，闻邑中教育会诸君，倡办香山图书馆，逖听之下，以诸君子保全典章，嘉惠来学，心向往之。今夏以暑假旋里，心仪钜观，乃往游焉。至则门以外，本为邑之文昌庙，媚神之妇女，踵相接也。门以内，虽增设房舍若干，然皆加以扃钥，自门隙窥之，蛛网尘埋，未尝有邺架牙签，罗列左右也。惘然久之，信步而出。

时也，古树阴圆，荷花风静，炎威烦燥，殆不可耐。余乃趺坐古榕树下，披襟挥箑，思涤烦暑，而默想古人藏书之盛，如彭躬庵《是楼藏书记》所云者则神为之往。时复微风拂面，睡魔侵人。乃倚树假寐，仿佛目前大地，豁然开朗，则身在广场中。场以外，杂植修竹垂杨，萧疏如画。城以北，崇楼杰阁，高峙天半，圬作白色，日光映射，目为之眩。仰视檐际，作擘窠小篆，榜曰："香山图书馆"。余乃纵步往游观焉。及门，阍者询姓氏，并以阅书券见赠。门左为事务室；事务室与书库通，盖以便于监视也。书库宽广约三十余尺，其中列架十余，古今图书，庋置几满，其书籍之位置，大都以时代之先后为差，仍各从其类，不少紊乱。古本书籍，及秘籍抄本，则载以书橱，扃锁严固。若图画、若杂志、若报章，亦皆分部别居，条理井然。东西译本，则政治、学科等，细别条目，各以类从。有以知该馆之监督及管理人，皆富于经验，能胜任愉快也。书库之右，为收发处，收发处之东北隅，围以铁栏。其北则阅书室也，室列桌数十，编列号次，而光线明朗，空气流通，足使阅书者神意畅适。东为阅报室，杂列各种报纸及杂志，以便阅报者依类翻阅，秩然有序。阅报室之南，为董事评议室，盖为有职斯馆者，会议之地也。斯馆之优点，固在于书籍之宏富，尤在管理之得人，构造之合法。方俯仰寻玩间，而耳畔喧声，清脆竞作，瞿然惊觉，则南柯一梦耳。凝眸四顾，寂无人声，而各室之扃钥如故。第见白云在空，二三小鸟，飞鸣枝畔而已。

回忆梦境，其图书馆之设置，完备美满，未易遽觏。然以吾邑言，寿香楼之书籍，储藏尚多，而故家藏本，亦复不少，稍加征采，搜集自多，胡为自春徂秋，筹办尚未有成，则发起诸公，不得不任其责也。

噫！会社之组织，若只为仰官府之意旨，而为猎取权利计，则成立固易易也。欲增进人群之智识，为保全国粹计，不脑后置之者几何？此足以瞻社会之程度矣。世有君子，能急起成之乎，将买丝绣之。

——《香山旬报》第 111 期，辛亥（1911 年）闰六月二十一日。

第四节　学塾改良和其他教育问题

改良私塾议　阐卢

今之热心教育者，莫不注意小学。或近察国内，而节省讲授之科；或远师东瀛，而彷军级教授之法。其虑非不周，其情非不殷矣。而教育之现象，卒不见发达者。此其故何哉？盖尝论之，今日小学之患，非无学款支绌之可忧，经理无人之足虑也；弊在学生之短少。观近年来吾邑之小学，无论公立私立，当开办之始，极力张网，未尝不得百数十人；渐浸而相率退学，卒至势迫解散者，固已数见不鲜矣。虽然，此相率而去之学生，亦非尽弃诗书而别营他业；其多数亦复入私塾耳。若乃始终不入学校而奉塾师之教授为神明者，又更仆而难数也。以仆所知，烟洲一乡，学童几及三百；而入该乡小学者，不过三四十人而已。然则办学者，既无强迫教育之权。则因势利导之术，不得不施乎其间。此改良私塾之议，所以宜亟实力以行之也。改良私塾之法无他，授塾师以普通之学科，管理之方法；复能不惮烦劳以稽核之指导之，固已得其纲领矣。或谓一邑之大，塾师良多，安能尽取以教授之乎？不知塾师之多，城不如乡。就吾邑计，户口稠密之乡，鲜不立学堂者。诚各学堂中能设半夜塾师讲习所，令塾师肄习其中。即请堂内教员分任学科，虑不过三数月即可蒇事，各塾师当无不乐从。毕业后给以文凭，而后责以照定章教授。其不尽如法者，则随时正导之；其冥行己意固执不通者，则禀请管学官以解散之；其有热心教授井井有条者，则从而扩充之。庶不至留此腐旧之塾师，为学务之障碍也。虽然，稽核之责，不可无专任。劝学员之耳目所不及者，则由该乡学堂校长任之。如小学尚未成立者，则专设稽核之学董。每学期将稽核所得者，报告于劝学所，分别劝戒。此改良私塾之法，非有丝毫捍格难行之患也。

虽然，私塾既能改良矣，其利益亦有可言者。前塾师耳目闭塞，未受教育，无不极力抵毁学堂。以为有子弟者，一令之就学校中，必无益而有损。其中有顽固成癖，懵然不知学堂之内容何若，不过徒快一时之口舌者。亦有明知学堂教授之得法，为衣食计，不得不谩骂从事，以冀门徒之众多者。既有此塾师为学堂之梗，以致乡愚无知，惑于诐说，相戒无命子弟入学，甘心受塾师之贻误不辞者，是诚可叹悯也。今塾师既受教育，则与学堂通其声气。则必易诋毁之词，为赞美之论矣。往者邑中亦有私塾改良会之设，然任塾师自行组织；其中腼然无耻者，竟假改良之名，吞捐集之款，此会固久已云散烟消矣。且改良云者，改良其教授与管理之谓也。聚百数十塾师于一堂，而谓能互相研究，致教授管理之悉中规律乎？故仆以为必先设所以教之，而后能责以改良；又从而稽核之，而后改良可得而言也。有教育之责者，固当亟起以图之乎？

——《香山旬报》第79期，庚戌（1910年）十一月初一日。

惜乎不能剥夺毁学者之选举权　天赋

前闻集议选举校长时，有某君提议，凡有仇学情事，经人控告得实者，应剥夺选举权。是时有林某起而答辩，谓控告不能作实；譬如鄙人本热心兴学之人，而邑人指之为毁学首领云云。自林某发言后，无复申张前说，起而坚持者。记者深信某君之说，为最有价值之议论。乃众人以个人情面之故，隐忍不复言，则心窃未安耳。

夫林某对于本邑学务之历史，固彰彰在人耳目。其为热心兴学之人，抑为毁学之罪魁，当不能逃一邑之公论，实无容强辩也。即林某自辩也，亦仅个人之事。试问吾邑最近之毁学警耗，当复何限。某某之毁颖川小学也；某某之毁隆都小学也；某某毁公益小学也；其毁学证据，皆经劝学所、教育会查明得实，又为地方官所熟知者。如此剥夺其选举权，为名誉上之惩罚，亦复何憾。使当日各人赞成而实行之，将毁学人名，标列于选举场。庶乎受者知悔，见者足戒。即他日狂暴者欲为毁学，必有所鉴而不敢发。其有利于学界前途为不少也。惜乎众人见不及此，计私情不复计公益。某君之议，卒归无效。惜哉！

——《香山旬报》第50期，己酉（1909年）十二月十一日。

图12-4 《香山旬报》刊载讽刺旧式私塾教育的漫画

濠兔乡人毁学　进公

毁学之怪剧，往时或一见之。迄今民智发达，虽深闭固拒之士，犹知兴学为急务。乌敢毁学？乌忍毁学？而不意濠兔乡人竟以毁学闻。

濠兔人之毁学，为高某之被留也。然高某被留，于乡人何与？高某为助殴学生而被留，自作自受；更与乡人何与？而必鸣锣聚众，汹汹毁学，毋乃多事也。夫隆都局之拘留高某，为高某有罪也。即使无辜被留，乡人只而举代表，开谈判，与局绅正式交涉。何为而迁怒于学堂也。隆都学堂，即隆都五十余乡人之学堂也，非局绅三数人之学堂也。公等为隆都人，而毁隆都小学，是何异倒戈而自击耶？嗟夫！吾邑兴学，隆都开其先；吾邑毁学，隆都为独烈。记者哀学界之风涛，悯乡愚之蛮野；用敢大书特书曰："濠兔乡人毁学！"

——《香山旬报》第25期，己酉（1909年）四月十一日。

烟洲私塾之怪状

前月二十九日，劝学所、教育会各员，奉县照会，前往烟洲查察私塾。该乡私塾共十三所，内有五所教授尚为认真；其余八所，腐败已极。有塾师名黄侣周者，竟在房吸烟；书台上安置海鳟、沙煲、爨具等物，学生台凳纵横，排列毫无秩序。兹闻劝学所及教育会拟将情形禀县实行裁汰云。

——《香山旬报》第43期，己酉（1909年）十月十一日。

伍湘南何苦甘为公敌　燃犀

伍湘南迭次破坏学务，为舆论所不容，天荆地棘，几无藏身之地。本报为舆论代表，已迭次著论痛斥之。顷阅本报九十六期所载《作茧自缚之伍湘南》一则，而辄叹作恶者之终必自毙也。

夫伍湘南在西乡一带，可谓横行无忌者矣。一则毁拆学舍，再则掳捉校长。其心目中宁知有法律在也？幸也，彼都人士，群起而纠斥之，使魑魅魍魉之形状，不能再见于天日。可知公理在人，固昭昭然不可磨灭者。

虽然，伍湘南之得有今日，该乡学界中人纠斥之力也。然吾邑之仇视学务如伍湘南者何限。若某劣等之团殴蔡校长，其最近者也。然则办理此案，非按律惩治，不独有同罪异罚之议，且开仇学者侥幸之门。则虽有一伍湘南负罚于前，而仍有无数伍湘南作恶于后也。吾为本邑学务忧之，于是乎言。

——《香山旬报》第98期，辛亥（1911年）四月十八日。

评中学生对待郑教员事　贵刚

学堂之所以设监督校长者，有整理全堂事务之责，监察全堂员生之权者也。若监督校长不得其人，放弃职任，则堂中员生，必怪像百出，暗潮所伏，终有溃堤而出之日。吾观我邑中学堂之现象而益信。

我邑设立中学堂以来，林某以老朽不振之人，腼颜而尸监督之席。计其入堂至今，风潮迭起，波波相续，未有已时。今该学生之对待郑教员，不知其几度风潮矣，而求其所以酿成此次风潮之故，则遽难下一断语者。

由教员一方面言之，则郑本少年气盛，负其上天下地惟我独尊之气概，凌铄学生，在所不免。而评阅试卷，特设负分之例，更为意气用事，不能餍服众人之望，此则郑教员之过也。

由学生一方面言之，则学生有亟待表白之事，自当由班长申辨，而推得事理之平。乃竟以污秽暴发之物，为对待先生长者之利器，岂不蔑视学堂规则乎？此又各学生之过也。

记者平情论事，确以两方之所作所为者，皆有可受嗤议之处，曾无足供研究之问题。而独以一邑中学之监督，而以一迂老无能之人任之。以致教员学生，皆背道而驰，而仍不能察觉者。然则推论此次风潮之起，归罪于教员可，归罪于学生亦可，归罪于监督亦无不可。

——《香山旬报》第101期，辛亥（1911年）五月初十日。

学胜机关废弛之一斑　泽秋

试问中国内政，何以败坏流失，至于此极乎？向之论者，鲜不以为官制不良，权限不清，有以至是。顷新政朋兴，分部渐确。官有专职，事有专责。自其表面以观察之，操大权者，未尝不雷厉风行，思举前者萎靡沓泄之弊，廓而清之，以计日而程功也。然而权限虽专，玩泄如故。抑独何邪？他者勿具论。即学务一端，固朝野上下所兢兢者，有管学大臣以综其成，有学部以专其责，有各省提学使以承流而逮下。而各属复有劝学所、教育会以导其趋向而补助其所未备。盖其机关亦稍稍完密矣。而近者吾国学务，成效不著，反有趋而愈下之势。此其故何在？盖机关虽备，而主持运用之者非其人。积而日久，则废弛之弊生。故一毕业也，由县而详于学司者，有逾数月而不见核示者矣；由学司而达于部者，有经年而不见明文者矣。负兴学者之心，灰向学者之志。此学务所由不振，盖非细故也。远者不及征，如吾邑城高等小学去岁已考毕业，已由县详禀学司。今且一学期，核准与否，茫然不知。间稽之学务公所科员，则此案由司署留而未发。又如前者广（州）肇（庆）罗（浮）中等实业学堂招生，由学司札县出示。乃该校已属试验之期，即为县署张示之日。则虽有志赴考，其何可及。此岂在上者之固促其期邪？抑在下者之任意留滞邪？则皆所谓废弛也。吾国先哲之论治术者，对于治人、治法二者，各有偏主。子舆氏曰：徒法不能以自行。孙卿曰：有治人，无治法。黄梨洲曰：有治法，无治人。而仆之意，则以为三子之言皆是也。特时有不同耳。大抵草昧之世，法制未立，必恃开物成务之圣人为之创导。故治人为重。迨文化已进，政法毕张。苟有人焉，能守而勿失，奉行而不倦，则亦可以无弊。故治法为重。若当过渡时代，诸务混淆，旧职未裁，新除又下。人才未裕，百废具举。当此之时，重治法尤重治人。此不特学务为然。而征诸学务则尤信。

——《香山旬报》第 65 期，庚戌（1910 年）六月十一日。

阻拨学费之宜惩

大榄乡永宁小学堂，前经刘黎两君捐助经费，开办后由学董李福庆、罗寅杓等酌提该乡庙尝，以为当年经费。禀蒙沈令准予给示提拨在案。兹闻有该乡人邓文乾、杨明业等禀请移拨办团，阴图阻学云。

——《香山旬报》第 45 期，己酉（1909 年）十一月初一日。

告中学生　道实

生今日中国，生今日中国而为学生，其责任至重，亦至不幸之人也。列强环伺，内讧交作。肉食者鄙，未能远谋。定倾扶危，匪异人任。故曰责任重。当事者不谙教育，妄自尊大，管理紊乱，学科破碎，任用私匿，至酿风潮。凡兹现象，遍于国中。故曰至不幸。

夫以至不幸之人，处责任至重之地，难乎其为学生矣。惟其能先以至不幸自待，则卧薪尝胆不敢谓苦；能以责任重自勉，则枕戈待旦不敢谓劳。中国其庶有豸也，故记者敢持此义以责备吾邑中学生。

中学开办历四载，诸生受教育之日不为少。乃竟因减发席金之故，致将食具踢倒，哄动全堂。其不能沉毅坚忍，可窥一斑。诚不意遗大投艰之学生，有此灭裂卤莽之举动也。抑中学生非可以方小学，苟毕业中学，则已备受普通教育，不进而修高等专门之业，必出而为世用。平居苟习为躁率，则有所肩任，亦将感情用事，偾事滋甚矣。此记者所以重为诸生惜也。

虽然，此次举动，倡首者虑不过寄食生数人，不可以概全体。即此数人，亦不过一时血脉愤兴，激而出此，其不能无悔也。故仍当以沉毅坚忍习为劳苦之义为诸生告。

——《香山旬报》第 102 期，辛亥（1911 年）五月十七日。

呜呼今日之学生　药人

学生为中国将来之主人翁。斯言也，吾习闻之；吾随声而附和之久矣。

吾曷为随声附和而主人翁吾学生也。孟子曰：犹七年之病，求三年之艾。语云：十年树木，百年树人。由斯谭焉，今日制造学生，即将来制造主人翁。不有人才，中国不国。其昭昭也。呜呼！吾将欲振兴吾国，吾安能不主人翁吾学生耶！不谓近日之学生，竟有丧失人格，败坏全群主人翁之名誉者。

叉麻雀也，饮花酒也；学生之乐此不疲者，已数见不鲜矣。扛抬木偶也，送炮巡游也；学生之腼然为之者，亦时有所闻矣。以最高尚之人格，而自暴自弃若是。学堂之内，若有此等学生，是何异溷莠于嘉禾之中，杂驽骀于骏马之列乎？记者曰：其败群也实甚。

吾邑之倡设学堂有年矣。然当科举未废，学堂未遍以前，某疆吏欲科举与学堂相辅而行；记者期期以为不可也。今则科举废矣，学堂遍矣。吾邑办学诸君，正当实力兴办，务严非种之必锄。访查此等学生，斥逐一二，以警效尤。庶仇学之徒，无所藉口。今吾邑之学务何如耶？近日学堂现象，学生多演放纵卑劣之怪剧。相习成风，必至不可收拾。吾将为学务之前途悲也。乌得不言。

——《香山旬报》第73期，庚戌（1910年）九月初一日。

哀中学　尊闻

监督之所以对于学生者，一曰感情，二曰法律。有感情而后彼此之意见可和洽；有法律而后全堂之秩序得整齐。若感情法律而皆失之坐受薪金，拥一监督之虚号其无益也实甚。

中学监督，赘疣之监督也。于何见之？曰：于中学风潮后益见之。查该堂学生因张某四人被斥，刊发传单，相率罢学，感情久已乖离。而该监督因学生罢学，仓皇失措；甘受"悖谬"之名（学生斥该监督语），遽将张某四人收回肄业。是又失执行法律之能力。以无感情无法律之监督，主持全邑学界最高程度之机关，其不颠而扑者几何？今该监督之尸位也如故；而邑人之漠视也仍如故。中学前途，吾何忍言？

——《香山旬报》第25期，己酉（1909年）四月十一日。

学租何以任令不交　道实

或问包令自莅任以来，对于地方要政，孰为重视，则必曰学务也。故始则办模范小学，继则办女子师范。虽其将来之成效何若，必视其用人之当否为衡。要其对于学务亟事推广，此观诸实迹而可知者。而何以萧昌欠交丰山公产田租银三千余两，至中学堂及各简易小学经费支绌，教员薪金亦不能如期致送；绝不闻包令饬差催收，果何为而出此耶？

虽然，吾知其故矣。萧昌者，郑雨初之司事也。承批各公产，其名则萧，其实则郑。郑日夕与邑令周旋，故邑令宁视学款之支绌，而不能破个人之情面；而对于劝学所之禀追，教育会之函催，一若熟视无睹。邑令诚宽大矣，其如学务何？

然邑令兴办学堂，不遗余力，固所谓重视学务者。而于成立已久之学堂，而不能尽维持之责，日思筹款以兴学，而于有着之款，亦任其拖欠不交。岂真官立与公立之学堂固有轻重之别耶？抑情面二字终不可破除耶？公私之界，当事者宜三思之。

——《香山旬报》第 103 期，辛亥（1911 年）五月二十四日。

留心学务者勿徒斤斤于去黄总董　民声

劝学所总董之得人与否，一邑学务之起夺因之。黄总董之资格不符，吸烟舞弊，以致养成邑中今日学务之怪现象，邑人迭起而排斥之。排斥之诚是矣，然徒排斥一黄总董，遂足以维持本邑学务使之日有起色乎？虎未拒于前，狼已蹑其后。前何总董之被排斥也，何尚未去，已先秘密运动而进一黄。今黄总董之被排斥也，保无黄尚未去，已先秘密运动而进者别有一黄。抑其舞弊无资格更有甚于黄者，则吾邑学务亦将长此终古也。他虽不可知，据记者所闻，则以三数之私人，挟社团之势力，互相标榜，百方钻营，以冀得此总董者，已大有人矣。夫以三数私人之资格，而百方钻营以得此总董，则其人之流品之立心，不待智者而知矣。吾故曰徒排斥一黄总董，尚未足以维持本邑学务，使之日有起色也。然则将何以善其后乎？曰："黄总董仍恋栈不去。"此别为一问题，今姑勿论。黄总董如知难而退也，则继黄者必由学司札派，吾邑何人为果合资格？何人为品学兼优？何人为富于学务经验？学司恐未能尽悉也。则必据管学官之申送，而吾邑何人为果合资格？何人为品学兼优？何人为富于学务经验，管学官亦恐未能尽悉也。则必据地方绅士之保送。以本邑学务惟地方绅士关系最切，而本邑人亦惟地方绅士知之最深也。吾甚望吾邑绅士为维持一邑学务计，破除私见以谋公益，择其果合资格，果品学兼优富于学务经验者，悉数保送。吾尤望管学官与学司之察而任之，免吾邑人有犹吾大夫崔子之叹，则吾邑学界之幸也。

——《香山旬报》第109期，辛亥（1911年）六月初七日。

驳邑令办理蔡绍勋被殴案 民声

前蔡绍勋被曾广誉、萧澍森殴伤一案，本报迭有评论之。昨阅邑令致邑中各学堂之札文有云："蔡绍勋之禀追学费，被人殴伤一案，前经当堂严限该约绅曾广誉、萧澍森二人，将主使之人，交案究惩。现已一再逾限，并未交到，实属有意延玩。应即将该约绅曾广誉、萧澍森二人，即行撤退出局。并将曾广誉兼充之宗岳学堂校长，萧澍森兼充之宗岳学堂董事，一并撤退，以昭儆戒。仍严拿指控各名，分别讯办。"吾阅既竟，而知邑令之用心矣。邑令之为此札文，由表面观之，似甚风行雷厉，惩办仇视学务之劣绅，不遗余力矣。细思之，岂真尽如所期哉？此札文一出，稍明眼者见之，皆知其为调停两可之政策也。皆知其为轻纵劣绅之地步也。曰"严限"、曰"有意延玩"，皆札文最严厉之语，实皆纸上空言也。曰"仍严拿指控各名，分别讯办"，又皆掩耳盗铃，全无实际之言也。实则邑令办理此案，始终无一切实办理。审讯数次，皆游移寡断，从无尽法究治之意思。今将萧澍森、曾广誉两人撤退出局，撤退校长董事，亦避重就轻，无所谓惩究也。谓余不信，请将邑令办理此案不公平之点，一一揭而出之，以与热心维持学务者一研究乎。查蔡绍勋三月初五日被殴，即由蔡陈氏到县喊禀，声称氏子被约绅萧澍森、曾广誉等多人，截住乱殴，遍体受伤。是萧曾为殴打蔡绍勋之凶犯，已为蔡陈氏道出。然犹曰："一面之词，不足凭也。"再由地保黄奖到案，亦谓动手之人，只认识一萧姓约绅。而教育会公禀，亦指萧曾等为行凶之人。则此案之真凶，已确凿有据。而邑令并不按律惩办，曾广誉因他事为杨某扭禀，亦不乘势拘留，任其逍遥而去。万不获已，只以"严限交凶"四字为塞责。是犹劫掠人家之著匪，拿获逮案，并不明正其罪，但责令交匪，有是理乎？此不公平者一也。且观邑令办理此案，亦知萧曾为正凶，第不肯治其罪耳。观其五月二十二晚审訊，断令曾广誉、萧澍森等限五日内将凶手交出，否则作为正凶。揆邑令之意，不过以萧曾等只能督率指挥，其中必有用武行凶之人，故欲其将凶手解案，以轻赦萧曾等之罪耳。今萧曾等一再逾限，而邑令并不治以正凶之罪。则前日所谓"作为正凶"一语，亦虚言耳。今虽将其局绅校长董事撤退，然按之当日"严行澈究"一语，亦仅得其半耳，此不公平者二也。蔡绍勋无辜被殴也，萧澍森、曾广誉数人，恃势行凶也，界限甚明，厘然已定矣。乃前日由杨孙两委员提讯，因侵吞沙捐问题，竟将蔡绍勋留押。而萧曾等之逞凶殴人，野蛮无理，从未闻稍有严惩。岂以萧曾等为局绅，未可过事苛求；而蔡某为校长，不妨任意拘留耶？此又不公平者三也。由此观之，则邑令办理此案，不能满足舆情者，盖有由矣。夫邑令到任以来，固以整顿学务自命者也。故其下车伊始，一则倡设模范小学，再则倡设女子师范，其振兴学务之热念，诚不可厚非。然吾邑学风之衰落，非一朝一夕之故矣。究其弊之所由来，则坏于藉学渔利者半，坏于破坏学务者半。邑令欲为整顿学务计，非可以枝枝节节，开办一二学堂，可云克尽责任也。知其利而兴之，知其弊而革之，则阻力去而进步速矣。吾阅邑令札文中有云："近来党派纷争，人心浮薄，挟成见而仇视学务，假公益以自便私图。"寥寥数语，亦可谓深切著明。惜乎能言之而不能行之。有仇视学务如萧曾等者，亦不能为罚一警百之举，此记者不能满意于邑令者此也。抑更有说者，吾忆前月督院批卢惠元禀词，有饬县查核明确，分别撤革拘究，从严究办之语。可知此案罪人一得，则万无宽纵之理。今萧曾等确为正凶，不仅蔡陈氏言之，且由地保出而指证之；不仅由地保出而指证之，且由教育会起而禀攻之；更不仅由教育会起而禀攻之，更由邑令亲自断定之。则彼两人之罪名已定，即督批所谓"查核明确"者也。今邑令只能知其罪，而不能治其罪，岂不负督院"分别撤革拘究从严究办"之言乎？呜呼！善无以劝，恶无以惩。此有力者之所以得志，而守正者之所以丧气也。而邑令之为此，岂即以撤退为惩究乎？而不知逞凶殴人，在理应不能胜任局绅校长之职。若漫无究治，则试问蔡某之损害，向谁赔偿？正凶之名目，向谁承认？以一辱殴校长、破坏学务之重大问题，而以含混手段了结之，则仇学者安有所惧？而一邑学务，又乌有生气哉？记者为学务前途计，因有感而言之，凡热心维持学务之君子，幸留意以研究之焉。

——《香山旬报》第113期，辛亥（1911年）七月初六日。

省批：许平尧呈为学款重要流弊宜防由

许平尧呈，为学款重要流弊宜防由。批：本案前据职员许上珍以藉学营私等情，呈控泮沙初等小学堂校长许澄汉。业经批县查明办理在案。现呈该校长五六学期支银三千三百之多。如果属实，未免滥冒。惟每学期费用限五百元一节，是否可行。仰香山县核定每期应支数目，禀候察核奏定章程。初等小学堂无堂员名目，即撤退聘用教员，亦须由师范毕业选充。勿得浮滥。仰一并遵照办理。正状发保领附。

——《香山旬报》第76期，庚戌（1910年）十月初一日。

咄咄竟有窃映女学生相片者

寓德女子两等小学，设在城内中庵毛公祠，开办多年，颇有成绩可观。附城及各乡，均有就学该校者。仁厚里为该校学生出入必经之孔道，近有跻弛之徒（闻系刘某、朱某、杨某、郑某等），竟窥伺该校学生上课下课时，暗伏仁厚里朱宅门首，手持快镜，摄映该校各生相片；不知是何用意。似此不规则之举动，实属有意污亵女学。现闻该样学生之亲属，已函请该校办学诸公，拟呈地方官示禁云。

——《香山旬报》第76期，庚戌（1910年）十月初一日。

提学司批

小榄工艺学堂校长何蔓芬禀控李树培、李钟亮经管收支，延不报销由。批：李树培、李钟亮二人经营工艺学堂款项，历时至四学期之久。收支数目迄未造表呈核，殊属不合。仰香山县严饬李树培等，迅速详细开列经费表册，呈候核夺；毋得延宕，致干不便。至何仲元积欠学费三百余两；及主帅庙司祝并各客欠款，均应由县勒限如数清缴。以重学费。仍将办理情形，具覆查考禀粘均钞发。

恭都杨族两等小学校长杨应銮禀，请高等学生免习易经，补授中庸两孟由。批：禀悉。所请高等学生援照新章，免习易经，补授学庸两孟。准其照办。仰香山县转饬遵照禀钞发此缴。

隆都学堂校长禀：展过期限功课完竣，呈缴表册请核办毕业由。批：禀册均悉。查该堂学生林光亚等前批，饬令补足学期。现计至年底学历当能展足属时，即照章禀县核明。若功课补齐，应合毕业。即由县定期知照劝学所、教育会员临堂，分日认真考试。至程大元一名，虽经沈前令禀请再补一学期。惟何时插入该堂，未据禀明，无从考核。并由县查明办理。文凭存根，并缴正册一份，副册两份到司。以备汇案详咨。该存根纸，现已饬印刷所刊定应需若干，请向该所购取可也。仰香山县遵办。并转知照缴册存禀钞发。

香山县麦福基呈，为劣迹显著，请将名誉撤销由。批：此案迭经饬县澈查结算，日久未据禀覆，玩延已极。据呈前情，仰新任香山县迅即查明，如李树培确有被控劣迹，李钟亮并有嗜烟实情，即将商议员之职先行撤销，不准干预学堂事务。一面将该校历年收支澈底清查，究明有无经手侵吞情弊，分别究追清算禀复察核，毋稍徇延。该学堂开办以来，成绩尚优。只因财政不清，以致讼端环起。互相攻讦，迄无已时。该署令向来办事不避嫌怨，长于综核。此事当能破除情面，一祛宿弊，妥筹善后，以维学务，而断讼藤也。望之切切。呈及保领发。

——《香山旬报》第77期，庚戌（1910年）十月十一日。

邑人干涉邑事之疑问　饕霞

近日邑人对于社会上事，每有张目奋呼，自负彰善殚恶之美名。吾今姑不究其心术之若何，而见之禀牍，所谓欲维持公益、整顿大局者，皆平日绝不关心时事之人。吾因此而疑惑滋甚。

前禀控教育会之梁恩瀚、郑锟，皆学界上不足齿数之人物。彼尚不知教育会之性质，乌得有攻击教育会之理由。曰：有使之者。今议董会尚未成立，而禀攻者又纷然起矣。使议员果为不法，则攻之固其宜。然何以平日勇于任事，崭然露头角者，皆瑟缩不敢过问；而或禀或保者，多为市侩之流亚耶？曰：有使之者。噫！是可羞矣。夫人立身于社会间，是是非非，不容假借。某人贤也，则粗率以拥护之可矣；某人不肖也，则毅然以攻击之可矣。乃一方面则欲排挤异己，援引私人；而一方则又瞻前顾后，畏首畏尾。于是出一利用他人之不道德心，以自鸣其得意。此稍知信义者不肯为，而公然以士流自命者为之。不亦怪哉！

吾今敢忠告我邑人曰：公等果欲为一邑兴利除害，则请勿瞻徇情面，龌龊作儿女态。若处身局外，利用他人为之，不可也。明知其非义，而亦利用他人为之，以为修怨之举，更不可也。吾愿邑人共勉之。

——《香山旬报》第79期，庚戌（1910年）十一月初一日。

咄咄学堂教员之投考优拔　精一

原夫今日举行优拔之意，直欲为老朽生员谋出身地耳。彼一般所谓生员诸公，不甘寂寞，投袂而起，斯固无足怪。何居乎以新社会之人物，而亦趋之若鹜也。咄咄怪事。

第十二章　改革旧教育　创办新学堂

查吾邑学堂教员，投考优拔者约十余人。如某某学堂，因教员出省，而几至会堂停课者。呜呼教员！其脑筋之顽固，思想之狭隘，固如是耶？夫今日有倡恢复科举之说者，虽童子亦群嗤之，以为不合于时宜。然则今日之优拔，与科举时代何以异？而乃相率奔赴。欲得贡生之头衔，为宗族交游光宠；是其醉心科举之梦魂，犹蠢蠢欲动。以此等人格，乌足厕文明之称席，握国民教育之权哉！

笑骂由他笑骂，好官我自为之；此若辈立身之秘术也。其所以投身学员者，非热心教育也，直为金钱计耳。其所以投考优拔者，亦知不利人口也，直欲侥幸功名耳。彼逐逐于富贵利达之鄙夫，抑何足责。吾独为吾邑学堂惜，吾又为吾邑学生忧耳。

吾尝与人谈论，谓真顽固者不足责，而伪维新者必当诛。盖真顽固者不失本来之面目，而伪维新者反复无常，见利而走。斯可疾也。今之以学堂教员而投靠优拔者，殆真伪维新之小人也。呜呼！以吾邑而有此人，是吾邑之大辱。以吾邑教育界而有此人，是更吾邑之大憾事也。噫！

——《香山旬报》第37期，己酉（1909年）八月十一日。

仇学者竟任其逍遥法外耶　质直

吾邑仇学之案，愈出而愈奇。始而毁学，继而仇杀。夫学堂而至于被毁，已足灰办学者之心；若兴学而至为人仇杀，尤足夺办学者之气。吾观上栅公益小学堂校长被蔡某寻杀一案，而不禁为吾邑学界前途惧。

夫仇学者非止蔡某已也。卓山林某之瓜分公款；濠兔乡人之拆毁学堂；已先蔡某而为之矣。然推仇学者之心，非真悯不畏法，欲与学堂为难，大率由劣绅土恶，鼓动其中。而闹学之后，又无何等之惩罚，故其野心计日而增进。而办学者稍逢彼怒，则鼓众毁校，逞凶伤人之恶剧，亦随时而发现。

然则地方官吏当知所从事矣。对于学堂则实行保护，对于土豪则竭力诛锄；即如仇杀校长之蔡某，尤宜尽法惩治。宁失于苛，勿失于宽。则惩一警百，庶几彼辈稍知畏惧，而蹂躏学堂之警耗，或可以免。

不然，闹学之案一出，劝学所、教育会皆循例查核，而地方官又仅以和平了结。只图目前之息事，甚或假一纸之空文，以不了了之。而欲办学者之实心任事，学务前途，日有起色，乌可得耶？

——《香山旬报》第41期，己酉（1909年）九月二十一日。

第十三章 注重卫生 推广西医

香山的社会改革也十分重视城市卫生文明的建设。《香山旬报》在向县令沈瑞忠提出的九点建议中，就有一条是讲求卫生，包括禁止宰卖病猪病牛，开通沟渠，清洁街道等公共卫生，并普及卫生常识，让民众养成合理的卫生习惯。旬报经常刊载有关卫生知识的讲话，教育人民注意日常卫生，把卫生提高到强种和强国的认识高度。旬报指出："今夫国也者，人与地之谓也。是故我同胞无国家之观念则已，苟有国家之观念，则非提倡卫生之道以自强其种，使人人共勉为完全之国民不可。洛克氏有言曰，完全之国民，即备健康身体与健康精神之谓也。"①

与城市文明卫生改革相关联的是推广西医。香山人早就通过澳门接触到西方的医药知识。同时有香山人居住澳门而接受过西医治疗，所以香山人对西医并不陌生。早期与容闳一道出洋留学的黄宽，1857年毕业于英国爱丁堡大学医学系，获硕士学位，回国后在广州开办第一个西医诊所。孙中山于1892年在香港西医书院毕业后，曾在澳门、广州等地开办中西药局，设馆行医。又与他的同乡南朗人程北海合伙，在石岐西门口开设中西药局的分店，地点就在今中山文化宫的斜对面。这些事实说明，西医早就在香山地区存在。而在辛亥革命时期，又有了新的发展。不仅有男医生，还有女医生开设诊所，其精湛医术和医德屡受到病人登报称颂。

有识之士为了推广西医，造福民众，让普通市民享受医疗服务，还先后成立保育善会和赤十字会（即红十字会）。保育善会设在东城内的崇义祠，由本县士绅和商户于1908年捐款成立，目的是为保障妇女安全生育提供服务。其章程规定，聘请女西医2名，担任接生及产后护理事务。凡由该会医生经手接生的产妇，包括接生费和产后两个星期内所有护理医药费用，一概免收。如果预约上门接生，则只收取医生往返之轿资，如是贫苦人家，则连

---

① 雨人：《寻常卫生讲话诸言》，《香山旬报》第2期。

轿资也免收。赤十字会是1910年年底，由香山热心公益的人士联合品学兼优的西医所创办，会所亦即诊所，设在石岐怀德里安得烈氏二楼。该会目的是为贫苦无助、军战重伤或地方灾变的伤病人员，实施人道主义的救死扶伤。"赠医施药，闻警即至，克期奏效，遐迩无误"。当时聘请了西医刘浩如、萧泽垣二人，另有佐医8人，担任疗治，在会所内赠医施药，每日由11点钟至下午2点钟止。无论男女老少，凡患病者均得入诊。以尽爱群之义务。但花柳疾概不施赠，星期停医一天。或遇急症，可随时到会所驰报，俾即派医生前往护救，也是分文不取。

这些热心人士充分认识到，创办保育善会和赤十字会事体重大，经费浩繁，非少数人所能胜任。如要长期坚持下去，必须发动更多人士参与进来，因此，发起人又特定简章，公开征求有热心、有能力者出而赞助之，扩大之。会章规定，凡入会者，纳入会费1元，另每年例捐1元，以5年为满，如有热心志士，能慨助会费20元以上者，均推为名誉会员，免纳会费年捐，并给名誉徽章。

保育善会和赤十字会赠医施药，推行社会医疗福利的善举，深得民心，也受到广大殷实商家的热烈支持和响应，纷纷捐款入会。当时香山知县沈瑞忠和驻军副将、巡警局长等主要官员均带头捐款，造成乐于善捐风气。旬报则经常公布那些热心捐款的商铺和人士的芳名以示表彰。

第一节　宣传公共卫生知识

论公共卫生之亟宜注意　非想

世界愈文明，则人类生活程度愈高。生活程度愈高，则生命愈宝贵。而所以保存生命之方法，莫要于卫生。于是社会上公共卫生之问题因此而起。自科学大明，霉菌学进步，地球上人口繁密之都会，实无一片干净土。不为甲种霉菌所繁殖，即为乙种霉菌所寄生。自地面以迄空虚，由皮肤以至脏腑，乃至目力所不能辨之处，一刹那顷，已有恒河沙数之微生物，生生灭灭，潜孳暗长于其间。癣疥也、疟疾也、虎列拉也、肺结核也，何一非此等霉菌之为祟。深沟高垒，以与人间争胜负乎？东西各邦，知其为人类之大仇敌也，故凡经营一城市，新辟一港场，必先于卫生上加大注意。家屋之构造，市街之布置，渠道之疏浚，食品之检查，其他关于卫生行政之一切条件，皆有专官为之管理。尝闻日本大学，蓄一疫鼠为实验，偶尔逃脱，毁屋十余家以捕之。其视生命之重如此。返观我国，问有卫生行政之专司乎？无有也。问有组织完备之医院乎？无有也。偶过街市，则病猪坏牛，杂陈道左；馁鱼败肉，竟列肆中。而一般下流之人，方且蹲立道旁，大肆其果腹之欲。年中烹宰毒蛇，误食河豚，因以毙命者，不可胜数。呜呼！国民之不谙卫生既如此，政府之漠视卫生又如此。乃至纡青拖紫，束带簪缨，出入宫廷，称为士大夫者，每年大庭广众之际，咳嗽之声，唾涕之声，与议论杂发。终会而散，则必痰涎满地。无意之中，不知介绍几许病种于同胞，而莫之或悟也。我国人之生命，真蝼蚁之不若哉！吾言至此，吾不知公共卫生之说，当从何说起也。虽然，菌类者，人类之大仇敌也。苟言卫生，必先杀菌。考菌类之毒人，每藉一种之媒介物。输送其种子于人身之血液中，生生不息，小则为疾病之纠缠，大则有生命之断送。吾恶此霉菌，吾尤恶此媒介物。霉菌为吾肉眼所不见，吾无从而诛之；媒介物为吾腕力所能除，吾人断难容此丑类，吾尤愿吾同胞共起而图之。此则鄙人公共卫生之说所以发也。媒介物不一种，对待之术亦极繁。吾乃择其最普通、最寻常、最切近、最易行者，略举一二为阅者诸君告。

　　疫症之起源，学者之说不一。有谓导源于埃及，有谓导源于小亚细亚。而中国则始传于云南。至今则地球上人烟稠密之都会，几于无处不有其种数。嘻！疫菌一微小生物耳，而能遍布于地球者，何以故？以有一种尖嘴四足，长尾柔毛之小兽，名之曰鼠者，为之媒介故。夫疫症者，乃鼠类之天行病，非人类之天行病也（人类之天行病如痘症是也）。人可一生而不染疫，鼠则已具此毒素于禀赋之中。当其染有疫菌时，身中之虱，咂吸其血，又转而啮他鼠，其疫菌乃传于他鼠。他鼠之虱，又转而啮人。其疫菌乃传于人，辗转流传，遂成流行病。加以船舶之往来，货物之搬运，皆为此等绝妙之介绍物也。故自世界交通以来，文明由此而生，鼠疫亦因之而至，无可讳也。是以古代埃及，祭猫以治鼠；欧洲风俗，谈鼠以为不祥。

　　　　　　——《香山旬报》第94期，辛亥（1911年）三月二十日。

论公共卫生之亟宜注意（续前）　非想

　　然则治鼠有何术？此为一最琐碎之问题，亦一最繁难之问题。捕之则不

第十三章　注重卫生　推广西医

可胜捕，无已，则从其性质上解决，有须注意者二事。

一曰家屋之构造。鼠入人室，或抓地以为孔；或穿墙以成穴；或栖息于夹壁；或伏处于坑渠。与夫地台楼底板等，皆为此类之巢窟。是以墙脚四周，宜敷以碎石；沟渠之口，宜络以铁栅；室内小孔，宜严密防堵；楼底昂板，宜全行毁拆。断其出入之路，彼自无藏身之所矣。

一曰食品之贮藏。鼠为草食动物，门齿锋锐，谷米蔬果之属，皆彼族最丰富之资养料也。每当夜深人静，四出觅食，苟有所得，则接踵而至，又孳乳极繁。不数月而成一巨族，盘据室内，俨若殖民地。是以贮藏食物，极宜留意。下至糖栖之微，攝搔之细，亦宜贮于密闭器。盖吾等以为废料，彼族则以为珍馐；吾等无意而弃之，彼族则百计以求之。惟足以供其饕餮之欲斯可矣。故绝其饮食，断其粮饷，彼既掠食无所得，又安能久居于此耶？至于畜猫以捕之，设机以待之，则久为社会所习用，无俟鄙人之赘说矣。公共卫生之事此其一。

热带之国，盛产蚊虫。每当夕阳西下，暮色苍茫之际。振羽而飞，凌空而行，择人而噬，嚼血而食。甚或翱翔枕畔，嘤嘤作声，雍雍而鸣。此非吾国城市之现象乎。吾人殆无日不预备少量之血液，以供给彼等之养育。供给之不已，其恶作剧者，且以最凶恶之霉菌以酬报焉。何也？以其能为疟疾之媒介也。

疟疾者何？亦传染病之一种也。夏秋之交，烈日之下，地面腐败植物，感受光热，发为瘴气。人类吸之，则血中含一种毒菌，脾臟发大，生长多量之白血球。其病状则毛管耸然、寒气澈骨、牙齿颤动、手足冰冷。数分钟后，则全身发热，口渴大汗，甚或脑受剧热，昏迷不语，或间日而作，或连日而至。久之则面白唇青，肌肉消瘦。因此陨命者不知凡几。而其输送此疟菌，则由于一种之蚊。即其噬人时，口中之血，起交流作用故耳。然蚊固无时不噬人，而人未必常染疟疾，此其故何也？夫蚊有数种，而能为疟疾之传染者，为数无多，故欲研究何者为传染病之媒介，则不可不研究其生长之次序。

街渠之水，潦积不去，见有蠕蠕而动，游泳上下，名之曰沙虫者，此即蚊之前身也。盖蚊虫产卵水中，越数日则孵化而成沙虫。有倒悬水面者；有屈曲其身者；有横卧水中者。亦越数日，而羽毛丰满，足爪渐备，乃脱壳而飞行于空中，至横卧水中之一种。长成而后，即为疟疾之媒介者也。然则治蚊有术乎？我国社会，以不洁闻，触目所及，无非蚊之出产地。至渠道之淤塞；池水之污浊，又显而易见者也。今言治蚊，吾笔若秃，吾墨若枯。盖吾国不洁之状况，不胜枚举，然尝见香港政府之示谕，姑妄述之。吾同胞其自省欤，则蚊种可绝；吾同胞其不省欤，则吾人将寄居于蚊世界，日受蚊之剥噱而已。其示谕云何：一言以蔽之曰，凡有停蓄之水，足以长沙虫者，去之而已，公共卫生之事此其二。

夫社会之所由起，起于联合团体，互相守卫，以保全其生命。盖太古时洪水猛兽，无日不在战竞中也。天下伤生之事，孰有过于霉菌者乎？而吾国社会，习故蹈常，如醉如梦，自生之、自灭之。见有染疫而死者，见有染症而死者，辄疑鬼之作祟。庸讵知有预防之术，医治之法，为之补救者哉！夫鼠也、蚊也，驱除之、搜捕之，本事之简易者也。然非合全地方之社会，协力相助，则鲜收其效。此卫生所以有公共之义也。（完）

——《香山旬报》第 95 期，辛亥（1911 年）三月二十七日。

慎重卫生之一斑

石岐长洲渡头，为来往繁众之地。近有无赖等辈多在该处小便，以致男女来往，皆掩鼻而过。秽气逼人，殊非卫生之道。昨黄绅龙彰，特议在该处设立两小便所，招人承批料理，免失观瞻而重卫生云。

——《香山旬报》第 95 期，辛亥（1911 年）三月二十七日。

第二节　开办医院　表彰西医

改办留医院问题　亦进

爱惠医院成立之始，邑人颇蒙其赐。近因司事把持舞弊，为舆论所攻击。各善董集议革除，大加整顿。其维持善举之苦心，至可嘉也。然昧昧我思，则以吾邑善举，亦颇发达。惟留医院至今缺如，深以为憾。今查该院地址，颇合建设留医院之用。院侧空地，如能出赀投买，足建医房数十所，颇合卫生。若能因此机缘，倡议改办，吾知县慈善家必相继应起，为贫民造莫大之幸福。其善量当比善堂百倍，而与保育会相伯仲者。虽然，愚民可以乐成，难以图始。此说一倡，或有以钜款难集为辞者，亦惟诸公实力以提倡之耳。

——《香山旬报》第 31 期，己酉（1909 年）六月十一日。

第十三章　注重卫生　推广西医

改办留医院问题　尹公

世界愈文明，则生命愈保贵；生命愈保贵，则医学愈讲求。而吾人生兹武装时代，文野过渡，虽不可视生命为绝对的保重，而病老以没，实为人生最不幸之事，此马伏波所以有马革尸还幸之语也。虽然，前途远大，卫国必先强种。而灾瘟病症，又时无人所可幸免。冥寂之中，人人须受其毒。其思患防护之法，是又乌可忽哉！吾国数十年来，生老病死之确数，虽不可核算。然西人推算生人之定率，每五六十年，可增至一倍。吾国由乾嘉时代以至今日，四百兆之数，犹无增益。是何也？医学不明，病死者相望。即以吾粤而论，至甲子以后，感受疠疫，束手坐毙者若干人；偶染风寒，误医以没有若干人；坐苦病症，贫寒无医而死者又若干人。旋生旋灭，或存或亡，又何怪成奄奄不振之民族也。此吾以开办留医院为今日之要务矣。

考泰西文明各国，颠狂孤寡废疾之流，皆有公院以养育之。其普通病院，更为节次鳞比。无他，慎重人命则然也。前数十年间，英国医生之报告，谓每年通国受病而死者，比之英国战争剧时，过一二倍。苟能设法防护之，则保全可得过半云云。嗟乎！天然灾害，固可以人力战胜之。然兹事体大，一人之学识之财力，不足以达。则必凭公共之能力，其事自易成。留医院者，即公共之慈善事业也。粤省今日医院发达，亦云至矣，可无憾矣。所当亟宜创办者，惟吾邑耳。吾邑原有惠爱医院之设，揆度形势，实可扩充为留医院。本报三十一期时评已论及之。况数惠爱之流弊，实有不能不改办留医院之理由。查该院向章，凡施药者无论其病症虚实轻重，均给数分之药费。又到来诊病者，竟有赠医而不赠药。嗟乎！名与实远。岂建设医院之初心哉！使长此不变，岂不负创办者经营创造之苦衷乎？岂不负慈善家捐款热诚乎？岂不负贫寒小民仰望之殷勤乎？幸也王黄数君，果有改办留医院之说。

夫吾邑兹善事业，非全无端倪也。保育会开办以来，稍费经营，已得万余之钜金。救灾会成立，千余两之义捐，又一呼而集（现救灾会存银三百余两，经迭次钜灾不闻赈济，是可异也）。邑人之乐善好施，原属可钦可敬也。使改办医院者，发大心愿，实力将事。邑人之继起赞助者，当大有人。该院之成立，固可计日而待也。虽然，吾不语其利益，而人仍有漠然不动者。吾邑交通尚阻，工商界未见发达。贫乏之家，终日劳碌，仅博数毫之工值；得免饥寒。偶遇灾病，则一家数口，束手以坐困矣。此建设留医院有利于我邑人一也。近年以来，各地之经商服贾于我邑者，尚不乏人。一朝告病，则颠连辛苦，离家千百里，路远不可骤归。而盘桓店中，混杂不堪其扰。此建设留医院有利于各邑人二也。由是以观，可知该院之设，非特邑人踊跃以赞成之；凡我同胞，亦当冀幸其成立也明矣。

图 13-1　《香山旬报》刊载广告表彰黄惠莲医生

虽然，留医院之成立尚矣。而该院内部之办法，是亦不可不研究。盖吾邑人办事之通病，不患其无发起之热心，而患其无坚持之毅力；不患其成立之不迅速，而患其组织之不完全；观于各社团之现象可以知矣。请举其重大者略一言之。一曰选医生，吾邑医生之滥极矣。贫而就医，以人命为儿戏；风寒躁湿之不知；望闻问切弗能解。强记数十条之方本，施悬壶以问世，取人命如杀鸡犬耳。此医生之宜慎择者一。二曰定房制，吾尝游观省城留医所，其病人多有用杂居制者。然其为地方所限，不得已之所为，不知病人呼吸染传极速，且彼此杂居，揆之心理尤非病人之愉快。此住房之宜分别者二。他若看护人之宜慎选；消毒方法之宜讲求；皆为办理医院者所宜注意也。苟发起者提倡于先,又能实力整顿于后。始简毕钜,其为益讵可量哉!虽然,芸芸众生,心死者过半矣。不能医其心灵,而欲医其躯壳,亦不得已而思其次耳。乐善之君子,想亦乐闻之欤!

——《香山旬报》第45期,己酉(1909年)十一月初一日。

广告:乐善不倦

黄蕙莲大医生,夏葛女医学堂最优等毕业生也。现就本社之聘。其学术之深纯,医治之灵巧,品行之仁慈,久已口碑远播,无待本社赘陈。兹有他人之所不能,乡里之所不知者,不得不亟表而出之。夫赠医诊症自辰至午而止,通例也。独是乡间僻处,就诊维艰,往往有逾期而至者。在他人多置之不理。惟医生则悯其路遥病苦,俯顺舆情,慨然担任。由朝至暮罔有稍暇。且暑假、年假,例应休息。医生不忍使患病未愈者遽歇其药,终岁未曾告假一天。倘值医期或往接生,次日犹复补赠。其克尽义务,实为医界中不可多得者焉。又李君泽堂之第四女公子李宝环女士、媳谈庆鳞女士,勉当义务为之臂助。所有赠医接生事务,皆努力从公。医生重之。如医生女士等谓之乐善不倦,信不诬也。本社同人愧无以报,特缀数言以彰盛德。惟本社自二月十三日施医赠药,至十二月二十六日止,就医者共三千余号。业经查明医愈者五百余人。兹将曾刊报传单,各人颂词附后:

介绍良医	郭子云颂。	普救众生脱离一切疾病苦楚难 生菩萨	郑黄氏等颂。
医界善人	高北记颂。	卢扁再生	郑濂波颂。
菩萨心肠 神仙手段	刘韶颂。	鸣谢良医	郑宝廷颂。
活我众生	黎朱氏等颂。	术擅岐黄	刘应昌颂。
女中和缓	陈善卿颂。	妇孺保障	郑浩生颂。
险死还生	陈善卿颂。	真良医也	林绍荣颂。
学贯中西	张仲英颂。	女中华陀	萧雷氏等颂。
医术医品第一	许心颂。	卢医再世 活我同胞	陈润章拜。
生死肉骨	徐灼南拜。	识超胆定	黄庆拜。

女中扁鹊　陈天申拜。　　功赞化育　黄和拜。
保赤功高　何炳燊拜。　　再世华陀　刘绾道拜。

本社医生寓挂号在东门李奉政第唐氏宗祠

香山东门外卫生善社同人恭颂

　　　　——《香山旬报》第85期，辛亥（1911年）正月十六日。

刘飚民先生止血神术（石岐悦来大街西医）

仆患头瘤数年于兹。忽于去年十一月初九日渐大如荔，穿破流血。当蒙刘飚民先生止血一次，先生劝仆割去，后因父兄不允而罢。本月初五夜忽又流血如注，众劝赴赤十字会医治，蒙会友忙急异常，由五鼓至初六早八点，不惜药费、不辞劳苦，轮值施救。无奈血不少止，自念此次流血该会尚且不能止，直安天命待毙而已。经即电省催家属至料理后事。电毕试往再求刘先生问有救否。意不料其能止此次之血，也讵先生殊不介意出其灵药施其妙术，不一刻而瘤血竟畏先生不敢再出矣。夫血者人之至宝也，流而不止，不死何待？岂能俟访名医良药哉！仆因感刘先生大德，而亦为将来有患此症者，知良医之所在，无用危惧。用特登报遍告。

宣统三年二月　日中路巡防队第二十七营书记长水师鱼雷学堂毕业生钟贤璋谨白。

　　　　——《香山旬报》第90期，辛亥（1911年）二月二十一日。

恭颂良医

黄竞生女医生在省城图强西医院，经蒙提学宪，暨番禺县宪，会同伍院长考取最优等第一名毕业生，赏给中西文凭，准有特权，以医行世。鄙人贱内唐氏，因患肺痨咳症，曾请中西医士调治服药罔效。迁延数月，几至束手无策。幸遇黄医生回岐，鄙人即延之医治。果然药到回春，现已痊愈。医生擅理产科、妇孺内外杂症，医生品节慈和，存心济世，诚女界中不可多得者也。鄙人深感其恩，愧无以报。谨志数言，俾访医者知所问津焉。

医生寓香山城西门外泰安通衢，门牌一千八百七十八号。

怀德里　岐兴隆洋货铺　香邑李朝安同妻唐氏披露。

　　　　——《香山旬报》第91期，辛亥（1911年）二月二十八日。

第十三章　注重卫生　推广西医

香山卫生善社赠医接生规则摘要

一、本社现聘女西医黄蕙莲兼请当义务佐医，李宝环、谈庆鳞任理赠医接生及产后各症。

二、如有挂号接生者，须将姓名、住址、受孕月份，报明发回挂号单。届时不拘时之早夜，路之远近，持单到社，延请即往（本社设在东门外兴贤里唐氏大宗祠）。

三、医生前往接生，系属社员只收轿资，不取酬金药费。如系社外人，除收回轿资外，酌取药费银（现定顺产者收银二员，逆产者收银七员），务须量力捐助俾津贴本社经费。如查确系贫苦者酌免。

四、凡由医生经手接生者，由接生日起，以料理两星期久为限。如有要症，报知本社，即派医生前往诊治，但收轿资，其所用药物由本社备办。倘过产后两星期，有请医生诊治者，其轿资酬金药费等项，须向医生另订，与本社无涉。

五、凡有胎前要症，请医生诊治，无论社内社外人，其药费、酬金、轿资均须向医生另订，与本社无涉。

六、凡有胎动到请接生婴儿，要迟一二日方出身者，作胎前计；若即日朝请晚生者，作接生计。

七、凡同志者，随时可以入社。每人收入社费伍毫，遞年捐银一大员，以捐五年为期限，春季完收。

八、凡入社者，以交社费、年捐到本社，发回收条为据。由交银日起过三日外，方准作社员。如在三日内请接生，仍作社外计。

九、凡社员到请接生，经医生验明婴儿，系即日出身者，无论往返数次其轿资仍作一次计。

十、凡产后如系医生自来探候婴儿、产妇，其轿资亦不计。

十一、凡各乡到请医生接生，本社必派护勇二名保护前往，该工银到时议给，轿资另议。

十二、本社轿夫、护勇、女役如确有索取茶资等弊务，即报知本社，以凭分别责罚，若系出自主家盛意者，本社概不干涉。

十三、凡捐过本社经费十员以上者，均准作社员计，惟必要已交捐款，发有收条方得作实。

十四、本社每逢三、六、九日，由九打钟起至十二打钟止，施赠医药，不受酬门金、药费，人只收回挂号银一毫，以津贴本社经费，贫穷者免（赠医处设在东每贤外兴里李奉政第内）。如非医期延请医生，酬金、药费等项祈与医生另议。

轿资列后——

城内各街：附近东北门外各街俱四毫。

山际尾、厚兴、大陂、基边、附近西南门外各街俱五毫。

上下基、长洲、南门下截、大小柏山、员峰，俱六毫。

安澜街、龙舟澳、南门沙岗、张溪、岐头，俱七毫。

香山东门外卫生善社同人谨布

——《香山旬报》第91期，辛亥（1911年）二月二十八日。

留医所瞽跛院均当筹设　亚秋

吾邑近数年来，社会情状无他可称述；惟慈善事业差强人意。而海外侨民对于地方公益，莫不仗义乐施。尤有足多者，如城镇乡各处善堂之赠医施药，比前日已见增多。而保育会、卫生社之类，始则倡自邑城，继则所属闻风兴起，而隆都居其首焉。今者邑人多知保育卫生之益。此种事业之发达，正未可量。惟留医所暨瞽跛院二者，社会上多不措意。本报对于留医所之建设，前已著为言论，极力鼓吹。顷接美洲华侨某君来书，极言瞽跛院之当设，并言可担任捐款。此其热心宏愿，系念桑梓，真足使吾人顶礼百拜而不能忘者。昔张西铭谓凡人之疲癃①残疾鳏寡孤独，吾同胞之颠连无告者也。故人不幸至耳目不完，肢体残废，既无艺术之可执，衣食不给，饥寒交困。苟不设法安置之，计惟有转沟壑而死耳。且此等无告之人，亦正不乏。试观道途之间，吁号宛转，冀人怜恤之者，往往而是。然则瞽跛院之设，岂可恝后置之。今邑城议董会刻期成立，议员诸君，夙抱为地方兴利除害之愿；于留医所、瞽跛院二事，必能提议建立。而本报受华侨诸君之委属，凡可以尽力之处，亦当仁不能独让也。

——《香山旬报》第77期，庚戌（1910年）十月十一日。

---

① 疲癃，古书上指年老体衰多病。

第三节 创建医疗救助机构

赤十字会成立

邑人黄启明、黄普明、朱子芳诸君,近在邑城发起办一赤十字会。专聘西医生二人,另设佐医八人,以备救护地方灾变,及医治战时军队伤病。另每日在所内赠医施药,现已略有端绪,闻定于十二月初间开幕云。

——《香山旬报》第 82 期,庚戌(1910 年)十二月初一日。

我邑十字会今始成立耶　民声

我邑素无救伤队之设。一旦有事,相顾无策。自前岁经旋风之钜灾,始有提议开办十字会之议,久之不就。而不料今日始成立也。

省城地段辽阔,十字会林立。各处有变,会员皆奔走来集,救活者无算。语其效果,不可尽述也。而省城十字会之历史,则有至可诧怪者。吾特言之,以为我邑之倡办诸公勉。

省城原有中国赤十字会,因会员不睦,互相分离。于是再创一赤十字总会。久之而总会内乱矣。又久之而中国赤十字会又内乱矣。纷扰两载,而今得稍事整饬。吾不敢谓诸公为覆辙相寻,然彼赤十字会过去之历史,其凶恶有如此,诸公即不至是,而坚持忍耐之力,仍当日以相勖也。

今者十字会已开幕矣。各部之办事员苟能得人,以慈悲之心,力任厥责。吾知邑人之受赐者不少也。吾谨三熏三沐,为词以祝之曰:香山赤十字会开,香山同胞皆大欢喜。

——《香山旬报》第 83 期,庚戌(1910 年)十二月十一日。

香山赤十字会开幕纪事

月之初四日为香山赤十字会开幕期。是日男界赴会者千余人;女界赴会者数百人;政界则有包邑令等;警界则有梁巡官、鲁巡记及各区巡尉等;学界则有孔圣会学堂全体赴会。十二点钟摇铃开会。公推包邑令主席,邓君维新宣布,李君达涵书记。其余纠察干事招待等员,均由该会同志分认担任。先由邓君宣布理由。略谓赤十字会无非博爱主义,不分种族界限。凡遇伤者，均有救护之责。今蒙诸君惠临，敝同人愿聆教诲。宣布毕，随宣布包邑令及香山农务分会、商务分会、地方自治社、教育会、勘界维持会、各巡警分局等祝词。并有缪君公武、孔圣会学堂及胜家女学校各代表次第上祝词毕。旋由宣布员请林日俦、刘浩如、陈峰海、唐少波诸君演说赤十字会之作用，及发起该会之利益。听者皆鼓掌如雷。后由宣布员答词。随请各界拍照，茶会而散。时已三句钟矣。

  按该会开办伊始，所应注意者约有数事：一、各部职员宜早日公举也。二、会所与留医所宜确定也。三、医生之宜慎选也。而三项之中，尤以第三项为要。盖医生操生杀大权，不可不慎之又慎也。深愿该会发起诸公注意及之。

  ——《香山旬报》第 83 期，庚戌（1910 年）十二月十一日。

赤十字会之小效果

  香山赤十字会已于初四日开幕，已登报端。昨初五晚有张溪乡人杜有，路经北区维新街，忽遇中风症，昏迷不醒。即由赤十字会会员探悉，赶往该处救治。旋用帆布床舁往会内，现已获愈。又神湾万来打石店，店伴吴阿炳，于初八晚误将针刺入手部，越日到该会请医生医治，旋由该医生用刀割臂取出云。

  ——《香山旬报》第 83 期，庚戌（1910 年）十二月十一日。

赤十字会救伤汇志

  去腊十四日大较场附近蛋民住宅火烛，重伤二人，微伤四人。十九日接熊里内黄宅火烛，重伤二人，微伤一人。二十日后冈里黄宅火烛，微伤十一人。二十九日安澜后街某宅火烛，微伤二人。均经该会医生驰往治愈。又月初六日沙陂巷高得宽忽遇中痰症，亦医治痊愈。并闻该会自去腊初十起至二十五止每日赠医施药，到诊者共三百五十一人。另报告该会治愈者共二十二人云。

  ——《香山旬报》第 84 期，庚戌（1910 年）十二月二十一日。

赤十字会职员选得狠快

  本邑赤十字会已于月初七选举各职员，是日到会者四十余人。旋票举正会长黄启明,副会长高蕙石、黄普明、苏藻裳、杨翰庭。再公推评议员张铭石、洪式文、李怜庵、张傅霖,财政员杨铁庵,支应兼管理员朱子芳,书记兼庶务员李达涵,看户长高日南,并佐医八人、稽查员数人。选毕,四点钟摇铃散会。

——《香山旬报》第84期,庚戌(1910年)十二月二十一日。

香山赤十字会附设医学传习所招生广告

启者,本会附设医学传习所拟招学生二十名,以通中文者为合格。在会内研究医理六个月毕业。如有志者,请到城西三元庙内赤十字会,取阅章程报名注册可也。

辛亥(1911年)元月 日香山赤十字会谨布

——《香山循报》第85期,辛亥(1911年)正月十六日。

赤十字会职员之当头棒 亦讽

赤十字会为慈善事业,有人焉出而提倡组立,识者莫不乐与赞成。若任事者无统筹兼顾之良图,乏原始要终之毅力,甚者纵欲无度,自荒职业;不特失社会之信仰,使反对者得借为口实,其影响于慈善事业前途,诚非浅鲜。故本报对赤十字会职员之举动,而不能已于言也。

赤十字会今春选举职员,其始并不向介绍人取回入会名册,又并不向入会者催收会费。遽行选举,到者仅寥寥数十人。当时征诸舆论,已不以会内办事人为然。故本报所纪选举事,其标题为"赤十字会职员选得狠快",业已藏有讽劝二意。诚以慈善之举,又属创办,纵任事人有不当,雅不欲严论相绳,故有取于主文谲谏之意。使任事人因是能振刷精神,无负初意,岂不大幸。乃近者各职员竟流连妓馆,甘自放弃,岂不大辜本报意耶?

夫花天酒地中,最足耗人智力,有常业者所不可蹈,矧身任社会职业者乎?尤不合者,会内医生亦联为一气,夫医生责任綦重,岂可不常川驻会,设夜间突有火警暨危急之症,将于秦楼楚馆中觅之耶?夫亦可以返矣。

抑尤有说者,正副会长对于会务,固有筹理一切之责。乃竟任各职员之放弃,而不闻有干涉维持之议,岂但拥会长名义,遂足毕乃公事耶?寄语会长,宜思有以善其后。

——《香山循报》第91期,辛亥(1911年)二月二十八日。

卫育会何必为个人辨护　枕戈

前本报刊登"锁拿无辜"一则，为阮云生发也。发报后，竟有隆都卫育会遍登告白辨护。一若卫育会之与阮云生，大有切肤之痛者。噫！为私为公，令人莫名其妙。

夫传闻失实，原不能免。事果误也，即由阮某辨正可矣，或由阮某之关系人辩正可矣。若卫育会以慈善团体，横来干涉则不可。

吾意彼必曰：阮某本会职员也，吾有为职员辨护之义务也。其言似矣，细思之，则不通之甚。

今试问该会职员几何人？该会会员又几何人？若仅为职员辨护，则有偏颇之嫌；若凡属该会中人，皆为辨护，则该会存款几何？虽日日出而募捐，吾恐为会员开销辨护告白费，尚不敷用，何能整顿会中事务耶？

昔者，省城某十字会会员马某，擅用该会图章，会员咸不公认，谓马某滥用本会名义，干涉外事为不合。今卫育会又自蹈之。会员或可欺，而舆论不可诬也。敬告该会办事人，好自为之！

——《香山循报》第 91 期，辛亥（1911 年）二月二十八日。

恭颂赤十字会

隆镇第一号扒船因伴修枪，误将同伴高满轰伤，口部势极危殆，延医罔效。后蒙赤十字会知悉，着受伤者亲到会所调治，医药并施，分文不受。旬日之间，竟获痊愈。见该会诸君热心行善，医生妙药回春，愧无以报，用缀数言以伸谢悃。

练目高胜湖暨同人顿首拜颂

——《香山循报》第 91 期，辛亥（1911 年）二月二十八日。

赤十字会亟应研究之问题　民声

我邑赤十字会开办以来，徒以款项支绌，不能大展其善量；而又以朱子芳为理财员，失邑人之信用，遂至无人过问。今朱子芳已辞职矣，在理应有一翻整顿，日有起色。而记者尚有间言者，则以朱子芳侵吞该会钜款，该会不能切实究追故。

赤十字会，慈善事业也。为邑人公益而设，非为会员私利而设也。今朱子芳滥充财政员，吞骗数百金。朱子芳得数百金之利益，即赤十字会失数百金之善举。今日朱子芳可以吞骗，则他日之办事人亦可步其后尘，复起而吞骗，是赤十字会所储蓄之款，不啻供三数人挥霍之用。赤十字会欲为人人所赞成，起而维持之，毋乃太难。

然则将如何？曰："朱子芳既吞骗有据，亟应究追，务使涓滴归公而后可。"若稍有胆徇，是赤十字会扶同隐匿也，是赤十字会默认其弊棍也。欲邑人之谅之，不可得矣。无已，惟有破除情面，勒限交还之一法在。

盖赤十字会能有此严正之举动，一则足使公款有着，免外人之口实；一则足为前车鉴诫，免后人之觊觎。如是，则赤十字会可有望有起色之一日矣。吾故以干涉朱子芳，即为赤十字会整顿财政之要着；而整顿财政，实为今日赤十字会亟应研究之问题。

——《香山循报》第116期，辛亥（1911年）七月二十七日。

整顿邑城保育善会之计画　民声

吾邑各种会社之成立，不为少矣。而能卓著成效者，则莫保育善会若也。计其成立以来，活人无算，故风声所播，所能社会上之信用，华侨去国数万里，亦乐于输将，前后数年间款项皆源源接济，未尝一时间绝。此其所以厚爱保育会者，以保育会为慈善事业，能造福于桑梓，故推其救济同胞之心，而救济保育会耳。然则主持保育善会诸公，宜如何善体赞助者之热心，慰藉社会信仰之至诚，实心整顿，竭力维持，以期无负职守也。乃以记者所闻，年来该会之经理，颇足予人以訾议。而财政上之紊乱，管理上之失宜，已不能辞其责。而于根本上的救治法，更复鲜加研究。譬如一物，千疮百孔，而不思修理而补救之，则腐朽而不堪用矣。吾今为维持该会计，先抉其弊而后商整顿之策。凡慈善诸君子，当亦乐与研究乎。

一数目之宜清算也。大凡创办一事，欲为持久计，当先为财政上之整理。前保育会卖物筹款，经各人买物及认捐者，不下数千金，究竟该款能收足若干，开销若干，至今尚未明白宣布。今以保育会经费如此困难，而留此纸上金钱，空悬无补，不若决一期限，将已认捐而未交款者，一律宣布，俾人人皆知保育会前次开会筹款，实收入若干，不致以前日报告之数为比例。又或者藉此期限催收，而交款者众，得为涓流之助，亦未可必。此宜整顿者一。

一经费之宜节省也。保育会存款无多，近年每年动支至三千余员，浪费滥支，何以持久？查保育会初开办时，聘用赵黄两医生，每年薪金不过七百员，近则加至千员，其增加薪金之故，颇难悬惴，谓其管理育婴事务耶？则合约上已声明以义务上管理婴儿，则不能动支薪金可知，谓其兼任教授保产讲习所耶？则本年讲习所暂行停办，虽合约仍有每人每星期教授十二小时之条，此则办事人之咎。既无教授，则不能滥支薪金又可知。此宜整顿者二。

一医生之宜慎选也。查保育会聘请医生，均系到会然后订约，实属错误之尤。盖由该会延请医生到会，虽未与订约，而名义上已为保育会之医生，虽立约时有所龃龉，不得不勉强迁就。则该会权利之丧失，职务之偏颇，当必不少。为今之计，凡有聘请医生者，亟宜谨慎将事。先开会订定一草约，若何薪金，若何职务，厘然划明，悬一格以为之招，务使医生就我范围，而不致为医生所要挟。此宜整顿者三。

一育婴之宜改良也。闻保育会育婴之法，至为单简，而婴儿死亡，时有所闻，此即管理失职之证。查婴堂通例，每日必由医生诊察婴儿若干次，出入死亡，病症方药，均有部记存储。今保育会兼办育婴，此等事宜，均尚缺略，婴儿有死亡者，则委为入堂时原属虚弱，而病症若何？方药若何？初诊复诊又若何？并无部记。而死亡之数，又无统计，此实办理不善之咎也。此宜整顿者四。

一讲习所确宜裁撤也。查该会保产讲习所，管理教授，毫无定则，无讲授之专书，无录载之笔记，空言讲演，倾耳而听。以素无学识之妇女，语以专门之学术，又无文字以资诵习，而谓其能领会能记忆乎？不待智者而知矣。其后学生自购书籍，以便参考。则又东涂西抹，拉杂无章，编成不规则无系统之讲义。学生日事抄写问字之不暇，安有余日以为研究乎？是以开办年余，迄无成效。最肤浅之手术，如各部之先露，产期之决定，该学生尚多未习。尤其谬者，则专教顺产不教药物之章程。考顺产逆产，在病理上虽有轻重之殊，在学科上实无天然之界限。今试问若者为顺产专书，若者为逆产专书，恐亦未有判别者也。就以顺产而论，彼掺身散封脐散，非一般产科所常用者乎？然试问以柳酸安息香酸丫葛镁养钲锈等之形性分剂功用，其学生可置答者寡矣。由此以观，则讲习所之无用至此，虽裁撤之也亦宜。此宜整顿者五。

抑记者更有一言，欲为该会省经费策久远者，则选送女医学生之说是也。保育会款项，向非素丰，欲各会员供给会捐，已成弩末之势。所恃以持支局面者，则全恃华侨捐款为多。然捐款有限，而用款无穷。非有铜山金穴，终有竭蹶之一日。使非有节流之法，终不能策万全而垂永久，此选派女学生之说为万不可缓也。查省城女医学堂，每生每年膳宿学费，至多不过二百元，四年毕业，即可胜任教授。使保育会欲为持久计，应以培植医学人才为第一义。先选合格学生二名，送入省城著名女医学堂学习医学全科，订明毕业后在本会服务四年，每人每年酌给薪金二三百元之数。一班毕业，继续选送，十余年间，人才不可胜用。而该学生受该会栽成，自当愿供该会义务。由此行之，则该会每年所聘之医生及所送之学生，所用款项，至多共计不出千元之数，比之现在每名医生之价值千元者（现在医生亦用二人）不可道里计矣。此吾甚欲该会办事诸公亟起而研究者也。总之保育会为邑人所最欢迎之会社，而现在应行整顿之处，万不能废疾忌医，缄口不言。盖办事先以经费为主，今该会经费既非丰足，使非有维持之法，则金钱尽而团体解矣。此选派学生之事，尤为根本的救治法，比之前举五种之弊害，更有轻重缓急之不同矣。虽然，选派学生，而能实获其利者，非旦夕间可致，而前说之弊害，亦不可缓图欤。吾愿该会之办事人，是皆宜亟起而图之矣。

——《香山循报》第 119 期，辛亥（1911 年）八月十九日。

保育会集议情形

月十五日，保育会为医生辞职事开临时大会，是日到会者仅得三十余人。先磋商医生辞职来函，众议谓医生辞职，照章须先期三个月通知，应俟十一月十五日，方准辞退。医生谓会员根据约章，太过压制，请即辞退。随由欧亮倡议，谓不必坚持约章，准其十月初十辞去。随决议议案数条如次：（一）决议下乡接生，派勇数名保护，该费由主家出，贫家由会支给。（二）决议明年聘医生一人，以节经费，如有窒碍，再聘一人补助。先由张振英君电询李坚志允否就席，如不允，即公推刘飚民君担任延聘。（三）决议实行公益会章程。（四）决议去年卖物演戏数目，限十月内由支应庶务员，及经手人胡十义君公同清算，即刊征信录。其买物看戏未交银者，责成庶务员年内收清。

——《香山循报》第 123 期，辛亥（1911 年）九月十七日。

第十四章　筹划建造广澳铁路

百年前澳门葡人和香山商人曾先后有过修建广澳铁路的计划。这个计划是20世纪初中葡交涉的产物。

1901年，列强通过八国联军打败中国，强迫清政府签订《辛丑和约》以后，急需改订新商约，使通商更为利便。同时，也准备适当增加进口关税，使清政府有支付战争赔款的财力。1902年，英、美等九国在上海召开国际会议，同清政府讨论增税问题，于8月29日签订新税则。这是1858年订立海关税则以来的第一次修改，当时中国海关对进口货物，名义上征收百分之五的海关税，实际上税率一般只有百分之三稍多一点。而现在准备将关税增至切实的百分之五。随后，英美日等国先后同中国签订了新商约。

葡萄牙不是辛丑条约的签署国，因此拒绝签署新税则，声称葡国仍按照1887年中葡条约的税则交税。但他们知道新税则的推广是不可避免的，便要求单独同中国谈判，趁机谋取新的侵略利益。1902年初，葡萄牙派议员白朗谷为公使前来北京议约，向外务部递交照会，提出两点要求，即划定澳门附属地和兴建广澳铁路。

当时清政府外务部官员认为，葡萄牙以拒签新税则为要挟手段，目的是为了"暗侵界址"。对此，外务部给予驳斥，坚决拒绝其无理要求。白朗谷眼见侵占领土目的一时难以实现，便表示"愿将界务暂置不提，但求扩充商务，以期彼此有益"。双方最后谈妥一个包括9款条约的新约，其中有中国同意葡人修建广澳铁路，规定铁路建成使用50年后归还中国，并在通商方面给予一系列优惠待遇。10月，中葡签订《增补条款》。葡萄牙虽然用讹诈手段获得建造广澳铁路的特权，但是该约内也有一款规定中国可在澳门设立海关分关，因此被葡萄牙议会拒绝批准。1904年，白朗谷到上海与清政府官员吕海寰等重开谈判。双方几经交涉，最后于11月11日签订《通商条约》20款。同日，中葡两国还签订《广澳铁路合同》31款，合同规定葡商与华商修筑广州至澳门的铁路。创办人为华商林德远，葡商伯多禄。葡萄牙人鉴于香港开埠以后，商务蒸蒸日上；澳门则江河日下，一蹶不振。想通过这条铁路振兴澳门商务，摆脱困境。可是由于缺乏资金，多年以后，铁路迟迟未能动工。

至1908年，当时集股的华商林德远已去世，由林柄华负责与葡商伯多禄筹办，但伯多禄表示无意修路。同时澳门总督亦表示同意葡方注销铁路合同，改由华商自筹资金，承办此铁路。于是华商成立了"商办广澳铁路有限公司"，确定该铁路起点站为广州芳村，中经顺德的陈村、大良、容奇，新会的古镇、江门，香山的小榄、石歧，至前山与澳门分界的关闸止。全程共计360华里。估计筑路费用约需银1500万元，分作150万股集资，每股为10元①。当时香山商人认识到兴修铁路的意义，"此路之兴，尤为我邑大利所在，其将上以贯彻乎西江，下以艳注于洋海，开三百里商场之孔道，浚五十万人民之富源"。因此，香山商人颇有修路的积极性。但是，督办该铁路的清政府官员，或因为中葡交涉之紧张与国内政局之动荡，竟未能集中精力筹办工程。不久清朝灭亡，兴办铁路之事更不了了之，再也没下文了。

香山人民为了发展交通网络，加强城际之间的贸易往来，而努力筹建一条由广州至澳门的铁路。虽然此举最终没有成功，但也为以后的交通建设提供了经验。

第一节　商人申请自办筑路工程

广澳铁路允归华商建筑

广澳铁路前经与葡人订约由中葡二国合办，迄今数年久未开办。现闻北京葡使照覆外部，已允将此路归华商自行建筑。

——《香山旬报》第2期，戊申（1908年）九月初一日。

张弼士派员晋京筹商广澳路事

广澳铁路，闻葡人经允废约，归华人筑造。农工路矿大臣张弼士得此消

---

① 《清季外交史料》卷207，《督办闽粤农工路矿张振勋咨外部华商自办广澳铁路拟订章程请奏明立案文》。

息，特派沈道生赴北京筹商一切事宜。已于前月二十四日乘坐西伯利亚轮船赴沪，约同谢诗屏北上云。

——《香山旬报》第3期，戊申（1908年）九月十一日。

邮部电诘张振勋私定广澳路约

广澳铁路，原订中葡合办，嗣因葡商逾限已久，尚无切实办法，幸由外部与葡使交涉，将合同注销在案。现张振勋竟敢与澳督私定广澳路约六则，事为外务部所闻，即咨询邮传部，是否特授张振勋商办实权。邮部准咨，即电张诘问此事。兹将电文录下，以备留心路事者商榷之。邮部电农工路矿总局张鉴：注销广澳合同一案，前准外务部咨葡使照覆内，列注销合同后办法四条。当将条款申明界限，由本部咨覆，转照葡使在案。嗣准呈称与澳督商定办法各节转咨去后，兹准外务部复称：广澳铁路久由唐绍业、梁云逵等与葡商商明，收归自办。经本部迭照催葡使销注合同，一俟葡使照复，即可定议。乃该大臣既知本部迭次照会葡使注销合同，何以不俟照复，竟与澳督私定条约六则，并辄定该路起讫界限，实属不合。至该大臣与澳督商办此事，曾否预先报部，贵部已否授其商办定权，应查明声覆，此事自应按照葡使来照办理。所有该大臣与澳督私商各条，未便准行等因。合先电知照。嗣后广澳路事商办条款，应候部主持，以清权限，而免歧异。邮传部。

——《香山旬报》第7期，戊申（1908年）十月二十一日。

外部为注销广澳铁路案之照复（北京）

外部因葡使对于广澳铁路事，又翻前议，于前次所开四款之外，又要求允准中国不得建造并行之路，及预定开工完竣期限两款。外部照称准邮传部咨开，仍议葡使按照前开四款，将合同注销，其添入两款碍难允准云。

——《香山旬报》第24期，己酉（1909年）四月初一日。

广澳铁路将实行废约（本省）

广澳铁路废约一事，前经葡使照请拟订办法，方允照准各情，经纪前报。现邮传部以该路关系重要，亟应废约赶筑。查葡使照会章程办法尚无妨碍，不过为商务交通图谋便利起见，似可照准。现特咨由外部照会葡使准照办理并咨粤查照矣。

——《香山旬报》第25期，己酉（1909年）四月十一日。

咨商注销广澳路约（本省）

拟废澳路约一事，日前邮部以该使照请四款，特商由外部照请葡使，请于清政府。现准该拍署使照覆。略云：前接贵部堂来照，请将光绪三十三年十月初五日，在上海贵国商约大臣与本国钦差大臣所订之广澳路约合同注销等因。兹奉本国政府条训，嘱令照复贵部。若贵国既允本国所请各款，则本国自认按照贵部来文所请将约注销等情。大部准照。惟以路事关系重要，特并案抄咨来粤，妥筹酌议具复云。

——《香山旬报》第29期，己酉（1909年）五月二十一日。

广澳铁路仍归华商自办（北京）

葡国某银行现已筹足资本，与中国合资开筑广澳铁路。邮传部以华葡合办之约，已由澳督转咨驻京葡使声明作废，业经本部立案。是该路应全归华人办理，不容葡人染指。拟一面与葡使据理力争，一面电饬倡办此路之粤商，从速鸠资兴办，以杜外人觊觎。

——《香山旬报》第32期，己酉（1909年）六月二十一日。

咨商广澳铁路废约之办法（本省）

广澳铁路注销合同一案，现经外部与该使一再详明磋商，现准该使照称：所有办理铁路各款事宜，拟由两国派出委员，会同妥商，较为妥协。至境界相及中国内地，均应迅行确定办法，方免窒碍等情。现外部照准，特咨商来粤，查照酌核矣。

——《香山旬报》第33期，己酉（1909年）七月初一日。

商催筹办广澳路线事宜

广澳铁路，自前次议停中外合办，改为粤商自筹兴办后，已由邮传部核定，赶由粤商筹款修造。惟近日以来，该项铁路，许久尚未派定商人，承任筑造。所有勘路划线各事，亦未开始沿途查勘计办。刻下部中因迟延日久，任办无人。不独有碍交通进步，且恐外人又生觊觎。刻已有咨催来粤，商酌查勘路线，计办工程各事。拟于年内即行将招商建造等，筹有头绪，来岁即次第定线实行兴办一切云。

——《香山旬报》第 7 期，戊申（1908 年）十月二十一日。

陈赓虞辞广澳路电文

广澳铁路，九月间经邮传部电邀港商陈赓虞接办。经陈婉辞去后，邮部尚书陈璧又托本邑人之宦京者梁如浩、刘宝森等数人，再电请陈赓虞维持。兹探得陈覆电，照录于下："电敬悉，公等以葡人废约，广澳将为粤汉所夺，不才如弟，亦使出而维持。时事至此，痛可知矣。地方属于桑梓，利害系于兴衰，弟何敢于袖手，受讥凉血？惟某某一役，初以为国家之维新，个人有责，不自量度，谬出担任。仍废时两载，耗资钜万。而□□之□□也如故，法官之聋聩也如故，卒之无一毫补于大局，收集之小股，亦散而还诸认股之人，阁上之所知也。惩前毖后，犹有余痛。取憎伤时，公私鲜益，不谈路事久矣。虽谬蒙公等之劝，岂能作下车之冯妇。虽然，非弟遽尔灰心，不念大局也。良以□□遍布，随地皆是，法纪不振，保护难周。以弟菲才，早穷于术。欲不辞不得耳，电称部允力助，且嘱转由电劝。知当道诸公，必非终于愤愤者，微贱如弟，能勿思图报称。然部宪既洞见某某之□。似宜早从芟刈，则广澳虽暂乏担任，何至并为斗筲所攘。部犹是昔日之部，弟亦昔日之人，有济无济，不言可喻。弟唯有敬辞不敏，谨让贤能，拭目观成，藉弥私憾而已。阁下幸为善辞，并谢广澳诸公，赓。"

——《香山旬报》第 11 期，戊申（1908 年）十二月初一日。

邮部传询广前铁路商人之详闻

邮传部于二月初六日，传询广前铁路商人梁云达等。现悉该商等原拟初五日赴部候询问一切。嗣禀奉部批。略谓：此案业据该商所禀前情，迭咨外务部转照葡使，现据葡使照复，开列注销合同后办法四条到部。惟该路工艰费钜，将来集股筹款，定兴筑各节，必须通盘筹画，临时方免贻误。仰该商准于二月初六日未刻到部询问一切云云。该商等当即遵批于初六日赴部详询后，已准令该商等承筑矣。

——《香山旬报》第 18 期，己酉（1909 年）闰二月初一日。

第十四章　筹划建造广澳铁路

兴办广澳铁路之宜速　嗣轩

我邑滨临大海，一天然交通区域也。然北而港口，南而湖洲，入口之处，上下三十余里，江面狭小，不足以客巨舶，实为我邑竞争上一大缺点。将来地方发达，益增文明，其不能无藉于陆路之交通，亦形势使然也。曩者广澳铁路，订议与葡人合办。嗣因彼国背约，当经作废（此路系与葡人合议兴办，故不归粤路公司范围），盖数年于兹矣。稽延既久，未闻有起而赓续前议者。迩政府方议速办，思挽利权。然以官力主人，何如以商力成之。且此路之兴，尤为我邑大利所在。其将上以贯彻乎西江，下以挹注于洋海，开三百里商场之孔道，浚五十万人民之富源，凡有助于海道之不逮者，胥于是乎赖，高掌远跖，庸可缓乎？况迩者中葡勘界之风潮，与国民权利之思想，日相激刺。前葡人因勘界事集议，拟反铁路之案，苟乘此际发起组织，宽筹股本，当易为力。语曰：虽有智慧，不如乘势，虽有镃基，不如待时，即此意也。抑吾闻之，西方之豪杰有言，难之一字，惟庸人所用之字典乃有之。吾邑诸君子，率多具大愿力，热心公益，度无有以难之一字诿者。倘有人焉出而提倡斯举，广事招徕，吾知和之者众矣！急起而直追之，一日千里当可预计，斯固全粤之责，抑尤吾邑人之责也。幸诸君子少留意焉。

——《香山旬报》第29期，己酉（1909年）五月二十一日。

葡人觊觎广澳铁路之日亟　嗣轩

广澳铁路之亟宜兴办，前已纵论及之（参观本报二十九期时评）。今观京省各报，复有葡国某银行，现已筹足资本，与中国合资开筑。经邮传部声明废约，拟一面电饬粤商速办，以免觊觎之说，益不禁皇然矣。夫大利所在，百计争之。邻之厚，君之薄也，今广澳路线，上吸西江，下挹洋海，握三百余里之权利，彼欲伸张国力，广浚富源，舍是奚以？顾始以助缉洋药，而得此路权于前；今以违背合同，而失此路权于后。彼葡人之欲收之桑榆久矣，故日施其狡计，以求尝试于我。尝试不已，继以恫喝。恫喝不已，继以强横。而我第恃政府诸公，于搏姐间以一二语折衷之，亦大难事。无以或姑为将就之，不然，又以别项利益酬赠之，我国之外交家，大抵然也。吾谓此路一日不办，葡人拟翻案之心仍一日不死；此路一日未成，葡人拟翻案之心仍一日不死。此非集合大团，鸠资速办不可。况此路之兴，对于国家，则为

图 14-1 《香山旬报》关于广澳铁路的评论

巩固主权；对于地方，则为振兴大业；而在吾邑，则尤为商战场所之中坚。有百利而无一弊，更何嫌何疑，而忍听外人之垂涎哉！盗已穿门穴壁，隆隆有声。而主人犹酣睡在床，漫无措意。奚为而可，记者对于此举，以其思想，发为言论，亦只以蚊虫之力而思负山，以精卫之能而思填海，多见其不知量也。然或因是一般之思潮，闻风兴起，始以一人之倡，驯至千万人之和。吾知太行王屋，终有可移之一日也，是则愚公区区之心焉耳。

——《香山旬报》第 33 期，己酉（1909 年）七月初一日。

邮传部对于广澳铁路之意见（本省）

广澳铁路因葡人逾期废约，经邮传部核准唐商承筑，改为广关铁路，各情迭记本报。现邮传部因该路与澳门划界问题有密切关系，虽经废约，惟葡人仍再三要求合办。日前屡次电催该商等迅速筹筑，未据报覆。拟即由部派员来粤，面与该商等磋议一切，并赴澳门调查。如商股尚无端倪，即行由部拨款自办云。

——《香山旬报》第 35 期，己酉（1909 年）七月二十一日。

第十四章 筹划建造广澳铁路

条陈广香铁路事宜　留学日本铁路毕业生范广练

窃以兴筑铁路，为今日致富致强一大要图。至其地临海滨，势逼租界，防觊觎之患，为抵制之方，尤宜先事图维，不可坐抛机会。生查香山县属今春新辟之香洲埠，澳门居于右，香港隔水而位于左，面迎南海，背负顺德等县，沃美之区。诚能于广州、香洲两地，联以铁路，一可免外人耽伺，二可以挽回利权。其利益宏普，何可思议。为香洲计，此路自不宜迟。为全国计，筑之尤不可缓。伏维宪台智周无外，机审未萌。合无熟商诸粤路公司总理，饬其急图此举。或晓谕商人，集股兴筑，限以何日兴工，何日告成，勿蹈各省迟延之弊。要之此路早成一日，即吾民早受一日之福，吾国早免一日之忧。是否有当，伏候宪裁。

谨录管见数条并粘地图二只（略）呈览

一振香洲以制港澳。自葡租澳门，英据香港，吾国递年漏卮外溢，言之涕零。即以华侨往返费而言，每年溢出之款，不下数百钜万。查粤民侨居海外经商者，以数百万计。一往一归，无非取道香港。年以十分之一出入计之，已数十万人；人以十元消费计之，已失数百万之巨款。且诸事苛待，实难堪忍。侨民之不愿出此途者，已非一日。奈无别道可行，故隐忍就之。今香洲新埠成立，华侨闻之，群对以喜。且邮传部将实行扩充航业，以济华侨，是则航路之通运大有可期，陆路之联接，刻不容缓矣。今诚能兴筑广香（即指广州至香洲路而言），实行海陆联络输运政策，以香洲埠为接合点，则华侨可慰，利权可挽，且递年税关输出入之商品，汇集于斯，足以收大利而制港澳者，尤非止一端也。

一联海陆以开运动。自香港归英人管辖后，遮我海道数十年，粤兵欲与各省联络，粤商欲与各省贸易，几若假道他人，乃能集事。出入不便，亦云极矣。今幸粤汉干路，次第告成，赖以接通内地，陆路交通自可无虞。然海道仍为香港所扼，籍令他日兴复海军。我粤洋舰队，曷由与南北洋闽浙诸舰队相联络。曩者岑前督思筑广浦铁路，以联海陆两军，英人藉口与广九铁路线平行，致起交涉。事遂中寝。是海陆联络已无望也。今若筑广香铁路，上可接粤汉，下能通南洋，免受制于英人，联海陆而一气。其为利之普，当不俟有识而后知者。

一联诸路以制广九。广九铁路起自广州之东门，迤逦而至香港对岸之九

477

龙。考铁路家之策曰，凡铁路两端停车场，一在外国工商繁盛之区，一在国内工商不振之地，则益在人而损在我。又军学家之言曰：凡铁路跨两国土地而建筑者，则其利在强国，而害在弱国。试问以我之工商业与英人较，我之国势与英国较，其优劣强弱，愚者亦知。是则广九铁路无益于我，实有损于我也。欲求抵制之方，非亟筑广香铁路不可。计广香铁路线约二百三十里，需款约七百万元。若下手兴筑，数年可成。而粤汉干路告成，当亦不远。此时自粤汉而中贯京汉，北接京张，东连京奉，集诸路而成一伟大连带运输，以此兴利，何利不兴。以此图强，何强不致。彼区区数百里之广九，庶可勿虑矣。

一助税关以保工商。税关政策，因国势而异。除英国采自由竞争主义外，各多行保护政策。我国税关权操外人，不能保我工商，可耻孰甚。欲雪此耻，莫若广筑铁路，以运费政策助之。运费政策维何？其法有三：一、洋货入口者，取运费务其重。二、土货出口者，取运费务其轻。三、全为此货，入取重而出取轻。若遵此法办之，未有土货不畅行，而洋货不滞消者。今广香铁路内连腹地，外控大洋，当亚欧交通之要冲，非澳往来之孔道。诚能采行是策，则递年溢出关税数百钜万，垂手可复。而数十年来最可痛恨之关税丧失权，不啻归还故主矣。

——《香山旬报》第46期，己酉（1909年）十一月十一日。

广澳铁路之交涉（北京）

广澳铁路，粤商争拟自筑，邮部已允所请，惟葡使一再梗议，交涉颇为棘手。日前邮传部又与外务部会商，拟令粤商先行开工，一面再与葡使交涉，务必达其目的云。

——《香山旬报》第58期，庚戌（1910年）四月初一日。

第二节　筑路工程计划及其最终流产

广关路线之规画

广澳路约，因葡商逾期作废，改为广关铁路。现探悉此路拟在番（禺）属芳村设车头，经南（海）属之平洲，直通顺德之陈村、大良、容奇、桂洲，邑属之小榄、石岐、上栅、下栅、东坑、翠微至前山关闸止。另分一枝路，由陈村至黄连、勒楼、龙江、龙山、甘竹、经南海之九江，及新会之江门云。

——《香山旬报》第9期，戊申（1908年）十一月十一日。

广澳路交涉后筹定办法（北京）

广澳铁路，业经外部与葡公使将次议结，现拟善后办法。嗣后工款无论如何繁钜，均由清国自行筹备。商股不足，济以官款，不得再与他国合股借款，致失利权而免纠葛。并拟禀请仿照粤汉办理，特派督办。以期筹款筑路，早日告成，俾利交通云。

——《香山旬报》第23期，己酉（1909年）三月二十一日。

咨查广州至香前各路线

广澳铁路废约一节业已迭纪报端。现邮传部因目下正值调查全国路线，以便支配，且中葡现在又有界址交涉事宜，故特咨行来粤，请将广州至香山前山各线道详细绘图查开，以凭考核而昭慎重云。

——《香山旬报》第36期，己酉（1909年），八月初一日。

葡使咨广澳铁路办法（北京）

广澳铁路，前经葡使照会外部，请会同派委妥商。昨该使复，奉其政府命令，大致谓：现在另拟所办之广澳铁路西洋界地，将来建筑铁路，指定在何处界内相接，应由澳督与粤督商定。所有客货票价并一切章程，应与中国内地各省及广州各埠等处相同，不得比较各处过严。又葡国只认出赀建造西洋界内铁路，其余概不出赀，以示界限竺因，外部转咨粤督查照。

——《香山旬报》第49期，己酉（1909年）十二月十一日。

军咨处催办广澳铁路（北京）

广澳铁路，前经邮传部及农工商部，筹划赶筑，电商袁督核办。现军咨处以广澳铁路为军政西道，自应即速开工赶造，体察情形，妥筹办理，万不可再为延迟云云。

——《香山旬报》第71期，庚戌（1910年）八月十一日。

邑城有铁路抵省之希望

前广澳铁路原商梁云达具禀邮传部，请筑由省城至香城铁路。奉批，据称请筑由广州城起至香山县城约一百七十余华里铁路一节，查所拟路线，系在省界内办理，尚无窒碍；且与干路亦有裨益，应可照准。除咨两广总督查照外，合行批事，仰即遵照。此批。

——《香山循报》第92期，辛亥（1911年）三月初六日。

广澳铁路又有批准开办消息

广澳铁路，自与葡人争回自办后，张弼士又欲出而争办，竟与澳督私订办法，致遭邮部诘责。后又以中葡界务未定，部议改为广前铁路，曾屡志前报。现闻梁商云逵又禀请邮传部，拟先由广州城起，筑至香山县城，俟中葡界务交涉了结，再展筑至澳门。昨已奉到批示，略云：禀悉。据称请筑由广州省城起，至香山县城，约一百七十余华里铁路一节，查所拟路线，系在粤省界内，办理尚无窒碍，且与干路亦有裨益，应可照准。惟自广州省城起至香山县之路线，实在里数若干，实估工价若干，轨道尺寸若干，先造单轨，抑并造双轨，以及现在集有多少股本，应即详细勘估，绘图贴说，并将股本再行呈验，以凭核办。除咨两广总督查照外，合行批示，仰即遵照云。又闻此路由广州沙面对海之芳村起，经番禺、南海、顺德、新会、香山五县；其支线由陈村黄连勒楼龙江龙山甘竹，直抵江门，与宁阳铁路接轨。绵亘三百余里，所到各地，皆繁盛之市镇云。

按广澳铁路，自争回自办后，经已数年，并不闻承办商人，设立公司，招股开办。迭经本邑旅外华侨，投函本报询问，均甚热望此路之成立。今梁君复禀请先筑广州城至县城一路。惟观邮部批示，则该路之里数工价股本诸大端，均未详细声明，似仍属毫无把握，恐亦如前此之一纸虚文批准耳。深望梁君此后切实筹画，克期开办，庶足以慰邑人之望也。

——《香山循报》第95期，辛亥（1911年）三月二十七日。

改附广澳路股之督批

洋煤行商代表梁应奎等，禀请将原附粤汉路股改附广澳路股。由奉督院批：禀悉。此次粤路收归国有，前经接准邮传部电咨，准由商人以给还股款，另办有利枝路。现禀该商等，拟将原附粤汉路股，于奉部给还之后，改附广澳路股。查与部章办法，尚属相符。核阅呈到代拟广澳铁路公司招股简章各条，亦无不合。如果众情允悦，自可照办。仰广东劝业道，即传谕该商等知照。并谕广澳铁路公司梁商云逵知照。此批。

——《香山循报》第113期，辛亥（1911年）七月初六日。

第十五章　发展地方经济　创建香洲商埠

发展地方经济，开辟香洲商埠，也是辛亥革命时期社会改革的重大事件。香山人认为，无财非贫，无业为贫。今日而不及倡实业，势必使全县同胞穷饿以尽。发展地方经济，就是发展本地的农工商各业。惟百事俱废，一时难以并举，行政举措必须分个先后。中国以农立国，而农又为工商之母，振兴实业，应当首先从农业着手。基于这一认识，香山于1909年8月间，成立了香山农务分会，为筹划发展农业的开端。接着在9月份，又成立香山劝业分所。9月18日该所举行开幕式。是日沈瑞忠县令亲自主持，仪式隆重。接着，1910年11月27日，南朗、榄边、下栅墟商团，发起联合三墟设立商务分会，以维持商务、联络商情。香山人民就这样一步步走上发展地方经济的道路。

然而，这时香山人发展经济的最重大事件，就是创建了香洲埠。香山县下恭都属山场、吉大两乡交界处，有一段名叫沙滩坏的荒地，横直700多亩，面临大海，背枕群山。1909年，香山人在这里创办了一个商埠。因其在香山境内，又靠近九州洋，故取名香洲埠。1908年12月，王诜（王灼三）、伍于政、戴国安、冯宪章等联名，向广东省劝业道提出香洲开埠申请。他们均是地方有点名气的绅士，每人分别挂着候补知府、贡生、道员的头衔。开辟香洲埠是香山人敢为天下先的重大事件之一，迅即引起广泛的注意。

王诜等向总督报告了香洲开埠的详细计划，其中包括择地租用、设股集资、认地营业、权利规则，以及设立巡警公所等诸方面，设计得十分细密周详。商埠建埠的宗旨是垦荒殖民、振兴商务和实行公益。商埠准备先于海旁筑成堤岸，然后划分横街道，建铺建屋。先订大中小铺地共一千间，使成一定规模。当时香洲埠总理员王诜和副理员伍于政联名上报清政府的《开辟香洲商埠章程》，共有40章。王诜、伍于政通过这些章程，勾画了一个完整的现代商业城市蓝图。不仅有发展工商业所需的通畅的海陆交通；还有为常住人口提供学校、邮电、公厕、书报阅览室、博物院、公园、保险和公共

第十五章 发展地方经济 创建香洲商埠

坟场等各种社会服务；还规定星期日和其他重大节日放假休息；尤其是提出商埠实行民主管理制度。据第37章"议事"规定："以公所为议所，每月首开议一次，如有要事特别开议。以正副理为主席，在所办事员为议员，每街每行公举代表员到所会议。每议一事，必得议员人数过半方得开议，否则改期。议妥各事，必须议员多数认可，乃由主席签押，然后宣布施行。"在清王朝封建专制体制下，居然敢于提出商埠管理民主化，充分表现了王诜、伍于政等创办人的民主思想和革新勇气。

清朝政府对创办商埠十分重视，接到申办报告后不久，即予以批准。与此同时，王诜等创办香洲商埠的消息传出，石破天惊，反应强烈。媒体舆论基本上是一片叫好声。当时有人著文赞扬它"外滨大洋，内接腹地，平原一片，土质坚凝。陆地则接近澳门，水路则直达省港。而且港湾辽阔，可以停泊渔船，河道流通，可以聚集商艇。询天然之形势，绝妙之商场也"。同时又指出香山是个侨乡，开商埠以安置华侨，使之免遭土豪族恶的欺凌，造福桑梓，功德无量。此外，商埠之开辟，还可以动员旅居澳门的商民回归故乡，挽回本邑利权，振兴民族工商业，等等。

香洲埠的建设牵动人心，1909年4月22日（三月初三日），香洲举行了一次盛大的开埠典礼。到了9月份，香洲现已设有税厂一处。西式屋二间，工程将竣，一为救火局，一为巡警局。屋宇亦有30间，地基已筑成，内七间将已竣工。现吉利轮船每日穿梭往返香港，此时商埠的居民约有二千，寮屋350间，茶楼、酒肆、肉台、餐馆、苏杭杂货、药材、布疋等店，皆有开设。其邮件则由前山转递。警差现由公司雇有25名，前山驻防队加派25名，到埠助理警务。

不少海外侨商、港澳华商和地方殷富，听说在澳门附近的地方香洲埠"六十年无税"口岸，都纷纷前来投资办实业。

香洲埠在一年多时间内，筑成5条80尺宽的横路和20条7丈2尺宽的直路，俱仿棋盘格式，使电车路、马车路、东洋车路、货车路、人行路秩序井然，街道两旁种植树木和安置街灯。仿外洋街市之法，在南北环和中区处建街市及建两个墟场，每月逢三、六、九日为墟期。建成"双飞蝴蝶"式教堂一座、大小铺户一千几百间，其中完成二、三层楼房125座，大街之内又建筑住家小屋几百间，这些楼房均参照上海中等店铺格式建造，望衡对宇，颇为整齐美观。竹码头改建成栈桥式木码头两座，开辟通往穗港澳的新航线，其中东昌、恒昌、泉州号等5条载运客货的轮船，常来往香洲。拟在野狸岛筑一修防浪长堤作为避风港。同时计划筑就一条广前铁路和建造通往前山、翠微、下栅、石岐的公路。筹建警察局、机械织布局、邮政局、学堂、善堂、药堂、银行、书报所、博物院、戏院、医院、娼院、公家花园、议事所、人寿保险、工艺场、农学会等，均以西方的模式建设。

为招引外地人口迁入和提供就业，商埠公所以每间小茅屋（两户人住）每月一元的廉价出租，并有工艺以谋生活。一时间，从四邑、惠州、东莞、顺德、南海等地进入大量移民，人口陡增。总之，香洲商埠在开埠一年之内，各项建设均有突飞猛进的发展，商埠事业呈现一片繁荣兴旺景象。

香洲开埠以来，历经筹划、申报、租地、奠基、兴建各个阶段，创办人备尝艰辛，付出巨大的精力，雄心勃勃，掀起建设高潮，创造了辉煌的开端。后来出现了利益矛盾，纷争不息，负面新闻不断。不过建设工程仍在缓慢地继续进行着。直到1911年4月，清政府还批准了香洲埠为免税商埠。人们仍对商埠充满期盼，热烈地讨论着它的未来。但辛亥革命以后，香洲埠的建设嘎然而止，此后了无起色，一度生机勃勃的商埠从此消失了。

香洲开埠是香山人创建现代城市的一次勇敢的尝试，它展示了香山人勇于改革、敢于创新的精神。商埠的三年建设焕发了人们投身改革、振兴实业的热情。商埠的建设过程也是香山人民关于民主改革的自我教育过程。商埠引发了人们的激烈争论。而争论中的各方都认同建设现代城市的新理念，从而使这一理念逐渐深入人心。香洲开埠失败后，许多先进的香山人继续坚持走改革创新之路，并在不同领域对国家和家乡做出了贡献。

第一节　探索发展地方经济的途径

论振兴香山实业当自农务始　毅魄

孟德斯鸠曰，无财非贫，无业为贫。业也者，盖人之生命所由系也。我邑人渺求实业，生利少而分利多。闭关时代，生计已困，间者群强交逼，经济竞争，优胜劣败，遂遭淘汰。科举废则士哭穷途，绿营减则兵渺生路，民智开则星象卜祝之术穷，华工禁则出洋佣工之道绝。从前之士绅军卒，及一切间里小民,皆无以为生,而且洋货兴旺,则土货滞销。农工商家,徒守拙陋,亦岌岌乎不能自保。今日而不亟倡实业,势必举九万三千七百九十六户之同胞,穷饿以尽,悲夫。

然近日政府亦知振兴实业,改农工商部,设劝业道,所以提倡之者甚至。惟百事俱废,一时并举,行政之际,必有后先。非各业有重轻,实为治有秩序耳。我中国以农立国,而农又为工商之母,振兴实业,当自农始,诸我邑情形,尤为相合。曷言之,我邑濒海,其土质皆由运积而成,故沙田潮田,悉属壤土。即东乡得能四大各部,及南乡恭谷两都,地多山脉,然其田仍是砂质粘土,胥宜耕种,其地利宜于农者一。我邑四民,农占多数,即客南北美洲,及檀香山雪梨各埠者,多业园艺,获利旋里,亦买田以耕,其性质宜于农者又一。且邑人之归自外洋者,携带新式农具,人咸便之。各乡亦渐有仿种咖啡卑麻者,至椰菜及荷兰薯豆,偏地皆有,且讲求种子交换之法,往往购种外洋,盖我邑农民,习见外洋之利益,渐知仿效,其风气宜于农者又一。故余以为当先兴农务以收速效也。

若言工则我邑只有竹盒手灯,颇称特色。南蓢棉布,古镇夏布,亦觉坚缴,惟只适邑人所用,销路不广。其余日用所需,如染织、陶窑、纸料、集物,非仰给外洋,即赖接济于各郡县。工业之拙,莫我邑若。至言商则我邑地不交通,客商渺至,故未见发达。每岁出口货物,谷米而外,水产则咸鱼、鱿鱼、墨鱼、虾米、蚝油、虾酱各种,果品则荔枝、甜橙、甘蔗蕉等,最为大宗,悉属农产,并无制成熟货,是商亦有赖于农也。又若言矿则濠头山有金矿,然土仅一坏,为巨族郑姓祖茔,不便开采,即开采亦顷刻立尽。鸡拍山有银矿,则只属虚传。惟邑地当太古时多为海底,今成山地,必有煤矿,现亦未发见矿苗。采矿一事,亦宜从缓。今日而振兴我邑实业,因其不足而补救之,则商工宜兴。然其有基而培植之,则农易收效。故余以为当先兴农务也,然振兴之法何在,请详论之。

(一) 组织农会

欲求大利,先合团体。宜联络城乡农民,结会以研究学理及办法,力求农务进步,其应办各事如下:(甲) 演说。(乙) 编白话报。讲明新理新法,以开通农智。(丙) 合公司。我邑农之大害有三,一盗贼,二飓风,三西水。案大风水不可以人力御(西人防风林保安林皆不足以御我邑风水)。若盗贼缉捕,责在有司。农民似皆无如何,然近日自李水提截缉严密。邑中巨

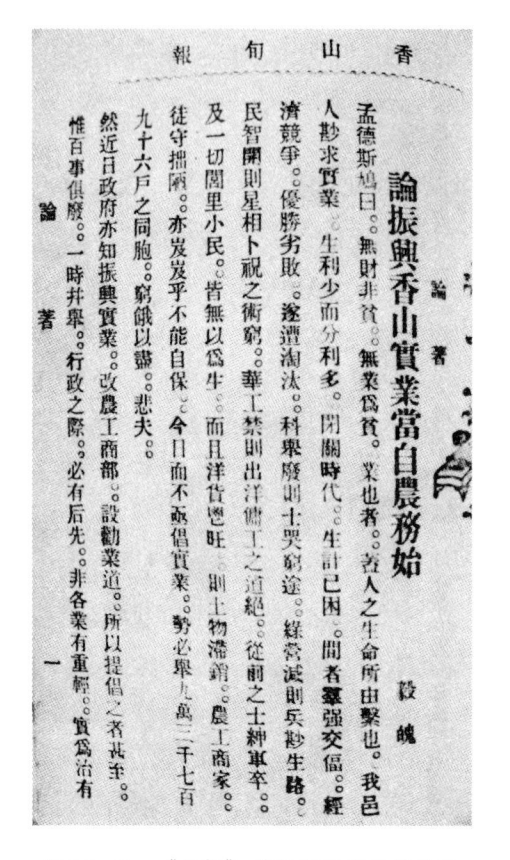

图15-1 《旬报》关于振兴实业的论文

盗,擒斩几尽。特地方官梭巡不力,故兵勇去后,小盗复出滋扰。多则三二十人,少则六七人。若合公司则自可防御,至增筑提防以备风水,尤非公司力不办。且合公司则有大资本,可以持久。即一时失收,仍可取偿于后日也。(丁) 兴水利。我邑沙田、潮田、坑田,尚不大忧旱。惟洋田、卤田,有只赖雨水者,宜多蓄陂塘以灌洋田。疏浚鹤洲、蜘洲、上洲诸水,以灌卤田。(戊) 调查一邑之气候土性。及农产之良窳,夏秋收入之丰歉,卖出价值之涨落,皆宜调查,分晰列表。(己) 试验新法。(庚) 制造肥料及农具。(辛) 开垦荒田。(壬) 办理救荒之政。(癸) 保护农民。凡关于农务上困难事件,本会均切实维持,以力求农业发达。

(二) 开办农业学堂

欲兴农业,先培人才,宜亟办农业教员讲习所,招已习普通学生,选授气象土壤学理，制肥料作物养蚕各法。植物生理病理，及驱防虫害诸术，二年毕业，选其优者，派充初等农业学堂教员，及经理农务技师。斯收效速亦不至失于空疏矣。

（三）开农事试验场

农事非实验不为功，宜量我邑公私财力，赁田园，聘技师，合新旧种植，案新理新法，实为试验。如确见效果，即布告邑农，使之仿行，并求本省及各省与东西洋之农产品，皆罗致陈列其中，使农民得入而考查，始能改革固习，否则空谈学理，渺不为老农所嘲笑也。

（四）设殖业银行

我邑大耕户，多属南顺人。若乡民则常缺耕本，当春及而长吁，而一二积有余资者，又惯被银商倒挞，窖藏金银，甘弃子金，殊属可惜。查东西洋皆有殖业银行，以为实业家依赖转输之机关。故实业进步，其速率实足惊人。现度支部已咨粤查照办理，省垣定当提倡筹设，以次推广于各属。如一时未能遍及，我邑亦宜集股仿办，俾农民得以周转。

兴此四端，则农业基础，亦可确立。惟农业充斥，无工以制造之，无商以迁引之，则农失其利。此时又宜讲求工商，工则广设制造所，商则赶筑铁路，当有起色，其振兴之秩序如此。嗟夫，几千年长夜，酣梦宜醒。数十万同胞，饥寒难忍。欲糊吾口，翻东西洋农学新书，学作富翁，读欧美洲工商历史。谋生有术，取法匪遥。我邑昆弟姊妹，其有意乎？

——《香山旬报》第6期，戊申（1908年）十月十一日。

香山农务分会选举纪事

香山农务分会，由香山地方自治研究社倡设，本月初一日开正式选举会，到会者二百余人。政界则有沈邑令、梁巡官、高劝业员等。各界来宾颇众。一句钟开会。先举董事十六名，当选者为刘君淡如、黄君仙裴、高君熏石、黄君弼周、李君潄珊、黄君启明、缪君星帆、郑君策云、张君铭石、毛君仲莹、郑君日铭、洪君式文、黄君芷裳、黄君会云、萧君弼廷、彭君绮云等，推为董事员。随在董事十六人中票举总理，以黄君仙裴得票数最多，遂举定为总理。尚有董事十五名额，俟会员陆续加增，再开正式会选举云。

——《香山旬报》第37期，己酉（1909年）八月十一日。

香山农务分会议案

八月初六日,该会职员第一次会议。总理黄君仙裴主席。议案录下:

(一)郑君日铭提议二事:(甲)本会经举定总理董事,应从速申报立案。兹将呈词宣布,请公决。众赞成。(乙)本会职员到会办公,可否决定每日二人挨次轮值。逢星期例会,则全体职员均莅会集议。会员到会任便,概不刊发请单,以省浮费。惟特别会议,则先期一律刊发传单通请。庶日行公事,得有主持,团体不至涣散。是否可行,请公决。众议由初七日星期一起,各职员挨次分日二人轮值,以重公事。

(二)高君蕙石提议,本会文案最关重要,似不宜假手一人。可否在董事中公推多人担任起稿,先将公订之办法,立一草案,而讨论而修饰,然后由书记员缮正底稿。经众职员署名,方得实行。是否有当,请公决。众议公订办法后,由董事分任起稿,立一草案,互相讨论。书记员缮正底稿,经众职员署名,方得实行。

(三)郑君策云提议本会成立,应速推定会计员、书记员以重职守。至调查员、编译员亦当一律推定,以便申报。请公定。公推定陈君洛卿为书记员,缪君星帆暂权财政。俟第二期开选举会时,然后公推会计员、及编译员、调查员。

——《香山旬报》第37期,己酉(1909年)八月十一日。

论石岐商务凋敝之原因　丹鹤

香山地滨海洋,交通便利。而人民复富于营业性质,故商务向称繁盛。石岐一埠,则又香山商务总汇之区也。当夫节届隆冬,晚禾上市。四乡之贩卖者,肩摩于道。就表面以观,虽临淄渤海,亦何多让。然考其内容,大有一落千丈之势。康衢凤鸣,其位置非等乎省之沙基,港之中环者耶?向也无隙地。今则有歇业数年,而无人过问者矣。石岐大庙前,非所称银号渊薮耶?向也比栉相望,今则落落如晨星矣。向也何盛,今也何衰。迷信堪舆之说者,谓阜峰之塔本火星,向藉悦来诸塘之水以济之。今则诸塘填塞,水不济火,商务凋敝,职此之由。吁。其然岂其然耶。揆厥所元。盖有数端。

一、由于银号之支绌也

杂行向藉银号为挹注。银号源也,杂行流也。源窒则流短。故银行支绌，则凡百商务，皆为减色。而银行所以支绌之原由又有二。

（甲）由于银号中人之炒田也。泉货贵流通。若炒田则居奇待价。一年未沽则息已重。二年未沽则本已亏。姑无论其亏与不亏也，而商场上已少此一宗巨款以为输转矣。

（乙）由于银号中人之骄奢也。商人重朴素。故富商大贾，不得衣文绣，至汉尚然。晚近以来，其禁已弛，然咸同之间，我邑之业商者，尚敦履朴沈，衣不尚奢靡。今则踵事增华矣。一嫁娶之费；一宫室之费；一衣服之费；一翎顶之费；动拟于素封。洎窥其内蕴，则茫无所有。以致歌舞未终，而孑身远遁者有之矣。至于文苏之厅，尿巷之侧，因牧猪奴之戏，而倾其家以拖累东主延及附客者，又不知几人。

此则本报具此二因，故银号闭歇，时有所闻。银号闭歇，则牵动市面矣。美澳诸埠，非邑中商店之所藉为转输者耶？自银号中人之不见信于乡人也。故族外华侨，动色相戒。四乡父老，窖金以藏。故石岐银号中，除一二大资本家外，余皆奄奄一息者也。银号如此，商务乌有起色哉。

二、由于癸卯之会景也

赛会之举，外国所重。然彼皆工艺发达，冀以振兴工业。断未有徒掷数十万金钱于土偶，如我邑商人之愚者也。观其外金碧辉煌，入其中材料精实，非吾邑中之石岐大庙乎？当其更衣也，笙歌数昼夜；进香者踵相接；商场之停贸易也数日；询一时之盛哉。土木也、仪仗也、僧侣也，无一非借材异地。当事者方以此自豪；而不知此数十万之金钱，亦随之而去。是年也，石岐商家之获厚利者寡矣。盖耗于应酬之费也。而因此而折阅而倒闭者又何可胜数。此由迷信神权之害也。

三、由于山票之盛行也

文明之国，赌禁綦严。故外国法律，必有今罗士（译言禁赌律）以范围士庶。吾国不幸而贫也；大吏复迫于筹款也；而使承正饷以致赌风日炽；然赌之害未有若山票之甚者也。吾邑民风嗜赌。石岐山票之开也，不数月而已至数万票。民变遭毁。记者方为香山庆矣。乃未几省城山票之数一跃而起。而香山之投票者，亦间中首选。所以猎采之辈，恐后争先。一次之票，动以数万。折长补短，乌能相等。既不相等，则利之归于外者众。利之归于外者众，则财之流通于市面者寡。是故商家负一文，则商家之本缺一文；士农负一文，则士农少一文以购置百物；士农缺一文以购置百物，即商家少一文以为之转输。市井萧条，商场零落，职此之由。

吁！商务之凋敝，既如此矣。然则维持之方法果何如？吁！难言之矣。纸之产，不如佛山。蔡烟之产，不如江门。蚕桑之产，不如顺德。天然之物产，既无一足以自豪于世界而塞漏卮；而复有第一、第二两原因以坏于先；又有山票以流毒于靡既；欲酬补救之法，不亦难乎？无已，则惟望有地方之责者，速行振兴实业，而一般之商会诸公，黜华存实，崇尚土货，不为无益之举，或可匡救于万一耳！然此已补牢之计也。吁！余记此，余欲无言。余欲无言。

——《香山旬报》第 8 期，戊申（1908 年）十月二十七日。

外人输入肥料于我国感言　侣尹

商战之世，苟有利可图，靡不逐逐其欲以图之。此在普通营业者犹然；而在潜窥人国之所绌，输运己国之所盈，明以吸收其利源，暗以剥绝其命脉者则尤甚。我国维新以来，凡百事物，改良改良之声，日盈于耳。而但诸所造作，多守故常。而国民性质，又复喜物价之廉贱，物色之新奇，不复计利权之外溢与否。而外人遂得乘其隙而迎其旨。故虽一针一线之微，一纸一墨之细，犹必美其形式，贱其售值，务求畅销于我国。呜呼！此即贫弱之根源，抑灭亡之朕兆矣！顷阅日报告白，有大书特书曰：植兴公司代销礼和洋行肥料，感遂不绝于予心。夫肥料为植物之所必需，即为农家之所必购。吾国以农立国，久为世界所称道。既以农立国，而为农务之本如肥料者，犹购于他人，其为羞愧也何如。且既以农立国，而农业所需之广如肥料者，犹购于外人，其为漏卮也又何如。然则欲洗其羞愧，塞其漏卮，舍改良而未由矣。请言植物与肥料关系之理由，及肥料施与于植物之事实。俾知肥料者不待于外求而自足，取诸于己而有余。而业农者，亦知有所变通。区区之心，如是而已。

原野之间，蔓草繁殖，未见有持肥料而施与之者，而年盛一年。此何故哉？盖蔓草初生之时，本藉土壤中之养液而发育；及枯死之后，则仍以其所得于土壤者，全数而归还之。且并以其未死之际，在空中所吸收之养分，亦从而加入焉。兼之禽兽之夭溺，虫豸之腐体，遗弃于荒漠者，所在皆是。故不待肥料之施与，而年沃一年也。至耕辟之地，志果者则取其实。果品禾麦之类是也。志材者则折其干，松杉之类是也。志弃者则采其英，桑茶之属是也。夫实也、干也、叶也，所含之成分，必须水与酸素、窒素、炭酸、磷酸、硫磺、加里、石灰、苦土、酸化铁等质。而植物所需于此等成分也无穷。土壤之含此等成分也只有此数。且诸成分中。尤以磷酸、窒素、加里三者为植物之要需。试就植物外观上之鉴定，而略说一二。例如谷类蒿多粒少者，因欠磷酸之故。薯类淀粉希薄者，因欠加里之故。桑类叶少而黄，又末端带黄色者，因欠窒素之故。由是言之，则因植物缺于某质，而特别施与之。则费本少而利多，劳少而功钜。此固言种植者所大有事也。然泰西学者，由此等现象，著为学说。谓磷酸则专长果实也；窒素则专长叶片也；加里则专长枝干也。故目的于果实者，当专取于磷酸。目的于叶片者，当专取于窒素。目的于枝干者，当专取于加里。吁，是亦一偏之论而已。几见一般植物中，盛果实者，而无叶片与枝干？盛叶片者，而无枝干与果实？盛枝干者，而无果实与叶片？然则果实、叶片、枝干，三者相因而生；则磷酸、窒素、加里，三者相辅为用。不待辩而自明矣。所在者为主，其相因者为从。夫三成分之于植物关系如此，既已说明矣。然三成分之所从出又如何？此固不待于外求者也。茫茫大地，芸芸众生；弱之肉，强之食。举凡飞者、潜者、行者、走者、各出其利牙锐爪，鸷性黠术，已持其刀俎，以鱼肉其昧弱。不计其究竟，终不出于环食之局言。至此，则凡人类之以机诈狠毒，而求一饱，遂傲然以矜其才知者，亦可废然返矣。持物质不灭之理，则宇宙之所藏，不过循环而生灭。如人类以及一般之动物，必需植物以养其生。然消化之余，必须排泄。且飞禽死于丛林，走兽死于圹野。即人类死于正寝，犹有入于黄土之时。则物质所存，总不离于大地之外。而植物因是而又得其滋养矣。由此言之，则动物以植物为营养，而植物复以动物为肥料，此所谓环食也。生生息息，任化工之颠倒，而人者则排列之，使各得其当。斯已尽其能事矣。此所谓不待外求者此也。请更言其事实。（未完）

——《香山旬报》第65期，庚戌（1910年）六月十一日。

外人输入肥料于我国感言（承前）　　侣尹

肥料分类之名称，言人人殊。兹就其普通适用者而言之。因肥料所由来，别为动物肥料、植物肥料、矿物肥料。

一、动物肥料

动物肥料者，由动物之排泄物，及其各肢体腐烂而成。大概富于窒素，惟其骨则富于磷酸，其腐朽易于植物矿物，故有速效。而其改良土壤之性质

（如改沙土使粘，改粘土使松等），则反不如植物。然其性质浓厚，终为肥料中之贵品。（甲）人粪尿。此为我国农家所常用，其有益于植物亦甚大，姑不必具说。但略言其养分中丰乏故可耳。大抵肉食者之排泄，优于素食者之排泄。且人之年龄愈大者，则其排泄之养分愈丰。年龄愈少者，其排泄之养分愈乏。（乙）家禽粪。此为鸡鸭鹅之排泄物也。但鹅不如鸭。鸭不如鸡。鸡之排泄物，磷酸、窒素、加里，三成分俱富，有改良土壤之功，而效甚速。（丙）海鸟粪。海鸟捕鱼以为食，故其排泄物之成分亦多，惟我国此肥甚少，说亦从略。（丁）鱼肥。鱼肥者，富窒素、磷酸，而乏加里者也。用之则宜和以加里。（戊）蚕蛹。此为富于窒素、磷酸之物。需于茎叶之植物，用之殊为有利。若施于烟草，则大增其保火之力，香味俱佳。用于桑田固佳。用于禾田则宜木炭、堆肥、混和而施之。（己）肉肥。凡禽兽之死者，宜用水煮之，去其脂肪而后用。此三成分俱富，可称完全肥料。且能持久，果木最宜。（庚）骨肥。骨质中磷酸最多，窒素次之，为肥料中之贵品。凡稻麦桑茶，皆宜于用。骨肥须以骨煮于沸水中，约一点钟，去其浮面之脂肪然后粉碎之，用为持久肥料。若用于禾稻，求其速效者，当加硫酸于骨粉，制成过磷酸石灰，而后用之。（辛）血肥。此为富于窒素之肥料也。试验牛之乾血，千分之中含窒素有一百三十四、加里三十、磷酸仅十八。故施用之际，宜加骨粉及木灰，方为合宜。（壬）毛发角蹄等肥。此皆富于窒素者也。我国对于碎发、角屑，本为废弃，贱值售于外人，利益殊为损失。然用此等肥料，须和马矢野草堆积，使之发酵而后用之。或为碎粉，少加硫酸，使近腐朽，而后用之，方有速效。

二、植物肥料

人、动物也，每思食动物；草木、植物也，必每思食植物。故于植物而加以植物肥料，犹人之获鱼肉等物，其为有益也可知。试观腐草之土，屡有小草生殖。而人排泄物之上，虽撒布草种，永不见一草之发生。则植物之宜于植物肥料，为可知矣。（甲）绿肥。此施与法有二：（一）由他处刈取青草，犁入于地。（二）在本地上播草种。及其生长盛时，尽犁入土中。此法盖甚适宜于吾邑之禾田。禾田自十月收获后，至将暮春，方下禾秧。若收获后，即犁而晒之，后撒草种，迨生长时而犁入土中，其利益定钜。（乙）干肥。即油粕豆粕等，我国惯用之，颇有利益，亦不详说。（丙）堆肥。即刈取青草，扫除落叶。收蓄捶撷等物，堆而积之。时洒以清尿，杂以少许之木灰，利用微生物之发生，使之发酵而分解，然后取而用之。其功效之大，不可言状，且富有改良土壤之能力。此言肥料家，所最当注意者也。

三、矿物肥料

动植物之可以为肥料者，人皆知之。而矿物肥料，农家多不言及。悬想其故，盖有二也。一矿物肥料，非如动植物肥料之随处皆有，故讲究者不多。一动植物为天然之肥料，不甚费人工。而矿物肥料，须人工寻觅而制造之故，讲究者又不多。然今必赘以一言者，盖审我国现在情形，用此等肥料，宜从稍缓。其意迨后论之。兹顺序一说其效益。（甲）磷肥。磷酸每与灰石化合，即磷酸灰石，是为天然矿产。然其溶解甚难，须与腐败之植物质共施与之，方能见效。或将磷灰石制成磷酸石灰，方可直接施与，而植物可以吸收。（乙）窒肥。硝石中富有窒素，取此等矿之岩片，置器皿中，以水蒸器热之。其不溶解之物悉沉淀，硝石即溶解存液中。后以此液注于他皿，以日光晒之，使水分发散，而成一种干物质，即为饱含窒素之肥矣。倘植物冬期受霜雪之害，以此肥培养之，即能恢复其元气。（丙）加里。普通所用之加里，多以木烧灰为之，然于经济上殊不便。近时始发明一廉价之加里，即由海水而取得者也。盖海水所含有之加里，常留存制盐时之废水中。可将此废水蒸发之，而使变为干物质，此质即含有加里多量。

总上所言，不过就普通者而言。为其取材易而制法简，效益著而所费廉也。此外尚有杂质肥料，间接肥料种种。或制造之法，复杂而难施；利益之途，劳多而效少。都不著录。惟矿物肥料，前谓审我国现在情形，用之宜缓者何故？我国矿业未兴，诸所取材，须购诸别国。万一风靡一时，则人以多余之岩石，换我有用之金钱。且使我固有大效之动物肥料，反处于淘汰之列。夫物果无用，而自归于淘汰者，夫复何言？然物固大为有用，徒以贪价廉喜新之处，致有淘汰之虞，则诚大可哀也。此虽属杞人之忧，而风气所趋，有何权以禁止？故不禁大声疾呼，作无病之呻吟，为我同胞告也。余前本拟用矿物制造肥料，以售诸人。继思己之所获者甚微，国之所损者甚大，遂戛然中止。区区苦衷，不禁重提于此。惟我国习惯，肥田之物，粪尿而外，厥重油粕。三者虽佳，然物少而价重。何若杂取动植各物，以剂其平。迩来鸟兽之骨，角羽之屑，剃发之毛，皆以贱值售诸外人。不知此为植物之肥，固不啻人之获粱肉也。提倡改良，固有农会劝业诸君在。其亦有意于此乎？

——《香山旬报》第66期，庚戌（1910年）六月十一日。

香山劝业分所开幕纪事

该所于十八日行开幕式。是日沈令主席，高君衮香宣布。学界如邑城中学、高等小学、濠头两等、烟州两等各学生，皆全体赴会。先宣布开所缘由；次开幕辞；次军乐；次各界颂辞及演说；次答辞；随奏军乐而散。

——《香山旬报》第41期，己酉（1909年）九月二十一日。

闻邑人招股开采三姓城金矿之可喜　舆表

邑人刘君翊尧，顷赴吉林差次，与吉抚新会陈昭常，商订招股开采三姓城金矿。闻不日将有公件来粤，其宗旨盖欲多招粤股以饷粤人也。查中国矿务，如山西之福公司，安徽之铜官山，皆授人以柄，放弃于前，未获收回于后。其它良苗佳产，货弃于地。外人眈眈注视，殆不可胜纪。其以自力兴办，而成效卓然可睹者，自开平煤矿外，惟漠河金矿为首屈一指。今闻三姓城矿产，较漠河为胜。掘地二尺许，即已见矿。且多属砂质，而非石质。其用力较少，收效益易。前此以为发祥之地，视若官物，封禁綦严。土人间偷挖之，即亦无效。近则稍主开放，间有以土器开采者，亦获厚利。夫以土器开采，犹能获利。则夫鸠资合股，购用机器。合大群方以为之者，其获利当更可知。且夫落机山之山脉，犹之长白山之山脉也。前五六十年间，桑港之荒山（俗称花旗旧金山），今已变为黄金世界。何一非吾民涂膏衅血而成之？顾始则招之使来，今则麾之使去。自禁制华工之说行，吾民虽槁饿以死，茫茫大地，几无一片土为吾人投足之所矣。其侨寓未返者，则尤受种种苛例，长为奴隶马牛而不悔。美人之违背天理，蔑视公法，诚可恫哉！虽然，我国日忧人满，明明有殖民之地而不知用。日患长贫，明明有窖藏之金而不知取，乃甘冒百险，阅历重洋，弃父母，离妻子，去坟墓，以忍听外族之拘挛禁锢，而哑然抵死相视，不能复发一声。亦何为者？矧吾闻之，西人有言曰：野蛮人无开化地方之能力，必待文明人代为开之。其言甚刻，其计弥险。盖在我有天然之宝藏，而不能自发其覆。人将出而握我领土之权，以日肆其侵略政策，亦天演之公例然也。迨日人自战胜强俄而后，野心勃勃，久思插足于我。吉黑各路矿产，彼视为腹中之物久矣。其不为福公司铜官山之续几何哉？今何幸受外界之刺激，闻风警醒。而主持是役者，又为吾粤人与吾邑人。吾粤同胞，素富冒险性质。将来厚集巨资，兴此宏业，以实边地。则杜强邻之觊觎,以开生计,则免外人之压制。吾知太平洋之航路线,必将转向于辽阳。而一般之资本家、劳动家,犹且麇集鳞萃,乐舍彼而就此。彼松花江之南,瑚尔哈河之北,安必不有第二之桑港,发见于吾中土也。吾目视其成立,遂喜而书此。

——《香山旬报》第34期,己酉(1909年)七月十一日。

亟宜毁拆阻碍街道之木屋　天赋

吾昨日自乡间来。见西区武峰里口一带,盖搭木板铺店,街道为塞,不禁悄然而悲。继见三十五期本报新闻,载有"督拆阻碍街道之板铺"一则,又不禁辗然而喜。吾悲者悲吾邑路政之不修也;吾喜者喜吾邑街道之将有改良也。夫武峰里口一带,为邑城之街衢,众人气息之所呼吸,多数铺户之所团集。自官绅以至贩卒,无不驰履于其间。是该街道路,尤宜洁净,尤宜宽大,理固然也。乃不惟不洁净之,宽大之,且盖搭蓬厂以阻碍之。彼主之者之为金钱主义,吾不必责,独怪吾邑警察之不出而干涉之也。今试推其流弊,小之则为卫生之害,大之则有火险之虞。其阻碍行人,厥弊犹后。该坊人已禀请凌前令驱逐。凌既不顾,而警官又从而坐视之。此彼辈之所以得志,坊人之所以嗟怨也。夫街道之制,于地方治安最有关系。故省城警道,前有拆毁各店招牌之事,今又有拆毁城墙之议。是世进文明,井里交通,不容坐视。今该街木屋,其闭塞道途,使不出而干涉,吾恐此风一开,人人踵而行之,则吾邑街道将无容肩之地矣。吾闻之,殷人之制,弃灰公道,则断其手。周人之制,列树立鄙以表道。吾愿有地方之责者,仰体古意,俯察民情,亟起而干涉之也。

——《香山旬报》第38期,己酉(1909年)八月二十一日。

竟有十九日毕业之实业研究所　一介

以十九日之时间,研究二十余种之科学,公然详请立案。吾未之闻也。有之,自总局的自治研究所所附设之实业研究所始。

速成学堂何自始?由日人倡之,而中国和之也。由日人言,直欲利取吾国人之金钱而已。由吾国言,当时兴学伊始,强立速成师范,以备教员之缺,非得已也。迄今民智渐开,而速成学堂,亦已告绝。是速成学问,无益于人也亦明矣。况夫研究实业,为实地练习的科学。常有一艺之微,费数月心力而不能研究精当者。乃以二十余种之科学,以十余日之教授而完结之。

将谁欺乎？

夫速成之实业社，省城所在多有，大率卑鄙嗜利者之所为。考其实际，实无一成材学生。盖非徒无益，而又适足以害之也。今自治所竟提倡其毒，且谬然详请立案。此风一开，吾又不知吾邑学风之败坏若何矣！吾为该所学生哀。吾更为吾邑学界前途惧。

——《香山旬报》第 34 期，己酉（1909 年）七月十一日。

社会之宝　道

某君谓张季直为社会之宝，或谓张得是名，毋亦为民党所欢迎为政府所罗致乎？余姑不此之论。张平日能集合巨赀，提倡实业，即谓为社会之宝亦宜。

提倡实业，何以能为社会之宝？盖今日中国最患贫。何以患贫？则荒土未垦，工艺未兴，铁路未通，矿产未辟，是数者为之也。有人于此，留心实业，其能力又足以相副。则垦荒也、造艺也、筑路也、开矿也，咸可次第而举。民赖以富，国赖以强，谓为社会之宝，其何疑？

吾邑人实业思想不甚发达，即有所造作，亦徒知竞长短于乡曲之间，以言抵外货塞漏卮，瞠乎后也。向华侨归自海外，往往有志实业，近如严某之组织制砖公司，其一也。其亦有相继而兴者乎？

虽然，提倡实业，尚足称为社会之宝。其有不惜赴汤蹈火以救亡拯溺，孜孜矻矻，为一群谋幸福者，则社会之宝之也又当如何？奈何吾邑人恒不愿为社会之宝，而甘心为社会之蠹。

——《香山循报》第 107 期，辛亥（1911 年）六月二十三日。

筹办商务分会

南朗、榄边两墟，顷接下栅墟商团函称：发起联合三墟设立商务分会，以维持商务，联络商情为主义。并派代表关伯廉订于十一月念七日到该墟筹商办理事宜，及择定会所。现南朗等商已预备欢迎矣。

——《香山循报》第 82 期，庚戌（1910 年）十二月初一日。

香洲康正车路公司告白

公启者：本公司于宣统二年六月下旬禀奉前山厅宪，建筑香前车路。当经批准立案,出示保护,遍贴各乡通衢;并请本埠总理王君灼三于七月下旬,偕同鄙人历到各乡公约,并前山自治社拜谒各绅董,陈说筑路理由。各绅董皆极欢迎,鄙人不胜感佩。随于八月十五日开工。并升贴长红,所有路经山坟之处,必绕向田亩,以期相安。至筑用各处田亩,请各业主携带红契到本公司领回地价等语。今该路工程将已告竣,诚恐各业主未及周知,再此登报。请即到本公司领取田价,或将田价若干,函达本公司,俾携银到各乡公约,当众缴交,是所切祷。

宣统三年元月吉日,香洲康正车路公司　甘国英　郑灼文　郑益和戴桂芳公启

——《香山循报》第87期,辛亥(1911年)正月三十日。

东濠涌亟宜筹款疏浚　道实

邑人王福昶禀设恒利轮托公司,报效经费银万两,锹深东濠涌,专利二十年。由邑令详奉督宪批驳。批词极为明晰,中仍有饬邑令"查勘明确,督绅另行设法筹款妥为办理"之语。查东濠涌系县属东乡一带人民往来邑城必经水道,久已淤塞,吃水稍深之船不能驶过。内地交通,已形碍窒。况该涌东通洋海,倘能开设轮托,可以直达香港。此又关系外洋交通如此其重也。至农田水利,实相表里。关心民瘼者,断不脑后置之。此次王某禀锹该涌,洵属知所先务,惟带有营利性质,故不能邀督宪之批准。然以仆之意,邑中尽有公款,即以崇义祠计,年中所溢不下万金。事关阖县公益,纵官帑支绌,尽可暂借地方公款办理。俟该涌疏通,必有承饷开设轮托者,即将饷银填还。纵有不足,仍可设法补回。诚不必有取于专利报效之说。邑令素以兴利除害自任,当能切实举行,上副宪意下慰民望也。请翘足俟之。

——《香山循报》第91期,辛亥(1911年)二月二十八日。

论商务分会言论之不足凭信　燃犀

中国官吏之更调,历时甚速,服官者既不能任久职专,咸存一五日京兆之想。故贪污之吏,假权藉势,敲剥吾民以自肥。即有一二洁己奉公勤求民隐者,奋然欲有所作为,终以人地生疏,于社会习惯地方利弊之处,不能了然于心目中。而办事终有窒碍难行,轻重倒置之弊。因此之故,而地方官吏,欲举办一事,势不敢孤意妄行,使生民有所怨嗟。地方受其荼毒,则必

征集地方上社团之舆论，以定政见之进行。所谓集众人之见长，竭一己之见短者也。使社团中有深明大义之人，主持是非，直言无隐，于小民生计，洞若观火。地方兴革，透辟无遗。则平日既知之有素，审之至精，即地方官任性妄为，贼民自便。我且指陈利害，为生民请命。况夫其征集意见，博采群言，又安有于地方利害问题，择焉而不精，语焉而不详耶？有之则自我邑之商务分会始。

吾邑之有商务分会，即吾邑商人集合之机关也。既为商人集合之机关，宜乎在公言公，得舆论之正者矣。故邑令办事，多采其意见以为从违。如苏某之承办屠牛捐也，某商之承办斋醮捐也，某商之承办渡船鱼桶也，皆照会商务分会查复核办，可知邑令有信仰商会之心，而后有此照会。亦可见邑令尚知有小民生计，而后有此覆查。试观邑令迭次照会，无一不以"小民生计有无窒碍"为言，从可见小民生计，确为地方官所注意。而洞知小民生计之关系，又莫如日与小民聚处之商人，见闻尤为明确。而商人之意见，不可尽数征集也，于是有赖于为商人机关之商务分会。故邑令办理一事，有涉及小民生计问题者，莫不虚心采纳，以商会诸绅董之意见为意见。屠牛捐也，诸绅董所极力赞成者也，邑令不得不曲成之；斋醮捐也，诸绅董所不能满意者也，邑令不得不取消之。是商会绅董之陈请，其效力亦甚著。而政界为关心民瘼，维持公安计，又不能不寄耳目于商董之身，以补助一己见闻所未逮，使吾邑商会诸人，能以兴利除害为志。则对于地方官之询问，知无不言，言无不尽。则记者又何必多言哉？孰知其有大谬不然者。

夫邑令之询问商务分会意见者屡矣。某商之承办渡船鱼桶，为该会所未禀复之件，吾不必论之。斋醮捐为巫道捐之变形，前车可鉴，固诸绅董所必不敢认可者也。则其反对之者，实逼于势之无可如何，非其有恤民之心也。若其对于关碍小民之屠牛捐，不惜为牛商作牛马，出死力以拥护之，最为公论所不许。即此一端，已足见其不能代表舆论之证，而为阖邑人士所吐弃者矣。夫屠牛捐之病民，本报已迭次痛论之，为有目者所共见。该商董具有耳目，岂真毫无见闻，而竟避重就轻，取本报屠牛不能专利之言，稍为敷衍，而于生民利害地方治安诸大问题，则嗫嚅其词，不能道其只字。谓其有心袒庇牛商，其谁信之。再进而观之，则该绅董查覆斋醮捐之词，一则曰："巫道捐尚未完结。"再则曰："区区报效千六百元警费，为数无多。"乃何以独于查覆屠牛捐之件，而竟为之倒行逆施，为牛商作辩护士乎。既曰："巫道案未了结，不能再办斋醮捐。"而屠牛捐之前，不曾有屠捐为之先梗乎？即曰："千六百元之警费，为数无多。"而苏某亦不过报效二千元，岂真有所轻重缓急之别乎？而该绅董独舍此取彼，司马昭之心，当为路人所共识，岂尚有丝毫之价值存哉？不特此也，苏某在梅基开设牛栏，已为坊人驱逐。然则坊人有此次纷扰者，亦由商董之间接遗祸。有商董之赞成屠牛捐，而后有牛商之作祟；有牛商之作祟，而后有坊人之对待。是坊人直接对待牛商，即间接对待商董。以堂堂商董所承认可行之条件，而至坊人以为洪水猛兽而驱逐之，彼商董更有何面目以自存耶？故记者观邑令之迭次采用商会诸人之意见，而反覆推论其不足取信之理由，为地方前途计，诚有不得已而言者在也。

抑吾更有欲言者，吾邑历任官吏，非刚愎自用，即顽固自封。其于地方政务，非妄作妄为，即柔懦不振。充其弊之所至，则与二三劣绅土恶，相济为奸，而民生痛苦地方公安之言，皆已置之脑后。今有人焉，采舆情之向背，以定政见之进止。而邑中各社团，皆得因利乘便，发抒意见，以助官治之不逮，吾人又何忍摧折之，以制止舆论机关之进步哉？惟吾静观商会诸绅董，确非代表众论之人，其所执行事务，又无发挥众论之识。试即其承认苏某之屠牛捐，已为集矢之的，再合其禀覆斋醮捐一事，比量齐观，矛盾互见，更予人以可议。则其所禀覆事件，无非以情款作是非，以势力为去取，已可概见。然今日商绅之资助牛商，虽为坊人所抵抗，尚属于和平接触，吾恐其作伪愈多，则小民之抵抗亦愈猛，邑中从此多事矣。凭心而论，与其咨询者之不得其人，不如断以己见之为愈。记者潜观默察，见夫商会诸人之营私舞弊，彰彰不能自掩。邑令因其说以办屠牛捐，已怨声载道，若复一误再误，又岂吾所忍言哉？

——《香山循报》第102期，辛亥（1911年）五月十七日。

论蔽塞街道之招牌宜撤去　道实

试一游省垣，过双门底各街。觉光线明澈，空气疏通，比诸前日之黯蔽实远胜之。其原因何在乎？则自巡警干涉各街商店撤去蔽塞街道之招牌为之也。

吾邑石岐一带，商店所聚，康衢、凤鸣、显照等街，虽略为宽阔；而各店已类悬挂招牌，蔽塞街道。遂使日光稀少，空气障蔽，于卫生殊非所宜。

至十八间各店则尤甚。加以街道狭窄，行路之人，已觉不适。况居处是间者乎？且撤去此等招牌，于商务无碍，而为益甚大。商场中不乏通达之人，吾知不待警察干涉，当必有提倡以实行之者。

——《香山旬报》第72期，庚戌（1910年）八十一日。

论邑中巨族亟宜筹设家族习艺所　亚秋

自邑城宣讲自治后，各乡族多闻风而起。延聘讲师，高谈法理。所谓讲师者，又不必于东西政法能道其旨；挟一二不完不备之法政讲义，已抗颜高坐。足以博德金，钓时誉。而肄习其间者，亦不必通其句读，解其名词。但相哗数月，领一纸文凭，泰然称毕业生，攘臂而谈自治之事。嗟夫！吾国所以衰弱至是者，其原因虽至复杂。然尚虚文，鲜实际，自欺以欺人，斯亦荦荦大者。苟循此不变其习，吾恐谈法政者遍国中；而世界列强已夺尽我利权，吸尽我脂膏，而溘然亡矣。然则吾邑巨族中之士绅耆老，其亦有知縻费巨款宣讲自治之无当实用者乎？则记者愿以筹设家族习艺所之说进。

吾邑巨族，多者数万人，少者亦数千人；其中贫寒居其多数；而生计艰难无业可执者亦所在而有。此辈既无教育，复相迫于衣食。懦者则委沟壑而死，强者则相聚呼啸于里党之中，流而为盗贼。无怪吾邑近日掳劫之案，层见叠出不已。此岂尽民之无良而至于是，亦由饥寒所驱，挺而走险不自择耳。然则一乡一族中，能设立习艺所，广招生徒，则游手无赖者既有业以安其生，学成亦可以自给。而尚有犯法乱纪扰害治安以贻宗族羞者，亦不必爱惜之矣。且记者以设立习艺所，不先责地方有司之提倡，而独有望于家族者，诚以一族之士绅耆老，苟不以是为急务而脑后置之斯已矣。如有志于是，则设一习艺所，特反掌间耳。吾邑各族，养老有赀，恤嫠有赀；而族中积产较丰者，每年必有尝银分给族人；且科举既废，前日之红金书谷，已奉长官明谕，尽数提为办家族学堂之用。而今之毕业于学堂者，尚有援引旧例纠缠纷争致贻讼累者。夫留之适以启争端，曷若尽提以办习艺所，使族人均沾其益。以银分给族人，曷若教以艺术，使之永无冻馁之忧。且设一习艺所，数月可以蒇事，虑用不过千余金。如是，则筹款不难。一族之大，子姓繁多。入所学习者，必联袂接踵。即不足额，亦可添招异姓之人，酌收学费，以宏造就。如是，则招生不难。教以寻常浅近之技能，如织布、织藤器、织毛巾之属。省中工艺学校已有毕业者。如是，则聘教师不难。

统观前说，则其事本易举，又诚有功。而以吾邑之大家巨族，不乏明达之士，何以于徒托空言之自治研究所。尚有相继而起者，于此则寂无闻焉。是可怪也。夫开设局所，招生习艺。若纯为营业性质，则所造成器物，必求速销。学成者亦必责使充当义务，而又重以求利之心，则其事成有难行者。如前郑某君费去数千金设华达利公司，招徒学习织布。记者虽嘉其热心，然带有营业性质，又任用非人，亦知其不能持久矣。若俱为利益族人计，只求学成，不为图利，则亦何难之有？

且吾邑巨族，多有设家族小学，岁縻数千金。以教育数十学童者，而于多数年长失学无业可执及贫苦之子弟，反不思所以安置之；揆之情理，不得谓平。噫！吾国工艺不良，漏卮日甚。若欲精思深计，改良制造，与列强相竞于天演圈中；则必有深邃之学理，灵敏之手腕，相济而成。区区习艺所，曾何足云。若为安插失业之人，免流于不轨，则宜握发吐哺以图之。

——《香山旬报》第75期，庚戌（1910年）九月二十一日。

谷都实业之发达

前山纺织传习所，开办有年，成效卓著。兹谷都大布乡亦拟彷办，已集得资本银万余圆，小大机器，皆已购备，教习欲向前山处招致，大约来月尽可开办。又侨寓澳门之鸟石乡人容君牧堂，近回乡拟办一织造公司，第其所持目的甚大，谓必须集资本三万金，方能措置裕如，刻已就地招股矣。

——《香山旬报》第5期，戊申（1908年）十月初一日。

第二节　香洲商埠的创建

邑属将开商埠

下恭都吉大乡，距澳门陆路约十三里许。地甚宽广，横直八百余亩。面临大海，背枕群山。以水程计，由港驾轮约两点半钟，由省驾轮约五点钟，可抵该地。现王君灼三、伍君于政等，拟将该地开作商埠。先筑长堤，后建铺户，冀创设一大商场，振兴实业。已于去年腊二十二日，由创办人随同前山庄分府亲到勘地，极为赞成。称说吉大确系天然商港，在广东当推为第一。并劝勉创办人实行组织以达其目的，地方官无不力任保护云。

——《香山旬报》第 13 期，己酉（1909 年）元月十一日。

商埠开办有期

邑人王君灼三等，拟将邑属山场、吉大交界荒地开作商埠一事，已志前报。现查悉已定期二月初旬开办。其街渠广约八丈，建筑悉仿洋装，规模甚为宏敞云。

——《香山旬报》第 14 期，己酉（1909 年）元月二十一日。

香洲开埠之设施

香洲开埠，闻创办人等经已禀请大宪，该埠不设关税，以免留难而重商务。并因渔船为该埠之一大宗，所需盐斤，外地价廉，内地价高，不无窒碍。并禀请大宪设一官盐局，凡系渔船到买。其盐斤与外地同价，以体恤渔业而兴海利云。

——《香山旬报》第 18 期，己酉（1909 年）闰二月初一日。

香洲埠之简明要章

香洲开埠各情，迭详前报，并将其简明要章，照录于下：

一、本埠内河外海，水道疏通，可保永无水患。

二、禀请大宪，本埠免设关税，以免留难而重商务。

三、禀请大宪，凡关于渔船之盐斤，与外地同价，以体恤渔船。

四、禀准前山庄司马，派巡防兵队保护。另由本埠自设巡警，以保陆路，并自设巡河轮两艘，以保海路。

五、本埠附近各乡，由南而吉大，而北山岭、前山、翠微、山场回埠，约共三十余里。现据股商多名，先自认股组织公司，拟筑电车路，以期便捷。并附电灯、水龙二项，不日即有招股章程宣布。

六、本埠来往香山城，陆路已由本邑绅商发起筑，以便东洋车来往。

七、本埠大街阔七丈二尺，两旁骑楼街八尺，路中种树株。其余为电车路、马车路、东洋车路各二条，以免紊乱。中街阔三丈六尺，另两边建骑楼

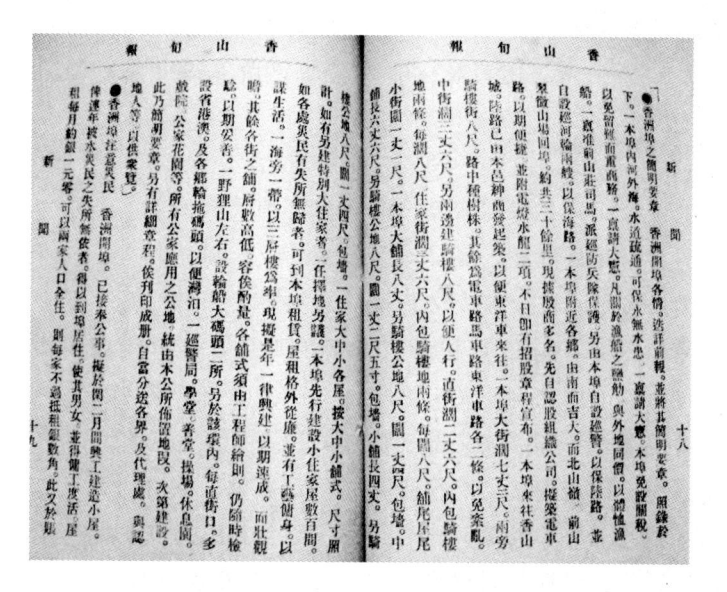

图 15-2 香洲埠之简明要章

八尺，以便人行。直街阔二丈六尺，内包骑楼地两条，每阔八尺。住家街阔三丈六尺，内包骑楼地两条，每阔八尺。铺尾屋尾小街阔一丈一尺。

八、本埠大铺长八丈，另骑楼公地八尺，阔一丈四尺，包墙。中铺长六丈六尺，另骑楼公地八尺，阔一丈二尺五寸，包墙。小铺长四丈，另骑楼公地八尺，阔一丈四尺，包墙。

九、住家大中小各屋，按大中小铺式，尺寸照计，如有另建特别大住家者，一任择地另议。

十、本埠先行建设小住家屋数百间，如各处灾民有失所无归者，可到本埠租赁，屋租格外从廉，并有工世艺佣身，以谋生活。

十一、海旁一带，以三层楼为率，现拟是年一律兴建，以期速成，而壮观瞻。其余各街之铺，层数高低，容俟酌量，各铺式须由工程师绘则，仍随时检验，以期妥善。

十二、野狸山左右，设轮船大码头二所。另于该环内，每直街口，多设省、港、澳及各乡轮拖码头，以便湾泊。

十三、巡警局、学堂、善堂、操场、休息园、戏院、公家花园等，所有公家应用之公地，统由本公所布置地段，次第建设。

此乃简明要章，另有详细章程俟刊印成册，自当分送各界及代理处，与认地人等，以供众览。

——《香山旬报》第18期，己酉（1909年）闰二月初一日。

批饬汇核香洲开埠简章

职商王诜等，开办香洲商埠，前缴呈开埠大概章程。当经劝业道批据厅县核覆，并奉张督批准。嗣又续缴细章，又经陈道核明，批由厅县，督饬妥议，缴候核办，惟至今尚未议覆。现该商又具禀道署，请仿照济南商埠，再订简章五条。陈道查核所议，不为无见。惟拟将商埠仿照济南成案，订立自由港市府之例。凡埠之全部与街之全部，皆为无税地域，查此节昨奉张督电准外务部、农工部、商部、税务处核覆。拟由税务处札饬总税司，于粤海关税司内选员前往查勘，酌议办法。俟详细章程咨到，再行核定等因。则此节应俟勘覆，再行核办。至该埠盐务请归官办，如渔船到买，与外地同价，以期奖励渔业一节。查盐法关系国家主权，贪贱买私，事干例禁，内地盐价涨落有定，似不能执外地之价概以强同。惟港澳私盐无可究诘，现在开辟商埠意在招徕，该职商等所请，自是通融办理起见。应由厅县察核禀候移商运司，核办饬遵，昨已明白批示王诜遵照。此外各条果否悉属可行，亦札行前山同知，会同香山县，与前呈章程，详细核覆，以凭汇核详咨矣。

——《香山旬报》第30期，己酉（1909年）六月初一日。

劝业道为沙滩环开埠事具督院禀稿

敬禀者：案据香山县花翎知府衔附贡生王诜，花翎道衔伍于政，花翎知府衔戴国安，花翎运同衔冯宪章等称：窃士广不治，则启敌人之野心。民贫无业，则萃盗贼之渊薮。恭读本年十月十五日宪台示谕，劝以振兴商务，虚己下人，谆谆告诫。宜如何图报，惟查外洋商埠之法，任商人择定地段，报明官署，定限升科。在商人于领垦界内，有便宜整理之全权。在公家于课税之余，有保护利益之实力，法简令严，大信恪守。职等念此至重，思本其法以行于内地。爰探得香山县属山场、吉大两乡交界处，有民荒一段，土名沙滩环，纵横约七百亩，地高沙绕。屡遇飓风，未尝为灾。兼以渔船不时出入，可以振兴渔利。背后山石高耸，可以凿石填堤。加以讲求种植，诚可为兴商殖民之一助。即因择定地段、划界、签约、绘图、议章，呈请察核批示

第十五章　发展地方经济　创建香洲商埠

只遵。俟办有成效，再行禀请转详督宪，暨商部注册存案，计粘章程一扣，绘图一纸，抄白，两乡合约同呈名单各一纸，等情到道据此，当查职员王诜等，拟在香山县属吉大、山场两乡交界土名沙滩环民荒，兴办商埠，据称该处内河外海，是否系属蚝田交界、土名沙滩环民荒，兴办商埠。据称该处内河外海，是否系属蚝田，果否确系民荒，所议章程，按之本处地方，能否悉协，现在筹议开办，究竟凑集资本若干，该处地近前山，应由香山县会同前山厅，刻日前往勘明，按照所缴章程，迅速察核妥议禀后核夺，即经分别批示札遵去后，兹据署前山同知庄丞允懿，署香山县凌令以坛，会同禀称遵札前往县属土名沙滩环地方，由职员王诜，伍于政，冯宪章等带同引勘，并传集山场、吉大两乡绅士，随同前往，勘得该处地势宽广，土质坚洁，自南至北，约六七里，自东至西，约四五里，一片平原，与居民坟墓绝无干碍，外滨大洋，以野狸山为之屏障，省港大轮可以行驶，内有汊河，渔船商艇可以停泊，洵为天然绝妙商场，同知等伏查近年以来，寄居外洋之华侨，欲回内地，每苦于无可置产，又迫于外人之欺凌，不甘忍受，偶有挟资而归者，土人或反鱼肉之，故惟有托足于香港澳门，几同传舍。今得另辟新埠，实力保护，广为招徕，务为宽恤，价不居奇，不难从如归市，转瞬成都成邑，操券可期。其款式悉照外洋，则旅外年久者亦能习惯。现查该职商伍于政为新宁公益埠发起人，办理已有成效，绅商亦均信服，所拟章程大致均尚妥协。并据称：所有工程师测量建筑等事，均雇用华人，尤不致有利权外溢之虞。似可准予开办，出示晓谕，以昭大信。并查明开埠经费约略核计，须银一百七八十万元。询据该职员等折称，由王诜、伍于政、戴国安，冯宪章等四人，自备开办经费十万元。另由外埠承认，已有名数者四十八万元。其余俟发布后，再行报认等语。又查明该处距澳门三十余里，省港往来甚为便捷。惟至香山各内地稍有周折，如将来广前铁路①造成，只须添造支路十余里，则水陆皆交通利便等由。附呈核议章程、清折一扣前来。职员王诜等，以县属山场、吉大两乡交界土名沙滩环民荒约七百亩，可以凿石填堤，设开商市；兼可振兴渔利，讲求种植工艺；以及学堂善院，公家花园各项。现已划定地段，与该两乡绅耆，订租立约，议章筹办，洵属根本至计。兹饬据前山厅庄丞，会同香山县凌令，勘明该处并无干碍，实为天然商场。且查地近澳门，

---

① 广前铁路，即广澳铁路，以广州为起点，前山地区为终点站。

省港往来，均称便捷。将来筑就广前铁路，只须添造支路十余里，即与香山各内地衔接，水陆皆便交通，既可兴商殖民，亦可藉以招徕侨商，免渊鱼丛雀之殴，餍衣锦故乡之愿。察核该厅县所议各节，具有见地。其原议章程，亦经该厅县等查明，大致均尚妥协。并经按照原章，酌加核议，查阅亦尚周密，似可准予开办。现已将该厅县等，核复章程，分别核正，檄行转饬该职员王诜等遵照更正。并以巡警为保护商场要政，该职商等现拟开设商埠，则巡警亦宜筹及。拟饬该环内酌留荒地三四十亩，以便将来建设巡警及各公所，俾臻完备而保治安。除饬俟开办后，再行详议细章禀报核明，另详宪台咨部注册立案外，所有该职商等，议设商埠，饬属查议核办缘由，是否有当，理合将核正章程，连同合约，列折绘图禀请宪台察核批示只遵，以便转饬开办。再查该商埠现由职道酌核，拟请命名香洲商埠。并候宪台核示遵照。肃此具禀。敬请崇祺。伏维垂职道谨禀。计呈清折一扣、绘图一纸。奉督宪批：据禀及图折均悉。香山县职商王诜等，于县属沙滩环地方，集资开辟商埠，此实兴商殖民之善策。所呈核正该厅县议定章程，尚属妥协。仰即转饬遵照开办，并命名香洲商埠。仍俟开办后，再行酌议细章，详情咨询部注册立案。此缴图折存，章程抄录如下。谨将职员王诜等，拟在香山县属，土名沙滩环地方，开辟商埠章程，连同订租合约核明列折，呈请宪鉴。计开：

一、宗旨

该环以垦荒殖民，振兴商务，实行公益为宗旨。

二、命名

该环沙石成林，一片平原。建设工艺种植场所，均为合宜。至渔业更为天然利益，故命名为广东实业商埠。查现据该厅县等勘复，以实业商埠命名，未尽包括。折请酌改饬遵。查该环系在香山县属之九洲洋，拟请改名香洲商埠，似较妥切，应候宪台核示遵照。

三、择地

该埠择地香山县属山场、吉大两乡交界民荒一段，土名沙滩环。南至崩山角，北至河窖山边，东至野狸山，西至荒地山脚为界约共七百亩。由创办人与两乡永远租出，筑堤建户。两乡只收地租，俟十六年报请升科。查现饬据前山厅庄丞，会同香山县凌令，查明折复。该处为山场、吉大两乡蚝塘，据两乡呈验渔照，山场约三分之二，吉大约三分之一，其荒地亦

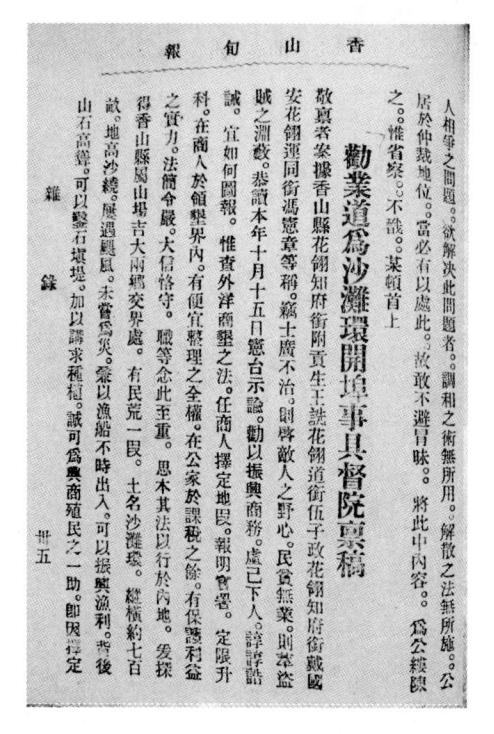

图 15-3　劝业道关于香洲开埠的禀稿

然，与蚝塘相连。惟该两乡虽各有渔照，但只能用于海面，不能用之于陆地，指为官荒亦无不可。惟据该乡等自嘉道年间，相承至今，视为世业。今忽欲令议更张，民情必多惶惑。况现值振兴商埠之始，似宜稍示优异，以资观感。拟请俟办定后，再由两乡所收地租内，每年提出一成，作为地税，毋庸升科等情。所议尚属妥协，应饬于章程内，将十六年报请升科一语、核删。改为俟办定后，再由两乡所收地租内每年提出一成，作为地税，毋庸升科。

四、财政

该埠系创办人自备资本先行筹办，然后认定酬价，以为筑堤、修路、水渠、水埔及各项公务之用。不招散股，不动公款，不入洋股。

五、开地

该埠先于海旁筑成堤岸，然后划分横街道，建铺建屋。先订大中小铺地共一千间，大铺长八丈，阔一丈四尺，小铺另议。查现章既称先订大中小铺地共一千间，而建铺之长阔丈尺并未议及中铺，其合约内所议每铺纳收地租,亦只议及大小铺两项,中铺亦未议及。拟饬将中铺一节核删,改为大小铺地共一千间,以免参错。

六、建造

该埠先立商务公所一间,以便办事。其余学堂、善院、公家花园、休息场、戏场及公家所宜办者,逐渐设立。至附近各乡道路,亦与各乡酌量修整,以便东洋车来往。查巡警为保护商场要政,该绅等现拟开辟商埠,则巡警亦宜筹及。应于该环内酌留三四十亩,以便将来建设巡警及各公所之用。拟饬于公家所宜办者逐渐设立一语之下,加入并于该环内酌留三四十亩,以便将来建设巡警及各公所。

七、认地

凡到本埠认地者,须注明省、府、州、县、姓名、职业,由收银处给地票为凭。所认之地,不得转售洋人。即售与华人,亦须到公所报明,方能作准。至地价若干,到时公同议定。查现饬前山厅庄丞会同香山县凌令,查明折复开埠经费,约略核计,需银一百七八十万元。现据该职商折称,由王诜、伍于政、戴国安、冯宪章等四人,自备开办经费十万元,另由外埠承认已有名有数者四十八万元,其余俟发布后再行招认等语。同知察度情形,该埠系认地售价,譬如某户须地若干,自行标插,即缴价若干。所有开河筑堤,修造街道,建筑码头、沟渠等费,即取给于此,无需另行招股。故有不招散股,不招外股之说。闻新宁公益埠,即系如此办理。必须通盘筹定,实需经费若干,方能定地价多寡之数。其开办人之利益,亦即在此。应即责成王诜四人,认真经理。总期款不虚糜,功归实用。其地段酌中定价,禀官核定,不得抑勒居奇,以广招徕,而昭公允等情。所议尚属实情。应饬于至地价若干一语之下,改为酌中定议,禀官核定字样,以昭核实。

八、营业

先立石厂一间,以便筑堤建造。并购置轮船来往省港,以便运载。多立鱼栏山货两行,以招徕渔船。

九、规则

洋烟赌具,一律严禁。至酒楼娼院,任人择地设立。

十、权利

该埠乃系创办人自备资本,先行筹办,又蒙列宪保护而成。自确有成效,核算通盘,提出一成,以为花红,作报效国家及创办人之纪念。

十一、权限

该埠之立，本欲广辟商场，以维商务；广辟住场，以期卫生；所办各事，无非从公益上起见。惟工程甚大，数目甚钜，所有认铺银两，由收银处收齐汇付银行，随时起用。至筑堤修路，建造公所各项，由总协理公同议定，支应员照价支给，司数员照数注部。日间食用各数，由管理财政员交支应员管理，每月一结；另由查数员对核清楚，方免浮费。年终刊印征信录，交众公览，以昭大信。总之公所所推各员，须分清界限，方不至牵制推诿。总协理专管垦荒应行事务，以策画妥善，布置妥当为主义，不必干涉银两，以避嫌疑。协理、直理专管银两数目，以诚信核实为主义，不必干涉别项，以专责成。其余各员，各管各事，务尽厥职。或各员确有见闻高论，亦得面商总协理采择施行。此又和衷共济，相与有成者也。以上各章程，如有未备处，仍须随时改良，呈请核察，以遵完善。

——《香山旬报》第 16 期，己酉（1909 年）二月十一日。

劝业道为沙滩环开埠事具督院禀稿（续前）

（合约附录）立永远租出荒地合约。吉大、山场两乡绅耆等，缘两乡有民荒地段，土名沙滩环，由两乡绅耆，永远租出实业公所，开筑商埠，筑堤建铺，每年按计铺户多寡，纳回两乡地租，其租银统由实业公所缴纳。自建造之后，无论该地价值若干，两乡只收地租，不能别生枝节。所有建造各项，统由实业公所主持。特订租地章程九条，倘有未合宜之处，仍须彼此磋商，爰立合约，各执一纸为据。（谨开章程如下）

一、山场、吉大两乡将沙滩环民荒一段租出，其地界以南至崩山角，北至河教山边，东至野狸山，西至荒地山角为界。任由实业公所禀明上宪筑堤建造，永作商埠。

二、实业公所在该环建造，不论铺户屋宇，大铺每间深八丈，阔一丈四尺。每间每年纳回地租银五毛，小铺一半折计。概由公所按计多少，以该铺既已开张者为实，汇齐地租，交到两乡。其铺位在山场者，由山场收；在吉大者，由吉大收。待十六年升科后，每间加缴租银二毫正。查升科后加缴地租，原为升租纳税起见，现据该厅县核议章程，拟改俟办定后，由两乡所收地租内，每年提出一成，作为地税，毋庸升科。所议加缴地租一节，应饬该职员王诜等，与山场、吉大两乡绅老商明核删，以免参差。

三、界内山石,任从实业公所开取。惟须指定某山,以免损碍山坟。

四、荒地内如有已葬山坟者,一律迁出。每副骸骨,由实业公所补回葬费,约照铁路例以银二元为率。

五、沿途勇厂,及修整各乡道路,须与各乡商酌,相助为理。

六、吉大荒地内,现有民居数间,由吉大乡绅劝谕迁出,屋料银由实业公所补回。

七、山场荒地内,有祥益塘寮一间,由山场乡绅劝谕迁出,屋料银由实业公所补回。

八、吉大蚝塘每年租银二百八十两,山场蚝塘每年租银五百两,统由实业公所按年缴纳。该塘底值银若干,由公所相酌补回租客。查现据前山厅庄丞,会同香山县凌令查覆,该蚝塘虽据公司照旧给租,惟蚝塘每年租息甚多,与租银无涉。当议将近五年出息合计若干,仍分为五分,即以其一作为常年出息,由公司支给,似尚两不相亏。然公司仅一时之事,商埠为永远之基,将来年代久远,此款由何人担承,日久恐致无着。且递年由公司支付钜款,亦恐力有未逮。应饬由两乡及公司,邀集公正人秉公估计,该塘底值银若干,禀官核定,由公司酌量补给,或拨给地段若干,俾得收回租息,以资弥补等情。所议尚属尤协,应饬该商等遵照办理。

九、荒地界内,两乡不得私立屋宇铺户,以免干涉公所事权。

十、实交出租地合约一纸,与实业公所创办人王诜、伍于政、戴国安凭宪章收执为据。

十一、自立约日起,如过三个月尚未开办,此约作为废纸。

光绪三十四年戊甲十一月吉日立租地合约。

吉大乡绅者:曾广浏、曾锡周、叶侣珊、曾子亮、叶廷华、曾恪韶、叶舜琴、叶孔严、曾彦传、曾恪宽、叶显邵、曾玉池、叶秀康、宗渭处、刘生榆、叶宏芳。

山场乡绅者:吴国贤、鲍尧初、鲍昆、黄瑞林、吴寿鹏、黄华岳、吴云初、吴星阶、鲍光祥、黄梅章。

——《香山旬报》第17期,己酉(1909年)二月二十一日。

前山同知查勘开埠情形

邑属开辟商埠一节,去腊由地方官勘验,经详前报。续由前山庄分府勘得该地地势宽广,土质坚洁,自南至北约八九里,自西至东约四五里。一片平原,与民居坟墓,毫无干碍;外滨大洋,以野狸山为屏障;香澳大轮,可以来往;内有港河,可以停泊渔船商艇,洵为天然绝妙商场。且以近年华侨之寄居外洋者,欲回内地,每苦于无可置产;又迫于外人之欺凌,不甘忍受。偶有挟赀而归者,土人反或鱼肉之。故惟有寄居外地,几同传舍。今得另辟商埠,实力保护,广为招徕,不难从如归市,转瞬成都成邑,操券可期。至职商伍于政,系新宁公益埠发起人,办理已有成效,绅耆亦均信服。所拟章程,大致均能妥协。所有工程师测量筑建等事,均雇用华人,尤不致有利权外溢之虞。现已具详督院察核办理云。

——《香山旬报》第15期,己酉(1909年)二月初一日。

陈庆桂①奏筹办香洲埠原折

奏为澳门界议未协,敬陈管见,仰祈圣鉴事。窃维广东、澳门划界一事,叠经磋议,至今数月,相持未决。臣屡接乡人函电,均以葡人不遵原约,恐酿事端为言。则此中为难情形,谅亦穷于应付,臣愚以为外人既不肯退让,我若急求了事,则所丧必多,然虚与委蛇,究难定议,须另筹办法,为釜底抽薪之计,使彼狡谋莫逞,自然就我范围,盖葡人之欲推广澳界者,有利可图也。臣查澳门港地非冲要,每岁所入,全恃妓捐赌饷,以为大宗,均系吸内地游民之脂髓,我若相戒勿往,彼自无法取盈,为今之计,莫妙于附近自辟港埠,以为抵制之方,近闻香山商民,新得一港,开作商埠,取名香洲,今年开埠之日,经督臣张人骏亲临察看,批准商人集股开公司,其他距澳门三十余里,内河外海,轮船可以行驶,且与广前铁路相近,水陆均便交通,经理得宜,一二年间,成都成聚,可收澳门外溢之利,归为我有,应请饬下两广督臣,传询该公司,集股果能有成则赶紧办理,将该埠货物厘税,暂行停免,以广招徕,商民踊跃,辐辏自臻,倘股本尚未充足,即仿照江苏天生港成案,助以官力,息借民款,建筑码头,开设马路,所有一切新政,归商筹办,官认保护,俟商务既盛,再行设关权税,必可将本息清还,其开办之初,只岁筹数万金,以作利息,假如筹款百万,约以七厘行息,在

---

① 陈庆桂,广东番禺县人,光绪六年(1880年)中进士,光绪二十八年(1902年)任工科给事中。

官中不过岁筹备七万金，民间有厘之息，必争于出资，计日可以成事，是国家费有限之资，他日收无穷之益，似此暗中抵制，在我自开新埠，他国断无干预之权，而此赢则彼绌，澳门之利顿失，葡人亦将废然思返，不再与我争此未辟之界，此时开议，自易就范，应请密饬划界大臣，暂勿议决，以缓其势，此即釜底抽薪之计，而亦开辟利源之善策也，夫难得者事机，可用者民气，自划界议起，粤民相约不承允澳门赌捐，后见葡人派兵调舰，更奔走呼号，誓死勿让，其热诚可奖，其情状亦可怜，若乘此机会，导以利权，众必踊跃助成，则汹汹之势，不禁自熄，无捐邦交，有裨商务，兼顺舆情，似乎一举之间，数善俱备，臣谊关桑梓，谨献刍言，是否有当，伏乞圣明采择施行谨奏。

——《香山旬报》第48期，己酉（1909年）十二月初一日。

关于香洲开埠致之要电

粤督于十三日致外务部、农商工部、税务处云：现据粤商集资筹开香洲商埠，为招回华侨，广兴商业起见，经已议有端绪，奏明在案。查该埠在虎门，内外伶仃洋迤西南，野狸山屏其外，九洲洋居其前，系香山县属。此据澳门上游，东与香港斜对，山势包抄，近岸处潮退时水深八九尺，乃至十一二尺不等，可容寻常轮船。内地由吉大汛至前山，水陆均可通香山城，颇得地利。粤省侨商称盛，每挟巨资，倾心内向。惟习于外洋风土，不耐居住城厢乡镇，闻开埠之议，多喜色相告，若成来归必众，实可为地方培元气。惟商埠既开，必利交通，乃能发达。西人商战之局，以开无税口岸为上政策。南洋各埠以及香港皆用此法，商务最旺。良以商场事业，不病在输纳，而病在留难阻滞，亦痛于货之脱卸无期，税之征求难缓，资本愈重，息牵愈高，类因致败。无税则既免留滞，税不预纳，所益斯大。故如香港市场贸易，必贴士丹，收印花税而商不病，取之货已出售之时，所征在买客，见其易也。我国商务从无无税口岸，甚为缺憾，意欲于此埠特试其端。况有此无税之埠，商利其便，百货云集，相机内运，既不资仓租保险费，于外埠商运多，则内地税厘亦旺，公家不无间接之利。现已由该商等分为免税界限、管理规则、理船商程、保护办法四项，酌采香港向行办法别类，拟议呈核，以凭参合我国法律条例，分别准驳，再行咨明钧部贵处核示。惟现准该商经营开埠，并拟通商免税，事关创办，特将该埠地段情形先行电请会核示遵，无任盼祷。又电云：香洲开埠商埠十三日电，谅邀青鉴。近据九拱两关税司先后申称，华洋各轮多请由香港、澳门赴香洲行驶，请示核办前来。查香洲开埠章程，现未议定，本难遽准洋轮前往。惟兹缔造伊始，各商人欲往该埠游历考查者甚多，该埠建造工程需用材料亦伙，均非由轮载运不可，若概不准往，似于商情不无阻碍。兹拟暂行办法，准华洋轮船前往。只准搭客及载运该埠所需材料，不准装载别货。各轮仍应赴经过关厂报查其材料等物，照章完税。俟该埠章程核定，即将此项暂行办法取消。此系特别通融之举，目前不视为定章，以后亦不得援以为例。可否照此办理，乞核明迅赐电示。随接外务部等覆电，内开：文咸电均悉。香洲开埠，拟作为无税口岸，固可以利交通而期发达。为事属创行，是否合宜，须如何办理方无碍内地税厘，足防流弊，亟应预为筹度。拟由税务处札饬总税司，于粤关税司内选派干员前往查勘。并禀承尊处酌拟办法，俟详细章程咨到，再行核定。至暂准华洋各轮由港澳赴香洲一带，所拟只准搭客运材料，仍赴关报验完税，办法固属周妥，惟应酌定必赴某处关卡报验，并声明如有擅载别货不遵报关，绕越漏税情事，查出即照沿海私自贸易例罚办。此节虽系暂行办法，亦应饬税司将如何防弊之处妥为拟议。统俟核准后施行云云。

——《香山旬报》第29期，己酉（1909年）五月二十一日。

香洲商埠之将来　尧孙

邑人王君灼三等请将吉大、山场交界荒地开作商埠一事，昨已由劝业道禀准督宪开办，定名香洲商埠。王君之宏愿，殆观厥成乎？我于此嘉王君扩张商务之苦心，我重贺邑属前途之发达。

考吉大外滨大洋，内接腹地，平原一片，土质坚凝。陆地则接近澳门，水路则直达省港。而且港湾辽阔，可以停泊渔船，河道流通，可以聚集商艇。洵天然之形势，绝妙之商场也。而百数十年来，曾无人筹议开辟者，一苦于资本不足，欲举办而无从；一苦于创始维艰，因畏难而却步也。卓哉王君，不惜绞尽几许之心力，费尽几许之经营，而卒能就绪，其造福桑梓之心为独苦矣。

近年以来，华侨之寄居外洋者，幸获巨资束装归里。而土豪族恶，屡肆欺凌。鹤唳风声，闻者裹足。故常有客死异乡，不复恋怀乡土者，无他，内地保护之未周也。今另辟商埠，实力防卫。则凡我邑人，莫不愿出其途矣。都会之成，旦夕可期也。此成我香山人之福，我故谓王君之造福桑梓为独苦也。

抑我谓兹埠之辟，尤可以挽回本邑之利权也。我邑人经商澳门，以千万计，岁中用度，所费不赀，然离下依人，时形亏耗，野心狼子，复逞强权，此我辈所曰夜思维，思得一当以塞此漏卮伸我抑郁者也，今建立商埠，恰与毗连，外洋交通，彼此一致，相率旅澳之商民，移萃新辟之商埠，在商民往来进退，倍觉自如，宁复有依依恋栈，甘受外人之压制而不来者，偿我损失，去彼凶横，是举之关系靡轻也，我故谓兹埠之辟，尤可以挽回本邑之利权也。

统上所说，形势利便，不亚于香江、沪上也。丛山环抱，海线迂回，山川风景，不亚于马交南环也。异日者鸠工落成，广厦千万，大开殖民政策，直接外洋之通商。夫如是则工业因之而振兴，夫如是则学校因之而推广，夫如是则渊鱼丛雀之殴可以免，夫如是则衣锦故乡之愿可以偿。田野荒无之吉大，遂变为花团锦簇之吉大矣。有志竟成，我将拭目以观其后。

——《香山旬报》第18期，己酉（1909年）闰二月初一日。

香洲商埠命名之不典　炎心

吾邑人在沿海之东南，辟一新市场，由官命名为香洲埠，以其地濒香山县属之九洲洋故也。考说文云："水中可居曰州，周绕其旁从重川，昔尧遭洪水，民居水中高土，故曰九州岛。"字亦作洲，或体字也，案其本义，与岛略同。盖地理上之普通公名，而非特有名也。九州洋之得名，以其地有九岛，名曰九洲，因名其附近为九洲洋耳。九洲二字，乃其地之特有名，若第举一洲字，则非特有之名，不得为其地之代表也（此犹第举一山字不可为香山县之代表，以山字非特有名故）。今名为香洲，以论理学及文法学核之，实与香岛香洋无异，其名之不正亦至易晓矣。夫香山之得名，亦以五桂山之故。今此地在五桂山之东南，若取名为桂阳商埠，岂不名实相副耶。倘欲期于易知，则或名为吉大商埠，亦较允协矣（案埠亦俗字，但通行已久，势难骤革耳）。

——《香山旬报》第21期，己酉三月初一日（1909年4月20日）。

澳门与香洲之比较　亦进

葡人租借澳门以后，竭力经营，开拓土地招徕华人以实此土，已有年

第十五章 发展地方经济 创建香洲商埠

矣。吾同胞之在此居留者，或藉外以自保护，或营业以便交通，遂使藐小之澳门变为繁盛之市镇。今香洲蔚然成立矣，与澳门相隔仅十三里。以优胜劣败之例推之，则两者对峙，必此衰而彼盛，或彼振而此蹶，不可为讳者也。然世之论者，言人人殊。竟有谓澳门基本早固，华人安土重迁，香洲新辟商埠，地广人稀，不能与澳门相颉颃者。此说初闻之若甚有理，若细思之，则有词以解之矣。盖新辟之地，地价必廉，地价既廉，争先投买者亦必众。若以安土重迁为虑，则西人之营业于欧土者，何以一转而趋于澳洲诸新地？美人开辟檀香山以后，何以世人争投资本以兴建筑哉？此无他，地一加辟，去旧图新，策群力以经营之，则其地之发达将逾倍。且经营一般独占之事业，其流通更未可限量也。由此观之，而谓香洲不能与澳门相颉颃者，果何据而云然耶。

图15-4 亦进的论文《澳门与香洲之比较》

吾更即两方之比较言之，则香洲不独能与澳门相颉颃，且将驾澳门而上之焉。何言之，夫澳门不过一掌之地耳，海口狭窄，轮船不便湾泊，地势散漫，商务无甚起色。若香洲则外滨洋海，内枕群山，四通八达，交通便利，洵天然之商场。他日货物屯集，舟车往来，商务之起色，日新月异，固可预决也。此澳门之不及香洲者一也。澳门实无所谓商务，所恃以支持目前者，惟妓院与赌馆二者耳。然此二者固所谓不正当之营业也。故香洲开埠，首以禁赌为先务。良以赌风一盛，人多嗜好，咸薄于储蓄之愿望，而商场受莫大之影响也。此澳门之不及香洲者二也。吾同胞之栖息澳门者，受彼辈之虐待，不可以算数口喻。今香洲埠既成立，以中国之人，践中国之土，士农工商，惟我所欲，藩离自守，非理之干涉，横强之侮辱，一切可免。此澳门之不及香洲者三也。职此以观，则香洲非特与澳门颉颃，且驾澳门而上之，固彰彰可见矣。

靡特此也，吾试审其现象，更有足征。香洲埠者仅创办而未成立之商埠耳，当其开幕之日，粤人到会者万余人，海陆奔驰，冒雨而往无稍难色，则粤人之表同情于该埠至可见也。返观澳门，商务凋敝，竟逾趋而愈下。据省城某报所载，谓其地价之跌落，有由六七百元而跌至一二百元者，非甚骇人听闻之事耶！夫地价之涨落，与文明进步为正比例。故上海黄浦滩之地，五六十年前，犹无人过问，今则每亩加至数十万元者有矣。无他，全地改良，商业发达使之然耳。今澳门同为华人之居留地，而所得之结果，适与彼地相反，则其内容更可知矣。呜呼！澳门之现象既若此，而香洲之现象则如彼，优胜劣败，何待龟筮而后知之也。香洲乎！其前途乌可限量乎！吾同胞之旅居异地者实非得已，试观吾国之足履彼地者，虽富若贵一红头贱种足以辱侮之。吾同胞之忍气吞声，饮奴隶之卮者已数十年。亦以祖国地不加辟，无地可以经营，故隐忍以待之耳。今香洲巍然成立，为同胞开一新殖民地。出谷迁乔，显示一最好之机会。何去何从，吾同胞乌有不知辨别者哉。

虽然，香洲之厚，澳门之薄也，此理非独吾辈知之，即葡人亦莫不知之。案何也，观彼辈日来之行事可以知之也。葡人十一日集议，其提出之议，开宗明义第一条即曰，华商既开香洲埠，于澳门商务、渔业均有妨碍，则彼此之关系为何如也。澳门向例，医院有禁，渔船有禁，其地种种行为，亦皆备极苛待，今则概从弛禁矣，岂澳督宽仁大度耶？非我族类，未必如此其仁慈，岂澳督法律废弛耶？野心犹昔，未必如此其颊懦。然其所以前倨后恭者，则香洲埠之影响为之也，彼恐己之孤而吾之逼，故不惜变其政策，为一时牢络人心之计。其恐慌之现象，固大可见矣。虽然，风气所趋，固非人力所能挽。利害之界，三尺童子能辨之。吾同胞之挟钜赀以营业者，宁待刑驱势逼而后来耶，宁为甘言巧语以自安耶。同胞之爱国心，日发益达，回首祖国，喜惧交集，舍父母之邦又将何往耶？

——《香山旬报》第23期，己酉（1909年）三月二十一日。

速香洲埠之成立者葡人也　质直

近者邑人创设香洲商埠，爱国之士，争起而赞助之。而旅外华侨，亦延颈企踵，冀其速成。壮哉此举！既争国家之利权，又谋同胞之利益，吾窃伟之矣。乃葡人以其毗连澳门，不胜君厚邻薄之惧。故前日集议，则曰救澳门之危亡，阻香洲之发达。而葡使要求高使，则曰香洲埠不能妨害澳门之商业，一若香洲埠成立足以制其死命者。伟哉香洲埠！其魔力固如此耶！顾吾观各报所载，皆严辞批驳，不直葡人是矣。然创办一文明事业，必有外界之反动，而后其成立也倍速。粤汉铁路之集股，非官场辱绅案有以之激乎，故吾对于葡人之干涉我、对待我者，吾固不嗤为悖谬之言，而且谢其鼓吹之德，盖吾民之爱国心，日有增进，因葡人之干预，而恍然知香洲埠有绝大之关系，奔走偕来，不啻葡人为之先导也，呜呼，香山人其念之哉，粤东人其念之哉。

——《香山旬报》第33期，己酉（1909年）七月初一日。

对于香洲开埠之刍言　恭都一份子来稿

香洲开埠，为兴商殖民之举，国人群属耳目，莫不乐观斯埠之速成，以为创未有之营业，操莫大之利权，其幸福不特一邑之人应享之，即全省之人皆得而享之也。顾兹事体大，百度维新，非合群力难以底于成，非集众长无以止于善。首要开诚布公，俾知埠中权利，营业皆得共享，庶能商情鼓舞，踊跃争先。乃细阅章程，各人不无异议者，何哉？参以鄙见，证之舆论，推原其故，厥有数端：

一、认地无权也

大凡营业公例，资本家应得主权。该埠既不由集股兴办，专赖认地缴价，经费乃有实者。以该埠里道计之，约一千四百余亩，铺户住宅约得六千间，每间地价二百元，可得一百二十万元之数。以众人之资本，而办公益之商埠，足以成立而有余。今创办人所云，自备资本十万元，乃无足重轻之数，非得认地之资本，则商埠必不成。况以地酬价，创办人即实具此数，其得地与众人认地同，非有优劣也。然则此埠为公立之商埠也明矣。既为公立之商埠，则埠中应办事宜，与及出息之权利，认地者应有主权，皆得而任理之，维持之，以昭大信。夫如是，认地而不踊跃者，未之有也。阅已定章程，认地主权并不提及，只云埠中出息，滴滴归公。试问归公者指定办理人员，不得中饱，涓滴归公欤。抑埠中所有权利皆属公款，认地者皆有主权，得而任理之欤。此不声明，其可议者一。

二、利权独揽也

香洲为民立商埠，事属创举，凡经营商业家，利之所在，埠中有可图者，靡不群起趋之，此人情也。兹当经营伊始，筑堤营建，此为急务。正宜立定工程规则，宣示大众，招商承办，工价之廉否，材料之真伪可以考察而知，决择而行，方无异议。若事事皆属公司自为，利无旁溢，设或虚糜款项，孰从而稽察之。阅所定章程，事无钜细，皆归公司承办，别人不得搀夺，可谋者惟买卖营生耳，认地者尚不许分权，无怪乎创办者之寥寥无几人也。其可议者二。

三、主客之情谊联也

该地为向来未辟之荒，实为吾邑之属土，附近山场、吉大两乡有地主之权，理也。临近各乡有维持之责，义也。今开辟商埠，地方受益，固不待言，亦视乎其人之办理何如耳。夫商埠者，最大之营业也，有一人独造之营业，其利权应得自享之；有众人共成之营业，其利权应得而分任之；此天下之公理也。今以公共之地辟作商埠，将来交通贸易非联络乡情，无以促商业之繁盛，否则藉公益之名为一网打尽之计，不免反客为主，易起争端。其可议者三。

四、公私之界宜明也

统于众则曰公，专于己则曰私；利归于众，虽无公司而亦公；利肥于己，虽名公司而实私。有大众之公司，有数人之公司，兹章程兴办各事皆曰公司，又曰公所，是二是一皆当分明。其利权皆归全埠之公，则认地应负经理之责。所云自备资本，与认地所收公款尤当明晰，否则漫无觉察。其所得地段，当不止十万之数也。其可议者四。

综此数端，不过粗言梗概。至于所收认地公款，由官印契管业，自可稽查。筑堤浚河应办各事，须切实妥办。众所信服，公私界限尤当分清，庶工程不得苟且，支销不致浮滥。如何方臻妥善，早宜研究，吾非谓办理者或属于私，吾尤望办理者尽出于公，苟能集思广益。询谋金同，舆情帖服。则商埠成立，固可翘足而待也。岂不懿欤。

——《香山旬报》第 28 期，己酉（1909 年）五月十一日。

自治会关于湾仔香洲事会议纪闻（本省）

二月二十二日自治会通请各界，开大会议，到者人山人海，一点钟开会，公推陈惠普主席，随宣布为葡人无理干涉湾仔事，请议传单（见前），众议海权关系重大，日本二辰丸案既明明系在中国内河缉获，尚致外交失败，全国蒙耻，今湾仔固纯然为我国领土，而葡人犹无理干涉我国所设渔团局者，其用意实欲藉口以冒占海权耳，应将此事函告中外，合筹对待，以维危局，次宣布为改订香洲埠章请议传单（见前），吴绣明起言香洲商埠为中国莫大公益，亟应合力维持，以期发达，梁少伯起言推广香洲埠，凡属华人固当赞助，尤应禀请政府认为永远无税埠，以期久大。众议香洲埠为兴商挽利最大问题，当认为同共公益，不得视为个人私利，应刻日由省港各善团联同前往香洲切实调查，开列预算表，移取原章，公同改订，除公议伍王等创办特别权利外，所有责任权利，概行公之大众，由出资者按股均分，以期群策群力，俾该埠日臻完善，以慰同胞云云。

——《香山旬报》第 55 期，庚戌（1910 年）三月初一日。

又将有第二之香洲埠出现

邑属黄梁都南水乡，前对北水，后枕高栏、飞沙两山；右近六灶、三灶，左通獭洲、赤溪等处。离邑城一百一十余里，离香港一百二十余里，离澳门七十余里，离香洲埠七十余里。该处渔业最盛，又有锑、磁、水晶、煤油等矿产，诚天然的商港也。现省吏拟在该地开辟商埠，特派本邑清乡委员帖令宗晋就近查勘。兹闻帖令已于本月二十日，邀同香山自治研究社社员黄君仙裴、黄君会云、梁君侣倩、黄君芷裳等，乘坐宣威轮船到该处查勘一切云。

——《香山旬报》第 27 期，己酉（1909 年）五月初一日。

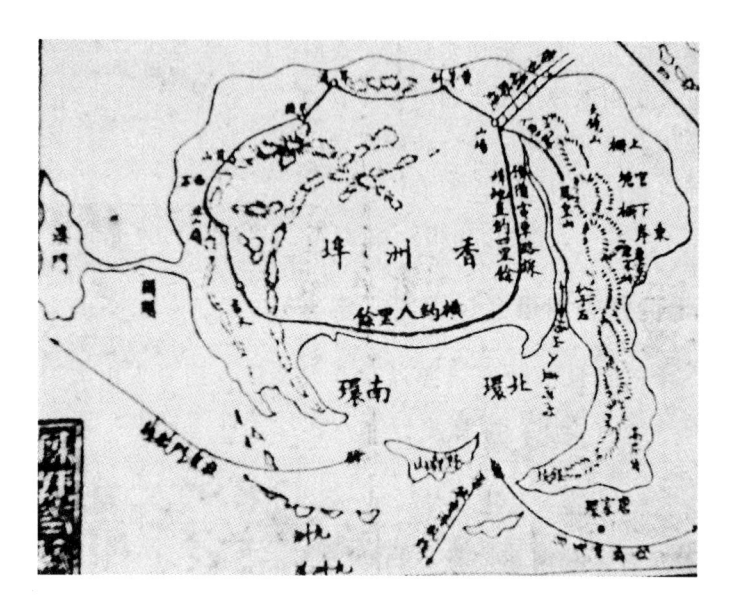

图 15-5　香山县新开辟之香洲商埠图

吴副将①详禀南水商埠情形

　　日前邑中绅商禀请当道，拟于前山属南水等处，辟作商埠。经大吏特派赤溪协副将吴敬荣前往详细查勘，现该协已将查勘情形，绘具图说，禀覆来省。略谓：南水地方，系隶香山县城，迤西南三十英海里，即中国一百二十二里，由东经线二百一十三度十三分起至十六分止，北纬线二十一度五十九分起至二十二度四分五十秒止。孤悬海外，与北水鼎峙屏开，南北相朝形同牝牡。南水埠现有茅盖店铺数十间，已具商埠基址，合计面积约五十一英亩，即中国三百零六亩。两背负山临水，均可造商埠。中间夹一大沙，宽约一千零六十五英尺，即中国八百五十二尺，东西相距长二英里，伸中国六里六。河内水最深三十六英尺，伸中国二十八尺八寸，最浅九尺，伸中国七尺二寸，俱以潮退为率。朔望自十点钟，潮涨满五尺半，均英尺。可泊商渔船只七八百号，海外环绕大淋、三灶、高拦、荷包、大灶、大虎、鸡心等山，叠嶂层峦，天生辅弼。历年飓风肆虐，船铺未闻成灾。该处上通省城、香港、澳门，下连高廉、雷琼等郡。附近如香山、新宁、新会，类俱繁庶之区，买

---

① 吴副将即吴敬荣，时任新宁县赤溪协副将。

贩往来，且夕可至。横控磨惊、鲸泥湾、虎跳、崖门各口，又悉省西重要咽喉。若于此埠扩充通商要策，应不特振兴实业，抑更寓防于商。缘西省梧州南宁，已准外人互市，四通八达，防不胜防。时事靡常，讵容疏忽。似应及时整顿，致富兼以图强。惜南水与内陆不连，颇形缺点。犹幸北水山背至干雾，河宽仅一英里，皆属海坦，遍已淤积种蚝。潮退可行，砌路甚易，略施人力，便能内外交通。拟请出示招商，大集赀本，先将南北两水海坦，一律培筑成堤，设官维持，布置市肆。复在北水背后坦地砌基，与内境接连。预算他日广澳路成，接轨转运至于西头鸡心洲迄三虎止，现已浅淤，应疏一直渠，兼通西路航道，务使人乐利赖，自然所至如归。但工程总需数十万金，恐难骤至。惟地当冲要，势难苟安，商力间有未遑，公众亦宜勉为鼓舞粗立规模，将来有利可趋，讵愁荒弃。查南水向有香新缉捕台汛，由埠商岁支五百元，现在徒有其形，曷若裁移公益，改配水陆巡警，兼拨小轮，专任梭巡。该岛四面汪洋，有备即可无患。至于该处实业，现以捕鱼为第一大宗。渔船首重盐斤，藉资腌制。各船昔居外地，实因贪彼价廉。若由官设局贬价专卖，藉资招徕，则办理渔团保甲，请毋发船牌，防惹外人胁勒散涣。似此优予抚绥，广为招徕，海防商业，护益良多，窃念澳门地只弹丸，本无土产，港汊浅隘，少外来经商，徒恃笼络我粤渔船，征收饷袭杂税，全澳公益，犹足支持，今南水地大物博，山迴水抱，形胜倍乎澳门，昔闽商胡国廉，拟辟作垦牧商务，大有见地，综核该处情形，应设立商务，为无上政策云云，大吏据禀，已札行劝业道查照，妥筹办理矣。

——《香山旬报》第31期，己酉（1909年）六月十一日。

筹办南水渔埠之新政策

邑属南水渔埠，前奉督宪批行劝业道核办，兹闻禀覆谓，查南水地方，先由梁姓报垦，后复由黄姓报承，互相争夺，缠讼不已，现经该丞查明该处孤悬海外，为渔船出入所必经，官干设立渔埠，为将来办理渔业之基础，并据会同县委饬传梁黄两姓绅耆带案引勘，均已情愿由官收回。又查该处尚有水坦官荒可以扩充埠地，其对面之北水地方，且可修筑燂船厂，为修理渔船之用，布置似尚周妥，应即责成该丞等妥为办理，随时将情形具报，兹事于振兴实业，保守海权，两有裨益，该丞前禀请将渔人编入县籍，与齐民一律，并准其登岸购地建盖祠堂房屋，系为因时变通，以广招徕起见，似可照准云。

——《香山旬报》第 48 期，己酉（1910 年）十二月初一日。

南水开辟商埠已测勘详确

邑属南水等处，地处海滨，经前山厅庄丞拟开办渔团保甲，藉资提倡，并拟具章程办法，禀详到省，经当道派委帖令宗晋前任查勘在案，现大吏复体察情形，以该处为新香通衢，似宜开辟商埠，特派委赤溪协吴敬荣前往测勘，昨据详复，大致以该处最合开辟商埠之用，大吏据此，业已札行劝业道妥议具复，以凭核办矣。

——《香山旬报》第 57 期，庚戌（1910 年）三月二十一日。

香洲开埠纪事

初三日香洲举行开埠礼，粤督张、水提李、劝业道陈①，乘宝璧兵轮前往。暨随同员弁等兵轮二十九艘，省商界、报界、善界乘大兴轮船前往者百余人，港商乘海通、顺利两轮赴会者二千余人，澳商乘小轮至者亦数百人，到后均泊于湾前。海面另设小轮数艘，渡客登岸。岸上大道长数十丈，两旁均列兵队，由此直达礼棚。棚纵横仅十丈，只容千余人，故来宾、观者几无立足地。棚内悬额七八方，曰：强国之基；曰：利国利民；余皆颂祷语。地方官到者县令凌、县丞杨、前山厅庄等；邑绅到者亦数十人。一句钟，张督与各官莅会。先由地方官绅迎入，致炕前略坐，随引至香案前行三揖礼，即由会员宣读张督及李水提、劝业道颂词。随宣读绅商答词毕，拍照以为纪念。遂由招待员请张督及各员、各界来宾等茶会而散。时已钟鸣两下矣。是日天雨，且又人多挤拥。演说时，有某某两委员，因立足不牢，均从演台跌下。当行礼时，东北风大作，棚内谡谡作响，海上波涛汹忽。无何，大雨复至，来宾衣履，俱尽沾濡。及开船时，海边竹桥，又以人多故，忽然折断，至有二人全坠水中，幸俱救回，得以无恙。是日主政为伍绅于政，其礼节共分十门：一开会，二行礼，三兴工，四宣布，五颂词答词，六演说，七军乐，八闭会，九茶会，十军乐，极一时热闹云。是日张督在该埠举行礼式后，即会同李水提，由劝业道委员等导往查勘香埠形势。先查观拟建之埠务

---

① 粤督张、水提李、劝业道陈即张人骏、李准和陈望曾。

公所,及预定空地,建设巡警分所、石厂、鱼栏各处所;次又详查所定建埠地势,及直街大路一条,横街小道数条,共约建造大小铺位一千间;又海旁长堤一道,码头十余处,均由陈道等,指明查看。大吏当与李水提谈论,极赞布置之得法,现拟将所查各情,详细列明按咨农工商部查核备案云。

——《香山旬报》第22期,己酉(1909年)三月十一日。

香洲埠免税矣吾民将安归　愤血

香洲开办数年,至今未成繁胜之商埠,论者多谓办事人之能力不足以济之,似矣。而吾默审现象,则香洲内部之组织力既未充满,而外界之攻击力纷至沓来,彼办事人虽有万能,一方整顿埠务,一方应付阻力,已有疲于奔命之势,而香洲之迟迟不能兴盛者,盖原于此。

吾谓今日欲设法对待葡人,当自整顿香洲始。试观南乡诸父老,筹办民团,亦为对葡之一策。然筹办民团之意,在保守而非进取,以葡人之凶横不法,吾民历遭损害,岂能恝然,而对待之法,莫若全力经营香洲,实行迁徙自由之宗旨,去彼而适此,此则吾人所当注意者也。

使吾民能坚持此旨,万人一心,则香洲之美满发达,固可操券而至。反之,则澳门一埠,人皆避地远徙,其涸也必可立而待。吾人对葡之政策,可不战而告成功矣。

况夫香洲一埠,今已宣告免税,更蒙异常之优待,彼有志营业者,舍黄金之窟,而轻投虎狼之口,世界无此愚人。故吾民确为一己计,欲为对葡计,皆宜迁返香洲,无可疑也。为公为私,一举而两得之,同胞同胞,盍归乎来。

——《香山循报》第95期,辛亥(1911年)三月二十七日。

澳门研究丛书书目

澳门人文社会科学研究文选

  社会卷　　　　　　　　　　程惕洁／主编

  行政卷　　　　　　　　　　娄胜华／主编

  政治卷　　　　　　　　　　余　振　林　媛／主编

  法律卷　　　　　　　　　　赵国强／主编

  基本法卷　　　　　　　　　骆伟建　王　禹／主编

  经济卷　　　　　　　　　　杨允中／主编

  教育卷　　　　　　　　　　单文经　林发钦／主编

  语言翻译卷　　　　　　　　程祥徽／主编

  文学卷　　　　　　　　　　李观鼎／主编

  文化艺术卷　　　　　　　　龚　刚／主编

  历史卷　　　　　　　　　　吴志良　林发钦　何志辉／主编

  综合卷　　　　　　　　　　吴志良　陈震宇／主编

新秩序　　　　　　　　　　　　娄胜华　潘冠瑾　林媛／著

澳门土生葡人的宗教信仰　　　　霍志钊／著

明清澳门涉外法律研究　　　　　王巨新　王　欣／著

珠海、澳门与近代中西文化交流　珠海市委宣传部等／主编

澳门博彩产业竞争力研究　　　　阮建中／著

澳门社团体制变迁　　　　　　　潘冠瑾／著

澳门法律新论　　　　　　　　　刘高龙　赵国强／主编

韦卓民与中西方文化交流　　　　珠海市委宣传部等／主编

澳门中文新诗发展史研究（1938~2008）
                              吕志鹏 / 著
现代澳门社会治理模式研究   陈震宇 / 著
赃款赃物跨境移交、私营贿赂及毒品犯罪研究
                              赵秉志　赵国强 / 主编
近现当代传媒与港澳台文学经验   朱寿桐　黎湘萍 / 主编
一国两制与澳门特区制度建设   冷铁勋 / 著
澳门特区社会服务管理改革研究   高炳坤 / 著
一国两制与澳门治理民主化   庞嘉颖 / 著
一国两制下澳门产业结构优化   谢四德 / 著
澳门人文社会科学研究文选（2008~2011）（上中下）
                              《澳门人文社会科学研究文选
                              （2008~2011）》编委会 / 编
澳门土地法改革研究   陈家辉 / 著
澳门行政法规的困境与出路   何志远 / 著
个人资料的法律保护   陈海帆　赵国强 / 主编
澳门出土明代青花瓷器研究   马锦强 / 著

图书在版编目(CIP)数据

动荡年代:辛亥革命前后的香山与澳门/黄鸿钊编著.
—北京:社会科学文献出版社,2015.9
（澳门研究丛书）
ISBN 978-7-5097-4862-6

Ⅰ.①动… Ⅱ.①黄… Ⅲ.①辛亥革命-史料-澳门 Ⅳ.①K257.06

中国版本图书馆CIP数据核字（2013）第157098号

·澳门研究丛书·

动荡年代

——辛亥革命前后的香山与澳门

编　著／黄鸿钊

出 版 人／谢寿光
项目统筹／王玉敏
特邀编辑／汤梅笑
责任编辑／沈　艺　张志伟　王晓卿

出　　版／社会科学文献出版社·全球与地区问题出版中心（010）59367004
　　　　　地址：北京市北三环中路甲29号院华龙大厦　邮编：100029
　　　　　网址：www.ssap.com.cn
发　　行／市场营销中心（010）59367081　59367090
　　　　　读者服务中心（010）59367028
印　　装／北京季蜂印刷有限公司
规　　格／开　本：787mm×1092mm　1/16
　　　　　印　张：33.5　字　数：560千字
版　　次／2015年9月第1版　2015年9月第1次印刷
书　　号／ISBN 978-7-5097-4862-6
定　　价／129.00元

本书如有破损、缺页、装订错误，请与本社读者服务中心联系更换

▲ 版权所有 翻印必究